国家清史编纂委员会·文献丛刊

清末立宪运动史料丛刊 14

奉天谘议局 上卷

主编 胡绳武
副主编 牛贯杰 戴鞍钢

孙家红 编

山西人民出版社

本书获中国人民大学"中央高校建设世界一流大学（学科）和特色发展引导专项资金"支持

"十二五"国家重点图书出版规划项目

国家清史编纂委员会出版委员会

主　任　戴逸

执行主任　马大正　崔建飞

委　员　卜　键　朱诚如　成崇德　郭成康
　　　　潘振平　徐兆仁　邹爱莲

学术秘书　赫晓琳　李岚

《清末立宪运动史料丛刊》出版工作委员会

主　　任　　贾新田　胡彦威

副主任　　姚　军　梁晋华

统　　筹　　蒙莉莉

委　　员　（以姓氏笔画为序）

王新斐　冯灵芝　史美珍　刘小玲　吉　昊

李　靖　李　鑫　张小芳　张志杰　何赵云

杜厚勤　张彦彬　柳承旭　武　静　郝文霞

贺　权　贾登红　崔人杰　阎卫斌　傅晓红

翟丽娟　蔡咏卉　魏美荣

总序

戴逸

二〇〇二年八月，国家批准建议纂修清史之报告，十一月成立由十四部委组成之领导小组，十二月十二日成立清史编纂委员会，清史编纂工程于焉肇始。清史之编纂酝酿已久，清亡以后，北洋政府曾聘专家编写《清史稿》，历时十四年成书。识者议其评判不公，记载多误，难成信史，久欲重撰新史，以世事多乱不果。中华人民共和国成立后，中央领导亦多次推动修清史之事，皆因故中辍。新世纪之始，国家安定，经济发展，建设成绩辉煌，而清史研究亦有重大进步，学界又倡修史之议，国家采纳众见，决定启动此新世纪标志性文化工程。清代为我国最后之封建王朝，统治中国二百六十八年之久，距今未远。清代众多之历史和社会问题与今日息息相关。欲知今日中国国情，必当追溯清代之历史，故而编纂一部详细、可信、公允之清代历史实属切要之举。编史要务，首在采集史料，广搜确证，以为依据。必藉此史料，乃能窥见历史陈迹。故史料为历史研究之基础，研究者必须积累大量史料，勤于梳理，善于分析，去粗取精，去伪存真，由此及彼，由表及里，进行科学之抽象，上升为理性之认识，才能洞察过去，认识历史规律。史料之于历史研究，犹如水之于鱼，空气之于鸟，水涸则鱼逝，气盈则鸟飞。历史科学之辉煌殿堂必须屹然耸立于丰富、确凿、可靠之史料基础上，不能构建于虚无缥缈之中。吾侪于编史之始，即整理、出版"文献丛刊"、"档案丛刊"，二者广收各种史料，均为清史编纂工程之重要组成部分，一以供修撰清史之用，提高著作质量；二为抢救、保护、开发清代之文化资源，继承和弘扬历史文化遗产。清代之史料，具有自身之特点，可以概括为多、乱、散、新四字。一曰多。我国素称诗书礼义之邦，存世典籍汗牛充栋，尤以清代为盛。盖清代统治较久，文化发达，学士才人，比肩相望，传世之经籍史乘、诸子百家、文字声韵、目录金石、书画艺术、诗文小说，远轶前朝，积贮文献之多，如恒河沙数，不可胜计。昔梁元帝聚书十四万卷于江陵，西魏军攻掠，悉燔于火，人谓丧失天下典籍之半数，是五世纪时中国书籍总数尚不甚多。宋代印刷术推广，载籍日众，至清代而浩如烟海，难窥其涯涘矣！《清史稿·艺文志》著录清代书籍九千六百三十三种，人议其疏漏太多。武作成作《清史稿艺文志补编》，增补书一万零四百三十八种，超过原志著录之数。彭国栋亦有《重修清史艺文志》，著录书一万八千零五十九种。近年王绍曾更求详备，致力十余年，遍览群籍，手抄目验，成《清史稿艺文志拾遗》，增补书至五万四千八百八十种，超过原志五倍半，此尚非清代存留书之全豹。王绍曾先生言："余等未见书目尚多，即已见之目，因工作粗疏，未尽钩稽而失之眉睫者，所在多有。"清代书籍总数若干，至今尚未能确知。清代不仅书籍浩繁，尚有大量政府档案留存于世。中国历朝历代档案已丧失殆尽（除近代考古发掘所得甲骨、简牍外），而清朝中枢机关（内阁、军机处）档案，秘藏内廷，尚称完整。加上地方存留之档案，多达二千万件。档案为历史事件发生过程中形成之文件，出之于当事人亲身经历和直接记录，具有较高之真实性、可靠性。大量档案之留存极大地改善了研究条件，俾历史学家得以运用第一手资料追踪往事，了解历史真相。二曰乱。清代以前之典籍，经历代学者整理、研究，对其数量、类别、版本、流传、收藏、真伪及价值已有大致了解。清代编纂《四库全书》，大规模清理、甄别存世之古籍。因政治原因，查禁、篡改、销毁所谓"悖逆"、"违碍"书籍，造成文化之浩劫。但此时经师大儒，联袂入馆，勤力校理，尽瘁编务。政府亦投入巨资以修明文治，故所获成果甚丰。对收录之三千多种书籍和未收之六千多种存目书撰写详明精切之提要，撮其内容要旨，述其体例篇章，论其学术是非，叙其版本源流，编成二百卷《四库全书总目》，洵为读书之典要、后学之津梁。乾隆以后，至于清末，文字之狱渐戢，印刷之术益精，故而人竞著述，家娴诗文，各握灵蛇之珠，众怀昆冈之璧，千舸齐发，万木争荣，学风大盛，典籍之积累远迈从前。惟晚清以来，外强侵凌，干戈四起，国家多难，人民离散，未能投入力量对大量新出之典籍再作整理，而政府档案，深藏中秘，更无由一见。故不仅不知存世清代文献档案之总数，即书籍分类如何变通、版本庋藏应否标明，加以部居舛误，界划难清，亥豕鲁鱼，订正未遑。大量稿本、抄本、孤本、珍本，土埋尘封，行将澌灭；殿刻本、局刊本、精校本与坊间劣本混淆杂陈。我国自有典籍以来，其繁杂混乱未有甚于清代典籍者矣！三曰散。清代文献、档案，非常分散，分别庋藏于中央与地方各个图书馆、档案馆、博物馆、教学研究机构与私人手中。即以清代中央一级之档案言，除北京中国第一历史档案馆所藏一千万件以外，尚有一大部分档案在战争时期流离播迁，现存于台北故宫博物院。此外，尚有藏于沈阳辽宁省档案馆之圣训、玉牒、满文老档、黑图档等，藏于大连市档案馆之内务府档案，藏于江苏泰州市博物馆之题本、奏折、录副奏折。至于清代各地方政府之档案文书，损毁极大，但尚有劫后残余，璞玉浑金，含章蕴秀，数量颇丰，价值亦高。如河北获鹿县档案、吉林省边务档案、黑龙江将军衙门档案、河南巡抚藩司衙门档案、湖南安化县永历帝与吴三桂档案、四川巴县与南部县档案、浙江安徽江西等省之鱼鳞册、徽州契约文书、内蒙古各盟旗蒙文档案、广东粤海关档案、云南省彝文傣文档案、西藏噶厦政府藏文档案等等分别藏于全国各省市自治区，甚至清代两广总督衙门档案（亦称《叶名琛档案》），被英法联军抢掠西运，今藏于英国伦敦。清代流传下之稿本、抄本，数量丰富，因其从未刻印，弥足珍贵，如曾国藩、李鸿章、翁同龢、盛宣怀、张謇、赵凤昌之家藏资料。至于清代之诗文集、尺牍、家谱、日记、笔记、方志、碑刻等品类繁多，数量浩瀚，北京、上海、南京、广州、天津、武汉及各大学图书馆中，均有不少贮存。丰城之剑气腾霄，合浦之珠光射日，寻访必有所获。最近，余有江南之行，在苏州、常熟两地图书馆、博物馆中，得见所存稿本、抄本之目录，即有数百种之多。某些书籍，在中国大陆已甚稀少，在海外各国反能见到，如太平天国之文书。当年在太平军区域内，为通行之书籍，太平天国失败后，悉遭清政府查禁焚毁，现在中国，已难见到，而在海外，由于各国外交官、传教士、商人竞相搜求，携赴海外，故今日在外国图书馆中保存之太平天国文书较多。二十世纪内，向达、萧一山、王重民、王庆成诸先生曾在世界各地寻觅太平天国文献，收获甚丰。四曰新。清代为传统社会向近代社会之过渡阶段，处于中西文化冲突与交融之中，产生一大批内容新颖、形式多样之文化典籍。清朝初年，西方耶稣会传教士来华，携来自然科学、艺术和西方宗教知识。乾隆时编《四库全书》，曾收录欧几里得《几何原本》，利玛窦《乾坤体义》，熊三拔《泰西水法》、《简平仪说》等书。迄至晚清，中国力图自强，学习西方，翻译各类西方著作，如上海墨海书馆、江南制造局译书馆所译声光化电之书，后严复所译《天演论》、《原富》、《法意》等名著，林纾所译《茶花女遗事》、《黑奴吁天录》等文艺小说。中学西学，摩荡激励，旧学新学，斗妍争胜，知识剧增，推陈出新，晚清典籍多别开生面、石破天惊之论，数千年来所未见，饱学宿儒所不知。突破中国传统之知识框架，书籍之内容、形式，超经史子集之范围，越子曰诗云之牢笼，发生前所未有之革命性变化，出现众多新类目、新体例、新内容。清朝实现国家之大统一，组成中国之多民族大家庭，出现以满文、蒙古文、藏文、维吾尔文、傣文、彝文书写之文书，构成为清代文献之组成部分，使得清代文献、档案更加丰富，更加充实，更加绚丽多彩。清代之文献、档案为我国珍贵之历史文化遗产，其数量之庞大、品类之多样、涵盖之宽广、内容之丰富在全世界之文献、档案宝库中实属罕见。正因其具有多、乱、散、新之特点，故必须投入巨大之人力、财力进行搜集、整理、出版。吾侪因编纂清史之需，贾其余力，整理出版其中一小部分；且欲安装网络，设数据库，运用现代科技手段，进行贮存、检索，以利研究工作。惟清代典籍浩瀚，吾侪汲深绠短，蚁衔蚊负，力薄难任，望洋兴叹，未能做更大规模之工作。观历代文献档案，频遭浩劫，水火兵虫，纷至沓来，古代典籍，百不存五，可为浩叹！切望后来之政府学人重视保护文献档案之工程，投入力量，持续努力，再接再厉，使卷帙长存，瑰宝永驻，中华民族数千年之文献档案得以流传永远，沾溉将来，是所愿也！

二〇〇四年

序言

胡绳武

清末立宪运动是一场全国性的政治运动。这场运动历时9年（1903—1911），波及除内外蒙古、青海、西藏之外的全国22个行省（内地18个省、东北三省和新疆），对辛亥革命前后的中国政治、经济、社会和思想文化均产生过重要的影响。这场运动的人和事，自宣统年间以来不断地有国内外学者们进行研究和评议。由于研究者的立场与观点不同，对这场运动的人和事的评议自然是见仁见智的。但研究者们一致感到研究立宪运动的困难之一在于史料相对缺乏。中华人民共和国成立后，国家重视对近百年历史的研究，在中国史学会的主持下，曾出版过一套《中国近代史资料丛刊》。这套资料的出版对中国近代史的教学与研究曾产生了很好的推动作用，但这套资料丛刊却没有把立宪运动包括在内。

有关立宪运动的文献资料，除1979年中华书局出版过一部《清末筹备立宪档案史料》外，尚无一套比较完整的立宪运动文献资料丛刊，这给中国近代史的教学与研究带来一定的影响。为此，中华书局编辑部于1986年曾拟定编辑一套《立宪运动》的文献资料，作为《中国近代史资料丛刊》的续编出版，并邀请我作为这套文献资料丛刊的主编。我当时因为正在撰写《辛亥革命史稿》，无力承担此项工作而加以婉拒。当时中华书局近代史编辑室的主任陈铮向我表示这项工作可在《辛亥革命史稿》完成以后再着手进行，并希望我能将此项工作接受下来。当时我的研究生程为坤讲师也希望我将这项工作接受下来，并表示愿意全力帮助我完成文献资料的搜集与整理工作。这样，我就终于将此项工作接受下来，并开始注意有关立宪运动文献资料的搜集工作。1990年以后，《辛亥革命史稿》的撰写工作虽然已经完成，程为坤却已出国留学，我又年近七十，无力单独承担，此项工作遂告中断。其后，我曾争取与中国人民大学图书馆古籍整理研究所合作，希望继续完成这套资料的搜集与整理工作，后因故再次中断。已经搜集却又未经整理的有关立宪运动的文献资料只好堆积存放。

2002年国家清史纂修工程启动后，清史编纂委员会主任戴逸教授动员我组织力量，将《立宪运动》这套文献资料的整理工作作为国家清史纂修工程文献整理项目之一继续下去，争取完成。我考虑到早在1986年即已接受中华书局近代史编辑室委托，承担《立宪运动》的主编工作，中途虽因客观原因中断，但我内心总觉得对学术界和出版社欠了一笔账，不免感到内疚，现在有机会将这套《立宪运动》作为清史文献项目之一列入计划，这是给我完成上世纪中断了的《立宪运动》这套文献资料的一个极好机会，遂于2004年向国家清史编纂委员会正式提出申请，并于2005年获得通过，正式立项。

这套《清末立宪运动史料丛刊》总的要求是，能够较为全面地反映这场运动的发展全貌，对该运动发生的历史背景、酝酿与兴起、发展和声势、它与民主革命运动及清廷预备仿行立宪的关系、立宪团体、立宪派人士的思想与活动，以及该运动对于中国近代社会历史所造成的影响诸方面，均得到合乎实际的说明。

以往《中国近代史资料丛刊》的编辑方法大致有三种：一是按资料的类型进行整理编辑，如《太平天国》；二是按事件发展进行编辑，如《辛亥革命》；三是二者结合，如《第二次鸦片战争》。本套文献资料大体依照第三种形式，从以下八个方面对相关资料进行搜集、整理与编辑：一、立宪运动的酝酿与发动；二、立宪派与革命派的论战；三、清廷的预备仿行立宪；四、立宪团体；五、国会请愿运动；六、资政院；七、各省谘议局；八、有关立宪运动的外文资料。谘议局文献的选编范围涉及12个行省，即顺直谘议局、奉天谘议局、吉林谘议局、山西谘议局、山东谘议局、江苏谘议局、浙江谘议局、福建谘议局、广东谘议局、江西谘议局、湖南谘议局、四川谘议局。参加本项目的成员及分工如下：中国社会科学院近代史研究所李细珠研究员（立宪运动的酝酿与发动、福建谘议局），清华大学马克思主义学院王宪明教授（立宪派与革命派的论战、有关立宪运动的外文资料），首都师范大学历史系迟云飞教授（清廷的预备仿行立宪），北京大学历史系尚小明教授（立宪团体、国会请愿运动、山西谘议局、山东谘议局），中国人民大学历史学院牛贯杰副教授（资政院、湖南谘议局、广东谘议局），北京师范大学历史学院邱涛副教授（顺直谘议局），中国社会科学院法学研究所孙家红副研究员（奉天谘议局、吉林谘议局），上海图书馆上海科学技术情报研究所高洪兴研究员（江苏谘议局），广东警官学院法律系沈晓敏教授（浙江谘议局），中山大学历史系廖伟章教授（广东谘议局），南昌大学历史系黄志繁教授（江西谘议局），四川大学城市研究所何一民教授（四川谘议局）。

值得说明的是，这套文献资料丛刊立项伊始，清史编纂委员会考虑到我年事已高，故建议增加一位项目主持人，我们经过商议，聘请复旦大学历史系戴鞍钢教授为主持人。项目进行期间，他审阅了700余万字的文稿，并提出具体的修改意见，帮助我承担了不少审阅初稿的任务。牛贯杰副教授承担了大量烦琐沉重的学术辅助工作。清史编纂委员会文献组的王汝丰教授、出版组孟超编审对本项目给予了特别的关心与指导。没有他们的帮助，很难相信这套文献资料丛刊能够如期完成，在此表示诚挚的谢意。同时，山西人民出版社的领导也给予了特别的关注，编辑们付出了辛勤的努力，在此一并致谢。

当然，囿于种种因素，我们不可能将22个行省的谘议局文献全部搜求于内，只选择性地摘取了12个行省的相关文献，这些省份涵盖了沿江沿海、中原腹地、京畿重地与清王朝的龙兴之地——吉林与奉天两省。此外，我们对各省谘议局文献的选编原则以谘议局本身文献为主，因此，规模方面无法做到整齐划一，而且数量各有不同。这些不足和局限，衷心期待学术界进行批评和补正。

2014 年 10 月

凡例

一、本文献为类编资料，资料来源均在正文结尾处标明。

二、本文献按照立宪运动发生、发展的脉络分为三十卷，各卷内容为：第一卷，立宪运动的酝酿与发动；第二卷，立宪派与革命派的论战；第三至六卷，清廷的预备仿行立宪；第七至八卷，立宪团体；第九至十卷，国会请愿运动；第十一至十二卷，资政院；第十三卷，顺直谘议局；第十四至十五卷，奉天谘议局；第十六至十七卷，吉林谘议局；第十八卷，山西谘议局；第十九至二十卷，山东谘议局；第二十一至二十二卷，江苏谘议局；第二十三卷，浙江谘议局；第二十四至二十五卷，福建谘议局；第二十六卷，广东谘议局；第二十七卷，江西谘议局；第二十八卷，湖南谘议局；第二十九卷，四川谘议局；第三十卷，有关立宪运动的外文资料。

三、文献史料如有原名，一律沿用；如没有原名，则由整理者自行拟定，文中注明。

四、资料原文所用繁体字，在不会造成歧义的情况下改为通行简化字。某些具体人名、地名不在此限。异体字、通假字尽量保持文献原貌。

五、本书在纂辑过程中，对清末惯用的一些字词，悉仍其旧，如"豫备立宪"、"豫算"、"筹画"、"画一"、"澈底"、"坐次"、"帐目"、"缕晰陈之"、"详晰"、"人材"、"发见"、"札覆"、"叠次"、"身分"、"省分"、"择尤"等。文中还有许多反复出现的字词属于此种情形，不在此一一列举。

六、文献资料均由编者标点、分段与校勘。错别字用（ ）标出，并于〔 〕中标明正确字，脱字以【 】标明，衍字以〈 〉标明，无法辨识文字和原公文中故意省略之字，均以□标示。

七、原稿繁体竖排，今改为简体横排。原稿中"左"、"如左"、"左列"、"右"、"如右"、"右列"等文字均保留原貌，一律不作改动。

八、为便于读者更好地利用资料，整理者对有必要加注的地方一律加注，以脚注标明。

整理说明

一、本辑收录清末奉天省谘议局及相关史料，共分为五编：第一编，筹设开办；第二编，开局议事、议案及其他活动；第三编，辛亥革命后之变迁；第四编，各属自治会、议事会、董事会、参事会等相关活动；第五编，回忆及其他评论。

二、为求全面了解奉天谘议局的来龙去脉，本辑所收资料时间跨度，上自光绪三十三年（1907），下讫民国二年（1913）。与此同时，在收录奉天谘议局直接史料外，与之密切关联的各府厅州县自治会、议事会、董事会等资料也一并囊括其中，以便给读者提供更为广阔的史料基础，俾使对于清末民主宪政、地方自治运动获得丰富的认知体会。

三、本辑所收史料，主要来源有二：1. 历史档案；2. 报刊旧籍。大致以时间为序，进行排列，并将旧历纪年一律改为公元纪年。其中，前者仅标注档案的形成时间，后者除标注刊载时间外，同时注明文献出处。其中难免因为出版和发表时滞，部分内容可能存在时序错乱，细心读者自能察之。对于史料日期不明确者，大致仍以内容和时间进行归类排列，附于文末，并保持旧历纪年。

四、原稿中"如右"、"如左"等字样，皆保持原貌，不作更动。对于史料原件中的错讹脱落，区别对待。凡错字皆置于（）内，然后将改正后的字置于其后，并加以〔〕。凡脱落而可以确定者，则径补入之，并在所补文字外加【】，以作标识。凡脱落严重，或原件模糊不清，无法辨识者，根据行间字数，以□标示。凡衍字，以〈〉括之，表示删除。

五、本辑之编校整理，由本人独立承担，不假他手。然兹事体大，文字浩繁，错讹诚所难免，敬希读者诸君不吝赐教。

编者谨识

庚寅秋月于北大中关新园

目录

上 卷

第一编 筹设开办

一、设局选举

吏部咨东三省总督钦奉上谕设立谘议局……001
督抚札为奉上谕设立谘议局并派张民政司创办一切章程由……002
议长钱能训拟设立谘议局之计划……003
奉天详志创设谘议局事宜……007
奉天谘议局呈报启用关防日期由……008
宪政编查馆咨东三省总督为设立谘议局毋庸另定规则由……009
奉天谘议局呈禀两帅文……009

奉天谘议局饬发调查奖励书札文……………………………………………… 010
奉天谘议局调查员呈报件数统计表……………………………………………… 011
奉天谘议局遵札汇送自治规章请咨覆鄂督由…………………………………… 012
奉天谘议局大绅会办选举………………………………………………………… 012
奉天省谘议局分发第一次报告书札文…………………………………………… 013
奉天谘议局名誉调查员第二次出现……………………………………………… 013
奉天谘议局札饬各属调查展限三个月札文……………………………………… 014
奉天谘议局筹设自治研究所之消息……………………………………………… 015
奉天谘议局第三次名誉调查员出现……………………………………………… 015
奉天谘议局考验各属学员………………………………………………………… 016
自治研究所与谘议局之异同……………………………………………………… 016
宪政编查馆咨东三省总督奉天巡抚为改设谘议局筹办处并发原奏清单
　等由………………………………………………………………………………… 017
奉省自治局之预备………………………………………………………………… 018
谘议局呈为遵饬改为谘议局筹办处请改发关防由…………………………… 019
奏为设立谘议局筹办处折………………………………………………………… 021
筹办谘议局汇志…………………………………………………………………… 022
筹办谘议局汇志…………………………………………………………………… 022
谘议局筹办处呈报开用谘议局筹办处关防日期并缴旧关防恳请核销由……… 023
筹办谘议局汇志…………………………………………………………………… 023
谘议局呈报调查事竣……………………………………………………………… 024
奉天之谘议厅……………………………………………………………………… 025
谘议局筹办处呈请填官厅表由…………………………………………………… 025
谘议局筹办处呈送筹办处章程请鉴核示遵由………………………………… 027
奉天谘议局筹办处札发选举章程文…………………………………………… 030
奉天谘议局各章程札发自治会文………………………………………………… 030
筹办谘议局汇志…………………………………………………………………… 031
奉天都统训示司选员调查员之词………………………………………………… 032
奉天司选员奏定章程之研究……………………………………………………… 032

目 录

筹办谘议局汇志 …………………………………………………… 033
奉天请款筹拨选举经费札谕 ……………………………………… 034
东三省总督徐世昌奏改设谘议局筹办处并附设自治研究所折 … 035
筹办谘议局汇志 …………………………………………………… 036
奉天自治学员任选举调查事之札谕 ……………………………… 036
各省谘议局聘请宪政公会员 ……………………………………… 038
奉天拟定选举期限要札 …………………………………………… 038
吏部咨东三省总督遵旨设立谘议局筹办处一折奉旨由 ………… 039
奉天关于谘议局筹办之通则 ……………………………………… 040
奉天饬地方官关系选举调查要札 ………………………………… 041
奉天选举调查员办事规则 ………………………………………… 042
奉天张司使训示选举调查员 ……………………………………… 043
奉天张司使覆司选员袁金铠问选举疑义函 ……………………… 043
筹办谘议局汇志 …………………………………………………… 044
谘议局筹办处通饬各属调查员办事规则 ………………………… 045
谘议局批驳协助选举 ……………………………………………… 046
奉天谘议局批兴京选举情形 ……………………………………… 046
奉天谘议局筹办处覆承德调查员质疑函 ………………………… 047
奉天关于选举事宜之批示 ………………………………………… 048
汇记奉天谘议局批示 ……………………………………………… 048
奉天谘议局批示录要 ……………………………………………… 049
奉天民政使致各府州县函（为催促选举事） …………………… 050
奉天谘议局批示汇录 ……………………………………………… 050
奉天谘议局复司选疑问 …………………………………………… 051
奉天谘议局调查省城户口 ………………………………………… 052
奉天谘议局饬领选举经费 ………………………………………… 053
奉天谘议局关于选举要批 ………………………………………… 053
奉宪政编查馆电释选举疑义要札 ………………………………… 054
民政司覆西安县函（为解释选举疑义事） ……………………… 055

奉天谘议局关调查员之通饬……………………………………………………056
奉天选举敬避御名之要札……………………………………………………057
奉天张司使覆调查员函………………………………………………………057
奉天谘议局关于选举要批……………………………………………………058
筹办谘议局汇志………………………………………………………………058
奉天谘议局筹办处批示………………………………………………………059
奉天谘议局筹办处札发办事规则文…………………………………………062
筹办谘议局汇志………………………………………………………………063
奉天谘议局筹办处拟订开票所办事细则……………………………………064
奉天谘议局筹办处拟订投票所办事细则……………………………………066
筹办谘议局汇志………………………………………………………………067
筹办谘议局汇志………………………………………………………………068
筹办谘议局汇志………………………………………………………………069
奉天省选举合格人确定之总数………………………………………………069
奉天省选举合格人确定之总数………………………………………………071
奉天省选举合格人确定之总数………………………………………………073
奉天谘议局筹办处文牍………………………………………………………074
东督致宪政编查馆电…………………………………………………………075
奉天全省选举人数及议员分配额数表………………………………………076
奉天谘议局筹办处通饬全省四十五初选区举行投票日期文………………078
筹办谘议局汇志………………………………………………………………079
筹办谘议局汇志………………………………………………………………080
筹办谘议局汇志………………………………………………………………080
初选举开票……………………………………………………………………081
初选举开票……………………………………………………………………082
初选举开票……………………………………………………………………084
初选举重开票…………………………………………………………………085
初选举重开票…………………………………………………………………085
举行初选举开票………………………………………………………………086

初选举重开票	087
预备初选举投票	087
预备举行复选举	088
复选举开票	089
复选举开票	089
奉天谘议局议员题名	090
奉天谘议局议员题名表	091
奉天谘议局议员题名表（续，再选）	092
奉天全省议员题名表	094
奉天初选当选人题名表（续）	095
奉天初选当选人题名表	097
奉天初选当选人题名表	097
奉天初选当选人题名表	099
奉天初选当选人题名表（续）	100
议案预备会再志	103
奉天谘议局全体议员公呈	103
奉天谘议局筹办处照会	104
奉天谘议局筹办处通札	105
奉天议员分属调查呈督抚宪文	105
奉天全体议员广征意见书	106
奉天谘议局致议员之函	108
预备议案	109
复选举诉讼	111
东督奉抚召集议员公文	111
覆议员研究调查所问疑义由	112
议员驻省额数办法	112
电商常驻议员额数	113
谘议局筹办处呈报饬令议员研究调查会各干事准备开会以前一切事务由	113

咨催应行筹备事宜 …………………………………………………………… 114

调查局致地方自治筹办处请再送调查报告书一本 ………………………… 114

二、建筑修造

谘议局筹办处呈请建筑奉天全省谘议局由 ………………………………… 116

谘议局筹办处呈为请饬度支司拨付建筑谘议局经费由 …………………… 117

建筑奉天全省谘议局请立案折 ……………………………………………… 119

谘议局建筑大楼 ……………………………………………………………… 120

筹建谘议局 …………………………………………………………………… 120

札据谘议局呈称该局楼房渗漏请饬原包工程人补修由 …………………… 121

奉天全省谘议局呈为楼房渗漏恳饬原承修人克日修补由 ………………… 122

营缮科为签覆谘议局各房渗漏饬工修理完竣再行禀知由 ………………… 123

奉天全省谘议局与民政司为修补谘议局大楼渗漏往来公函 ……………… 124

奉天府呈报奉委验收谘议局工程尚无朦混由 ……………………………… 125

呈为委员验收奉天全省谘议局工程并送各结（副呈） …………………… 126

翁令巩呈送承修奉天谘议局工程清册由 …………………………………… 127

呈据前工程局长翁令巩呈送承修奉天全省谘议局工程销册由 …………… 127

咨据前工程局长翁令巩呈送承修奉天全省谘议局工程销册由 …………… 128

奉天临时省议会为议场渗漏致民政司函 …………………………………… 129

三、人员经费

奉省遵章筹指谘议局经费的款折 …………………………………………… 130

署民政司使张呈报开办谘议局请派人员并请发给关防经费由 …………… 130

谘议局呈拟用款改为月领并将预算表呈核由 ……………………………… 132

谘议局为裁并员司并改定薪津情形呈请鉴核由 …………………………… 133

谘议局呈覆遵宪批裁减薪津并工役杂项由 ………………………………… 134

谘议局呈覆遵批裁减薪津并工役杂项由 …………………………………… 136

奉天全省谘议局呈送光绪三十三年十二月员司薪津公费等项
　　造册请销并送减平由 …………………………………………………………… 136
谘议局呈送补扣司书减平银两由 ………………………………………………… 137
谘议局呈造上年十二月份薪津等项造册请销札饬民政司知照由 ……………… 138
民政司张呈请札派佥事董元亮问谘议局随同办事照章月支夫马费由 ………… 139
奉天全省谘议局呈送光绪三十三年十二月份经常费四柱清册由 ……………… 139
奉天全省谘议局呈送光绪三十三年十二月份局员薪水扣存减平银
　　两清册由 ………………………………………………………………………… 144
奉天全省谘议局呈送补扣司书减平银两由 ……………………………………… 144
奉天谘议局呈送职局三十四年正月经常费报销清册并扣存减平银两
　　呈请饬销由 ……………………………………………………………………… 145
谘议局呈报职局庶务文牍掌理各课员先后改派乞备案由 ……………………… 146
谘议局呈报职局记录掌理编辑先后改派乞备案由 ……………………………… 147
呈覆职局委派编辑课员林树棻出身履历请示遵由 ……………………………… 148
谘议局呈报李宣泌接充本局记录课员由 ………………………………………… 148
谘议局呈报委派承德兴仁两班调查员四员充编辑课员由 ……………………… 149
谘议局呈请以本司疆理科佥事陈希贤仍充职局襄理员由 ……………………… 150
谘议局呈报职局司书何鸿光调充会计课员由 …………………………………… 151
谘议局呈报职局课员与附设之自治研究所课员互调由 ………………………… 151
宪政编查馆咨东三省总督应于三十五年办理各省出入数目预算决算由 ……… 152
谘议局筹办处呈请指拨各府州县选举经费由 …………………………………… 153
谘议局筹办处呈报该处遵照定章委派局员由 …………………………………… 154
谘议局筹办处呈送核减预算表请饬下度支司备案由 …………………………… 156
谘议局筹办处呈请饬下度支司预筹谘议局经费的款以备应用由 ……………… 156
谘议局筹办处呈送职处经费简明表并抄录简章请核咨由 ……………………… 157
咨送谘议局筹办处经费简明表简章并查覆该处经费在何款项下动拨由 ……… 158
奉天谘议局筹办处经费简明表 …………………………………………………… 160
奉天度支司呈为遵饬核议谘议局所需常年经费拟指本省税捐动用
　　应请奏咨立案由 ………………………………………………………………… 161

札为度支司呈覆核议谘议局常年经费拟指奉省税捐项下动支应
  请奏咨立案由…………………………………………………………… 162
奉天度支司呈为奉批谘议局经费由税捐款项下动支请饬民政司叙稿奏咨由 …… 162
东三省总督奉天巡抚为遵章筹措谘议局经费的款由…………………… 163
咨度支部为遵章筹指谘议局经费的款请备案由………………………… 164
度支部咨奉天巡抚为谘议局筹办处经费碍难动用正款应照前咨办理由……… 165
谘议局筹办处呈报改委刘挺英等充筹办处暨自治研究所庶务差由………… 166
度支部咨覆东三省谘议局经费文………………………………………… 167
奉天谘议局筹办处呈为编辑事竣各员改派销差请备案由……………… 167
奉天民政司、度支司呈为奉札准度支部咨奉省谘议局经费
  不准动支税捐正款等情遵饬会议由…………………………………… 168
民政度支司呈为奉札准度支部咨奉省谘议局经费不准动支税捐
  正款等情遵饬会议由…………………………………………………… 169
奉天民政司度支司为会呈选举经费拟由车捐动支奉批遵饬由………… 170
谘议局筹办处呈为拟就谘议局公费薪金清单遵札呈覆具文
  呈请鉴核示遵由………………………………………………………… 171
奉天谘议局议员禀请开办及图书各费恳请核发速行购备由…………… 172
谘议局筹办处呈为遵批核减谘议局开办及图书费数目请示遵由……… 174
谘议局筹办处呈为谘议局旅杂费预备各项数目大略据情转呈请示遵… 175
札据谘议局筹办处呈为遵批核减谘议局开办及图书费数目请示遵由… 176
谘议局筹办处呈送各属开支选举经费清册恳请核咨由………………… 177
谘议局筹办处呈送选举各项用款报销清册共三本恳请核销由………… 178
谘议局筹办处呈送开支各属选举经费报销清册由……………………… 178
谘议局筹办处呈送开支各属司选员夫马杂费报销清册由……………… 180
谘议局筹办处呈送开支印刷选举章程册表执照票簿报告书
  并一切纸张报销清册由………………………………………………… 181
据谘议局筹办处呈送各属开支选举经费清册恳请核查由……………… 183
据谘议局筹办处呈送选举各项用款报销册请核销等情饬司
  分别核销核收由………………………………………………………… 184

地方自治筹办处呈为遵批另造选举各项用款报销册计三本恳请核咨由………… 184

据地方自治筹办处呈送选举各项用款报销册呈请核咨等情
　咨部备案由………… 185

奉天度支司为奉札筹办处缴回选举经费余剩银两列收申缴清册由………… 186

度支司为奉札筹办处缴回选举经费余剩银两列收申缴清册由………… 186

地方自治筹办处为遵批呈送各属选举经费暨谘议局筹办处
　按月经常费各清册请查核由………… 187

据地方自治筹办处呈送各属选举经费暨谘议局筹办处总清
　各册等情咨部查核由………… 188

度支部咨选举经常费司选车马费由车捐项下垫拨自应照准惟
　选举费究由何款动用未据声叙由………… 189

准度支部咨为选举经常费并司选车马费由车捐项下垫拨惟
　选举费由何款动用应速覆部由………… 191

札准度支部咨为选举经常费并司选车马费由车捐项下垫拨惟
　选举费由何款动用应速覆部由………… 191

地方自治筹办处呈为查覆部驳选举册报数目不符请鉴核由………… 192

地方自治筹办处呈为遵批呈送前谘议局筹办处司选员衔名单请咨部由………… 193

度支部咨查谘议局筹办处经常费用册内旧管银七十七两前案
　无据报销补送由………… 194

自治筹办处呈覆部驳选举册数目不符并开送司选员衔名单等情由………… 195

准度支部咨奉省谘议局筹办经费用册内旧管存银未据报销无凭
　核办应令补造等因饬遵由………… 196

地方自治筹办处呈为补将原设谘议局用费清册呈请报部由………… 196

地方自治筹办处呈为遵批查明原设谘议局经费由税捐项内动支
　请咨部由………… 197

地方自治筹办处呈送谘议局筹办处用款清册并查明经费银由税捐项
　内动支由………… 198

度支部咨为奉省原设谘议局筹办处经费册报销错误准予更正等因
　札行由………… 200

四、不确定日期档案散件

准吏部咨钦奉上谕设立谘议局由……………………………………………… 201
通饬各司道府厅州县预筹设立谘议局派张民政司使创办一切章程
　并派奉天府管守为自治局长由…………………………………………… 202
民政局呈为创设谘议局请刊发木质关防由………………………………… 202
札委民政司佥事荣厚等随同谘议局办事并饬度支司拨给
　开办经费由………………………………………………………………… 203
奉天全省谘议局呈按月经常费预算案清单………………………………… 204
札谘议局毋庸另定规则由…………………………………………………… 206
札委民政司户籍科佥事董道元亮派兼谘议局随同办事由………………… 206
札为民政司佥事荣厚、毛祖模、陈希贤等开去随同谘议局办事
　兼差并停支夫马费由……………………………………………………… 207
札度支司核销奉天谘议局呈送光绪三十四年正月经常费报销清册
　并饬核收扣存减平银飞由………………………………………………… 208
札据谘议局呈报庶务文牍掌理各课员先后改派乞备案由………………… 208
札据谘议局呈报委派李生宣泌接充该局记录课员由……………………… 209
札据谘议局呈遵批查明拟派编辑课员林树棻出身履历
　可否照准派充请示遵由…………………………………………………… 209
札准谘议局呈报委派承德兴仁两班调查员四员充编辑课员
　乞备案饬度支司知照由…………………………………………………… 210
札据谘议局呈请以该司疆理科佥事陈道希贤仍充该局襄理员由………… 211
札据谘议局呈覆以该局司书何鸿光调充会计课员请查核由……………… 211
札据谘议局呈报该局课员与附设之自治研究所互调由…………………… 212
准宪政编查馆咨饬该局改为谘议局筹办处并发原奏清单等由…………… 212
札调查谘议局准宪政编查馆咨应于三十五年办理各省出入数目
　预算决算由………………………………………………………………… 213
札据谘议局筹办处呈请指拨各府州县选举经费由………………………… 214

札据吏部咨东三省总督徐遵旨设立谘议局筹办处一折奉旨由……………… 214
札据谘议局筹办处呈报遵照定章委派局员由……………………………… 215
饬核谘议局筹办处预算表备案由……………………………………………… 215
谘议局筹办处呈请饬司预筹经费的款以备应用由………………………… 216
札据谘议局筹办处呈请饬度支司拨付建筑谘议局经费由………………… 217
札据谘议局筹办处呈报改委刘挺英等充筹办处暨自治研究所
　　庶务差请查核备案由……………………………………………………… 217
咨为各属选举经费仍由税捐项下动支详细造册俟选举事竣
　　再行咨送由………………………………………………………………… 218
札为各属选举经费仍由税捐项下动支详细造册俟选举事竣
　　再送部由…………………………………………………………………… 219
度支部咨谘议局经费一折奉朱批并合将各项银两核实动支
　　按年造册报销由…………………………………………………………… 220
度支部咨覆东三省谘议局经费文…………………………………………… 221
札据谘议局筹办处呈编辑事竣各员改派销差请备案由…………………… 222
营缮科一等科员翁巩呈请派员验收谘议局工程并送图结由……………… 222
札据翁科员呈请派员验收谘议局工程由…………………………………… 223
札准度支部咨覆奉省谘议局筹办处经费碍难动用正款应照前咨
　　办理等因饬司会商拟定办法呈候核咨由………………………………… 224
札为谘议局可决租赋之清理一案公布施行由……………………………… 224
札准谘议局函请派员详验设法补苴早日动工等因饬即遵照由…………… 225

五、相关报道及其他

奉省治源论…………………………………………………………………… 226
论行省设御史宜领谘议局独立……………………………………………… 227
祝奉天地方自治会成立……………………………………………………… 228
论开会宜扩张民权…………………………………………………………… 229
论地方自治亦安插人才之一术……………………………………………… 231

论自治之研究………………………………………………………… 232
论人民自谋自治最易议成官民之冲突………………………… 233
开官智欤？开民智欤？……………………………………………… 235
敬告奉天的同胞……………………………………………………… 236
公署内设立宪政筹备考核处片…………………………………… 237
奉省筹备立宪第一年期奏报成绩折……………………………… 238
筹备宪政第二届成绩并第三届筹办情形折…………………… 239

第二编　开局议事、议案及其他活动

一、第一次常年会

谘议局开会日期……………………………………………………… 242
互选正副议长及常驻议员揭晓…………………………………… 243
奉天谘议局开局礼式次序………………………………………… 243
奉天谘议局开局志盛………………………………………………… 244
督抚宪谘议局开局之训词（附答词）…………………………… 245
奉天谘议局互选正副议长及常驻议员…………………………… 246
奉天谘议局开局汇志………………………………………………… 246
奉天谘议局旁听规则………………………………………………… 249
奉天谘议局招待规则………………………………………………… 251
奉天谘议局开幕纪事………………………………………………… 251
奉天谘议局督抚议案标题…………………………………………… 252
奉天谘议局会议纪事………………………………………………… 253
奉天谘议局致谢各处及催意见书………………………………… 253
呈缴谘议局筹办处关防请核销由………………………………… 254
谘议局筹办处咨明呈准改为地方自治筹办处由……………… 254

奉天谘议局开议纪事	255
谘议局筹办处咨明开办日期并启用关防由	256
奉天谘议局近日议事录	256
奉天谘议局纪事	257
奉天谘议局分配职员	258
奉天谘议局会议日记	259
奉天谘议局致浙江谘议局函	259
奉天谘议局会议日记	260
奉天督抚对谘议局公文用札之札行	261
奉天谘议局会议日记	261
谘议局筹办处咨明刊成奉天谘议局筹办处第二次报告书由	262
谘议局筹办处咨明拟就全省府厅州县地方自治研究所详细通则由	262
督抚提放谘议局之议案	263
谘议局互选资政院议员纪事	264
奉天谘议局会议日记	264
奉天谘议局会议日记	265
奉天谘议局会议日记	265
奉天谘议局会议日记	266
奉天谘议局会议日记	266
奉天谘议局会议日记	267
奉天谘议局会议日记	267
奉天谘议局会议日记	268
谘议局筹办处咨明编成调查报告书由	268
谘议局筹办处咨明编成奉省自治筹办方法由	269
奉省谘议局议场纪事	269
谘议局呈交议清理租赋一案议决由	270
奉天谘议局闭会式概况	272
咨报谘议局之议案	273
奉天谘议局宣布议决案	273

奉天谘议局宣布议决案 …………………………………………………… 275
奉天谘议局宣布议决案 …………………………………………………… 277
奉省谘议局议决案交办 …………………………………………………… 278
奉天谘议局议决案 ………………………………………………………… 279
谘议局决议案分别札发核办 ……………………………………………… 281
奉天度支司呈为遵饬办理变通清赋章程一案拟由司另定详细章程
　　再行呈明核办由 …………………………………………………… 281
据度支司呈为遵饬办理清赋章程一案拟由司另定详细章程再行
　　呈明核办等情行局查照由 ………………………………………… 283
奉天谘议局议决案实行 …………………………………………………… 283
奉省谘议局预算常年经费 ………………………………………………… 284
谘议局为申明局章第二十二条凡本局议案遇有不以为然之处
　　应令覆议由 ………………………………………………………… 284
饬司核议整顿学务之议案 ………………………………………………… 285
奉省谘议局开会闭会暨会议情形折 ……………………………………… 286
拟定奉天谘议局开办常年各经费请立案片 ……………………………… 287
札催司道照办各议案 ……………………………………………………… 287
奉天谘议局广征意见之通告 ……………………………………………… 288
谘议局议决案实行 ………………………………………………………… 288
执法分科 …………………………………………………………………… 289
审察谘议局议案 …………………………………………………………… 289
奉天禁烟拟照谘议局议案再行缩短期限折 ……………………………… 290
谘议局图书遗失 …………………………………………………………… 291
议长不受津贴 ……………………………………………………………… 291
奉天省谘议局为成立请愿即开国会同志会奉天支部事致各界各团体函 … 292
限禁有吗啡之戒烟药 ……………………………………………………… 294
东三省联合会成立 ………………………………………………………… 294
谘议局为呈请颁发行政会议厅新章即会议厅简章与各员衔名清单由 …… 295
奉天全省国会代表举定 …………………………………………………… 295

谘议局开临时会议 … 296
谘议局临时会开幕纪盛 … 296
奉天谘议局临时会议事录 … 297
奉天谘议局临时会议事录 … 298
奉天谘议局纪事 … 298
谘议局提议开海路事 … 299
请看谘议局连日之议案 … 299
奉天谘议局纪事 … 300
谘议局议准典契投税之办法 … 300
呈准议定代收牛马捐税之办法 … 301
谘议局对于边外烧酒之意见 … 301
奉天谘议局纪事 … 302
奉天谘议局纪事 … 302
谘议局规定单行章程调取档案 … 304
谘议局呈请检交议案 … 304
水灾募捐事务来函照录 … 305
札谘议局覆议韩侨入境之办法 … 306
谘议局预备开会 … 306
奉天谘议局纪事 … 307
谘议局预检议案之忙碌 … 307
电催议员克期到局 … 308
谘议局征求意见书 … 308
谘议局拟组织舆论报 … 309
奉天谘议局纪事 … 309
谘议局代呈清丈局浮收荒价 … 310

二、第二次常年会

谘议局预备开议 … 311

奉天谘议局第二次常年会开会礼志盛 …… 311
奉天谘议局第二次常年会开会日袁副议长答词 …… 313
奉天谘议局第二次常年会议事周表（一） …… 314
奉天谘议局第二次常年会九月初三日议事录 …… 315
奉天谘议局第二次常年会九月初四日议事录 …… 315
奉天谘议局第二次常年会九月初五日议事录 …… 316
奉天谘议局第二次开会情形 …… 316
督宪派到局代陈意见委员 …… 317
奉天谘议局第二次常年会九月初六日议事录 …… 318
谘议局开会志盛 …… 318
奉天谘议局第二次常年会九月初八日议事录 …… 318
锡督演说之深切 …… 319
谘议局议会之开始 …… 319
谘议局开幕后提议之事件 …… 320
奉天谘议局第二次常年会九月初九日议事录 …… 320
奉天谘议局第二次常年会九月初十日议事录 …… 321
谘议局提议速开国会 …… 322
谘议局禁止旁听之议案 …… 322
奉天谘议局第二次常年会九月十一日议事录 …… 323
奉天谘议局汇录 …… 324
奉天谘议局第二次常年会九月十二日议事录 …… 325
奉天谘议局第二次常年会九月十三日议事录 …… 326
奉天谘议局覆各府厅州县各团体函 …… 327
奉天劝业银行与募公债并归一事 …… 327
督宪派员到谘议局代陈意见 …… 328
奉天设立银行案决议 …… 328
奉天谘议局议事周表（二） …… 329
奉天将以国会事激变 …… 329
奉天谘议局第二次常年会九月十六日议事录 …… 330

奉天谘议局第二次常年会九月十七日议事录	331
奉天谘议局第二次常年会九月十八日议事录	332
奉天谘议局第二次常年会请议答复书	332
申明谘议局责任及权限	333
奉天全省谘议局呈请代奏即开国会奏稿	333
奉天谘议局第二次常年会九月十九日议事录	336
奉天谘议局第二次常年会九月二十日议事录	337
奉天谘议局第二次常年会九月二十二日议事录	338
提议组织矿业会	339
奉天谘议局第二次常年会九月二十四议事录	339
奉天谘议局第二次常年会九月二十五日议事录	340
奉天谘议局与国会	340
奉天谘议局第二次常年会九月二十六日议事录	341
奉天谘议局汇录	342
奉天谘议局汇录	343
奉谘议局对于不交豫算之办法	345
谘议局加展议期志闻	345
谘议局审查预算案之忙碌	346
谘议局大开各界团体会议	346
谘议局请展议期	347
谘议局预算财政之办法	347
谘议局之大会议	348
奉天请愿国会之百折不回	348
谘议局闭会纪事	349
奉天谘议局反动车捐之用意	349
谘议局拟开临时会定期	350
奉天谘议局纪事——临时会议事录	350
请开矿产以充自治经费	350
奉天谘议局汇录	351

第四次请愿国会者之流血	354
人民将请求代奏	354
请开国会之热血	355
奉天人对于国会之热血	355
奉天全省人民请锡督代奏明年即开国会呈稿	356
奉人第四次请愿国会之详志	357
奉天谘议局纪事——临时会议事录	362
谘议局为第四次请愿国会之要电	363
奉天谘议局纪事——临时会议事录	363
奉天国会请愿代表出发	364
奉天谘议局纪事——临时会议事录	365
奉天谘议局纪事——临时会议事录	366
东省对国会之毅力	366
札饬妥议提前赶办自治办法	367
奉天谘议局纪事——临时会议事录	367
奉天国会代表大举入京	368
奉直两省人民联合	368
奉天之国会运动种种	369
谘议局调查枪毙民命案	373
谘议局又要捣乱	374
奉天谘议局纪事	374
锡督之热血当冷水矣	375
请裁（漏）〔陋〕规之批示	376
奉天代表之去留	376
东省国会代表之回籍	377
奉天谘议局纪事	377
陈议员之建议案	379
奉天谘议局纪事	380
租税之大会议	381

奉天札饬妥拟盐厘之办法……………………………………………… 381
奉省士民恳留清帅督东之血诚………………………………………… 382
奉人挽留锡督之公函照录……………………………………………… 383
奉天谘议局汇录………………………………………………………… 384
劝业银行则例…………………………………………………………… 386
建议变通八旗官兵改练陆军以祛虚糜而求实用案…………………… 391
呈为建议变通八旗官兵改练陆军以祛虚糜而求实用案批…………… 393
关于地租之整顿质问草案……………………………………………… 395
不负责任之谘议局议长………………………………………………… 395
奉天谘议局等组织临时防疫会………………………………………… 396
督部堂批谘议局议案二则……………………………………………… 396
谘议局议请裁撤同城县缺……………………………………………… 397
奉天谘议局通告书……………………………………………………… 397
奉天谘议局纪事………………………………………………………… 400
奉天谘议局纪事………………………………………………………… 402
奉天谘议局纪事………………………………………………………… 403
推举局长………………………………………………………………… 406
奉天预算成立…………………………………………………………… 407
奉天各界欢宴防疫员志盛……………………………………………… 407
议长之尸居余气………………………………………………………… 409
奉谘议局与赵督之融洽………………………………………………… 409
电催议长晋京近讯……………………………………………………… 410
奉省预算告成…………………………………………………………… 410
奉天各界公饯锡清帅…………………………………………………… 410
奉天谘议局纪事………………………………………………………… 412
奉省预算告成…………………………………………………………… 412
谘议局拟监督外款……………………………………………………… 413
是果热心教育耶………………………………………………………… 413
谘议局拟要求监督借款用途…………………………………………… 414

奉天谘议局纪事……414
奉天谘议局纪事……415
监督借款用途之建议……415
奉天谘议局纪事……416
袁议长旋奉……416
谘议局亦将取缔……417
饬查谘议局近情……417
谘议局议请改订豆税暂行从缓……418

三、来往电文

宪政编查馆致各省督抚电……419
宪政编查馆致东三省督抚电……420
宪政编查馆致各省督抚电……420
宪政编查馆致电三则……421
宪政编查馆致各省督抚电……421
宪政编查馆致奉天等省督抚电……422
宪政编查馆致各省督抚电……422
宪政馆与各省往复电文……423
宪政编查馆致各省督抚电……423
奉天与资政院往来电文二则……424
晋省梁议长谢致各省谘议局函……425
东督与宪政编查馆来往电……426
资政院接收奉天谘议局来电……426
奉天谘议局致资政院电……427
资政院致各省电……427
资政院接收来电……428
资政院接收各省来电……428
资政院接收各省来电……429

资政院致奉天等省谘议局电一则 ………………………… 429

资政院请送意见书之要电 ………………………………… 430

四、相关报道及其他

国会问题 ………………………………………………… 431

论各省谘议局宜届期办齐 ………………………………… 431

奉天谘议局成立感言 ……………………………………… 433

论各省须编制豫算案提议于谘议局 ……………………… 434

论各省民皆宜开谘议局研究会 …………………………… 436

论各省谘议局宜将重要议案提出 ………………………… 438

摄政王注重谘议局事宜 …………………………………… 439

议员解诂 …………………………………………………… 440

论督抚与谘议局宜和衷共济 ……………………………… 441

奉省拟立新政研究会 ……………………………………… 443

谘议局争公文式之无效 …………………………………… 443

谘议局不议交涉之问题 …………………………………… 444

宗室觉罗互选资政院议员委金梁为管理员片 …………… 445

论谘议局当历年发达 ……………………………………… 446

督抚榜示本省资政院议员 ………………………………… 447

奉天人民之爱国热 ………………………………………… 448

奉天学界拟还国债之消息 ………………………………… 449

奉天互选资政院议员之决果 ……………………………… 449

英人注意谘议局反对新协约 ……………………………… 450

谘议局不议军费之问题 …………………………………… 450

锡督与东三省 ……………………………………………… 452

奉天地方自治筹办处办理情形并预算常年经费折 ……… 453

锡督禀派金梁充互选管理员 ……………………………… 454

资政院选举问题 …………………………………………… 455

调查宗室觉罗选举议员 …………………………………………………………… 455
论地方自治为宪政之根本 …………………………………………………………… 456
资政院议员覆加选定陈瀛洲等三名片 ……………………………………………… 457
论筹还国债之得失 …………………………………………………………………… 458
实行地方自治之理由 ………………………………………………………………… 461
奉天民政司榜示有资政院议员资格者 ……………………………………………… 462
禁止粮谷外运问题 …………………………………………………………………… 462
京师国会期成会之投函 ……………………………………………………………… 464
再请速开国会感言 …………………………………………………………………… 465
自治筹办处与法库学员 ……………………………………………………………… 466
选举停止办公 ………………………………………………………………………… 467
互选资政院商界议员 ………………………………………………………………… 468
原立法权 ……………………………………………………………………………… 468
奉省政界近闻 ………………………………………………………………………… 470
商界资政院议员选定 ………………………………………………………………… 470
国会请愿纪事 ………………………………………………………………………… 471
筹备宪政第二年第二届成绩并下届筹备情形折 …………………………………… 471
遵将奉省宪政考核处改为宪政筹备处片 …………………………………………… 474
自治区域之划定 ……………………………………………………………………… 474
东省行政会议厅之人才 ……………………………………………………………… 475
奉天政界近讯 ………………………………………………………………………… 475
奉天清理财政局呈为嗣后凡谘议局及各署局关于财政议案
　　呈请批准后恳祈饬知由 ………………………………………………………… 476
为试办省预算敬告各省谘议局 ……………………………………………………… 477
谘议局联合会议之内容 ……………………………………………………………… 478
直省谘议局议员联合会章程 ………………………………………………………… 478
直省谘议局联合会临时办事处办事规则 …………………………………………… 481
代表团提交谘议局联合议案 ………………………………………………………… 482
各界对于新民水灾之热心 …………………………………………………………… 483

呈请国会未开以前政府不得收商办铁道为官有之理由	484
各省商办铁路公举检查员议案	485
论借款须经资政院若谘议局之议决	486
资政院议员启程赴京	489
资政院议员过奉赴京之荣幸	490
各界之演说热	490
资政院议员来信近闻	491
东三省总督锡良奏筹备宪政折	491
论国民不可徒望治于政府	494
锡督请开国会之内容	496
地方自治谭	496
各省谘议局愿明年国会	498
论政府议收买民选议员事	498
国会代表团决议解散	499
缩短国会之示谕将揭晓矣	500
学界大开欢迎会	500
奉天议员注重外交矣	501
国会请愿代表通问各省同志书	501
东三省之国会热	502
东三省国会之悲观	503
奉到保持舆论之字寄	503
督宪对于国会之热诚	504
公民奴隶辨	504
奉省预算之亏数	505
时事小言——代表求差	506
伦贝子注重民选议员	507
四十万两小亏空	507
度支部试办宣统三年各省各衙门预算总说（摘录）	508
奉天缩短自治成立年限	509

第四次国会请愿之先声 …………………………………………… 510
本日请开国会之计划 …………………………………………… 510
各省谘议局经费 ………………………………………………… 511

第一编　筹设开办

一、设局选举

吏部咨东三省总督钦奉上谕设立谘议局

　　吏部为知照事。内阁抄出光绪三十三年九月十三日奉上谕，朕钦奉慈禧端佑康颐昭豫庄诚寿恭钦献崇熙皇太后懿旨，前经降旨，于京师设立资政院，以树议院基础。但各省亦应有采取舆论之所，俾其指陈通省利病，筹计地方治安，并为资政院储材之阶。著各省督抚均在省会速设谘议局，慎选公正明达官绅创办其事，即由各属合格绅民公举贤能，作为该局议员，断不可使品行悖谬、营私武断之人滥厕其间。凡地方应兴应革事宜，议员公同集议，候本省大吏裁夺施行。遇有重大事件，由该省督抚奏明办理。将来资政院选举议员，可由该局公推递升。如资政院应需考查询问等事，一面行文该省督抚转饬，一面径行该局具覆。该局有条议事件，准其一面禀知该省督抚，一面径禀资政院查核。其各府州县议事会一并预为筹划，务期取材日宏，进步较速，庶与庶政公诸舆论之实相符，以副朝廷勤求治理之意。钦此钦遵，抄出到部。相应知照可也。须至咨者。

右咨东三省总督

1907 年 11 月 1 日

（整理者案：同日咨奉天巡抚文，内容相同，略而不录。下同。）

督抚札为奉上谕设立谘议局并派张民政司创办一切章程由

奉天行省总督徐、巡抚唐为遵饬事。案准吏部咨，内阁抄出光绪三十三年九月十三日奉上谕，钦奉慈禧端佑康颐昭豫庄诚寿恭钦献崇熙皇太后懿旨，前经降旨于京师设立资政院，以树议院基础。但各省亦应有采取舆论之所，俾其指陈通省利病，筹计地方治安，并为资政院储材之阶。著各省督抚均在省会速设谘议局，慎选公正明达官绅，创办其事。即由各属合格绅民公举贤能，作为该局议员，断不可使品行悖谬、营私武断之人滥厕其间。凡地方应兴应革事宜，议员公同集议，候本省大吏裁夺施行。遇有重大事件，由该省督抚奏明办理。将来资政院选举议员，可由该局公推递升。如资政院应考查询问等事，一面行文该省督抚转饬，一面径行该局具覆。该局有条议事件，准其一面禀知该省督抚，一面径禀资政院查核。其各府州县议事会一并预为筹划，务期取材日宏，进步较速，庶与庶政公诸舆论之实相符，以副朝廷勤求治理之意。钦此钦遵，抄出到部。相应知照可也等因。准此，查谘议局系钦奉特旨饬设，事关重要，当经饬据谘议厅议长钱参赞妥为计划，呈核前来，自应照议试办。即派张民政司使创办一切章程，详拟呈核。原设之自治局，即附于该局之内。派奉天府管守为自治局局长，业经分饬，将应行预备事宜认真筹办。为此合行札知。札到该厅，即便查照可也。此札。

右札仰承宣厅准此。

1907 年 11 月 15 日

议长钱能训拟设立谘议局之计划

谨按谘议局系奉旨著各省设立，以为采取舆论之所，前经本厅付议，而各议员或谓改谘议局为省议事会，或谓改谘议局为资政厅，或谓宜伸张民权，不欲官绅合办，或谓宜裁撤谘议厅，别设谘议局，论说闳达，各有见地。议长窃谓欲创办一事，必先考究其性质。今试举各国议院议事会之组织，与奉省谘议厅、自治局与谘议局情形之异同及关系，又考察资政院之设施，并恭绎上谕之意旨，研究奉省人民之程度，数者既定，则谘议局之本位明，本位既明，乃可定设局之办法。今试为条举如左：

（一）谘议局与谘议厅性质之不同

一、谘议局者，纯为议事机关，而谘议厅则行政官厅中之议政机关也，则机关不同。

二、谘议局为人民之代表，而谘议厅则为国家之官吏，则地位不同。

三、谘议局目的在于筹计地方，为人民之代议，谘议厅目的在于佐理行政，为督抚之参谋，则任务不同。

四、谘议局以发表意思为止，而谘议厅则议定即与执行机关相联络，则权限不同。

故谘议厅为钦命之官吏，而谘议局则为选任之官绅。谘议厅有受人统辖与统辖人之限制，而谘议局则但受监督而不受统辖。谘议厅有行政上所应办之事，而有为谘议局意思所不愿之事。谘议厅之议员受俸给，为本厅官吏之性质；谘议局之议员为名誉职，筹划自己之性质，故一由札委，一由互选。据以上不同之点，则厅与局可谓两无干涉，似不必以谘议二字相混，遂欲改一方面之名称也。

（二）谘议局与议院性质之异同

资政院既为议院基础，而谘议局即为资政院储材之阶，议员即由此公推递升，则该局俨有议院之性质。又如指陈通省利病，筹计地方治安，则几为全省监督议事机关。凡行政上、地方上之事，均得干涉之，则该局又俨有议院之权限。然有与各国议院不同者，试列如左：

一、各国议院均采二院制，全国只有上下二议院，不似各省分议机关。其不同一。

二、上下议院开会召集议事，均有一定之时期，不似谘议局为各省常设机关。其不同二。

三、各国上下议院立于对等之地位，不似资政院、谘议局之有阶级。其不同三。

四、各国下议院均由人民选举议员，不似谘议局为官派官绅与民选议员之合议组织。其不同四。

五、外国上议院多以贵族、元老二院，及勅任议员组织之，而下议院则由民选，不似此可以公推递升。其不同五。

由是观之，则该局与议院互有异同，即不应视为议院之办法。

（三）谘议局与议事会性质之异同

谘议局者，曰指陈通省利病，筹计地方治安，是显然有参议通省政治之性质，而不仅在地方自治。此广义之解释也。若就狭义之解释，即按诸天津议事会章程，议事会之权限亦相吻合。其第二十八条云：议事会所决议之事，（一）本县下级自治团体之设立事宜；（二）自治事务（如教育、实业、工程、水利、赈恤、消防、卫生、市场、警察费等）之创设改良，并其方法事；（三）地方入款之清厘及筹集事；（四）地方经费之预算、决算事；（五）地方公款公产及利息之存储并动用事；（六）董事会副会长、会长、会员被人指摘之处分事。其第三十二条云：议事会得上条陈于地方官。第三十三条：议事会对于地方官所办之事，得上书质问，地方官应解答之。第三十四条：议事会得受人民地方利弊之条陈，酌量议行，或批却之。第三十五条：议事会得代人民申述其困苦不能上达之事于地方官，并调处民事上之争议。合上数条观之，即按之指陈通省利病、筹计地方治安二语之范围，亦属相合。惟地方官在于州县，则指州县官；在于省会，则对于督抚耳。其实一也。以此论之，则谘议局之性质，即省议事会之性质也。其不同之点，则谘议局由督抚慎选官绅创办，及地方公举贤能为议员，为官绅之合议制。而议事会则纯由地方人民选举，而不涉于官。然细按之，谘议局与议事会亦复不异。州县议事会议员，所以由本地人民选举者，为其熟于本地情形，利害切己也。若移而置于省，岂能尽各州各县而尽悉其利弊。故合官绅而组织之，又由各属合格绅民公举贤能，作为议员，俾以众人之知识，集省会之大成。故上谕云"各府州县议事会一并预为筹划"，曰"预为筹划"者，是明知现在人民程度不及，而先由省会创办谘议局，以为筹划之所也。由是观之，则该局与议事会异少而同多，组织之方，不能不少示变通也。

（四）谘议局与资政院及督抚之关系

论各国议事会皆有议事独立权，今创办之官绅由督抚慎选，其有品行悖谬、营私舞弊者，督抚得摈斥之。核议之事，候本省大吏裁夺施行。是纯以督抚钳束之也。其曰资政院选举议员，可由该局公推递升，又曰资政院应需考察询问等事，一面令该局具覆；核议事件准其一面速禀资政院查核，是亦恐督抚之偏重，而以资政院为之统系也。此为议事会不同之要点。

（五）谘议局与自治局之不同

自治局者，为办理组织自治机关之机关，其本体并非地方自治机关也，亦非地方议事机关，故但有办事员而无议及地方事务之议员。若谘议局，则为地方议事机关，故对于地方事务，有发言权。其关系者，不过借自治以创设组成谘议局、府县会耳。所谓自治局者，谘议局之母，而谘议局者，自治局之产出物也。且自治局者，俟组织府县会成之后，终必裁撤，故以之附设谘议局内为宜。

总论

合上各节研究之，谘议局以表面观之，似有议院之性质，其实即为省议事会也。于此可推测政府之意思。

（一）谘议局纯为预备之办法，一面为养成下议院之知识，一面即筹划地方自治之省机关。

（二）谘议局有活动之性质，其地位可为议院预备，又可为自治机关，以便随时改良，不至蹈一成不变之弊。

由上二者之宗旨，可得办法之要领。但欲筹办法，不可不先筹度地方情形。

内地各省户口既繁，区域亦定，人民知识程度较东省为优。若东省则百事草创，尽待经营，州县区域尚须分设，户口未繁，财力薄弱，人民程度更为幼稚，无事不仰赖国家为之经理擘画。设使于知识未裕之本地人民，使参议事务，担任则不足，阻挠则有余，大为东省进步之阻碍。此东省不能与内地同一办法也。即外国亦不能不以地方情形为比例，即如日本对于北海道、冲绳县、台湾与内地亦有种种不同之组织，盖不得不因地制宜也。然于办法之中，又不可不知二弊：一，求速效。夫府州县议事机关，必得地方绅民之有能力信仰者少数之人，知设立谘议局与府县会之所以然，而后可以灌输知识，使人知自治为地方应享之权利，为应担之义务，而后要求事件，亦不至紊乱秩序，为无意识之举动。若求速效，急于各府州县遍设局所，人民尚未能知其所以然，则财力虚縻，民不信用，必至蹈有名无实、虚行故事之弊。即今天津议事会既成立，派遣外府州县自治学员至本地宣明宗旨，开所演讲，迄无听者。又劝励本地绅士担任义务，则皆相望而去。直隶如此，东省更可知矣。其二则曰延玩之弊。故必酌量地方情形，为程度适合之办法，程度日进，则办法亦与之俱进。此不易之理也。今目前之办法，要当以筹划预备为宗旨，敬陈管见于左：

（一）谘议局之组织。以民政司或提学司为创办官长，选各署中人员有法律知识及熟于地方情形者为参议员。但兼事不兼薪，可酌给车马费若干。再选地方绅士，或富于学识者，或有资产，或为人所信仰者，以无劣迹为断，为创办参议员，以为名誉职，亦给车马费。其有为公事调查等费，均由公给。

（二）谘议局之地位。谘议局当在自治局外另设一机关，而以自治局附属之，使筹办地方事宜，可以互相参证。俟将来外府州县会以次成立，即改自治局为奉天府董事会或议事会。

（三）谘议局办法之次序。一面筹办谘议局，一面当预备办法如左：

一、应陈明政府：东省系创设行省，当因地制宜，与内地办法先后次序稍有不同。

二、通饬各属府州县：（子）调查户口之多寡；（丑）调查地方城市村落之肥瘠繁简；（寅）调查地方绅民之知识程度，一面由各属详报，一面派员调查。调查既明，分为阶级，以次筹办府州县会。择其程度财力稍可担任地方事务者，先行开办。其开办之标准，总以地方有要求之知识，有担负之能力为断。

三、遍张告谕，使绅民得陈悉地方利病于地方官，一面呈督抚。但所陈事件，以公益为限。

以上各节，遵上谕之宗旨，参各国之办法，酌地方之情形，于目前将来可以循序渐进，办法或不至窒碍。敬陈管见，伏候钧裁。

议长钱能训谨拟

（图略）

附：批

所拟谘议局计划，照议试办。即派张民政司使创办一切章程，详拟呈核。原设之自治局即附于该局之内，派奉天府管守为自治局局长，应行预备事宜，著即认真筹办。（十四日）

1907 年 11 月 19 日

奉天详志创设谘议局事宜

奉天全省谘议局在前交司开设一节，已纪本报。兹悉上月二十二日，两帅札委民政司创办全省谘议局，以管太守为局长，筹计地方治安，并将原有自治局附设谘议局内。二十七日，民政司札委留日法政毕业生罗永绍、王济辉、仕学馆教员郭进修三君，充该局议员，参订章程，于本月初四日开局。兹将民政司札示照录如左：

札饬事。案奉督抚宪札谕，筹设全省谘议局，集议地方应兴应革事宜，派民政使司创办一切章程，详拟呈核。原设之自治局即附入谘议局内，派奉天府管守为局长，认真筹办等因。奉此，查本司前管之自治局，所定办法，系参酌人民知识程度，先预备而渐及实行。其派遣各属调查员，调查该属惯例，以为编订全省法典之基础，拟办自治制研究所，为培养执行决议之人才。现在遵设谘议局，原以筹计地方治安为宗旨，并为资政院储材之阶，与从前自治局所定惯例调查、法制考订二科，及拟办研究所之意义，实相吻合。自应将局中原设考订、调查二科归入谘议局内，由本司兼理。其原派各属调查员，应归谘议局管辖。所有报告各件，直呈本局。其现议附设之奉天府自治局，当由管守另行妥筹办理。除呈明督抚宪鉴核备案，暨分行外，合行札饬。札到该局，即便遵照，并转饬各调查员一体知照。特札。

《盛京时报》，1907年12月12日

奉天谘议局呈报启用关防日期由

奉天谘议局为呈报事。案奉宪台札发职局木质关防一颗，饬即查收，并将启用日期具报等因。奉此，职局遵于十一月十四日启用关防，理合具文呈报，仰祈宪台鉴核。须至呈者。

右呈奉天行省总督徐、巡抚唐

附：批

据呈已悉。缴。（十一月十七日）

1907年12月20日

宪政编查馆咨东三省总督为设立谘议局毋庸另定规则由

钦命宪政编查馆王大臣为咨行事。本年九月十三日钦奉懿旨，著各省督抚均在省会速设谘议局，慎选公正明达官绅，创办其事，即由各属合格绅民公举贤能，作为该局议员等因。钦此。钦遵在案。查谘议局关系重要，所有选举议员及职掌权限，应如何明定之处，宜有详细章程，通行各省，以归画一而免异同。本馆现正会同资政院参酌中外，悉心厘订，一俟就绪，即当奏明请旨颁行，以资遵守。现在各省自应毋庸另订规则，致出两歧。相应咨行贵督，查照办理可也。须至咨者。

右咨东三省总督

1907 年 12 月 20 日

奉天谘议局呈禀两帅文

（为派绅司选事）为呈请遴派大绅，会办选举事。案奉宪台札委本司兼充谘议局长，所有应办事宜，自应悉心筹划，以期无负委任。恭读九月十三日上谕，著各省督抚，均在省会速设谘议局，慎选公正明达官绅，创办其事，即由各属合格绅民，公举贤能，作为该局议员，断不可使品行悖谬、营私武断之人，滥厕其间。凡地方应兴应革事宜，议员公同集议，俟本省大吏裁夺施行。恭绎旨意，则职局议员自应早为选就。惟选举方法，现系创办，不能不格外慎重，以防流弊。拟在职局设选举处一所，以经理关于选举之一切事项，即由本司率同在局员司，分任其事。惟局员多来自外省，非有本省公正明达之大绅，会商办理，无以周知地方情形，而资臂助。拟请宪台选派大绅，来局司选，以便咨商，而符名实。是否有当，理合将职局筹设选举处缘由，并缮具试办选举章程，呈请宪台鉴核。

《顺天时报》，1908 年 2 月 13 日

奉天谘议局饬发调查奖励书札文

为札发事。照得本局派遣勘查员，前往各属实地调查，限以六个月蒇事。时期既迫，事务甚繁，端赖各地方官督率有方，尤赖各该员等勤奋从事。计自开办以来，详阅各员按旬呈报各件，其中实事求是、克副委任者颇不乏人。而以承德、铁岭、海城班调查为尤著，洵堪嘉尚。若不稍予奖叙，殊不足以资观感而策勤劳。李生遇棠、崔生肇纶、李生巨源、崔生清伦、富生元、郑生朴、王生锡侯、秦生之藩、王生玉泉、王生广纯，均著记功一次，并各给奖励书一份，以示鼓励。合行札饬。札到该县，即便饬发各该员遵照承领。仍仰督令认真调查，勿得始勤终怠，以无负本局期望嘉奖之意。切切此札。

《盛京时报》，1908 年 2 月 13 日

奉天谘议局调查员呈报件数统计表

班名	员数	呈报件数	班名	员数	呈报件数
承德	四	八八	西丰	二	二八
兴仁	四	一〇三	西安	一	二一
本溪	二	四二	柳河	一	同上
辽阳	四	四一	凤凰	四	一一〇
辽中	二	四三	东河	二	一八
铁岭	四	一七九	岫岩	二	三六
开原	二	四六	安东	四	一〇四
法库	四	九中	宽甸	二	三一
金州	二	一二	盘山	二	五二
复州	二	四四	锦西	二	六八
盖平	二	四四	锦县	二	五四
海城	二	七八	广宁	二	五四
营口	四	一〇五	义州	二	四〇
昌图	四	五二	宁远	二	三八
同江	二	四六	绥中	二	二九
辽源	二	四〇	兴京	二	一九
奉化	二	三四	通化	二	三二
康平	一	一二	临江	一	五
怀德	二	三六	怀仁	二	八
新民	四	八九	辑安	一	六
彰武	二	二〇	洮南	一	七
镇安	二	三四	开通	一	一〇
海龙	二	六八	靖安	一	一六
东平	二	一八	安广	一	七
总数	四八班	一〇八员	一三一六件		

备考：表列件数均以十二月一九日收到为限。

《盛京时报》，1908年2月13日

奉天谘议局遵札汇送自治规章请咨覆鄂督由

　　为呈送事。案奉宪台札开,案准湖广总督咨开,据湖北全省地方自治局、司道详称,前奉札饬,筹议开办湖北全省地方自治局等因。奉此,遵即克日会商办理设局,业经禀报宪台在案。查地方自治,各省情形虽有不同,而办事纲要,大致无异。奉、直两省自治局开办较早,办理著有成效,拟请宪台咨行奉、直地方自治局,一切规章表册及各项刊印之件,一并汇寄来鄂,札发职局,以备参考。所有拟请咨取奉、直两省地方自治规章等件,理合具文详请鉴核等情,到本督部堂。据此相应咨请,为此合咨贵部堂,请烦查照,迅即饬局将一切规章表册及各项刊印之件,各检二份,恳祈一并汇集来鄂,以便转发参考,望切施行等因。准此,合即札饬。札到该局,即便遵照汇呈各项章程,以凭咨覆等因。奉此,查全省自治局事宜业经先后呈准,划归职局办理,其案卷等件亦统归保存。兹奉前因,理合将地方自治一切规章表册等项,各检二份,呈送宪台察核汇咨。须至呈者。

《盛京时报》,1908年2月14日

奉天谘议局大绅会办选举

　　谘议局局长民政司张司使呈请两帅,遴派大绅,会办选举事,已经前报。兹闻两帅业于日前照会盛京都统多公,为该局大绅,即日到局会办选举,以实合官绅合办之旨云。

《盛京时报》,1908年3月6日

奉天省谘议局分发第一次报告书札文

札发事。案查本司上年十二月间，奉督抚宪委办谘议局事务，并札发设立谘议局计划一本，饬即照议试办等因。嗣经呈准开办简章，及照拟各项章程规则，分别呈明在案。查本局之设立，于指陈通省利病，筹计地方自治，并预备资政院之咨覆等事，均负责任，关系至为重要。惟事属创行，向无成例。权限之划定，内容之组织，及选举议员之手续，地方官容有未及周知之处，非预为研究，确有把握，将来举行各项事务，无以收官民联络，推行尽利之效。特将开办以来文牍章规，裒集为报告书，区分甲、乙二编，汇印成帙，分发各属，藉便浏览，以资研究。除本局应办事宜，另行随时核定，逐一饬知外，合将第一次报告书札发。札到该□，即便遵照。要知现在新政初行，诸事均须研究，自甘后觉，实碍前途。且人民当程度幼稚之时，正官长为父母师保之日，观瞻所系，政绩攸关，幸勿视为具文，致误要政。倘查阅各项有疑难之条件，不妨径函本局，呈请剖析。本局当必逐件解释答复，总期于法理事实，毫无疑误，庶几知行并进，阻碍尽销，于宪政前途，所关实非浅鲜。切切特札。

《顺天时报》，1908 年 3 月 21 日

奉天谘议局名誉调查员第二次出现

谘议局各属调查员，经局长张司使于上月间择优给发奖励书，已经前报。兹闻各员均闻风兴起，勤奋将事，所呈报告，争求改良。兴仁班调查员田永新、王

振甲、王家宾、裕然成绩甚著，已各给奖励一份，以为名誉之证据云。

《盛京时报》，1908年3月28日

奉天谘议局札饬各属调查展限三个月札文

　　札饬事。案照本局因前派各属调查员事务繁多，限期已促，拟宽限三个月。业经呈蒙督抚宪批开："呈悉。所陈各节，自系实在情形，应准展限三个月，以期调查详尽。其先期告竣者，仍应随时查销，庶免虚糜款项。仰即遵照办理，并候通饬各属知照。缴"等因。蒙此，查本局各属调查员责任綦重，自经此次展限后，尤应遵照呈定章程事项，与上年十二月间所发表式，迭次通饬所指各项，切实详查。惟各属情势不同，调查之范围条件，既有广狭多寡之殊，即展限亦难一律。应由各该属地方官分别查明，其有地面过广，办事实属困难者，始准其于展限三个月内蒇事。至限期既满，一律截止，决不再延。如其无需展限，或展限不必至三个月者，均饬由各该员据实禀明，并由各该地方官，考察虚实，禀局刻期查销，以免虚糜公款。本局于先期告竣，成绩昭著之员，当酌予奖励。如有任意延误，临期不能竣事，除届期概行撤销外，应即从严惩处，不稍宽贷。为此合行札饬，札到该□，即便查照，并转谕各调查员，一律遵照。所有调查展限期内协助监督等事，该□仍应遵照定章办理。其各该员预定竣事日期，限文到半月内查明，呈局候核，毋稍违误。切切特札。

《盛京时报》，1908年4月5日

奉天谘议局筹设自治研究所之消息

闻民政部前咨奉天行省督抚,先就省城设立自治研究所一处,当经札饬民政司张贞午司使办理,顷已由谘议局筹划办法,呈明督抚宪矣。所以养成一般人民实行自治之知识能力,诚刻不容缓,于将来宪政前途,关系尤非浅鲜。其内容组织之方法,容探悉续登。

《顺天时报》,1908 年 5 月 29 日

奉天谘议局第三次名誉调查员出现

前兴仁、承德、铁岭、海城调查员均蒙谘议局局长张民政司使颁给奖励书,已记前报。顷闻奉化班调查员栗钟华、孟松乔,西安调查员金长绪,调查告竣,表报尤属详实,兹当缴还调查证书,局长张司使又各给奖励书一份,以示嘉许矣。

《盛京时报》,1908 年 7 月 31 日

奉天谘议局考验各属学员

闻谘议局当以本局附设地方自治研究所开学在即，所有各属保送学员，已据陆续投到，自应照章考验，以定去取。兹将考验条例登揭如左：

一、各属地方官保送学员，随到随考，但有各属按照定额送齐到省者，即将该属学员先行考验，以免久候。

一、学员到省时，务须亲身赴局报名，经本局查看后，即行牌示考验日期。

一、学员来局考验，均著牌章。

一、除应用笔墨外，不得夹带片纸只字，违者不录。

一、本局考验后，即将取录者榜示，并取具愿书结，由局给发宿膳等费，静候来局听讲。

《盛京时报》，1908 年 8 月 1 日

自治研究所与谘议局之异同

奉省自治局自裁归自治研究所后，民政司将旧有各员，酌量改委，并拟裁撤数员，以节縻费，业经钦帅批准。惟自治研究所虽附设于谘议局内，其性质仍属并列，而非附属，恐有误会，故又于批词内详细指示矣。

《申报》，1908 年 8 月 4 日

宪政编查馆咨东三省总督奉天巡抚为
改设谘议局筹办处并发原奏清单等由

  钦命宪政编查馆王大臣为咨行事。本馆会同资政院具奏拟呈《谘议局章程》，附加按语，及议员选举章程一折，光绪三十四年六月二十四日内阁奉上谕：朕钦奉慈禧端佑康颐昭豫庄诚寿恭钦献崇熙皇太后懿旨，宪政编查馆、资政院王大臣奕劻、溥伦等会奏拟呈各省谘议局及议员选举各章程一折，谘议局为采取舆论之所，并为资政院预储议员之阶，议院基础即肇于此，事体重大，亟宜详慎厘定。兹据该王大臣拟具各项章程，详加披阅，尚属周妥，均照所议办理。即著各督抚迅速举办，实力奉行。自奉到章程之日起，限一年内一律办齐。朝廷轸念民依，将来使国民与闻政事，以示大公，因先于各省设谘议局，以资历练。凡我士庶，均当共体时艰，同抒忠爱，于本省地方应兴应革之利弊，切实指陈，于国民应尽之义务，应循之秩序，竭诚践守，忽挟私心以妨公益，勿逞意气以紊成规，勿见事太易而议论稍涉嚣张，勿权限不明而定法致滋侵越，总期民情不虞壅蔽，国宪咸知遵循。各该督抚等，亦当本集思广益之怀，行好恶同民之政，虚公审察，惟善是从，庶几上下一心，渐臻上理。至于选举议员，尤宜督率各该地方有司，认真监督，精择慎取，断不准使心术不正、行止有亏之人托足其内，致妨治安。该王大臣所陈要义三端，甚为中肯。如宣布开设议院年限一节，自是立宪国必有之义，但各国宪政本难强同，要不外乎行政之权在官吏，建言之权在议员，而大经大法，上以之执行罔越，下以之遵奉弗违。中国立宪政体，前已降旨宣示，必须切实预备，慎始图终，方不至托空言而鲜实效。著宪政编查馆、资政院、王大臣督同馆院谙习法政人员，甄采列邦之良规，折衷本国之成宪，迅将君主宪法大纲暨议院选举各法择要编制。并将议院未开以前逐年应行筹备各事，分期拟议胪列，具奏呈览。俟朝廷亲裁后，当即将开设议院年限钦定宣布，以立臣工进行之准则，而副吾民望治之殷怀，并使天下臣民晓然于朝廷因时制宜、变法图强之至意。钦此钦遵。查谘议局关系重要，选举事宜尤属创办，此次所订章程，头绪繁多，条文细密。各省如有疑义，应随时咨询本馆，以便详为解释，俾免歧误。其选举票、投票匦及当选执照等件，亦经拟定格式，期归一律。现在谘议局尚未成立，各省应就省会地方先行设立该局筹办处，由督抚钦遵谕旨，选派公正明达官绅，创办其事。所有各省现设之谘议局，应一律改称谘议局筹办处，俾免混淆，俟一年内筹办就绪，谘议局成立后，即按照此次奏定章程办理，将筹办处概行裁撤。其筹办处详细章程，由各省自行酌定，仍咨送本馆备查。至谘议局开办后，与地方官吏来往公文体制，督抚用札行，司道以下用照会，谘议局均用呈文，并应由本省督抚刊给该局木质关防，以资钤用。相应恭录谕旨，刷印原奏清单，并选举票式、投票匦式、初选当选及议员执照式，共四纸。咨行贵督抚，钦遵查照办理可也。须至咨者。

计刷印原奏请单一本，选举票等式一套外，另寄原奏清单及选举票等式一百份，由邮局寄送东三省总督、奉天巡抚。

右咨东三省总督、奉天巡抚

附：批

应请饬机要科刊"谘议局筹办处"木质关防一颗，发交该局钤用，并饬将谘议局关防呈销。（八月初七日）

1908 年 8 月 13 日

奉省自治局之预备

奉省调查局前年即议兴办，以经费无出，至今尚未定议。日前徐菊帅照会张侍御瑞荫，充调查局总办，并将前此咨议厅议设之编纂图书处裁撤，改并该局。至于局中一切章程规则，即由张总办率同各员，速为规定。一俟议有端绪，即行禀办。刻闻各该员正在筹拟该局规制,并料理一切。

《申报》,1908年9月17日

谘议局呈为遵饬改为谘议局筹办处请改发关防由

谘议局为呈请事。窃职局于光绪三十四年二月十日奉宪台札开,准宪政编查馆咨开,本馆会同资政院具奏,拟呈《谘议局章程》,附加按语,及议员选举章程一折,光绪三十四年六月十四日内阁奉上谕:朕钦奉慈禧端佑康颐昭豫庄诚寿恭钦献崇熙皇太后懿旨,宪政编查馆、资政院王大臣奕劻、溥伦等会奏,拟呈各省谘议局及议员选举各章程一折,谘议局为采取舆论之所,并为资政院预储议员之阶,议院基础即肇于此,事体重大,亟宜详慎厘定。兹据该王大臣拟呈各项章程,详加披阅,尚属周妥,均照所议办理。即著各督抚迅速举办,实力奉行。自奉到章程之日起,限一年内一律办齐。朝廷轸念民依,将来使国民与闻政事,以示大公,因先于各省设谘议局,以资历练。凡我士庶,均当共体时艰,同抒忠爱,于本省地方应兴应革之利弊,切实指陈,于国民应尽之义务、应循之秩序,竭诚践守,勿挟私心以妨公益,勿逞意气以紊成规,勿见事太易而议论稍涉嚣张,勿权限不明而定法致滋侵越,总期民情不虞壅蔽,国宪咸知遵循。各该督抚等亦当本集思广益之怀,行好恶同民之政,虚公审察,惟善是从,庶几上下一心,渐臻上理。至于选举议员,尤宜督率各该地方有司认真监督,精择慎取,断不准使心术不正、行止有亏之人托足其内,致妨治安。该王大臣所陈要义三端,甚为中肯。如宣布开设议院年限一节,自是立宪国必有之义,但各国宪政本难强同,要不外乎行政之权在官吏,建言之权在议员,而大经大法,上以之执行罔越,下以之遵奉弗违。中国立宪政体,前已降旨宣示,必须切实预备,慎始图终,方不至托空言而鲜实效。著宪政编查馆、资政院王大臣督同馆院谙习法政人员,甄采列邦之良规,折衷本国之成宪,迅将君主宪法大纲,暨议院选举各法,择要编辑，并将议院未开以前，逐年应行筹备各事，分期拟议，胪列具奏呈览。俟朝廷亲裁后，当即将开设议院年限钦定宣布，以立臣工进行之准则，而副吾民望治之殷怀，并使天下臣民晓然于朝廷因时制宜、变法图强之至意。钦此。遵查谘议局关系重要，选举事宜尤属创办，此次所订章程，头绪繁多，条文细密，各省如有疑义，应随时咨询本馆，以便详为解释，俾免歧误。其选举票、投票匦及当选执照等件，亦经拟定格式，期归一律。现在谘议局尚未成立，各省应就省会地方先行设立该局筹办处，由督抚钦遵谕旨，选派公正明达官绅创办其事。所有各省现设之谘议局，应一律改称谘议局筹办处，俾免混淆。候一年内筹办就绪，谘议局成立后，即按照此次奏定章程办理，将筹办处概行裁撤。其筹办处详细章程，由各省自行酌定，仍咨送本馆备查。至谘议局开办后，与地方官吏来往公文体制，督抚用札行，司道以下用照会，谘议局均用呈文，并应由本省督抚刊给该局木质关防，以资钤用。相应恭录谕旨，刷印原奏清单，并选举票式、投票匦式、初选当选及议员执照式共四纸，咨行贵督抚，钦遵查照办理可也等因。准此，自应钦遵将该局改为谘议局筹办处，并改刊关防，另行颁发外，合行先将原奏清单一本、选举票等九十份札发。札到该局，即便钦遵查照办理。又原奏清单尚有百份，一俟邮寄到来，再行札发该局可也等因。奉此，本司当经遵将谘议局改为谘议局筹办处，惟改刊筹办处关防迄未奉到，一切文件印发，仍用谘议局关防，名实未免不符，应请将改刊谘议局筹办处关防早日颁发，以备开用。除俟奉到改刊关防，届时将原用关防另文呈销外，理合具文呈请宪台察核施行。须至呈者。

右呈奉天行省总督兼署巡抚徐、巡抚唐

附：批

据呈已悉。刊就关防一颗，随批发给，仰即查收启用，并将启用日期暨旧有关防呈候核销。缴。

1908 年 9 月 30 日

奏为设立谘议局筹办处折

东三省总督徐世昌等，奏为设立谘议局筹办处，遴派官绅，预备该局选举事宜，恭折仰祈圣鉴事。窃查本年六月二十五日，宪政编查馆、资政院王大臣等会奏各省谘议局及议员选举各章程一折，钦奉谕旨，著各省督抚迅速举办，实力奉行。自奉到章程之日起，限一年内一律办齐等因。钦此。仰见我皇太后、皇上锐意维新，俯察舆论之至意。正在筹办间，续准宪政编查馆咨开，现在谘议局尚未成立，各省应就省会地方，先行设立该局筹办处。钦遵谕旨，选派公正明达官绅，创办其事等语，咨行前来。查谘议局为采取舆论之所，并为资政院预储议员之阶，议院基础实肇于此。凡有守土之责者，自应广集思益，共济时艰。惟是奉省地广人稀，荒榛初辟，八旗旧仆，世尚武功，编户齐氓，未开新智，骤与商求治理，难期尽合事情，必须积岁月之研究，受见闻之濡染，乃足以渐知体要，用备咨诹。其造端虽微，其收效甚巨。现在创办伊始，头绪纷繁，经臣等于本省官绅中详加遴选，查有提学使张建勋、调江补用道桂平，均属通达治理，宅心正大，堪以派委，综理其事。除已分别檄饬，按照选举区域，选出议员，再行遵照此次奏定章程办理外，其本省因仍旗制尚未设治地方，应如何变通选举之处，及此外尚有变通未尽事宜，并现办章程，容即饬由该处分别拟议，再由臣等咨明宪政编查馆，查核办理。至该处所需经费，应请作正开销。所有遵旨派员，办理谘议局筹办处缘由，除分咨外，理合恭折具陈，伏乞皇太后、皇上圣鉴。谨奏。光绪三十四年八月二十八日，奉朱批：该衙门知道。钦此。

《顺天时报》，1908年9月30日

筹办谘议局汇志

日昨宪政编查馆将选举议员议绅各票式，暨各议绅执照式样，并投票瓯式，印刷成帙，颁发来奉。当由徐督奉抚札发奉天全省谘议局，遵照办理，并将各票式，一律发给，饬令照式呈报。闻刻已由奉抚约同各司道，定期本月初十前后集议此事。

《申报》，1908年10月2日

筹办谘议局汇志

营口官绅商学各界，以开设国会，奉旨九年内逐年应行豫备之事，第一年为谘议局、城镇乡地方自治等项。兹拟先从地方自治入手，关道周寿臣观察，海防厅朱翊周太守，以及工巡、卫生各局总办，绅商学界各代表，特于初一日上午九句钟，群诣商务总会，集议此事，并商办谘议局入手方法。

《申报》，1908年10月8日

谘议局筹办处呈报开用谘议局筹办处关防日期并缴旧关防恳请核销由

　　谘议局筹办处为呈报事。窃照职局于本年八月间奉宪台札，准宪政编查馆咨令设立谘议局筹办处一案，当经呈请将改刊谘议局筹办处关防，早日颁发，以资开用等因。旋奉宪批："呈悉。刊就关防一颗，随批发给，仰即查收启用，并将启用日期暨旧有关防呈候核销。缴。"等因。奉此，职局遵于九月十八日敬谨启用新关防，其谘议局之旧关防遵即呈缴。理合具文将启用筹办处关防日期呈报宪台鉴核，并乞将谘议局旧关防核销备案。须至呈者。

　　计呈缴谘议局关防一颗。

　　右呈奉天行省总督兼署巡抚徐、巡抚唐

局长、民政司使张元奇

附：批

　　呈悉。已将旧关防销毁，仰即知照。缴。

1908 年 10 月 12 日

筹办谘议局汇志

　　奉省谘议局筹办情形，略记前报。现闻东督已派委直隶候补道颜世清观察，为该局参议。

《申报》，1908 年 10 月 19 日

谘议局呈报调查事竣

奉天谘议局呈报督院文云，卷查前全省自治局拟派各属调查员，经拟定名单，呈蒙核准遵派。嗣于上年各该局调查员事宜，划归职局接管，并于本年三月间准将调查期限加展三个月，通饬遵照。各在案。现展期已满，各属调查事件，亦已陆续告竣，正在从事编辑。查呈定章程，该员等报告，例分日记、册报、表报三项，每旬呈局一次，藉便稽核。当经饬令。遵饬兹查该员等呈到日记、表册，统计五千九百二十六件，多至百余页，少或数十页不等。此外附件，如各地矿产标本、山川、建造筑物、奇异物、多数人聚集场等项之影片，与各属全境地图，乡村、屯堡分图，铁道、商埠等详图，计共一百九十一件。历经督饬各局员，逐件钩稽签正，复由本司详细核阅，随加批示。其表册、地图等项，有体例讹舛，或详略失宜者，立即发还，饬令更正。又定章，不许该员等有干预外事，及私索车费等情。派遣以后，本司随加访查，并札饬各地方官，随时禀揭。各该员中，宽甸、安东、怀德、义州等属，因事被控，迭经记过撤差，或归案讯办。其有勤奋从公，成绩优异者，即时发给奖励书，并酌委差使。海城班王玉泉，呈派职局顾问员；承、兴两署李遇棠等四名，呈派职局编辑员。余多选入职局附设之地方自治研究所为学员，以资练习而备委用。此职局办理调查之始末情形也。除赶将报告各件，从速编辑，一俟搜集成帙，另文呈送外，理合先将调查告竣情形，填具简明表，呈请宪台俯赐查核备案云。（干）

《北京大同日报》，1908年11月3日

奉天之谘议厅

奉天徐督帅奏请东省谘议厅议员，拟仿照承宣厅佥事品，添设从四品参事二员，以资佐治等语，昨已奉旨，允如所请矣。

《顺天时报》，1908年11月3日

谘议局筹办处呈请填官厅表由

谘议局筹办处为呈请事。窃照职局调查员调查地方事件，于六月间一律竣事，赶办编辑，业经呈明在案，惟该员之宪台官厅一表尚未查明。现在从事编辑此项表式一份完全，谨呈表式二份，恳请饬将公署内所有一切官制照式填列，以资汇辑，实为德便。除未经填送之官厅各表另行咨取外，理合备文呈请宪台鉴核施行。须至呈者。

附呈表式二份。

右呈奉天行省总督兼署巡抚徐、巡抚唐

附：批

呈悉。所呈官厅表业经照拟开写，仰即照收汇辑。缴。表一份，并缴。（十一月初七日）

附：表

所在地			奉天行省公署						备考
组织	长官	名称	总督			巡抚			查本局各官津贴、薪水均由外支外销，未经报部有案。其补助各官及差役人等俱在公署办公，亦未分注衙门
		人数	一			一			
		职务	总督东三省地方军政、民政、财政、实业、交涉一切之行政，兼管三省将军事务			巡抚奉天全省地方，协调总督管理奉省军政、民政、财政、实业、交涉一切之行政，兼副都统衔			
		俸廉津贴公费	每月食廉二千四百二十五两二钱，津贴二千五百七十四两八钱，公费五千两			每月食廉一千二百一十二两六钱，津贴七百八十七两四钱，公费三千两			
	补助官	名称	秘书官内文案	督办文案、电报处两股	监印委员	先锋官差	遣委员人	武巡捕	
		人数	二	十	七	二	十	四	
		职务	办理三省秘密公牍、兵刑事件、紧要官电及监印事务			办理督抚两辕差遣、采访、迎迓一切事务			
		薪津	每月薪水公费共银四千四百一十八两四钱八分			每月薪水共银一千零六十六两			
	书吏	人数	三	十	四				
		薪津	每月共银三百四十五两二钱四分						
	差役	种类	差弁、戈什、号房、护兵、轿夫、马夫、伙夫、各室听差						
		人数	一百六十七						
		薪水	每月饷需工食共银二千一十一两二钱六分						

1908 年 11 月 27 日

谘议局筹办处呈送筹办处章程请鉴核示遵由

谘议局筹办处为呈送事。窃职处前奉宪台札准宪政编查馆咨发《谘议局章程》及《议员选举章程》，并令将谘议局改为谘议局筹办处。其筹办处详细章程，由各省自行酌定，仍咨送本馆备查，饬令知照等因。当经将遵改筹办处情形呈报在案。惟章程一节，系遵用上年开办谘议局呈准之各项规则，当因划归前全省自治局惯例、调查各科事务在内。旋奉宪札，筹办自治研究所，组织甚繁，不无特别之规定。查调查事项业经呈报完竣，正在赶办编辑。研究所共取学员一百八十名，并逐日督同讲授。现既遵改为筹办处，则规画选举事宜，尤为紧急。所有详细章程，自应略为变通，以符名实，而便遵守。除关系选举各事正在督司各员悉心筹计，一俟届时另文呈请外，合将拟就筹办处详细章程送呈宪台鉴核。如蒙允准施行，乞即径行咨送宪政编查馆备查。须至呈者。

计呈章程一扣。

右呈奉天行省总督兼署巡抚徐、巡抚唐

局长、民政司使张元奇

附：清单

谘议局筹办处谨将改订详细章程，缮具清折，恭呈宪鉴。

计开：

第一章 总 则

第一条 本处奉旨筹办谘议局事宜，故定名为奉天全省谘议局筹办处。

第二条 本处为筹办谘议局之机关，至选定议员及谘议局开局之后，即行裁撤。

第三条 凡关于筹办谘议局一切事宜，均由本处分别次第，详定细则，呈请督抚宪核准施行。

第四条 本处事关全省议政之基础，应由督抚宪选派本省大员及公正明达绅士合办。

第五条 本处呈准督抚宪，附设研究所，以养成谘议局议绅及地方自治人才。其详细规则，另章规定。

第二章　组　织

第一节　分　科

第六条 本处之分科如左：

一、司选科，管理筹计选举办法及检查关于选举一切事。

一、法制科，专管规定关于选举规则及编辑全省调查报告事。

一、文牍科，掌撰拟文书，收发、核对、保存并监用关防等事。

一、庶务科，掌供给收支、预算决算及一切杂务事件。

第七条 （整理者按：原缺）

第二节　职　员

第八条 本处之职员如左：

一、监理一员。

一、大绅一员。

一、襄理一员。

一、参事一员。

一、顾问员无定额。

一、司选科科长一员，司选员无定额。

一、法制科科长一员，编辑员无定额。

一、文牍科科员二员。

一、庶务科科员二员。

一、助理员无定额。

第三节　职　务

第九条 监理由督抚宪札委，总理本处一切事务。凡本处各员司，自参事以下，概由监理札委督率。

第十条　大绅由督抚宪选派，会同监理筹办选举事宜。

第十一条　襄理由督抚宪委任，襄助处中一切事务。若监理因公外出，得为临时代理。

第十二条　参事禀承监理参预本处事宜，并总管各科事务，及拟核文稿署名。

第十三条　顾问员由监理慎选品行端正绅士，及儒彦硕秀，或驻局，或在外，统供本处之咨询，并协赞选举事务。

第十四条　司选、法制两科科长，文牍、庶务两科科员，均禀承监理，商同参事，专任本科事宜。

第十五条　司选员之职务另章规定。

第十六条　编辑员商承法制科科长担任编辑、调查报告等事。

第十七条　助理员各科事务较繁时，临时添设佐助本科科长或科员，分任本科事宜。

第三章　经　费

第十八条　本处经费由监理拟定预算案，呈请督抚宪核准筹拨。

第四章　附　则

第十九条　本章程自奉督抚宪批示之日起为施行之日期。

附：批

据呈筹办处章程均为妥切，应即照拟试办，并速将限期预备事宜妥为筹备。此缴。章程存。（十一月二十二日）

1908 年 12 月 5 日

奉天谘议局筹办处札发选举章程文

　　札发事。案照本处奉督抚宪札准宪政编查馆咨发,为札发《奏定谘议局章程》及《议员选举章程》,并饬令谘议局改为谘议局筹办处一案,当经遵办呈报,并通饬知照。各在案。查选举议员,为本处应行筹办之急务,关系最为重要,办法又甚复杂。奉省人民程度幼稚,各属乡僻鸾远之地,于谘议局之性质及选举之方法,必多未解。若非先事预备筹度,难免临时棘手。其谘议局及议员选举章程,业由本处呈明督抚宪批准,印刷五千份,分发各属,广为传布。兹经刷讫,应即札发,以便该□逐条研究,并转发所属之学界、商界,及乡屯绅民等,督令认真研究。倘有疑难之处,准其随时函问本处,以求解释。总期官民一体明了,庶将来实行选举之时,得收指臂相联之效。该□须知,选举议员为奉省谘议局成立之要图,亦朝廷预备立宪之基础。查本章所载初选举、复选举各项事情,例归各地方官经理监督,责任綦重。该□若临时未能照章举办,或有办理不善等情,本处惟有据实呈请严参,以为贻误要公者戒,毋谓言之不预也。除随时应办事宜仍候另行饬知外,合将此项章程先行札发。札到该□,即便遵照,并将办理情形克期切实具覆,毋得迟延。切切特札。

《盛京时报》,1908 年 12 月 5 日

奉天谘议局各章程札发自治会文

　　札发事。案照本处奉督抚宪札准宪政编查馆咨发奏定谘议局及议员选举各章

程,并饬令谘议局改为谘议局筹办处一案,当经遵办呈报,并通饬。各在案。查谘议局为立宪预备之机关,而地方自治尤立宪预备之基础。选举议员,本处正在筹办,而与该会之关系尤多。现在奉省人民程度幼稚,于各项新政多未了解。该会负有筹备地方自治之义务,于此项章程亟应认真研究,藉资表率,而广流传。除由本处呈明督抚宪批准,将该章程印刷多份,札发各属地方,转发学、商各界,及各村屯绅民外。合行札发章程多份,札到该会,即便遵照毋违。切切特札。

《盛京时报》,1908年12月6日

筹办谘议局汇志

谘议局筹办处十一月十三日早八时,拣派司选员十六人到局,与自治研究所学员上堂听讲章程。当由民政司张司使宣读训词,云:"今日本处开讲《议员选举章程》,以选举为谘议局最紧要困难之事。若调查不确,办理不善,窃恐宪政尚未成立,先结成谘议局之恶果。此本司日夜所兢兢引为己忧也。查宪政编查馆奏定《议员选举章程》一百十五条,初选、复选各有监督,投票、开票各有管理员、监察员执行一切事宜,本司仅处于监督之地位。然府厅州县于此等事,从未办过,若因循迟误,明年九月,转瞬即至,谘议局不能成立,本司何以塞奉天全省人民之望。故不得不先筹一协助之法。兹已派定法政毕业生,及与办新政有经验者十六员,分赴各属,协助选举,解释章程。并将自治研究所年假,推广一个月,各学员各回本籍,协助调查。仍恐诸君于此项章程或有未尽明了之处,特于本处加班开讲一星期,再行按定所派区域,亲往该处协助地方官办理。就事实论,本司担任筹办处事务,似已勉竭心力。至于协助选举,协助调查,全赖诸君之热心公益,各尽义务,为本省造成一完全无憾之谘议局。使开国会时,奉天议员,得与各直省并驾齐驱,同担负全国之责任,便为本司莫大之荣幸。然本司更有一语与诸君共勉：谘议局者，宪法之小影也。调查不实，协助不善，是得罪于奉天全省之人，且得罪于宪法，愿与诸君共矢斯言。"

《申报》，1908年12月11日

奉天都统训示司选员调查员之词

本省谘议局派定司选调查员，以冀为立宪之基础。是以本地巨绅多都护，深有望于各员，乃演词为训，以资鼓励。略曰："现今世界立宪，乃能强国。谘议局为立宪之基础，选举议员为谘议局成立之要图。诸君充当司选员、调查员，以本地方之人，办本地方之事，责任甚重。对于各处乡民，又要勤勤恳恳，心和气平，以求于事有济。将来谘议局之成立，指陈通省利病，筹计地方治安，皆以此次办理选举为初步，关系何等重大。诸君勉之！"

《盛京时报》，1908年12月18日

奉天司选员奏定章程之研究

谘议局筹办处所派司选员十六员，计本地法政毕业生十四名，曾在局中充当顾问员者二人。闻于二十三日上午八时，齐集局中，研究章程。是日俟张局长、多都护、蒋佥事次第上堂讲演训示后，再由各教员将章程逐条解释云。

《盛京时报》，1908年12月18日

筹办谘议局汇志

东三省总督徐世昌具奏云，上年冬间，就奉天省城设立谘议局，札委民政使张元奇为局长，同时选派大绅盛京副都统多文，会办选举事宜。伏思谘议局有指陈通省利弊，筹计地方治安之责，奉省经前将军赵尔巽奏设合省自治局内，分考订、调查两科，又附设调查员养成会一所，系选录士绅肄业，以预备实地调查之用，与谘议局有直接之关系。当经臣将原设自治局归并该局办理，藉以节省虚糜，统一责任。惟查奉省情形，不同内地，满、蒙、汉客籍士民，历来错处。兵燹以后，户口疆域之变迁，尤属茫无稽考。若非调查确实，将来议员之选举，必多困难。因选派调查员养成会毕业学员一百零八名，分赴各属调查。至本年六月竣事，计得各项表册、地图等，共五千九百五十件，业经饬令赶办编辑，务早成书。旋准宪政编查馆咨知，业经会同资政院，将《谘议局章程》奏允颁发。其现设之谘议局，应改为谘议局筹办处等因，并恭录谕旨，计刷原奏清单，颁行前来。臣钦遵办理，立饬该局改为谘议局筹办处，以归一律。惟是谘议局为预备立宪之机关，而根本尤在地方自治。臣于本年夏间，正在计划，适准民政部查催，将地方自治研究所速为筹办，遵即札饬民政司使张元奇，就该处举办。一面分饬各府厅州县，慎选端正明达士绅送省，迭经考验，取录得学员一百八十名，于八月初十日开学，入所讲求地方自治制度，及各国宪法、议员法、选举法等，以六个月为一学期，限两学期毕业，遣回各属原籍，推广传习，务期风气渐开，人人知以尽义务为己责，则边氓之程度日进文明，庶宪政之萌芽渐臻发达。至筹办处应用经费，业由度支司筹拨，作正开销。十一月二十日，奉旨：该衙门知道。

按：东省即改筹办处，而选举调查应办之事置之不议。即该处总办、会办等员，亦不提及，可称怪事。

《申报》，1908 年 12 月 21 日

奉天请款筹拨选举经费札谕

奉天谘议局为选举经费，业经局长民政司张、管选举事宜盛京副都统多，呈准钦帅筹拨款项，充选举经费，是以特札该局知道，以便遵循办理。札略谓：

札饬事。案照本处呈请督抚宪呈开："为呈请事。窃照职处筹办选举事宜，遵照奏定章程，分别初选、复选区域，以清权限，而专责成，业经列表呈候宪台鉴核在案。查办理选举，用款殷繁，初选、复选两次，所需经费，若非预先筹措，严立标准，其各属苦瘠之地，恐因筹款艰难，迟延时日。否则藉端摊派，扰累闾阎，流弊伊于胡底。兹拟核实预算，酌一数目，呈恳宪台指拨，俾资办公，而免延误。计奉省初选区四十五处，复选区八处，业于前呈表中明白填列。初选事繁，每区拟给三百两；复选事简，每区拨给三十两，共计一万三千七百四十两。明知财政困难，挪拨不易，然查此项数目，直隶一省总额共五万两，奉省仅定四分之一，实在省无可省。谨将各地方初选、复选应支款目，开具详细清单，呈请察核。如蒙宪台批准，乞即设法饬拨，以便具领分给。事竣之后，仍由职处核实呈报，以重公款。须至呈者。附选举经费应用款目清单一扣"等因。旋奉督抚宪批示："呈及开支应用款目清单阅悉，候饬度支部设法筹拨。然当此帑藏奇绌之际，应谆嘱务求撙节，事后仍核实造报，勿稍虚糜为要。缴"等因。奉此，除该款领到，届期另行饬知遵照具领外，合行钞粘清单札发。札到该厅，即便知照。切切特札。

《盛京时报》，1908 年 12 月 22 日

东三省总督徐世昌奏改设谘议局筹办处并附设自治研究所折

奏为奉省原设谘议局,改为谘议局筹办处,并附设自治研究所情形,恭折仰祈圣鉴事。窃前准吏部咨开,内阁钞出光绪二十三年九月十三日奉懿旨,著各省督抚在省会速设谘议局,慎选公正明达官绅,创办其事等因。钦此钦遵,咨行前来。旋准宪政编查馆及资政院先后咨催设立,兹应拟定详细章程颁行等因。当经臣妥为计划,于上年冬间,就奉天省城设立谘议局,札委民政司使张元奇为局长。同时遴派大绅盛京副都统多文,会办选举事宜。伏思谘议局有指陈通省利弊,筹计地方治安之责。奉省经前将军赵尔巽奏设合省自治局,内分考订、调查两科,又附设调查员养成会一所,系选录士绅肄业,以预备实地调查之用,与谘议局有直接之关系。当经臣将原设自治局归并该局办理,藉以节省虚縻,统一责任。惟查奉省情形,不同内地,满、蒙、汉、客籍、土民历来错处,兵燹以后,户口疆域之变迁,尤属茫无稽考。若非调查确实,将来议员之选举,必多困难。因选派调查员养成会毕业学员一百零八名,分赴各属调查,至本年六月竣事。计得各项表册、地图等共五千九百五十件,业经饬令赶办编辑,务早成书。旋准宪政编查馆咨知,业经会同资政院将《谘议局章程》奏允颁发。其现设之谘议局应改为谘议局筹办处等因,并恭录谕旨,计刷原奏清单,颁行前来。臣钦遵办理,立饬该局改为谘议局筹办处,以归一律。惟是谘议局为预备立宪之机关,而根本尤在地方自治。臣于本年夏间,正在计划,适准民政部咨催将地方自治研究所速为筹办,遵即札饬民政司使张元奇,就该处举办,一面分饬各府厅州县慎选端正明达士绅送省,迭经考验,取录得学员一百八十名,于八月初十日开学入所,讲求地方自治制度,及各国宪法、议员法、选举法等。以六个月为一学期,限两学期毕业,遣回各属原籍,推广传习,务期风气渐开,人人知以尽义务为己责,则边氓之程度日进文明,庶宪政之萌芽渐臻发达。至筹办处应用经费,业由度支司筹拨,作正开销。除将简章分别咨送宪政编查馆、资政院、民政部外,所有原设谘议局改为谘议局筹办处,而附设自治研究所缘由,理合恭折具陈,伏乞皇上圣鉴训示。谨奏。光绪三十四年十一月二十日,奉旨:该衙门知道。钦此。

《盛京时报》,1908年12月23日

筹办谘议局汇志

奉省谘议局筹办处现在筹划选举事宜,异常忙碌。已由民政司张贞吾司使,派定本籍法政毕业,及办理新政素有经验之员十六名,充司选员。定于二十三日齐集筹办处,由司使督同参事、教务长、科长,将选举章程,及一切办法,上堂讲授一周,即行分遣各属演说,并协助地方官办理选举事宜。司选员姓名录下:

袁金铠　王玉泉　薛翘如　王澄华　孙甲东　刘鼎臣　张翘汉
黄世芳　任连芳　李蓉镜　齐　奎　马希骊　侯伯方　承　厚
姜毓英　王绍增

《申报》,1908年12月23日

奉天自治学员任选举调查事之札谕

谘议局监理张司使、管选举事宜多都护,以各州县任选举调查事宜,恐难精选多数通人,拟将自治研究所学员担任调查事务。昨呈准钦帅,乃分札各处,遵照办理。札略谓:

札饬事。案照本处呈请督抚宪呈开："为呈请事。窃照职处办理选举事宜，于划清区域、筹拨经费及派遣司选人员各节，业经详拟规则，缮具清单，次第呈候宪核。各在案。按《奏定议员选举章程》第二章第二节第十七条内开，初选举监督，应按照选举资格，详细调查，将合格者造具选举人名册。又第十八条内开，调查时，初选监督应就本管各地方分设选举调查员。选举调查员办事细则，由初选监督拟订，呈请复选监督核定施行等因。是选举调查员，自应由各属照章办理。惟是此项人员，每初选区须有数名，全省四十五初选区，计用人数甚多。各属僻远之地，人才缺乏，财政困难，欲令其精选多数明白之人，地方实恐亦有为难之处。不如体察情形，为之预筹善法。查职处附设之自治研究所学员一百八十人，均由各属详慎遴选，保送前来，复经本司迭次考选。现研究者补法学将届一学期，拟乘年假期内饬令各回本籍，听候地方指挥，担任调查事务。俟明年假满，再行入所。此项学员，既系各属地方官所保荐，意气相孚，不生隔阂。又在该所研究，约束较易。且以本地方士绅，担任本地方义务，毋庸另支薪水。拟每名月给车马费十两，由各属地方官于选举经费内提拨。似此通盘筹划，庶几措置得宜。如蒙允准，应请由职处深通法政之员，编辑讲义，讲授选举章程一二周后，再饬下各属，遵照派充，以昭慎重。现各学堂肄业生照章停止选举权，原因精求学业，不宜与闻政事，立法最为妥善。惟职研究所学员系各属士绅中年以上之人，而研究所又系前宪台札准民政部咨催设立，与学部本无关涉。该所既非学堂，该员自非肄业生可比，似不得将其选举权遽行停止，以致向隅。所有各属选举调查员，拟饬各属由自治学员选派等情，是否有当，理合呈请宪台鉴核示遵。须至呈者"等因。旋奉督抚宪批："据呈各属选举调查员，拟饬各属，由自治研究学员内选派，办法甚是。应即如呈将此项学员讲授完毕后，再饬各属遵照派充。此缴"等因。奉此，除分行外，合行札饬。札到该府，即便遵照办理。切切特札。

《盛京时报》，1908 年 12 月 24 日

各省谘议局聘请宪政公会员

各省谘议局,以地方自治办法,全以慎择会员为入手,故各省督抚现聘请京师宪政会员甚多,兹将其已经聘用之员名揭列于下:

湖广总督陈夔龙聘薛大可

湖南巡抚岑春蓂聘陆鸿达

浙江巡抚增韫聘沈钧儒

山东巡抚袁树勋聘方表、黄敦铎

东三省总督徐世昌聘杨德麟

直隶天津谘议局聘分省即用知州熊范舆

《申报》,1908 年 12 月 26 日

奉天拟定选举期限要札

谘议局监理张司使、管选举事宜多都护,已拟定选举期限,业经呈明督宪饬发各属遵办,是以札知各该员。略谓:

札饬事。照得本处呈送选举事务期限各表一案,奉督抚宪批示:"呈、表均悉。所拟详细期限,秩序井然,仰即饬发各属,认真遵办。缴。表、册存"等因。奉此,查表中所载各项,均系通盘筹算,按序接列之件。若一项稍涉迟延,势将贻误全局,莫可挽回。该□须知此项新政为朝廷立宪之阶梯,即吏治考成之标准。本处职任监理,为地方官办事便利起见,如筹拨经费,派遣人员,划明区域,指定权限,厘订

规则,解释章程,制造各项应用册表等事,虽至纤至细,无不加意体贴,筹划周详。如仍有藐玩疲延等情,惟有据实呈明督抚宪,严行参处,以为贻误新政者戒,毋谓言之不预也。除将该表分发饬遵外,合行札发二份,札到该□,即便查照表列各项,次第照办,并按时将办理情形详细具报毋违。切切特札。

《盛京时报》,1908 年 12 月 27 日

吏部咨东三省总督遵旨设立谘议局筹办处一折奉旨由

吏部为知照事。内阁抄出东三省总督徐奏称,前准吏部咨开,内阁抄出光绪三十三年九月十三日奉懿旨:著各省督抚在省会速设谘议局,慎选公正明达官绅,创办其事等因。钦此钦遵,咨行前来。旋准宪政编查馆及资政院先后咨催设立,并候拟定详细章程颁行等因,当经臣妥为计划,于上年冬间就奉天省城设立谘议局,檄委民政司使张元奇为局长,同时遴派大绅盛京副都统多文会办选举事宜。伏思谘议局有指陈通省利弊、筹计地方治安之责,奉省经前将军赵尔巽奏设,全省自治局内分考订、调查两科,又附设调查员养成会一所,系选录士绅肄业,以预备实地调查之用,与谘议局有直接之关系。当经臣等将原设自治局归并该局办理,藉以节省虚縻,统一责任。惟查奉省情形不同内地,满、蒙、汉客籍土民,历来错处,兵燹以后,户口疆域之变迁,尤属茫无稽考。若非调查确实,将来议员之选举,必多困难。因选派调查员养成会毕业学员一百零八名,分赴各属调查,至本年六月竣事,计得各项表册、地图等共五千九百五十件,业经饬令赶办编辑,务早成书。旋准宪政编查馆咨,知业经会同资政院,将《谘议局章程》奏允颁发。其现设之谘议局应改称谘议局筹办处等因,并恭录谕旨,印刷原奏清单,颁行前来。臣钦遵办理,立饬该局,改为谘议局筹办处,以归一律。惟是谘议局为预备立宪之机关,而根本尤在地方自治,臣于本年夏间正在计划,适民政部咨催将地方自治研究所速为筹办,遵即札饬民政司使张元奇就该处举

办，一面分饬各府厅州县慎选端正明达士绅送省。迭经考验，取录得学员一百八十名，于八月初十日开学，入所讲求地方自治制度及各国宪法、议院法、选举法等。以六个月为一学期，限两学期毕业，遣回各属原籍，推广传习，务期风气渐开，人人知以尽义务为己责，则边氓之程度日进文明，庶宪政之萌芽渐臻发达。至筹办处应用经费，业由度支司筹拨，作正开销等因。光绪三十四年十一月二十日，奉旨：该衙门知道。钦此钦遵，抄出到部。相应知照可也。须至咨者。

右咨东三省总督

1908年12月27日

奉天关于谘议局筹办之通则

札发事。案照本处奉督抚宪札准宪政编查馆咨发，为谘议局筹办处一案，当经遵办呈报，并通饬。各在案。查谘议局为立宪预备之机关，而地方自治，尤立宪预备之基础。选举议员，本处正在筹办，而与该会之关系尤多。现在奉省民人程度幼稚，于各项新政多未了解。该会负有筹备地方自治之义务，于此项章程，亟应认真研究，藉资表率，而广流传。除由本处呈到督抚宪，批准将该章程印刷多份，札发各属地方，转发学商各界，及各村屯绅民外，合行札发章程多份云。又云：案照本处奉督抚宪札准宪政编查馆咨发，为札发《奏定谘议局章程》及《议员选举章程》，并饬令谘议局改为谘议局筹办处一案，当经遵办呈报，并通饬知照。各在案。查选举议员，为本处应行筹办之急务，关系最为重要，办法又甚复杂。奉省人民程度幼稚，各属乡僻辽远之地，于谘议局之性质，及选举之方法，必多未解。若非先事预备筹度，难免临时棘手。其谘议局及议员选举章程，业由本处呈明督抚宪批准，印刷五千份，分发各属，广为传布。兹经刷讫，应即札发，以便逐条研究，并转发所属之学界、商界，及乡屯绅民等，督令认真研究。倘有疑难之处，准其随时函问本处，以求解释。总期官民一体明了，庶将来实行选举之时,得收指臂相联之效。该须知选举议员,为奉省谘议局成立之要图,亦朝廷预备立宪之基础。查本章所载,初选举、复选举各项事情,例归各地方官经理监督,责任綦重。该若临时未能照章举办,或有办理不善等情,本处惟有据实呈请严参,以为贻误要公者戒,毋谓言之不预也。云云。

《中央大同日报》,1908年12月28日

奉天饬地方官关系选举调查要札

谘议局张司使、多都护以调查选举事宜,为地方官造具选举名册之根据,关系实为重大。故特举规则数条,札饬各地方官,遵照办理。札略谓:

札饬事。照得本处筹办选举,于各属选举调查员,应由自治研究所学员遴派一案,业经呈准通饬在案。查地方官举办选举,以造具选举人名册为最烦难、最紧要之事端,而学员从事调查,实地方官造册之依据,关系究为重大。在学员以本地人来办本地事宜,固属应尽之义务。在地方官为选举监督,亦应有保护指导之责任。兹特再就本处筹备所及,略举数端,指示于左:

一、调查员俱系本籍人,例须由地方官监督。所有来往文牍,地方官概用札谕,调查员概用呈禀。

一、调查员须恪守本处所定规则办事,违者得由该官随时呈请本处核办。

一、调查之时,地方官须将调查理由出示晓谕乡民,并饬所属巡警、劝学所及乡正、屯长等一体保护协助。

一、调查员有质问时,地方官当逐一指示,并得用函电呈请本处代为解释。

以上各条,该□均应确实遵守,毋得稍有延玩,致误要公。除调查员办事规则及分派名单,由本处径发各该员,并抄粘札发分行外,合行札饬。札到该□,即便遵照办理。切切特札。

《盛京时报》,1908年12月29日

奉天选举调查员办事规则

第一条　本处按各初选区境地之大小，分别派选举调查员若干名，办理本属调查选举资格事务。

第二条　调查员承地方官之监督，协调各城董、乡正、村长等，散发选举人资格调查表，令各户按表填写。如有未能了解表式填法，及不解选举资格之意义者，调查员须随时肯切指示。

第三条　选举人资格调查表应分别地段，分期散发。并须于散发时，限定交还日期。但同地段内，其交还日期，不得先后不齐。

第四条　调查员及各城董、乡正、村长等，应照所定交还日期，按段如限收回。若有漏发，一经查明，即须补发。

第五条　凡散发选举人资格调查表时，须详细告戒各领表人，毋得遗失污损。

第六条　调查员及各乡董、乡正、村长等，于收回选举人资格之后，再行调查表内所记资格是否属实，并算计合格者人数，分别编辑，呈送初选监督较核。调查员不得擅自撤换更改。

第六条　编辑选举人资格表应分之种类如左：一、所载资格不实者；一、所载资格属实而不合定章者；一、所载属实资格与定章相符者。

第七条　（整理者按：原缺）

第八条　调查日期由本年十二月初一日起，至明年二月底截止。

第九条　调查员于所给车马费外，得由地方官按日酌给伙食费若干。

第十条　调查员关于调查事项外，不得干预地方一切事宜。

第十一条　调查员于地方官所给伙食外，无论以何种名义，不得收受一切馈赠。

第十二条　调查员如有违反本规则之规定者，由本处监督酌量轻重处罚。

第十三条　各属调查事竣后，由本处监理按照办事成绩，分别奖励。

《盛京时报》，1908年12月29日

奉天张司使训示选举调查员

初四日，谘议局招集附设地方自治研究所学员一百八十人到讲堂。由张司使、多都护，督同罗参事、金科长、杨教务长，将调查员应守规则、应作事项逐一叮咛。张使司谓：调查员要守"公平、详慎、勤快"六字之训，词极剀切。训示后，饬各科员分发人名册、调查表、公文等，该员等一体整肃，办事亦井井有条云。

《盛京时报》，1908年12月29日

奉天张司使覆司选员袁金铠问选举疑义函

承询《章程》第三条第三项，"举贡生员以上"之出身解释，限于文举人一节，系遵照宪政馆电文，无庸疑义。至云无以处武进士，查武科之进士，其相当之品级，必合于第四项所称。武五品以上之资格，自得有选举权无疑。又云被参人员而有五千元以上之财产，或办地方公益有成绩者，是否有选举权，此尤容易明了。盖参革止失其官阶，不能剥夺其办公务之成绩，与五千元之资产，失于此而得于彼，于应有之选举权无碍也。至云古今贤豪多有因事罣误，不容一概抹煞，然所谓贤豪，所谓罣误者，苦无标准。不如仍以曾否奉到开复明文，为官阶有无之断定。总之,第三条所列五项资格,苟得其一,皆应有选举权,余四项不必备具。第六条所列八项禁例,苟犯其一,即无论有何项资格,皆不能抵消。第三条、第六条条文中"左列之一"云云之一字样,最宜注意者也。

《盛京时报》,1908年12月30日

筹办谘议局汇志

（奉天）筹办处监理张司使通札各属文,云：职处呈请督抚宪,办理选举事宜,于划清区域,筹拟经费,及遴派司选人员各节,业经详拟规则,缮具清单,次第呈候宪核。各在案。按奏定《议员选举章程》第二章第十八条内开,调查时,【初】选监督,应就本管各地方,分设选举调查员。《选举调查员办事细则》,由初选监督拟订,呈请复选监督核定施行等因。是选举调查员,自应由各属照章办理。惟是此项人员,每初选区须有数名。全省四十五初选区,所用人数甚多。各属僻远之地,人才缺乏,财政困难,欲令其精选多数明白之人,地方官恐亦有为难之处。不如体察情形,为之预筹善法。查职处附设之自治研究所学员一百八十人,均由各属详慎遴选,保送前来。复经本司叠次考选,现研究各种法学,将届一学期,拟来年假期内,饬令暂回本籍,听候地方官指挥,担任调查事务。俟明年假满,再行入所。此项学员,既系各属地方所保荐,意既相孚,不生阂隔,又在该所研究,约束较易。且本以地方士绅,担任本地方义务,毋庸另支薪水。拟每名月给车马费十两,由各属地方官,于选举经费项内提拨。似此通盘筹划,庶几措置得宜。如蒙允准,应请由职处深通法政之员,编辑讲义,讲授选举章程。一二周后,再饬下各属,遵照派充,以昭慎重。再各学堂肄业生,照章停止选举权,原因研求学业,不宜与闻政事,立法最为妥善。惟职处研究所学员,系各属士绅中年以上之人,而研究所系由前奉宪台札准,民政部咨催设立,与学部本无关涉。该所既非学堂,该员自非肄业生可比,似不得将其选举权据令停止，以致向隅。所有各属选举调查员，拟饬各属，由自治研究学员饬派等情，是否有当，理合呈请宪台鉴核示遵。须至呈者等因。旋奉督抚宪批：据呈各属选举调查员，拟饬各属，由自治研究学员内选派，办法甚是。应即如呈，将此项学员讲授既毕后，再赴各属，遵照派充。此缴等因。奉此，除分行外，合行札饬。札到该□，即便遵照办理。

《申报》，1909年1月1日

谘议局筹办处通饬各属调查员办事规则

札饬事。照得本处筹办选举，于各属选举调查员，应由自治研究所学员选派一案，业经呈准，通饬在案。查地方官举办选举，以造具选举人名册为最烦难、最紧要之事端。而学员从事调查，实地方官造册之依据，关系尤为重大。在学员，以本地人襄办本地事宜，固属应尽之义务。在地方官，为选举监督，亦应有保证指导之责任。兹特再就本处筹划所及，略举数端，指示于左：

一、调查员俱系本籍人，例须由地方官监督。所有来往文牍，地方官概用札谕，调查员概用呈禀。

一、调查员须恪守本处所定规则办事，违者得由该□随时呈请本处核办。

一、调查之时，地方官须将调查理由，出示晓谕。乡正、屯长等，一体保护协助。

一、调查员有质问时，地方官当逐一指示，并得用函电呈请本处，代为解释。

以上各条，该□均应确实遵守，毋得稍有延玩，致误要公。除调查员办事规则，及分派名单，由本处径发各该员，并抄粘札发分行外，合行札饬。札到该□，即便遵照办理。切切特札。

《中央大同日报》，1909年1月2日

谘议局批驳协助选举

奉天府司选员张翘汉禀报协助选举由，批：据禀已悉。所称抚顺县托拟调查办事规则等情。查该规则业经本处代拟，通饬各地方官，并谕令该调查员等一律遵办在案。该员应毋庸再拟，仰速径禀抚顺县知府可也。

《盛京时报》，1909 年 1 月 5 日

奉天谘议局批兴京选举情形

近兴京厅将第一次办理选举情形及办事规则呈报谘议局，以是谘议局批缴在案。略谓：呈悉。所称设立选举研究所一节，应将组织情形及办事规则，呈报前来，以凭稽核。至选举调查员业经本处呈准指派，并通饬在案。现已饬令该员等前往各处实地调查，仰该厅督率该员等认真办理可也。其关于选举各事件，仍仰查遵事务期限表，克日举办具报，毋稍逾误。缴。

《盛京时报》，1909 年 1 月 5 日

奉天谘议局筹办处覆承德调查员质疑函

覆分派承德调查员全禺、佟常贵问选举疑义函

选举者函询选举疑义，计共五条。兹特逐条解释，详列于后：第一条解释 按章程第七条，官吏、军人皆应停止选举权，固甚明确。惟旗员及驻防军人情形不同，自难概论。查浙省致宪政编查馆电，拟旗员自佐领以上，凡系印官，实当行政之任者，应照章程第七条，本省官吏一项，停止其选举权及被选举权。其自防卫以下，凡非印官，而于该佐领非直接负行政之任者，应与教官一律，不在此项。其驻防人员，虽多军人，究非征兵，章程于停止选举权及被选举权内，仅载常备军，及征调期间之权，则预备军人于旗人未明加限制，当不在停止之列云云。十一月二十七日编查馆覆电，印官实当行政之任者，始限制其选举权及被选举权，亦属妥适。希即饬遵。详绎此电，可知防御以下之旗官、军人，不得停止其选举权及被选举权。第二条解释 开复应以奉到部文为凭，未奉部文，自不应有选举权。惟其人果如来函所云，曾充蒙文学堂名誉监督，则与三条第一项相符。然须查明确满三年以上，著有成绩者，方为合格。第三条解释 候补知府品级在七品之上裁缺郎中，是曾任实缺职官，与章程第三条第四项所规定已属相符，自无疑义。第四条解释 知县虽被议，而有一万元之资产，是已有章程第四条资格之一，仍当问其寄居之年限，及年龄合否，以断定其选举权之有无。至官阶乃第三条之规定，与第四条各项所指，不得淆乱。第五条解释 职官已被参革者，不得仍以其职官行使选举权，固已明确。其组织独立小学堂，或有合于第一项所规定，仍须隔三年以上，著有成绩者，方为合格。谘议局筹办处覆

《盛京时报》，1909年1月6日

奉天关于选举事宜之批示

日前锦州府司选员薛翘如君,由镇呈送十二月上旬日记,并演说稿一纸,奉批:日记及演说稿均悉。此后办理情形,仰仍随时详报。夫初选事宜所关綦重,而各司选员均能勤慎从公,是以奉省此前途之庆也。

《盛京时报》,1909 年 1 月 6 日

汇记奉天谘议局批示

近谘议局关于选举事宜,各府厅县多有质问条件,或呈报办理情形,以是汇记各批示,以为留心选举者之一助。

昌图府呈请地面蒙民居多应否一并选举议员请示由,批:呈悉。本处筹划选举事宜,谨遵奏定章程办理。苟有合于章程第三、第四、第五等条之资格,而不犯第六、第七、第八等条之禁例者,均有选举及被选举权。满、蒙、汉一律,不分畛域。惟谘议局乃全省议事机关,所有议长、议员必取通晓汉文之人,庶于议案议决等事,无所窒碍。章程第六条之条例内开"不识文义"一项,自系指普通汉文而言。仰即查照。缴。十二月十四日

承德县选举调查员成友善问选举疑义,批:呈悉。所称宪政编查馆覆准浙省电询,旗员凡系印官,关于该旗佐领,实当行政之任者,应即停止其选举权及被选举权。其自防御以下,凡非印官,而于该旗佐领非直接有行政之任者,应与教官一律,不在此限等情。自应遵办。仰即知照。缴。十二月十四日

铁岭县呈报九月初一日至十月杪办事情形请查核由，批：呈悉。该县按照选举事务期限表，将十一月以内已办各事呈报前来，具见条理。嗣后关于选举各事件，仰仍认真举办，随时具报，毋稍延误。缴。十二月十四日

镇安县呈覆奉发章程督饬认真研究由，批：据禀已悉。仰仍将本镇关于选举札饬各事项，按照事务期限表赶选举办，随时具报，毋稍逾延。此缴。十二月十日

东平县宪政学员荆世权因病请假由，批：禀悉。姑准给假十日医治，假满即速前赴分派区域，担任调查，毋得延误。此批。十二月十四日

昌图府呈报派委教授秉恩为初选举监督由，批：呈悉。所称派委教授秉恩为初选监督等情，尚无不合，应准备案。缴。

凤凰县司选员承厚、王澄华禀报到凤日期暨开办情形由，批：呈悉。仰该局仍将办理各事，随时具报，毋稍逾延。缴。

《盛京时报》，1909年1月7日

奉天谘议局批示录要

铁岭县呈遵札请领办理初选举经费银两由，批：呈悉。初选举经费三百两，应准如数照领。缴。印领存。

选举调查员田曜□禀请明示办法由，批：据禀已悉。选举区域业经呈明督抚宪备案，所请将营口划为一区，碍难照准。查营口调查事宜，系责成海城、盖平两县办理。海城区域较广，应改派该员，协助调查事宜。除另札海城县委派外，仰即录批禀知海城县可也。此缴。

锦州府司选员刘鼎臣禀报办理情形并呈十二月第一旬日记由，批：禀悉。所陈办理情形，具见有条不紊。日记亦无不合。惟嗣后各事项如有未列禀中者，可于日记详载，藉便稽核。此批。

《盛京时报》，1909年1月8日

奉天民政使致各府州县函（为催促选举事）

径启者。日来赶办选举，头绪纷繁。所有各事，业经呈明上宪，及通饬各属，按照办理。其迭次所发章程、规则、册表各文件，均非寻常公牍可比。而事务期限一表，尤当视为标准，按照次第，迅速施行。倘于表中所列者，或有疏忽逾限，则后来各事均难循序。迨至补救乏术，则上无以副谕旨，下无以慰舆情。本司督率无方，咎有应得。而同事诸公，负此贻误要政之名，致干严谴，彼时本司亦爱莫能助云。

《盛京时报》，1909 年 1 月 10 日

奉天谘议局批示汇录

新民府司选员黄世芳呈报第一旬日记由，批：日记所载选举入手办法，具见井井有条。仰仍认真办理，随时呈报，毋延。此批。

奉天府司选员袁金铠呈送十二月上旬日记由，批：日记阅悉。所办各项事宜，尚无不合。仰仍认真办理，随时具报，毋延。此批。

海龙府司选员孙甲东、齐奎禀报到区并办理情形由，批：禀悉。仰仍将所办各事，按旬详载日记，迅速具报，以便核稽。此批。

承德县呈覆遵饬督令绅民研究选举章程并筹办调查情形由，批：呈悉。所称研究章程及分派调查员等情，具见筹划周详，办理得法。仰仍将迭次札饬关于选举各事项，认真办理，随时具报，毋延。缴。

通化县呈报设立选举事务所拟请续发章程告示并附明办理情形由，批：呈悉。所报办理情形，尚无不合。惟选举调查员，呈准由自治研究所学员选派，业于上月谕饬该员等迅速回籍，听候委派。嗣准教育总会咨送分配宪政讲习所学员前来，本处愿尽义务，担任调查，均经通饬在案。该县应即查照派遣，以咨襄助。至调查办事规则，亦统由本处拟就分发遵守，藉归划一。自治研究所讲义，仰即就近由学员孙炳、项恩培处借抄。奏定章程三十份，白话告示十份，如呈并发，仰即查照。缴。清折存。

《盛京时报》，1909 年 1 月 10 日

奉天谘议局复司选疑问

现在奉天举办选举事宜，正在司选调查之际，故各属每于选举章程不甚明了之处函谘议局质问。而谘议局即逐一明白函复，以释其惑，而便切实调查云。

复调查员范东华

来函询及住所籍贯问题。查日本民法，分住所、居住二项。人之生活，本据地为住所，不知其住所者，以现在之居所作为住所。中国于此等事，未有规定之明文。此次奏定章程，止分本省及外省籍贯，于住所未曾提及。本省内之府厅州县各异之籍贯，亦未分别。江苏、浙江等处，屡次电询宪政编查馆，故将编查馆复电摘抄于左，希即查照为要。

九月二十七日复江苏抚台电：查《谘议局选举章程》第二条，初选举以厅州县为选举区〈区〉，则选举人、被选举人均应籍隶各府厅州县，及其寄居人合格者为限。至投票区之设，专为投票人便利见，故投票人当属何投票区，自应以其住居所在地方为准。若住居不在本籍，而本籍又无住（籍）〔所〕，无从定其所属者，可列入其现住相近之本籍投票区名簿内，即以该区为其投票之地。似此

办理，即同城州县之处，亦无窒碍。种种疑义，自然冰释。

十月二十四日复浙江抚台电：寄居人之义，凡此府厅州县寄居他府厅州县者，本包函在内。

同日复南京藩台电：寄居人资格，非本府本县人与非本省人，均系一律。

复海城劝学所钟筠

来函询及选举财产资格分合之问题，并称同事某君谓财产资格，无论许多资产，许多人口，只准一人入册，似与《章程》第十九条第五项解释不符等情。查宪政编查馆十二月初七复皖抚电云：《章程》第三条第五项"五千元以上"云云，盖以五千元以上为最低额之标准，非谓每五千元即可有一选举权。凡富家资产并未分析，则子弟虽多，不能按资产分配，令一家占多数之选举权。据此则一家资产止许一人行使选举权，自无疑义。又查前次章程解释，其第十九条第五项云"父子兄弟叔侄同居，则以家长之名入册"，此指家产未分者言，与来函所称某君之解释本无不合。至其下称有一万或一万五千元云云，是指父子分产者言。但家产之分合，乃事实上之问题，仍应调查明确，以定选举权之多寡有无。此复。

《盛京时报》，1909年1月12日

奉天谘议局调查省城户口

日昨由谘议局派员将省城户口暨各户主财产、官阶、职业，详细查核，造具清册，以备选举议员之用云。

《盛京时报》，1909年1月12日

奉天谘议局饬领选举经费

谘议局关于选举经费事宜，早经监理张司使、管理选举多都护呈准督宪，由度支司拨存筹办处。今将此项经费业已领出，故分札各处，照数请领。札略曰：

札饬事。照得各属选举经费，呈准由度支司筹拨，业经通饬知照在案。现此项经费已由度支司领出，存在本处，应即按照原定银两数目，缮具正副印领各一纸，前来支领，以资办公。除分行外，合行札饬。札到该□，即便知照。此札。

《盛京时报》，1909 年 1 月 13 日

奉天谘议局关于选举要批

奉天府司选员王玉泉呈送第一次报告书并日记由，批：报告书暨日记均悉。所报各项情形，具见实心任事，洵堪嘉尚。仰仍认真协助，按旬具报，毋延。此批。

海城县呈报开办初选举事务所日期并请一律发给车马费由，批：呈暨示稿、区域表均悉。该县将各该员等调查区域列表分配，责令按地调查，具见办理妥协。其迭次札饬关于选举各事项，仰仍认真遵办，随时具报，毋延。缴。表及示稿存。

昌图府司选员姜毓英、任连芳办理情形并分送第一旬日记由，批：呈及日记均悉。所报协助等情，具见热心任事。蒙人公权一节，已于昌图府呈中详细批示矣。其应办各项事宜，仍须禀商地方官克日举行，毋稍延误。仰各查照。此批。

十二月十八日

广宁县呈报奉发章程督饬认真研究由，批：呈悉。所报督饬研究事情，尚无不合。惟选举期限甚迫，请应从速调查。兹据调查员李学诗等禀称，分配该县担任调查之学员，尚有二员未曾到县任事，殊属延玩。仰即查明札催，克日禀覆，毋得逾延。此缴。十二月十八日

新民府呈报遣调查员大概情形由，批：呈悉。据称调查事宜，该员等负其责任，仍令巡警及小学教员协助讲演，办理尚属妥协。惟该府有监督指导之责任，业经抄粘调查办事规则，通饬在案。此后各该员所查选举资格是否符合，及应如何复查之处，均应归府核定饬遵，以昭慎重，不得概由调查员转正，致有疏误。至本处分发之调查规则第九条酌给伙食一节，应遵督抚宪批示，改为按日酌给。惟每员每日不过小洋三角，通饬在案。仰各知照。缴。

《盛京时报》，1909 年 1 月 13 日

奉宪政编查馆电释选举疑义要札

谘议局张司使顷奉钦帅交出宪政编查馆解释选举疑义之电，以是札饬所属知照。札略云：

为札饬事。照得本司奉督宪面交宪政编查馆来电，内开："盛京总督：查《谘议局选举章程》第二条，初选举由厅州县为选举区，复选举以府、直隶州为复选区，是选举及被举人自应各以籍隶各该区者为限。兹届选举之期，选举人自应选各归本区投票，此系采用籍贯主义，不得不然之办法。故寄居异府异县者，若不问本籍，只能照《局章》第四条寄居人资格，一律办理。此事迭据各省电询，时经本馆详细声覆在案。惟各省来电，屡以如此办理，于选举人多所不便。为此本馆斟酌情形，自应量与变通，以期便利。今拟凡本省人具有《局章》第三条资格之一，而寄居异府异县者，若于寄居地方确系定居，且置有产业，准其

在寄居地方投票。其寄居年限及产业多少，暂可不论。仅须由本人呈请本籍选举监督，声明拟在寄居地方投票，其本籍选举权及被选举权即行撤销。经批准后，应将该批作为凭证，呈明寄居地方选举监督，乃可归入寄居地方，行其选举权及被选举权。其未经呈明批准者，应照本馆迭次电覆，照寄居人资格一律办理。应于变通之中，仍寓限制之意。至外省寄居人，应照本馆明定章程，不得援以为例。即希通饬遵照"等因。奉此，查电文所列各条，于解释谘议局及议员选举各章程，关系重要，亟应通饬，以资遵守。除分行外，合行札饬。札到该□，即便遵照，并转谕司选员、调查员暨各乡屯村民等一律知照。切切此札。

《盛京时报》，1909年1月14日

民政司覆西安县函（为解释选举疑义事）

径覆者。顷得来函承询选举疑义，具见认真研究，办事不苟。兹将疑义五条，详为解释，并希转谕各调查员周知可也。

第一问（公益年限）

查《章程》第三条第一项资格，须分作两层说：一、事实须成绩昭著；一、期限须在三年以上。二者缺一，则资格为不完全。来函所称办一件公益未满三年者，尚属不合资格。

第二问（家产分合）

章程讲义所云，父子兄弟同居，以家长之名入册，系指共产者言。其父子均可入册一节，乃指分产者言。此项曾于覆辽阳劝学所钟筠函内详及，该函业登二十一日报章，查照可也。

第三问（领户）

领户有五千元以上，系资本，系省而非本县籍者，若自己愿在领户地行使选举权，则须将本籍之选举权自行取消，然后转移此权于该领户地。但须呈明本籍之地方官，奉到批准，方为有据。此项系遵宪政编查馆本月十九日电文办理。原电业经通饬在案，并登报章，以便周知。

第四问（巡警人员）

查宪政编查馆十月十三日覆浙江抚台电文，停止选举权及被选举权内所谓本省官吏，专指本省实缺、候补而言。其学务、警务公所所设科长、科员等项文职，例准用本省士绅充当者，应与教官一律不在此限。惟巡官警长仍应停其选举权及被选权，以防流弊云云。是来函所称巡警、局董、课长等职员，自应准在限外，不令停权。

第五问（填表）

表中籍贯一栏，凡旗人之旗佐民人之甲科及何处原籍，均应填明。其中西安县字样，亦以填明为要。

《盛京时报》，1909年1月14日

奉天谘议局关调查员之通饬

为通饬事。照得本处呈报饬令各属委派选举调查员，由自治研究所学员遴派，并录送调查规则，请查核一案，奉督抚宪批示："呈暨规则、名单均悉。所呈规则第九条，调查员伙食费若干，未经明定，殊无限制，应酌定每员每月若干，通饬各属，按员发给，以归一律。又第十一条，'无论以何种名义，不得收受一切馈赠'，似应改为'不得以何种名义收受一切馈赠'。余均妥协可行。仰即饬议员等遵照可也。此缴。"等因。奉此，查调查员规则业经分发各属暨该员在案。兹奉前因，其第九条伙食费一节，应遵批改为"调查员于所给夫马费外，得由地方官按日酌给伙食费。惟每员每日不得过小洋三角。"第十一条，"无论以何种名义不得收受一切馈赠"，应改为"不得以何种名义收受一切馈赠"。除呈报暨分行外，合行札饬，札到该□，即便遵照云。

《盛京时报》，1909年1月15日

奉天选举敬避御名之要札

谘议局张司使、多督护因选举人名册造报之时，恐有与今上御名相同衔名通饬一律敬避，以昭诚恪，而示慎重。札谓：

札饬事。案查奏定章程选举人名册告成后，应由初选举监督呈覆选举监督，申报督抚，再由督抚咨报民政部，关系极为重要。如册内人名有与今上御名下一字左从人右从义相同者，务即令敬谨改避。如官阶职衔名目，有应避者，亦应设法敬避，以昭诚恪。如恐知照本人延误限期，该□当以同音之字如贻、怡等字先为改正，一面将改正原因传知本人，并出示晓谕，以便周知。是为至要。除分行外，合行札【饬】。札到该□，即便遵照。特札。

《盛京时报》，1909 年 1 月 16 日

奉天张司使覆调查员函

（为私塾教员选举事）谘议局监理张司使，因铁岭调查员高其志禀询选举疑义，以是覆函解释，略谓：

径覆者。来函所称私塾改良之教员，已满三年，曾经立案，应与小学堂教员同有选举【权】一节，语意尚欠分晓。查章程第一条，现充小学堂教员者，停止其被选权，是为被选举权之限制。来函所称私塾改良之教员云云，意在选举权之推广，二者之意不同，不能率意援引。惟查此项私塾教员，其艰苦刻厉，极意改良教法者，固不乏人，而阻挠风气，专为图人衣食地步者，亦自不少，自应分

别办理。其果有禀经劝学所、教育会或地方官核准，曾见明文，又于改良教育确有成效，经舆论推许者，方准与第三条第一项比附解释。否则断不可以滥竽，致与学界前途有碍也。

《盛京时报》，1909 年 1 月 17 日

奉天谘议局关于选举要批

宪政学员里宗克禀报改派专任讲演造册由，批：据禀已悉。听报、讲演等情，尚无不合。其协助选举一节，仰即听候新民府饬调可也。此批。

昌图府呈报遵表依限办理选举现在情形请查核由，批：呈悉。所报办理情形，具见筹划周详。其派员随时密访一节，尤属留心要政。仰仍按照事务期限表，认真督饬举办，并随时具报候核可也。缴。

《盛京时报》，1909 年 1 月 17 日

筹办谘议局汇志

奉天谘议局筹办处札自治研究所学员充各属选举调查员文云，案照本处呈请督抚宪呈开："为呈请事。窃照职处办理选举事宜，于划清区域、筹拨经费，及派遣司选人员各节，业经详拟规则，缮具清单，次第呈候宪核。各在案。按《奏定议员选举章程》第二章第三节第十七条内开，初选举监督，应按照选举资格，详细调查，将合格者造具选举人名册。又第十八条内开，调查时，初选监督

应就本管各地方，分设选举调查员。选举调查员办事细则，由初选监督拟订，呈请复选监督核定施行等因。是选举调查员，自应由各属照章办理。惟是此项人员，每初选区须有数名，全省四十五初选区，计用人数甚多。各属僻远之地，人才缺乏，财政困难，欲令其精选多数明白之人，地方官恐亦有为难之处。不如体察情形，为之预筹善法。查职处附设之自治研究所学员一百八十人，均由各属详慎递选，保送前来，复经本司叠次考选。现研究各种法学，将届一学期，拟乘年假期内，饬令各回本籍，听候地方官指挥，担任调查事务。俟明年假满，再行入所。此项学员，既系各属地方官所保荐，意气相孚，不生隔阂。又在该所研究，约束较易。且以本地方士绅，担任地方义务，毋庸另支薪水。拟每名月给车马费十两，由各属地方官于选举经费项内提拨。似此通盘筹划，庶几措置得宜。如蒙允准，应请由职处深通法政之员，编辑讲义，讲授选举章程。一二周后，再饬下各属，遵照派充，以昭慎重。再各学堂肄业生，照章停止选举权，原因研求学业，不宜与闻政事，立法最为妥善。惟职处研究所学员，系各属士绅中年以上之人，而研究所系由前奉宪台札准，民政部咨催设立，与学部本无关涉。该所既非学堂，该员自非肄业生可比，似不得将其选举权遽令停止，以致向隅。所有各属选举调查员，拟饬各属，由自治研究学员饬派等情。是否有当，理合呈请宪台鉴核示遵。须至呈者"等因。旋奉督抚宪批："据呈各属选举调查员，拟饬各属由自治研究学员内选派，办法甚是。应即如呈将此项学员讲授既毕后，再赴各属，遵照派充。此缴"等因。奉此，除分行外，合行札饬。札到该学员，遵照办理。

《申报》，1909 年 1 月 30 日

奉天谘议局筹办处批示

凤凰厅司选员承厚禀报分任庄河岫岩情形由
　　批：禀悉。该员于讲演、协助各事，均未将办理方法详细具报，尚嫌简略。

此批。

又禀报行抵岫岩日期由

批：据禀已悉。仰仍将在该州讲演、协助情形详细具报，毋延。此批。

奉天府司选员王玉泉呈送第二旬报告并日记由

批：报告书、日记均悉。所报办理各事，均中肯要。其复州调查员经费，每月每员多至肆拾两，殊属浮滥。业已札饬该州，照章办理矣。此批。

广宁县报遵饬办理调查选举事宜暨逐日办事简明表由

批：呈表均悉。所报办理调查、选举等情，俱见该县实心任事。其协助调查之仝荣麟一员，是否业经到县？如尚未到，所有该员分任区域，应即赶近改派，以免贻误。是为至要。缴。表存。

奉天府司选员张翘汉呈送第二次日记由

批：禀悉。细阅日记，具见该员办事尚属切实。此批。

辽中县呈报函请延荣充选举顾问由

批：呈悉。据称该绅于选举事宜，研求有素。函请顾问，堪资襄助等，尚无不合。应准照办。缴。

奉天府司选员袁金铠呈送十二月中旬日记由

批：日记阅悉。所载办理各事，尚无不合。此批。

彰武县呈请蒙民有牧马牛羊价值五千元以上应否有选举权由

批：呈悉。查牧养物品，系正当之营业。资本有在五千元以上者，是已合定章第三条资格之一，应准其有选举权。仰即知照。此缴。

锦州府司选员薛翘如禀请代制调查表并呈十二月中旬日记由

批：禀悉。锦县、义州两处调查表，共四千张，已即日照数发讫。日记所载协助情形，秩序井然，具见办理得法。仰仍终始一律为要。此批。

新民府司选员黄世芳禀问疑义并呈第四次日记由

批：禀及日记均悉。查经【济】学家，凡财货有价值，可以计算，依劳力以成而助未来之生产者，谓之资本。又产业有动产、不动产二类。章程第三条第五项"营业资本或不动产"一语，资本之外，又有不动产，则资本为动产可知。该员所谓牛羊骡马、存储、粮货，及行庄出货四项，按诸资本之定义，与动产之性质，毫无出入。其应归产项内核算，自无疑义。至一年毕业生，及数月毕业生，曾经宪政编查馆电覆各省，未允通融办理，碍难歧出。填写人名册格式，尚属妥协。仰各知照。此批。

锦州府司选员刘鼎臣禀报办理情形并呈第三旬日记由

批：禀悉。该员迭次报告，俱嫌简略。兹阅第三旬日记，除演讲以外，竟未办理一事，敷衍塞责，可想而知。嗣后仰速勤奋将事，毋得再蹈前辙，致干咎戾。切切此批。

东平县宪政学员荆世藩禀销假赴差由

批：据禀已悉。仰该员赶赴分派区域，勤奋任事，毋稍延误。此批。

凤凰厅司选员承厚禀报回凤并呈送第二旬日记由

批：禀暨日记均悉。所称庄河厅石成岛一区，留俟明年解冻时，再行补查等情。查本处所发事务期限表，其初选举监督，呈送人名册日期，系限至二月底截止。若俟解冻补查，恐已逾限。仰速抄录禀知该厅，另行设法，毋得贻误为要。此批。

盘山厅呈奉到选举章程研究宣讲并督饬调查由

批：呈悉。所报办理情形，尚无不合。仰仍督饬各调查员，迅速调查，随时具报，毋延。缴。

海龙府司选员齐奎呈报到西安西丰并呈日记由

批：呈及日记均悉。所报尚属详明。此批。

宪政学员里宗克禀报改派专任讲演说册由

批：据禀已悉。所报讲演等情，尚无不合。其协助选举一节，仰即听候新民府饬调可也。此批。

昌图府呈报遵表依限办理情形请查核由

批：呈悉。所报办理情形，具见筹划周详。其派员随时密访一节，尤属留心要政。仰仍按照事务期限表，认真督饬举办，并随时具报候核可也。缴。

《顺天时报》，1909 年 2 月 2 日

奉天谘议局筹办处札发办事规则文

照得本处呈请委派司议员，分赴各属讲演章程，协助选举一案，奉督抚宪批示："据呈司选员额数，拟照复选区配定办法甚是，规则亦尚妥洽，应即如呈办理。其司选员薪津，候饬度支司筹拨。缴。规则存"等因。奉此，兹查有拣选知县王玉泉，尽先补用知县袁金铠，法政毕业生薛翘如、王澄华、孙甲东、刘鼎臣、张翘汉、黄世芳、任莲芳、李蓉镜、齐奎、马希骊、侯伯方、承厚、姜毓英、王绍增等十六员，堪以派充。是差每员每月给夫马、杂费五十两，自十二月起支。该员须知司选员系办理讲演章程，协助选举事宜，关系重大，与定章所载管理监察各项人员，责任权限，迥然不同，毋得互相侵越推诿，致误要公。是所至要。除呈报暨分行外，合行抄录办事规则，及分派区域清单，一并札发。札到，该员即便遵照，迅赴派定区域，妥善办理，毋负委任。

附：司选员办事规则

第一条　本处按《奏定谘议局章程》所定之复选区为标准，以定派遣司选员之额数如左：

奉天府三名　昌图府二名　新民府一名　海龙府二名

锦州府三名　凤凰厅二名　兴京厅二名　洮南府一名

第二条　本处司选员，以曾习法政，及于新政有经验之士绅为限。

第三条　司选员分赴本处所指定之地域，讲演《谘议局章程》、《议员选举章程》，及关于选举一切方法。

第四条　司选员须协助各该府厅州县官，筹计关于选举事宜，以为该地方官之顾问。

第五条　司选员须随时视察各该府厅州官能否按照本处所定办事期限清单举办，并得要求各该府、直隶厅、州，催促各属，按期办理。

第六条　司选员须随时将所视察各该府、直隶厅、州及各属举办选举情形，按旬报告本处，并须将该员所办事项，逐日登记，一并呈核。

第七条　司选员无论以何种名义，不得于本处所给之薪水外，收受一切供应馈赠。

第八条　司选员不得干预选举以外之事项，及擅离本处所分派之地域。

第九条　司选员办事日期，以复选举终了之后为止。

第十条　凡司选员有办事秉公、成绩昭著者，本处得呈请督抚宪优奖。

第十一条　凡司选员有品行不端，污辱体面，及违反定章之行为者，得由本处呈请督抚宪撤销惩治。如有过犯重大者，则呈明督抚宪奏参，永不录用。

《申报》，1909年2月6日

筹办谘议局汇志

奉天谘议局筹办处张元奇，覆调查员郑朴等函云：来函询及选举章程之疑义，兹逐条解释于左：

（第一问）出仕人员应否函告？实缺候补人员，现在外省，该生等调查时，嘱令其家人函知，未始不可。但照章投票选举，必须亲到，不许代替。出仕人员欲令其回籍行使选举权，法律虽许，而困难甚多，此问题亦事实上之关系，与法律不相涉也。

（第二问）住所资产之分别。住所在甲区，财产在乙区，对于甲区有选举、被选举权无疑。盖籍贯住所，乃对人法，非对物法。财产云者，止问所有权之存否，不必以在身边者为限。惟一人不能有二选举权，甲区人以存在乙区之财产为其甲区选举之资格，则此财产对于乙区不能发生权利。此义曾于覆张生文佩函中详细论及。该函业登二十八日《盛京时报》附章。

（第三问）生贡籍贯。生贡冒籍入学，甚且出贡。如以其冒籍为正当之行为耶，则科举时尚无窒碍，选举时应有权利。如以冒籍为不正当之行为耶，则于入学出贡时，应早提起诉讼，褫革其生贡而后可。此次选举权既因其生贡之资格发生，生贡存在何区学籍，即可于其区行使选举权。冒籍与否之问题，不当在此时提起。此即日本法律所谓因时效消灭者也。

又批新民府司选员黄世芳禀云：查经济学家，凡财货有价值，可以计算，依劳力以成，而助未来之生产者，谓之资本。又产业有动产、不动产二类，章程第三条第五项"营业资本或不动产"一语，资本之外，又言不动产，则资本为动产可知。该员所称牛羊骡马，存储粮货，及行庄出货四项，按诸资本之定义，与动产之性质毫无出入。其应归【动】产项内核算，自无疑义。至一年毕业生，及数月毕业生，曾经宪政编查馆电覆各省，未允通融，办理碍难歧出。填写人名册格式，尚属妥协。仰各知照。

《申报》，1909年2月8日

奉天谘议局筹办处拟订开票所办事细则

一、初选、复选各开票所，得设开票管理员一名或二名。关于开票之预备及布置，管理员皆任其责。

一、开票监察员，协助管理员稽查开票所纪律。其员数三名，或五六名。

一、开票所设立以后，未裁撤以前，管理员及监察员应有二人住宿所中。其伙食、杂用，由选举经费项下开支。

一、开票日期及时刻，既经榜示之后无论如何不得更改。

一、开票所之启闭，以午前八时、午后六时为限，逾限禁止出入。

一、开票所管理员及监察员，须按时会集，并须亲自署名于治事册上。如有因要事请假者，当记录其事由于请假簿中。俟事竣后，呈送选举监督查核。

一、各投票区之投票匦，于何日何时送到，开票管理员当随时登记于开票簿中。

一、开票前一日，管理员及监察员应将所中一切设备布置妥当。

（甲）开票台。（乙）置投票匦处。在台之右。（丙）记票数席。在台之左。（丁）参观席。在台之前，横列之。

一、开票当日，选举监督应亲至开票所，督同开票管理员及监察员，应分担职务。检点票数，管理员主之。唱名记点，监察员主之。

一、开票管理员与监察员，或监察员与监察员有意见不同时，均得陈述意见，请监督判决。

一、清算投票数目之时，须将选举票之总数，与投票簿之总数相对照。若有多少不符者，须另册记明，呈请监督察核。

一、开票管理员，应将《谘议局议员选举章程》所载无效之票，揭示于开票台侧。

（甲）写不依式者。（乙）夹写他事者。其记载被选举人官衔、职业或住址等项者，不在此限。（丙）字迹模糊不可认者。（丁）不用投票所所发票纸者。（戊）选出之人不合被选举资格者。

一、检票时遇有无效之票，当别置一处，并须另册记之。候开票完毕之后，与当选有效之票纸，一律交由监督保存三年。

一、如开票当日不能完毕，或续至夜分，或延至翌日，由开票管理员禀商监督，当众宣告。

一、得入开票所参观者，限于办理选举人员，及有选举权、被选举权之人。若管理员欲限制参观人数时，得预发参观券，非持有此券者，不许入内。

一、开票管理员对于参观人，宜接以礼貌。但参观人有扰乱秩序等事，不听管理员劝阻者，得命之退出所外。

《申报》，1909 年 2 月 8 日

奉天谘议局筹办处拟订投票所办事细则

一、初选监督，按投票区之多少设投票所。每所设投票管理员一名或二名。凡投票事务之准备及布置，管理员皆任其责。复选监督，于复选区内设一投票所，派管理员一名或二三名。

一、初选、复选各区，得设投票监察员一名，或五六名，协助管理员稽查投票所纪律。

一、投票所设立以后，未裁撤以前，管理员及监察员，必有二人住宿所中。其伙食、杂用，由选举经费项下开支。

一、投票日期，除由选举监督于三个月前宣示各区之外，各投票所门前，尤应时悬牌示，以昭观听。

一、投票所之启闭，以午前八时、午后六时为限，【逾限】禁止出入。

一、投票所宣示选举人名册时，有姓名相同者，应将别号、住址载出。如投票人写票时，欲举同姓名之某人，准其旁注别号，以示区别。

一、投票管理员接到投票纸时，须记载票纸多少。于投票既毕之后，必将用去票纸实数，呈报选举监督。若有剩余，当缴还之。

一、投票管理员及监察员，每日按时会集，须亲自署名于治事册上。其有因要事请假者，须另设请假簿，记其事由。均于事竣后，呈送选举监督查核。

一、投票管理员与监察员，或监察员对于监察员，有意见不合时，均得陈述意见，请监督判决。

一、投票所须分别入口出口，及办事处。各用长条标出，以免混乱。

（甲）投票入口。（乙）投票出口。（丙）投票人暂息处。雨天或人多拥挤时用之。（丁）投票人签字处。（戊）发票处。（己）写票处。（庚）投票处。

一、选举当日，管理员及监察员应分担责任。其发给票纸，管理员主之。监视签字，及照料写票投票，指引出路，监察员主之。

一、每一投票人只准给投票纸一枚。如投票人因笔误或墨污，请求更换者，须将废票收回，再给一纸。惟一人不许更换票纸三次。

一、投票管理员应将拒绝投票之事项，揭示于写票处。

（甲）未列名于本属投票所之投票簿上者。（乙）投票人非本身亲到者。（丙）投票人未签事于投票簿上者。（丁）选举人名册制造时，虽有选举资格，然至选举时因犯《谘议局章程》第六条各项情事，已由选举监督通知本所者。（戊）投票人虽列名于选举人名册及投票簿，然曾犯《谘议【局】章程》第四十八条法律上定为选举无效者。（己）投票人犯《谘议局议员选举章程》第一百零三条之罚则，不得为选举人及被选举人者。

一、投票区投票簿、投票纸，及选举人名册，过午后六时，由管理员、监察员分别收藏。投票区之内外钥匙，管理员及监察员分掌之。

一、投票人关于投票事有疑问时，管理员及监察员当明白指示。

一、投票人偶有违背定章等事，实出于无心者，管理员及监察员应婉言劝阻。至投票人不听劝阻，恃强反抗时，始得传唤警察，加以干涉。

一、选举当日，过午后六时，投票入口锁闭之后，如有后到之投票人，欲从出口进门者，一律拒绝。

一、投票完毕之翌日，移交投票区于开票所时，须将选举人名册及投票簿一律移交。

一、移交投票区时，管理员、监察员必有一二人亲身护送，并得要求警察沿途保护。

《申报》，1909年2月12、13日

筹办谘议局汇志

奉天谘议局筹办处通饬各属文云，照得本司奉督宪面交宪政编查馆复电内开："盛京总督：宥电悉。宗室及岁时，均系武四品，本可照第三条第四项资格，一律有选举权。至被选举权，及各项限制，应仍照第五、六、七、八条办理。宪政编查馆。东（印）"等因。奉此，除分行外，合将督宪原电抄粘札饬。札到该□，即便遵照办理，并转饬司选员、调查员等，一律遵照。切切特札。计抄原电一纸。

宪政编查馆钧鉴：《谘议局章程》于宗室选举事宜，未有明文。奉天为龙兴之地，可否于宗室除第六、第七、第八等条例禁外，不依据别项资格，一律有选举权、被选举权。或仍照第三条、第五条之资格，方有选举权及被选举权。乞电复示遵。世昌。宥（印）。

《申报》，1909 年 3 月 1 日

筹办谘议局汇志

奉天谘议局筹办处接各处报告选举人数之函电录左：

辽源州来电

盛京谘议局宪鉴：寒电谨悉。卑州共查得二百四十名，已于十一日呈报。炳南叩。

新民府来电

盛京谘议局宪鉴：彰武合格人数九百七十名。凤龢禀。

开原县来电

民政使司宪台大人、府宪大人鉴：谨将调查开原全县选举人名，统计总数一千零六十份，容俟速行造册呈报。卑职保清叩。

海龙府来函

本管地方调查已竣，统属三十六社，共计合格人数一千一百一十八名。

《申报》，1909 年 3 月 15 日

筹办谘议局汇志

奉省筹办处因初选举投票日期同日开始,不必同日完竣,特恐各属未及周知,爰通饬各属。略谓:本处于初选投票日期,拟俟各属名册总数报齐,藉以分配议员定额,呈请督宪批准,饬知各复选监督,遵额分配各初选区当选人额数后,再行酌定投票日期,呈准督宪,通饬遵照,俾全省一律,以示齐整。业于侯司议员,及临江县呈件中详悉批示在案,并登报章,藉便周知。顷据各处办理选举人员来处面称,同日投票,有困难情形。一则管理监察等员,难得多人,二则初选监督不能各处亲身监临,或恐贻误等情。查本处批示投票日期,务令全省一律,系指四十五初选区开始投票之日而言。至各初选区中所分各投票区,何区先投,何区后投,以及投票之同日不同日,均应责成各初选监督,通盘计算,便宜从事,本处不能预筹。缘多区投票,手续纷繁,只能酌一开始之日期,不能使完了之日期全省一律也。似此办理,齐整之中,仍寓变通之法,甚属便利。兹恐各属尚有误会之处,除投票日期届时另文饬知外,合行札饬,一体知照云云。现闻各属合格人数,已经禀报者,新民府镇安八百八十六名,锦西厅属一千零九名,海城县三千二百零六名。

《申报》,1909 年 3 月 21 日

奉天省选举合格人确定之总数

奉省各属选举人合格人数,前惟兴京、怀仁、辑安三属未经呈报。兹闻业于

昨日报齐，全省计共五万一千七百五十七人。各属注重宪政，办事均无贻误，洵属可嘉。然亦上宪督饬有方，故能收此成效也。书此为奉天省之前途贺。

奉天府属报告选举合格人总数表

区 域	初选监督	选举人数
承 德	都林布	二千二百零二
抚 顺	朱孝威	五百五十九
本 溪	刘朝钧	四百四十九
辽 阳	史纪常	二千四百零九
辽 中	韩宝廉	一千五百一十六
铁 岭	徐麟瑞	二千七百五十二
开 原	保 清	一千〇六十名
复 州	潘德全	二千七百九十八
盖 平	姚 煜	三千一百一十三
海 城	高暄阳	三千二百零六
法 库	田乡谷	一千三百四十六
统计十一区	十一员	二万一千四百一十名

锦州府属选举合格人总数表

区 域	初选监督	选举人数
锦 县	胡 荣	一六八〇
锦 西	刘晋藻	一〇〇九
盘 山	吴瞻我	六四二
广 宁	熊希存	一一五一
义 州	金衍海	二四七四
宁 远	慕昌治	一〇三八
绥 中	徐延芝	一〇二二
统计七区	七 员	九〇一六

凤凰厅属选举合格人总数表

区　域	初选监督	选举人数
凤　凰	罗惇景	七四八
岫　岩	杨□□	一一二三
安　东	吴光国	一五〇二
宽　甸	姚诗馨	一四九三
庄　河	陈锡昌	二二一六
统　计	五　员	七〇八二

《顺天时报》，1909 年 3 月 27 日

奉天省选举合格人确定之总数

奉天省昌图府属选举合格人总数表

区　域	初选监督	选举人数
昌　图	奉　恩	一四三一
辽　源	赵炳南	二四〇
奉　化	戴章勋	一一九六
怀　德	沈学昌	一一〇三
康　平	范　泰	五四二
统计五区	五　员	四五一二

同海龙府属选举合格人总数表

区 域	初选监督	选举人数
海 龙	冯守田	一一一八
东 平	陈 艺	一四三五
西 丰	陈正源	五九三
西 安	王孝称	七一二
柳 河	陈云溥	四三二
统计五区	五 员	四二九〇

同新民府属选举合格人总数表

区 域	初选监督	选举人数
新 民	孙之忠	一五九二
彰 武	唐宗源	九七〇
镇 安	张 灵	八八六
统计三区	三 员	三四四八

《顺天时报》，1909年3月28日

奉天省选举合格人确定之总数

奉天洮南府属选举合格人总数表

区　域	初选监督	选举人数
洮　南	刘　佐	二〇四
开　通	忠　林	四　二
靖　安	朱佩兰	一五三
安　广	纪应澜	八　三
统计四区	四　员	四八二

同兴京厅属选举合格人总数表

区　域	初选监督	选举人数
兴　东	恩　禄	二〇五
通　化	金维梣	六一七
怀　仁	张兆骏	四七五
辑　安	朱淑薪	六　一
临　江	熊　埴	一　三
统计五区	五　员	一三七一

奉天全省初选合格人总数表

区　域	初选监督	总　数
奉天府	高　树	二一七六九
昌图府	查富玑	四五一二
新民府	管凤龢	三四四八

续表

区　域	初选监督	总　　数
海龙府	孙寿昌	四二九〇
锦州府	陈恒庆	九〇一六
凤凰厅	谈国桓	七〇八二
兴京厅	廖炳枢	一三七一
洮南府	孙葆晋	四八二
八　处	八　员	五一九七〇

《顺天时报》，1909 年 3 月 30 日

奉天谘议局筹办处文牍

札饬各属将前发事务期限表各事务提前办理由

为通饬事。案照本处于上年冬间，札发选举事务期限表，通饬各属遵照办理在案。查调查资格，为筹办选举之基础。现各属调查已竣，人名册陆续到齐，所有选举事务，自以缩短日期，赶速办理为是。兹拟于三月间行初选举，四月间行复选举。各属应即按照前次所发之表，逐项提前赶办，以期早日完竣，是为至要。除投票日期仍候督抚宪配定议员额数，届时由本处呈请饬知外，合行札饬。札到该□，即便一体遵照，毋得参差。切切特札。闰二月初四日

《顺天时报》，1909 年 4 月 2 日

东督致宪政编查馆电

宪政编查馆钧鉴：奉省选举资格人总数，业经电覆在案。兹据各属补报，实数五万二千六百七十九，其当选人额数，刻正照章计算分配。兴京厅复选举区应选出议员一人，十乘之，该厅全区应出当选人十名。查该厅五初选区，共计合格人数一千四百六十一，通化六百一十七，怀仁五百六十五，兴京二百零五，辑安六十一。据以上四区比较分配，已足选出十名之额。尚余临江一区，合格者仅十三人，照章不敷选出当选人一名。若竟令其停止投票，该区有选举资格者无故停权，现在初次筹办选举，恐不足以昭大信。若令附于别区投票，均相距路途窎远，且无论如何牵算，皆难配及，请迅赐电覆，以便饬遵。

宪政编查馆覆电

盛京总督：鱼电悉。查《谘议局选举章程》第二十七条第二项，于初选区选举人数不敷选出当选人一名者，定有明文。临江初选区选举人数既不敷选出当选人一名，应照章附于别区投票。若路途较远，可另立一投票区，俾便投票。至票数，应仍与所附之初选区总算，以符定案。此覆。宪政编查馆。佳（印）。

《申报》，1909年4月9日

奉天全省选举人数及议员分配额数表

复选区			初选区	
区　域	选举人数	议员额数	区　域	选举人数
奉天府（法库厅附）	二二一九二	二一	承德	二二五一
			抚顺	五五九
			本溪	四四九
			辽阳	二七一八
			辽中	一五二四
			铁岭	二七五二
			开原	一一六六
			复州（金州厅附）	二九三四
			盖平（营口厅附）	三二四九
			海城（营口厅附）	三二四四
			法库	一三四六
昌图府	四五八八	四	昌图（同江厅附）	一四三一
			辽源	二四〇
			奉化	一二五一
			怀德	一一二四
			康平	五四二
新民府	三四四八	三	新民	一五九二
			彰武	九七〇
			镇安	八八六
海龙府	四二九四	四	海龙	一一一八
			东平	一四三九
			西丰	五九三
			西安	七一二
			柳河	一四三二

续表

复选区			初选区	
区　域	选举人数	议员额数	区　域	选举人数
锦州府	九一〇一	九	锦　县	一六八九
			锦　西	一〇〇九
			盘　山	六四七
			广　宁	一一六〇
			义　州	二四七四
			宁　远	一〇九〇
			绥　中	一〇三二
凤凰厅（庄河厅附）	七一一三	七	凤　凰	七四八
			岫　岩	一一二三
			安　东	一五〇三
			宽　甸	一四九三
			庄　河	二二四七
兴京厅	一四六一	一	兴　京	二〇五
			通　化	六一七
			怀　仁	五六五
			辑　安	六一
			临　江	一三
洮南府	四八二	一	洮　南	二〇四
			开　通	四二
			靖　安	一五三
			安　广	八三
统计八区	五六七九	五〇	四五区	五二六七

分配算法简明表

区域	选举人数	除数	零数	议员额数		合计
					应占补派	
奉 天	二二一九二	二二一一三	七九	二一		二一
昌 图	四五八八	四二一二	三七六	四		四
新 民	三四四八	三一五九	二八九	三		三
海 龙	四二九四	四二一二	八二	四		四
锦 州	九一〇一	八四二四	六七七	八	一	九
凤 凰	七一一三	六三一八	七九五	六	一	七
兴 京	一四六一	一〇五三	四〇八	一		一
洮 南	四八二		四八二		一	一
统计八区	五二六七九					五一

附注：每议员一名除去选举人一〇五三。

《顺天时报》，1909年4月9日

奉天谘议局筹办处通饬全省四十五初选区举行投票日期文

奉天谘议局筹办处通饬全省四十五初选区举行投票日期，文云：案查本处前以各初选区中所分各投票区，何区先投，何区后投，以及投票之同日不同日，均应责成各初选监督通盘计算，便宜从事，本处只能酌定开始投票之期，届时通饬等因。当经上月十八日将此项情形饬知在案，现已择定三月十八日，作为全省四十五初选区一律开始举行投票之期。其各初选区中所分之各区，投票孰先孰后，同日不同日，仍应查遵前饬办理，是为至要。除分行外，合行札饬。札到该县，即便遵照办理，并将办理情形克日声覆。

《申报》，1909年4月24日

筹办谘议局汇志

奉天谘议局筹办处复营口厅函，略云：查《选举章程》第三条规定，选举区域变更事项，应在选举造册以前，方能一并更改。本届选举区域划定，名册造成，宣示限满确定，并奏准咨部立案。该厅改治，拟于十五日，而十八日为各属投票期，时促事迫，不能仓猝变更全局，毫无疑义。至该绅等恐厅治无一人选入谘议局一节，尤为误会。查议员之多寡有无，系以选举人数为标准，与地域之分合无涉。且初选当选人尚非议员，复选当选人乃为议员。是议员由初选当选人选出，该厅作为初选区，与附属海、盖投票，均得选出选举人。即可由该厅治内之选举人，选举该厅治内之人，充当议员。况议员不限定初选人名册内，并不限定初选当选人名册内，叠经宪政馆电覆各省在案。将来奉府复选区选出之议员，果系何厅州县之人，此时不能预知，故区域之更改，与议员之有无，毫无关系。至以后该厅改为直隶厅治，俟届下次选举，再行照章更改，希即明白晓谕绅商等，一体知照为盼。除电达外，特再函复，即请公安。监理张元奇。十四日。

《申报》，1909年5月13日

筹办谘议局汇志

奉天全省初选选举人，共五万二千六百七十九名，业经筹办处通饬，于本月十八日一律举行初选举投票。

《申报》，1909 年 5 月 14 日

筹办谘议局汇志

奉天四十五初选区，承德县为首。承德县九投票区，城关内外，投票之中区为首。中区投票所设立县署门首，交悬龙旗二幅，巡警兵肃立两旁，非带有投票执照者不得入。旧有门房二区，作为投票人休息所。第二大门关闭，开东西角门，为出入口。入东角门，递进为签书到字处。再进为发票处。折而西，为写票处。写毕，折北行，为投票处。投票匦设大堂案上，新旧监督都、杨两令，衣冠对坐匦旁。投票者来去，均起立点首，作迎送状，投票人鞠躬致意，从西角门出。管理、监察等员分站，签字发票。写票所，其两旁大书八字，额左曰"立宪基础"，右曰"自治机关"。投票人有顶者，有翎者，有朝服者，有便衣帽，端著马褂者，均步起维谨。计自本日（三月十八日）九时零分投起，至十一时三十分签到投毕者，已二百有奇。

《申报》，1909 年 5 月 15 日

初选举开票

奉天（新民）

二十二日为初选开票之期，管太守深恐各职员临时不能整肃，前一日特传集各职员，在府署研究练习。是日钟鸣八下，齐集开票所。管太守首先演说，嗣由西宾陈牧师演说，复由交涉委员李公度演说。九钟开票。当堂验明封皮，一人拿票。监督会同黄司选员验明有效无效，一人依次编号，以省翻检之繁难。二人记名盖戳，续由数人检票，共六箱。至下午二钟开毕。当选者：周际昌，八十八票；徐魁，六十五票；王殿侯，四十八票。余票额均不足数。当拣出最多者二十二名，定二十四日再选。

又（新民镇安）

镇安县初选投票，已于二十二日开票。投票人数八百三十人，当选票数五十一。当选者：王化宣，一百零五票；郭连恩，五十八票；李荫堂，五十五票；魏玉史，五十四票；王维翰，五十三票。以上共得五名，尚少三名，定二十四日再选，二十六日开票。

又（奉天承德）

鹿鸣，八十五票；佟德升，七十四票；连科，七十一票；依兰保，五十八票；吴仔祥，五十五票；博治，五十一票；恩格，五十一票；王梦弼，五十一票。以上共得八名，尚少十五名，照章倍开三十名，定二十六日再选，二十八日开票。兹将再选指定人三十名开列于左：

臧耀辰，四十六票；梁维康，四十三票；双宝，四十一票；杨阁臣，四十一票；恩选，三十六票；王慎斋，三十六票；李育秀，三十六票；张鼎甲，三十四票；董世昌，三十四票；遇永新，三十三票；李有容，二十九票；张毓麟，二十八票；书铭，二十八票；联珠，二十六票；孙百斛，二十六票；金万川，二十六票；王春芳，二十六票；吴永涛，二十六票；史赞廷，二十五票；沈崧申，二十三票；张之汉，二十三票；景贤，二十三票；佟盛元，二十二票；孙逢吉，二十一票；韩启昌，二十票；张全祺，十九票；桂芳，十八票；闻鹇龄，十八票；范东华，十八票；刘泮璧，十八票。

《申报》，1909年5月19日

初选举开票

复州各区投票甄于三月念一日傍晚送齐，二十二日六钟开票。姓名错误甚多，有便写省笔、音同字异等情。如宋联琦得票最多，"联"字每误写"连"字。乡愚无知，动笔辄误。若一律无效，当选人得票愈难足额。当经复州知州潘德荃禀询筹办处，该处覆函，略谓：来函所称省笔及音同字异等情，如宋联琦"联"误为"连"之类，虽系笔误，尚非模糊不可认识，仍应有效。惟音同字异一项，仍应查明。全榜无二名以上之同名字，方为的确。即希照办。

又（奉天辽阳）

辽阳开票，当选者十三人：袁金铠、永贞、徐珍槟、阎毓衡、胡魁福、张德伦、刘维岳、春融、姜文忠、丰惠、赵祖昌、王化春。定三月二十八日再选。

又（奉天开原）

开原县当选人：高玉堂，八十六票；书铭，六十二票。尚缺九名，定四月初一日再选。

又（奉天抚顺）

抚顺县于三月二十二日开票，计实到六百零四人，以五十票当选。金宝文，五十八票；张焕械，五十四票。此外尚缺四名，定二十六日再选。

又（新民彰武）

彰武县开票，实到人数八百八十九，以五十五票当选。王恕，九十八；董成球，八十六；苑芹，七十五；张照垣，七十一；邵宝常，六十九。尚缺三名，定三月二十五日再选。

又（洮南安广）

安广当选人：王凤鸣，二十三票；于清泗，二十一票；苑存仁，二十票。旋接筹办处电云："洮南府转安广县王鉴：电悉。安广当选额止二名，应已足额。最多票二名为当选人，此外足额者为候补当选人。即希查照。奇。漾。"

又（凤凰厅）

凤属开票，共到六百九十九人。杨恩露，五十八票；赵玉璞，五十二票；卢廷彬，五十二票；于振东，一十一票。得票足额共四人，余再选。

又（凤凰安东）

于雁炳，百五十八票；王凤翔，百三十六；王香山，八十四；殷廷璋，七十；柳浦，六十六；孔纪贤，六十一；郑日升，六十一；周正伟，六十；郑长恭，六十；王步云，五十九；陈洪儒，五十七；刘洪英，一十五；张金山，五十四；姜积薪，五十四；钱兴仁，五十三。

又（昌图）

昌图府当选人：刘兴甲，八十六票；郑景成，七十七票。尚缺十一名，定三月二十日再选。

又（锦州广宁）

广宁开票，当选三人。萧露恩，百四十二；宋景和，七十七；陈祖培，五十三。再提得票多数十六名，定三月二十九日再选。

又（锦州宁远）

宁远开票，当选张敏时、徐尚志二人，定三月二十九日再选。

《申报》，1909年5月20日

初选举开票

奉天

怀德　怀德县开票,当选二人:武瀚章,九十六票;周兴岐,六十四票。余俟再选。

靖安　靖安县念六日下午八时开票。当选人八名:陈瀛洲,百三十四票;福珠隆阿,百三十三票;聂鸿兴,百二十七票;魏明海,百十八票;王凤桐,百零六票;王为山,九十一票;毛振池,六十四票;张佩文,六十票。按照定额,尚缺十七名,二十九日再行投票。

锦州　锦州二十五日开票,当选人十二名:梁树桐,九十一;李德馨,七十;王作民,六十四;解铭阁,六十;陈国棠,五十九;高佐中,五十七;郑会榜,五十五;高清和,五十四;郝炯,五十二;魏书元,五十一;穆仁荣,四十八;金又春,四十七。以上票数,即为过半数。缺额五名,业已加倍开列,于四月初二日归原投票地方重投。

海城　海城县当选人数:王玉泉,二百六十二票;杨鸿序,百四十三票;李鸿毅,七十三票;尚其慎,六十九票;祝华封,六十七票;姜文川,六十六票;曲廷栋,五十九票;任韶年,五十八票。

法库　法库厅开票,当选人:高凌汉,七十二;崔振冈,七十;信预,六十六;李景枚,六十三;王宗周,六十二;贺熙钧,六十;傅柏龄,五十七;徐家振,五十四。定二十八日再选。

本溪　本溪县当选人数:金殿勋,六十六票。

《申报》,1909 年 5 月 22 日

初选举重开票

奉天

新民　新民府再选,当选者高凤书,百二十三票;王者香,九十五;姚绍唐,九十一;孟化,八十九;李尧芝,八十六;闻启元,八十三;林桂林,八十二;刘百泉,七十四;击锐,五十九;和荣,五十一;白如玉,五十一。连前适符定额,另有何星源四十八票,程世恩四十二票,作为候补。

锦西　锦西厅再选,当选者:刘中炎,李文才,施绍伦,史翯林,刘凤纯。候补当选者,余泽洪,郭学曾。

《申报》,1909 年 5 月 22 日

初选举重开票

奉天

承德县　再选当选人票数:单世昌,百八十九;孙百斛,百五十八;刘泮璧,百票;恩选,九十五;李育秀,八十六;佟盛元,八十一;臧耀辰,七十五;孙逢吉,六十六;书铭,六十五;吴永涛,六十三;金万川,六十二;李有容,六十;梁维康,六十;王春芳,五十六;张鼎甲,五十五票。候补人:桂芳、联珠、张毓麟、史赞廷、崧申、张之汉、范东华。

抚顺县　再选于三月念八日开票,共实到五百九十人,以四十九票当选。张振声,百十一票;张钦元,七十票;刘珩,六十九票;佟蔚芭,六十一票;黎镜蓉,五十三票。

凤凰厅　再选足额:王清溪,百六十二票;杜培元,百二十四票;谭华阳,八十五票。候补人:李原源,七十六票;何福顺,五十九票。

广宁县　再选足额：邱有壬，百三十七；萧雨春，百三十六；李学诗，百零九；萧登瀛，百零一票；吕中清，百票；孟宪武，八十六；孙广重，八十三；张瑞恒，七十票。候补当选二人：李雨春，五十五；郭翰周，五十。

法库厅　再选，初一日开票，当选人：桂森，二百二十三；毛椿林，二百六；臧树德，百九十五；王家瑞，百五十七。连前八名，已符定额。候补被选四人：陈福壬，百五十七（票数虽与王同，因签掣列后）；张殿楷，百十八；赵先璧，八十八，裴外珍，七十三。

《申报》，1909 年 5 月 28 日

举行初选举开票

奉天

怀仁县　当选者：辛酉山，百零九票；杨占春，百三十八票；李国华，九十四票；王锦堂，九十票。候补二名：王廷勋，八十一票；郑梦兰，八十一票。

又（奉天复州）

复州　当选者：孙以楣，六十九票；宋联琦，六十八票；马泮春，六十四票；王德升，五十五票；孙盛传，五十二票；纪凤翙，五十一票；王植铨，四十四票；曲占元，四十三票；孙以苇，四十三票；孟传文，四十二票。

《申报》，1909 年 5 月 29 日

初选举重开票

奉天（新民彰武）

陈冠英，百九十四；孔德立，百二十六；高著德，百十九票。连前适符定额，另有：白义，百零九票；郑侨生，百零五；范景春，九十；周世德，七十七，作为候补。

又（新民镇安）

惠为霖，百五十；柳筠堂，百十五；王振亭，百十三。连前已足额，另有刘锦云，百四十；蒋文衡，七十一；李铭章，七十；刘鸣山，六十八；孟广田，六十四，作为候补。

《申报》，1909年5月29日

预备初选举投票

奉天筹办处札各属文，云：照得前饬各属，初选监督举行初选，于三月十八日一律开始投票。当经各属将初选当选人姓名、票数，陆续呈报。各在案。现初选将次完竣，亟应赶办复选事宜。兹已择定四月二十四日，作为各属复选举开始投票之期。该府务即按照本处前发事务期限表，及各项文牍章程，迅速预备，以免临时歧误。其筹办投票、开票情形，并被选人姓名、票数，仰该府随时呈报前来，藉凭稽核。是为至要。

《申报》，1909年6月3日

预备举行复选举

奉天府　复选举于二十五日开票，以五票以上为当选。计当选者二十名：

张程九　鹿鸣　书铭　孙百斛　桂森
高瀛海　王玉泉　张焕械　刘东烺　福珠隆阿
陈瀛洲　毛椿林　杨鸿序　宋联琦　任圣之
牟维新　永贞　徐珍　纪凤翮　周连昌

尚缺一名，以得四票之张之汉、袁金铠、马泮春、毓衡开列，二十六日再选。

锦州府　锦州府复选，初次开票足额：齐赓云　温广泰　吴景濂　吴国珍　杜赞宸　萧露恩　薛俊升　王星原　马芳田

再选候补人：萧雨春　徐尚志　黄树忱　高清和　郑会榜　解铭阁

昌图府　昌图府复选，二十六晨开票，得议员四名：王文阁　刘兴甲　郑宗侨　王伯勋

再选候补人三名：李秉恕　武翰章　李梦庚

凤凰厅　董之威　杨云淑　王香山　华镜堂　殷廷璋　英桂　杜培元

《申报》，1909年6月23日

复选举开票

奉天

兴京　辛酉山　候补人：邵芳龄

海龙府　二十四日开票，当选者：正元　杜燮铨　王荫棠　王在镐

候补当选人：张允中　谢书林　齐伟臣　胜春

《申报》，1909 年 6 月 24 日

复选举开票

奉天

洮南府电致筹办处文，云：左寿春仍坚辞议员，当即改选。内安广、王清泗病未到，开票九人，当众开检，武生李冠英得四票，为当选。已答复情愿应选，文另详。又马司选员奉派查烟，兼差请领五月薪，应否发给，请示。旋由筹办处电覆，谓：府属议员选定，慰甚。马司选员五月费银，希即借给，并饬令回省销差。

《申报》，1909 年 6 月 25 日

奉天谘议局议员题名

奉天府复选区开票，以五票以上为当选。计当选者二十名，姓名及票数录下：

姓　名	票　数	姓　名	票　数	姓　名	票　数
张程九	十一	鹿　鸣	十	书　铭	七
孙百斛	七	桂　森	六	高瀛海	七
王玉泉	六	张焕械	六	刘东烺	六
福珠隆阿	七	陈瀛洲	六	毛椿林	五
杨鸿序	五	宋联琦	五	任圣之	五
牟维新	五	永　贞	五	徐　琎	五
纪凤翮	五	周连昌	五		

尚缺一名，以得四票者四名张之汉、袁金铠、马泮春、毓衡开列，今日再选。

锦州府来电

谘议局宪钧鉴：锦府复选初次开票，足额，齐赓云九票，温广泰八票，吴景濂八票，吴国珍七票，杜赞宸七票，萧露恩七票，薛俊升六票，王景原六票，马芳田五票。再选候补人：萧雨春十五票，徐尚志十二票，黄树忱十一票，高清和十票，郑会榜十票。照章足额。另有解铭阁一名得六票，亦符当选票额，可否作候补人，祈电覆。厚。敬。

复锦州府电

锦州府荣鉴：敬电悉。府属议员选定，慰甚。候补人原无定额，解铭阁一员，既足票，应准一律候补。奇。有。

昌图府来电

谘议局宪钧鉴：昌图府属复选，今早开票，得议员四名：八票、七票、五票、五票。因无候补人，比及再选，得候补人三名：李秉恕八票，武翰章七票，李梦庚五票。卑府玑禀。

复昌图府电

昌图府查鉴：府属议员选定，且备有候补三名，慰甚。奇。有。

《顺天时报》，1909 年 7 月 2 日

奉天谘议局议员题名表

凤凰厅第一（计七名）

姓　名	票　数	初选区域
董之威	一一	宽　甸
杨云淑	八	庄　河
王香山	八	安　东
华镜堂	七	庄　河
殷廷璋	七	安　东
英　桂	五	庄　河
杜培元	二〇	凤　凰
备　考	洮南已举左寿权，尚未承诺。电请再选，故仍以凤凰厅为第一。	

《顺天时报》，1909 年 7 月 2 日

奉天谘议局议员题名表（续，再选）

锦州府第二（计九名）

姓　名	票　数	初选区域
齐赓云	九	锦西
吴景濂	八	宁　远
温广泰	八	义　州
吴国珍	七	同
杜赞宸	七	绥　中
萧露恩	七	广　宁
薛俊升	六	义　州
王景原	六	盘　山
马芳田	五	义　州
候补人	萧雨春	广　宁
	徐尚志	宁　远
	黄树忱	绥　中
	高清和	锦
	郑会榜	同
	解铭阁	同

新民府第三（计三名）

姓　名	票　数	初选区域
惠如霖	八	镇　安
董成珠	七	彰　武
王化宣	八	镇　安
候补人	苑　芹	彰　武
	高凤书	新　民

奉天府第四（计二十一名）

姓　名	票　数	初选区域
张程九	十一	辽　东
鹿　鸣	十	承　德
书　铭	七	开　原
孙百斛	七	承　德
桂　森	七	法　库
高瀛海	七	盖　平
王玉泉	六	海　城
张焕域	六	抚　顺
刘东烺	六	铁　岭
福珠隆阿	六	同
陈瀛洲	六	同
毛椿林	五	法　库
杨鸿序	五	海　城
宋联琦	五	复　州
任圣之	五	盖　平
牟维新	五	复　州
永　贞	五	辽　阳
徐　珍	五	同
纪凤翀	五	复　州
周连昌	五	盖　平
候补人 袁金铠	二十	辽　阳
候补人 马泮春	十三	复　州
候补人 玉　德	十二	辽　中
候补人 曾有严	十二	承　德
候补人 孙绍宗	十	海　城
候补人 张佩文	十	铁　岭
候补人 高玉衡	九	开　原
候补人 曲占元	八	复　州

续表

姓　名		票　数	初选区域
候补人	郭乃赓	七	盖平
	李心曾	七	海城
	张之汉	七	承德
	陈福壬	六	法库
	王席珍	六	盖平
	王允兴	五	同
	仝荫芭	五	抚顺
	孟昭孔	五	铁岭
	崔振冈	五	法库

《顺天时报》，1909年7月3日

奉天全省议员题名表

议员姓名	籍贯	候补议员	籍贯	议员姓名	籍贯	候补议员	籍贯
张程九	辽中	马泮春	复州	惠如霖	镇安	苑　芹	彰武
鹿　鸣	承德	玉　德	辽中	董成珠	彰武	高凤书	新民
书　铭	开原	曾有严	承德	王化宣	镇安		
孙百斛	承德	孙绍宗	海城	金正元	西安	张允中	西丰
桂　森	法库	张佩文	铁岭	杜　铨	东平	谢书林	柳河
高瀛海	盖平	高玉衡	开原	王荫棠	东平	齐伟臣	东平
王玉泉	海城	曲占元	复州	王在镐	海龙	胜　春	西丰
张焕械	抚顺	郭乃赓	盖平	齐赓云	锦西	萧雨春	广宁
刘东烺	铁岭	李心曾	海城	吴景濂	宁远	徐尚志	宁远
福珠隆阿	铁岭	张之汉	承德	温广泰	义州	黄树忱	绥中

续表

议员姓名	籍贯	候补议员	籍贯	议员姓名	籍贯	候补议员	籍贯
陈瀛洲	铁岭	陈福壬	法库	吴国珍	义州	高清和	锦县
毛椿林	法库	王席珍	盖平	杜赞宸	绥中	郑会榜	锦县
杨鸿序	海城	王允兴	盖平	萧露恩	广宁	宁解铭	锦县
宋联琦	复州	仝荫芭	抚顺	薛俊升	义州		
任胜之	盖平	孟昭孔	铁岭	王星原	盘山		
牟维新	复州	崔振冈	法库	马芳田	义州		
永 贞	辽阳			董之威	宽甸	王者铨	宽甸
徐 珍	辽阳			杨云淑	庄河	仇玉田	岫岩
纪凤翮	复州			王香山	安东	王清溪	凤凰
周连昌	盖平			华镜堂	庄河		
袁金铠	辽阳			殷廷璋	安东		
王文阁	怀德	李秉恕	奉化	英 桂	庄河		
刘兴甲	昌图	武翰章	怀德	杜培元	凤凰		
郑宗乔	康平	李梦庚	辽源	辛酉山	怀仁	邵芳龄	通化
王伯勋	奉化			李冠英	洮南		

《顺天时报》，1909年7月6日

奉天初选当选人题名表（续）

昌图府第五（计四名）

姓 名	票 数	初选区域
王文阁	八	怀 德
刘兴甲	七	昌 图

续表

姓　名		票　数	初选区域
郑宗侨		五	康平
王伯勋		五	奉化
候补人	李秉恕		同
	武翰章		怀德
	李梦庚		辽源

兴京厅第六（一名）

姓　名		票　数	初选区域
辛本山		六	怀仁
候补人	邵芳龄		通化

西安县第七（计七名）

姓　名	票　数	资　格	姓　名	票　数	资　格
金正元	八四	出身	韩岗云	七七	出身
左奎坛	七三	公务出身	刘鸣盛	七四	同
郑逢源	五八	出身	王奎英	七四	资产
云　山	八八	资产			
候补人	李绍唐　陈峻得　苗增雨				

奉化县第八（计十一名）

姓　名	票　数	资　格	姓　名	票　数	资　格
李秉树	一〇五	公务	□□□	七一	资产
王伯勋	九三	公务	孟宪玮	六七	同
李献珍	七二	资产	褚善庆	六五	同
栗钟华	六三	同	张宝祥	六四	同
赵福民	二一	同	刘万玉	五八	同
李　溶	七六	出身			

《顺天时报》，1909年7月6日

奉天初选当选人题名表

承德县第五（计二十三名）

姓名	票数	资格	姓名	票数	资格	姓名	票数	资格
吴　鸣	八五	出身	董世昌	一八九	资产	书　铭	六五	资产
仝德升	七四	资产	孙百斛	一五八	出身	吴永涛	六三	同
连　科	七一	出身	刘半璧	一〇〇	公务	金义川	六二	出身
依兰保	五八	资格	恩　选	九五	资产	李有容	六〇	同
吴孖祥	五五	同	李育秀	八六	同	梁维康	六〇	资产
博　治	五一	官阶	盛　元	八一	官阶	王春芳	五六	同
恩　格	五一	出身	臧耀庚	七五	出身	张鼎甲	五五	出身
王梦弼	〇五一	资产	孙迁吉	六六	同			
候补人	桂　芳　　联　珠　　张毓麟　　史赞廷　　松　申　　张永□　　范东华							

《顺天时报》，1909年7月7日

奉天初选当选人题名表

宽甸（经）〔县〕第十一（计十五名）

姓名	票数	资格	姓名	票数	资格	姓名	票数	资格
董之威	一〇八	出身	王者钰	六五	公务	李文估	五八	公务
李永清	九三	资产	毛有伦	六五	资产	武协太	五七	资产
江凤章	八一	同	王恩庚	六四	同	张澄海	五七	公务
董用威	七五	出身	武长椿	六三	同	萧克宪	五六	同
姜尚志	七三	资产	萧克谐	五九	公务	金永春	五〇	资产

怀仁县第十二（计四名）

姓　名	票　数	资　格
辛酉山	一〇九	出身
杨占春	一三八	同
李国华	九四	同
王锦堂	九〇	同
候补人	王廷勋　邓梦兰	

开通县第十三（计一名）

姓　名	票　数	资　格
王佐臣	二三	公务

安东县第十四（计十五名）

姓名	票数	资格	姓名	票数	资格	姓名	票数	资格
于麟炳	一五八	出身	孔纪贤	六一	出身	陈鸿儒	五七	资产
王凤翔	一三六	公务	邓日升	六一	同	刘鸿英	五五	同
王香山	八四	出身	周正伟	六〇	资产	张金三	五四	同
殷廷璋	七〇	公务	郑长泰	六〇	同	姜积善	五四	同
柳　浦	六六		王步云	五九	同	宋兴寅	五三	同

广宁县第十五（计十一名）

姓名	票数	资格	姓名	票数	资格	姓名	票数	资格
萧露恩	一四二	公务	萧雨春	一三六	出	孟宪武	八六	出
宋景和	七七	出	李学诗	一〇九	同	孙广重	八三	资产
陈祖培	五三	同	萧毓瀛	一〇一	同	张瑞恒	七〇	同
邸有壬	一三七	公务	吕中清	一〇〇	同	候补人	李雨春　郭翰周	

《顺天时报》，1909 年 7 月 7 日

奉天初选当选人题名表

辽阳州第十六（计二十八名）

姓名	票数	资格	姓名	票数	资格	姓名	票数	资格
袁金铠	一六〇	公务	丰惠	五八	出身	张中一	一〇二	资产
永贞	一三七	同	赵祖昌	五一	同	朱斌奎	九三	同
徐珍	一〇五	同	王化春	四九	同	卞勇	九一	出身
槟阁	七七	同	姜文宪	一八六	同	赵澜超	九〇	同
毓衡	七二	同	韩绍伯	一三〇	公务	王鹏翰	八一	同
胡魁福	六八	同	文杰	一二三	出身	陈廷瓒	八〇	资产
张德伦	六六	出身	安如石	一二三	同	从善	七八	官阶
刘维岳	六五	同	宋云鹏	一二〇	资产	刘顺德	六九	出身
春融	六四	同	曹振声	一一九	同			
姜文忠	五九	资产	柳春和	一一三	出身			
候选人	苗喜成　焦华林　刘庆文　吴宝生　刘自铭							

抚顺县第十七（计六名）

姓名	票数	资格	姓名	票数	资格
金宝文	五八	资产	刘衍	六九	资产
张焕械	五四	同	仝荫苞	六一	出身
张振声	一二	公务	候补人	黎镜容	
张钦元	七〇	资产			

锦县第十八（计十七名）

姓名	票数	资格	姓名	票数	资格	姓名	票数	资格
梁树洞	九三	公务	郑会榜	五五	出身	刘会津	二〇八	出身
李德馨	七〇	资产	高清和	五四	资产	王庆升	一一九	公务
王作民	六四	公务	郝炯	五二	出身	杜龙章	一八	出身
解阁	六〇	出身	魏书元	五一	同	武正清	一一	同
陈国棠	五九	同	穆仁荣	四八	同	张树人		公务
王佐中	五七	公务	金又春	四七	资产			
候补人			李宗晟	阎成珠	王之屏	乔步瀛		

《顺天时报》，1909年7月8日

奉天初选当选人题名表（续）

靖安县第十九（计三名）

姓　名	票　数	资　格
刘镜涛	五三	资产
张佐清	三九	同
张树勋	三八	出身

铁岭县第二十（计二十五名）

姓名	票数	资格	姓名	票数	资格	姓名	票数	资格
陈瀛洲	一三四	公务	刘东烺	一〇六	出身	彭钟庚	九一	公务
福珠隆阿	一三三	出身	王恩溥	一〇六	公务	罗君卿	八九	同

续表

姓名	票数	资格	姓名	票数	资格	姓名	票数	资格
聂鸿兴	一二七	同	季长春	一〇二		尚日新	八四	资产
魏明海	一一八	同	董春魁	九八	公务	杨绍时	八三	出身
王凤桐	一〇六	公务	樊永昆	九七	资产	魏广德	八一	同
王如山	九一	同	孟昭孔	九七	同	蒋桂芬	八一	公务
毛振池	六四	同	才献廷	九五	同	王廷显	七〇	资产
张佩文	六〇	出身	王文山	九四	同			
曾宪文	一一四	公务	平其心	九二	出身			
候补人			王佐才 李云辉	苗润生 赵方嘏		刘庆文 童德恒	富　元 刘尚清	

复州第二十一（计二十七名）

姓名	票数	资格	姓名	票数	资格	姓名	票数	资格
孙以眉	九六	出身	段承基	一三六	出身	曹恩荣	七三	资产
宋联琦	〇六八	同	高云峰	一二六	同	潘玉魁	七一	出身
马泮春	六四	同	李万顺	一一三	资产	王昭麟	六七	资产
王德升	五五	同	宁云章	一〇九	同	李成璋	六四	公务
孙盛传	五二	公务	曹善友	一〇四	公务	王舜臣	六一	出身
纪凤翱	五一	出身	田步云	一〇三	出身	周宗延	五九	同
王植铨	四四	公务	李上林	九五	资产	刘书森	五八	同
曲占元	四三	出身	牟维新	九四	同	孙以市	四三	资产
宫玉章	七七	出身	孟传文	四二	同	王际清	七五	资产
候补人	张德义	徐石臣	王善嘉	邢永清	王乃一	姜恒熙	张好珊	

盘山厅第二十二（计六名）

姓　名	票　数	资　格	姓　名	票　数	资　格
李镜蓉	七八	出身	王钦天	五五	出身
王星源	六九	同	陆广清	五二	同
杨聘园	五三	资产	张海澜	二二〇	资产

安广县第二十三（计二名）

姓　名	票　数	资　格
王凤鸣	三三	资产
王清泗	二一	同

康平县第二十四（计四名）

姓　名	票　数	资　格
郑宗侨	一〇二	资产
李缙纲	一〇八	出身
郑世兰	七九	同
魏晋良	七六	资产
候补人	贵福臻　冯九皋	

本溪县二十五（计四名）

姓　名	票　数	资　格
金殿勋	六六	资产
刘传琮	一四二	同
庆　德	八七	同
陈庆文	六二	同
候补人	克　明　杜炳文	

《顺天时报》，1909 年 7 月 10 日

议案预备会再志

奉省各属议员刻已陆续到省，在教育总会会议，已志前报。兹悉日前会议，由教育总会会长吴景濂君提议，仿照各省预备筹办法，此次会员不仅以议员为限。举凡各地绅士，学商两界，皆得入会参议议案。各议员亦均赞成。惟谘议局刻下尚未成立，暂不选举议长。先举干事六人，被举者如吴君景濂、刘君东垠、鹿君鸣、袁君金铠、书君铭、王君玉泉，并举留日法政毕业生延君寿山担任书记。诸干事现正连日会议，以为预备之预备。

《盛京时报》，1909 年 7 月 21 日

奉天谘议局全体议员公呈

为呈请议员研究调查经费事。窃议员等现当选举既竣，开局在即，自宜案照奏定《谘议局章程》议员之职任权限，谘议局之应办事件，挨次详筹，作先期之预备。当于五月二十三、二十六等日，藉教育总会地方，开议员全体会。意欲依照江苏、吉林各省办法，另设议案预备会，以为集思广益之资。但因范围阔大，一蹴难几。俟将来组织有方，众议佥同，再行呈请立案。惟研究调查，未便稍延，应先设议员研究调查所，限于正选议员及候补者入所研究，以扩充各议员法律知识，免致临时困难。当由各议员中公举名誉干事员六员，现举定吴景濂、书铭、王玉泉、袁金铠、鹿鸣、刘东垠。公举名誉书记员八员，现举定孙百斛、金正元、刘兴甲、毛椿林、永贞、张程九、牟维新、陈瀛洲，经理所中事务，及

文牍等件。另聘书记员一员，留东法政毕业生、分省试用知县延绅荣，专任文牍函件起稿各事，兼研究讲员。另请名誉讲员数员，担任各种课程。公订于六月初十日，借教育总会讲堂，开始研究。定期三个月截止，统计研究所应需员司薪水，及名誉讲员车马费、议员膳费、夫役工食、茶水心红、油烛，以及调查应需往来车马、膳宿各费，每月约共需银千两左右。计三个月，拟议预支公款银三千两，以备应用。伏思现在公款支绌，但有省款之处，无不撙节，俟竣事时，造册报销，倘有浮余，尽数缴还，以重公款。所有议员研究调查，预请经费缘由，理合呈请宪台鉴核，转请督抚宪迅赐批示施行。须至呈者。右呈奉天全省谘议局筹办处

《顺天时报》，1909 年 8 月 1 日

奉天谘议局筹办处照会

为照会事。案准贵议员呈开，为呈请议员研究调查经费，以备应用等因。准此，查各议员等为扩充法律智识起见，先设议员研究调查所，洵为切要之图。惟现在公款奇绌，所请经费三千两，呈请督抚宪核发，不无困难之处。拟于敝处附设之自治研究所，酌提各属所解自治学费二千两，于六月初五日先拨一千两，以应急需，余俟陆续拨付。除另呈督抚宪备案外，相应移会贵议员，请烦查照施行。须至照会者。

《顺天时报》，1909 年 8 月 3 日

奉天谘议局筹办处通札

为札饬事。案奉督抚宪札开，为饬遵事，宣统元年五月二十八日，准宪政编查馆咨开，五月初二日准湖广总督咨准总办湖北调查局胡编修呈称，接准本馆颁行民政表式二册内，第六十七表第二项有被选举权人数。查《谘议局章程》所定选举人资格，系用积极主义，限制极严；被选举人资格，系用消极主义，范围极广。所有有被选举权人数，应多于有选举权人数。现行调查，概以有选举权者为限。其有被选举权人数无从核计，应如何计数遵填之处，应请转咨明示解释等因。查民政统计表内有被选举权人数，系指初复选举时，投票纸上被选有名者而言。无论票数多寡，是否当选，但系票上有名，即可查明统计，以便调查实在被选与当选人，比较总数起见。各属办理选举之后，不难按票而稽。应即照表填注，咨送备查。除咨覆湖广总督外，相应咨行查照饬遵可也等因。准此，合行札仰□处，便即转饬遵照毋违，此札等因。奉此，除分行外，合行札仰该□，便即遵照查填，一面呈送本省调查局，一面呈覆本处，藉凭稽核，是为至要。切切特札。

《顺天时报》，1909 年 8 月 3 日

奉天议员分属调查呈督抚宪文

奉天全省议员等为分属调查，预备议案，请通饬各衙署局处，及各属府厅州县知照，以免阻碍事。窃议员等前以开所研究呈请经费，经谘议局筹办处呈蒙宪

批照准，准由各城自治研究项下，拨银二千两，作为研究调查经费。惟计日下迄九月开局，为期甚迫，理宜从速调查，以为议案之预备。况奉天新政，次第施行，凡关于地方庶政利弊等项，头绪纷繁。除谨守秘密，及未结案件无庸调查外，所有现行规制，并早经宣布者，公拟逐项调查，庶几议事时不至茫然无据。拟自七月十五日开始，按城按县分往。其无议员之州县，则以他处有余者补之。不足，再以候补议员充之。至于道途迂远、交通不便之处，尤须早行数日，以免往返耽延。截至八月二十日止，一律回省，预备组织内部各事。至省城内之衙署局处，已拟公举数人，分任其事。此外，调查应需之车马、膳费，酌量支给，总以撙节为主。其甘愿纯尽义务者，悉听其便。第以各衙署公文事件，非有通知公文，难以切实检阅。惟有恳请宪台，通饬省城各衙署局处，及分城之府厅州县，俟议员到日，派人随同指导，以期迅速，而免耽延。理合开具某员调查某处清单，呈请宪台鉴核批示施行。须至呈者。计清单一纸。

《顺天时报》，1909年8月31日

奉天全体议员广征意见书

窃自朝廷预备立宪之诏下，始有谘议局之设立。欲谘议局之设立，始有议员之选举。凡百手续，所以不惮烦者，无非冀我士绅，共体时艰，同抒忠爱，于本省地方应兴应革之利弊，切实指陈，以资采择耳。同人等学识浅薄，本乏过人之程度，乃辱蒙一般父老兄弟，谬相推举，忝列议员，惊惧弗胜，有负嘱托。前已邀齐到省，聚集研究，刻正分属调查，预备议案，期于指陈通省利弊，筹计地方治安之宗旨，稍有把握。惟事体重大，头绪纷繁，身任议员者，其敢自以为是，遂以自己之意思，谓足当全省之意思，而无待博采周咨乎？抑凡我士绅，其忍置此至艰至巨之责任，尽诿之五十议员之身，而不闻不问乎？夫以我奉幅员之广，纵横千余里，人民千余万，两强逼处，庶政待修。而计议员定额仅五十人，距开局限期仅数十日，以至少之人，处最短之日，而仅恃此五十人之聪明材力，望其相与有成，非惟耳目所不周、知识所不到，即令竭尽心力，极意调查，而限期日迫，刻不容缓，亦万难条分缕析，洞澈而靡遗也。然则，将奈何？敝同人等尝谓，奉省之五十议员，特有名之议员耳，所有奉省士绅，凡优于学问，长于识见，富于思想，深于阅历者，皆无名之议员也。尽此五十有名之议员，诚为少有，此无数无名之议员，则不为不多。伏望各团体诸君，细查我奉之危险，人民之疾苦，举政界、学界、军界、警界、商界、农界、自治界，各种方面之利弊，不惮研求，代为调查，随时报告，详而勿略，理贵求其所以然，宽而勿苛，弊在夫其为已甚，愿卑之勿为高论，庶言之可见实行。至后列各项，不过略具端倪，此外尚多缺略。并祈广事搜罗，共谋公益，以匡助同人等所未逮，庶不负我朝廷庶政公诸舆论之意，而奉省谘议局之始基，其勿坏矣，则奉省幸甚！同人幸甚！

兹将广征意见纲目列后：

（一）政界

（甲）地方行政衙门；（乙）税捐局（海关附）；（丙）交涉局。

（二）学界

（甲）教育会；（乙）劝学所；（丙）视学【所】；（丁）小学；（戊）中学；（己）师范；（庚）识字学塾；（辛）农业、商业、工业各种学校。

（三）军界

（甲）陆军军人；（乙）海军军人；（丙）关于军界之供给（有何特别费）；（丁）关于军界之材料（如做子药材料、器械材料）。

（四）警界

（甲）官吏之组织；（乙）分区之良否；（丙）巡警之多寡；（丁）经营之奢俭；（戊）训练之宜否；（己）职务之能尽与否。

（五）商界

（甲）商会；（乙）钱法之利弊（金融之活动）；（丙）销货之畅滞；（丁）商业内部之蟊贼；（戊）商业外部之障碍；（己）关于商业有无开通智识之方法（如商务研究所、宣讲所）。

（六）农界

（甲）农业试验场；（乙）农会；（丙）农事之利弊；（丁）关于农事之特别

销费；（戊）农业之古新法。

（七）自治界

（甲）自治会；（乙）自治之组织方法完善否；（丙）自治之经费如何筹措；（丁）乡村会之有无；（戊）旧日之乡会陋习已否改革。

（八）生产界

（甲）渔业；（乙）盐业；（丙）林业；（丁）矿业；（戊）丝业。

（九）交通

（甲）道路（附各车）；（乙）水利（船及摆渡）；（丙）商埠；（丁）各国侨民；（戊）航路。

凡例

一、惠寄意见书者，须署名，并书明住址、姓字，以备将来有互商之处。惠寄意见书之地，暂以省城教育会院内，借设事务所，将来至九月初一日，即以谘议局院内，另设受函之处。

一、此项意见书，并不限定日期。凡留心时势者，苟有见地，随时可以惠寄。

《顺天时报》，1909年9月3、4日

奉天谘议局致议员之函

径启者。顷准财政局函嘱敝处转托贵议员调查各项财政，并开送名目清单一纸等因，相应将原函暨清单印刷函送，务希依照单开各项，确查详报，藉凭转致前途，实纫公谊。专此布达。即颂台安。

财政司原函并清单（略）

《盛京时报》，1909年9月4日

预备议案

奉天全省议员，为预备议案起见，议定按城按县，分任调查。其呈报督抚公文，已载昨报"要闻"栏，兹将某员调查某处清单录下：

省城衙署局处及承德县　吴议员景濂　刘议员东烺　孙议员百斛　鹿议员鸣毛议员椿林

抚顺县　张议员焕械

本溪县　袁议员金铠

辽阳州　永议员贞　徐议员珍

辽中县　张议员程九

铁岭县　陈议员瀛洲

同江县　福议员珠隆阿

开源县　书议员铭

复　州　宋议员联琦　牟议员维新

营口厅　高议员瀛海　周议员连昌

海城县　王议员玉泉　杨议员鸿序

法库县　桂议员森　候补议员崔振冈

昌　图　刘议员兴甲

辽源州　候补议员李梦庚

奉化县　王议员伯勋

怀德县　王议员文阁

盖平县　郑议员宗侨

新民府　王议员化宣

彰武县　董议员成珠

镇安县　惠议员如霖

海龙府　王议员在镐

东平县　王议员荫塘

西丰县　候补议员胜春

西安县　金议员正元

柳河县　杜议员燮铨

锦　县　吴议员国珍　温议员广泰

锦西厅　齐议员赓云

盘山厅　王议员星原

广宁县　萧议员露恩

义　州　马议员芳田　薛议员俊升

宁远州　候补议员徐尚志

绥中县　杜议员赞宸　候补议员黄树忱

凤凰厅　杜议员培元

岫岩州　英议员桂

安东县　殷议员廷璋

宽甸县　董议员之威

庄河厅　杨议员云淑　华议员镜堂

兴京厅　张议员焕械

通化县、临江县　以上二县，候补议员邵芳龄

怀仁县、辑安县　以上二县，辛议员酉山

洮南府、开通县、靖安县、安广县　以上四县，李议员冠英　王议员香山

《申报》，1909年9月5日

复选举诉讼

奉天（辽阳）

奉天府属当选议员袁绅金铠，系辽阳州人。前有辽绅张炳辰，在谘议局控该议员复选之时，有任私舞弊情事。当经局长张贞午司使批饬辽阳州史牧查覆在案。兹闻辽阳州史耀五直刺，刻已遵札查明禀覆。据称按照张炳辰所控各情，逐款密查，毫无实据。询之初选当选诸绅，佥称该议员袁金铠，于复选之时并无任私舞弊情事，且该议员平日乡望素孚。此次当选，舆论翕服，并无异议云。

《申报》，1909年9月5日

东督奉抚召集议员公文

为札行事。案查《奏定谘议局章程》第三十一条内开，"谘议局会议期分常年会及临时会二种，均由督抚召集开会之。第一日，督抚应亲自莅局，行开会礼式。"第三十二条内开，"常年会每年一次，会期以四十日为率。自九月初一日起，至十月十一日止。其有必须接续会议之事，得延长会期十日以内。"等语。现距会期不远，该员等应即预先筹备，藉免贻误。为此札饬，札到该会员，即便查照。切切特札。右札谘议局议员准此。

《盛京时报》，1909年9月10日

覆议员研究调查所问疑义由

来函备悉。所称贵所与清理财政局事多关涉一节,准即代为介绍。至调查底本,乞于谒见时面商为盼。承质疑义五项,条答列左:(一)谘议局应行预备事项甚多,所有提前选出议长一则,查浙江抚台与宪政编查馆来往电文所言,办法甚详。兹将原电另纸抄发,以备贵所查酌仿办。现闻督抚宪召集议员公文,已经颁发,即乞飞函知会各议员提前来省,以便预备而免延误为要。(二)局章五十条所称,办事处经理文牍、会计、庶务等事,是否专员担任,尚无明文。惟细绎第十章第五十三条所指之经费,只有书记长以下薪金,并无文牍、会计、庶务等名目,似不能另设专员。(三)速记生。(四)书手。(五)给事人。查此等事宜,定章均未言及。然照第五十二条办事细则,由谘议局自定,则此等设置应归议员议定可知。至云关系动款一则,查五十三条经费项内,本有杂费一项。第五十四条规定杂费,由谘议局会议预算数目,呈请督抚核定,届时照章办理,似无不妥。　谘议局筹办处覆。七月二十五日。

《盛京时报》,1909 年 9 月 11 日

议员驻省额数办法

宪政编查馆覆东督等电云:

奉天制台、抚台鉴:效电悉。常驻议员与议长、副议长各有职任,自未便合并计算。此覆。宪政编查馆。马。

《盛京时报》,1909 年 9 月 14 日

电商常驻议员额数

东督等致宪政编查馆电　宪政编查馆钧鉴：局章第十条，常驻议员，以该省议员额数十分之二为额。是否连正、副议长合计，尚无明文。查报载山东抚台豫算谘议局常年经费一折，似议长在十分之二以内。然以此类推，吉、黑两省，各区议员三十名，驻局例只六人。若连正、副议长在内，则驻局议员止三人，似于三十六条，暨议取决多数之法有碍。乞示遵。良。全。效。

宪政编查馆覆东督等电　奉天制台、抚台鉴：效电悉。常驻议员与议长、副议长各有职任，自未便合并计算。此覆。宪政编查馆。马。

《申报》，1909年9月15日

谘议局筹办处呈报饬令议员研究调查会各干事准备开会以前一切事务由

谘议局筹办处为呈报事。窃照本年九月初一日为谘议局开办之期，所有谘议局杂费、预备费及议长、副议长、常驻议员互选细则，暨议事规则、旁观规则，并办事处办事细则，照章悉由谘议局自行分别开议酌定。现距会期不远，各项应办事宜甚夥，均须从速准备，藉免贻误。惟各议员已分赴各属实地调查，若拟提前召集，窒碍良多。查研究调查会干事吴绅景濂、书绅铭、王绅玉泉、袁绅金铠、鹿绅鸣、刘绅东烺，共六员，系由全体议员投票公举，办理会事甚属妥协。此次会前应行准备各事，拟即饬令该干事等从速准备。除移会该干事外，合备文呈请宪台鉴核备案。须至呈者。

右呈东三省总督锡、奉天巡抚程

附：批

如呈备案。缴。（八月初七日）

1909年9月17日

咨催应行筹备事宜

日前东督锡制军、奉抚程雪帅接到宪政编查馆咨催，略谓：本年为筹备之第二年，计应核订、颁布、筹办、举行各事宜，共十四条，业于二月内经本馆遵限预行咨催一次。现查资政院章程已奏明颁布，各省谘议局选举均已陆续报齐。城镇乡地方自治研究所亦陆续具报，筹办设立。兹又届八月预催之期，除督饬馆员将本馆应办之事，依限认真办理外，应即照章开学，预行咨催。为此合咨贵督抚，请烦查照章开各节，查明未办之件，督饬所属，依限举办，毋稍延误云云。

《盛京时报》，1909年10月12日

调查局致地方自治筹办处请再送调查报告书一本

敬启者。日前接准贵处大咨，呈送调查报告书六本。查此书于统计编制，足资参考，惟仅止一部，不敷分阅。望乞再赐一份，是为至盼。专此祗请公安。

附：地方自治筹办处回函

径覆者。顷准贵局函开，前送谘议局筹办处调查报告书只有一部，不敷分阅，尚应再送一部等因。兹特照嘱检送，希即查收。此复。即颂公安。

附调查报告书一部，共六本。

地方自治筹办处启

宣统元年十一月初一日

1909 年 12 月 13 日

二、建筑修造

谘议局筹办处呈请建筑奉天全省谘议局由

谘议局筹办处为呈请事。窃照谘议局经费，请饬度支司预筹的款，藉资应用一节，业经职处呈明宪核在案。惟是议员齐集之时，筹款固为要图，而局所亟宜预备。查谘议局为议院之基础，所有议员住宿及常年会议、临时会议之场所，均有一定形式，不容假借。且案照章程四十一条，采用公开主义，不禁旁听，将来开议之时，非有特别宽敞之地，不足以资观听而昭公允。现在广西、浙江、山东各省闻已措款兴工。奉省为国朝龙兴之地，观瞻所系，似不得不预筹建造，以应急需。兹查职处接管前全省自治局有购定坐落大西关外玉皇庙菜园公地一区，堪为建造该局基址之用。至土木工料各项经费，俟批准后，由职处派深通法政之员，会同本司营缮科详细勘估，绘图贴说，另文呈请饬下工程局照办。所有拟定筹建谘议局缘由，是否有当，理合备文呈请宪台鉴核示遵。须至呈者。

右呈奉天行省总督徐、巡抚唐

监理张元奇

会办选举事宜多文

附：批

据呈已悉。查谘议局原为将来议院基础，立宪之期转瞬即至，自宜有宽敞地方，俾资公用。该处接管前全省自治局有购定坐落大西关外玉皇庙菜园公地一区，堪为建造该局之用。仰该处酌委深通法政之员，会同营缮科前往详细勘估，

绘图贴说，分别工料价值，各需若干，呈候核夺。缴。（二月十一日）

1909年3月19日

谘议局筹办处呈为请饬度支司拨付建筑谘议局经费由

谘议局筹办处为呈请事。窃照职处呈请建筑奉天全省谘议局一案，奉宪台批："据呈已悉。查谘议局原为将来议院基础，立宪之期转瞬即至，自宜有宽敞地方，俾资公用。该处接管前全省自治局有购定坐落大西关外玉皇庙菜园公地一区，堪为建造该局之用。仰该处酌委深通法政之员，会同营缮科前往详细勘估，绘图贴说，分别工料价值，各需若干，呈候核夺。缴"等因。奉此，当经遵饬委派职处深通法政人员罗永绍、金朝枢、杨德邻、方枢等四员，规画形式，并委派本司营缮科一等科员翁巩，会同前往玉皇庙菜园地方估勘。兹据该员等详绘各图，估定工料经费约需实银陆万两，呈覆前来。本司覆核属实。查宪政年期转瞬即届，宪虑早已计及，工程业经估定，自应飞速兴工，庶能赶于九月以前造竣，不至延误。如所绘局图尚无不合之处，务恳即饬度支司拨付款项，以应急需。所有绘定图式，并估定数目情形，是否有当，理合具文，呈请宪台鉴核示遵。再此项经费如蒙允准，应请奏咨立案，合并声明。须至呈者。

计呈送清折一扣，图式二纸，图另卷包存。

右呈奉天行省总督兼署巡抚徐、巡抚唐

附：清折

谨将勘估谘议局工程一切造法尺寸及工料价目，开呈宪鉴。

计开：

一、估议事厅圆式楼房一座，直径九丈。中议员议事厅，直径七丈，柱高二丈五尺。四围旁听楼二层，上层高一丈，下层高九尺，进深一丈。土工做法，平地挖深五尺，打夯，素土五步，灰土五步，埋深一尺。台明一尺五寸，宽一尺六寸。墙身高一丈九尺，宽二进砖。条砖卧叠桃花，灰钩砌灌桃花，浆到顶外，刷画青浆，细堆白灰，缝内抹麻刀灰。顶棚钩边线并灯影，罩电白浆一道。木工做法，上做罗汉顶，钉鱼鳞铅瓦。抬头周围按铁花栏杆，中心按风白针一座。木望板"人"字大梁，顶棚钉柳叶。天花板上白铅漆。周围玻璃窗一百二十扇，均上电白铅漆。旁听楼一坡，顶钉平铅瓦，抬头安铁栏杆一道。木望板斜插，梁钉乱板条。前抬上下层用花楣子，上层用铁栏杆一道，双套玻璃窗。平轩架护墙板，起边线，满铺地板。油工做法，明处均上腻子一道，色铅油二道。

一、估四层钟楼一座，头层面宽二丈，深一丈八尺，高一丈；地台高一尺五寸。二三层均高一丈，宽一丈二寸见方。四层高八尺。旗杆高一丈六尺。瓦工做法，平地挖椹，行夯打础，灰土六步，素土六步。四角梅花桩二十棵，埋深一尺。地台一尺五寸，厚十八寸。墙深厚三进砖，均条砖，卧垒桃花。灰钩砌灌桃花，浆到顶外，皮刷画青浆，细堆白灰。缝内、墙并顶棚，抹麻刀白灰，钩灯影，罩电白浆一道。上层及头层平顶方砖，青浆满墁。各层冰盘抬横砖细做。木工做法，顶层二大柁元檩木，望板上铅皮一层，四围铁花栏杆一道，中立木旗。上下四层，统钉乱板条。楼梯三道，四围玻璃西式双套窗，并护墙板。头层满铺地板。油工做法，明处均上腻一道，色铅油二道。

一、估东西钩股形洋楼二座，上下共四十间。开间一丈二尺，进深一丈四尺。前廊连皆一丈，头层高一丈五尺，二层高一丈二尺。瓦工做法，平地挖椹，行夯打础，素土五步，灰土五步，埋深一尺。地台二尺，均厚一尺八寸。墙身头层厚三进砖，二层厚二进砖。条砖卧垒桃花，砖拘砌灌桃花，浆到顶外，面刷画青浆，堆白灰缝。冰盘、窗户、顶及台横砖细做。内墙及顶篷抹白灰，钩灯影，上电白浆一道。木工做法，人字杈梁。木望板钉洋瓦，四围钉按铁花栏杆，内篷钉乱板条。楼板、地板均五寸，条龙凤笋。玻璃西式双套窗，护加墙板。西式木门，上按眼庞。油工做法全前。

一、估东西洋式房二座，每座十四间，共二十八间。开间一丈，柱高一丈一尺，进深一丈九尺。瓦工做法，平地挖椹，行夯打基，灰土三步，素土二步，埋深五寸，地台一尺，厚一尺六寸，墙身厚二进砖，均条砖卧垒，白灰钩砌内墙并顶棚。白灰满抹，钩灯影，起边线。冰盘抬，窗口、顶并座横砖，细砌。木工做法，人字架梁，木望板上钉洋铅瓦，内楔乱板条。西式玻璃，双套窗。洋式门，满铺地板。油工做法，上腻子一道，色油一道，清油一道。

一、做西式七开间，正房二所，共十四间。开间一丈一尺，进深二丈五尺，屋内廊七尺，高一丈二尺，一切造法全前。

一、做西式前后院四所，每所五间，计二十间。进深二丈，开间一丈，高一丈，墙厚二进砖，其余一切做法全前。

一、做西式门房二所，每所一丈五尺见方，一切做法全前。

一、做围墙一百五十尺，高八尺，厚二进砖，墙深一尺，灰土三步，素土二步。

一、做过厅四座，每座长三丈，宽一丈二尺，高一丈一尺。上盖洋瓦，下铺青砖。其余墙、棚、门、窗及其他一切造法同前。十四间。

一、做灰平房十间，开间一丈，进深一丈八尺，高九尺。外砖内土坯。窗门均本地式，地铺青砖。

以上统共估沈平银陆万两整。

附：批

呈悉。既据该处派员估定建筑谘议局工科经费约需实银陆万两，应即克日兴工，候饬度支司迅速拨款，以应急需，并仰该处叙稿，呈候奏咨立案。图、折存。（三月十八日）

1909年4月29日

建筑奉天全省谘议局请立案折

奏为建筑奉天全省谘议局，恭折仰祈圣鉴事。窃查接管卷内奉省筹办谘议局，并遵章筹指谘议局经费等情，迭经前督臣徐世昌先后奏陈在案。至建筑谘议局一节，亦于胪列第一年期成绩折内声明，俟解冻即可兴工。旋准宪政编查馆电开，各省谘议局议事厅，无论新设改造，均应略仿各国议院规模，以求适用等因。当经前任督臣徐世昌，督饬该处人员赶速筹备。嗣据绘图帖说，开具详晰清单，计需实银六万两，由前任督臣徐世昌覆核属实，饬令度支司将该款迅速筹拨，作正开销。查此项经费，例应奏咨立案。除将局图及估定建筑经费详细清单，分别咨送宪政编查馆暨度支部外，所有建筑奉天全省谘议局缘由，谨恭折具陈，伏乞皇上圣鉴。谨奏。

八月初二日奉到朱批：该衙门知道。钦此。

1909 年 9 月 6 日

谘议局建筑大楼

谘议局为全省议员之总机关，现因该局房屋湫隘不敷，遂在工夫市西南购买某栈旧址一所，建筑大楼，高耸异常。现正鸠工庀材，赶紧修造，预备节后工竣迁移云。

《盛京时报》，1909 年 9 月 14 日

筹建谘议局

东督会同奉抚奏：窃查接管卷内，奉省筹办谘议局，并遵章筹措谘议局经费等情，叠经前督臣徐世昌先后奏陈在案。至建筑谘议局一节，亦于胪列第一年期

成绩折内声明,俟解冻即可兴工。旋准宪政编查馆电开,各省谘议局议事厅,无论新设改造,均应略仿各国议院规模,以求适用等因。当经前任督臣徐世昌督饬该处人员,赶速筹备。嗣据绘图贴说,开具详晰清单,计划官银六万两,由前任督臣徐世昌覆核属实,饬令度支司,将该款迅速筹拨,作正开销。查此项经费,例应奏咨立案,除将局图及估定建筑经费详细清单,分别咨送宪政编查馆暨度支部外,所有建筑奉天全省谘议局缘由,谨恭折具陈,伏乞圣鉴。七月二十六日,奉朱批:该衙门知道。

《申报》,1909年9月20日

札据谘议局呈称该局楼房渗漏请饬原包工程人补修由

钦差大臣、尚书衔东三省总督兼管东三省将军、奉天巡抚事赵为札饬事。据谘议局呈称:"窃本局前于四月初六日以本局各项楼房渗漏甚多,请饬原承修人及时修补。又原办本局工程是否交工,应请示知一案,开单呈请,迄今多日,未蒙批示。惟入夏以来,雨水加多,而正偏各楼益复渗漏,其余房墙、甬路坍圮破坏之处日益加增。若非及早修补,恐风雨飘摇,弥复不可收拾。查原承修人系工程局局长翁令巩,仍请督部堂饬由承修人查照单开各项,派匠补修。又本局工程迄今已否交工,本局无案可稽,应请示知,以免疏漏。理合开具详细清单,备文呈请督部堂批示施行。计呈清单一纸"等情。据此除批"呈悉。查此项工程原承修人翁令现因差委赴吉,应如何补修,候饬民政司,饬令该署营缮科查传包修匠人,迅往谘议局勘明,赶速修理,毋延。至此项工程已否交工,并由该司查报,另行札知。缴"等因,印发外,合行抄单,札仰该司即便遵照办理具报。此札。

计抄单一纸。

右札民政司准此。

附：清单

今将本局各处渗漏破坏之处缮单列后：

计开

一、议场上盖洋瓦未嵌坚实，渗漏约有十余处。

一、议场南门明台上墁之洋灰破裂，全行渗漏。

一、议场门旁扶手小墙洋灰破裂，共十个。

一、东西配楼门旁扶手小墙上面洋灰破裂，及砖墙裂坏，共十四个。

一、议长室南坡西头天沟因白灰未墁坚实，渗漏。

一、议员宿室南北平台四处，因上面白灰破裂，全行渗漏。里面墙破裂六处。

一、议员宿室东西天沟因原安洋瓦不固及灰破裂，全行渗漏。

一、旧办事处南坡东头北坡、西头天沟均因白灰未墁坚实，渗漏。

一、庶务室南坡天沟因灰未墁坚实，渗漏。

一、司书室南北坡天沟因灰未墁坚实，渗漏。

一、厨房当中原墁白灰破裂，渗漏。

一、院内甬路石子浮起，全行破裂。

附：批

此件已抄单交由郑科长送翁公馆，觅包工赶修。

1911 年 7 月 24 日

奉天全省谘议局呈为楼房渗漏恳饬原承修人克日修补由

奉天全省谘议局为呈请事。案查前因本局楼房渗漏甚多，请饬由承修人修补，并已未交工，开单请示一案，奉督部堂批开："呈悉。查此项工程原承修人翁令现因差委赴台，应如何修补，候饬民政司饬令该署营缮科，查传包修匠人，迅往谘议局勘明，赶速修理，毋延。至此项工程已否交工，并由该司查报，另行查知。缴"等因。奉此，本局奉批后，仅由翁令宅内派工人三四名，修理各台阶、扶手及零星诸件。当即催令先行择要修理，据称大楼及甬路工程之较大者，仍须翁令回省，方作办法等语。近日雨水连绵，大楼及配楼渗漏日甚一日。各楼房内之不能移动器具、铺垫，均于二十三日夜间大雨，湿损不堪。本局购买器物原有定款，将来损失过多，应责令何人赔补。是以仍恳督部堂，迅饬原承修人回省，克日修补，既免渗漏太甚，又免器物伤损，难觅赔偿，一举两得，实为公便。理合备文呈请督部堂鉴核，批示施行。须至呈者。

右呈钦差大臣、尚书衔东三省总督兼管东三省将军、奉天巡抚事赵

附：批

局房渗漏，岂能久待。据呈各情，实属不成事体。仰民政司迅遵前饬，由该署营缮科查传包修匠人，立赴该局，迅速勘修具报。缴。（闰六月初八日）

1911 年 8 月 1 日

营缮科为签覆谘议局各房渗漏饬工修理完竣再行禀知由

为签覆事。案查前奉宪台饬交，奉督宪札饬，据谘议局呈该局各房渗漏甚多，开单请饬原经手人及时修补等情一案，当经科员郑建，遵将原单抄发翁令家属，查传原包工人前往修理在案。兹复奉交督宪批发谘议局呈催楼房渗漏，恳饬原承修人克日修补，原呈一件。查前项工程早经报竣，已蒙委派奉天府知府、都守林布验收，现尚未据呈覆。兹查原包人逐日仍在该局，修补未竣。现由郑科员建严饬包工，赶速多觅匠人，前往修理，一俟工竣，再行禀知。理合签覆，仰祈

宪台查核示遵。

  营缮科谨签

附：批

  应严饬包工人认真修补。（闰六月十一日）

1911 年 8 月 4 日

奉天全省谘议局与民政司为修补谘议局大楼渗漏往来公函

  敬启者。本局前承贵司饬工修补中间大楼渗漏之处，业已竣工。不意昨日大雨，复经渗漏多处，殊深焦灼，仍请派员于漏湿之处趁未干时详为查验，设法补苴。其余配房渗漏，以及院中马路，务请早日动工，于本局开会前一律完竣。是所拜祷。专此敬请

  公安

奉天谘议局谨启
宣统三年七月十六日

  敬覆者。接准台函，嘱为饬工修补贵局大楼并配房渗漏，以及院中马路各工，务于开会以前一律完竣等语。除传饬原修人员迅速前往修补，勿误会期外，耑此奉覆。敬请

  公安

民政司启
七月十七日
1911 年 9 月 9 日

奉天府呈报奉委验收谘议局工程尚无朦混由

奉天府知府为呈报事。案奉宪台札开,案据营缮科一等科员、留奉补用知县翁令巩呈称:"窃科员于宣统元年五月蒙奉天全省谘议局筹办处札委,监修奉天全省谘议局工程,计修成大元楼一座,东西配楼二座,大小房屋共一百间,围墙一百四十八丈,正面花墙二十八丈,花园一座,以及暗沟、厕所、马路等项,共估合沈平银六万两整,业经工竣已久。兹饬据原包工匠白万春等出具保固甘结前来,除报销清册另文呈送外,理合检送图、结,备文呈请宪台鉴核,并乞派员验收,以昭核实。计呈结四纸,图全份,计十五纸"等情。据此合行札发,札委该员前往验收,加结具覆。原发图、结,随文呈缴。此札。计发结四纸,图全份,计十五纸等因。奉此,知府遵即亲诣该处,按照图开逐细勘验,所有各楼房等处,一切工程均系工坚料实。各该工头等尚无偷减朦①混情弊。理合出具印结,连奉发保固图结,一并具文呈报宪台查核备案。须至呈者。

计呈送印结一纸,并缴奉发结四纸,图全份,计十五纸。
右呈钦命奉天民政使司民政使张

附:批

据呈已悉。候转呈督宪备案。缴。图式归档。各结存送。(八月十八日)

1911 年 10 月 8 日

---

① "朦",旧通"蒙"。

呈为委员验收奉天全省谘议局工程并送各结（副呈）

为呈报事。前据营缮科一等科员、留奉补用知县翁令巩呈称，窃科员于宣统元年五月蒙奉天会省谘议【局】筹办处札委，监修奉天全省谘议局工程云云，并乞派员验收，以昭核实、计呈结四纸、图全份十五纸等情。据此当经本司札委奉天府知府、都守林布前赴验收，兹据呈称，遵即亲诣该处，按照图开，逐细勘验云云，一并具文呈报，查核备案。计呈送印结并缴奉发结四纸、图全份十五纸等情，呈覆前来。本司覆核无异，除呈批示并图式归档外，理合将委员验收谘议局工程并送保固各结缘由，呈报宪台查核备案。再原图已呈送在案，应免再送。所有应造报销册，一俟该员造送到日，再行备文呈送，合并声明。须至呈者。

计呈送验收印结一纸、工匠保固结四纸。

右呈军督部堂赵

奉天民政使司民政使张元奇

附：批

呈悉。查该令监修谘议局房屋，保固三年为期，已属甚短，乃期限未满，业已渗漏。前饬该司查传该匠人前往赔修，现在已否照修完固，未据呈明。该局房屋工竣已久，因何延未造报，殊堪诧异。仰即迅速严催，毋再宕延，并候札行谘议局知照。缴。各结存。（八月二十五日）

1911年10月11日

翁令巩呈送承修奉天谘议局工程清册由

留奉补用知县翁巩为呈请事。窃委员前在宪署营结科一等科员差内承修奉天全省谘议局工程，业蒙委派奉天府都守林布前往验收在案。所有此次补修房屋渗漏暨马路各工，亦经都守一并验收完竣。兹将用过工料、银两造具报销清册，理合具文呈请督宪暨咨度支司、清理财政局核销，实为公便。再册内不敷银三百四十八两五钱七分九厘七毫四十六忽八微，已由前工程局拨用。余料相抵，不另请领，免与奉各原案不符。合并声明。须至呈者。

计呈清册四本。

右呈奉天民政使司民政使张

附：批

呈、册均悉。候将清册分别呈咨备案。缴。（九月初六日）

1911 年 10 月 26 日

呈据前工程局长翁令巩呈送承修奉天全省谘议局工程销册由

为呈送事。案据留奉补用知县翁令巩呈称，委员前在宪署营缮科一等科员差内承修奉天全省谘议局工程云云，合并声明，计呈清册四本等情。据此查此项工程前据该员呈请验收，业经札据奉天府知府都守林布验明工坚料实，尚无朦混情弊，已将各结呈送宪台查核，奉批饬催造报在案。兹据前情，除批示并将清册分咨外，理合将送到清册转呈宪台鉴核备案。再此项报部销册，应俟度支司、清理财政局检查相符，再行饬令补造二份，呈请核咨。合并声明。须至呈者。

右呈军督部堂赵

附：批

如呈备案。缴。

1911 年 10 月 31 日

咨据前工程局长翁令巩呈送承修奉天全省谘议局工程销册由

为咨送事。案据留奉补用知县翁令巩呈称，委员前在宪署营缮科一等科员差内承修奉天全省谘议局工程云云，合并声明，计呈清册四本等情。据此查此项工程前据该员呈请验收，业经札据奉天府知府都守林布验明工坚料实，尚无朦混情弊，已将各结呈送督宪查核，奉批饬催造报在案。兹据前情，除批示并将清册分别呈咨外，相应转咨贵司/局查照核销。再此项报部销册，应俟贵司/局检查相符，再行饬令补造二份，呈请核咨。合并声明。须至咨者。

右咨度支司/清理财政局准此。

1911 年 10 月 31 日

奉天临时省议会为议场渗漏致民政司函

敬启者。本会议场原修未能坚固，致多处渗漏。去岁经都督批由贵司派人修补在案，不意近日连阴数次，雨非甚大而议场仍复渗漏，致将垫靠湿损，其圆顶之被雨氲透者不一其处。本会开会在即，若一旦大雨猝淋，隙漏百出，殊于本会议事大生窒碍。应请贵司早日饬员督工修补，俾免贻误。是为至叩。耑此候覆。敬请

    公安

奉天临时省议会顿首

附：民政司呈文、批示及回函

顷准省议会函请修理议场，是否业已径请宪示，应否由司派员勘估，伏乞批示祇遵。

民政司谨呈
五月十六日

批：其意在承修之保固，而翁巩此时不在奉。可婉复之，请本局自行勘修，以省周折可也。

敬复者。顷奉手书，以贵会议场上年修补，近复渗漏，嘱即派员修理等因。查此项工程系工程局局长翁令巩承办。该员已不在奉。不日开会，工程既急，拟请贵会派人勘修，以期迅速而省周折。用特奉敢即祈察夺，敬请

    公安

民政司 顿首
五月十七日
1912 年 5 月 17 日

三、人员经费

奉省遵章筹指谘议局经费的款折

奏为遵章筹指谘议局经费的款，以资应用，恭折仰祈圣鉴事。窃奉省谘议局筹办处一切筹备情形，业于胪列第一年期成绩折内详细奏陈在案。惟是选举告竣以后，谘议局即当成立，所有开局事宜，均应预先筹划。谨按《奏定谘议局章程》第五十三条，内开："谘议局经费由督抚筹指专款拨用，其款目分议员旅费，议长、副议长及常驻议员公费，书记长以下薪金杂费，预备费五项。"第五十四条，内开："前条公费及薪费数目，由督抚定之。其旅费、杂费及预备费，由谘议局会议预算数目，呈请督抚核定。"等语。查此项经费，臣与该处人员公同核计，极力撙节，每年须银二万两之谱。当经饬令度支司预先筹定，藉资应用，兹据度支司呈覆，请将此项经费在奉省征收税捐项下动支。惟系动用正款，例应先行奏咨立案，以昭慎重而便报销。除将筹指情形咨报度支部外，所有遵章筹指谘议局经费的款缘由，谨恭折具陈，伏乞皇上圣鉴。

《退耕堂政书》卷二十五

署民政司使张呈报开办谘议局请派人员并请发给关防经费由

试署民政司司使兼办谘议局事务张元奇为呈请事。案奉宪台札开，案准吏部咨，内阁抄出光绪三十三年九月十三日奉上谕："朕钦奉慈禧端佑康颐昭豫庄诚寿恭钦献崇熙皇太后懿旨，前经降旨，于京师设立资政院，以树议院基础。但各省亦应有采取舆论之所，俾其指陈通省利病，筹计地方治安，并为资政院储材之阶。著各省督抚均在省会速设谘议局，慎选公正明达官绅创办其事，即由各属合格绅民公举贤能，作为该局议员，断不可使品行悖谬、营私武断之人滥厕其间。凡地方应兴应革事宜，议员公同集议，候本省大吏裁夺施行。遇有重大事件，由该省督抚奏明办理。将来资政院选举议员，可由该局公推递升。如资政院应需考查询问等事，一面行文该省督抚转饬，一面径行该局具覆。该局有条议事件，准其一面禀知该省督抚，一面径禀资政院查核。其各府州县议事会，一并预为筹划，务期取材日宏，进步较速，庶与庶政公诸舆论之实相符，以副朝廷勤求治理之意。"钦此钦遵，抄出到部。相应知照可也等因。准此，查谘议局系钦奉特旨饬设，事关重要，当经饬据谘议厅议长钱参赞，妥为计划，呈核前来，自应照议试办。即派张民政司使创办一切章程，详拟呈核。原设之自治局，即附于该局之内。派奉天府管守为自治局局长，应行预备事宜，著即认真筹办。除分札自治局管守外，合亟札饬，札到该司，即便遵照等因。奉此，查谘议局为全省预备立宪之总机关，现当开办伊始，非先遴选公正明达之员，不足以资襄理。兹查本司佥事荣厚、陈希贤、蒋荣、毛祖模于法律政治均讲求有素，拟请宪台札派，随同本司办事，以资得力。该员系以本司佥事兼充，不再另给薪津。自治局编辑课课员、留学日本法政毕业生罗永绍，民治科科员、留学日本法政毕业生王济辉，旗员仕学馆教习、法政毕业生郭进修，留学日本警察毕业生、候选同知吴云、府经职衔杨龙需，县丞职衔、生员林仰乔，堪以分充参订、庶务、会计等事。罗永绍、王济辉、郭进修三员系兼差，不支薪津，月各酌给夫马费伍拾两。吴云、杨龙需、林仰乔三员月各给薪津伍拾两。民治科一等司书刘挺英，庶务科三等司书艾自新，监生陈受谦、王兆年、张丰来，堪以派充本局司书，管理卷宗，兼司缮写核对。刘挺英、艾自新系以本司司书兼充，月各加给津贴银捌两，陈受谦、王兆年、张丰来月各给薪津银拾贰两，均自到差之日起支。以上各员司，即由本司分别札委。余俟章程拟定，再行陆续添派。惟本局甫经创办，所有购买器具、书籍，以及员司丁役、薪津、火食、心红、纸张，一时未有定则，拟先请开办经费银陆千两，以资办公。一俟办有端倪，再将所用各款造具清册，核实报销。并请颁发关防，以昭信守。是否有当，理合将派员、拟请经费、关防各缘由，呈请宪台鉴核示遵。此系借用民政司关防，合并声明。须至呈者。

右呈奉天行省总督徐、巡抚唐

附：批

呈悉。查此次各省设立谘议局，与资政院有直接之关系，并为地方议事之基础。现当开办伊始，自必统筹全局，佐理得人，方足以收上下交通之益。据称该司佥事荣厚等均系学有根底，堪以随同办事，应准加札派委。每月另给夫马费五十两，由度支司给发。其余分派各员、各司书等，暨额定薪津、夫马各费，亦均如议办理。所请开办经费六千两，候饬度支司如数拨给，俾资办公。至应用关防，并候刊就后，再行颁发，以昭信守。仰即遵照。缴。（十月二十八日）

1907 年 12 月 2 日

谘议局呈拟用款改为月领并将预算表呈核由

谘议局为呈报事。案奉宪台札委本司创办谘议局事务，饬即认真筹办等因。奉此，当经将裁并员司并改定薪津情形呈报在案。查从前自治局支款系按季请领，现职局并无存款，需用浩繁，若俟季终请领，措支为难。本司拟恳改为按月请领，以免支绌而杜积压。惟表内所列油煤、木炭、秋秸三项，系照冬令开报，俟交夏令，再行核减。至修缮、添置器具、印刷品、图书等项，及将来职局组成议会，各属议员来局集议，亦需款项，均未列入，拟作为活支，随时具实报领。是否有当，合将职局预算列表，呈请宪台，俯赐察核。伏候批示祗遵。须至呈者。

计呈预算表一扣。

右呈奉天行省总督徐、巡抚唐

附：批

呈悉。查该局所用人役以及款项一切尚有可量为核减之处，仰即遵照，另表呈核饬遵。缴。表发还。（十二月初十日）

1908年1月10日

谘议局为裁并员司并改定薪津情形呈请鉴核由

谘议局为呈报事。案奉宪台札委本司创办谘议局事务，饬即认真筹办等因。奉此，当经呈请宪台札派本司佥事荣厚等随同办事，并派委员司。各在案。嗣奉宪台先后批示，以全省自治局调查、考订、文书、总务各科，应准划归职局办理，所有该局在事员司，自应分别去留，并另派得力人员，以资助理而专责成。查有职局局员、自治局编辑课课员、法政毕业生罗永绍，堪以调充参事，月支薪水银壹百伍拾两，津贴银伍拾两。留学日本早稻田大学毕业生方枢，堪以仍充法制考订科长；留学日本法政大学毕业生周大烈，堪以仍充惯例调查科长，每月各仍支薪水银壹百两，津贴银壹百两。职局局员、民治科科员、法政毕业生王济辉，旗员仕学馆教习法政毕业生郭进修，均堪以调充编辑课员。该员系属兼差，每月仍各支夫马费银伍拾两。自治局文牍课员、拣选知县林文奎，县丞职衔潘鹗年，堪以仍充文牍课员，每月各仍支薪水银伍拾两，津贴银拾两。候选巡检方永慎，自治局掌理课员、内阁中书毕维垣，堪以委充记录课员，每月各仍支薪水银叁拾两，津贴银拾两。湖南试用、从九胡同壃，职局庶务会计员、候选同知吴云，堪以委充掌理课员，每月各仍支薪水银叁拾两，津贴银拾两。职局会计员、府经历职衔杨龙需，县丞职衔生员林仰乔，堪以仍充会计课员；自治局庶务课员、县丞职衔王克询，记录课员、县丞职衔张蕴宏，堪以调充庶务课员，每月各支薪水银肆拾两，津贴银十两。自治局书记员、府经历职衔郁光，堪以仍充书记员，月支薪水银贰拾两，津贴银拾两。自治局书记生白毓庚、王曾，堪以谕充司书。白毓庚办事较勤，月给薪水拾陆两；王曾一名，应与前谕司书王兆年等一律月各给薪水拾贰两。其自治局参事傅疆现往临江公干，来函固辞兼差，应准所请。调查课员鄢濂，现在该课事务较简，改由记录课兼管。该员与掌理课员徐炳华、会计课员朱裕祥、书记黄建永、浦同庆、吴宗彝等由奉天府自治局管守另有差委，应饬一并销差。至会计课员黄兆奎，庶务课员陈朝佐，均开去差使。查自治局参事原设二员，薪水各贰百两，津贴各伍拾两，现只设一员，以专责成，并裁减薪水伍拾两。原设总务科科长一员，文书科科长一员，薪水各捌拾两，津贴各四拾两。庶务课员月各给夫马费拾两，均经一律裁去，以节经费。除由职局分别札委任差，并将局用经费另拟预算案，呈请宪台批准，按月照领外，合将职局裁并员司、改定薪津情形，具文呈报，仰祈宪台鉴核示遵。须至呈者。

右呈奉天行省总督徐、巡抚唐

附：批

如呈办理。候饬度支司知照。

该局创办伊始，事务尚不甚繁，人员应先从减分派，将来再逐渐添派，薪津亦应核减，以昭核实。（十二月十七日）

1908 年 1 月 19 日

谘议局呈覆遵宪批裁减薪津并工役杂项由

谘议局为谨遵宪批，裁减薪津并工役杂项，呈请鉴核事。案查本司呈报裁减员司，改定薪津，奉批："该局创办伊始，事务尚不甚繁，人员应先从减分派，将来再逐渐添派，薪津亦应核减，以昭核实。"本司将预算表呈核，奉批："呈悉。查该局所用人役以及款项一切尚有可量为核减之处，仰即遵照，另表呈核饬遵。缴。表发还。"各等因。仰见宪台综核名实，慎重度支，莫名感悚。查谘议局创办之始，即蒙将原有之全省自治局划归办理，本司综合两局人员，细加查看，分别去留，并将原定薪津酌量核减。计拨归奉天府自治局鄢濂、徐炳华、朱裕祥三员，开去陈朝佐、黄兆奎二员，添派方永慎、胡同壎二员，按之原额，已减三员。其薪津一项，原定章程，参事二员均贰百伍拾两，现减去一员，并减薪水伍拾两；考订、调查两科长均叁百两，现减为贰百两。此外，如原定之文书、总务两科科长已经裁去，译辑、编制、调查三课课员均从缓派，即已派之各课课员薪津亦皆有减无增。前此全省自治局，每月报销经常费，多者至三千两，现并归谘议局，合两局统计每月经常费只贰千余两。诚以奉省财政困难，在事人员均应力求撙节。本司过蒙委任，深惧无所措施，自滋咎戾，何敢稍涉浮滥，虚糜公款。兹奉前批，自应悉心筹划，再加核实。惟划归职局之全省自治局，现在赶办调查、编辑，各属调查员均按旬报告，册表日必数十件，勾稽核正，如理乱丝，日无暇晷。至编辑惯例，考订法制，一面为地方自治需用，一面遵照呈准局章，撰拟局中组织议会各项之规则，事尤繁重。日前又奉宪台札，据同江厅请以白话浅说解释法律，以为宪政之资导，饬职局核办。当经本司督饬参事科长及各课课员，日夜赶办。似此诸事待理，在在需人，实难裁并。且即于各课裁去二三课员，仅省薪津百余两，为数亦属无几。反复思维，只有将在事人员薪津自三十四年正月起一律按原报八成核减，再于所用人役减去四分之一，杂项减去五分之二，统计每月可减陆百两左右。此实于无可减之中，力为撙节，以仰副宪台慎重公款之至意。惟此后招集议员之夫马费及图书印刷等临时经费，均在此次预算之外，将来正当需用，仍应随时呈请核发，合并声明。所有裁减薪津、人役、用费各缘由，并另造预算表，是否有当，伏乞俯赐察核，批示祗遵。须至呈者。

计呈预算表一扣。

右呈奉天行省总督徐、巡抚唐

局长、署民政使司张元奇

附：批

呈悉。查阅原表既已切实核减，应准备案。候札度支司知照。缴。表存。（十二月廿日）

1908年1月21日

谘议局呈覆遵批裁减薪津并工役杂项由

为札饬事。案据谘议局呈覆，案查云云，批示祗遵等情。据此除批示呈悉云云，缴，表存，印发外，合行札饬。札到该司，即便知照。特札。

右札度支司准此。

奉天行省总督徐
奉天行省巡抚唐
奉天行省左参赞、领承宣厅事周
奉天行省右参赞、领谘议厅事钱

1908年1月28日

奉天全省谘议局呈送光绪三十三年十二月员司薪津公费等项造册请销并送减平由

谘议局为呈送事。窃照职局每月经常事项局用，前经遵饬核减，造具预算清册，呈准立案。兹查职局系三十三年十一月开办，彼时局员尚未委齐，所有十一月份经常费未经预算请领,暂由开办经费项下划拨应用。应俟造报开办费时,再将此项呈请核销。现计自上年十二月初一日起,至月底止,局中支出经常费共银贰千壹百柒拾玖两捌钱壹分贰厘陆毫正。查十二月份原领银壹千玖百两,因该月份各项用款系按未经核减之原拟预算表支发,所以不敷银贰百柒拾玖两捌钱壹分贰厘陆毫,此款亦由开办费项下划凑。理合造具四柱清册,呈请宪台鉴核饬销。再职局十二月份局员薪水,照章每银壹两,扣存减平肆分,计十二月份共扣存银叁拾两,划成银飞,一并呈送宪核,并请饬下度支司查照核销。又此次所定司书薪水较前全省自治局原领数目核减已多,拟免予扣平,以示体恤。合并声明。须至呈者。

计呈十二月份报销册壹本;减平银清册壹本;银飞壹纸,计银叁拾两正。

右呈奉天行省总督徐、巡抚唐

谘议局局长、民政司使张元奇

附:批

呈、册均悉。查册开上年十二月份员司、书籍、薪津、公费等款,散、总各数均属相符。届时应由度支司造具详细清册,分别咨部核销。其不敷银二百七十九两八钱一分二厘陆毫,著准在前领开办经费项下动支。所有缴到减平银三十两,于二月初三日由度支司如数收讫。至员司薪水,前将军曾经奏请免扣减平,旋经部驳未准。该局呈尾声请免扣,碍难照准。仰即遵照,并候饬民政司知照。缴。册存。(二月初一日)

1908 年 2 月 26 日

谘议局呈送补扣司书减平银两由

为札饬事。案据谘议局呈覆,窃查职局云云,并案核收等情。据此除批示呈悉云云,仍缴,印发外,合行札饬。札到该司,即便遵照办理。特札。

计发清册一本、银飞一纸。

右札度支司准此。

> 奉天行省总督徐
> 奉天行省巡抚唐
> 左参赞周
> 右参赞兼署左参赞钱
> 1908 年 3 月 16 日

谘议局呈造上年十二月份薪津等项造册
请销札饬民政司知照由

为饬遵事。度支司案呈,案据谘议局呈称,为呈送事云云,须至呈者,计送报销册一本,减平册一本,银飞一纸,计银三十两等情。据此本司查核册造各款,散、总数目均属相符。届时应由该司造具详细清册,分别咨送各部核销。其不敷银二百七十九两八钱一分二厘六毫,呈准在前领开办经费项下动支。至缴到减平银三十两,于二月初三日由度支司如数收讫,至员司薪水,曾经前将军奏请免扣减平,旋经部驳未准。该局呈请免扣,碍难照准。除批示并将清册存查外,合行札饬。札到该司,即便知照。特札。

右札民政司准此。

> 奉天行省总督徐
> 奉天行省巡抚唐
> 左参赞周
> 右参赞兼署左参赞钱
> 1908 年 3 月 17 日

民政司张呈请札派佥事董元亮问谘议局
随同办事照章月支夫马费由

民政司司使张元奇为呈明事。案照本司佥事荣厚、陈希贤、蒋荼、毛祖模于法律政治讲求有素，前经本司蒙宪台札派，兼在谘议局随同本司办事，以资得力，每月又支夫马费银伍拾两，由度支司给发，历经遵办在案。兹查毛佥事祖模奉委总办图旗垦务事宜，所遗户籍科佥事已蒙札委董道元亮接办等因，行知到司。本司查董道精详稳练，办事实心，堪以札派，兼在谘议局随同本司办事，仍照向章月给夫马费银伍拾两，以资办公。所有本司佥事董道元亮请仍兼谘议局随同办事，照章支给夫马银两，各缘由，是否可行，本司未敢擅专，理合呈明宪台察核，批示祗遵。须至呈者。

右呈奉天行省总督徐、巡抚唐

附：批

既据呈称该司户籍科佥事董道元亮精详稳练，办事实心，堪以兼在谘议局随同办事，应即照准，仍月支夫马费银伍拾两。仰候加札派委，以符向章，并候饬度支司知照。缴。履历存。（二月二十五日）

1908 年 3 月 25 日

奉天全省谘议局呈送光绪三十三年十二月份经常费四柱清册由

奉天全省谘议局为造报事。谨将职局光绪三十三年十二月份经常费造具四柱清册，恭呈宪鉴。

计开：

旧管

无

新收

一、由度支司领十二月份经常费银壹千玖百两。

开除项下

薪津附夫马费

一、支襄理员四员，各夫马费伍拾两，共银贰百两。

一、支参事罗永绍，薪水壹百伍拾两，津贴伍拾两，共银贰百两。

一、支惯例调查科长周大烈、法制考订科长方枢，各薪水壹百两，津贴壹百两，共银肆百两。

一、支编辑课员王济辉、郭进修，各夫马费伍拾两，共银壹百两。

一、支文牍课员林文奎、潘鹗年，各薪水伍拾两，津贴壹拾两，共银壹百贰拾两。

一、支掌理课员吴云、胡同壎，各薪水叁拾两，津贴壹拾两，共银捌拾两。

一、支记录课员毕维垣、方永慎，各薪水叁拾两，津贴壹拾两，共银捌拾两。

一、支会计课员杨龙霈、林仰乔，各薪水肆拾两，津贴壹拾两，共银壹百两。

一、支庶务课员王克询、张蕴宏，各薪水肆拾两，津贴壹拾两，共银壹百两。

一、支书记员郁光，薪水贰拾两，津贴壹拾两，共银叁拾两。

一、支司书白毓庚，薪水拾陆两，共银拾陆两。

一、支司书王兆年、陈受谦、吴宗彝、张丰来、王曾，薪水各拾贰两，共银陆拾两。

一、支司书刘挺英、艾自新，津贴各捌两，共银拾陆两。

查十二月份员司薪津，系暂照原定数目支发。自三十四年正月份起，应照续定之预算表核办。合并陈明。

以上共支银壹千伍百零贰两。

辛工

一、支号房一名，辛工，共银壹拾两。

一、支议事堂、襄理室两处公役二名，各辛工肆两，共银捌两。

一、支参事室公役一名，辛工，共银陆两。

一、支方科长室、周科长室两处公役二名，各辛工肆两，共银捌两。

一、支六课课员室公役六名，各辛工肆两，共银贰拾肆两。

一、支治事室、书记室、接待室、浴室四处公役四名，各辛工肆两，共银拾陆两。

一、支递送公事公役二名，各辛工肆两，共银捌两。

一、支厨夫、更夫、灯夫三名，各辛工肆两，共银拾贰两。

一、支小夫、打杂二名，各辛工叁两，共银陆两。

查十二月份公役人等额数，系暂照前全省自治局之旧，稍为裁汰。自三十四年正月份起，应按续定之预算表核销。合并陈明。

以上共支银玖拾捌两。

伙食

一、支局员司书，平均计二十二人，每月各拾贰元，共洋贰百陆拾肆元。

一、支局役，平均计二十三名，每月各玖元，共洋贰百零柒元。

以上共洋肆百柒拾壹元，六五八合银叁百零玖两玖钱壹分捌厘。

报章

一、《上海时报》、《天津报》、《南方报》，各壹元贰角，共洋叁元陆角。

一、《远东报》、《东三省报》、《东京新闻》，各捌角，共洋贰元肆角。

一、《法政学报》、《大阪朝日报》、《辽东报》、《盛京报》，共洋贰元伍角。

一、《华制存考》、《北洋官报》，共洋叁元肆角。

查此外尚有《政治官报》一份，其报资系六个月一付，届时再行列册汇报。合并声明。

以上共洋拾壹元玖角，六五八合银柒两捌钱叁分零贰毫。

纸张笔墨

一、局员、司书等笔墨费，每人各壹两，计二十四人，共银贰拾肆两。

一、刻稿戳九十五字，札衔二十五字，每【字】肆分，共洋肆元捌角。

一、刻长稿板一套，计八开稿，首刻局长襄理员衔，计一百二十六字，共洋捌元。

一、刻移封板、札封板各一套，共洋伍元。

一、札封四百个，共洋陆元。

一、移封、马封各壹百伍十个，共洋肆元伍角。

一、札文纸四百张，共洋肆元。

一、时官封一百个，每【个】壹分，黑印色十四盒，每【盒】壹角，共洋贰元肆角。

一、毛边长稿纸二百张，共洋贰元捌角。

一、白官折一百张，柒角；薛涛笺二盒，柒角，共洋壹元肆角。

一、成文抄五十张，共洋贰元伍角。

一、布皮大小账簿四本，共洋壹元叁角陆分。

以上共银贰拾肆两。

以上共洋肆拾贰元柒角陆分，六五八合银贰拾捌两壹钱叁分陆厘零捌丝。

两共合银伍拾贰两壹钱叁分陆厘零捌丝。

茶水项下

一、支茶炉汤水每日壹元，共洋叁拾元。

以上共洋叁拾元，六五八合银壹拾玖两柒钱四分。

油煤柴炭秫秸

一、煤油七箱，每箱肆元壹角，共洋贰拾捌元柒角。

一、石煤九千斤，每百斤壹元壹角，共洋玖拾玖元。

一、劈柴八百斤，每百斤玖角伍分，共洋柒元陆角。

一、木炭十五包，每包壹元，共洋拾伍元。

一、秫秸十一车，每车贰元贰角，共洋贰拾肆元贰角。

以上共洋壹百柒拾肆元伍角，六五八合银壹百壹拾肆两捌钱贰分壹厘。

杂用

一、浴堂烧柴壹千伍百斤，每百斤一元贰角，共洋拾捌元。

一、浴堂用苦水，共洋伍元陆角。

一、鸡毛拂二十把，每把贰角，共洋肆元。

一、挑雪篓二担并麻绳，共洋贰元伍角。

一、拉雪车力，共洋叁元。

一、大桌灯罩二打，共洋叁元陆角。

一、添印色银朱油，共洋叁元。

一、灯芯带三打，每条洋捌分，共洋贰元捌角捌分。

一、扫帚二十把，每把壹角伍分，共洋叁元。

一、抹布十五尺，擦灯布二十尺，共洋贰元壹角陆分。

一、香片茶叶三斤，每斤壹元陆角，共洋肆元捌角。

一、芽尖茶叶八斤，每斤捌角，共洋陆元肆角。

一、除夕酒席二桌，共洋陆拾肆元。

一、绍酒二坛，共洋陆元肆角。

一、簸箕六个，每个贰角，共洋壹元贰角。

一、公役小夫人等年赏，每名壹元，计二十二名，共洋贰拾贰元。

一、号房年赏，共洋贰元。

以上共洋壹百壹拾肆元伍角肆分，六五八合银柒拾伍两叁钱陆分柒厘叁毫贰丝。

以上总共银贰千壹百柒拾玖两捌钱壹分贰厘陆毫。

实在

一、不敷银贰百柒拾玖两捌钱壹分贰厘陆毫。此款系暂由开办经费内划凑，俟造报开办经费时，应将此项汇请核销。理合声明。

1908 年 3 月 27 日

（整理者按：原文中洋银折算以 65.8% 为率，用商码表示，今均改用汉字。）

奉天全省谘议局呈送光绪三十三年十二月份局员薪水扣存减平银两清册由

奉天全省谘议局为报解减平事。谨将职局光绪三十三年十二月份局员薪水扣存减平银两数目造具清册，恭呈宪鉴。

计开：

一、参事罗永绍，薪水壹百伍拾两，减平银陆两。

一、惯例调查科长周大烈、法制考订科长方枢，薪水各壹百两，减平银捌两。

一、文牍课员林文奎、潘鹗年，薪水各伍拾两，减平银肆两。

一、掌理课员吴云、胡同壎，薪水各叁拾两，减平银贰两肆钱。

一、记录课员毕维垣、方永慎，薪水各叁拾两，减平银贰两肆钱。

一、会计课员杨龙霈、林仰乔，薪水各肆拾两，减平银叁两【贰】钱。

一、庶务课员王克询、张蕴宏，薪水各肆拾两，减平银叁两贰钱。

一、书记员郁光，薪水贰拾两，减平银捌钱。

以上统共扣存减平银叁拾两。

1908 年 3 月 27 日

奉天全省谘议局呈送补扣司书减平银两由

奉天谘议局为呈覆事。窃查职局呈将三十三年十二月份经常等费报销清册，并扣存减平银两,呈请饬销等情,奉宪台批开:"呈、册均悉。查册造上年十二月等款,散、总各数均属相符,届时应由民政司造具详细清册分别咨部核销。其不敷银贰百柒拾玖两捌钱壹分贰厘陆毫,亦准在前领开办经费项下动支。所有缴到减平银叁拾两,于二月初三日由度支司如数收讫。至员司薪水,前将军曾经奏请免扣减平,旋经部驳未准。该局呈声请免扣,碍难照准,仰即遵照,并候饬度政司知照。缴。册存。"等因。奉此,遵查职局司书八名,内有刘挺英、艾自新二名,系属兼差,只月支津贴银各捌两,例不减平。其白毓庚等六名,上年十二月支给薪水项下,均应按照部章,每银壹两扣减平银肆分,计共补扣减平银叁两零肆分。理合造具清册,划成银飞,呈送宪台鉴核,并饬下度支司并案核收。须至呈者。

计呈送清册一本;银飞一纸,沈平银叁两零肆分正。

右呈奉天行省总督徐、巡抚唐

局长、民政使司张元奇

附:批

呈悉。候札饬度支司存案核收。缴。清册、银飞发司,册仍缴。(二月二十九日)

1908年3月30日

奉天谘议局呈送职局三十四年正月经常费报销清册并扣存减平银两呈请饬销由

奉天谘议局为呈送事。窃照职局经常费用,前经呈准,按月领销,遵照办理在案。兹查职局自正月初一日起,三月底止,共支出经常费银壹千捌百玖拾玖两零捌分贰厘陆毫伍丝陆忽正外,正月份原领壹千玖百两,除开支外,实剩银叁钱壹分柒厘叁毫肆丝肆忽。此款应请存局备用。所有职局正月份开支经常各款，理合造具四柱清册，呈送宪台鉴核饬销。再职局正月分局员司书薪水，照章每银壹两扣存减平肆分，计共扣存银贰拾柒两零肆分，一并造具清册，划成银飞，呈请宪核，并恳饬度支司核收。须至呈者。

计呈正月份报销册一本；减平银清册一本；银飞一纸，计贰拾柒两零肆分正。

右呈奉天行省总督徐、巡抚唐

局长、民政司使张元奇

附：批

呈、册均悉。仰候札饬度支司核销银飞，并饬核收。缴。（三月初六日）

1908年4月3日

谘议局呈报职局庶务文牍掌理各课员先后改派乞备案由

谘议局为呈报事。窃照职局庶务课员张蕴宏别有垦务局差委，文牍课员潘鹗年经承宣厅请充考绩科员，掌理课员吴云请假回籍，均已先后离差。所遗各差，事务殷繁，查有试用主簿蔡昆锡堪充庶务课员，县丞职衔附贡生刘挺英兼充文牍课员，补用知县刘正堃堪充掌理课员，月支薪津银两照章支给。除由局札外，理合呈请宪台鉴核备案，并乞饬下度支司查照。须至呈者。

右呈奉天行省总督徐、巡抚唐

附：批

如呈备案。候饬度支司知照。缴。（四月初九日）

1908年5月6日

谘议局呈报职局记录掌理编辑先后改派乞备案由

谘议局为呈报事。窃照职局记录课员毕维垣请辞回籍，掌理课员胡同壎别有差委。所遗各差，事务殷繁。兹有法政毕业生薛翘如堪以委充记录课员，本届书记员郁光堪以调充掌理课员，月支薪水照章支给。又职局实地调查将次完竣，编辑课应行编辑之事头绪纷繁，亟应陆续添派，以资襄助。查有补用巡检林树菜堪以委充，其薪水即由裁撤书记员一名所余薪水贰拾肆两，并裁兼差书记二员所余薪水拾陆两，合计肆拾两，作为该员薪津，毋庸别薪支给。除由局札委外，理合呈报宪台鉴核备案，并乞饬下度支司查照。须至呈者。

右呈奉天行省总督徐、巡抚唐

局长、民政司使张元奇

附：批

呈悉。法政毕业生薛翘如、书记员郁光准如所请派委。惟巡检林树菜一员，查照考试官吏章程第三十六款，除正途出身暨学堂毕业者，以后无论何项人员，非有卒业文凭，不得任差任缺。该巡检系何项出身，未据声叙，仰将该员出身履历详细呈覆后，应否照准，以凭核夺。俟核定后再行，并交承宣厅备案，饬度支司知照。此缴。（五月十八日）

1908年6月13日

呈覆职局委派编辑课员林树菜出身履历请示遵由

　　谘议局为呈覆事。案照职局呈报记录、掌理、编辑各课员先后改派乞备案等因，当蒙宪台批示："呈悉。法政毕业生薛翘如、书记员郁光准如所请派委。惟巡检林树菜一员，查照考试官吏章程第三十六款，除仕途出身暨学堂毕业者，以后无论何项人员，非有卒业文凭，不得任差任缺。该巡检系何项出身，未据声叙，仰将该员出身履历详细呈覆。应否照准，俟核定后，再行并交承宣厅备案。饬度支司知照。此缴。"等因。奉此，查林树菜系福建闽县学附生，于光绪三十三年正月间经本省提学司使姚遵奉部颁新章，考职取列一等，例以巡检归部选用。又查该员品行谨饬，文笔优长。现在职局编辑事务重要，需人孔殷，可否照准派充斯差，理合具文呈请宪台察核，俯赐示遵。须至呈者。

　　右呈奉天行省总督徐、巡抚唐

附：批

　　据呈已悉。林树菜既系考职班巡检，应在免考之列，准其派充该局编辑课员。候并交承宣厅备案，并饬度支司知照。缴。（五月二十九日）

1908 年 6 月 25 日

谘议局呈报李宣泌接充本局记录课员由

　　谘议局为呈报事。窃照职局记录课员方永慎另有差委，所遗记录课一差，事务殷繁。兹有留学日本警监毕业生李宣泌堪以接充。月支薪水银两照章支给,从七月初一日起支。除札委外,理合调取该生文凭,随文呈报。并另具向不吸食鸦片甘结存局外,乞宪台鉴核备案。须至呈者。

计呈李宣泌文凭一张。

右呈奉天行省总督徐、巡抚唐

局长、民政司使张元奇

附:批

呈悉。李生宣泌既据呈验文凭,并声明取具不吸食鸦片甘结,著准派充该局记录课员。交承宣厅备案,并饬度支司知照。缴。文凭发还。(六月二十九日)

1908 年 7 月 23 日

谘议局呈报委派承德兴仁两班调查员四员充编辑课员由

谘议局为呈报事。窃照职局于上年派遣调查员前往各属,实地调查,业经呈准遵办在案。现调查告竣,亟应从实整理,俾早成书,藉资法制考订之用。又宪台新设图书处,正在编辑图书。职局调查员所有报告各事项,足以备图书处编纂之资料者甚多。拟由职局将册表等件区分类别,编辑成书,呈候宪鉴,以备采择。惟事体纷繁,纂辑匪易,拟由调查员中挑选成绩素著者数名,调充编辑员,以资熟手,冀可早日告成。兹查承德班调查员李遇棠、崔清伦,兴仁班调查员王振甲、田永新,办理调查,成绩昭著,堪以承充编辑课员。每月各给薪水叁拾贰两,自到差之日起支。除札委外,理合具文呈请宪台鉴核,并乞饬下度支司查照备案。须至呈者。

右呈奉天行省总督徐、巡抚唐

局长、民政司使张元奇

附：批

据呈已悉。既称前派调查员李遇棠等四员办理调查，成绩昭著，应准派充该局编辑课员。候交承宣厅备案，并饬度支司知照。缴。（七月初五日）

1908 年 7 月 30 日

谘议局呈请以本司疆理科佥事陈希贤仍充职局襄理员由

谘议局为呈请事。窃照职局随用办事之疆理员董道元亮，现奉浙江巡抚增调，赴浙省差遣。职局事务殷繁，在在需人。查本司疆理科佥事陈道希贤所兼垦务之事将行禀销，堪以兼充是差。所有每月夫马银伍拾两，拟仍照章支给。理合具文，呈请宪核示遵。如蒙俞允，即乞加札委派，并恳饬下度支司知照。须至呈者。

右呈奉天行省总督兼署巡抚徐、巡抚唐

局长、民政司使张元奇

附：批

呈悉。该司疆理科佥事陈道希贤应准仍充该局襄理员，候核缮委札，随批发给，仰即知照，并候饬度支司查照。缴。（七月十七日）

1908 年 8 月 11 日

谘议局呈报职局司书何鸿光调充会计课员由

谘议局为呈报事。窃照职局会计课员杨龙需调充习艺所会计委员，所遗会计一差，关系财政出入，非谨慎可靠之员，不足以资委任。查有职局司书、县丞衔何鸿光堪以调升是差。所有薪津，照章发给，自八月初一日起支。除职局札委外，理合呈报宪台查核，并乞饬下度支司备案。再该员系调升人员，历经造具履历，合并声明。须至呈者。

右呈奉天行省总督兼署巡抚徐、巡抚唐

局长、民政司使张元奇

附：批

如呈备案。候饬度支同知照。缴。（七月廿一日）

1908 年 8 月 14 日

谘议局呈报职局课员与附设之自治研究所课员互调由

谘议局为呈报事。窃照职局人员，及附设之自治研究所人员，业经先后委派，呈准在案。嗣经本司随事考察，尚有应行更调之员。查自治研究所庶务一差，应以职局文牍课员刘挺英调充。其所遗文牍一差，应以职局掌理课员刘正堃调充。其递遗掌理一差，应以自治研究所庶务课员田葆禾调充。薪津照章发给，自八月初一日起支。除由局札委外，理合具文呈请宪台查核，并饬下度支司备案。须至呈者。

右呈奉天行省总督兼署巡抚徐、巡抚唐

局长、民政司使张元奇

附：批

如呈调充。候饬度支司知照。缴。（八月十二日）

1908年9月4日

宪政编查馆咨东三省总督应于三十五年办理各省出入数目预算决算由

钦命宪政编查馆王大臣为咨行事。案查本馆拟订《谘议局章程》，于本年六月二十四日奉谕旨允准，旋经遵旨拟议宪法大纲暨议院选举法要领，并议院未开以前逐年应行筹备事宜，于八月初一日奏奉谕旨颁行，叠经通行咨照。各在案。惟《谘议局章程》第六章第二十一条内开："谘议局应办事件，二议决本省岁出入豫算事件，三议决本省岁出入决算事件。"而逐年筹备事宜清单内开："光绪三十五年调查各省岁出入总数；光绪三十六年覆查各省岁出入总数，试办各省豫算决算。"各等语。查各省谘议局钦奉谕旨，限一年办齐，是于三十五年即应开办，而逐年筹备事宜，试办预算、决算在于三十六年，彼此年限似有不同。惟《谘议局章程》乃总举该局应办事项，所谓预算决算，系概括权限职任之词。至逐年筹备事宜方定分年办法，自应遵照此次钦奉谕旨办理。即筹备事宜列表所开预算、决算，虽在一年，然必先有预算，方有决算，不能同年举办。此条亦系总挈办法而言，谓自是年办起，不得因此误会。自应按照清单，于三十五年先将各省岁出入总数，由督抚责成调查局详细调查，以便三十六年覆查确实，编定预算案，交谘议局议决，是为试办预算之事。次年再行接续试办决算，方于办事次序不致紊乱。至交谘议局议决预算事项，应以各本省之地方办事用费为限，国家行政费不在其内。合并声明。相应咨行贵督查照，分别转行遵办可也。须至咨者。

右咨东三省总督

1908年10月14日

谘议局筹办处呈请指拨各府州县选举经费由

谘议局筹办处为呈请事。窃职处筹办选举事宜，系照奏定章程，分别初选、复选区域，以清权限而专责成，业经列表，呈候宪台鉴核在案。查办理选举，用款殷繁，初选、复选两次，动需经费，若非预先筹措，严立标准，其各属苦瘠之地，恐因筹款甚难，逾耗时日，否则藉端摊派，扰累闾阎，流弊伊于胡底。兹拟核实预算，酌定数目，呈恳宪台指拨，俾资办公而免延误。计奉省初选区四十五处，复选区八处，业于前呈表中明白填列。初选事繁，每区拟给叁百两，复选事简，每区拟给叁拾两，共计壹万叁千柒百肆拾两。明知财政困难，挪拨不易，然查此项数目，直隶一省总额共五万两，奉省仅定四分之一，实在省无可省。谨将各地方初选、复选应支款目，缮具详细清单，呈请察核。如蒙宪台批准，乞即设法饬拨，以便具领分给。事竣之后，仍由职处核实呈报，以重公款。须至呈者。

附选举经费应用款目清单一扣。

右呈东三省总督兼署巡抚徐、巡抚唐

谘议局筹办处张元奇

附：清单

初选举开支应用款目：

一、调查制人名册费。

一、投票管理员、监察员公费。

一、开票管理员、监察员公费。

一、投票所各项杂费。

一、开票所各项杂费。

复选举开支应用款目：

一、投票、开票管理员、监察员公费。

一、投票所、开票所各项杂费。

附：批

呈及开支应用款目清单阅悉，应即饬度支司设法筹拨。然当此帑项奇绌之际，应谆嘱务求撙节，事竣仍核实造报，勿稍虚糜为要。缴。（十一月十九日）

1908年12月10日

谘议局筹办处呈报该处遵照定章委派局员由

谘议局筹办处为呈报事。窃照职处遵饬呈送详细章程，业经宪台核准在案。所有各员自应照章委派，分别开列，以符名实而专责任。查职处襄理员蒋荣原支夫马费伍拾两，参事罗永绍原支薪水壹百贰拾两、津贴肆拾两，法制、考订科长方枢原支薪水、津贴各捌拾两，编辑员林树棻原支薪水叁拾两、津贴十两，崔清伦、王振甲、田永新、李遇棠每员原支薪水叁拾贰两，以上各员，均原差薪津、夫马照旧支给。林树棻一员，编辑甚勤，酌加津贴捌两。其新设之司选科员，关系重要，非遴深通法政之员，不足以资襄助。查有民政司一等科员金朝枢，堪以兼充该科科长，月支车马费六拾两。自治研究所教务长杨德邻、民政司三等科员原兼职处编辑员王济辉，堪以兼充该科助理员，杨德邻酌给津贴贰拾两，王济辉仍旧给车马费肆拾两。文牍课员刘正堃堪以改充编辑员，照旧月支薪水肆拾两，津贴捌两。文牍课员林文奎仍充文牍科员，原给薪水肆拾两，津贴捌两。查该员办事甚为得力，且兼职处统计事宜，职务较重，酌加津贴拾贰两。掌理课员郁光应改充文牍科员，月支薪水叁拾两，津贴拾两。会计课员林仰乔改充庶务科员，照旧月支薪水叁拾两，津贴拾两。自治研究所庶务课员刘挺英堪以兼充庶务科员，月给夫马费贰拾两，不支薪水。以上各员，略有更调，薪津、夫马各费均自十二月初一日起支。又原有司书七名，薪水亦照旧支给。其记录课员薛翘如，顾问员王玉泉、袁金铠，业经改充司选员，月支薪津另案呈报。又顾问员曾有翼、戴裕忱、尚其慎、刘东烺、苏咸亨、书铭、懋春七员，原系名誉职员，均拟照旧。其张之汉一员，原支薪水肆拾两，现亦改充名誉职员，不支薪津，以昭一律。其余掌理课、记录课、会计课各员，均应即行裁撤，另候委用。此职处各人员委派开除之实在情形也。除将旧定经费数目，再为核实减省，制具预算表另呈外，理合备文，呈请宪台鉴核，饬下度支司备案。须至呈者。

右呈奉天行省总督兼署巡抚徐、巡抚唐

监理张元奇、会办选举事宜多文

附：批

据呈已悉。该处按照核定章程，分别委派职员，规定各员薪津数量，尚属核实，自可照准。惟襄理员蒋菜已补该司佥事实缺，支领全数公津，各项车马费应照章停支。前已另札饬令一律停支，该处即毋庸再给。仰即遵照，候交承宣厅备案，并饬度支司查照。缴。（十二月初三日）

1908 年 12 月 23 日

谘议局筹办处呈送核减预算表请饬下度支司备案由

　　谘议局筹办处为呈送事。窃照职处呈报，遵照核准章程，委派开除各员案内，声请将旧定经费数目再为核实减省，制具预算表，另行呈报等因。旋奉宪台批准在案。现此项经费数目业经核实节省，每月约需银壹百伍拾余两，较诸旧额实减肆百两左右。理合制表，呈请宪台鉴核，并乞饬下度支司备案，以便按月具领。须至呈者。
　　计呈预算表一扣。
　　右呈奉天行省总督兼署巡抚徐、巡抚唐

监理张元奇

附：批

如呈饬下度支司备案。缴。表存。（正月初七日）

1909 年 1 月 16 日

谘议局筹办处呈请饬下度支司预筹谘议局经费的款以备应用由

宣统元年二月初七日

　　谘议局筹办处为呈请事。窃照职局筹办选举情形，叠经分别呈明。各在案。现在各项俱有端绪，初选、复选按照呈送期限表次第举行，谅不致误。惟是复选告竣以后，谘议局即当成立，所有开局事宜均应预先筹划，藉免临时周张。查《奏定谘议局章程》第五十三条内开："谘议局经费由督抚筹指专款拨用。其款目分议员旅费，议长、副议长及常驻议员公费，书记长以下薪金，杂费，预备费五项。"第五十四条内开："前条公费及薪金数目，由督抚定之，其旅费、杂费及预备费由谘议局会议预算数目，呈请督抚核定。"等因。查此项经费每年约须贰万两内外，为数甚巨，应请饬下度支司预先筹定的款，以便开局之时藉资应用。至额支数目，其旅费、杂费、预备费照章由议员会议后，自行呈请。公费及薪金，关系议员本身之事，不便自定，应由职处妥拟呈核。惟向无成例可援，多寡碍难确算。除俟开局时参酌各省情形，将此项议员薪金公费拟定清册，另行呈核外，所有请饬度支司预筹谘议局经费的款缘由，理合备文呈请宪台鉴核示遵。须至呈者。

右呈奉天行省总督兼署巡抚徐、巡抚唐

附：批

据呈此项经费每年约须银贰万两内外，候饬度支司妥速筹议，呈候核夺，再行饬遵。缴。（二月十一日）

1909年2月26日

谘议局筹办处呈送职处经费简明表并抄录简章请核咨由

谘议局筹办处为呈送事。案奉宪台札开，为札饬事，案准度支部咨开，为钦奉事，制用司案呈，内阁抄出东三省总督徐奏奉省原设谘议局改为谘议局筹办处，并附设自治研究所一折，光绪三十四年十一月二十日奉旨：该衙门知道。钦此钦遵，到部。查原奏内称，上年冬间就奉天省城设立谘议局，兹准宪政编查馆咨，现设之谘议局应改为谘议局筹办处，立饬该局改为谘议局筹办处，以归一律，将地方自治研究所即就该处举办。至筹办处应用经费，业由度支司筹拨，作正开销等语。惟经费究需若干，在该司何款项下动拨，原奏均未详叙，应令即行备案声晰报部，以凭核办。并将所定简章，一并抄录送部存查。相应恭录谕旨，咨行东三省总督遵照可也等因。准此，查谘议局筹办处经费，系在税捐项下动支，除分饬民政司查照外，合行札饬。札到该处，即便遵照，将每年经费究需若干，开具简明表，并照录简章呈送，以凭核咨。毋延。特札等因。奉此，查前设之谘议局，自上年冬间改为谘议局筹办处，用款系分三项：一为处中按月经常费；一为分赴各属协助选举之司选员车马什费；一为拨发各属初选、复选各经费。三项叠经呈奉宪台核准，并具领开支。各在案。惟谘议局筹办处当于本年九月选举事竣，谘议局成立之时，即行裁撤。所有职处用费应自上年九月呈改筹办处之日起，扣至本年九月裁撤之日，通盘计算，共银肆万陆千叁百肆拾肆两陆钱玖分叁厘陆毫捌丝，填列表中，藉便稽核。除未改设筹办处以前之谘议局开办费剩余银贰千柒百柒拾陆两贰钱贰分贰厘陆毫捌丝，提拨选举项下印刷章程表册等各费，届时另行缮册报销外，所有遵饬开具简明表、抄录简章等由，理合备文，一并呈送宪台鉴核施行。须至呈者。

　　计呈简明表一张、简章一张。
　　右呈奉天行省总督兼巡抚徐、巡抚唐

监理张元奇、会办选举事宜多文

1909年3月5日

咨送谘议局筹办处经费简明表简章
并查覆该处经费在何款项下动拨由

为咨呈事。宣统元年正月二十七日准大部咨开，为钦奉事，制用司案呈云云，东三省总督遵照可也等因。准此，当经札饬谘议局筹办处查覆去后，兹据该局查前设之谘议局，自上年冬间改为谘议局筹办处云云，一并呈送宪台鉴核等因，呈覆前来。覆核无异，相应备文咨送大部，请烦存查。至该处每月经费，系由本省税捐项下动支，合并声请大部立案。须至呈者。

  计咨送谘议局筹办处经费简明表一张、简明章程一扣

  右咨呈度支部

东三省总督兼署奉天巡抚徐

奉天行省巡抚唐

署奉天左参赞梁

奉天右参赞钱

1909 年 3 月 11 日

奉天谘议局筹办处经费简明表

种　类	数　目
处中经常费	自光绪三十四年九月起，至十二月止，共四个月，共计用银捌千壹百零肆两陆钱玖分叁厘陆毫捌丝。 自宣统元年正月起，至九月止，共计十个月，预算每月壹千伍百柒拾两，统共壹万伍千柒百两。
分赴各属司选员车马费	司选员十六员，每员月支伍拾两，自光绪三十四年十二月起，至宣统元年九月止，共十一个月，应银捌千捌百两。
各属选举经费	初选区四十五处，每处叁百两；复选区八处，每处叁拾两。共计壹万叁千柒百肆拾两。
统计三类	肆万陆千叁百肆拾肆两陆钱玖分叁厘陆毫捌丝
备　考	谘议局建筑费及议员到局办公费等，均呈由督、抚宪核定，未列表。

附：批

呈、折、表均悉。仰候咨，暂存查可也。此缴。（二月二十日）

1909 年 3 月 11 日

奉天度支司呈为遵饬核议谘议局所需常年经费拟指本省税捐动用应请奏咨立案由

奉天度支司为呈覆事。案奉宪台札据谘议局筹办处上年奉旨筹办选举事宜，具有端绪，将来告竣以后，谘议局即当成立。所有常年经费约需银二万两内外等情，呈奉饬司妥速筹议，呈修核夺等因。奉此，本司查《奏定谘议局章程》第五十三条内开"谘议局经费由督抚筹指专款拨用"等因。该局现将成立，所需常年经费，自应照数筹给，拟在奉省征收税捐项下动支，以资应用。惟系动用正款，应请宪台先行奏咨立案，以免将来报销，有干部驳。所有遵饬核议缘由，是否有当，理合呈覆宪台鉴核施行。须至呈者。

右呈东三省总督部堂、奉天巡抚部院

司使张锡銮

附：批

呈悉。据覆谘议局常年经费，拟在奉省征收税捐项下动用，事关内结之款，仰即叙稿呈具卷咨立案。缴。（闰二月初二日）

1909 年 3 月 20 日

札为度支司呈覆核议谘议局常年经费拟指奉省税捐项下动支应请奏咨立案由

为札饬事。案据度支司呈覆,案奉云云,鉴核施行等情。据此除批示外,合行札仰该局,即便叙具卷咨稿件,呈候奏咨立案。此札。

右札谘议局准此。

为饬知事。案据该司呈覆谘议局常年经费,拟在奉省征收税捐项下动支。当经札饬该司叙稿呈候奏咨在案。核查此项稿件仍由该局叙拟,以归一律,除行谘议局遵照外,合行札仰该司即便知照。此缴。

右札度支司准此。

东三省总督兼署奉天巡抚徐
奉天行省巡抚唐
署奉天左参赞梁
奉天右参赞钱
1909 年 3 月 31 日

奉天度支司呈为奉批谘议局经费由税捐款项下动支请饬民政司叙稿奏咨由

奉天度支司为呈请事。案查本司核议呈覆谘议局所需常年经费,拟指奉省税捐动用立案,呈奉宪台批:"呈悉。据覆谘议局常年经费,拟在奉省征收税捐项下动支,事关内结之款,仰即叙稿呈候奏咨立案。缴。"等因。奉此,常年经费系由谘议局主政,本司无案可稽,应请札饬民政司承办奏咨各稿,以免纷歧而清权限。理合呈请宪台俯赐查核,饬遵施行。须至呈者。

右呈东三省总督部堂、奉天抚部院

司使张锡銮

附:批

查此案前已饬下谘议局叙稿奏咨,并行该司知照矣。仰即查照。缴。(闰二月十六日)

1909年4月2日

东三省总督奉天巡抚为遵章筹措谘议局经费的款由

奏为遵章筹指谘议局经费的款,以资应用,恭折仰祈圣鉴事。窃奉省谘议局筹办处,一切筹备情形,业于胪列第一年期成绩折内详细奏陈在案。惟是选举告竣以后,谘议局即当成立,所有开局事宜,均应预先筹划。谨按《奏定谘议局章程》第五十三条内开:"谘议局经费由督抚筹指专款拨用。其款目分议员旅费,议长、副议长及常驻议员公费,书记长以下薪金,杂费,预备费五项。"第五十四条内开:"前条公费及薪费数目,由督抚定之。其旅费、杂费及预备费,由谘议局会议预算数目,呈请督抚核定。"等语。查此项经费,臣与该处人员公同核计,极力撙节,每年须银二万两之谱。当经饬下度支司预先筹定,藉资应用。旋据度支司呈覆,请将此项经费在奉省征收税捐项下动支,惟系动用正款,例应先行奏咨立案,以昭慎重而便报销。除将筹指情形咨报度支部外,所有遵章筹指谘议局经费的款缘由,谨恭折具陈,伏乞皇上圣鉴。谨奏。

东三省总督署奉天巡抚徐
奉天行省巡抚唐

朱批

度支部知道。钦此。（三月初五日）

1909年4月11日

咨度支部为遵章筹指谘议局经费的款请备案由

为咨行事。案准宪政编查馆咨发《奏定谘议局章程》第五十三条内开："谘议局经费由督抚筹指专款拨用。其款目分议员旅费，议长、副议长及常驻议员公费，书记长以下薪金，杂费，预备费五项。"第五十四条内开："除公费及薪金数目由督抚定之，其旅费、杂费及预备费由谘议局会议预算数目，呈请督抚核定。"等语。查此项经费，业由本部堂会同谘议局筹办处各员核实计算，极力撙节，每年须银二万两之谱。当经饬下度支司预先筹定，藉资应用。现据度支司呈覆，请将此项经费在奉省征收税捐项下动支。惟系动用正款，例应先行奏咨立案，以昭慎重而便报销。除恭折具奏外，相应将遵章筹指谘议局经费的款情形，备文咨行贵部，请烦查照施行。须至咨者。

右咨度支部

东三省总督署奉天巡抚徐
奉天行省巡抚唐
1909年4月11日

第一编 筹设开办

度支部咨奉天巡抚为谘议局筹办处经费碍难动用正款应照前咨办理由

度支部为咨行事。制用司案呈准东三省总督等咨称，准部咨，东三省总督徐奏奉省原设谘议局改为谘议局筹办处并附设自治研究所一折，光绪三十四年十一月二十日奉旨：该衙门知道。钦此钦遵，到部。原奏内称，上年冬间就奉天省城设立谘议局，旋改为谘议局筹办处，经费究需若干，在该司何款项下动拨，原奏均未详叙，应令即行专案声晰，报部核办，并将简章一并录送等因。查谘议局筹办处经费，系在税捐项下动支，该处即将每年经费究需若干开具一简明表，并照录简章，呈送以凭核咨等因。奉此，查前设之谘议局自上年冬间改为谘议局筹办处，用款系分三项：一为处中按月经常费；一为分赴各属协助选举之司选员车马什费；一为拨发各属初选、复选各经费。三项迭经呈奉宪台核准，并具领开支。各在案。惟谘议局筹办处当于本年九月选举事竣，谘议局成立之时，即行裁撤。所有职处用费，应自上年九月呈改筹办处之日起，扣至本年九月裁撤之日，通盘计算，共银四万陆千三百四十四两六钱九分三厘六毫八丝，列表藉便稽核。所有遵开简明表，抄录简章缘由，理合备文呈送，相应咨部立案等因前来。查奉省改设谘议局筹办处，前据该督奏报，该处应需经费作正开销，当以此项经费究需若干，在于何款项下动拨，行令声覆，并将所定简章抄录送部等因。经本部咨行在案。并据该督咨覆前因，本年九月起，至十二月止，共用银八千一百四两六钱九分三厘六毫八丝；自宣统元年正月起，至九月止，预算统共一万五千七百两；分赴各属司选员十六员，每员月支车马费五十两，共支银八千八百两；各属选举费，初选区四十五处，每处三百两，复选区八处，每处三十两，计一万三千七百四十两。统计三项，共银四万六千三百四十四两六钱九分三厘六毫八丝。虽据声称，在于本省税捐项下动支，惟查该处各属选举经费一项，前于核覆直隶等省谘议局案内，行令就各属旧有公款自行筹备。今该省选举经费应即按照直隶办法，由各该地方就旧有公款自行筹备，不得动支正款。至此项经费，本部查核，均系笼统之数，究竟何项何款若干，并未逐一分晰，无凭查考。应令速即造具细数清册送部，以凭核办，毋得迟延。除将咨送章程备案外，相应移咨奉天巡抚，查照办理可也。须至咨者。

右咨奉天巡抚

1909 年 5 月 4 日

谘议局筹办处呈报改委刘挺英等充筹办处暨自治研究所庶务差由

谘议局【筹】办处为呈报事。窃职处庶务科员林仰乔，委署达都牛录县丞，所遗庶务一差，查有自治研究所庶务员刘挺英堪以调充，月给薪水、津贴各叁拾两。该员原兼职处之庶务科夫马费贰拾两，毋庸再支。所遗研究所庶务一差，以职处前庶务员王克洵委充，照章发给薪水叁拾捌两、津贴拾两，自到差之日起支。除分别札委外，理合具文呈请宪台鉴核，并饬下度支司备案。须至呈者。

右呈奉天行省总督兼巡抚徐、巡抚唐

监理张元奇

附：批

如呈备案。候饬度支司知照。缴。（三月廿三日）

1909 年 5 月 8 日

度支部咨覆东三省谘议局经费文

度支部为钦奉事。制用司案呈，内阁抄出东三省总督徐奏，奉省筹指谘议局经费的款以资应用一折，宣统元年闰二月二十九日奉朱批：度支部知道。钦此钦遵，并据该督抄录折稿，咨部前来。原奏内称，奉省谘议局筹办处筹备情形，业经奏陈在案，惟是选举告竣，谘议局即当成立，所有议员、议长、书记等员旅费、公费、薪金、杂费及预备费，每年需银二万两之谱，在征收税捐正款项下动支等语。查该省成立谘议局，系属筹备宪政要端，所需各项经费，自应准于税捐正款内动支。惟该属员司若干员，某员月支薪金若干，以及旅费、杂费、预备费何项需用若干，未据详叙，应令分晰，先行声覆报部，仍令按年专案造报核销，并将该局一切用款，核实动支，勿得稍涉虚縻，以重款项。相应恭录朱批，移咨东三省总督，遵照办理可也。须至咨者。

右咨东三省总督

宣统元年四月二十日
1909年6月7日

奉天谘议局筹办处呈为编辑事竣各员改派销差请备案由

谘议局筹办处为呈报事。案查职处于上年夏间派员编辑，前全省自治局调查员壹百零四员，并将各属事件编成表式，以资参考。现已事竣。查原派人员共七员，其刘玉堃、林树菜二员业经另有差委；林志栋一员应改委自治研究所译辑员，专译日本关于地方自治各事，其所支薪水三十二两，自到差之日起支。其李遇棠、王振甲、田永新、崔清伦四员应准销差，以节经费。又自治研究所庶务科员吴云另有差委，所遗庶务一差，亦不再派，藉资节省。除札饬该员知照外，理合具文，呈请宪台鉴核备案。须至呈者。

右呈东三省总督锡、奉天巡抚程

附：批

如呈备案。候饬度支司知照备案。缴。（六月廿五日）

1909 年 8 月 6 日

奉天民政司、度支司呈为奉札准度支部咨奉省谘议局经费不准动支税捐正款等情遵饬会议由

奉天民政司、奉天度支司为遵饬议覆事。案奉宪台札准度支部咨开，奉省谘议局筹办处原领各属选举经费一项，仍令按照直隶办法，由各该地方就旧有公款自行筹备，不准动支税捐正款，并令将该处经常费、司选车马各经费，一并造具细册，咨送查核等因，饬司会商拟定办法，呈候核咨等因。奉此，查奉省各属初选、复选经费，共计需银一万三千七百四十两，在于税捐动支。前因奉省凋敝之余，民生困苦，与内地有间，当经民政司议拟，呈请前督抚宪奏咨，请准作正开销。现既迭经部驳，不准动用税捐正款，须令援照直隶成案，就地自筹，自不得不于无可筹备之中，为挪东补西之计。第奉属地方瘠苦，向无闲存公款可资提拨，惟各属每年向有经收车捐一项，本为学堂、巡警及一切地面公益之需，与国家税无涉。现经本司等悉心会议，拟请将前项选举经费，在于各属收起本年车捐，按收数多寡，分成提缴归款，以符部案。至部指筹办处经常费、司选车马各

经费，应由该处造具细册，呈请转咨。所有遵饬会议缘由，是否有当，理合呈候宪台鉴核饬遵。再拟提车捐一节，如蒙允准，将来如何按成分摊，应由本司等查明上年收数，再行酌定，呈明遵饬。至此件系度支司主稿，合并声明。须至呈者。

右呈钦差大臣、东三省总督兼管三省将军事务锡、钦命副都统衔奉天巡抚程

1909 年 8 月 21 日

民政度支司呈为奉札准度支部咨奉省谘议局经费不准动支税捐正款等情遵饬会议由

据议，选举经费既经部驳，不准动用税捐正款，拟请在车捐项下提成归垫等情。查车捐一项，为办理警学及一切地面公益之用。地方官全赖此款，以资挹注，再提恐有未便。现在议员已经选齐，该议员本有为公家筹款之义务，似应由民政司知照各议员，暂集会议，将此项经费妥速筹定的款，开支归垫，由司转呈核咨。可否之处，伏候宪示。

附：批

仍应于车捐酌量匀拨，不可再立名目，抽收扰民。（七月初九日）

据议，此项经费由税捐项下分成提缴等情，事属可行，应准照办。至如何分摊之处，应由度支司查照酌定，通饬遵照。筹办处经常费、司选车马各经费，应由民政司转行该处，速造详细清册，呈候核咨。仰即分别遵照。缴。（七月初十日）

1909 年 8 月 25 日

奉天民政司度支司为会呈选举经费拟由车捐动支奉批遵饬由

奉天民政司、度支司为呈明事。案奉宪台札准度支部咨开，奉省谘议局筹办处原领各属选举经费各项，仍令按照直隶办法，由各该地方就旧有公款自行筹备，不准动支税捐正款，饬司会商，拟定办法等因。当经本司议以奉省各属初选、复选经费，其用银壹万叁千柒百肆拾两，既经前督抚宪咨请作正开销，未邀部准，自不得不于无可筹备之中，为挪东补西之计。第奉属地方瘠苦，向无闲存公款可资提拨。唯各属每年向收车捐一项，与国家税无涉，拟请将前项选举经费，在于各属收起本年车捐，按收数多寡，分成提缴归款，以符部案等情。呈奉督抚宪批："据议，此项经费由车捐项下分成提缴等情，事属可行，应准照办。至如何分摊之处，应由度支司查明酌定，通饬遵照。筹办处经常费、司选车马各经费，应由民政司转行该处，速造详细清册，呈候核咨，仰即分别遵照。缴。"等因。奉此，查上年各属车捐共收小银元叁拾玖万伍千肆百余元，按百分之六分提归选举经费，已足敷用。现定由本年新收车捐每百元提洋六元，统限于本年年内一律提解来省，以便归款。至各属车捐，本为办理新政之用，选举亦新政一端，此一次提拨百分之六，为数无多，于地方他项新政用款，当亦无碍。即有不敷，亦只可由该地方官督绅就地另筹，断不准借口违抗。除通饬外，理合呈请宪台查核备案。须至呈者。

右呈钦差大臣、东三省总督兼管三省将军事务锡、钦命副都统衔奉天巡抚程

附：批

如呈备案，仰即遵照，速行筹处详造开支、选举经费各清册，呈候备核。（八月初二日）

1909 年 9 月 13 日

谘议局筹办处呈为拟就谘议局
公费薪金清单遵札呈覆具文呈请鉴核示遵由

谘议局筹办处为呈奉宪台札开,为札饬事,宣统元年三月二十三日准度支部咨开,制用司案呈内阁抄出东三省总督所奏奉省筹指谘议局经费的款,以资应用一折,宣统元年闰二月二十九日奉朱批:度支部知道。钦此钦遵,并据该督抄录折稿,咨部前来。原奏内称:"奉省谘议局筹办处筹备情形,业经奏陈在案。惟是选举告竣,谘议局即当成立。所有议员、议长、书记等员旅费、公费、薪金、杂费及预备费,每年需银二万两之谱,在征收税捐正款项下动支。"等语。查该省成立谘议局,系属筹备宪政要端,所需各项经费,自应准于税捐正款内动支。惟该局员司若干员、某员月支薪金若干,以及旅费、杂费、预备费何项需用若干,未据详叙,应令分晰,先行声覆报部,仍令按年专案造报核销,并将该局一切用款核实动支,勿得稍涉虚縻,以重款项。相应恭录朱批,移咨东三省总督,遵照办理可也等因。准此,合行札饬该局,即便遵照,刻日详细声明,以凭咨覆。至一切费用,均宜核实动支,按年造具报销,切切此札等因。奉此,查《奏定谘议局章程》第五十四条所规定:"议长、副议长及常驻议员公费,书记长以下薪金,由督抚定之。其旅费、杂费、预备费由谘议局会议,预算数目,呈请督抚议定。"当经职处于二月间呈请预筹谘议局经费案内,详细声叙,并声明此项数目无例可援,应俟参酌各省情形,拟筹呈核等情在案。现在山东省业将谘议局经费预算奏明,兹奉前因,亟应查照山东成案,将奉省议长、副议长及常驻议员公费,暨书记长以下薪金,逐项数目,妥拟清单,计共一万二千二百四十两,伏候宪核。此外剩余银两,应作为旅费、杂费、预备费。除该费数目仍由职处照会该议员等,饬令照章妥议,务令凑符奏定二万两数目,克日送呈核定外,所有拟就谘议局公费薪金清单,遵札呈覆情形,理合具文,呈请宪台鉴核示遵。须至呈者。

计呈送公费薪金清单一扣。

右呈东三省总督锡、奉天巡抚程

谨将拟就谘议局议长、副议长等公费，暨薪金数目，开列清单，呈请宪核。

计开：

一、议长、副议长及常驻议员公费

甲、议长一人，每月公费壹百五拾两，每年共壹千捌百两。

乙、副议长二人，每月公费壹百贰拾两，每年共贰千捌百捌拾两。

丙、常驻议员十人，每月公费各五拾两，每年共陆千两。

二、书记长以下薪金

甲、书记长一人，每月薪金五拾两，每年陆百两。

乙、书记四人，每人月各贰拾两，每年共玖百陆拾两。

以上共银壹万贰千贰百肆拾两。

附：批

呈、单均悉，仰仍照催该议员等将旅费、杂费、预备费如数从速拟定，预算亦不必凑符二万两之数，但不得逾于此额。即由该处呈核，以凭咨发。缴。单存。（八月十一日）

1909年9月21日

奉天谘议局议员禀请开办及图书各费恳请核发速行购备由

奉天谘议局议员为禀请开办及图书各费，恳乞核发，速行购备，而免贻误事。窃议员等前准谘议局筹办处移开，为移会事，案查谘议局议长、副议长、常驻议员及书记长以下薪金，应由督抚宪核定，业经本处妥拟呈请。至杂费、旅费、预备费应由议员开会会议，预算数目，呈准督抚宪施行。定章本甚明了，自可查遵办理。惟开办费一切查无明文，本处未便代拟。若俟议员开会再议，又恐缓不济急。查山东预筹谘议局经费折内所开，开办一项系由建筑谘议局赢余项下提充。奉省该局尚在兴工，原估建筑数目，亦甚核实，恐无赢余可拨。而此项开办用款，实属迫不及待。拟请径由贵议员先行议定应用额数，呈请督抚宪核准，实为公便。所有预筹谘议局经费情形，相应移会贵议员，请烦查照施行，须至移会者等因。准此，议员等赶即会议，从长筹商，以为谘议局之设，为全国立宪之先声，通省官绅学商，观瞻所系。又奉天为各国通商之地，各国官绅往来，对于谘议局必特别注意。其一切设备，奢侈既非撙节之道，俭陋又非体制所宜，斟酌二者之间，佥议以关于议员本身使用之物品，则概从俭朴，关乎公共使用之物品，则求其完备，庶几款不虚糜，而义各有当。查局内屋宇既多，而应用之种种器具，又名目浩繁，难于悉数，加以本省器物，以工料之昂贵，其价俗超乎他省之上，约估开办费一项计需银玖仟两之谱。又查东西各国议院，均附有图书馆，购存各种图书，以资参考。谘议局系为本省士绅练习法政、扩充知识之地。现当开办伊始，虽不能各种图书俱备，而必要之品，似当备有多种，藉以扩充见闻，裨补固陋，庶几发言时或有所依据。购备此项图书，约需银伍仟两，以后新书递出，再行陆续添补。统计以上二者，共用银壹万肆仟两。兹届开局日近，备置未便稍缓，如蒙俯允，即请从速发给，自当撙节动用，核实开支。当此库款奇绌，万不敢丝毫溢支，置财用于无益之地。一俟购备齐楚，造具清册呈报。倘有浮余，尽数缴呈，以重公款。所有议员等，拟请开办及图书各费数目，是否有当，理合禀请宪台核定，迅赐批示遵行。须至禀者。

右禀钦差大臣、东三省总督兼管三省将军事务锡、钦命副都统衔奉天巡抚程

奉天谘议局议员研究调查所谨呈

附：批

据禀开办及购备图书等项，共需银一万四千两，固属应办之事。惟常年经费业经谘议局筹办处拟稿，呈由前军督徐奏咨立案，此项开办经费，缘何漏叙，殊属疏忽。现当库储支绌，一切购备，应以敷用为度，未可稍事虚糜。仰谘议局筹办处、民政司切实核减拟稿，呈候奏咨立案，并照会该议员等知照。缴。原禀并

发，仍缴。（八月十八日）

1909 年 9 月 27 日

谘议局筹办处呈为遵批核减谘议局开办及图书费数目请示遵由

谘议局筹办处为呈覆事。案照谘议局议员呈请开办及图书各费，恳乞核发购备一案，奉宪台批示："据禀开办及购备图书等费，其需银壹万肆千两，固属应办之事。惟常年经费业经谘议局筹办处拟稿，前军督徐奏咨立案，此项开办经费，缘何漏叙，殊属疏忽。现当库储支绌，一切购备，应以敷用为度，未可稍事虚縻。仰谘议局筹办处切实核减拟稿，呈候奏咨立案，并照会该议员等知照。缴。原禀并发，仍缴。"等因。奉此，查此次开办及图书各费，定章未有明文，职处前为该局呈请常年经费之时，议员尚未举定，因思该费数目多少，先事未能悬揣，当俟议员举定后，自行开议呈请，所以前呈未经声叙。兹本前因，细核该议员所拟数目，为款甚巨，当此库储支绌，诚宜恪遵宪谕，未可稍事虚縻。现已再三估计，奉省物价昂贵，不比内地，两项用款，极力撙节，非筹措壹万两之数，不足以资开支。较诸议员原拟数目，计已减去肆千两。如蒙允准，即由职处拟稿，呈请奏咨立案，并照会该议员知照。所有遵批核减谘议局开办及图书各费情形，理合备文，呈请宪台查核示遵。须至呈者。

右呈东三省总督锡、奉天巡抚程

附：批

呈悉。开办费系一定应有之事，何无明文。现拟一万两之数，既据称极力撙节，无可再减，仰即拟稿，呈候奏咨立案，并候行度支司知照。缴。（八月二十八日）

1909 年 10 月 7 日

谘议局筹办处呈为谘议局旅杂费
预备各项数目大略据情转呈请示遵由

谘议局筹办处为转呈事。案据谘议局议员等呈请，为呈覆事，案奉宪处移开，为移会事，案照敝处拟就谘议局公费薪金清单，呈请示遵一案，奉督抚宪批示："呈、单均悉，仰照催该议员等将旅费杂费预备费各数目，从速拟定预算，不必凑符二万两之数，但不得逾于此额。即由该处呈核，以凭咨覆。缴。单存。"等因。奉此，查旅费、杂费、预备费照章应由议员自议，现在开局之期已迫，各项数目务即赶速预定，相应抄粘原案，再行移会贵议员，请烦查照办理，藉便呈核。须至移者。计抄粘原案一纸等因。奉此议员等遵即详细核算，查粘单内计议长等公费薪金，每年共需银壹万贰千贰百肆拾两，自系仿照山东办法；此外议员旅费，似亦必仿照山东，计不驻局议员二十七人，每年尚应旅费银柒千零叁拾两。只此两项，已去壹万玖千贰百柒拾两。若以贰万两核算，下余柒百叁拾两之数，以之开支杂费、预备费，实属无从置议。以奉天百物昂贵，从前各衙署局处支用浩繁，现经督抚宪极力裁减，始有今日。然以各衙署开支，比之他省，仍属突过数倍。即以各署之一二等科员论，其职务不过书记长之列，而薪水月尚贰百或百数十金不等，则一局处之开支若干，自有比例。今谘议局议员公费旅费，以奉天物力比之山东，为数虽较偏枯，尚有义务之可言。若书记长、书记等由选择而来，禀请札委，实与充差无异，势虽责以义务，而其责任若何，操守若何，学问经验若何，必非碌碌者所能率尔从事。设但以区区之薪水求之，则能者必不来，来者必不胜任。若以业经奉有明文，遂奉令承教，可幸无罪，敷衍了事，将来贻误事机，转无以副国家立宪之原意，亦无以答督抚宪筹备之苦衷。况谘议局瞬将竣工，规模极为宏大，则布置内容，观瞻所系，万难简陋。即如杂费一项，已有数端：书记外之速记及书手，院中之夫役，全局之膳费，办事处之笔墨、纸张，公用之油烛柴炭，其余电话费、阅报费、茶水费、扫除费，曲折琐屑，难以罄述。此杂费一项，不能不从长计议者也。又如预备费一项，亦包有数端：来宾之接待费，因公之调查费，报告之印刷费，器具不敷之添补费，尚有非目前意想所料及者，均在其内。此预备费一项，不能不宽为筹备者也。以上各端，皆系实在情形。应请由宪处仍行呈请督抚宪鉴核，暂不拘定数目，由谘议局实用实销，随时请领。俟将来各省一律成立定夺后，仍照前文，参酌各省情形，再行酌中定数。理合呈请，转请施行，须至呈者等情。据此查此项经费，无例可援，原拟贰万两之数，不过估计其大略。今该议员等所陈各节，委系实在情形。惟现值开局在即，所有该局公费薪金，应准仍照前次呈请核定数目办理，暂勿庸议。其余一切各该议员等所请，将来各省一律成立定夺后，再行参酌情形，由该局妥拟，呈候核夺等情，尚属妥协。所有据情转请缘由，理合具文，呈乞宪台鉴核批示，以凭转行遵照办理。须至呈者。

右呈东三省总督锡、奉天巡抚程

附：批

如呈办理，仰即照会该议员等知照。惟据开各项用款，大略已非原奏二万金所能专用，应于奏报开局时预算声明，以免部诘。此缴。（八月廿九日）

1909 年 10 月 9 日

札据谘议局筹办处呈为遵批核减谘议局开办及图书费数目请示遵由

为札饬事。案据谘议局筹办处呈覆，案照云云，查核示遵等情。据此除批呈悉云云，并候行度支司知照，缴，印发外，合行札饬，札到该司，即便知照。此札。

右札度支司准此。

钦差大臣、东三省总督兼管三省将军事务锡
钦命副都统衔奉天巡抚程
1909 年 10 月 14 日

谘议局筹办处呈送各属开支选举经费清册恳请核咨由

谘议局筹办处为呈送事。窃照本司会同度支司议覆谘议局选举经费，拟由车捐项下分成提缴归款一案，嗣经酌定提拨车捐数目呈报，奉宪台批示："如呈备案，仰民政司速行筹办处，详造开支选举经费各清册，呈候一并核咨。缴。"等因。奉此，现在关于选举各项用款，业经分别造具清册，呈候宪核在案。兹尚有各属所送开支选举经费四柱清册，计共五十壹本，应行汇转呈核。查原发选举经费，每初选区叁百两，每复选区叁拾两。嗣据各属事竣，造报前来，其人数较少之区，尚有余款缴还，人数较多之区，辄至逾溢定额，自陆柒百两至数十两不等。叠经职处再三剔驳，谕令核减，无如各属能遵饬核减者居其少数，其不能核减者均以事属创办，款非虚糜为辞，并声叙该款业由各地方车捐项下拨垫，详加察核，均系实情。职处现届裁撤之期，未了事宜，亟宜从速清理，理合统将各属原送清册五十壹本，加造总册，备文汇呈宪鉴，并乞一并核咨。须至呈者。

计呈送各属选举报销清册五拾壹本、总册壹本。

右呈东三省总督锡、奉天巡抚程

附：批

呈悉。候将送到总、清各册咨送度支司查照核销。惟仍应补造一份，呈送来辕，以备查考。该处经常费及车马等费，均应遵照部文，迅速造具细册，呈候咨部查核。缴。册存送。（十月初六日）

1909 年 11 月 12 日

谘议局筹办处呈送选举各项用款报销清册共三本恳请核销由

谘议局筹办处为呈送事。窃照职处办理选举，业于九月初一日以前，一律完竣。惟所有支领、发给各项，数目纷繁思辫辖，钩稽需时，兹已清理就绪。该数目约分三种：第一种系各属选举经费，第二种系各属司选员夫马、杂费，第三种系印刷选举章程、册表、执照、票簿、报告书，并一切纸张工料费。其第一、第二两种款项，均经呈准，由度支司具领。至第三种款项，则由光绪三十三年冬间所领谘议局开办费，寄存官银号剩余银两，查照呈准成案，提拨支用。除各属所送开支、选举经费详细清册，再由职处另文汇呈外，所有职处选举各项报销清册，计共三本，理合备文呈送宪台核销，并乞饬下度支司备案。须至呈者。

右呈东三省总督锡、奉天巡抚程

附：批

呈悉。候饬度支司分别核销核收。惟此项用款仍应咨部，仰即另造清册一份，呈候核咨。缴。清册存发。（十月初六日）

1909 年 11 月 12 日

谘议局筹办处呈送开支各属选举经费报销清册由

奉天谘议局筹办处谨将发给各属初复选区选举经费银两，并收回选举余银各数目，造具清册，恭呈宪核。

计开：

旧管项下

无

新收项下

一、由度支司领到选举经费，银壹万叁千柒百肆拾两正。

开除项下

一、发承德、抚顺、本溪、辽阳、辽中、铁岭、开原、复州、盖平、海城、法库、昌图、辽源、奉化、怀德、康平、新民、彰武、镇安、海龙、东平、西丰、西安、柳河、锦县、锦西、盘山、广宁、义州、宁远、绥中、凤凰、岫岩、安东、宽甸、庄河、兴京、通化、怀仁、辑安、临江、洮南、开通、靖安、安广等计初选区四十五处，每区各银三百两正。

共发银壹万叁千五百两正

一、发奉天府、昌图府、新民府、海龙府、锦州府、凤凰厅、兴京府、洮南府等复选区八处，每区各银叁拾两正。

共发银贰佰肆拾两正
两共发银壹万叁仟柒百肆拾两正

收回余银项下

一、收岫岩州选举余银贰拾陆两伍钱零肆厘。

一、收柳河县选举余银陆两玖钱柒分叁厘叁毫。

一、收靖安县选举余银陆两柒钱贰分。

一、收本溪县选举余银壹拾叁两伍钱陆分陆厘玖毫。

一、收临江县选举余银捌拾壹两零玖分。

一、收辑安县选举余银壹拾捌两捌钱肆分捌厘。

一、收洮南府选举余银肆拾五两柒钱捌分五厘。

一、收安广县选举余银壹百伍拾壹两五钱贰分捌厘。

以上共收余银叁百伍拾壹两零壹分伍厘贰毫。

计呈缴银叁百伍拾壹两零壹分伍厘贰毫。

1909 年 11 月 12 日

谘议局筹办处呈送开支各属司选员夫马杂费报销清册由

奉天谘议局筹办处谨将各属司选员经费，造具清册，恭呈宪核。

计开：

旧管　无

新收

一、上年十二月由度支司领银肆千捌百两正。

一、本年五月由度支司续领银捌百两正。

开除

一、支奉天府司选员袁金铠、王玉泉、张之汉等三名，计七个月，每月每员各五十四两，共银壹千零伍拾两。

一、支锦州府司选员薛翘如、金正元、李蓉镜等三名，计七个月，每月每员各五十两，共银壹千零伍拾两。

一、支昌图府司选员任连芳、姜毓英等二名，计七个月，每月每员各五十两，共银柒百两。

一、支海龙府司选员孙甲东、齐奎等二名，计七个月，每月每员各五十两，共银柒百两。

一、支凤凰厅司选员王澄华、承厚等二名，计七个月，每月每员各五十两，共银柒百两。

一、支兴京厅司选员王绍曾、侯伯芳等二名，计七个月，每月每员各五十两，共银柒百两。

一、支新民、洮南府司选员黄世芳、马希骊等二名，计七个月，每月每员各五十两，共银柒百两。

以上统计司选员十六员，自上年十二月起，至本年五月底止，共七个月，共支银伍千陆百两正。

1909 年 11 月 12 日

谘议局筹办处呈送开支印刷选举章程册表执照票簿报告书并一切纸张报销清册由

奉天谘议局筹办处为造报事。谨将职处关于选举用费，及印刷章程表册，暨四次报告书等项，造具四柱清册，恭呈宪鉴。

计开：

旧管

一、开办经费，册报存银贰千柒百柒拾陆两贰钱贰分贰厘捌毫捌丝。

新收

无项

开除

一、支洋票洋纸初选举票拾万张，每百张三角六分，洋叁百陆拾元。

一、支洋纸复选举票壹万张，每百张三角六分，洋叁拾陆元。

一、支当选执照壹千张，洋拾陆元。

一、支议员执照叁百张，每张三分，洋玖元。

一、支排印章程五千本，每本壹角贰分，洋陆百元。

一、支排印毛边纸白话告示五千张，每百张贰元五角，洋壹百贰拾伍元。

一、支厚洋纸选举区域表五百张，每百张三元，洋拾伍元。

一、支洋纸选举期限简明表五百张，每百张壹元五角，洋柒元伍角。

一、支排印厚洋纸谘议局第二次报告书五百本，每本四角八分，洋贰百肆拾元。

一、支排印毛边纸初选人名册四万张，每百张七角，洋贰百捌拾元。

一、支章程表解二百十四张，洋伍元壹角叁分陆厘。

一、支排印毛边纸复选举人名册壹万三千张，每百张七角，洋玖拾壹元。

一、支选举资格调查表五万张，每百张三角六分，洋壹百捌拾元。

一、支排印筹办处第一次报告书壹千本，洋贰百玖拾元。

一、支排印投票簿式壹万张，每百张三角五分，洋叁拾伍元。

一、支排印得票计算单壹万张，每百张三角五分，洋叁拾伍元。

一、支排印投票簿制法及用法单壹百张，洋叁角伍分。

一、支石印小字《谘议局章程》二百本，洋玖元陆角。

一、支选举章程笺释、章程要义各十本，洋伍元。

一、支投票匦十个，每个十一元，洋壹百拾元。

一、支印刷毛边纸选举分配额数大告示五百张并刻板，洋贰拾贰元玖角。

一、支厚洋纸选举事务期限详细表五百张，每张六分，洋叁拾元。

一、支印刷初选知会书三千张并刻板一块，洋贰拾元零伍角。

一、排印咨电文选举章程二百本，洋肆拾肆元。

以上共计洋贰千伍百陆拾陆元玖角捌分陆厘。查各项系上年冬季及本年春季所用，彼时银价低落，作六四一合银壹千柒百零玖两陆钱壹分贰厘陆毫柒丝陆忽。

一、支打造调查成绩奖牌贰百四十枚，用银壹百六十六两叁钱，按二八扣，共银壹百叁拾叁两零肆分。

一、支奖牌打模四副及车磋紫铜手工等，共洋壹百贰拾肆元。

一、支排印筹办处第二次报告书壹千五百本，每本贰角六分，共洋叁百玖拾元。

一、支编辑课排印奉天府属调查报告书五百部，用洋厚蜡纸，每部两本，共排版四百八十五编，每编洋贰元六角（纸价在内），洋壹千贰百陆拾壹元。

一、支编辑课排印各府属调查报告书三百部，每部四本，共排版六百六十编，纸价在内，每编洋贰元，洋壹千叁百贰拾元。

一、支临江班调查员卢维新等津贴，洋壹百元。

一、支洮南府司选员马希驷协助调查津贴，洋陆拾元。

查该员等因赴极边之处调查，一切往返困难，不堪赔累。当经该管地方官禀请津贴，职处酌给，合并声明。

以上共银壹百叁拾叁两零肆分、洋叁千贰百伍拾伍元，作六四一，合银贰千零捌拾陆两肆钱伍分伍厘。

两共合银叁千玖百贰拾玖两壹钱零柒厘陆毫柒丝陆忽，除外短银壹千壹百伍拾贰两捌钱捌分肆厘柒毫玖丝陆忽，请于研究所存款项下拨垫，合并声明。

1909 年 11 月 12 日

（整理者按：原文洋银以 64.1% 折算，今改用汉字表示。）

据谘议局筹办处呈送各属开支选举经费清册恳请核查由

为咨行事。前准贵部咨覆，今将奉省选举各经费，就各该地方旧有公款筹备，不得动用税款，并饬将该处经常费并司选、车马各经费，造具细册，呈送查核等因。当经饬据民政、度支两司议请，就各处车捐项下提成归垫等情，业已批准，并饬谘议局筹办处迅速造册，呈候核咨在案。兹据该处呈覆，以原发选举经费云云，汇呈宪鉴等情，请一并核咨前来。查奉省车捐，原为各地方办理新政之用，选举为宪政初基，事关创办，在在需款，本难以定数相绳，兹各属逾用各款，既已由车捐项下拨垫，经该处详加查核，均系实情，自应照准。除批示并饬将该处经常费暨车马等费，迅速造册，呈候核咨外，合先将送到总、清各册，备文咨送，为此合咨贵部，请烦查核施行。须至咨者。

计咨送各属选举报销清册五十一本、总册一本。

右咨度支部

钦差大臣、东三省总督兼管三省将军事务锡
钦命副都统衔奉天巡抚程
1909 年 11 月 19 日

据谘议局筹办处呈送选举各项用款报销册
请核销等情饬司分别核销核收由

为札饬事。案据谘议局筹办处呈称，为呈送事云云，饬下度支司备案等情。据此除批示呈悉云云，册存发，印发外，合行札饬。札到该司，即便查照，分别核销核收。此札。

计发：清册三本，仍缴；银飞一纸。

右札度支司准此。

钦差大臣、东三省总督兼管三省将军事务锡
钦命副都统衔奉天巡抚程
1909年11月22日

地方自治筹办处呈为遵批另造选举各项用款
报销册计三本恳请核咨由

自治筹办处为呈送事。窃照职处接管谘议局筹办处卷内，该处呈送选举各项用款报销清册共三本，恳请核销一案，奉宪台批："呈悉。候饬度支司分别核销核收。惟此项用款仍应咨部，仰即另造清册一份，呈候核咨。缴。清册存发。"等因。奉此理合遵批再造清册一份，计共三本，具文呈送宪台核咨。且发给各属初复选经费，册末计呈缴银叁百伍拾壹两零壹分伍厘贰毫一条，此项银两业经随同前呈缴讫，合并声明。须至呈者。

计呈送清册三本

右呈东三省总督锡、奉天巡抚程

附：批

呈、册均悉。候咨送度支部查核备案。查前次部咨，饬将经常等费造册送核，自系连同该处薪金、杂费等项包括在内。今此项尚付阙如，未免遗漏，仰速补送，呈候核咨。缴。册存送。（十月十七日）

1909 年 11 月 27 日

据地方自治筹办处呈送选举各项用款报销册呈请核咨等情咨部备案由

为咨行事。案查奉省各属选举经费总、清各册，前于十月初六日咨送贵部查核在案。所有该处关于选举用款各册，据自治筹办处造送请咨前来，除批饬将该处薪津、杂费等项，迅速补送，再行核咨外，相应先将送到清册三本，备文咨送。为此合咨贵部，请烦查核备案施行。须至咨者。

计咨送清册三本。

右咨度支部

钦差大臣、东三省总督兼管三省将军事务锡

钦命副都统衔奉天巡抚程

1909 年 12 月 6 日

奉天度支司为奉札筹办处缴回
选举经费余剩银两列收申缴清册由

　　奉天度支司为申报事。案奉宪台札，据谘议局筹办处呈报开支各属选举经费，暨司选车马、杂费，并印刷章程等项数目清册，并将缴回余剩银三百五十一两零一分五厘二毫银飞一纸，发司饬令分别核收核销，计发清册三本，仍缴等因。奉此本司查核册开数目相符，应准列销。缴到前项余剩银两，当即如数收讫。理合将奉发清册申缴宪台查核，俯赐饬知，实为公便。须至申者。

　　计申缴清册三本。

　　右申钦差大臣、东三省总督兼管三省将军事务锡、钦命副都统衔奉天巡抚程

附：批

　　据申已悉。候饬筹办处知照。缴。册存，抄申，札发。（十一月十一日）

1909 年 12 月 20 日

度支司为奉札筹办处缴回
选举经费余剩银两列收申缴清册由

　　为札饬事。案据度支司呈称，案奉宪台云云，实为公便等情。据此除批据申

已悉云云，抄由批发印发外，合行札仰该处即便知照。此札。

右札谘议局筹办处准此。

钦差大臣、东三省总督兼管三省将军事务锡

钦命副都统衔奉天巡抚程

1909 年 12 月 27 日

地方自治筹办处为遵批呈送各属选举经费暨谘议局筹办处按月经常费各清册请查核由

地方自治筹办处为呈送事。窃照职处卷查前谘议局筹办处呈送各属开支选举经费清册，恳请核咨一案，奉宪台批："案呈悉。候将送到总、清各册咨送度支部查照核销。惟仍应补造一份，呈送来辕，以备查考。该处经常费及车马等费，均应遵照部文，迅速造具细册，呈候咨部查核。缴。册存送。"等因。又职处呈送遵批另造选举各项用款报销清册三本，恳请核咨一案，又奉宪台批示："呈、册均悉，候咨送度支部查核备案。查前次部咨，饬将经常等费造册送核，自系连同该处薪津、杂费等项包括在内。今此项尚付阙如，未免遗漏，仰速补送呈候核咨。缴。册存送。"等因。奉此，查各属开支选举经费清册，计共五十一本，各府厅州县原送二份，其一份业经呈准咨部，尚有一份原系留存职处。兹奉前因，应将职处存案一份，检呈备查。至员司车马、薪津杂费，均列在经常费册内。现亦已将该前处自光绪三十四年九月开办起，至本年九月裁撤止，按月经常费，连闰共十四个月，造缮完竣，统行补送，乞即并案咨部。所有遵批造具各清册情形，理合备文，呈请宪台鉴核施行。须至呈者。（册五十二本另包）

计呈送各属选举经费清册共五拾壹本，又总册壹本；谘议局筹办处按月经常费清册共壹本。

右呈东三省总督锡、奉天巡抚程

附：批

呈悉。候将送到经常费册咨送度支部查核。各属选举费册存案备查。（十一月廿六日）

1910年1月5日

据地方自治筹办处呈送各属选举经费暨谘议局筹办处总清各册等情咨部查核由

为咨送事。案查奉省谘议局筹办处各属选举经费总、清各册，及关于选举各项用款清册，均经自治筹办处前后造呈，咨送在案。兹查谘议局筹办处自光绪三十四年九月开办起，至本年九月裁撤止，连闰共十四个月，所有经常费用，经自治筹办处造具按月清册一本，呈送核咨前来。除批示外，相应将送到清册，备文咨送。为此合咨贵部，请烦查核备案施行。须至咨者。

计咨送原送清册一本。

右咨度支部

钦差大臣、东三省总督兼管三省将军事务锡
钦命副都统衔奉天巡抚程
1910年1月11日

度支部咨选举经常费司选车马费由车捐项下垫拨自应照准惟选举费究由何款动用未据声叙由

度支部为咨行事。制用司案呈准奉省总督等咨称，前准部咨，复令将奉省选举各经费就各该地方旧有公款筹备，不得动用税款，并饬将该处经常费并司选车马各经费造册，呈送查核等因。当经饬据民政、度支两司议请就各处车捐项下提成归垫，并饬谘议局筹办处迅速造册呈候核咨在案。兹据该处呈覆，以查原发选举经费，每初选区三百两，每复选区三十两，嗣据各属事竣，造报前来，其人数较少之区，尚有余款缴还，人数较多之区，辄至逾溢定额，自六七百两至数十两不等。迭经职处再三剔驳，饬令核减，均以事属创办，款非虚糜为辞，并声叙该款业由各地方车捐项下拨垫，理合将各属原送清册，加造总册，备文呈请一并核咨前来。查奉省车捐原为各地方办理新政之用，选举为宪政初基，事关创办，在在需款，本难以定数相绳。兹各属逾用各款，既已由车捐项下拨垫，经该处详加查核，均系实情，自应照准。除饬将该处经常费暨车马等费，迅速造册，呈候核咨外，先将送到总、清各册咨部查核。又准咨称，查各属选举经费总、清各册咨部查核在案，所有该处关于选举用款各册，据自治筹办处造送请咨前来，除批饬将该处薪津、杂费等项迅速补送，再行核咨外，相应先将送到清册咨部查核备案，各等因前来。查奉省谘议局筹办处发给司选员夫马费，并各属选举及关于选举各经费，册开各项银两，自应按款分晰核覆于后：

一、册开初选、复选经费项下，新收中度支司领到选举经费银一万三千七百四十两；开除支发承德等府厅州县初选区四十五处，每区银三百两，共银一万三千五百两；又复选区八处，每区银三十两，共银二百四十两；二共银一万三千七百四十两。收回余银三百五十一两一分五厘二毫。

一、册造各属司选员经费，新收银五千六百两，开支司选员十六员，每员每月夫马银五十两，自上年十二月至本年五月止，共银五千六百两。

一、册造支给谘议局筹办处关于选举用费，旧管开办经费册报存银二千七百七十六两二分二厘八毫八丝，开除银三千九百二十九两一钱七厘六毫七丝八忽外，短银一千一百五十二两八钱八分四厘七毫九丝六忽，请于研究所存款内拨补。查该省初复选经费，并司选员及关于选举各经费，按四柱总册核算，数目虽属相符，惟查奉省各属册报初复选经费，本部通盘合计，管收银一万四千三百四十四两一钱八分八厘五丝，又收洋二千八百六十八元七角八分，开支银一万八千四百十七两九钱二厘八毫二丝九忽六微，洋七千六百七十二元六角二分四厘四毫五忽六微，钱七百三吊九百三十文，核与四柱册报数目两歧。查此项经费，前据东三省总督等咨称，各属初选区四十五处，每处三百两，复选区八处，每处三十两，共计一万三千七百四十两。今该省各属册报，除洮南府、岫岩州、本溪、柳河、临江、辑安、靖安、东平等县均有余款外，其余各府厅州县开支银两均逾定额之数，计不敷银，自六七百两至数十两不等。既据咨称，迭经驳饬核减，均以事属创办，款非虚糜，业由各该地方于车捐项下垫拨，自应照准。惟选举经费前据咨称，由税捐项下动支，历经本部行令由各该地方就旧有公款自行筹备，不得动支正款等因在案。所有前项经费，究由何款项下动用，未据声叙，应令详覆，再行核办。并令将各属选举员名数，及筹办处薪津、杂费等项，迅速一并咨部查核。至此案用款，未据该省造册咨部立案，嗣后凡有动支款项，务须先期造报立案，再行册报核销，以重款项。相应咨行东三省总督，转饬查照办理可也。须至咨者。

右咨东三省总督

1910 年 1 月 19 日

准度支部咨为选举经常费并司选车马费
由车捐项下垫拨惟选举费由何款动用应速覆部由

　　为咨覆事。案准贵部咨开制用司案呈云云，查照办理可也等因。准大部咨，饬就各该地方旧有公款自行筹备等因，当以各属每年向收车捐一项，作为地方办理公益之用，与正税无涉，按照百分之六分提归选举经费，统限各属于年内提解至省，归还司库。是此项选举经费，实由饬提车捐项下动支。至各属册报核与四柱总册数目不符一层，应候饬查呈覆，再行咨明核办。兹准前因，除分饬度支司知照，暨自治筹办处遵照查覆，以凭核咨外，相应备文咨覆。为此合咨贵部，请烦查照施行。须至呈者。

　　右咨度支部

钦差大臣、东三省总督兼管三省将军事务锡

钦命副都统衔奉天巡抚程

1910 年 1 月 26 日

札准度支部咨为选举经常费并司选车马费
由车捐项下垫拨惟选举费由何款动用应速覆部由

　　为札饬事。案准度支部咨开制用司案呈云云，查照办理可也等因。准大部咨，饬就各该地方旧有公款自行筹备等因，当以各属每年向收车捐一项，作为地方办理公益之用，与正税无涉，按照百分之六分提归选举经费，统限各属于年内提解至省，归还司库。是此项选举经费，实由饬提车捐项下动支。至各属册报核与四柱总册数目不符一层，应候饬查呈覆，再行咨明核办。兹准前因，除将前咨明度支部查照并分行外，合亟札饬，札到该司／处，即便知／遵照，迅速查覆，以凭核咨，切切勿延。此札。

右札度支司、自治筹办处准此。

钦差大臣、东三省总督兼管三省将军事务锡
钦命副都统衔奉天巡抚程
1910 年 1 月 26 日

地方自治筹办处呈为查覆部驳选举册报数目不符请鉴核由

  地方自治筹办处为呈覆事。案奉宪台札准，度支部咨覆奉省造送选举各经费清册银两一案内，闻查本省各属册报初复选经费，由部通盘核计，管收银壹万肆千叁百肆拾肆两壹钱捌分捌厘陆丝，又收洋贰千捌百陆拾捌元柒角捌分，开支银壹万捌千肆百拾柒两玖钱贰厘捌毫贰丝玖忽陆微，洋柒千陆百柒拾贰元陆角贰分肆厘肆毫伍忽陆微，钱柒百叁吊玖百叁拾文，核与四柱总册数目不符一层，即便遵照，迅速呈覆，以凭核咨等因。奉此，查职处前呈谘议局筹办处四柱清册，只就谘议局筹办处由度支司所领初复选款项，暨所发各属初复选款项计算，与各属所呈初复选清册不相干涉。此项四柱清册，并非各属清册之总册。其前呈各属清册之总册，则只说清册本数，实未列各属收支总数。兹查部咨，系以谘议局筹办处四柱清册与各属之清册两相比较，自应数目不符。应请将此项情形，转行咨核。至职处存案之各属初复选清册一份，前已遵饬呈送宪处备案，合并声明。所有遵札呈覆部驳数目不符缘由，理合具文呈请宪台鉴核示遵。须至呈者。

  右呈东三省总督锡、奉天巡抚程

附：批

据呈已悉，仰即遵照部饬，迅将司选员衔名开单呈送，以凭咨覆。切切勿延。缴。（十二月廿二日）

1910年1月31日

地方自治筹办处呈为遵批呈送前谘议局筹办处司选员衔名单请咨部由

地方自治筹办处为呈送事。窃照职处呈覆部驳，选举册报数目不符缘由一案，奉宪台批示："据呈已悉，仰即遵照部饬，迅将司选员衔名开单呈送，以凭咨覆。切切勿延。缴。"等因。奉此，兹将该员衔名，遵批开单，理合具文呈送宪台鉴核。须至呈者。

计呈送司选员衔名清单一份。

右呈东三省总督锡奉天巡抚程

附：清单

谨将谘议局筹办处司选员衔名，开列清单，送呈鉴核。

计开

奉天府三员

　　拣选知县王玉泉

　　遇缺即补知县袁金铠

　　县丞职衔、法政毕业生张翘汉

锦州府三员

　　府经职衔、法政毕业生薛翘如

县丞职衔、法政毕业生李蓉镜

留奉补用知县金正元

昌图府二员

县参职衔、法政毕业生任连芳

府经职衔、法政毕业生姜毓英

海龙府二员

县丞职衔、法政毕业生孙甲东

候选府经历、法政毕业生齐奎

凤凰厅二员

府经职衔、法政毕业生王澄华

佐领、法政毕业生承厚

兴京厅二员

候选府经历、法政毕业生王绍曾

县丞职衔、法政毕业生侯伯方

新民府一员

县丞职衔、法政毕业生黄世芳

附：批

仰候抄单咨送度支部查照。缴。单存。（十二月廿六日）

1910年2月4日

度支部咨查谘议局筹办处经常费用册内旧管银七十七两前案未据报销补送由

度支部为咨行事。制用司案呈准东三省总督等咨称，案查奉省谘议局筹办处各属选举经费总、清各册,及关于选举各项用款清册,均经自治筹办处前后造呈咨送在案。兹查谘议局筹办处,自光绪三十四年九月开办起,至本年九月裁撤止,连闰共十四个月,所有经常费用,据自治筹办处造具按月清册一本,呈请核咨。据此相应将送到清册,备文咨部,查核备案等因前来。查奉省谘议局筹办处各属选举用款,业经本部核覆在案。兹据造送,该处自光绪三十四年九月开办起,至本年九月裁撤止,经常费用第一册内,列有旧管八月份存银七十七两有奇,查系原设谘议局余存之款。惟前案未据报销,无凭核办,应令迅即补行送部,并案办理。相应咨行奉天巡抚,转饬遵照办理可也。须至咨者。

右咨东三省总督

1910年2月8日

自治筹办处呈覆部驳选举册数目不符并开送司选员衔名单等情由

为咨覆事。前准贵部咨开选举册报数目不符,并令将各属选举员名数咨送查核等因。当经札饬自治筹办处遵照呈覆去后,兹据该处以查职处云云,应请将此项情形转行咨核,并将司选员衔名开单,呈覆前来。除批示外,相应咨覆贵部,请烦查照施行。须至咨者。

计咨送司选员衔名单一纸。

右咨度支部

钦差大臣、东三省总督兼管三省将军事务锡
钦命副都统衔奉天巡抚程
1910年2月17日

准度支部咨奉省谘议局筹办经费用册内旧管存银未据报销无凭核办应令补造等因饬遵由

为札饬事。案准度支部咨开,制用司案呈云云,转饬遵照办理可也等因。准此,合亟札饬,札到该处,即便查明呈覆,以凭核咨。切切毋延。此札。

右札自治筹办处准此。

钦差大臣、东三省总督兼管三省将军事务锡
钦命副都统衔奉天巡抚程
1910年2月17日

地方自治筹办处呈为补将原设谘议局用费清册呈请报部由

地方自治筹办处为呈送事。窃照职处奉宪台札开,案准度支部咨开,制用司案呈准东三省总督等咨称,案查奉省谘议局筹办处各属选举经费总、清各册,及关于选举各项用款清册,均经自治筹办处前后造呈咨送在案。兹查谘议局筹办处自光绪三十四年九月开办起,至本年九月裁撤止,连闰共十四个月,所有经常费用,据自治筹办处造具按月清册一本,呈请核咨。据此相应将送到清册,备文咨部查核备案等因前来。查奉省谘议局筹办处,各属选举用款业经本部核覆在案,兹据造送该处自光绪三十四年九月开办起至本年九月裁撤止经常费用,第一册内列有旧管八月分存银七十七两有奇,查系原设谘议局余留之款,惟前案未据报销,无凭核办,应令迅即补行送部,并案办理。相应咨行,转饬遵照办理可也等因。准此，合亟札饬。札到该处，即便查明呈覆，以凭核咨等因。奉此，查接管卷内原设谘议局用款清册，原系按月造具，呈由前督抚宪核销。其已否报部，未奉行知，无从查明。兹准前因，应将该局清册另造一份，具文呈送宪台鉴核送部，以凭并案办理。须至呈者。

计呈原设谘议局报销清册一本。

右呈东三省总督锡、奉天巡抚程

附：批

呈、册均悉。此项开办暨经常费银两，度支司系由何款动支，应速咨明具报，以凭咨覆度支部并案办理。缴。册暂存。（正月廿一日）

1910 年 2 月 28 日

地方自治筹办处呈为遵批查明原设谘议局经费由税捐项内动支请咨部由

地方自治筹办处为呈送事。窃照职处遵札补将原设谘议局用费清册呈请报部一案，奉宪台批示："呈悉。此项开办暨经常费银两，度支司系由何款动支，应速咨明具报，以凭咨覆度支部并案办理。缴。册暂存。"等因。奉此，当经遵批咨请度支司查覆，兹据该司咨以此项开办及经常费系在奉省征收税捐款内动支等因，咨行前来。理合具文呈请宪台并案咨部。须至呈者。

右呈东三省总督锡、奉天巡抚程

附：批

据呈已悉。候即将前送清册咨送度支部并案查核。缴。（二月初八日）

1910 年 3 月 16 日

地方自治筹办处呈送谘议局筹办处
用款清册并查明经费银由税捐项内动支由

为咨送事。案据地方自治筹办处呈称，窃照职处云云，并案办理等情。据此并经饬据查覆，此款度支司系在征收税捐款内动支。除批示外，相应将原送清册备文咨送。为此合咨贵部，请烦查核，并案办理施行。须至咨者。

计送原册一本。

右咨度支部

钦差大臣、东三省总督兼管三省将军事务锡
钦命副都统衔奉天巡抚程

附：度支部咨文两件

1. 度支部为咨行事。制用司案呈准奉省总督等咨称，准部咨，东三省初复选经费，并司选员及关于选举各经费，按四柱总册核算，数目虽属相符，惟查奉省各属册报初复选经费，本部通盘合计，与四柱册报数目两歧。查此项经费，前据东三省总督等咨称，各属初选区四十五处，每处三百两，复选区八处，每处三十两，共计一万三千七百四十两。今该省各属册报，除洮南府、岫岩州、本溪、柳河、临江、辑安、靖安、东平等县均有余款外，其余各府厅州县开支银两均逾定额之数，计不敷银自六七百两至数十两不等。既据咨称，迭经驳饬核减，均以事属创办，款非虚糜，业由各该地方于车捐项下垫拨，自应照准。惟选举经费前据咨称，由税捐项下动支，历经本部行令由各该地方就旧有公款自行筹备，不得动支正款等因在案。所有前项经费，究由何款项下动用，未据声叙，应令详覆，再行核办。并令将各属选举员名数，及筹办处薪津、杂费等项，迅速一并咨部查核等因。准此，查奉省各属选举经费原拟由税捐项下开支，早经司库拨发，嗣准

部咨，饬就各该地方旧有公款自行筹备等因，当以各地每年向收税捐一项，作为地方办理公益之用，与正税无涉，按照百分之六分提归选举经费，统限各属于年内提解至省，归还司库。是此项选举经费，实由饬提车捐项下动支。又准咨称，前准部咨，选举册报数目不符，并令将各属选举员名数咨送查核等因。当经札饬自治筹办处遵照呈覆去后，兹据该处查职处前呈谘议局筹办处四柱清册，只系就谘议局筹办处由度支司所领初复选款项，暨所发各属初复选款项计算，与各属所呈初复选清册不相干涉。此项四柱清册，并非各属清册之总册，其前呈各属清册之总册，则只详清册本数，实未列各属收支总数。兹查部咨，系以谘议局筹办处四柱清册，与各属之清册两相比较，自应数目不符。应请将此项情形转行咨核，并请将司选员衔名开单呈覆，相应咨部查照等因前来。查奉省各属选举经费，既据咨称饬由各属于车捐项下动支，归还司库垫款。本部查系就地设筹之款，自应照准。至各属册报，核与四柱总册数目不符一节，既据声覆明晰，应毋庸议。其筹办处薪津、杂费等项，仍令迅即开单送部查核。相应咨行东三省总督查照可也。须至咨者。

右咨东三省总督

宣统二年正月十五日

2. 度支部为咨行事。制用司案呈，准东三省总督咨准部以奉省原设谘议局暨谘议局筹办处经费册报散总数目不符，行令查明声覆核办等因，当经札饬地方自治筹办处查照呈覆核咨去后。兹据该处以遵查前呈，接管谘议局暨谘议局筹办处报销各册。其谘议局五月、六月暨八月各月份均系散数笔误，以致总数不符。兹特详细更正，将该册另造一份，呈请转咨，以便将前送清册注销。至谘议局筹办处光绪二十四年十二月份纸张、笔墨、报章项下，以散合总，数目不符一节，查该项亦系散数错误二元，应将该月份纸张、笔墨、报章项下细数摘抄一单，恳即一并咨请照单更正。所有遵札查覆报销清册错误情形，理合将更正清册暨清单，具文呈送核咨等情前来。除批示外，相应将原呈更正册单送部查核，并请将原册取销等因前来。查奉省原设谘议局，光绪三十三年十一月起，至三十四年八月止；又谘议局筹办处，光绪三十四年九月起，至宣统元年九月止，所有收支各款，前据该省分别造具表册，送部核销。当经本部核明该局光绪三十四年五、

六、八等月份，暨该处光绪三十四年十二月份开支款内散总数目不符，行令迅速查明登复在案。兹据该省另造册单，咨请更正。查册开原设谘议局光绪三十四年五、六等月份每月各支笔墨费二十二两，原册误作二十四两；八月份茶水、秫秸、油腊项下共支洋九十七元六角，原册漏未开列。又单开谘议局筹办处光绪三十四年十二月份纸张、笔墨、报章项下，支《时报》、《神州报》、《京报》、《津报》洋四元八角，原册误作二元八角等因。本部检查声覆各节尚属实情，及核计此次单册内开收支各款，以散合总，亦属相符。应即准予更正，相应咨行东三省总督查照可也。须至咨者。

右咨东三省总督

宣统二年正月二十九日
1910年3月19日

度支部咨为奉省原设谘议局筹办处经费册报销错误准予更正等因札行由

为札饬事。案准度支部咨开，制用司案呈云云，查照可也等因。准此，合行札仰该处即便查照。此札。

右札地方自治筹办处准此。

钦差大臣、东三省总督兼管三省将军事务锡
钦命副都统衔奉天巡抚程
1910年10月8日

四、不确定日期档案散件

准吏部咨钦奉上谕设立谘议局由

光绪三十三年十月

为札饬事。准吏部咨，内阁抄出光绪三十三年九月十三日奉上谕云云，相应知照可也等因。准此，查谘议局系钦奉特旨饬设，事关重要，当经饬据谘议厅议长钱参赞妥为计划，呈核前来，应照议试办，即派张民政司使创办一切章程，详拟呈核。原设之自治局即附于该局之内，派奉天府管守为自治局局长，应行预备事宜，著即认真筹办。除分札自治局管守外，合亟札饬札。札到该司，即便遵照。此札。

计抄发钱议长所拟计划一本。

右札民政司张司使元奇准此。

奉天行省总督徐
奉天行省巡抚唐
奉天行省左参赞领承宣厅事周
奉天行省右参赞领谘议厅事钱

通饬各司道府厅州县预筹设立谘议局派张民政司使创办一切章程并派奉天府管守为自治局长由

光绪三十三年十一月

为通饬事。案准吏部咨，内阁抄出光绪三十三年九月十三日奉上谕云云，相应知照可也等因。准此，查谘议局系钦奉特旨饬设，事关重要，当经饬据咨议厅议长钱参赞妥为计划，呈核前来，自应照议试办。即派张民政司使创办一切章程，详拟呈核。原设之自治局即附于该局之内，派奉天府管守为自治局局长，业经分饬，将应行预备事宜认真筹办外，为此合行札知。札到该□，即便查照可也。此札。

右通饬各府（除奉天府）、六司道（除民政司）、各州县准此。

奉天行省总督徐
奉天行省巡抚唐
奉天行省左参赞领承宣厅事周
奉天行省右参赞领谘议厅事钱

民政局呈为创设谘议局请刊发木质关防由

光绪三十三年十一月

为札饬事。案据民政司呈称，案奉云云，合并声明等情。据此批示：呈悉云云，遵照。缴。印发外，合将刊就木质奉天省谘议局关防一颗，随札颁发，以昭信守。札到该司，即便遵照，并将开用关防日期呈报可也。切切此札。

计发木质关防一颗。

右札民政司准此。

奉天行省总督徐
奉天行省巡抚唐
奉天行省左参赞、领承宣厅事周
奉天行省右参赞、领谘议厅事钱

札委民政司佥事荣厚等随同谘议局办事并饬度支司拨给开办经费由

光绪三十三年十一月

为札委事。案准吏部咨开，钦奉上谕于京师设立资政院，以树议院基础，均在省会速设谘议局，慎选公正官绅，作为议员。凡地方应兴应革事宜，议员公同集议等因。钦此。当饬民政司详拟章程，认真筹办，以为全省预备立宪总机关。兹据该司呈称，现值开办伊始，非先遴选公正明达之员随同办事，不足以资襄理。查有本司佥事荣厚、蒋棻、陈希贤、毛祖模法律政治均讲求有素，堪以派在谘议局随同办事，遵照新章，勿庸兼薪等情。除批饬并分行暨札发关防外，合行加札派委。札到该员，即行遵照，务宜妥慎将事，创办一切，毋负委任。切切此札。

右札民政司佥事荣厚、陈希贤、蒋棻、毛祖模准此。

为札饬事。案据民政司兼办谘议局事务张元奇呈称云云，合并声明等因。据此除批示呈悉云云，遵照。缴等因。印发及加札委派，并刊发关防外，合行札饬。札到该司，即便遵照。如数拨给，俾资办公。此札。

右札度支司准此。

奉天行省总督徐
奉天行省巡抚唐
奉天行省左参赞、领承宣厅事周
奉天行省右参赞、领谘议厅事钱

奉天全省谘议局呈按月经常费预算案清单

光绪三十三年十二月

谨将职局按月经常费预算案恭呈宪核。
计开
一、薪津（附夫马费） 共银一千二百六十两
内计
局长　不支薪津、夫马费
襄理员四员，每月夫马费银各五十两　　　　　　　共银二百两
参事一员，每月薪水一百五十两，津贴五十两　　　八折共银一百六十两
法制/考订科长一员，每月薪水一百两，津贴一百两　八折共银一百六十两
惯例/调查科长一员，每月薪水一百两，津贴一百两　八折共银一百六十两
编辑课二员，每月夫马费银各五十两　　　　　　　八折共银八十两
文牍课二员，每月薪水各五十两，津贴各十两　　　八折共银九十六两
记录课二员，每月薪水各三十两，津贴各十两　　　八折共银六十四两
掌理课二员，每月薪水各三十两，津贴各十两　　　八折共银六十四两
会计课二员，每月薪水各四十两，津贴各十两　　　八折共银八十两
庶务课二员，每月薪水各四十两，津贴各十两　　　八折共银八十两
书记员一员，每月薪水各二十两，津贴各十两　　　八折共银二十四两

书记生八人，每月薪水十二两五名、十六两一名、兼差八两二名 共银九十二两

　　一、辛工　　　　　　　　　　　　　　　　　　　共银八十七两

内计

号房一名　　　　　　　　　　　　　　　　　每月辛工银十两

厨房一名　　　　　　　　　　　　　　　　　每月辛工银四两

局长襄理室公役二名　　　　　　　　　　　　每月辛工共银八两

参事公役一名　　　　　　　　　　　　　　　每月辛工银六两

科长公役二名　　　　　　　　　　　　　　　每月辛工共银八两

六课公役六名　　　　　　　　　　　　　　　每月辛工银二十四两

书记室公役一名　　　　　　　　　　　　　　每月辛工银四两

灯夫值役一名　　　　　　　　　　　　　　　每月辛工银四两

递送公事役二名　　　　　　　　　　　　　　每月辛工共银八两

沐堂暨收拾厕所值役一名　　　　　　　　　　每月辛工银四两

更夫一名　　　　　　　　　　　　　　　　　每月辛工银四两

打杂一名　　　　　　　　　　　　　　　　　每月辛工银三两

　　一、伙食　　　　　　　　　　　　　　　　　　　共银二百九十六两

内计

局员书记等平均计，每日计二十二人，每人每月十二元，六六共约银捌两

　　　　　　　　　　　　　　　　　　　　　共银一百七十六两

公役小夫等二十名，每名每月九元，六六共约银六两　共银一百二十两

　　一、报章　　　　　　　　　　　　　　　　　　　共银十两

　　一、纸张、笔墨　　　　　　　　　　　　　　　　共银六十两

　　一、茶水柴料　　　　　　　　　　　　　　　　　共银二十两

　　一、油煤、柴炭、秫秸　　　　　　　　　　　　　共银一百零七两

内计

洋油　　　　　　　　　　　　　　　　　　　共银二十两

木炭　　　　　　　　　　　　　　　　　　　共银十两

煤炭　　　　　　　　　　　　　　　　　　　共银六十两

| 秫秸 | 共银十二两 |
| 木柴 | 共银五两 |

以上柴炭、秫秸系按冬令核计，俟春夏之交，再行裁减，合并呈明。

一、杂用　　　　　　　　　　　　　　　　　　　共银六十两

统共约银一千九百两

（整理者按：此处洋银以66%折算，原为商码，今改用汉字表示。）

札谘议局毋庸另定规则由

光绪三十三年十二月

为札饬事。准宪政编查馆咨开云云可也等因。准此，合行札饬。札到该局，仰即遵照办理可也。切切此札。

右札谘议局准此。

奉天行省总督徐

奉天行省巡抚唐

奉天行省左参、赞领承宣厅事周

奉天行省右参、赞领谘议厅事钱

札委民政司户籍科佥事董道元亮派兼谘议局随同办事由

光绪三十四年二月

为札委事。照得谘议局创办伊始，事务殷繁，亟应遴委妥员，随同办事。查

有民政司户籍科佥事董道元亮，堪以在该局随同办事，照章月支夫马费五拾两。除分行外，合行札委。札到该司，即便遵照任差，毋负所委。此札。

右札度支司准此。

奉天行省总督徐
奉天行省巡抚唐
奉天行省左参赞兼承宣厅事周
奉天行省右参赞、领谘议厅事钱

附：批

荣佥事厚、毛道祖模、陈道希贤均开去谘议局兼差，车马费即停支。

札为民政司佥事荣厚、毛祖模、陈希贤等开去随同谘议局办事兼差并停支夫马费由

光绪三十四年三月

为札饬事。照得该民政司民治科佥事荣佥事厚、户籍科毛道祖模、疆理科佥事陈道希贤，均已另有差委，应将前派之谘议局随同办事兼差开去，所有月支夫马费银五拾两，应即停支。除分行外，合亟札饬。札到该司，即便知照。此札。

右札度支/民政司准此。

奉天行省总督徐
奉天行省巡抚唐
奉天行省左参赞兼承宣厅事周
奉天行省右参赞兼署左参赞钱

札度支司核销奉天谘议局呈送光绪三十四年正月经常费报销清册并饬核收扣存减平银飞由

光绪三十四年三月

为札饬事。案据奉天谘议局呈称，窃照云云，并恳饬下度支司核收等情。据此除批示："呈、册均悉，仰候札饬度支司核销银飞，并饬核收，缴。"等因，印发外，合将原册银飞一并札发。札到，即便遵照办理。切切此札。

计原册二本；银飞一纸，贰拾柒两零四分。

右札度支司准此。

奉天行省管理将军事务总督徐
奉天行省副都统衔奉天巡抚唐
左参赞周
右参赞兼署左参赞钱
民政司使张

札据谘议局呈报庶务文牍掌理各课员先后改派乞备案由

光绪三十四年四月

为札饬事。据谘议局呈称，窃照职局云云，查照等情。据此除批示"如呈备案。候饬度支司知照。缴。"等因，印发外，合行札饬。札到该司，即便知照。此札。

奉天行省总督徐

奉天行省巡抚唐

左参赞周

右参赞兼署左参赞钱

札据谘议局呈报委派李生宣泌接充该局记录课员由

光绪三十四年五月

　　为札饬事。据谘议局呈称，窃照职局云云，备案等情。据此除批示呈悉云云发还等因，印发外，合行札饬。札到该司，即便知照。此札。
　　右札度支司准此。

奉天行省总督兼署巡抚徐

奉天行省巡抚唐

左参赞周

右参赞兼署左参赞钱

札据谘议局呈遵批查明拟派编辑课员林树棻出身履历可否照准派充请示遵由

光绪三十四年六月

　　为札饬事。据谘议局呈称，案照职局云云，示遵等情。据此除批示："据呈已悉。林树蒅既系考职班巡检，应在免考之列，准其派充该局编辑课员，候并交承宣厅备案，并饬度支司知照。缴。"等因，印发外，合行札饬。札到该司，即便知照。此札。

右札度支司准此。

奉天行省总督徐
奉天行省巡抚唐
左参赞周
右参赞兼署左参赞钱

札准谘议局呈报委派承德兴仁两班调查员四员充编辑课员乞备案饬度支司知照由

光绪三十四年七月

为札饬事。据谘议局呈称，窃照职局云云，查照备案等情。据此除呈批示：据呈已悉云云缴等因，印发外，合行札饬。札到该司即便知照。此札。

右札度支司准此。

奉天行省总督兼署巡抚徐
奉天行省巡抚唐
左参赞周
右参赞兼署左参赞钱

第一编　筹设开办

札据谘议局呈请以该司疆理科佥事陈道希贤仍充该局襄理员由

光绪三十四年七月

　　为札委事。据谘议局呈称，窃照职局云云知照等情。据此除批示呈悉云云缴等因，印发并分行外，合行札委。札到该员，遵照任差，毋负所委。此札。
　　右札民政司疆理科佥事陈道希贤准此。

奉天行省总督兼署巡抚徐

奉天行省巡抚唐

左参赞周

右参赞兼署左参赞钱

札据谘议局呈覆以该局司书何鸿光调充会计课员请查核由

光绪三十四年七月

　　为札饬事。据谘议局呈称，窃照职局云云合并声明等情。据此除批示"如呈备案，候饬度支司知照，缴。"等因，印发外，合行札饬。札到该司，即便知照。此札。
　　右札度支司准此。

奉天行省总督兼署巡抚徐

奉天行省巡抚唐

署左参赞梁

右参赞钱

札据谘议局呈报该局课员与附设之自治研究所互调由

光绪三十四年八月

　　为札饬事。据谘议局呈称，窃职局云云，备案等情。据此除批示"如呈调充，候饬度支司知照，缴。"等因，印发外，合行札饬。札到该司，即便遵照。此札。

　　右札度支司准此。

奉天行省总督兼署巡抚徐

奉天行省巡抚唐

署奉天左参赞梁

奉天右参赞钱

准宪政编查馆咨饬该局改为谘议局筹办处并发原奏清单等由

光绪三十四年八月

　　为札饬事。顷准宪政编查馆咨开本馆会同资政院具奏拟呈《谘议局章程》，附加按语，及议员选举章程一折云云，钦遵查照办理可也等因。准此，自应钦遵将该局改为谘议局筹办处，并改刊关防，另行颁发外，合行先将原奏清单一本、选举票等一百份札发。札到该局，即便钦遵查照办理。又原奏清单尚有百份，一俟邮寄到来，再行札发谘议局可也。此札。

　　计原奏清单一本，选举票式九十份。

右札谘议局准此。

> 奉天行省总督兼署巡抚徐
> 奉天行省巡抚唐
> 署左参赞梁
> 右参赞钱

札调查谘议局准宪政编查馆咨应于三十五年办理各省出入数目预算决算由

光绪三十四年十月

为札饬事。案准宪政编查馆王大臣咨开，为咨行事，案查本馆拟订《谘议局章程》，于本年六月二十四日云云，相应咨行贵督抚查照，分别转行遵办可也等因。准此，合亟札饬。札到该局，即便遵照办理。切切特札。

右札调查/谘议局准此。

> 东三省总督兼署奉天巡抚徐
> 奉天行省巡抚唐
> 署奉天左参赞梁
> 奉天右参赞钱
> 民政司使张

札据谘议局筹办处呈请指拨各府州县选举经费由

光绪三十四年十一月

为札饬事。案据谘议局筹办处呈称，窃职处云云，以重公款等情。据此除批呈及开支云云，缴，印发外，合行札仰该司，即便遵照办理。此札。

计抄粘原单一纸。

右札度支司准此。

东三省总督兼署奉天巡抚徐
奉天行省巡抚唐
署奉天左参赞梁
奉天右参赞钱
民政司使张

札据吏部咨东三省总督徐遵旨设立谘议局筹办处一折奉旨由

光绪三十四年十二月

为咨会事。案准吏部咨开，内阁抄出东三省总督徐奏称云云，知照可也等因。准此，除分行外，相应咨会。为此，合咨贵都统，请烦查照施行。须至咨者。

右咨盛京副都统多

东三省总督兼署奉天巡抚徐

奉天行省巡抚唐

署奉天左参赞梁

奉天右参赞钱

民政司使张

札据谘议局筹办处呈报遵照定章委派局员由

光绪三十四年十二月

为札饬事。据谘议局筹办处呈称，窃照职处遵饬呈送详细章程，业经云云，备案等情。据此除批示据称已悉云云，查照，缴等因，印发外，合行札饬。札到该司，即便知照。此札。

右札度支司准此。

东三省总督兼署奉天巡抚徐

奉天巡抚唐

署奉天左参赞梁

奉天右参赞钱

饬核谘议局筹办处预算表备案由

宣统元年正月

为札饬事。案据谘议局筹办处呈称，窃照职处呈报，遵照核准章程云云，以便按月具领等因。据此除批"如呈饬下度支司备案。缴。表存"外，合将预算表札发。札到该司,即便知照。特札。

计发表一纸。

右札度支司准此。

东三省总督兼署奉天巡抚徐
奉天巡抚唐
署奉天左参赞梁
奉天右参赞钱

谘议局筹办处呈请饬司预筹经费的款以备应用由

宣统元年二月

为札饬事。据谘议局筹办处呈称,窃照职处云云,鉴核示遵等情。据此除批示据称此项云云,缴,印发外,合行札仰该司即便妥速筹议,呈候核夺。此札。

右札度支司准此。

东三省总督兼署奉天巡抚徐
奉天行省巡抚唐
署奉天左参赞梁
奉天右参赞钱
民政司使张

札据谘议局筹办处呈请饬度支司拨付建筑谘议局经费由

宣统元年三月

为札饬事。据谘议局筹办处呈称，窃照云云，合并声明等情。除批呈悉云云，图、折存，印发外，合行札仰该司查照拨发。此札。

右札度支司准此。

东三省总督兼署奉天巡抚徐

奉天行省巡抚唐

署奉天左参赞梁

奉天右参赞、代理奉天右参赞、民政使司张

札据谘议局筹办处呈报改委刘挺英等充筹办处暨自治研究所庶务差请查核备案由

宣统元年四月

为札饬事。案据谘议局筹办处呈称，窃照职处云云，备案等情。据此除批示"如呈备案，候饬度支司知照，缴。"等因，印发外，合行札饬。札到该司，即便知照。此札。

右札度支司准此。

钦差大臣、东三省总督兼署奉天巡抚徐
奉天巡抚唐
署奉天左参赞梁
奉天右参赞钱

咨为各属选举经费仍由税捐项下动支详细造册俟选举事竣再行咨送由

宣统元年四月

为咨覆事。案查接管卷内，宣统元年三月二十三日准贵部咨开，制用司案呈云云，查照办理等因。由前督部堂移交到本大臣，准此，查原咨内称，各属选举经费一项，前于核覆直隶等省谘议局案内，行令就各属旧有公款，自行筹备。奉省亦应按照直隶办法，由各该地方就旧有公款自行筹备，不得动支正款。至此项经费开支简明表，查系笼统数目，究竟何项领用款若干，应令迅即造具细数清册呈部，以为核办等语。惟查奉省各属初选、复选应用经费，指定本省税捐项下动支，诚因奉省风气初开，若因举行新政，苛派及民，利未举而害先至，民将视选举为畏途也。各属地方，殷实苦瘠，各有不同。各该苦瘠地方，本无公款之可筹，将来选举愆期，责虽无自，殷实地方，或从而效之，是于办理选举，大有妨碍。至令照直隶办理一层，直隶地辟民聚，地方公款自有可筹。奉省习俗朴僿，情形大不相同，万难比照办理。且直隶一省，选举经费共五万两，奉省仅定四分之一。大宗款项取之正款，似有未合。奉省仅有此数，故于税捐项下酌为移挪也。现在初选事毕，所支经费断无向地方派还之理，应请仍照前咨，准在税捐项下动用，以免纷歧。至来咨所云，此项经费，应造细数清册报部，自系指选举经费而言。查初选复选应用款目，系调查制备人员册费、投票开票监管之公费，投票开票所各项杂费。现经预算,初选每区三百两,复选每区三十两,不过暂定极少总共数目。其开支详细清册,应俟初选复选一律事竣,由各选区详细造报。仍俟筹办处裁撤之日,并案咨部,查核办理。为此合咨贵部,请烦查照,是所盼切也。须至咨者。

右咨度支部

> 钦差大臣、东三省总督兼署奉天巡抚锡
> 奉天行省巡抚唐
> 奉天左参赞梁
> 奉天右参赞钱

札为各属选举经费仍由税捐项下动支详细造册俟选举事竣再送部由

宣统元年四月

为札饬事。案查接管卷内,准度支部咨开,制用司案呈云云,查照办理等因,由前督部堂移交到本大臣。准此,查原咨内称,各属选举经费一项,前于核覆直隶等省谘议局案内,行令就各属旧有公款,自行筹备。奉省亦应按照直隶办法,由各该地方就旧有公款自行筹备,不得动支正款。至此项经费开支简明表,查系笼统数目,究竟何项领用款若干,应令迅即造具细数清册呈部,以为核办等语。惟查奉省各属初选、复选应用经费,指定本省税捐项下动支,诚因奉省风气初开,若因举行新政,苛派及民,利未举而害先至,民将视选举为畏途也。各属地方,殷实苦瘠,各有不同。各该苦瘠地方,本无公款之可筹,将来选举愆期,责虽无自,殷实地方,或从而效之,是于办理选举,大有妨碍。至令照直隶办理一层,直隶地辟民聚,地方公款自有可筹。奉省习俗朴僿,情形大不相同,万难比照办理。且直隶一省,选举经费共五万两,奉省仅定四分之一。大宗款项取之正款,似有未合。奉省仅有此数,故于税捐项下酌为移挪也。现在初选事毕,所支经费,断无向地方派还之理,应请仍照前咨，准在税捐项下动用，以免纷歧。至来咨所云，此项经费，应造细数清册报部，自系指选举经费而言。查初选复选应用款目，系调查制备人员册费、投票开票监管之公费，投票开票所各项杂费。现经预算，初选每区三百两，复选每区三十两，不过暂定极少总共数目。其开支详细清册，应俟初选复选一律事竣，由各选区详细造报。仍俟筹办处裁撤之日，并案咨部，查核办理。除咨覆度支部外，合行札饬，札到该司/处，即便知照办理。切切此札。

　　右札度支司/谘议局筹办处准此。

钦差大臣、东三省总督兼署奉天巡抚锡
奉天行省巡抚唐
奉天左参赞梁
奉天右参赞钱

度支部咨谘议局经费一折奉朱批并合将各项银两核实动支按年造册报销由

宣统元年四月

　　为札饬事。宣统元年四月二十三日，准度支部咨开，制用司案呈云云，办理可也等因。准此，合行札仰该局，即便遵照，刻日详细声明，以凭咨覆。至一切费用，均宜核实动支，按年造具报销。切切此札。

　　右札谘议局筹办处准此。

钦差大臣、东三省总督兼管三省将军事务锡
记名副都统、署理奉天巡抚程
署奉天左参赞梁
奉天右参赞钱

度支部咨覆东三省谘议局经费文

宣统元年六月

度支部为咨覆事。制用司案呈，准东三省总督咨称，准部咨，东三省总督徐奏奉省原设谘议局，改为谘议局筹办处，并附设自治研究所一折，查奉省改设谘议局筹办处，前据该督奏报该处应需经费，作正开销，当以此项经费究需若干，在于何款项下动拨，行令声覆，并将所定简章抄录送部等因，经本部咨行在案。兹据咨覆，本部查该省谘议局筹办处经费，自光绪三十四年九月起，至十二月止，共用银八千一百四两六钱九分三厘六毫八丝。自宣统元年正月起，至九月止，预算统共一万五千七百两。分赴各属司选员十六员，每员月支车马费五十两，共支银八千八百两。复选区八处，每处三十两，共计一万三千七百四十两。统计三类，共银四万六千三百四十四两六钱九分三厘六毫八丝。虽据声称在于本省税捐项下动支，惟查该处各属选举经费一项，前于核覆直隶等省谘议局案内，行令就各属旧有公款，自行筹备，今该省选举经费，应即按照直隶办法，由各该地方，就旧有公款自行筹备，不得动支正款等因。准此，查奉省各属初选复选应用经费，指定本省税捐项下动支，诚因奉省风气初开，若因举行新政，苛派及民，利未举而害先至，民将视选举为畏途。且各属地方，殷实苦瘠各有不同，各该苦瘠地方本无公款之可筹。至令照直隶办理，直隶地辟民聚，地方公款自有可筹，奉省万难比照办理。且直隶一省，选举经费共五万两，奉省仅定四分之一。大宗款项取之正款，似有未合。奉省仅有此数，故于税捐项下酌为移挪。现在初选事毕，所支经费，断无向地方派还之理，应请仍照前咨，准在税捐项下动用。至来咨所云，此项经费，应造细数清册报部，自系指选举经费而言。其开支详细清册，应俟初选复选一律事竣，由各选区详细造报。为此咨部查照等因前来。查奉省谘议局筹办处所需经费，前据该省列表咨部，当查该处各属选举经费，行令按照直隶办法，由各该地方就旧有公款自行筹备，不得动支正款等因，在案。兹据该督咨覆前因，本部查各省设立谘议局筹办处，各属选举经费均经咨令，由各该地方就旧有公款自行设筹，奉省未便独异。是以令就各该地方旧有公款筹备，非令摊派，于民利害，无由而至。既非苛派，而民又焉能视选举为畏途。所称仍在税捐项下动用之处，碍难照准。应令查照本部前咨办理。至该处经常费，司选车马各经费，应即一并造具细册，咨送查核。相应移咨东三省总督，转饬遵照办理可也。须至咨者。

右咨东三省总督

札据谘议局筹办处呈编辑事竣各员改派销差请备案由

宣统元年六月

为札饬事。案据谘议局筹办处呈称，案查职处云云，鉴核备案等情。据此除批示"如呈备案，候饬度支司知照，缴。"等因，印发外，合行札饬。札到该司，即便知照。此札。

右札度支司准此。

钦差大臣、东三省总督兼署奉天巡抚徐
钦命副都统衔奉天巡抚唐

营缮科一等科员翁巩呈请派员验收谘议局工程并送图结由

宣统三年六月

营缮科一等科员、留奉补用知县翁巩为呈请验收事。窃科员于宣统元年五月，蒙奉天全省谘议局筹办处札委监修奉天全省谘议局工程，计修成大元楼壹座，东西配楼贰座，大小房屋共壹百间，围墙壹百肆拾捌丈，正面花墙贰拾捌丈，花园一座，以及暗沟、厕所、马路等项，共估合沈平银陆万两整，业经工竣已久，并饬据原包工匠白万春等出具保固甘结前来。除报销清册另文呈送外，理合检送图结，备文呈请宪台鉴核，并乞派员验收，以昭核实，须至呈者。

计呈结四纸，图全份，计十五纸。

右呈奉天民政使司民政使张

附：批

呈及图结阅悉。已派员前往验收，仰即知照。缴。图、结存。（六月十九日）

札据翁科员呈请派员验收谘议局工程由

宣统三年六月

为札委事。案据营缮科一等科员、留奉补用知县翁令巩呈称，窃科员云云，以昭核实，计呈结四纸，图全分，十五纸等情。据此合将图、结札发，札委该员前往验收，加结具覆。原发图、结，随文呈缴。此札。

计札发结四纸、图十五纸。

右札委员奉天府都守林布准此。

民政司使张

札准度支部咨覆奉省谘议局筹办处经费碍难动用正款应照前咨办理等因饬司会商拟定办法呈候核咨由

宣统元年六月

为札饬事。案准度支部咨开，制用司案呈云云，遵照办理可也等因。准此，除咨行外，合行札饬。札到该司，即便遵照会商度支、民政司，拟定办法，呈候核咨，毋延。此札。

右札民政、度支司准此。

札为谘议局可决租赋之清理一案公布施行由

宣统二年十月

为札饬事。案照谘议局呈称，案查云云，公布施行，计粘租赋之清理理由及办法清单壹纸等因。据此除批所议变通云云，知照缴外，合即抄录原呈清单，札仰该司，即便遵照批示各节，分别办理。切切此札。

计抄粘原呈清单壹份。

右札度支司准此。

钦差大臣、东三省总督兼管三省将军事务锡
钦命副都统衔奉天巡抚程

札准谘议局函请派员详验设法补苴早日动工等因饬即遵照由

宣统三年七月

为札饬事。案准奉天谘议局函开，本局前承贵司饬工修补云云，于本局开会前一律完竣，是所拜祷等因。准此，除函覆外，合行札饬，札到该员，立即遵照，转饬原修工匠，迅往设法补修，早日动工。勿延。切切此札。

右札前工程局局长翁令巩准此。

民政司使张

五、相关报道及其他

奉省治源论

夫世值文明,启新机而臻上理,固在于利导因时,而事值改更,尚权宜以谋布置,尤在于措施因地。请以奉省地方自治一事而论,教育尚未普及,此地方自治中之一事也;商业未能宏整,此又地方自治中之一事也。工艺未兴,卫生不讲,农务未精,凡关系公共之利益者,何莫非地方自治中之件件事也。然而千头万绪,著手何从,既不能举百废而一日遽兴,自不能不先急务而寻端竟委。综计奉事,果何为郅治之源,果何事为起点之始?其裁判事乎?夫裁判者所以平监狱而正风俗,感人心而归教化者也。奉省之裁判,半属之于州县,一纸呈词,四时拖累,在官吏不过恃幕府中所批之数字,草草问过,即交班役,而其中缧绁桁杨,真有敲骨吸髓之酷。此固天下黠猾之胥吏所同,然而独以奉省为逢苦楚之极点。所以,冤死不到官,为奉省良民之家教。今若及时先设一裁判所,考选长才折狱之官吏,入所判事,除死罪者讯明交地方官照例核办外,凡关于民事诉讼者,均莅之于裁判所,讯其理由,详其证佐,但得情真事实,而或罚或惩,勿多日纠缠,一了百了,不过事刻薄,删除滥刑,俾犯事愚氓,无皮肉之惨苦,此即夏王下车泣罪之仁也。将此后民间锥刀之争,饮食之讼,为一言之不合,上诉而来者,得一言之质审,即平情而去,未有不互相称颂裁判所之新政,实有以便吾侪身家性命之端。夫然后可恍然地方自治之事实,朝廷为小民谋幸福,非朝廷迫【群】氓从新政也。人尽感恩,群歌帝德,则新政令一颁,未有不争先恐后者矣。即新政令不颁,方且伏阙上书,条议改良,而有何程度不及之处耶?本报提撕风气,不敢循因陋就简之旧规,亦不敢憨直虚名,上茢菲刍荛之末计,即事而书,诸希〈希〉原鉴。是为论。

《盛京时报》,1907年10月11日

论行省设御史宜领谘议局独立

中国预备立宪以来，国会未开，议院未设，资政院之势力，尚属幼稚。而使天下之言权为朝廷之耳目者，非都察院之御史乎？然御史众居辇毂之下，见闻不必能广，即责任有不能完，而又不得恝然无言，则风闻奏事之权尚焉。夫御史既以风闻而奏事，则不实不尽，即难免隐约之情形，故御史不敢自谓其言之必信，而朝廷亦不能必信其言，是皆御史与外事隔阂之弊也。且中国幅员广大，各行省自为中央于省会，而行政司法之机关，各有专责，而欲详察地方之利病休戚，上达朝廷，则当有所谓司言权之人，乃能胜任而愉快。惟御史操有言论权，乃聚居京师，则风闻之言率难征信，纵事无不实，言尽可听，而睽违数千里之间，尚多举一漏百之弊。况乎地方情形，苟非亲历其境，则揣测臆度之词，不过仿佛其大略焉而已，究有若何之裨益也乎？今都察院议于各行省添设御史，实行代表舆论，作地方行政之监督，其意图甚善也。设使御史领各省谘议局，以代表之，而直达于朝廷，则谘议局为监督行政之机关，而变有御史以为之代表，则上下之情易通，君民之势不间矣，岂非立宪前途之幸福乎！夫御史有专折奏事之权，而谘议局有监督行政之权，有御史以代表之，则监督行政之权实，而督抚司道不得强制以遵行，民气则由之而纾，民情亦由之而通。虽行政之机关多间接，而奏事之权限能专擅，则谘议局去朝廷未远，于其范围内，有独立不悬之权，则实行监督地方行政，而地方行政机宜，又有不完善美备者乎？虽然，御史之在行省，在言权独立之性质，宜监督行政之机关，断不宜侵入行政之界限。倘不能斟酌尽善，则其弊者滋，转不得达其正直平和之目的，而于行政上有无限之窒碍。前明制以御史巡视行省，兼军机者，而设以总督，斯后逐渐侵行政之权限，而适成全省统治之人。然当时亦何尝非监督行政之意，而竟为行政统治之人者，势使然也。故今日督抚之制，位在行政官上，握全省之政权，即昔日御史巡抚行省之遗制。今都察院议添设御史于各省，即师此意也夫。然以之代表谘议局，则惟有言事之权,而确无行政之权,近于民而远于官,以舆论之是非为是非,而必迎合上意,以人民之休戚为休戚,而不能壅滞下情。东山之瓜苦同尝,南山之棠甘留荫,虽不同于各国下议院之制度,依其官守上之责任,已具有下议院之性质。一举而数善备焉,是亦实行立宪之预备乎?当国者尽实行之,则中国之立宪前途幸甚,行政之前途亦幸甚!

《盛京时报》,1908年1月15日

祝奉天地方自治会成立

夫人有自治之能力,而后有自强之精神,而后有自立之性质。人而不能自立于天下,无自强心也,而实不能自治之咎。故由个人而推及于地方,由地方而推及于国家,莫不具此理由。英人尝谓,于殖民地有英人三百,他国人三千,则必服从于英人命令之下。其言虽似夸大,而实对于不能自治之国民,虽百万亦必成服从之众也。甚矣,自治之不可不讲也如此!夫地方自治者何?对于地方官治之谓也。故其间之二大要素,曰:土地、人民。然土地之区域经营,胥归于人民之负担,而公民权利、公民义务,最为自治中必要之机关。中国创兴自治,采择夫东西列国之成规,参酌夫地方人情之习惯,而斟酌损益,合乎其宜,则中国自当蔚然成一自治体,而闳中肆外,放大光明于二十世纪之中。故今日奉天地方自治开第一次研究会,吾人为奉天自治之前途贺,而不禁欢忻而忭颂之也。夫奉天为国朝丰镐发祥之地,以健武倔强著于天下,而文化实不逮于中原。乃朝廷眷念东陲,自改设行省以来,缔造经营,冀为各行省之前驱,而巩固宪政实行之基础。于是凡百新政,皆次第兴焉。吁!盛矣哉!奉天今日之气象哉!今自治会又告成立,而开会研究,洵奉天之第一盛事也,何幸而见于奉天之今日哉!夫实行立宪,当以地方自治为基础,而地方自治,实足增进人民之幸福,然胥视人民程度之高下,而始得良好之结果。奉天人民之程度,吾不足以测其高下,然果有二三杰出之士，以代表乎群伦，抱急进主义，而一往直前，则人民纵未甚开通，而耳濡目染，朝渐夕摩，亦自足勉励夫进步，而造成完人。诚如是也，即地方自治之效果著，而人民自治之精神强，即宪政实行之期不已可翘足而待乎？况奉省地方之人民，而有满汉界限之分，而实有碍于今日大同之治。今朝廷以实行立宪，而谆谆以化除满汉畛域，诏告中外，则地方自治为实行立宪之预备，而奉省举办地方自治，则满汉界限之分，当自化除于乌有，而补助朝廷政令之所不逮，岂犹非奉天地方自治进步之希望乎？呜呼！中国行专制政体四千余年，虽不乏圣帝明王出，而与吾民相治理，然吾民谬于服从之习惯，不知有自治之道存，以谓治天下各吾君相之事也，吾民何与焉。是以国家之不得常治久安也，岂非吾民之不知自治之咎乎？今奉天之地方自治会成立矣，故吾人不得不注意于其间，斯亦岂奉天一府之幸事乎？爰得祝之以词曰：奉天地方自治万岁！中国实行立宪万岁！

《盛京时报》，1908年2月25日

论开会宜扩张民权

呜呼！我国民沉沦，雌伏于专制政体之下，不能稍伸其权者，非一日矣。夫欲求民权之扩张，非开国会不为功。何也？专制政体之国，上下疑忌，颠倒是非，政府以成见为是非，人民以朝廷为仇敌。虽欲整顿政治，政治益形其窳败也。虽欲整理财政，财政愈见其困难也。虽欲改良教育，教育依然无方针也。虽欲振兴实业，实业亦反见其退化也。内政之紊乱，外患之迭兴，隐忧显患，相逼而来。推其原因，民权之不伸，实由于国会之不立。国会不立，民权不伸，则国权亦因之而日削。若立宪政体国，其国无不有国会之国，其民皆参预政治之民，且能监督政府，使之有进步无退化，而人民参政之知识，监督之能力，必因之而俱进。故有国会之国，其民之知识能力未有不发达，未有不优胜。是虽以俄罗斯雄伟素著之国民，以无国会，竟为有国会之日本一击而不振。及败北以后，亦不敢终逆世界之趋向，而召集国会。是有国会之利，与无国会之弊，观于日俄之已事，可恍然矣。今日者，无论君主国、民主国，苟有一国会为人民代表之机关，以监督其政府，其民权之发达，国权之巩固，不问可知。倘其国不立国会，其民权必无由而发达，其国权亦莫由而巩固，必不能自立于世界立宪之新舞台。是以世界各国，未有不以民权扩张之因，始收国权巩固之效果者也。吾中国应亟宜主张者，君主立宪也。试即就世界中君主立宪国有国会，如英吉利、普鲁士、日本三国而言之。夫三国国民以国会之能力，扩张民权，实行宪政之历史也。我国民其亦醒乎？否乎？虽然，就三国而比较之，其国民建设宪政，制造政府之功虽一致，而其程度最高、民权最伸者，莫若英吉利，普鲁士次之，日本则更次之。此二国之开国会同，而其所收之效果，有大相悬殊者。诚以英国议会发达最早，能以国会产生宪法，故其民权之扩张，超出乎各国之上。普鲁士以国会要求宪法，能令宪法与国会同时而成，故其民权之扩张，略逊于英吉利，而高出乎日本。若日本者，其先颁布宪法，而后从事议会，其人民仅能扩张宪法以内之权利，不能扩张宪法以外之权利，故日本之宪法既不及英吉利万分一，而亦远逊于普鲁士下者，得勿以国会成立之先后，为程度高下之比例差耶？我中国近年以来，预备立宪之名词，发见于全国，似亦将变专制为立宪矣。然仅云预备而不实行，是政府不过以预备字掩饰外人之耳目，搪塞议民之希望而已。使其果欲立宪也，何竟自去年以来，政府惟以贪饕倾轧，争权竞贿，相逐于庙堂之上。若人民之祸福，国家之休戚，何漠不关心若是之甚耶？如谓保全专制，以欺我国民则可，如谓预备立宪，谋国家之富强，其谁信耶？其谁信耶？吾故曰：欲开国会，定先伸民权。若国会一日不开，国民一日无自主权，只可听政府之指挥。国会开后，国民既有自主之权，不特不任政府之指挥，而且宪政之实行可计日以待。故开国会即所以扩张民权，即所以实行宪政，亦即所以救中国今日之巅危也。

《盛京时报》，1908年2月26日

论地方自治亦安插人才之一术

地方自治之有益于国家社会人民也，问尽人而知之矣。乃其大旨，以地方之人办地方之事，则较官治为差强人意耳。然如奉省之官绅合办，则是以监督地方行政之人，而又为地方自治之人，其去官治执行之机关，岂甚远哉？乃国家提倡而成之，士绅要求而请之，于是自治制度，焕然发现于预备立宪之时代，以增进中国前途之幸福。然吾谓地方自治果有若何之利益，尚为前途希望之事，而实则国家安插人才一术也。只在鼓舞陶铸之中，而天下自蒙其利益耳。陆部郎在自治会演说谓，我不能与故乡父老，襄理自治，而宦游于奉省，言之似觉抱歉者，而其实不然。夫人之所以仕宦者，为行其志也，而国家乃收其才而用之。今日之仕路拥挤，宦海浮沉，全国几无一非为官之人，而实则能得官者不少概见也。何地不产名材，国家既不能尽起而用之，则天下之人才将安所归乎？陈胜辍于庸耕，光武起于田间，而历代开创之君，攀龙发，附骥尾，建立勋名于天下者，大概田野草莽之英雄。是国家失驭才之道，则天下乱，得驭才之道，则天下治。盖天下之所谓才者，自负有经世之伟略，势必不能与齐民均劳逸，不入于官，而襄理国家之治安，则流于盗，而破坏国家之秩序。三代之盛时，官不加多于后世，而人才皆得其用。六国则卿相争以养士为贤，如孟尝之食客三千，彼亦何所取于多士哉？故六国之暴君污吏，未必不如秦，而六国之所以不亡者赖此耳。盖民虽怨咨愁苦于虐政之下，苟无英雄豪杰以为之倡，则其势不能以为乱。秦并六国，隳名城，杀豪杰，以为一世二世以至于万世矣。而陈胜、吴广起于大泽之中，卒争于刘项而并于汉，故周有州长、党正、里胥之官，汉有三老、啬夫、卒更之职，冀以收拾天下贤才之心，而与国家共保安宁之秩序。中国自罢科举，停捐纳，而荐贤者又各于其党，于是天下之贤才遂风流云散于中外矣。其谨小慎微者，则卖文求活，谋事营生以自立，其好高骛远者，则煽惑人心，摇乱世局以思动。国家乃知大势之推移，倘不能得驭才之道，则天下大局有不堪问者，故因势利导，而立宪焉，又以提倡地方自治为第一之要务。夫地方自治，对于官治之意，国家而必提倡之者，谓为预备立宪可也，谓为安插人才独不可乎？盖地方自治，则必以地方之贤者才者董其事，而此中之贤者才者，皆国家之遗贤遗才也。用之而办地方自治，则贤才无遗弃之憾矣，而国家更无廉俸之费，即得收其驰驱奔走之效，而常治久安，则国家之利益为何如乎？然国家之利益大，则社会人民之利益亦愈大。国家者，固社会人民之堆积也，故地方自治，为当今不容稍缓之要图，斯之谓欤？

《盛京时报》，1908年2月29日

论自治之研究

自治者，立宪国地方上之所有事也。研究自治者，预备立宪国之所有事也。虽然，岂惟自治宜研究，即此研究自治之事，其关系于各方面者亦甚多，不思而行之，其合也仅矣。记者亦曾研究自治，敢列其偏见，为当道率尔说之。

（一）如何之人，可以研究自治乎？地方自治，必以绅士为主体。招绅士研究自治，必以由选举为得人，此亦当路所公认矣。所不可不办者，此选举之机关，委之何地，及被选举之资格，当以如何明文规定之耳。如但颁例行之札文，饬各州县选送公正绅士云云而已，恐绅与非绅，公正与非公正，殊无一定之界说。而凡其人能为州县官选送者，又有官性而无民性。我谓选举，实是任意行为，其结果未必不与原意相背谬也。窃谓资格之设，宜于学识上、品望上，立一确实标准。机关之设，宜先定选举者之人格，行之于公开之地方，与选举原理相符。至绅士外与地方自治关系之人，尤莫若官，教绅而不教官，则以无学之人，为学焉者之监督，以不赞成地方自治之人，节制自治行政事宜，其冲突必有不能解免之日。故与其以自治为狭义的教育，无宁视为广义的教育之为通也。

（二）研究自治当用几多之人乎？以一邑计之，组成一自治机关，至少亦须议员二十人、董事十人之名额。而乡镇下级之自治,尚不在此。若上下级并计,又益以第一次改选期、第二次改选期,续备之材,盖非百人莫举矣。此百人者,取之于旧日绅界及学界中,虽文化之区,不过得半。其它一半,则皆有待造就者也。且今日研究毕业之人,尚未必即他日被选作事及胜任传习之人。此一半中,又当宽为之储,以待淘汰。然则开所研究,非一班之事,亦非一期之事,以每期每州县十人为断,六七期以后,其庶几乎。

(三)自治将如何研究乎?研究自治者,莫不注意于各国自治制度。制度者,自治所发生,而非自治所自发生也。欲建树自治,必先审此自治制度之理由。欲履行自治,必先储此自治制度之能力。故自治根本上之研究,不在自治制,而在此外一切法制;不在法制之形式,而在精神上所以养成法制之事。约而论之,则宪法、国际法、行政法、政治学、经济学、财政学六科,皆必要之课程。而延诸热心自治之人,本诸经验,以指示过渡之方针,抑尤要也。

(四)研究自治果何为乎?凡人作为一事,则当预想此事终局之目的,不知其目的而苟为之,与明知其目的之不相合而勉为之,皆非所以为人也。今国家所以汲汲遵饬研究自治者,其宗旨虽无表示之明文,顾就时机之先后以观,其为实行之预备,不问可决矣夫。是以研究之目的,不在研究,以研究为达此目的之一途者。同时须有其它同目的之预备,自上及下,无人不当思其究竟。吾不与知,吾姑以开研究所卸责也,则是研究以外之行为,及研究以后之行为,皆不必与此次之研究相应。此孤立之研究,于国民何与,于国家又何与哉?

《盛京时报》,1908年6月12日

论人民自谋自治最易议成官民之冲突

自治者对于官治而言,地方自治者,人民治人民之事,必地方不受官治之干涉,而后足以有完全之主权。否则,一方认为自治,一方认为官治,是官与民生异性之关系，而演冲突之结果，未有名不正而能措其手足者。若必于不完备之治制上，而求其完备之方法，势必齐出于因循苟且之一途，以调和官民之意气。而对于事实上之效力，不过于整理地方之职任，多推诿之机关，增一有力之牵制，而再衍同一之失败而已。故前论言官民之悲乐，适成反比例。若矢函，若巫匠之不能不为流俗者，以地方之关系，与身家之关系，不能无所偏倚也。

然则地方究以何者为主体乎？以名义上言之，以官吏为主体；以意义上言之，以人民为主体；以政体上言之，以官治为主体；以真实上言之，以自治为主体。今即两方面性质，而以解剖的观察之，必将排斥官治，自组织执行、议决等各机关，自议而自行之。试问彼方官治，果肯低首下心，以让其固有之权利，听人民之驱策？吾知其必不能也，势必施强烈之干涉，藉家国之全力以摧斥之。而自治终不得地方之权力，且将因此而愈败。及其败坏，而以涣散之势力，激而与习安之官治，开一究竟之击战。吾见其两败而无一利也。况今日国民之程度，可与解决地方之问题，有热心而具实力者，又若凤毛，若麟角，而不可数觏也。

是故统治之机关，易于整理，分治之机关，难于齐一。国家所主张者，非言地方自治普及后，人民之知识阶级，不至大相悬距，而组织国会易于藉手也。不知地方有地方之界域，就今日行政区划而言，府厅州县，即以限地方也，即他日实行地方自治，而地方团体之区划，亦必不大变乎今制。然区域所限，风气不同，而自治之组织，亦不能不因其所地。以地方之涣散，而生国力之薄弱，而国家之行政机关，亦将消灭其活动力。此国家之总机关，尚无一定之准备，而地方自治，普及之法之所以困难也。然则奈何？以人民之一方面策之，计唯有集合自治之团体，以进行于要求国会，实事求是，得寸则寸，官吏虽专横，又何从施其无界限之干涉哉？

《盛京时报》，1908年7月13日

开官智欤？开民智欤？

十年以前，奉省之民，浑浑噩噩，有太古风焉，而今则惕于外患，求自立矣。奉省之官，恣睢暴戾，以民为鱼肉焉，而今则惧干严谴，稍自爱矣。朝廷顾念陪都重地，特简威望大臣，藉资镇慑，以故上下两方面，均各振刷精神，力图进步。使由是而官智日以浚，民智日以开，不特吏治水清，民困以苏，而边圉亦将倍固矣。虽然，犹有待。

法政学堂，增设官班，开官智也。诚悉心研究立法之精意，与行政之概略，夫何难了然于心耶？然以某所闻，肄业法政之学员，半皆内无奥援、艰于得差者，特假是为息足区耳。运动苟有效，弃之将如敝屣。求学之心，浓耶淡耶，切耶泛耶？不言可知也。至现有差缺之人员，则尽以才干著闻，而学问一途，亦多茫昧。智耶不智耶？其所谓智，或智其所智，而非吾之所谓智耶。是皆不能曲为之讳者也。

至若吾民，生长于斯，食息于斯，固不若官之可以传舍视也。奉为东北奥区，土厚水深，气候较寒，其住民率富于坚忍力，与东南之轻扬，成一反比例。每举一事，辄强毅沉着，安固而不摇。白话报之流行，研究所之发达，女学之勃兴，可以征民智之日渐开通焉。其始虽由官为提倡，而民情之奋勉有足多者。是亦从事实上推究之，而知其现状之确为如是也。

谓官不智耶，官何尝不智？其钻营排挤、掩饰弥缝之手段，神妙有不可思议者。苟移其锐敏之心思，以流览载籍，延访通材，其所成就，必有大过人者矣。而为官者必不愿，其目光之所注射，盖别有在也。强之以所不欲，则思遁，诱之以所不属，则滋疑。然则开官智云者，有其名而无其实，似反不若束以功令之为得也。失望于官，不得不专注意于民，奉民之可与有为，某即言之矣。而况民智一开，即有监督财权、左右政界之实力。官之贤者，承流而布化，不肖者亦将慑于民气之强。民心之固结，而莫敢谁何，斯诚致治之良图，保邦之上策也。某甚望当地士绅，急起直追，引为己任，上以辅官力之不及，下以流遗泽于子孙。为大吏者，亦当根据朝章，稍予以事权，而不任官吏之掣其肘。数年以后，民心奋发，民德养成，以之凌驾欧美且无难，而况仅仅言自固也。

《盛京时报》，1908年11月8日

敬告奉天的同胞

为选举事

咳！光阴好快！可敬可爱的新年又过去了！在下今儿有句紧要的话，告诉你们。这是与你们身家性命，有莫大的关系的，大伙儿不可不留心记着。现在咱们奉天府，要开谘议局。从去年九月里办起，办到今年八月里，就要办成了。这局子里的人，叫作议员。咱们奉天省的议员，共有五十名。这五十名的议员，全是选举高等百姓充当的，连一个当官相的都不要。凡议员所说的话，句句是代替你们大伙儿说话的。你们说这桩事，是有利的，议员亦说有利；你们说那桩事，是有害的，议员亦说有害。那个当总督儿的，就要听了议员的话，去办这个有利的，除那个有害的。照这样看来，谘议局岂不是你们的一张嘴，议员岂不是你们的一个舌头么？可是谘议局议员，有这般重担子负在身上，倘若这个议员，是不能胜任的，纵然给他这样权力，恐怕他就不能替你们说话。所以想了一个极妙的法子，叫作资格。凡着选举议员的人，必定与资格相合，方有选举权。既然那个人有了资格，是一定不会错的。所以选出人来，亦自然一定不会错的。这种资格，除了举贡生员，合曾做过实任官的，曾办过地方公益的，曾得过中学堂以上文凭的，这几项人以外，必须地方上的富户，家中有值五千元以上的财产，方准他举人。原来这富户，是地方上顶体面的，咱们奉天省地处偏僻，那做官和读书的，自然一定不能有的。惟那一项有五千元以上财产的人，自城市以至村屯，也还算不少。据这个说起来，奉天省的选举权，大半在富户头上，那富户何等好看呢！最可怕这选举事务，是中国数千年未曾经过的，你们少见多怪，一听要问财产，能值五千元以上的人，感觉有点儿稀奇古怪，以致胡思乱想，遂生出一种有人要来抽捐的念头。在下昨儿听着人说，某屯里恐怕惹出意外事情，打算报了一二个人，就作敷衍完事了。咳！这不是有了福气，你们不会享么？要知道这个选举权，是最可宝可重的。东西各国的百姓，为着这件事曾起了多少的战争，方能到手。今我国皇恩浩荡，不待百姓的要求，即慨然以与百姓，岂不是你们无上的幸福么？有了这伟大福气，你们不会去享，白白的丢却，以致将来自己各项事务的利害，无门可诉，亦无人来管你，以后虽然悔悟，那就赶不上了。民政使此刻派出调查员，到处宣讲，你们该当详细听着，并一面调查你们的资格。除了他项资格以外，苟一人能有五千元以上的财产，和年纪已满二十五岁的，能懂一点儿文字的，如逢了调查员来调查，你们必须从实告诉他。或调查员一时有所遗漏，不来问你们，你们亦应当自己去告诉他，千万不可妄怀他见，隐匿不报。到了二月里，各府州县还要将你们有选举权的人姓名，榜示通衢，给大伙儿看看，何等荣幸呢！比较从前科甲时代的龙虎榜，还要有趣十倍呢！千万千万，大伙儿不可不留心记着！（屠恩若）

《盛京时报》，1909年2月17日

公署内设立宪政筹备考核处片

再查九年筹备事宜，屡奉先帝明诏，近复叠沛纶音，其效力为安危所攸关，其事务尤繁赜而待理，实为目今最关切要之图。所有宪政馆单开应办事宜，固均各有专司。惟督抚若无一总汇，专派人员经理，殊不足以密考察而促进步。奉省为丰镐名都，尤宜赶先筹办，次第推行，俾免迟误。现经臣等就公署内设立宪政筹备考核处，遴派熟悉宪政幕僚，随时分别详细考究，应行文牍，即由臣等总核施行，所有稿辑缮写一切事宜，仍饬一并兼办，均毋庸别支薪公，以节糜费而昭核实。除酌拟办事章程分咨查照外，谨附片具陈，伏乞圣鉴。再吉、江两省已由臣锡良分咨该省抚臣酌派人员，一律认真督催办理，合并声明。谨奏。

十七日奉朱批：该衙门知道。钦此。

1909 年 6 月 26 日

奉省筹备立宪第一年期奏报成绩折

奏为九年筹备事宜，遵章胪列第一年期成绩，恭折仰祈圣鉴事。窃准宪政编查馆咨开，光绪三十四年十二月十一日，遵旨奏设专科，专核该院未开以前逐年应行筹备事宜，酌拟章程，伏候钦定一折，奉旨：依议。钦此钦遵，通行知照到奉。谨按原奏考核专科章程第三条，内开："九年筹备事宜，责成内外臣工，每届六个月，将筹办成绩胪列奏闻，并咨报宪政编查馆查核。应自光绪三十四年八月起，至十二月底止，为第一届。以后每年六月，暨十二月底，各为一届，限每年二月内及八月内，各具奏咨报一次。"等语。现届期限，自应钦遵办理。查宪政编查馆原奏九年筹备事宜清单，内载第一年期督抚所应办者，为筹办谘议局一项。奉省谘议局改为筹办处，并附设自治研究所，一切组织情形，业于上年十一月具奏，奉批：该衙门知道。钦此钦遵，在案。惟关外地广人稀，各州县新设治者居多，蒙荒初辟，土客杂处，凡遇创办新政，动生疑阻。臣因体察情形，于上年十一月间，饬该处监理民政司使张元奇，会同绅士盛京副都统多文，妥慎拟议，刊刷奏定章程，编撰白话告示，遍发城乡村屯，督令研究。旋选本籍法政毕业学员，及办理新政素有经历之人员，计十六人，充当司选员，分赴各属，协助选举事宜。同时并饬该处附设之自治研究所学员一百八十名，暨宪政讲习所学员一百名，于年假限内，各回原籍，由各初选监督派充调查员，详查选举人资格。该学员等粗通法政，热心桑梓，讲演调查，尚能悉心办理。又各属地方苦瘠，诚恐筹款为难，藉端摊派，特仿直隶办法，于税捐项下拨支经费，以资应用。计每初选区发给三百两,每复选区发给三十两,照章奉省应划初选区四十五处,复选区八处,统共发银一万三千七百四十两。复将选举应办事项,严立期限,制成简明表,通饬各属,依限办理,无得稍有逾延。惟是选举虽有定章,而各属辄多疑义,函电纷驰,头绪复杂,均经该处征引条文,或援据宪政编查馆电覆各省成案,详细解释,藉免歧误而便遵循。计自去腊开始调查,至本年二月间陆续完竣,造具初选举人名册呈送前来。共得合格选举五万二千六百七十九名,预计三月间可行初选举,四月可行复选举,九月以前谘议局必能成立,不至逾误。至建筑谘议局,亦应急为筹备。现在派员绘图估工,一俟解冻,即可兴工营造。除将详细情形咨报宪政编查馆外,所有遵章胪列第一年期筹备成绩缘由,谨恭折具陈,伏乞皇上圣鉴。

《退耕堂政书》卷二十五

筹备宪政第二届成绩并第三届筹办情形折

奏为筹备宪政第二届成绩并第三届筹办情形,恭折仰祈圣鉴事。窃查奉省筹备宪政第一年期第一届,业经前任督臣徐世昌于闰二月间分别奏咨在案。本年筹办期限,照章分为两届,以六月底为第二届,十二月底为第三届,而皆为第二年内督抚应办之事。按照清单,计分八项,除资政院选举俟奉到选举章程,再行遵办,简易识字塾已就省城旧有官话字母学堂改设三处,一俟部颁课本到日,立即开办外,其余六项,有为奉省开办在前,经臣等复加整顿,进步较速者,凡三项。

其一为筹办厅州县巡警。奉省自遭兵燹,伏莽遍野,丧乱甫平,即就堡防改设巡警。故不但厅州县巡警开始较早,而镇、乡巡警亦复略具规模。惟事属草创,条理未能井然,规则难言完整。臣等到任后,体察情形,知本原不清,难与为治,章制不齐,无以言法。当经檄饬民政使张元奇,先谋统一之规,以作进行之准,必内部机关完全无缺,而后进行为有具,则为之定警官制度,遵照部章,于府厅州县各设警务长一员，执要驭繁，职乃不旷。奉省警费取足亩捐，而捐法不一，最为弊丛。则为之定收捐制限，凡向以方、垧、绳、锄计者，统以亩名概之；向以两、钱、毫、厘计者，统用银圆代之。月要岁会，制用有节，民乃不怨。经理警费，向归乡董、会首、方长把持财权，对于民则相削，对于官则相抗，对于同类则相争，地方要政，几成若辈利薮。则为之定出纳方法，于各属署内通设收捐处，由民人自行赴处直接交纳，并由纳捐人投票，公举捐务总董，专莅其事，有稽核催收之责，无干涉行政之权，拔本塞源，官绅互相监督，害乃不作。至执行警务，全在警兵，警兵无学则形式徒具，因复通饬各属，限期设立教练所，务使人人具卫群之思想，一洗从前窳陋不振之习。综上所述，皆奉省警政目前当务之急，业经将编定通则咨部立案，颁发各属，颡若画一。

其二为筹办城镇乡自治，设立自治研究所。奉省自治研究所，去年七月间，前任督臣徐世昌已将开办章程分别奏咨。嗣准宪政编查馆颁发民政部奏定《城镇乡地方自治章程》，暨研究所章程，当将前定章程遵照改正，并檄饬谘议局筹办处兼办地方自治，一俟该处裁撤，即就改为地方自治筹办处，凡关于自治事宜，统归筹办，以专责成。现已由臣等核定章程，议分三期：第一期举办奉天府自治，第二期举办冲繁各属自治，第三期举办偏僻各属自治。三期完竣，即为全省地方自治一律告成之日。而研究所学员实为各属自治之导师，该所开办在先，本年十月内可以毕业，照章派赴各属充当教员。现已檄饬各属，将研究所赶速筹备。俟该所学员毕业，则各属研究所即可次第成立。此则于第二届内虽有成绩可言，而尚待第三届之续办者也。

其三为筹办省城及商埠各级审判厅。查奉省自设提法使后，即以筹办审判为先务。光绪三十三年设高等审判厅一，奉天府地方审判厅一，初级审判厅六；续将奉天府地方、初级各厅量加裁改，奏定名称；更增设抚顺地方审判厅一，抚顺第一初级审判厅一。以上均属省城。其在商埠，则于本年三月设营口、新民两处地方审判厅一，初级审判厅各一。除安东一埠已由臣等饬司筹定专款，克日成立外，尚有凤凰、辽阳、法库、通江、铁岭五处，现饬筹款设立，亦断不至逾明年之限。此则提先筹办而于第二届内成绩已有可循者也。

其为奉省从前所无，于第二届内继续第一届以为筹办者，则有若谘议局选举一项。自前任督臣徐世昌将造具初选举人名册于第一届内奏报后，嗣于本年三月十八日举行初选举，计初选区四十五处，得当选人五百名，候补人一百零八名。臣等到任后，复经严立限期，于四月十四日举行复选举，计复选区八处，共选定议员五十名，造具清册，循章咨报。臣等以此事为亘古创举，苟非慎图始基，无以发前途之光荣。当将各职员等，或酌给旅费，饬赴各属实地调查，俾研究地方利病，以作议案之准备；或留驻省城，预筹开会时各项规则，以免临事之张皇。此则第二届内继续筹办之情形也。

至报部期限在第三届而第二届内筹办已有端倪者，凡二项。一曰调查岁出入总数。奉省清理财政局，自三月初一日奏明开办，遵照部章，分科治事。现所规定，约有二端：奉省体制与各省不同，凡关于币制、盐务、税务、军务、蒙务各项财政，常与吉、江两省有交互之关系，故三省虽各设局清理，而报告程式，必以奉省为准。是为定三省统一之制，以清旧案。预算决算，事属创办，将来调查毕事，深恐各属无所依据，因饬将该局费用先行试办，预算分经常、临时两部，部分为项，项别为目，明定表式，昭示来兹。是为尽该局综核之实，以苴新机。并叠经臣等严檄各属，将去年春夏两季报告册勒限造送，业已陆续呈送到局。惟案牍山积，爬梳勾稽，实非易事。现又添派员司赶办，按照部电，展限三月，当不至再有延误。二曰调查人户总数。奉省巡警遍及乡镇，编查户籍，著手自较他省为易。自巡警道奏定裁撤后，臣等即遵章檄委民政使张元奇为总监督，通饬各属，先期出示晓谕，俾咸知调查户数为调查户口之根据，而户口多寡，即以判选举区域之广狭，自不肯隐匿漏藏，以自丧其权利。并饬各属就地方情形，先定入手办法，以防流弊。由总监督详加审核，再行分区调查，钉牌编册。现已据各属将拟定办法呈送，十月以前，当可报齐。以上二项，皆报部期限有待于第三届而于第二届内筹办已有端倪者也。

伏维本年筹备八项事宜，本关内务行政。奉省根本重地，尤应官民交勉，赶先筹办，以裕宪政之基。臣等到任以来，奏设宪政考核处，随时考察，按限督催。其已办者，虽未届年限而勿懈进行；其待办者，则力顾考成而毋敢延宕，总期循序渐进，日起有功，以仰副朝廷因时制宜、变法图强之至意。所有依限奏报第二届成绩暨第三届筹办情形，除分咨查照外，理合恭折具陈，伏乞皇上圣鉴。谨奏。

九月初二日奉到朱批：著即认真筹备，妥慎办理。该衙门知道。钦此。

1909年10月8日

第二编　开局议事、议案及其他活动

一、第一次常年会

谘议局开会日期

宪政编查馆电咨各省督抚云：本月初一日，各该省谘议局开会，至十月初十日十会。所有开会会议各项情形，应随时咨报编查馆核办。

《顺天时报》，1909年10月15日

互选正副议长及常驻议员揭晓

谘议局议员日昨在谘议局互选正副议长吴君景濂、孙君百斛、袁君金铠,皆占最多数票,中选。已复举定常驻议员十名,闻以外犹有候补常驻议员七名之被举云云。

《盛京时报》,1909年10月17日

奉天谘议局开局礼式次序

一、九月初一日午前九时,各议员均着官服,齐集议场。所有席次,均于初一日以前排妥粘签。

二、议员将应行典礼,逐一查验一次。

三、午前十时,各招待员、赞礼员齐集议场。

四、午前十时三十分,两帅率同司道以下人员莅局。

五、午前十一时,行升国旗礼。干事员执绳升旗后,在场人员同声三呼万岁。

六、休息毕,入接待室稍息。二十分钟,整衣。

七、午前十二时,两帅率同司道议员,恭诣万岁牌前,行三跪九叩首礼毕,入位。

八、干事员同议员谒见两帅,行一揖礼。

九、干事员同议员见各司道,行三揖礼。

十、干事员同议员见筹办处，代表全省人民致谢，行三揖礼。

十一、礼毕，休息二十分钟。

十二、干事员请来宾入场。

十三、干事员登坛报告开会。

十四、两帅宣布开局训词。

十五、司道演说。

十六、来宾演说。

十七、议员答词。

十八、闭会。

十九、休息。

二十、拍照。

《顺天时报》，1909年10月17日

奉天谘议局开局志盛

初一日午前九点钟，各干事已预备妥定，来宾亦陆续莅止。十钟三十分，督抚宪以次均莅局。当由干事员执绳升旗，场内外欢呼万岁，声如雷动。已，复入场，行礼毕，由干事员招呼来宾入场。两帅恭致开局训词，司道暨来宾相继演说，大致祝谘议局之成立，并申明官民之互相维系也，终乃由议员致答谢词。散后，复摄影以作纪念。按国民心目中，尔时当不知若何愉快，更不知各省谘议局同日成立，一般人民之欣忻鼓舞，较之奉省何若。第据理推之，则固可臆断为无不如是。是可谓为中国数千年来未有之盛举矣！

《顺天时报》，1909年10月19日

督抚宪谘议局开局之训词（附答词）

宪政预备第一年第一事，为筹办各省谘议局。《谘议局章程》第二章第二条，规定议员额数。以奉天冠二十二行省，诚以龙兴重地，轮轨交通，凡诸设施，匪惟本省之人属耳目，抑亦全国人民所共瞻仰。本大臣部院，典守是邦，深用惴惴，兹幸筹办谘议局一事，官绅协力，依限告成，实深倾慰。夷考各国近政，无不以宪法为国家之基础，然宪法之起源，多由上下竞争，演成至危惨之象，始跻于成。非若今日中国发之自朝廷，应之自草野，戮力同心，共期上理。此尤吾人之庆幸也。今日如谘议局开局之期，乃九年预备宪政实行之第一日。诸君自今日始，即有与闻政事之权，而实任因之益重，仰体先朝之遗训，同抒忠爱之热忱，其各竭诚尽言，以裨时用。且藉此闻政之地，益以练其议而达其才，毋骛空言，毋徇私见，毋放弃义务，毋侵轶范围。本大臣部院亦愿尽虚衷博采之诚，藉收广益集思之效。官绅合德，宏济艰难，宪政前途，有厚望焉。诸君勉旃。

附：谘议局开局之答词

今日为大清帝国奉天全省谘议局遵章开局之日，立宪基础自此成立，国民公权自此发明，而官绅和衷共济之关系，亦自此密切。矧以奉天为国家根本重地，朝廷之注意弥殷且久。今当开局之期，督抚长官，亲莅议场，勉以训词，情谊之浃洽，为何如者。凡我议员等，公权上之界限，其各懔遵而勿越，职务上之担任，尤宜坚忍以耐劳，勉旃勉旃，勿负朝廷之厚望，勿负督抚之训词，勿负国民之选举，则奉天幸甚！国家幸甚！爰作答词，以为宣统元年九月初一日，奉天全省谘议局开局之大纪念。（韦君铭）

《顺天时报》，1909年10月19日

奉天谘议局互选正副议长及常驻议员

初二日上午十点钟，由议员投票，互选议长及常驻议员等，并由督抚司道亲临监视，秩序井然。议员金正元，因署承德县缺，由候补议员张允中提升，然以路远尚未抵省，投票者计仅四十九名。首次当选者为吴君景濂，得票二十有八。议长既定，乃复互选副议长。议员孙百斛，共得二十九票；袁金铠，再选共得三十一票，中选。已复互选常驻议员，与选者为陈瀛洲，三十票；毛春林，二十九票；温广泰，二十六票；永贞，二十六票；以下再选。当选：书铭，三十二票；刘兴甲，三十票；张程九，二十九票；王香山，二十九票；牟维新，二十八票；吴国珍，二十七票。诸君以外，尚有候补常驻议员六名，不备载。

《顺天时报》，1909年10月20日

奉天谘议局开局汇志

吴君景濂报告

今日为大清帝国宣统元年九月朔日，奉天全省谘议局举行开局礼式之期，辱蒙列宪亲临，来宾莅止本局，无任荣幸。查谘议局系钦奉明谕设立，职在指陈通省利弊，筹计地方治安，为一省言论之汇归，并为地方自治与中央集权之枢纽，非惟中国从前所未有，亦与他国民议机关不同，地位所在，责任綦重。况奉天谘议局照定章，冠各省谘议局之首，内为各省之模范，外为列国所观瞻，图维尤不可缓。今已开局，此诚为我全省人民之最大幸事，亦即我全国人民之最大幸事！鄙人等忝被全省人民照章公举为议员，任重才疏，方虞越第。以责任所在，不敢不勉。今日幸逢其盛，前途辽远，来日方长，其应如何指陈筹计，以求发达，上不负朝廷预备立宪之至意，下不负列宪维持公权之苦心。将自本日开始，深愿我全体议员，全省人民，牢牢切记本日为本局开始之日，亦即为各省谘议局开始之日，亦即为我中国自有历史以来，确定采取舆论之所开始之日也。愿与诸人共勉之！

多副都统演说

中国文明，开化最早，而民选议员，参与国家政治，则自我先皇帝诏开各省谘议局始。奉天为我朝发祥之地，督抚宪委民政司主持其事，而以本副都统会办选举事宜。自维才力薄弱，难胜重任，比因事关宪政，又迫于桑梓之义务，勉强从公，幸赖列宪提倡之力，国民忠爱之忱，得以依限俟事。今日煌煌大典，躬逢其盛，本副都统与有荣焉。惟念宪政前途，关系国家盛衰之大局，而成败之枢纽，实以国民法律思想政治能力之消长为转移。诸君负全省国民之代表权，为数千年第一次发见之新人物，而适当此兵燹，重经列强角峙之竞争时代，其责任之重大，可想而知。定章第一条云，谘议局以指陈通省利病，筹计地方治安为宗旨。本副都统与诸君，于本省地方有切虞之关系者也。国家根本之邦，世界交通之地，睹泉风而怀周道，望共和而溯西京，爱国爱乡，两情交迫。本副都统将扶杖喁喁，以观郅治之隆也。愿诸君自努力有愿望焉！

督宪训词

今日为奉天谘议局开局第一日，实为中国数千年来未有之创举。本大臣躬逢其盛，不胜荣幸之至。所希望于人民者，就是要想想东三省今日居于何等地位。强邻逼处，危险已极。孟子云："夫人必自侮，然后人侮之。"我中国人民，不能发愤自强，所以到了这个地步。今谘议局成立，议员即全省之代表，凡人有不能上达之隐衷，均可由议员公议，上达于官吏，官吏亦无从施其压制。《书》云："作之君，作之师。"国家对官，原是为民兴利除弊，绅士亦然。果能上下同心，一秉大公，何患不能自治。当今东三省难为之时，正我大家卧薪尝胆之日。诸君其共勉之！

抚宪训词

今日为谘议局开局第一日，即吾中国破除专制之第一日。昔时民情易上达，恒虑官府之压制。今即公选出议员，则凡人众所欲言者，尽可由议员代表上达，勿庸虑有膈膜之弊。为议员的，亦要化去私心，一秉大公，然后吾中国前途，庶几有发达之日。在事诸公，尚其三复斯言。

副都统演说

今日为吾本省谘议局成立之期，蒙督抚宪谆谆训诫，凡我同乡人民，均宜共体此意。现当时局濒危，总要和衷共济，勿执己见以起纷争，勿挟私心以害公益，则国家幸甚，人民幸甚！

民政宪训词

今日为奉天谘议局开局之日，中国五千年来，议员初次出现，本司代表各司，略致敬意。念去岁筹办以来，不知经多少困难情形，始有今日。本司上承抚宪命令，下赖各府厅州县同心协力，故得事无陨越，以谢却责任。但谘议局为指陈通省利弊机关，凡本司有未知者，大家均可直陈，以资讨论，务期上下一心，和衷共济，则本司有厚望焉。

奉天教育总会会长曾有翼祝词

今日为奉天谘议局开局之第一日，经督抚宪之训词，诸来宾之演说，跄跄济济，千载一时。鄙人躬逢其盛，何幸如之！吾奉风气晚开，事情散涣，三次兵燹，元气大伤，欲图补救，必群策群力，上下一心，乃可撑危局，而资图存。握其关键，是为奉天谘议局是赖。今者奉天谘议局届期成立，顺流而动，毫无凌乱之弊。此后各府厅州县议事、董事会，后先继起，而人民政治之能力，亦于是有一日千里之势。故是日谘议局开幕，实惟吾奉民族发展之新纪元也。抑又闻之，欲合群策群力，为一省谋生存，非曾目击流血之惨者，其所谋必不切，所祈必不诚。吾奉自甲午以还，屈指不过十五年，而流血已三次。举凡甲午之战，拳匪之乱，日俄之战，枪林炮雨，皆已躬尝，实足坚吾奉人之志，练吾奉人之气，淬吾之措施。而议员诸君，具有吾奉社会先知先觉之资，热心毅力，当必有以扶危为安，兴利除弊，为吾奉社会谋幸福者。恭读光绪三十三年九月十三日德宗景皇帝大诏各省，设立谘议局，采取舆论一语。采取舆论者，即好恶民同之意，所谓尧舜以百姓之心为心者也。今上御宇，追成先志。此日各省谘议局一并成立，则一日开局之始，关系于全中国者至大且巨，谅议员诸君，当必有以仰体先皇帝在天之灵，朝廷眷视丰镐之意，俾官绅上下联络一气，团成一完成独立之议事机关，可断言也。鄙人职司教育会务，三载于兹，虽教育团体机关成立较早，然其范围只属教育一部，非如谘议局之统合全部，发抒伟议。将来敝会藉重于谘议局，正复不尠。开局之后，诸君提出议案，揆时度势，当必有确定之政见。鄙人所亟亟祷盼者，教育良则可以起已死之人心，以挽回国运。德之胜法，归功于小学校，近人皆知之。而吾国教育普及一语，至今无大效验，则他日之能胜不能胜，概可知矣。谘议局既已成立，则根本上之问题不难解决，则又可为教育前途之一幸也，亦为吾奉天前途之幸也。此祝。（督抚宪谘议局开局之训词，及谘议局答词，已录昨报，今从略。）

《顺天时报》，1909年10月20日

奉天谘议局旁听规则

第一条　议场设有傍听席。凡到场【傍】①听者，均有遵守本规则之义务。

第二条　傍听席之次序：

一、皇族席。

二、外国交际官席。

---

① "傍"，旧同"旁"。

三、外省过往官席。

四、本省各衙署官吏席。

五、代表席。

六、公众席。

七、新闻记者席。

第三条　外国交际官求为傍听者时，依交涉司之照会，由书记长陈明议长，限定员数，送傍听券于交涉司。

第四条　官吏或团体求为傍听者时，依所属衙门及团体之照会，限定员数，送旁听券于该衙门及该团体。

第五条　公众求为傍听者，依议员之绍介，书记长禀同议长，预定公众员数，按次序发给，以旁听券散完为止。无券者不得入听。

第六条　各报馆送给傍听券一份。

第七条　介绍人须自行记入傍听券，于守卫指示其应着之席而使之着席。

第八条　（整理者按：原文缺。）

第九条　凡在傍听席者，须遵守左之规定：

一、外国人帽子及外套不得着。

二、伞杖及障碍物不可携入。如携以上各物，可交守卫，领取对号牌，出时取之。

三、泥土之靴鞋不可入。

四、不可饮食及吸烟。

五、对于议员之言论，不得表可否。

六、不可涉于喧扰，以妨害议事。

七、不可服异常之妆饰。

第十条　携持戎器及凶器者，又醉酒之人，虽有旁听券，不得入席。

第十一条　无论何等事由，傍听人不得参入议员之席。

第十二条　值决议开秘密会议，又因傍听席骚扰，而使总听人退席时，议长得命守卫执行之。

第十三条　傍听人出入步履不得为沉重之声，致乱听闻。

《顺天时报》，1909 年 10 月 21 日

奉天谘议局招待规则

第一条　本局开局，设有接待室四处，其标名如左：

甲、两帅接待室。

乙、司道接待室。

丙、各项候补人员，及各属处学堂、公共团体人员接待室。

丁、公众接待室。

第二条　近门设总招待员四员，专司区别某项来宾，应归某室，饬差指导之事。总招待室兼理发纪念旗之事。

第三条　两帅接待室，则专帖请民政司多都护招待。

第四条　司道接待室，设团体代表招待。

第五条　各项候补及局处学堂团体人员，请绅士八员招待。

第六条　公众人员，请绅士八员招待。

第七条　甲、乙、丙、丁各室，均雇有公役二名或四名，即听该招待员指挥服役一切。

第八条　无论何项人等，遇有招待来宾之时，须行避让。

《顺天时报》，1909年10月21日

奉天谘议局开幕纪事

奉天谘议局于九月初一日行开局礼。初二日互选议长及常驻议员。初三、四日休息，定于初五日开议。闻督抚提交议案甚多，率皆负担问题。所有选定正、副议长，及常驻员姓氏录下：

  议　　长：吴景濂

  副 议 长：孙百斛　袁金铠

  常驻议员：陈瀛洲　毛椿林　温广泰　永　贞　书　铭

      刘兴甲　张程九　王香山　牟维新　吴国珍

  候补常驻议员：王荫棠　王化宣　鹿　鸣　王玉泉

       马泮春　王星原　辛酉山

当开局行礼时，督抚司道均莅止，参观者数千人，座为之满。升旗时，三呼万岁，声闻数里。

《申报》，1909年10月22日

奉天谘议局督抚议案标题

一、民政

（甲）筹集地方自治经费方法；（乙）禁绝烟害；（丙）整顿巡警；（丁）推广救贫事业。

二、教育

（甲）推广学堂必需之经费；（乙）学区之规定；（丙）教款之规定；（丁）学宫之建设。

三、司法

（甲）筹办登记事件；（乙）筹划监狱经费。

四、实业

（甲）筹设农会；（乙）劝种秋麦；（丙）扩充豆业；（丁）振兴蚕学；（戊）改良羊毛；（己）疏浚航路；（庚）维持市面银根；（辛）研究工商业之关系；

（壬）开通商智；（癸）推广矿冶；（子）渔业之整顿。

五、财政

（甲）地方税之担任；（乙）租赋之清理；（丙）地租之整顿；（丁）钱帖之限制；（戊）牛马税之整顿。

《申报》，1909 年 10 月 22 日

奉天谘议局会议纪事

奉天谘议局于昨日会议，推广教员事业议案，决议两种方法。一、全省筹设贫民艺徒学堂，以教贫民子弟。本城贫民习艺所及各州县罪犯习艺所，应将所内出入款项，由官绅会同清理，再议扩充方法。全数赞成。至本日议案，则为筹设农会一事云。

《盛京时报》，1909 年 10 月 23 日

奉天谘议局致谢各处及催意见书

敬启者，敝局仰托国福，依限成立。于九月初一日开局，督抚率司道以下各员亲临，颁示训词，属望殷厚。继于初二日投票互选，选定议长吴君景濂，副议长孙君百斛、袁君金铠，常驻议员、候补常驻议员。迭蒙本省及各省，函电交驰，殷殷致贺，敝局无任惭怍，谨顿首致谢。抑有恳者，敝局于七月间曾将征求意见之理由，及其条目，登诸报章，广为传布，诚以智虑未周，须集思以广益。

现届议事期间，务祈将所有意见，迅速邮寄，以便克日提议，万勿迟之又久，致滋贻误，不胜祝祷之至。特此伏祈台裁，敬请崇安。

《顺天时报》，1909 年 10 月 23 日

呈缴谘议局筹办处关防请核销由

地方自治筹办处为呈缴事。窃照谘议局筹办处照章拟于谘议局成立之日，即行裁撤，惟尚多未了事宜，所以关防迄未呈缴。现在各事业已清理完竣，此项谘议局筹办处关防，理合行文呈缴宪台鉴核饬销。须至呈者。

计呈缴谘议局筹办处关防一颗。

右呈东三省总督锡、奉天巡抚程

附：批

已如呈饬销矣。缴。

1909 年 10 月 24 日

谘议局筹办处咨明呈准改为地方自治筹办处由

钦命奉天民政司使兼全省地方自治筹办处监理张、盛京副都统、会办全省地方自治事宜宗室多为咨行事。案照敝处呈改谘议局筹办处为地方自治筹办处，当经拟订章程，委派人员，迭蒙督抚宪批准，并刊发地方自治筹办处关防。各在

案。兹择于九月十二日启用关防，除呈报暨分行外，相应印刷章程一册，咨送贵局，请烦查照。须至咨者。

计送章程一本。

右咨调查局

1909 年 10 月 25 日

奉天谘议局开议纪事

奉天谘议局通知函云：初七日第一次开议，先于初六日由议长、副议长致函各议员，初七日午前十点，至下午四点，系属本局第一次议事。又有宪政馆员来局参观，内外观瞻所系，极宜力求整饬。并将此次议题分布，先行研究，祈将反对、赞成姓名各意旨，照例于本日午后送交办事处。自明日起，按日接续会议，均请查照本局规则办事为荷。是日议题：（一）禁绝烟害；（二）筹计地方自治经费。

初七日十时开会，由民政司张司使，陪同曹汝霖、吴锜两丞参到会参观。闻是日筹计自治经费，当经议定三种方法：一、普通筹集法；一、特别筹集法；一、清查亩捐。（至详细办法，尚待续议。）是日并提议推广救贫事业一事云。

又闻奉天谘议局自本月初七日开始会议，除星期停议外，接续议事，直至闭会为止。

《申报》，1909 年 10 月 28 日

谘议局筹办处咨明开办日期并启用关防由

　　钦差大臣、东三省总督兼管三省将军事务锡、钦命副都统衔奉天巡抚程为饬知事。据谘议局呈称，案准谘议局筹办处照会，案奉札开："为札发事，据该处呈称，谘议局于九月初一日开局，请将木质关防早日刊发等情。据此除批示外，合将刊就关防札发，札到该处，即便查收，仍将启用日期呈报备案。此札。计发木质关防一颗。"等因。奉此，相应转将关防一颗，备文送交，请烦查收，并将启用日期具报前来，藉便转呈备查。须至照会者。计送木质关防一颗等因。准此，本局奉到关防后，遵于九月初一日印用互选票纸，敬谨启用，理合将启用关防日期备由呈报，鉴核批示，并饬内外各衙署局处知照施行等情。据此除批"呈悉。候通行各衙署局处一体知照。缴。印发。"外，合行札仰该局即便知照。此札。

　　右札调查局准此。

1909 年 10 月 29 日

奉天谘议局近日议事录

　　本月初十日，会议筹设农会问题，众议极力筹设，得多数赞成，决议。又提议劝种秋麦问题，众议既不需款，又不用人，只由劝学各员下乡演劝，令其试验布种，且有种种利益，得全数赞成，决议。

　　十一日，星期，停议。

十二日上午，提议地租之整顿。众议此案请宣布应纳正则、杂费火耗，张贴昭示大众后，用四联票，清理财政局、度支司、本衙门、纳税者各持一联，以凭查证。公决，得四十一人，可决。下午，提议振兴蚕学，众议决：此案应一面力求增长蚕学之智识，一面合各州县自治、农会各团体，领沙荒、山荒栽树，以兴实业。

十三日，议题为地方税之担任。

《申报》，1909 年 10 月 30 日

奉天谘议局纪事

十九日午后一时，提议开通商智问题。大旨，先设开通机关，此机关即责成各城商务总、分会总协理，担任提倡。阅报社商业演说，商业夜课学堂各事，其不能切实举行者，另行选举，期在必行。得三十九人可决，遂决议。

又续议扩充豆业问题，因扩充方法甚多，将细目开明，再行议决。时已四钟，遂由议长宣告延会。

兹将此一星期内之议题录下：

十九日，开通商智（下午一时至二时），扩充豆业（二时至四时）。

二十日，研究工商业之关系（以下时间均同上），推广矿务。

二十一日，渔业之整顿，牛马税之整顿。

二十二日，租赋之清理。

二十三日，疏浚航路。

二十四日，筹办登记事件，筹划监狱经费。

闻该局现均于每日下午议事，其上午则为审查会审查议案之时间。

《申报》，1909 年 11 月 6 日

奉天谘议局分配职员

审议长：王玉泉
政事审查长：永　贞
理　事：陈瀛洲
审查员：吴国珍　鹿　鸣　桂　森　王化宣　温广泰
　　　　徐　珍　刘东烺　张焕械　王文阁　萧露恩
　　　　王荫棠　任圣之　辛酉山　张程九　马泮春
　　　　福珠隆阿
法律审查长：书　铭
理　事：刘兴甲
审查员：董之威　毛春林　杨云淑　王稽山　牟维新
　　　　王星原　惠如霖　杜赞宸　董成珠　李冠英
谘议审查长：杜燮铨
理　事：高瀛海
审查员：杜培元　殷廷璋　张允中　郑宗侨　齐赓云
　　　　周连昌　英　桂　华镜堂　王伯勋　杨鸿序
资格审查长：马芳田
理　事：宋联琦
审查员：王在镐　薛俊升

又闻奉天谘议局连日提议钱贴之限制及维持市面银根两议案，因关系重要，延议未决。现已表决，开审议会审议，并于十七晚七点钟后开夜会一次。

《申报》，1909年11月7日

奉天谘议局会议日记

三十日午后一时开议。题为筹办登记事件。由四十三号报告理由，经众辩论后，请议长集合众说。第一，登记讲习所，须限定由各州县考送学生。第二，讲习所定章，不收学员膳宿各费。所送各学员，无庸由地方另筹经费。第三，设审判者，即组织登记所，由该城毕业学生从事。其未设审判厅之处，俟审判成立，再设登记。赞成者投白签，共得四十三人大多数之赞成。议决时，已二时。休息十五分钟，复开议筹划监狱经费一案。由四十三号报告审查理由大旨，先述原案谓：拨公家不足之款，而养此坏法无业之民，国家以为不可。若以民脂民膏而养成此害民扰民之因，在国民亦碍难承认。况地方款项支绌万分，种种兴利事宜，尚费踌躇，何暇他顾。虽原案暂借四千金于各城，异日必还。然人民对于官府多怀畏惧，且系借贷性质，是为契约问题，本局无从参议也。报告毕，议长请先向此理由表决，得四十一之大数赞成，此案遂决。复议长报告初一日议题，为已经议过之筹集地方自治经费方法一题，并报告来文，遂摇铃散会。

《奉天谘议局专报》，1909年11月12日

奉天谘议局致浙江谘议局函

（上略）宪政编查馆前咨各督抚文内，谓谘议局开办后，与地方官吏来往公文体制，督抚对于谘议局用札，司道以下用照会。谘议局对于各衙门，均用呈文等语。查各省商务总会曾订明规则，行文于督抚，则用呈文；对司道用咨，州县用移。今谘

议局范围,较商会甚宽,而于公文之间,反不得跻诸商务总会之列。此足征权限缩小之一端。此而不争,恐将来之限制日出而未已。敝省曾将以上二事,呈请当道,恳其电商宪馆。渠等反畏其难,置诸不论。惟此事为全国体制所关,拟联合各省,协力电争,必合乎法制而后已。诸公与敝同人等处同一地位,谅必早见及此。倘以为事属可行,即请径电宪馆,求其答复。若能于开局之前出手,尤为中肯。(下略)

又顺直谘议局来函。(上略)谘议局议员选定来省,即为成立之期,全省利害攸关,人人均肩其责。我国自来习惯,各省分界,畛域极严,隔阂不通,已非一日。今我同人有见于斯,首以力破省界,全体联络为第一要义。公同议定:自开局后,凡关一省利害者,一省争之;事关全局或二三省利害者,合力争之。同舟患难,补救匪在一人,大厦倾危,扶持岂维双手。用特布告,乞表同情。如或赞成,希速示复。再前宪政编查馆通告各省谘议局筹办处文,内载"谘议局开办后,与地方官吏来往公文体制,督抚用札,司道以下用照会。谘议局均用呈文"等语。查督抚对谘议局有监督之责,谘议局用呈文犹之可也。司道以下云云,州县佐杂均括在内,一律概用呈文,未免有〈妨〉碍体制。此条敝局拟询宪政编查馆,请其酌改。贵局如以为可,希于九月十五日以前示覆,以便联名请求。(下略)

《奉天谘议局专报》,1909 年 11 月 12 日

奉天谘议局会议日记

初三日午后一时开议。首议整顿巡警议题,此题尚待审查,因而延会,改议改良羊毛应缓办理由,全体可决。休息二十分钟,复开议扩充豆业一案,提出办法:(一)为直接招股法。(二)为间接招股法。(三)募债法。(四)减税。(五)奖励法。多数赞成此案,遂决。其详细节目,俟拟稿后再开会。次开振兴蚕学□会,经全体赞成。次报告互选资政院议员公文。时已五钟,遂摇铃散会。

《奉天谘议局专报》,1909 年 11 月 15 日

奉天督抚对谘议局公文用札之札行

为札行事。案准宪政编查馆电开，上年本馆通行各省文称："督抚行谘议局用札，系仿定各馆札太常、鸿胪各寺、顺天府，并札部、札各省学政之程式。其札文应首书'为札行事'，末书'为此札行谘议局查照，须至札者'云云。首不用'札饬'字样，末不用'札到该局，即便遵照，切切毋违，此札'字样。无庸朱标，与外省督抚札饬属员文式，须有区别。特此通电，以昭划一。希即查照，并谘议局知照。宪政编查馆宥。"等因。准此，为札行谘议局查照，须至札者。右札谘议局。宣统元年九月二十日。

《奉天谘议局专报》，1909年11月15日

奉天谘议局会议日记

初四日下午一钟，续议前次延会之疏浚航路议案，经第四号、第五十号、第十九号、第三十六号详辩，振铃，未经表决。以时间已长，遂稍休息，拟于夜间开会。

初五日午后一时开会，提议本局议员意见书题目，计一百四十余条。经议长报告一过，将已经他案通过者删去四十余条，下余依次归并，另行审查。次将四十三号之地方自治及三十六号之特别自治经费两案提出，以此两案均具有规模，先行定为议案。其他与此两案相类者，一律合入，再行审查。时已五钟，因摇铃散会。

《奉天谘议局专报》，1909年11月17日

谘议局筹办处咨明刊成奉天谘议局筹办处第二次报告书由

　　钦命奉天民政司使兼全省地方自治筹办处监理张、盛京副都统、会办全省地方自治事宜宗室多为咨送事。案照敝处接管谘议局筹办处卷内，该处筹办选举，自上年九月开办起，至十二月止，所有各种文牍章规，业经选择紧要，刊成《奉天谘议局筹办处第一次报告书》，呈送分行。各在案。嗣又将本年正月以后、九月以前各种文件接续编辑，现已刊刻成帙，名曰《奉天谘议局筹办处第二次报告书》。除呈送分行外，相应备文咨送贵局，请烦查照。须至咨者。

　　计送第二次报告书一本。
　　右咨调查局

1909 年 11 月 17 日

谘议局筹办处咨明拟就全省府厅州县地方自治研究所详细通则由

　　钦命奉天民政司使兼全省地方自治筹办处监理张、盛京副都统、会办全省地方自治事宜宗室多为咨送事。案照敝处拟就《全省府厅州县地方自治研究所详细通则》，呈请示遵一案，奉督抚宪批示："呈悉。所拟通则尚属周妥，应准试办，仰即分别转饬遵照，并由该处随时董诫，慎防流弊。切切。缴。通则存。"等因。奉此，除分行外，相应将此项通则备文咨送贵局，请烦查照。须至咨者。

　　计送通则一份。

右咨调查局

1909 年 11 月 20 日

督抚提放谘议局之议案

一、民政

（甲）筹集地方自治经费方法。（乙）禁绝烟害。（丙）整顿巡警。（丁）推广救贫事业。

二、教育

（甲）推广学堂必需之经费。（乙）学区之规定。（丙）学款之规定。（丁）学官之建设。

三、司法

（甲）筹办登记事件。（乙）筹划监狱经费。

四、实业

（甲）筹设农会。（乙）劝种秋麦。（丙）拓充豆业。（丁）振兴蚕学。（戊）改良羊毛。（己）疏浚航路。（庚）维持市面银根。（辛）研究工商业之关系。（壬）开通商智。（癸）推广矿务。（子）渔业之整顿。

五、财政

（甲）地方税之担任。（乙）租赋之清理。（丙）地租之整顿。（丁）钱帖之限制。（戊）牛马税之整顿。

《中国报》，1909 年 11 月 21 日

谘议局互选资政院议员纪事

十一日上午十钟，谘议局举行互选资政院议员典礼。抚台亲临监视，副都统多、提法司吴、提学司卢、度支司齐、劝业道赵，以及奉天府、承德县等各官厅人员，均相继到场参观，来宾约三百余人。首由抚台报告宗旨，略谓：资政院议员为全国人民之代表，责任极重，必须慎选品学兼优者，方足以满人民之期望。报告毕，即由办事处人员唱名投票。投毕，书记长报告抚台及众议员开票，计：陈瀛洲得三十一票，王玉泉得二十九票，书铭得二十七票。当选不足额，照章加倍开列票数多者，限制再选，计：永贞得二十八票，当选。仍不足额，复行再选，计：吴国珍得三十四票，张程九得三十一票，足额。当即在场榜示，恭送抚台出席。时已下午二钟，遂散会。

《奉天谘议局专报》，1909 年 11 月 23 日

奉天谘议局会议日记

十二日下午一钟会议，本局提出剔除税捐积弊案，经政事审查长报告四种方法，全体赞成，遂议决。休息十五分钟，复开会议田房典税，本省单行筹收新章，宜加改正，又经政事审查长报告一种方法，全体赞成议决。时已六钟，摇铃散会。

《奉天谘议局专报》，1909 年 11 月 25 日

奉天谘议局会议日记

十月十三日下午一钟，议修正牛马税之整顿案。经议长逐条报告，字句略加修正，众认可。遂续议全省自治一律办起，由法律审查长报告大意。嗣以经费一节关系最巨，反复讨论，终未议决。复经议长报告，于本日开审议夜会一次，再行开正式会表决。顺序议振兴林业，由三十五号发言，拟定方法六种，全体赞成，遂投签表决。又经议长报告农业中学堂请议书，由副议长发言，请先拟定办法再议，众赞成。时已六钟，遂摇铃散会。

《奉天谘议局专报》，1909年11月25日

奉天谘议局会议日记

十四日下午一钟，续议筹办自治经费。经审议长将审议结果报告议长，议长因昨晚缺席，请袁副议长代为报告。报告毕，遂由正式会表决，全体赞成。顺序议本局提出整顿学务案，由政事审查会长报告理由，三种方法。十二钟，报告毕，议长请求发言，请孙副议长出席，加入方法三种。众赞成，遂投白签表决。嗣由议长报告资政院议员，已由制台、抚台选出榜示。投票所并委书记长宣读回批。时已六钟，遂摇铃散会。

《奉天谘议局专报》，1909年11月26日

奉天谘议局会议日记

十五日下午一钟,提议革除衙署积弊一案。议长告假,孙副议长代为报告。首由十四号发言,陈述五种方法:(一)痛除上封苛索;(二)禁止违章罚办;(三)疏并班房;(四)明定经费;(五)禁房收耽近积弊。次发言者三十七号,报告政事审查会理由书。次发言者十二号,规定讼费,援引赵次帅政略。数目尚未议定者,拟再开审查会一次。顺序议开海铁路乙案,前由二十八号发言,陈述理由甚多。次发言者为吴议长,研究种种重大问题,一时不能决议,遂拟于晚间开特别审查会一次。嗣又开研究工商业之发达暨改良羊毛、开通商智三案读会,读讫时已六钟,遂摇铃散会。

《奉天谘议局专报》,1909 年 11 月 27 日

奉天谘议局会议日记

十月十七日下午一时,续议革除衙署积弊一案。议长、副议长均假。经陈议员瀛洲代席报告,首由三十六号发言,陈述意见。经政事审查股审查已毕,拟定五种方法:(一)痛除上封苛索;(二)禁止违章罚办;(三)改良三班六房;(四)禁止积压税契;(五)严行禁用门丁。开正式表决,全体赞成。顺序开议边外烧酒弛禁一案。首由一十八号发言,陈述弛禁之利益四种:(一)昭示大公;(二)免生讼端;(三)明公益;(四)弭外患。经众赞成,均投白签表决。又开议提学司请议官契纸一案。首由三十六号发言,陈明现奉部文,将来由部颁

发一定程序契证，理宜遵照静候部章办理，并陈其中扰累理由甚多。嗣又开议变通清丈局章程一案，因有从细研究之处，代席陈议员因言延会。时已六钟，遂摇铃散会。

《奉天谘议局专报》，1909年11月29日

奉天谘议局会议日记

十月十八日午后一时，开议提议扩充豆业修正案。首由议长报告修正理由，次四十八号说明广集股本，并提出三十六号合集油房办法。次由十八号说明，由教育会经理其事。次由第六号说明，每股宜作五元。次由四十九号说明，各地油坊可分而不可合并，又加入农会结果。定为招集十万股，每股五元，此案遂决。次议整顿巡警案，由四十三号及十三号说明审查结果，以理由未经列印，俟印出后再加修正。次报告呈禀请开放蒙荒意见书，后摇铃散会。

《奉天谘议局专报》，1909年11月30日

奉天谘议局会议日记

十九日午后一钟开会，会议整顿警务修正案。首由议长报告，研究二小时之久，议决。提议金州人民请议书，以原书理由模糊，议会另具详情，再行酌核办理。时已五钟，遂摇铃散会。

《奉天谘议局专报》，1909年12月1日

奉天谘议局会议日记

二十日午后会议整顿盐务问题,延至晚间,决议散会。

《奉天谘议局专报》,1909 年 12 月 2 日

谘议局筹办处咨明编成调查报告书由

钦命奉天民政司使兼全省地方自治筹办处监理张、盛京副都统、会办全省地方自治事宜宗室多为咨送事。案照敝处接管谘议局筹办处卷内,该处编辑从前全省地方自治局派遣养成会学员壹百零八员,分赴各属实地调查,所得日记表册,统计五千九百二十六件,陆续编成调查报告书共六本,印刷完竣。除分送暨札发外,相应备文咨送贵局,请烦查照。须至咨者。

计送调查报告书六本。

右咨调查局

1909 年 12 月 2 日

谘议局筹办处咨明编成奉省自治筹办方法由

钦命奉天民政司使兼全省地方自治筹办处监理张、盛京副都统、会办全省地方自治事宜宗室多为咨行事。案照敝处自上年九月开办以来，所有筹办自治事宜，均详各种文牍。兹将上年九月起至本年二月止，择其紧要文件，编辑成书，名曰《奉省自治筹办方法》。除分行外，相应将该书咨送贵局，请烦查收，以凭参考。须至咨者。

计送筹办方法一本。

右咨调查局

1909 年 12 月 2 日

奉省谘议局议场纪事

奉天谘议局以待议之案尚多，已遵章呈请督抚延长会期十日，以本月二十一日闭会。

初十日午后一时，开议全省自治一律举办案。此案业经政事审查会审查已毕，此次先由四十三号说明一律举办理由：（一）自治会不可因程度不齐而缓其成；（二）自治成立，方能作谘议局之基础；（三）若分期办理，则无完全之效力。并陈办法三条。经议长报告，此案通过，应再加修正，并闻议会投签，得全体赞成，此案遂决。

次开地方税担任议案读会。读毕，略修正字句，全体认可。

次补议筹集地方自治经费案内之车牌捐，提筹本一成之半，众赞成。议至此，因次日互选资政院议员，本日须早设备，遂摇铃散会。

十一日上午十钟，互选资政院议员。由奉抚程雪帅亲临监视，多副都统、吴提法司、卢提学司、齐度支司、赵劝业道，及奉天府、承德县等各官，均到场参观，来宾约三百余人。首由抚台报告宗旨毕，各议员相继投票。第一次开票，计陈瀛洲得三十一票，王玉泉得二十九票，书铭得二十七票当选。以人数不足定额，照章加倍开列次多数，限制再选，永贞得二十八票当选。仍不足额，复行三选，吴国珍得三十四票，张程九得三十一票当选，足额。当即在场榜示。恭送抚台出席，时已下午二钟，遂散会。

《申报》，1909年12月3日

谘议局呈交议清理租赋一案议决由

奉天全省谘议局为呈请事。案查《谘议局章程》第四十二条内开："凡议决事件，除议长、副议长同意认为应行秘密者外，均公布之，并随时报告督抚及资政院。"等因。九月二十四日，本局将租赋之清理一案会议可决，除资政院成立再行汇呈，及由本局自行公布外，照《谘议局章程》第二十二条，此为议定可行事件，所有议决之租赋之清理一案，理合将此案理由及办法粘具清单，备文呈请督部堂、抚部院批示，公布施行。须至呈者。

计粘呈租赋之清理理由及办法清单一纸。

右呈督部堂锡、抚部院程

议　　长　吴景濂
副议长　孙百斛
副议长　袁金铠

附：租赋之清理理由及办法清单

谨将租赋之清理一案议决之理由及办法，详列于左：

一、理由

本省日言清赋而赋卒不清，考其原因，端由办法未善，人民沿特别法律之习惯二百四十余年，一旦遽令升科，又令缴价，益以种种之刁难花费，无怪清理无效，陷匿愈深，徒令清赋局开一勒索之源，租赋终无清理之日，殊属非计。今宜变通办理，专以升科为主旨，不以地价之收入为要义，酌定年限，凡有浮多之熟地，令民自行首报升科。其在限内者，不令缴价，与以优先之利。逾限者仍令缴价，再逾限者准人报领，示以迟延之害。并将清赋局裁撤，而责其事于地方官，以节经费。由地方自治团体查明转报，以免刁难需索，及包套侵占朦混等弊。如此则种种刁难花费，可以免除。报升科者，熟权利害，自当踊跃争先。公家虽少收地价，而有此早报升科之钱粮，实足相抵，正款亦不至亏。揆诸奉省情形，计无善于此者。应即逐条胪列，以便施行。

二、办法

甲、尽裁各属清赋局。一切清赋事宜，由地方官办理，自奉到通饬张贴告示之日起，限一年内凡有浮多之熟地者，令业主自行首报，由地方自治团体、乡会查明，取具地邻、村长保结，转报地方官给照，免缴地价，不再丈量。此仿照全省清赋章程第四条办法，稍与变通，庶免格外勒索及奸民飞领捏报之弊。

乙、凡有逾此一年限期，在二年以内者，虽准自行首报，但须与一年免价者略示区别。须照全省清赋章程第三条变通，交价一半，领照执业。

丙、凡有逾第二年限者，仍准自行报领，但须遵照全省清赋章程缴纳全价。

丁、凡逾第三年限者，原业主仍不首报，准由典户、佃户报领。否则即照全省清赋章程第五条，许他人缴价报领。

戊、地方自治团体、乡会于查明取结呈报后，如仍有捏报，未经查明者，即照全省清赋章程第八条办理。

己、满蒙牧场及王府官租各地，援照全省清赋章程第七条、第九条办理，但仍一律体恤，由官及乡会查无违碍，准照办法前四条办理。

庚、首报浮多之熟地，当年起科。

辛、清赋归地方官办理，清赋局之名目自应一律裁撤，则经费不另开销。所有此项报地之经费，应一律免除，但照费仍旧。

以上各项，系本局对于租赋之清理一案议决之理由及大概办法也。总之，本局对于租赋，以切实清理为主旨，故于全省清赋章程不得不稍为变通，务期障碍免除，而首报利便则升科者自多，劝惩兼施则首报者自争先恐后，正课民生两为有益。至原案谓派员四出丈量一节，此等办法于事实上万难作到。原案既以此举为不可行，本局应毋庸议。

1909 年 12 月 4 日

奉天谘议局闭会式概况

该局照章于本月二十一日闭会。惟因二十一、二十二两日，均为忌辰，不便行礼，特将闭会礼移在二十三日举行。是日正午十二钟，抚台程及都护多，同提法司吴、提学司卢、度支司齐、交涉司邓、劝业道赵，及承德县金，又来宾为教育总会会长曾君子敬，赴谘议局，由抚台率同司道，又议长、副议长、议员，恭诣万岁牌前，行三跪九叩首礼。议长以下诸人，向抚台行三揖礼。礼毕，首由议长报告闭会前后情形。次由书记长宣读两帅勉词。次由抚台演说勉词。次多都护演说，提学司卢演说。次副议长演说答词。次由议长宣告答词。略息二十分钟后，摄影闭会。以上报告、勉词及演说颇多，俟另登。

《奉天谘议局专报》，1909 年 12 月 6 日

咨报谘议局之议案

闻督抚宪昨接宪政编查馆咨开，以谘议局开议已满，所有前交之议案已议决者若干，未议决者若干，何者先办，何者宜缓，并关于地方一切利弊事宜，汇齐造册，咨送到馆，以凭鉴核备案。现闻督抚已札行谘议局查照核办云。

《盛京时报》，1909 年 12 月 8 日

奉天谘议局宣布议决案

谨将筹办登记事件一案议决之理由及办法详列于左：

一、登记事件为世界所公认，本省人民自应承认

登记事件为保障人民之权利而设，各国行之有效，久为世界所公认，与我国田房税契用意迥乎不同。盖田房税契，以税款收入为目的，为强制的法规，故对于不税契者，有隐匿漏报之罚。登记事件，以保障权利为目的，为随意的法规，故对于不登记者，仅于权利不能确定。且田房税契为税之性质，故国家特此为筹款之一端；登记事件，非税之性质，在国家不过征取此项手数料，并非恃此为筹款之一种。此二者之区别也。原按谓与吾国田土买卖例有税契，用意相近，本局（承）〔诚〕恐官府误会其意，恃此为筹款之端，致令吾民未享登记之利，而先受登记之弊，则于登记事件有阻，此本局所为拳拳。至于登记事件，若果采酌各国成例，参酌地方情形而行之，本省人民自应承认也。以上各项，系本局对于筹划监狱经费一案议决之理由及方法也。总之，本局对于地方监狱，非谓不应设

立，于地方监狱之经费非谓不应支出，而以监狱之经费非地方所宜分任，故本局不便筹划。至原案引日本明治三十二年以前，地方监狱经费由郡县分担以为例，不知此系日本行政之错误，不可为法也。

督抚宪回批（十月二十八日）

呈、单均悉。监狱为国家司法行政之一，其经费本应官筹。来呈所述理由甚当，候饬知提法司遵照。此缴。

二、欲本省人民欢认登记事件，其筹办当依左之方法：

各国成例，登记场大半隶于初级裁判所。本省审判之制，仅立初基，设置多未完备，法官亦乏专门。以人民视之，不过谳局之变相，"信用"二字，尚不敢言。欲于现之在初级审判厅，经理登记事件，尚有承认之期，势非设法筹办不可。诸凡登记讲习所学生，均照额分派各属。即由各该属考取其文理清通之士，限期分送所内，分班讲习，概不解费。毕业以后，其已设初级审判地方，即归原属开办登记。其未设初级审判地方，应俟设立时，再归原属开办登记。如此则登记之观念先可遍及各属之人民，筹办不至有阻。即使各属人民一时信任审判厅之官吏，而不信任本属学习登记之人员，登记亦易为力，并将登记各费概从轻减，毋蹈向来藉名苛派之弊，毋过操切，逐渐推行，俾吾民实受登记之利，则不求承认自承认矣。

以上二项，系本局对于筹办登记事件一案议决之理由及大概办法也。总之，本局对于登记事件，自应承认。惟于现在之初级审判厅之官吏，经理登记事件，尚难承认。且恐官府视此为筹款之具，重征登记各费，更失万民之欢心，势必至于不承认，转使良法美意为之一阻。本局所为有注意于经理登记之人员及减轻登记各费之议也。

督抚回批（十月二十八日）

呈、单均悉。所议筹办登记方法，注重以各属之士人经理登记之事。先之以讲习，继以之委任，系为办事取信于民起见，应准照办。候提法司公布施行。至登记各费，拟从轻减一节，此时为筹办登记时期，非实行登记时期，应准并候提法司于实行登记，妥为规定，呈候办理，并通告谘议局，以为接洽可也。此缴。

谨将筹划监狱经费一案议决之理由及方法详列于左：

一、不可行之理由

（甲）地方无担任之理　监狱为国家执行刑法之地，一切经费，应由国库负担，不应责于地方担任。原案业经说明本省事同一律，为统一司法之权起见，此项经费地方不能分担。

（乙）暂筹归还为契约之关系，本属无权筹议　原案拟通行各属，就地暂筹四五千金，俟试办三五年后，工作有效，不难归还原款等语。此项办法，是国家以私法上之资格，与人民为借贷契约之行为，本局无代民订约之权，无从筹议。

（丙）地方无力担任　原案谓，拨公家不足之款而养坏法无业之民，权衡缓急，诚未易办等语。是此项经费在公款不足之时，国家以为可缓，反之，而以地方不足之款，养此害民扰民之人。地方即以此为急乎？现在地方种种兴利事项尚费踌躇，此项经费无力担任。

二、更正之方法

（甲）监狱无须多设　长白新设府治，人犯无多。洮南府治与洮属州县相距甚远，解送不便，何必具监狱之名，又增出款之项。此二府治之监狱，应暂从缓议。

（乙）经费不可就地筹收　此项经费，地方不能担任。其设立监狱之处，应用经费，均由国税支办。各属不得藉名监狱就地筹收。

《奉天谘议局专报》，1909年12月14日

奉天谘议局宣布议决案

谨将筹设农会一案议决之理由及办法详列于左：

一、各属农会限期一律成立

各属商会、教育会大都成立，均著成效。今欲振兴农业，则农会之设，亦不

宜缓。且本局所议关于农事各案，均与农会有密切之关系，尤须一律设立，各事方可推行。省城向为各属之模范，农务总会为各属农会之总机关，更宜提前设立，以资倡导。除铁岭、怀仁、洮南、康平、昌图、八面城、东平等处，业经设立农会，其省城之农务总会正在设立，均不计外，其余未设农会地方，议限宣统二年正月内，由地方官绅按照定章，协力组织，一律于限内成立。并严定地方官迟延之考成，以期速效，而免逾限。

二、农会之经费

凡事非款不成，经费最关重要。既议设立农会，则开办常年各费，不能不一为代筹。顾各属情形不同，若一切均定划一办法，转恐选地弗良，致多窒碍。不如先筹设立，其余仍由该会自行筹措，庶期因地制宜。查农事试验场本为农事而设，诚以改良种植等项，非经试验不可，是为农务重要之端。议归农会附设，以期斟酌地方情势，切实讲求。本省农事试验场设立在先，向归官办，虚糜多款，成效毫无。盖以事经官办，则与农民情形隔阂，遂致无益，是际此亦势使之然。今所筹设农会，应于开办之始，即将该场并入管理，则农会既易成立，试验亦可切实，且可节省员司薪费，以为整顿农务之一助。此诚一举两益之道。议决此后所有各属官办农事试验场，连同出入款项，一并拨归该处农会，即责成该会总协理切实经理。所省员司薪费，既归该会经费，按月造册列销，如有不敷，即查照法库办法，酌量筹措。其未设农事试验场地方，农会所需经费，亦即查照法库办法，酌量筹措，并由该地附设农事试验场一处，以期改良进步。以上二项，系本局对于筹设农会一案议决之理由及大概办法也。总之，本局对于农会一事，以从速筹设为宗旨，于该会之经费，则以不向农民苛派为要义。农事试验场本属农会之范围，以现在官办无效之农事试验场，并入农会，实属一举两得。此外，各处尚有法库之办法，自不难依照筹办也。

督抚回批（十一月初一日）

所议各属农会限期成立，并严定地方官考成一节，应由劝业道酌照所议办法，克日公布施行。农会经费拟由议会自行筹措，议事试验场拟归农会附设各节，亦属可行。至官办农事试验场各必归入农会办理，其中款项、权责窒碍甚多，惟究应有如何联络，俾资研究之处，仍由劝业道督饬本省绅商，酌核办理，通饬该道，分别遵办，呈报备查。此缴。清单存。

《奉天谘议局专报》，1909年12月17日

奉天谘议局宣布议决案

谨将扩充豆业一案议决之理由及办法详列于左：

一、设立公司

本省豆业，近年以来，外人协力谋我，农商两受其弊，实业前途危险已极，亟须设法抵制，庶免农产之品直接为外人所吸收。惟用款甚多，非结合群力，断难筹办。议由本省士绅以个人之名义，联合农商会发起，查照商律，设立豆业公司，筹集资本，实力经营，不希目前之利，惟期远大之谋。虽为营业行为，具有保护提倡之性质。如此则利权既不外溢，豆业亦可振兴。为今之计，莫善于此。

二、厚集资本

（甲）招股　资本过少，断难倡办。拟先招股款一万股，以五元为一股。由发起之个人，及农商总分会，分头招集，劝导多认，俟筹齐以后，再行扩充。

（乙）借债　开办势不容缓，招股缓不济急。既为生利事项，且系营业行为，借债亦无不可。如果股款不能遽集，或借个人之私债，或借银行之私债，以资开办。惟股款集有成数，即酌量拨还，致多出利息。

三、划一之税法

轻出重入，为各国维持商务之公例。虽我国现在尚无国定税权，不能重征入口税，而洋商运土货出内地者，应一律遵守通商条约，照章纳出产税。如此方能平允。盖以现在洋商纵不能入内地开设行栈，而本省商埠已开十五处。若税法不能划一，则国人之商业一定吃亏，不惟商业为然，而豆业尤受其弊。议由官府据理与之谈判，凡洋商进土货出内地者，均应履行条约，纳出产税。庶几我商与洋商所买入之土货，价格平等，而豆业自享其利矣。

四、奖励豆业

我国对于商业欲提倡某项，即奖励某项，国家不过出些少之费，而商民益起竞争之心。本省现既提倡豆业，即应奖励豆业。议由官府预制各等赏牌，凡榨油各商店，如有销售若干以上，及营利若干以上者，分别按等颁给赏牌，以示嘉奖而资鼓励。

以上各项，系本局对于扩充豆业一案议决之理由及大概办法也。总之，本局对于本省豆业，以切实扩充为主旨，一面由绅商合力以固本根，一面由官府保护提倡，以期一般业此者之兴起，则豆业当能发达矣。

督抚批示（二十九日）

据呈议决扩充豆业各项办法，均属可行。设立公司、厚集资本两项，应由劝业道督同本省绅士，联合农商各会，分别筹办。奖励豆案一项，即由该道照议筹办。至划一税法一项，事关交涉，应由交涉司详议，呈候核办。统候札行该司道等，迅将各项办法定妥后，呈覆核夺，再行通告谘议局，俾资接洽。此缴。清单存。

《奉天谘议局专报》，1909年12月20日

奉省谘议局议决案交办

奉省谘议局奉到督抚宪交议事件，凡数十条，如济贫、禁烟、扩充农业、广兴教育、整顿税捐、维持商务等项，均由该局议决可行，业将理由办法呈由督抚宪核准施行，并批明嗣后如有更改之处，再行随时通告谘议局，以资接洽在案。刻闻督抚宪已将该局议决各项案由条件，分别札发各司道，核议公布，并饬拟订章程，次第呈候核夺举办。

《申报》，1909年12月25日

奉天谘议局议决案

奉天谘议局呈报议决地方自治一律开办案

（一）理由

甲、人民之程度相去不远。本省人民渐渐唤醒，文明思想亦渐渐普及。试以奉天府与新民、海龙等府相较，人民之程度相差无几。即使偏僻地方，程度稍有不及，更当首先提倡，以促进步。若分期缓办，转恐愈去愈远，永无程度齐一之期。此应一律开办者一。

乙、谘议局之关系。谘议局为省议事会之性质，地方自治议事会实为谘议局之根基。今本省谘议局业经成立，各属地方自治议事会，若不赶速一律成立，难期舆论之协和。如造室然，结构已成，而根基尚未完固也。此应一律开办者二。

丙、议案之关系。谘议局议决之案，举凡地方应尽之义务，应享之权利，多半以地方自治之机关为施行补助之机关。是地方自治与谘议局之议案有绝大密切之关系。若不一律办起，则地方之行政难期完全之进行。此应一律开办者三。

（二）办法

甲、设参议员。本省筹办自治，省城自治筹办处是所专司。所有应办事宜，自应责成该处妥慎经理。惟自治系地方之事，各府情形不同，筹办一切，全在集思广益，方能推行无阻，克日观成。查该处呈准规则，有顾问员名目，大半限于一方，未能周知全省利弊。兹议筹办处除现在已聘大绅会办外，应依照江苏办法，按府添聘参议员四人或二人，以便参与一切，庶免情形隔阂之弊。

乙、调查人口。《地方自治章程》所定城镇乡区域之标准，凡府厅州县治城厢地方为城，是城以地为标准。其余市、镇、村、庄、屯、集等各地方，人口满五万以上者为镇，人口不满五万者为乡，是镇乡以人为标准也。欲办地方自治，当先调查各地人员。其调查细则，应归自治筹办处规定办理。调查时期，应自本年十一月，或十二月开办，并应随时调查选民，不必泥宣统二年调查人口之例，致涉延缓。

丙、划分区域。区域为自治权活动之范围，何者为镇，何者为乡，俟人口调查后，即应将区域一律划清。区域既定，再行选举。此项细则，亦由自治筹办处规定办理。

丁、选举自治职员。区域既经划清，选民之调查，已有定数，应即照章，由选民投票选举议事会之议员、董事会之总董、董事、乡董、乡佐，而自治公所之议事会、董事会成立矣。此项细则，亦由自治筹办处规定办理。

戊、自治人员入所研究。现在各属自治研究所，只有讲员，尚未成立，不如稍迟三个月，则调查、选举各事均能告竣。即命地方选出之自治人员，入所研究，可收所学为所用之效。诚以先立研究所，其毕业之学员，未必均能当选，而选出之自治人员，未必均曾研究，故不如变通办理，自于实际有益。

己、筹办自治经费。此项经费如何筹办，一切方法，详列筹办地方自治经费之议案内，兹不赘述。

以上各项，系本局对于全省地方自治一律开办一案议决之理由，及大概办法也。总之，本局对于地方自治，以赶速一律开办为主旨。盖自治若不开办，官事定少补助，内治未经修明，外交何以应付。现在时事多艰，日迫一日，本省情形实与他省不同。揆时度势，亟宜提前赶办，以收速效，而促进步。所有一切事宜，应责成自治筹办处，查照本案，限期筹办，刻日观成，则全省人民胥受自治之益矣。

附：督抚回批

呈悉。各属地方自治，宜提先一律开办，所陈理由甚当。除长白府、辉南厅镇东、醴泉两县，应俟人口稍集，于续办年限再行筹办外，其他各属应准照议，一律开办。定以本年十二月为开办期，明春三月为议事会、董事会成立期。至筹办乙项，应先从丙项入手。查馆颁《地方自治章程》第三条，城镇乡之区域，各以本地方固有之境界为准，应即由自治筹办处咨询本地士绅，先就固有区域，酌量划定。然后按区调查人口，竣事后，再行别其何者为镇，何者为乡，庶有条不紊，措置较易。所请筹办处添聘参议，并准每府公推名誉参议二人，直隶厅名誉参议一人,统候札饬自治筹办处遵照,并速将各项规则暨进行方法,按照馆颁自治章程,妥慎拟定,呈候核办。

《申报》,1909年12月26日

谘议局决议案分别札发核办

奉省谘议局开局四十天,议决督抚交议事件,均有数十条。如救济贫民,禁绝烟害,扩充农业,广兴教育,整顿税捐,维持商务等项问题。业经该局先后议决,将议决之理由及办法,呈由督抚批准在案。兹闻该省督抚已将各项议决案由,分别札发各司道,核议办法,拟订章程,次第创办,以收成效。

《帝国日报》,1909年12月30日

奉天度支司呈为遵饬办理变通清赋章程一案拟由司另定详细章程再行呈明核办由

奉天度支司为呈覆事。案奉宪台札开,为札饬事,案照谘议局呈称:"案查《谘议局章程》第四十二条内开,凡议决事件,除议长、副议长同意认为应行秘密者外,均公布之,并随时报告督抚及资政院等因。九月二十四日,本局将租赋之清理一案会议可决,除资政院成立再行汇呈,及由本局自行公布外,照《谘议局章程》第二十二条,此为议定可行事件,所有议决之租赋之清理一案,理合将此案理由及办法粘具清单,备文呈请批示,公布施行。计粘呈租赋之清理理由及办法清单一纸。"等因。据此除批"所议变通全省清赋章程，原为切实清理，裕课便民起见。惟清赋归地方官管理，现行办法本系如此，仍候由度支司饬知各该地方官认真管理，遇涉清赋案件，毋任需索小费。其余议决各节，事关变更奏案，候饬度支司查照，从速叙稿，呈候奏咨。俟奉旨后，再行分别饬遵，并札行谘议局知照。缴"外，合即抄录原呈清单，札仰该司即便遵照批示各节，分别办理。切切特札。计粘抄原呈清单一份等因。奉此，遵查奉省自开办清赋以来，民间以地价难筹，报领者未能十分踊跃，是以办理数年，迄未大著成效。兹查谘议局所议分年免价各条，为切实清理，裕课便民起见，事属可行。惟奉省浮多熟地，以及无主闲荒，所在多有，民间私垦隐占，辗转典售，缪戾滋多，间有不惜巨资，遵章首报，而一经报领，必有他户出而与争。甲执首报之条，乙持原垦并管业之据，两情各执，缠讼不休，是从前报领均须缴价，而彼此争控，已不胜其繁。今该局议于初限第一年内所有浮多地亩准原业主首报承领，免缴地价；第二年限内，但缴半价；至第三年，使令缴纳全价。利之所在，人必争之。凡在第一年、第二年限内，则首报者自不患不踊跃争先。但设遇地有纠葛，或四至段落不甚分明，或系无主闲荒，民间因免缴地价，纷纷争领，控讼势必更繁，判断尤无依据，诚恐相持不下，致酿聚众之风，激成事变，其患不可胜言。应如何明定限制，以杜争端而防流弊之处，谘议局并未议及，事关变更定章，不厌求详，拟由本司按照该局所议，参酌旧章，悉心筹议，另拟详细章程，再行呈请奏咨立案，通饬施行，以昭慎重。再查奉省清赋定章原应归地方官办理，并照清赋局名目，但地方官兼理庶政，责重事繁，清赋要政是不能不派员襄办。既须用人，即不得不开销经费。该局议将此项经费一律免除，则地方官办公无资，从何措手，此节似有窒碍，应请毋庸置议。至需索小费，自应严禁，应由本司于拟订章程时，切实申明，以资整顿。是否有当，理合先行备文呈覆宪台查核示遵。须至呈者。

右呈奉天行省总督锡、巡抚程

附：批

如呈办理。候札行谘议局查照。缴。（十一月廿三日）

1910年1月1日

据度支司呈为遵饬办理清赋章程一案拟由司另定详细章程再行呈明核办等情行局查照由

为札行事。案据度支司呈称，案奉云云，查核示遵等情。据此除批如呈办理云云，缴印发外，为此札行谘议局查照。须至札者。

右札谘议局

钦差大臣、东三省总督兼管三省将军事务锡

钦命副都统衔奉天巡抚程

1910年1月5日

奉天谘议局议决案实行

前次谘议局提议革除地方衙署积弊一事，经该局众议员议定应行革除之理由五条，呈请督抚宪核夺。兹闻督抚宪以该局所议革除地方衙署积弊理由五条，均中肯綮，刻已将议决条件，札发民政、提法、度支三司，通饬各属，实行禁革，以除积弊。

《吉长日报》，1910年1月10日

奉省谘议局预算常年经费

奉省谘议局常年经费，早经众议员预算列表，呈请督抚宪核议。惟议长、议员津贴，尚待宪示定夺。兹将该局预算常年经费款目总数录后：（一）公费，每年计银一万零六百余两；（一）薪金，每年计银二千二百余两；（一）杂费，每年计银九千一百余两；（一）旅费，每年计银七千余两；（一）预备费，每年计银四千七百余两。其公费、薪金、杂费三项，拟请分四期呈领；旅费、预备费拟请分两期呈领。于临时会时，及常年会时，各造报册一次。倘有不敷之处，再行呈请补领。刻闻以上预算各款，均蒙督抚宪批准立案。所有议长、议员津贴一项，俟札饬民政使张珍午司使酌定数目，呈候饬遵。

《吉长日报》，1910年1月10日

谘议局为申明局章第二十二条凡本局议案遇有不以为然之处应令覆议由

奉天全省谘议局为呈请事。窃查本局呈出议决各案，屡蒙督部堂、抚部院批示采择在案。惟近奉札文，据度支司呈覆租赋之清理一案，内有径行议驳之处。查《谘议局章程》第二十二条内开，谘议局议定可行事件，呈候督抚公布施行。前项呈候施行之件，若督抚不以为然，应说明原委事由，令谘议局覆议等因。细按此条语意，恐行政与议事权限混淆，致生意外之龃龉，遂有交局覆议之条，以期剖辨事理，归于至当之处。是督抚不以为然，且须说明原委事由，交局覆议，不能遽行批驳，乃该司于呈覆文内，竟有应请毋庸置议之语，是不知局章有覆议之条而侵夺议事之权限矣。况即声明不可行之理由，苟其切于事实，本局亦何至胶执前议。此项权限关系匪轻，原定局章具有深意。本局不敢安于缄默，嗣后应请通饬各司道衙门，凡遇本局议案，设有不以为然之处，照章说明原委事由，由督部堂、抚部院交局覆议，以符定章而免逾越权限。所有援据章程第二十二条，凡本局议案如有不以为然之处，应令覆议缘由，理合备文呈请督部堂、抚部院裁夺批示，通饬施行。须至呈者。

右呈督部堂锡、抚部院程

议　长　吴景濂
副议长　孙百斛
副议长　袁金铠

附：批

呈悉。候饬各司道知照。缴。（十二月初四日）

1910年1月12日

饬司核议整顿学务之议案

谘议局以近年以来，本省学务虽日见发达，而一切进行规则，仍疏漏甚多。种种事项，均于教育之进步有碍。特拟定促进整顿之法，并请设各项专门学堂，及访充学务议绅，以资赞襄等情，呈明督抚，请饬核办。现在已蒙核鉴。所拟办法切当，条理周密，均属可行，饬交提学司，按照议决各条，其应如何订定规则，切实筹办之处，迅速即拟议核夺，以凭核办，而收学务之实效云。

《帝国日报》，1910年1月13日

奉省谘议局开会闭会暨会议情形折

奏为具报奉省谘议局开会闭会及会议情形，恭折仰祈圣鉴事。窃查奉天谘议局议员选举事竣，暨一切筹备事宜，业经奏报在案。本年九月初一日为该局开会之期，当由臣等率同司道，莅局行开会礼，宣读八月三十日上谕，为设局以后官绅趋向之标准，随即敬谨录挂议场，并布告朝廷德意，绅民同深欢感。由全体议员互选得内阁中书吴景濂为正议长，保送知府孙百斛、补用知县袁金铠为副议长，并常驻议员十人，以次举定。先期由臣等提出交议草案，就地方行政利弊所关，凡谘议局应议范围以内者，并交该局集议可否，表决意见，并遴派行政委员，随时前往议场，遇有疑议，详细解释。所有局绅自行提议各案，亦按期协议。当以交议、提议种目繁多，由局呈准延会十日，届期闭会。嗣将议决各案，陆续呈由臣等核定，分别准驳，次第施行。窃维奉省为陪都重地，庶政兴革，为天下先，士风素尚诚朴，加以叠遭兵燹，疾苦既深，望治益急，此次呈定议案，类多切中时势，有益地方。即会议期内，俱能秩序井然，恪诚任事。臣等忝为监督，时以俯察舆情，使官绅恪守范围，不敢稍逾权限为主，用仰副廷勤求民隐、维持宪政之至意。除分咨查照外，所有奉省谘议局开会闭会及会议情形，理合恭折具陈，伏乞皇上圣鉴。谨奏。

十三日奉到朱批：该衙门知道，片并发。钦此。

1910 年 1 月 14 日

拟定奉天谘议局开办常年各经费请立案片

再查奉省遵章筹定谘议局经费，业经前任督臣徐世昌奏陈在案。惟前奏该局经费，每年需银二万两之谱，不过约举其数。嗣于本年九月谘议局成立后，迭经各议员等公同核计，照奏定《谘议局章程》第五十三条内开，该局经费款目，分议员旅费，议长、副议长及常驻议员公费，书记长以下薪金，杂费，预备费，计共五项，款目甚繁。加以奉省百物昂贵，若将五项经费核实预算，每年应需银三万七千四百余两，遇闰照加。又谘议局开办费及添置参考各项图书费，局章未有明文。此项经费究系必需之款，并请拨银一万两以资应用等情。经臣等再三查核，委系撙节计算，饬司照发，暂在税捐项下作正开销。现当清理财政，动用正款，应先奏咨立案，以示慎重。除将详细数目开列清单，咨报度支部查核立案外，谨附片具陈，伏乞圣鉴。谨奏。

十三日奉到朱批：度支部知道。钦此。

1910 年 1 月 14 日

札催司道照办各议案

谘议局自十月闭会，所有各项议案，均经陆续呈明督抚宪鉴核批准，札交各司道，遵照拟议办法，分别施行。惟为期已久，尚未将如何办理之处呈覆。是以督抚两帅，日昨特札催各司道，速即照议实行，勿得延缓，致误宪政云。

《帝国日报》，1910 年 1 月 16 日

奉天谘议局广征意见之通告

诸公钧鉴：本局于本届未开局以来，历经登诸报告，广征意见，颇蒙忧时诸君子惠寄教言，藉匡不逮，幸牖中之纳，日免井底，以窥天良。以本省应兴应办事件，凡在本省者，莫不休戚相关。以各属之疾苦，哀辑而萃之谘议局，再由谘议局审察而陈之督抚，是民之情无不通，而从前麻木否塞之弊，一扫而空之。集思广益，择善为师，立宪之基，即在于此。惟是奉天利弊，待指陈者百端，来日事机，经瞬息而万变。若将地方兴革事件，一切胥责之五十议员，其得也，唯议员是德，其失也，唯议员是怨，直视为万能议员，窃恐筹计之难周，将致厄言之无当。度亦诸君子所代虑焉，而不能即安者也。本局敢援匹夫有责之例，用冀同考相应之诚，广吁同胞，共图公益。是以函陈左右，所望随时随地，详为调查，尽情函告，以为明春开临时会之预备，庶几言皆中肯，如布菽黍粟所必需，人各有能，合士农工商以共任，本省幸甚，本局幸甚！不胜祷盼之至。肃此敬请。

《顺天时报》，1910年1月18日

谘议局议决案实行

前次谘议局提议革除地方衙署积弊一事，经该局众议员议定，应行革除之理由五条，呈请督抚宪核夺。兹闻督抚宪以该局所议，革除地方衙署积弊理由，五条均中肯綮，刻已将议决条件札发民政、提法、度支三司，通饬各属，实行禁革，以除积弊。

《帝国日报》，1910年1月20日

执法分科

奉省谘议局议定裁革地方衙署积弊条件,业经呈蒙督抚宪批准,札发民政、度支、提法三司,转饬实行。刻张贞午司使,犹恐谘议局所议前项条件,尚有缺漏,又拟裁州县房班,及禁用门丁办法,统改为执法科管理地方刑民诉讼,另委科员、书记、承办,不准再有上列之名目。现已设审判厅地方,应准免设执法科,以省繁冗。

《吉长日报》,1910 年 1 月 22 日

审察谘议局议案

政府电致各省,将谘议局之议案每月终汇寄来京,以便审察。惟各议案均须摘由开单随寄,俾阅览时可择其要者先阅也。

《吉长日报》,1910 年 1 月 28 日

奉天禁烟拟照谘议局议案再行缩短期限折

奏为奉天禁烟渐有成效，拟照谘议局议案，再行缩短期限，恭折具陈，仰祈圣鉴事。窃查奉省禁烟一事，迭经臣等督饬民政使张元奇，妥定章程，严密查禁，杜绝外货之来源，限制土膏之销路，发牌照以便稽查，施丸药以涤旧染，统限二十个月，全省一律禁绝。业于本年八月间，将改设禁烟公所办理情形，专折奏报，奉朱批：该衙门知道。钦此。遵即饬知该司，妥善经理，克期责效。数月以来，在事员司，均能勤奋从事，于禁吸、禁卖、禁私贩三者，尤为加意查察，有犯必惩，以期根株尽绝。民间风气为之一振，群凛然禁令之不可违，无不力加濯磨，痛自惩戒。据各府厅州县陆续具报，有现已一律戒净者，有吸户无多正在严禁者，当可从速收效，堪以仰慰宸廑。第禁烟关系自强要政，筹划不厌精详，办理尤贵神速。本年九月，谘议局开会，经臣等草具议案，提交该局筹议急进办法，以辅官力之不足。旋据该局公同议决，呈请核夺，公布前来。臣等复加查核，所议五项，颇为切要。一曰采取急进主义，施行特别禁令；一曰禁种之办法及禁令；一曰禁吸法及禁令；一曰烟具与药品及烟馆与外土之取缔；一曰官厅、军营、店铺之稽查。而以各属公益团体公司设立戒烟会为枢纽，以官民两方面切实并行为要着，以缩短期限施行特别禁令为方法。当经臣等札行民政司，克日公布，著为条教，转饬各属认真奉行。并由民政司厘订戒烟会通则，限于宣统二年正月十五日以前成立。所需经费，准由牌照捐暨禁烟罚款项下开支。该会成立以后，专司调查稽察，施药劝戒。其执行判罚之权，仍归地方官厅主政。务使境内无一吸烟之人，无一私藏之土，方为禁绝成绩。此奉省谘议局议决禁绝烟害之议案，暨现在办理禁烟之情形也。伏维禁烟一事，功令森严，臣等断不敢徒博宽大之名，致贻敷衍之咎，留此毒种，贻害民生。兹查谘议局所议各节，与奉省现行章程，皆可相益相成。惟期限略为缩短，拟照所议，改于宣统二年十二月为全省禁净之期。臣等惟有随时督饬，认真办理，迅速奏效，以期痛祛痼习，仰副我皇上锐意图强、共保康和之至意。陈分咨立案外，理合恭折具陈，伏乞皇上圣鉴训示。谨奏。

三十日奉到朱批：该衙门知道。钦此。

1910 年 2 月 1 日

谘议局图书遗失

奉天谘议局日前在上海采办紧要书籍、仪器等件，分装十余箱，经海关报税，由日本邮船装运至大连，转运来奉。不意到奉后，议局接提单，赴车站南满铁路会社，照单提取。到局后，检点各件，尚少图书一箱。当赴车站检查，据该会社所云，提单所载，只有此数。该处虽另有图书一箱，提单并未列入，是否该局之物，无从查考。刻下此箱图书，已由奉天图书馆取去。究竟该局所运图书，何处遗失，尚须调查云。

《帝国日报》，1910 年 2 月 3 日

议长不受津贴

谘议局正、副议长主持全局，事繁任重，众议员等于去年公禀督抚宪，请加津贴，旋经督抚批准，札饬民政司核议津贴数目饬遵。该局正、副议长随后具呈督抚宪，略谓：议长等主持全局，义务所在，虽蒙宪恩，批准加给津贴，议长等实不敢受，请饬司注销。兹悉督抚宪以该议长等勤奋从公，不肯收受津贴，实堪

嘉尚，札饬民政、度支两司，即将加给津贴一案查销，以成其廉洁自持之美德云。

《吉长日报》，1910年3月13日

奉天省谘议局为成立请愿即开国会同志会奉天支部事致各界各团体函

径启者。自去秋江苏谘议局发起联合各省谘议局，吁恳速开国会，本局亦公推代表至沪至京，参列末议。十二月，钦奉谕旨有云，迭次责成京外各该衙门，切实依限，次第办理，冀议院早为成立，以固邦基等谕。仰见朝廷已将盼望速行成立议院之意，宣示于民，而所以不遽俯允者，视我人民请求之程度何如耳。设由此而委心任运，置国会于不顾，即已至九年，仍有愧立宪之国民。倘继此而急起直追，多方请求，安知不缩短预备之期限？本局以为，国会之开不开，不在人民之程度，而在人民请求之程度。况内察群情，外瞻国势，有非继续请求速开国会而不可者。谨为我全省人民述之者。我国维新之机，发起于戊戌，而大昌于庚子以后，诚以情见势绌，不得不改弦更张。比年以来，国是确定，要政分筹，预备立宪之声，风发泉涌，乃考其实际，类有文告之往返，几无效果之可言。如此筹备，即届九年，亦何殊于今日？此犹即内政而言也。至于外交，年来鹰瞵虎视之俦，正利用我迟徊之机会，肆其贪婪，日迫一日。若待至九年，不知危局又复何若？论者谓，内政之不修，外交之不讲，皆归咎于官吏奉行之不力，不知机关未备，根本未立，虽有良法美意，亦不能切实进行。国会者，催促宪政进行之机关，即为宪政之根本。国会一日不成立，宪政一日不进行，我国民而不继续请求速开国会，是我国民自甘于程度不足，而不可徒委咎于官吏也。

比来吾省人民对于速开国会之举，热诚期望，奔走相告，足征国民程度之增长，一日千里，实为吾省之光。惟本局以为收舆论统一之效，当有统一舆论之机关。若使散漫而无所归，则目的虽同，办法必至不一，将何以使事理归于至当，以期国会之速成？现在北京国会请愿代表团业经议决，发起请愿即开国会同志会，设总部于上海，设支部于北京及其他各地，统限本年二月以前成立。本局忝列同志，责无旁贷，亟宜联合本省各界各团体诸同志组织支会，以收舆论统一之效，而为继续请求之预备。兹草定简章，随函奉阅，即希举出代表，共襄此举，并望先行见覆。一俟各界到齐，即行通告，定期开会，选举干事。事关宪政，望切赞成，足纫公谊。专此。

即颂

公安

奉天全省谘议局谨启

附：奉天支部请愿即开国会同志会简章

一、本省集合团体，设立支部，与上海总部联成一气。约定日期，赴阙请愿，故本会定名为请愿即开国会同志会奉天支部。其事务所暂设奉天全省谘议局院内。

二、在京代表团，原拟支部以宣统二年二月以前一律成立等语。本会此次发函，即限于二月底以前，各团体各举代表一二人。举定后，一面将举定之人函知本会，即一面促其来省，以便公举干事。

三、本会干事应设若干，临时会议取决。

四、本会会员不限资格，但非有会员介绍不得入会。

五、本会未举定干事以前，即由住沪住京永、刘二君暂行管理。其应担负之责任，依代表团简章第六条办理。

六、本会干事赴京日期，约在三月初十前后，其确定日期临时议决。

七、本会经费由各城分担。

八、本会以速开国会为目的，俟目的既达后，公议解散。

九、本会简章，系属草创，如有缺欠脱漏，临时集议增加。

1910年3月25日

限禁有吗啡之戒烟药

奉省售卖戒烟丸药生意异常发达,究其内容,多以鸦片、吗啡、信石等毒质配合为丸,服之烟瘾未断,药瘾又成,且难保不无他虞。前经民政司搜罗化验,日久弊生,仍有阳奉阴违,偷卖罔利者。复有一般烟癖,希图过瘾,急不暇择,殊于禁烟前途,大有妨碍。昨由谘议局议决,禁绝烟害,必将此等烟药一律禁绝,庶吸烟之人断瘾以后,可保健康。请由民政司呈奉督抚宪批准,由司出示严禁,限三月二十九日一律禁绝。倘有不遵,援照禁烟律例第三条治罪,一面由官家施舍良药,以善其后。

《吉长日报》,1910 年 4 月 18 日

东三省联合会成立

上月吉林谘议局议长庆君康,赴奉省同奉、黑两省谘议局公同议决,倡办三省联合会。庆君回省后,即开会宣布拟定章程,组织成立。其事务所附在谘议局院内,并于日前刷印章程多份,并签名册簿一本,分关各团体,如有入会者,须将姓名、住址、籍贯填注,册送回时,即定期选举正、副会长,以资办理各地方公益事件。

《盛京时报》,1910 年 5 月 13

谘议局为呈请颁发行政会议厅新章即会议厅简章与各员衔名清单由

奉天全省谘议局为呈请事。案奉督部堂札开:"为札行事,案查奉省公署遵设行政会议厅,以资统辖等因一折,于三月二十六日具奏,奉到朱批:该衙门知道。钦此。为此恭录朱批,粘抄原奏,札行谘议局查照办理。须至札者。"等因。奉此,查行政会议之设,与谘议局相辅而行,所以谋行政之统一,立制原为美善,与本局之关系至为密切。现在奉省既经设立,应请将宪政编查馆颁发新章,及会议厅所定简章,与各员衔名清单,一并札发本局,以资研究而备参考,理合备文呈请宪核,以凭核办。须至呈者。

右呈钦差大臣、东三省总督兼管三省将军事务锡、钦命副都统衔奉天巡抚程

附:批

呈悉。查宪政编查馆议奏行政会议厅章程尚未颁到,兹将公署会议厅简章,并各员名单,随批附发查照可也。此缴。(四月初八日)

1910年5月14日

奉天全省国会代表举定

奉省谘议局组织请速开国会,经各府厅州县共推代表,陆续赴省,商议办法。兹于十三日业经到齐,十五日,谘议局开会欢迎,并议定办法二条:(一)

共举全省国会代表八人。二人一班,轮流驻京,三月一换,至达目的日止;(二)各属先担任洋一百元,以作川资。嗣后如不敷用,仍陆续均摊。皆经大众认可。十六日,开会选举。兹闻举得曾君有翼,奉天府人;乔君占九,开原人;启君元,新民人;蒋君宗周,锦县人;赵君桂馨,昌图人;李君心曾,海城人;郭君卫村,昌图人;崔君与麟,奉天省城商会协理等八人,为全省国会代表,轮流驻京。想不日即可起身云。

《中国报》,1910年5月18日

谘议局开临时会议

奉天谘议局于初十日临时大会一节(已志专电),闻该局缘待议事件甚多,并有交议之案,故特开临时会一次,定期至二十九日闭会。先期刊发傍听券千余张。是日钦帅、都统及各司、道、府官员,均于上午十钟莅会。先由钦帅演说,大致谓:中国积弊之深,皆由于官绅隔阂,各分界限。此后愿诸君除尽私见,协力同心,联为一气,维持大局。诸君如有卓见,均可随时陈明,某力能办到,无不照准云云。次由议长等宣布开会宗旨,乃散。

《吉长日报》,1910年6月19日

谘议局临时会开幕纪盛

奉天谘议局,请准督院于本日起召集临时会,以二十日为期。本日午前十一点，锡清帅暨张民政使，韩交涉使，卢提学使，吴提法使，齐度支司，劝业道赵观察，来宾参观察，奉天府孟太守，承德县忠大令，行政委员周参事致祥，吴参事慈培均莅。余者为吉、黑谘议局副议长，常驻议员，书记长，暨奉天教育总会正、副议长，商务总会协理，及官绅士庶，新闻记者等数十人。礼毕，由吴君景濂报告开会，大略如下：

今日为本局开第一次临时会之期。忆自去岁开局以来，所议各案四十余件，有业经批准施行者，有交局覆议者，有宜加修正者。而自去岁闭会至今，时阅八月，新案之应行提议者，尤为重要，自非照章开临时会，无以清理未结之旧案，提出紧要之新案。前蒙督部堂批准召集，故宜及时开会。惟是本局现在议案甚繁，而临时会期有限，将来成立几何，此时虽难逆料，甚愿同人细心研究，从速办理，毋负此二十日之光阴，以谋奉天之进步。是则鄙人所切望，亦即我同人所共愿也。云云。

《帝京新闻》，1910年6月24日

奉天谘议局临时会议事录

五月十八日午后一时，谘议局审议会照章禁旁听。至午后五时，审议长以审议修正堡防简章之结果，报告议长，请开正式会表决。孙议长代席，复研究十余分钟，条项改妥，请投签表决。得大多数赞成，案遂通过。摇铃散会。

《吉长日报》，1910年6月27日

奉天谘议局临时会议事录

五月二十一日午后一时，谘议局开会，提议兴办铁路学堂。由吴议长报告，因此案未经审查，修理欠密，公推三十六号、三十七号、十三号据稿审查，再开会议。此案暂延二日。次议海龙金矿质问案，得全体赞成。报告毕，即由二十五号、三十七号、三十六号各陈所见，大致均照原议。继由五十号、二十六号、三十七号、四十九号反复辩难，案始就绪。最后表决，得四十二人赞成，案遂通过。最后议学堂、审判各有定款，不得倡办官契纸一案，始由三十五号发表意见，复由五十号指证实行之处，群以为不可。当即表决，得全体赞成，案遂成立。时已五时半，摇铃散会。

《吉长日报》，1910 年 6 月 30 日

奉天谘议局纪事

第十三次会议议事录

五月二十四日午后二时，谘议局提议修建义仓备荒案。由吴议长报告原案大略，即由二十八号说明理由办法。继由三十五号报告法律会审查结果，大致以奉天荒年甚少，而又在自治章程应办之内，本局可从缓议。经五十号辩正义仓之如何紧要，又由十三号发明各处灾荒非无谷之害，乃无购买力之害，故义仓之设，他国无举行者。并由六号、四十七号、三十六号反复辩论，由议长请先表决，从

急从缓,得多数主缓办者,此案否决。续议催办乡镇自治会,先将议题表决,得多数认可。又议俄国损害赔偿案,公认作为质问案。休息二十分钟,继开议会。议修正学款之规定及官契纸两案,略易数字,众认可。复议车捐亩捐不作省税,不宜滥用,照十三号理由,表决得多数赞成通过。又提出盘山厅为加收斗捐请议书,公认作为本局修正案。其推广救贫事业一案,仍改为本局修正案,均起立赞成。继报告与行政委员问答。时六钟,散会。

《盛京时报》,1910年7月1日

谘议局提议开海路事

昨闻谘议局提议,拟由开原至海龙府修以轻便铁道,以便交通,开辟该处荒地。共计此路约需洋七百万元,闻公议款项筹定后,以先设铁路银行为入手办法云。

《中国报》,1910年7月1日

请看谘议局连日之议案

谘议局临时大会,业于十日开幕。兹闻十二【日】提议连山湾开港事宜,闻赞成者颇居多数。十三日午后,提议司法经费,依照四川三费办法,闻全体表同情者甚少。次复议及开锦瑷铁路。十四日,提议建筑奉海铁路一案,并筹款方法,及组织铁路银行等事,闻全体均表同情。

《帝京新闻》,1910年7月4日

奉天谘议局纪事

凤凰厅王鸣盛等请拨车捐分润学务自治一件

答：书悉。已于本局学款之规定案内修正矣，毋须另行代呈。此覆。

宁远州徐尚志请议巡防营袒护在逃学兵一件

答：书悉。既经贵州自治研究所与医务局分禀在案，自难遂该营袒护之私，毋庸由本局代呈。此覆。

《盛京时报》，1910 年 7 月 10 日

谘议局议准典契投税之办法

公署准度支部奏准，加增典买房地契投税章程，于去年九月初一日起，凡典契照六分投税，买契照九分投税。无论早典、现典，均须赴度支司投税。现典者尚赴司投契，而早典者多观望不前。故谘议局日前提议，拟凡宣统元年九月初一日以后所典者，均须免税。限三个月内，赴度支司税契处盖戳。其九月初一日以后所典者，一律赴司投税，以免因循匿税。已蒙允准，现下早典房地赴司盖戳者，络绎不绝矣。

《京津时报》，1910 年 7 月 11 日

呈准议定代收牛马捐税之办法

整顿各属牛马牲畜捐税办法，前经度支司呈请督宪，札交谘议局会议呈覆。兹已议定，按照定章，此项收取联票牲税，应由自治会经理。惟现在各属多未成立，暂改由各区收捐董事代办，报由收捐处存案，按季册报地方官，转呈公署。一俟自治会成立，再行移归。当将所议呈明督宪核准，事属可行，现已札交度支司查明拟办云。

《盛京时报》，1910年7月14日

谘议局对于边外烧酒之意见

边外烧酒照例不准进边，前经边外烧商等呈请督抚宪，通融办理。嗣因格于旧例，未邀允准。日昨海龙府等处商会，在谘议局呈递请议书，请将边外烧酒弛禁，以兴商业而裕国课等情。闻谘议局以此项议案业经议决，通盘核计，总以内外各烧商共乐遵行为标准。现已将所拟办法呈请督宪鉴核矣。

《盛京时报》，1910年7月15日

奉天谘议局纪事

请议答覆事

一、广宁县盘山厅李自强等请议禁止韩侨越垦一件

答：前覆议定代呈。兹奉督部堂锡批："呈悉。查广宁县盘山厅并非通商地方，韩侨越垦，理应严禁。该地方官竟未照约禁阻，殊属不合。应由交涉司严饬该县等，一律驱逐出境。所有该地主已收租金，并饬如数退还韩人，以免缪轕。嗣后如再任令越垦，一经查出，定将该地方官及地主分别从严惩处。仍将办理情形具报，候行交涉司遵照。缴。"

《盛京时报》，1910年7月21日

奉天谘议局纪事

请议答覆书

一、铁岭商会农会为请议庐厘分卡任意需索由一件

答：书悉。查庐厘补征章程，盐与票符，则准照补；票与盐符，则速验放，不准定额补征，亦不准额外需索。来书所称，船户运盐经过分卡，层层补征，如果属实，殊多违章，应即代呈督部堂查明核办。俟奉批后，再行通告可也。此覆。

一、盘山厅王钦天请议为冷家口河工石堤高峻闸门狭仄甚恐阻滞贻害由一件

答：书悉。此项滚水堤，业经督抚示谕，指示一切利益。现据所陈各情，并绘图具说，如果河浅堤高，致多阻碍，实与督抚谕示不合，应候代呈督部堂查核施行。俟奉批后，再行通告可也。

一、刘德请议要求俄国损害赔偿由一件

答：书悉。本局已将此案质问督部堂，俟批答后再覆。

一、举人景贤请议清理经界以免缠讼由一件

答：书悉。事关私人诉讼，希向官府呈明可也。此覆。

一、何济仁请议为扫除锢蔽维持风化由一件

答：书悉。十条计划，不无见地。但按之事实，多有窒碍难行之处。所请代呈，应毋庸议。此覆。

一、复州王承勋请议把持闲荒阻碍农政由一件

答：书悉。所陈各节，纯系私人诉讼，仍应直向地方裁判官署申理，本局碍难代呈。此覆。

一、复州李具臣请议为仓头勒费阻碍财政由一件

答：书悉。查旗地税契有近年粮票一纸，随契粘呈，即能投税，毋庸另起仓领。该旗总仓头廉让勒索领费，如果属实，被需索者尽可据请禀控。请议各节，本局未便代呈。此覆。

一、盘山厅代表杨铭勋等请议酌提盐局斗捐仍归原案书由一件

答：书悉。本局原议自治经费，由盐局斗捐项下酌提半角。乃现在盐局仅议二分，复于旧额之外加收半角，不但未提，反假自治之名，以增其利，殊与原议不符。且似此增加者，不止盘山一处，已将来书叙入本局修正案内矣。俟奉批后，即行公布周知。此覆。

一、国树棠、潘云庆等二次请议书为俄国损害赔尝一案由一件

答：书悉。去冬来局议请，未准代呈。书同前情，希即查照本局答覆刘德请议书可也。此覆。

《盛京时报》，1910 年 7 月 22 日

谘议局规定单行章程调取档案

谘议局因会议本省各项地方议案，事件繁赜，有时须检查档案，以资稽考。是以特拟订单行章程，呈请督宪调饬遵照在案。现闻督宪以现行规则，前已札知各司道局所，按照所指议案案卷，捡抄送核，并欲守秘密之理。兹又呈请，仰候再行札饬。无论新案旧案，如有遗漏，一律补送，以资查核与议云。

《盛京时报》，1910年7月26日

谘议局呈请检交议案

谘议局正、副议长以照章九月间开通常会议，转瞬届期，所有各项议案，均须预为汇核。现闻已呈请督宪行知司道局所，将应行交议各案，务于八月十八日以前检齐，移送到局，以凭察核而备开议云。

《盛京时报》，1910年8月19日

水灾募捐事务来函照录

敬启者。奉天新民府境,于七月中旬连日淫雨,柳河涨发,横溢府街,平地水深五六尺,淹没人数百余口,民房万余间。官廨、公所、学堂各处,冲刷十之六七,被淹禾稼,纵横各二十余里。难民流离失所,现在府衙者数千人。噫嘻!泽国堪悲,其鱼可悯。转于沟壑,惨披郑侠之图,野有饿莩,孰指公瑾之困。同人等睹兹惨状,忍不以闻。爰一面垫筹,遣人赈济,更多方募集,活此生灵。倘蒙慨助,请列芳衔,将升斗能苏涸鲋,多少无拘,庶闾阎可免哀鸿,慈仁共戴。此布。

募捐规则:

一、办理此项捐款之事务所,附设于奉天全省谘议局。

二、由各团体公推数人,轮流每日到事务所,总理应办事宜。

三、所有捐款陆续交由事务所掣取收据,每日汇总,送殷实商铺收存。

四、暂由各团体筹款数千元,以应急需,俟进捐款,再行归垫。

五、此项捐款,自铜币数枚起,自银元若干止,数目不拘多寡。

六、所有收到捐款,将姓名及其数目逐日登报。

七、灾情迫切,所有捐款诸君,尚望及早惠寄为祷。

八、所有赈济之法,由各团体公推勤苦耐劳之人,前往会同该府官绅妥为散放。

九、此项印刷捐册及一切化销,统归发起人担任,不由捐款开支。

十、俟捐款敷用时,即登报截止。

发起者:

谘议局　女师范学堂　教育总会　维城学堂　商务总会　东关模范学堂　农务总会　北关模范学堂　承德自治会　南关模范学堂　承德劝学所　第二小学堂

东三省日报馆　第三小学堂　微言报馆　第四小学堂　大中公报馆　八旗第一小学堂　醒时白话报馆　八旗第三小学堂　高等学堂　内务府高等实业学堂　大清小学堂　中学堂　第一女小学堂　蒙文学堂　第二蒙养院　体育美术专修科　孙振香　八旗中学堂　刘忠恕　多文　孟宪彝

《盛京时报》，1910 年 9 月 2 日

札谘议局覆议韩侨入境之办法

督宪日前札交谘议局覆议一案，探其内容，系为近来韩民散在东省各处，私垦开荒，前虽由谘议局议定办法，通饬各属，驱逐出境。嗣因窒碍难行，迄无成效。然此事关系外交，若不妥筹办法，恐将来别生枝节。故特札饬谘议局，迅即覆议，呈覆核办云。（逸）

《远东报》，1910 年 9 月 3 日

谘议局预备开会

谘议局现届开会之期，正、副议长及议员等均于日前先后到局，将督宪发交议案及商会咨请代议各件逐条预备，以便开会议决云。

《盛京时报》，1910 年 9 月 4 日

奉天谘议局纪事

征求意见广告

敬启者。窃以该局为言论机关，同人等忝列代表，才识绵薄，惧弗克胜。去岁开局，广征意见，深荷各属通人，不吝金玉，感佩莫名。讵一年时局万变，九月开会，转瞬又至。同人勉竭驽钝，提有议案。然五十人之知识，不过沧海一粟，何如群策群力，宏此远谟。抑且危险前途，知全省高材，必有怀欲陈之，以待本局之征求者。又况自治会多数成立，问题更日出而不穷耶？本局为此敬恳各界诸君子，素蕴兴革大略，救济良规，勿悭挥毫，速为邮寄，本局将详加识别，采入议案，呈请施行，造福全省。是则敝同人所欢迎而祷祝者也。

奉天全省谘议局谨启
《盛京时报》，1910年9月8日

谘议局预检议案之忙碌

谘议局现因开会期迫，正、副议长以及议员等，均已陆续到局。刻闻连日检点督宪发交各项议案，及商务会咨请代议各件，与夫各城士绅所上之意见书等，逐一检出，预备开幕时提出议决，故近日该局议员等甚形忙碌云。（逸）

《远东报》，1910年9月9日

电催议员克期到局

全省谘议局照章于九月初一日起开通常会议一月。所有议案，前已呈请督宪通饬司道局所检核，陆续移送到局。现在正、副议长以为期已迫，所有议案亟须预为检察核拟。闻特通电各属地方官，转知该处议员，遵期于月中来省入局，以便预备一切应议事件云。

《盛京时报》，1910 年 9 月 11 日

谘议局征求意见书

谘议局以开幕在即，拟广征意见，以补助识力不逮之处。日昨特刊发征求意见书广告数百份，大致谓：通常会开会在迩，望各属之通人愿士，不吝金玉，知则必告，以补本局智力所不及。此敬恳各界诸君，素蕴良规，请即勿惮挥毫，函寄本局，以便提议采择施行，为全省造福，不胜欢迎祷祝之至。（逸）

《远东报》，1910 年 9 月 14 日

谘议局拟组织舆论报

顷闻谘议局副议长日前协议，拟组织舆论报纸一份，专为登载逐日议案，俾众周知。如众人有欲建白之事，亦可代为登载。拟于此次开幕后，即行出版云。（逸）

《远东报》，1910年9月14日

奉天谘议局纪事

请议答复书

一、辽源州冷遇春等为学董专权舞弊苛捐肥己禀一件

答：来禀不合请愿格式。且无议员介绍，碍难置议。该绅商等所叙情节，如果属实，希即觅取议员介绍，提出请议书到局，再行协议。此复。

《盛京时报》，1910年9月16日

谘议局代呈清丈局浮收荒价

　　谘议局日昨呈公署谓，据东平县民人杨文龄等呈称，东流清丈局私加火耗，折收银元，浮扣甚巨，恳请饬查禁止，以恤垦民等情。督宪以查得清丈地价，照章本应征收现银，因外县现银无多，故以银元酌量折收，以从民便。所收数目，准之市价，尚无悬殊。至火耗因解缴库款需费甚多，不得不以此项弥补。已经奏咨有案，并非该局妄为。现已札付谘议局，转饬遵章照缴，毋得藉口拖延云。

《盛京时报》，1910 年 9 月 28 日

二、第二次常年会

谘议局预备开议

九月朔日为谘议局开议之期,现已将应议案件颁发该局,而各城议员日来亦已陆续进省,以备届期开议云。

《盛京时报》,1910 年 9 月 29 日

奉天谘议局第二次常年会开会礼志盛

九月初一日上午九句钟,谘议局举行开会礼。冠裳济济,来宾到者约有五六百人。由总督率司道又议长、议员行礼后,即入议场,座次整齐。首由议长吴君报告开会,次由书记长读总督开会原文。读毕,督部堂亲莅演坛,发布政见,词意恺切,词协机宜。陈述答词后,由议长报告闭会。以上各事另详。既闭会,仍由总督随便演说,详叙奉省情形及其办法。最后闭会,拍照。午后,选举各股审查员,闻系预算、政事、法律、谘议、惩罚、决算六股,至人数多寡,某股何人,因系内部选举,容访明再登。

督宪演说辞

天时之进行甚速,人事之运行甚缓,此志士所同慨也。本部堂之对于奉天,

窃愿以一年行十年之事，虽人事牵制，未必尽偿其志，然任事之心则不敢稍馁。今为谘议局第二次开会之日，凡我官绅士民，与本部堂同志者，必不乏人。惟进行之法有二。其图功难而取效远者，宜以强忍之法行之。所谓月计不足，岁计有余者也。其受患深而相逼切者，宜以机敏之法行之。所谓避其至难，取其稍易者也。果能如此，则进行无碍，而阻力渐消。此本部堂历年经验所得，愿与诸君共之。《礼记》有言"四郊多垒，此卿大夫之辱也。地广大，荒而不治，此亦士之辱也"，此数语于我奉天极为亲切。请诸君试味此言，各竭其心思才力，而求所以助我者，乃本部堂所切望也。

吴议长报告开会词

今日为谘议局第二次开常年会之期，蒙督部堂、各司道及来宾临莅本局，不胜荣幸之至。查谘议局本为创设之会议机关，实我中国从来所未有。回忆去年今日，各省一律成立。凡事艰于谋始，开局之初，百事草创，艰苦万端，有非局外人所知者。各省皆然，不独奉省。今一年矣，本局兢兢业业，恪守规章，逐步筹办，业将经过事件编成报告，分布周知，凡我官民，所共闻见。各项事端，虽无大效，然谨守法律，幸未陨越，差堪告慰于我官绅。惟去年开会，系属始基，局中之筹计维艰，而外来之责望尚少。今年又经开会，其应如何克尽职务，代表舆论，力求进步，勉副人望，责在本局。况当时局阽危，瞬息万变，以去年与前年较，危象不同，今年与去年较，危象又不同。内忧外患，日迫一日，风起泉涌，咄咄逼人。本局窃忝参政之权，值此危急之日，责任愈重，希望愈深。顾希望者事实之起源，将来事实果能副此希望与否，尚不可知。惟愿全省人民，广输意见，全省官绅，协力共济，庶足挽回危局，扶我宪政，以仰副我德宗景皇帝立宪之至意。是则本局所深愿也。

督部堂发布政见

今日为各省谘议局第二期开常年会之日，即为政资院第一期开院之日。有资政院以论议天下之政事，有谘议局以论议一省之政事，其意相同。惟东三省居天下重要之地位，而时局危急，甚于各省。全省官民，如处惊涛漏舟，摇摇欲坠，其险何如。此正官绅卧薪尝胆，协力共济之时也。孟子云："祸福无不自己求之者，必治内始可安外。"济急之策，当从实事求是入手。以巡警言，现在盗匪充斥，抢案迭起，各属巡警，每不足以资保护。推原其故，皆由于巡警官吏漫不经意，地方办警士绅不知实心任事，甚有招权纳贿情事，以致警务腐败。虽有一属办理合法者，然亦不可多得。若不加以整顿，无以清盗匪之源。今已派员督办，以期警务日益发达，而后内政可言。以教育言，现在学校林立，就学似不乏人。然就奉省而言，普通高明相差尚远。教育关乎宪政，应如何扩充整顿，责在学务官绅，若徒虚有其名，而不副其实，民智何由而开，成效何由而见。故学务之进行，在今日亦关重要。以自治言，既各属自治方始，尚未识效果为何。惟自治为内政之基，全在办理得人。苟非其人，则耗款糜财，民怨沸起。自治精神，病以自乱，更何发达之可言。当务之急，又在于此。巡警、教育、自治均为官绅应办之事，即为宪政紧要之端。全省人民担负警款、学款、自治经费若干万，涓滴皆民之脂膏，岂容贪官劣绅任意侵蚀。本部堂遇有枉私情事，惟有执法以从，庶冀振刷精神，而于事有实济。东三省之危局，或终有挽回之一日。此本部堂所深望也。

《盛京时报》，1910 年 10 月 6 日

奉天谘议局第二次常年会开会日袁副议长答词

今日系本局第一次开常年会，蒙督部堂发布政见，属望殷殷。复经民政司张司使演说，代表各司道，意思亦宗属望厚意。本局实深感佩。惟本局欲副督部堂及各司道之属望，其真精神究在何处？现今时局阽危，凡有时事思想者，多激昂慷慨，奔走号呼，于是意想所及，无论其事之可行不可行，作到作不到，均有所不计，而于目前所指之事，反视为平淡无奇，不复注意。其实天下事有远自迩，登高自卑，惊天动地事业，其初皆从平实处作起。故作事之目光高远，而精神所专注之处，则皆在目前所应为之各件，脚踏实地，不留罅漏。譬之人身，内方充

足，外邪自无从而入，此古今不易之理也。本局有代表全省舆论之责，惟愿以此至平至实之道理，著意研究，不敢惊诸高远。然此进行之关键，尤在官绅，以诚意相感化，乃克有济。每见各省谘议局之兴，行政长官往往有一事焉，彼此均以为可行，而于其中小有龃龉，遂至废搁。以现在时局，岂应有此？本副议长窃以挽回我奉危局，须从处处实事求是着意，而所以能达此处处实事求是之目的，尤在官绅捐除意见，以诚意相感化。如是则督部堂与各司道属望本局之厚意，乃庶几可副。

《盛京时报》，1910年10月7日

奉天谘议局第二次常年会议事周表（一）

初一日　举行开会礼　互选各会审查员
初二日　各会审查议题
初三日　建议速开国会以维持大局呈请代奏案
初四日　交议募集公债振兴实业案
初五日　交议设立劝业银行案
初六日　交议设立柞蚕缫丝厂　提议设立山茧公司以保利权案
初七日　星期休息

注意：本局每日上午开各股审查会。下午除秘密会议不公开外，余均由一点至五点三十分开议。中间每二小时休息三十分。特记。

《盛京时报》，1910年10月7日

奉天谘议局第二次常年会九月初三日议事录

九月初三日午后一时，谘议局第一次开议，议题为建议速开国会以维大局呈请代奏案。出席者四十四人，旁听者五十余人。行政委员到场，为吴君佩伯、陈君季庵。开议时，由议长报告大意。首发言者四十九号，历叙北京联合会研究关于请开国会案原委，并表示赞成意思。次由十三号说明国会之何以必开，东省何以必须国会各理由。继由三十七号说明，文字上研究，务要详细剖切。后由三十六号说明文字格式。复由议长请大家讨论。三十七号说明，呈与奏各为其文，不相糅杂，得大众许可。末用正式投签表决，全体赞成，议案通过。乃推起草员，政事股推永君佩珩，法律股推曾君子畏，谘议股推任君丹林，众赞成。议长报告次日议题为交议募集公债振兴实业案，遂振铃散会。

《盛京时报》，1910年10月7日

奉天谘议局第二次常年会九月初四日议事录

九月初四日午后一时，谘议局开议，议题为交议募集公债振兴实业。议长报告后，即由十三号出席说明公债与银行性质。继由二十号陈述银行与公债各有不同。又由五十号待查原案本意，畅叙公债之可以募集。复由十三号、二十六号、二十七号各述意见。时已三钟，略为休息。继见悬牌禁止旁听，内容遂不详悉，容访明再登。

《盛京时报》，1910年10月7日

奉天谘议局第二次常年会九月初五日议事录

九月初五日午后一时，谘议局开议，议题为交议设立劝业银行。议长报告后，首由十三号发言，以劝业银行与昨议募集公债之银行是一是二，以原案文字上之解释则一者，无大悬殊，则并案议之可也。倘因本省金融奇紧，各设一行，尤为本会所欢迎。此法律审查会之结果也。继由三十六号发言，谓银行固不妨多设，然并力先成一行，倘有余资，仅可多设分行，总要以做到为是，无取乎多。继由五十号发言，赞成三十六号之说，谓由两项银行选择其一，而实力做去为要。继由三十七号谓，不如合并设立一种，但于昨日之公债，须要另拟章程。继由四十九号、二十七号略为辩正，复由二十号出席谓，两银行双峰并峙，我奉金融当益活动。后由议长汇众说，而请决议，主张合并者投白签，否则投黑签。结果以三十二白签，对十七黑签，从可决通过，遂暂休息。闻下点钟开讨论会，禁止旁听。初六议题为拟设柞蚕缫丝工厂案，余容访明再登。

《盛京时报》，1910 年 10 月 8 日

奉天谘议局第二次开会情形

九月初一日午前十时，谘议局行开会礼，冠裳济济。来宾到者，约有五六百人。由总督率司、道，及议长、议员行礼后，即入议场，座次整齐。首由议长吴君报告开会，次由书记长读总督开会原文。读毕，督部堂亲莅演坛，发布政见，词意恺切，咸协机宜。陈述答词后，由议长报告开会，以上各说另详。既闭会，

仍由总督随便演说，详叙奉省情形，及其办法。最后，闭会，拍照。午后选举各股审查员，闻系预算、政事、法律、谘议、惩罚、决算六股。至人数多寡，某股何人，因系内部选举，容访明再登。

附：锡督演说词

天时之进行甚速，人事之进行甚缓，此志士所同慨也。本部堂之对于奉天，窃愿以一年行十年之事。虽人事牵制，未必尽偿其志，然任事之心，则不敢稍馁。今为谘议局第二次开会之日，凡我官绅士民，与本部堂同志者，必不乏人。惟进行之法有二，其图功难而收效远者，宜以强忍之法行之。所谓月计不足，岁计有余者也。其受患深而相逼切者，宜以机敏之法行之。所谓避其至难，取其稍易者也。果能如此，则进行无碍，而阻力渐消。此本部堂历年经验所得，愿与诸君共之。《礼记》有言："四郊多垒，此卿大夫之辱也；地广大，荒而不治，此亦士之辱也。"此数语，于我奉天极为亲切。请诸君细味此言，各竭其心思才力，而求所以助我者，乃本部堂所切望也。

《国民公报》，1910 年 10 月 8 日

督宪派到局代陈意见委员

九月初一日，奉督部堂锡为札行事。查谘议局现开第二次常年会议，照章应委员赴局代本大臣陈述意见。兹查有公署边务科参事吴道慈培、民政科参事陈守阁堪以派往。除札委外，为此札行谘议局知照。须至札者。

《盛京时报》，1910 年 10 月 8 日

奉天谘议局第二次常年会九月初六日议事录

九月初六日谘议局议案，为拟设柞蚕缫丝厂，及拟设山茧公司两案。闻系禁止旁听，故未悉其内容。

《盛京时报》，1910年10月9日

谘议局开会志盛

本日为谘议局通常会议开会之期，城内各大宪均莅局，襄赞典礼，依次演说。而持有旁听券到局参观者，约有千余人，一时衣冠跄跻，车马纷腾，颇极一时之盛。（逸）

《远东报》，1910年10月9日

奉天谘议局第二次常年会九月初八日议事录

九月初八日午后一时，谘议局开议，议题为建议东省内政应兴应革三要略案，悬牌禁止旁听，故不得详其内容。闻初九日议题为交议规定预警章程案，所闻如此，姑志之，以观其后。

《盛京时报》，1910年10月11日

锡督演说之深切

奉天谘议局开会，锡督莅会演说词有云：天时之进行甚速，人事之进行甚缓，此志士所同慨也。本部堂对于奉天，窃愿以一年行十年之事。虽人事牵制，未必尽偿其志，然任事之心，则不敢稍馁。今为谘议局第二次开会之日，凡我官绅士民，与本部堂同志者，必不乏人。惟进行之法有二，其图功难而收效远者，宜以强忍之法行之，所谓月计不足，岁计有余者也。其受患深而相逼切者，宜以机敏之法行之，所谓避其至难，取其稍易者也。果能如此，则进行无碍，而阻力渐消。此本部堂历年经验所得，愿与诸君共之。《礼记》有言："四郊多垒，此卿大夫之辱也。地广大，荒而不治，此亦士之辱也。"此数语，于奉天极为亲切，请诸君细味此言，各竭其心思才力，而求所以助我，乃本部堂所切望也。

《帝国日报》，1910年10月11日

谘议局议会之开始

九月初三日午后一时，为奉天谘议局第一次开议。议题为建议速开国会，以维大局，呈请代奏案。出席者四十四人，旁听者五十余人。行政委员到场，为吴君佩伯、陈君季盫。开议时，由议长报告大意。首发言者四十九号，历叙北京联合会研究关于请开国会案原委，并表示赞成意思。次由十三号说明国会之何以必开，东省何以必须国会各理由。继由三十七号说明文字上研究，务要详细剀切。后由三十六号说明文字格式，复由议长请大家讨论。三十七号说明呈与奏各为其文，不相糅杂。得大众许可，未用正式投签表决，全体赞成，议案通过。乃推起草员，政事股推永君佩珩，法律股推曾君子畏，谘议股推任君丹林，众赞成。议长报告次日议题为交覆议募集公债振兴实业案，遂振铃散会。

《帝国日报》，1910年10月12日

谘议局开幕后提议之事件

日前某学堂学员等以日人有监理东省财政之耗，特邀集全体预筹御防之策，已条陈意见于谘议局，以决可否一节，已志前报。兹闻谘议局开幕后，即于日昨开议，当将该学员等所递之意见宣布大众。闻当时赞成者颇不乏人，咸以东省危迫，非寓兵于学，及寓兵于警，不足以资预患。但此事虽经多数人之同意，必俟呈明督宪后，始能定妥云。（逸）

《远东报》，1910年10月12日

奉天谘议局第二次常年会九月初九日议事录

九月初九日午后一时，谘议局开议，问题为规定预备巡警章程。由议长报告此案始末情节，并将督署札文，令书记读讫。当由一十八号详言，名称上之受害，必致归巡警管辖，拟竭力争持到底为是。继由五十号谓，督署以赞成堡防，后有人虑及民与警恐有冲突，故使之归巡警节制，现在无须在名义上着意，但使严订章程，权限分明，亦不致受巡警役使。此大小轻重之关系也。继由三十六号谓，前说愚甚赞成，但彼此口舌争执，徒劳无益。愚另有一案，可以防止附属巡警之弊，亦可画清权限。复由二十八号详陈堡防事末。末由三十七号请开审议，以便详细核议。经议长询及，全体皆赞成，拟三点二十分开审议会，遂摇铃散会。开审议会禁止旁听，后事遂不详。

《盛京时报》，1910年10月12日

奉天谘议局第二次常年会九月初十日议事录

九月初十日午后一时，谘议局开议，议题为请裁各属分区劝学员及学董，归董事会及乡董办理劝学事宜案。议长报告后，由三十六号发言，谓此案政事审查会本相赞成也。原案有应变更之处，试述于下：劝学员照学部定章，本系按区分设，以各属学区之大，非劝学员所能周，是以裁劝学员。而今乡董、乡佐、劝学人员中，有义务劝学者，可不必裁。更有添查学员，以补乡董佐之不足，且议题拟酌改为请议裁劝学员归乡董兼任，裁支薪之村学董，归名誉职，酌设查学员案。其条文则改正一条，酌加一条，请大家斟酌。继由十三号发言，大旨与政事股相同。又由三十七号谓，此案在自治范围，而劝学所成立实在自治会以前。若非通盘规划，乡董佐必有推诿不负责任之弊。是改订章程，及添查学员，为必要之事。继由三十五号报告，原提议案原为节省经费起见，添查学员甚为相宜。但部章无此名目，应予设立，以求完善。三十六号提请二十七号修正乡学案存。三十三号谓，但在自治会并未全体成立，恐于施行有碍。四十三号谓，此案不过裁冗员、节经费而已，似不必更动全章。三十六号谓，章程不确定，无必尽之责任，似宜改正。议长后谓，此事关系责任，乡董佐办理不善，一则关系提学司之考成，二则关系守政之考成，并须与本局去年议案相较，有无冲突，且与部章有无不合，及公民权限有无影响，均请通盘计算。十三号谓，劝学一层，是否令自治兼办，抑系独立，须先解决。时已逾二钟，照章休息。三时三十分复议。三十六号剖晰乡董佐负学务上之责任，即负劝学之责任。如办理不善，则一般公民不赞成，即夺其公权，亦属相当。且劝学之责，上下皆有职员，仅负劝学责任，尚轻而易举也。至议题须改其乡学章程，暂俟修正，议长以现在难以表决，请原提议人与政事会修正后，再行正式表决，众赞成。遂振铃散会。

《盛京时报》，1910年10月13日

谘议局提议速开国会

初三日午后一钟始，由吴议长报告速开国会之大意。首发言者为四十九号，历叙北京联合会研究关于请开国会案之原委，并表示赞成意思。次由十三号说明国会与东省有何等之关系，再由三十七号说明文字上之研究。后由三十六号说明文字之格式，复由议长请众讨论。经众许可，抽签表决，全体赞成，案遂通过。（逸）。

《远东报》，1910年10月13日

谘议局禁止旁听之议案

初四日午后开议，题即为交议募集公债整兴实业一案。经议长报告后，即由

十三号出席,说明公债与银行性质之不同,复由各议员略述意见后,继而悬牌禁止旁听,其内容遂不得详。(逸)

《远东报》,1910年10月13日

奉天谘议局第二次常年会九月十一日议事录

九月十一日午后一时,谘议局开议之题为,交议设立萝卜制糖公司案。议长报告后,由二十号出席报告政事股审查结果。其理由有二:一为缓办主义。以公署交议四案,须集议者甚多而又重要,以此案较之,微有可缓道理。一为先拨官款试办。先由官家出五十万元,并拨洮南荒地试种萝卜,先行开办。开办之后,再招商股。此本会审查之结果也。继由二十号发言,谓制糖关系实业,本会无非赞成。特原案官款由预备费提拨,本会尚难认可。以预备费之性质,其能适用者,只有两途:一为备原预算之不足,一为原预算所未裁之偶然发生事项。制糖公司,皆未合以上两种性质,故欲设公司,须另拨他款方可。继由三十六号出席谓,原案由官家拨款,似宜赞成。然权其轻重,不能将此款移至最紧要之用途。乃本局去岁议决之大豆公司,较之以萝卜制糖,甚有把握,何必舍其近而远求乎?后由议长禀众说报告,以萝卜制糖,仅由试验场发明,宜广播籽种,俟种者人知利益,再设公司不迟。现既省官款五十万元,先请移设豆业公司。俟公司发生,更可设立制糖公司,一举两得。请大众表决,全数四十二人赞成,案遂通过。拟下点钟开审议会,遂不得其详。

《盛京时报》,1910年10月14日

奉天谘议局汇录

九月初四日午后一时，谘议局开议，议题为：交议募集公债，振兴实业。议长报告后，即由十三号出席，说明公债与银行性质。继由二十号陈述银行与公债各有不同，又由五十号体查原案本意，畅叙公债之可以募集。复由十三号、二十六号、三十七号各述意见。时已三钟，略为休息。继见悬牌，禁止旁听，内容遂不详悉，容再访登。

九月初五日午后一时，谘议局开议，议题为：交议设立劝业银行案。议长报告后，首由十三号发言。以劝业银行与昨议募集公债之银行，是一是二，以原案文字上之解释，则二者无大悬殊，则并案议之可也。倘因本省金融奇紧，各设一行，尤为本会所欢迎。此法律审查会之结果也。继由三十六号发言，谓银行固不妨多设，然并力先成一行，倘有余资，尽可多设分行，总要以做到为是，无取乎多。继由五十号发言，赞成三十六号之说，谓由两项银行选择其一，而实力做去为要。继由三十七号谓，不如合并设立一种，但于昨日之公债，须要另拟章程。继由四十九号、三十七号略为辩正，复由十二号出席，谓两银行双峰并峙，我奉金融当益活动。后由议长汇众说而请决议，主张合并者投白签，否则投黑签。结果以三十二白签，对七黑签，从可决通过，遂暂休息。闻下点钟开讨论会，禁止旁听。初六议题为：拟设柞蚕缫丝工厂案，余容访明再登。

九月初六日，谘议局议案为：拟设柞蚕缫丝厂，及拟设山蚕公司两案。闻系禁止旁听，故未悉其内容。

九月初八日午后一时，谘议局开议，议题为：建议东省内政，应兴应革之要略案。悬牌禁止旁听，故不得详其内容。闻明日议题为：交议规定巡警章程案。所闻殆此，姑志之，以观其后。

九月初九日午后一时，谘议局开议，议题为：规定预备巡警章程。由议长报告此案始末情节，并将督署札文，令书记读讫。当由二十八号详言，名称上之受害，必致归巡警管辖，拟竭力争持到底为是。继由五十号谓，督署以赞成堡防，后有人虑及民与警恐有冲突，故使之归巡警节制。现在无须在名义上着意，但使严订章程，权限分明，亦不致受巡警役使。此大小轻重之关系也。继由三十六号谓，前说愚甚赞成，但彼此口舌争执，徒劳无益。愚另有一案，可以防止附属巡警之弊，亦可划清权限。复由二十八号详陈堡防本末，末由三十七号请开审议，以便详细核议。经议长询及，全体皆赞成，拟三点二十分开审议会，遂摇铃散会。闻审议会禁止旁听，后事遂不详。

《国民公报》，1910年10月15日

奉天谘议局第二次常年会九月十二日议事录

九月十二日午后一时开议，议题为请裁各属分区董事，归董事会及乡董办理收捐事宜案。议长报告后，由十三号出席报告法律股审查结果，谓本股对于此案均极赞成，但其中不无变通之处。原议题"收捐"二字，拟改为"捐务"二字，"办理"二字，拟改为"催收"二字，以各区地方辽阔，人民交捐不便，故注意在"收"字。又甲条收捐科，应改为"各属捐务处"，仍行成立，以总其成。俟自治机关成立，再谋变更。乙条董事有无车马费，可不规定，以存一般普通之规则也。丙条限制地方一层，他案已见，此案即可不提，且于本案不类也。继由二十号发言，谓政事股均极赞成，且另有用意之处，请大家斟酌。后由议长汇众说而报告，又由五十号谓，此项董事暨规则，应另行规定。议长报告此项规则虽有警务通则，更须加严规定。关于用款不准挪移支销，必须榜示，非严为规定，恐自治入手，不被他人摧残，反被自己败坏。报告呈请用起立法表决，全体赞成，通过。继提出各处请议书，计六件，先由书记读原书，次由谘议股长报告。最后表决，计通过准代呈者六件。议毕，振铃散会。

《盛京时报》，1910年10月16日

奉天谘议局第二次常年会九月十三日议事录

九月十三日午后一时，谘议局开会，议题为建议变通奉省八旗兵官，改练陆军案。议长报告后，由二十号出席，谓八旗兵官无所事事，不若以此款编练陆军，则化无用为有用，而旗且有出路。其编制方法，请饬旗务处与督练处详细核定。政事股审查之结果如此。继由三十六号出席谓，予系旗，熟于旗属情形。当初次帅奏请旗官降补，议而未行，达寿以有此奏，嗣后化除满汉各折，数见不鲜，刻下时属日危，不可再事敷衍。且有权利而无义务，本心以颇自愧。今岁放缺，势为汉人所不平。长此不变，必生畛域。查旗属每年出款不下一百六十七万，足成陆军一镇。就令不足，奉天势必练兵，亦可由官款酌拨。旗官之老成有阅历者，亦可酌用；其年少者，可入讲武堂及法政学堂，以造成人材。其应用器械，可由八旗官产制造。此提案之原意也。继由十三号出席谓，本会之意与政事股意见相同。所以赞成，亦有理由。论国家对于八旗生计，颇费踌躇，旗制变则旗人生计势必困难，然奉天旗人比他省尚不甚窘，然薪饷一裁，必招反抗。然处此时势，万难不变，固不论如何之反抗也。复由三十七号出席谓，此案早有人提及，经次帅交各协佐会议，均不赞成，然迄今数年，阻力自少。然屯案交旗务处，恐亦前后顾虑，故须将裁兵之如何处置，旗官如何处置，均要布置得法，或不致横生阻力也。后由议长报告以上诸说，且谓不将疑团打破，不能动听，且旗官必须设法安排出路，至变通办法，须有条件，俟处决后，请人修正。得四十四人赞成，案已通过。次开读会，系交议柞蚕缫丝场案。读毕，众认可。中间休息。四时，议裁劝学员归董事会办理案，研究二时之久，仍交原人修正。遂散会。

《盛京时报》，1910 年 10 月 16 日

奉天谘议局覆各府厅州县各团体函

敬覆者。昨准来函，内称贵城绅商学农及自治各界，以本省危亡迫于眉睫，非即开国会，难于挽回，拟亲诣督辕，吁恳代奏，不期而集聚者万余人。并引证直省百姓，共诣督署，请奏蒙允，而山西巡抚并已出奏，他省皆然，我省时局尤难稍缓。贵局既为全省代奏，请核夺示覆等语。本局查，即开国会一事，已经本局于开会之初提出议案，决议请督部堂代奏，乃各城不知其详，纷纷会集多人，如贵处之办法者，已不下二十余起。各致函本局以救亡之良策，而又不惮跋涉，赴省要求，用意良深钦佩。特以一城以一万人起例，则二十余城，已在二十万人之数。续到者尚不知凡几，声势汹汹，骇人听闻，致启旁观之疑。且人多程度不齐，安知不别生枝节。又往返川资，在省住宿，经济劳力，二受其损。旷时废事，劳民伤财，万不可举。务祈贵处诸君子，苦口劝导，可告以请开国会，谘议局已用正式公文，请督署代奏。锡帅宽厚爱民，不避难苦，本年七月赴京筹商大局，国会代奏必邀允准。暂各回乡安业，静候省内佳音。倘始终寂然，确知总督不为代奏，彼时再聚多人会合赴省，亦不为迟。如此说法，谅百姓不致十分反对也。诸君乡望素孚，众所取决，万勿使之嚣张，是为至叩。专覆。敬颂公安。

《盛京时报》，1910 年 10 月 16 日

奉天劝业银行与募公债并归一事

日前谘议局接奉督宪交下设立劝业银行与募集公债两案，提前议决。业于初

五日由议长报告，嗣经众议员先后发言，咸谓设立劝业银行，与日昨所议募集公债，二者若据文字上之解释，无大悬殊，仍应并案磋议为当。后由三十六号发言，谓银行不妨多设，宜并力先设一行，倘有余资，尽可多设，总以做到为是。当经大众赞成，择其一项，以实力做。夫我奉省金融界当能活动，于是案遂通过。（逸）

《远东报》，1910年10月16日

督宪派员到谘议局代陈意见

督宪日前以谘议局开会，所议各案，均关重要，特委公署边务科参事吴慈培观察，暨民政科参事陈太守阎二员，每日亲往谘议局，参与议案，特为督宪代陈意见云。（逸）

《远东报》，1910年10月16日

奉天设立银行案决议

此次奉省谘议局开常年大会，锡督交议之案，以募集公债二百万元，为兴业机关，及筹设劝业银行二件，当务之亟，最关重要，已于初五日午后开始集议。是日议员临席者四十一人。首论公债，议员刘兴甲等，极言奉省经济之危险，断无力量办此。议长孙百斛、吴景濂则谓：直、皖、鄂诸省，尝著成效，奉省亦可仿办。双方辩驳，议场中颇有活动气象。旋宣告休息。初七日再开会，乃将募债案撤回，专议银行设立案。复以兴业、劝业二者性质相别，主张分立合并，各持一见。最后投签，结果合并派得三十二票，分立派仅有七票，遂决议二种银行并立，作为通过。至资本募集、营业方针等事，再审议决定。

《帝京新闻》，1910年10月16日

奉天谘议局议事周表（二）

日　　期	事　　项
宣统二年九月十五日	审查会
十六日	交议整顿矿务案
十七日	筹设全省府厅州县游民习艺所案
十八日	提议奉省女学宜极力整顿逐渐扩充案
十九日	修建议会积谷备荒案
二十日	修正预备巡警章程案
二十一日	星期休息

注意：本局每日上午开各股审查会。下午除秘密会议不公开外，余均由一点至五点二十分开议。中间每一小时休息三十分。特记。

《盛京时报》，1910年10月18日

奉天将以国会事激变

奉天谘议局致各外城函，云：敬覆者。昨准来函，内称贵城绅商学农，及自治各界，以本省危亡迫于眉睫，非即开国会，难于挽回，拟亲诣督辕，吁恳代奏。不期而集聚者万余人,并引证直省百姓,共诣督署,请奏蒙允,而山西巡抚并已出奏,他省皆然,我省时局尤难稍缓,贵局既为全省代表,请核夺示覆等语。本局查,即开国会一事,已经本局于开会之初,提出议案,决议请督部堂代奏。乃各城不知其详,纷纷会集多人。如贵处之办法者,已不下二十余起。各致函于本局,以救亡之良策,而又不惮跋涉,赴省要求,用意良深钦佩。特以一城,以一万人起例,则二十余城,已在二十万人之数。续到者尚不知凡几。声势汹汹,骇人听闻,致启旁观之疑。且人多程度不齐,安知不别生枝节。又往返川资,在省住宿,经济劳力,两受其损。旷时废事,劳民伤财,万不可举。务祈贵处诸君子,苦口劝导,可告以请开国会,谘议局已用正式公文,请督署代奏。锡帅宽厚爱民,不避难苦,本年七月,赴京筹商大局,国会代奏必邀允准。暂各回乡,安业静候省内佳音。倘始终寂然,确知总督不为代奏,彼时再聚多人,会合赴省,亦不为迟。如此说法,谅百姓必不致十分反对也。诸君乡望素孚,众所取决,万勿使之嚣张。是为至叩。云云。

《国民公报》,1910 年 10 月 18 日

奉天谘议局第二次常年会九月十六日议事录

九月十六日午后一时,谘议局开议,议题为整顿矿务案。议长报告后,由二十号出席,大旨赞成此案,须另设机关,由劝业道招集各团体,组织一会。以后办法,均由此会核议。此政事股审查之结果也。次由三十五号发言,大旨与政事股同一宗旨。继由三十号发表,谓矿有三百余处,无一商办成功者,此案界限太宽,令人无从著手,不如作为质问案,并提出旧案修正,并催办矿业学堂及保存会为要。继由五十号发言,此案似无庸质问,拟由组织会务入手,此会一成,则明于矿务之人,自必纷纷来告,则真情毕露。又由三十六号、四十七号畅论办法,中间休息三十分钟。二时一刻,复议。议长报告并说明新案对付办法,及旧

案如何修正。起立表决，得四十一人赞成，案遂通过。继议裁收捐董事，归董事会收捐案，议长报告此案系由五十号修正，即请五十号报告。报告毕，请刷印众阅后，再为表决。时已五钟，遂散会。

《盛京时报》，1910年10月19日

奉天谘议局第二次常年会九月十七日议事录

九月十七日午后一时，谘议局开议，议题为筹设游民习艺所以清盗源案。是日袁议长代席报告。首由二十号出席谓，原案理由非常赞成，惟条件尚应斟酌。第二条资本，改为以五千至一万元为率。第五条改为由监督与自治员绅核定。第七条乙项添不拘年岁四条，改拨警数名，以防秩序滋扰。继由三十六号详述提案原委，并细述原案意思。继由第十号出席谓，各地方官遇有公文，多虚应故事，拟加第二条下，如云"各属自奉公文之日起，限几个月一律开办"。又第八条加以游民姓名榜示，俾众周知，以彰其过。继由十三号谓，对于理由非常赞成，但举一事必有目的，且必期目的之达到。今一则清盗源，一则兴实业，则宗旨不专，即无一定。游民之界限，本会审查：（一）要定游民之标准，取狭义，无取广义；（二）要用强迫手段；（三）须详定规则。各股报告毕，休息三十分钟，复议。当由三十六号说明游民标准，及榜示不如送官备案。复由三十七号再发明严为限制之意。继由四十八号说明原提案之意，用急则治标。方法年岁，自十五岁起至五十止，采强迫主义，用较比寻常工厂加痛苦之意。此项习艺所，又须多设，并参以感化制度。昨由袁议长报告，并十三号说明限制办法，遂表决，得三十七人全体赞成，案遂通过，举起草员修正。又报告公文，遂散会。

《盛京时报》，1910年10月20日

奉天谘议局第二次常年会九月十八日议事录

九月十八日午后一时，谘议局开议，议题为提议奉省女学宜亟力整顿，逐渐扩充案。议长报告后，由二十号出席谓，理由办法均极赞成。惟第二条日英文原案，拟裁去。鄙意以女师范瞬将卒业，弃之可惜，不如姑仍其旧。婚书费一节，拟除各城师范外，余归各城镇乡女小学自拨。次应法律股报告，三十五号出席谓，理由与政事股相同。惟日英文仍从原案。继由十号出席谓，女学用男教员亦可，但须添派女管理员，并学舍地址宜择幽静之地。继由二十七号报告原案意旨，又由三十七号谓，以男教员之刚，与女生多有补助。英日文仍当去之。婚书章程，应加核定。收婚书费期限，亦应确定。议长报告，于"慎选教员"条内加女管理员，于"严守规则"内加选择校址一层，并添服妆宜守定章，警察格外保护。至婚书费一项，各城以办理师范、保姆、高等、小学各种学堂，准由各城镇乡收费项下协济。遂请表决，得四十四人白签，全体赞成。继续读筹设萝卜制糖公司，读毕，通过。后提出催交预算案，全体可决，遂散会。

《盛京时报》，1910年10月21日

奉天谘议局第二次常年会请议答复书

一、宁远州第二乡议事会请议盐厘委员不循旧章虐待滩户由一件

答：来函所指各种弊窦，情词与陈汝春请议书相同，业经代呈。现函与请议书格式不合，应毋庸议。此复。

一、海城镇乡议事会代表秦玉璞等请议剔除征收折价积弊书一件

答：收悉。据称该县从前折价征收积弊，自宜剔除。兹经全体声明，应从速代呈。

《盛京时报》，1910年10月21日

申明谘议局责任及权限

督帅准宪政编查馆咨，略称：谘议局系奉明诏成立，关系至为重要。乃查各省对于谘议局议决之事件，多未能见诸施行，长此以往，恐该局与督抚等将势成牴牾。特由本馆斟酌情形，将谘议局责任及权限，详为申明，通行各省知照，庶彼此遵守，督抚无摧残舆论之名，谘议局亦无逾越范围之举等因。当由督宪札饬所属，一体照办云。

《远东报》，1910年10月21日

奉天全省谘议局呈请代奏即开国会奏稿

呈为东省危迫，牵动全局，吁恳即开国会，以救危亡，谨请代奏事。窃本年五月间，各省谘议局议员、东三省及各绅民、华侨等，以内忧日迫，外患日深，伏阙上书，吁恳速开国会，以维大局。钦奉五月二十一日谕旨，仍俟九年筹备完全，再行降旨，定期召集。仰见容虑周详，审慎持重之意。薄海臣民，咸晓然筹备秩序，无事再行渎请。即东都人士，日濒危亡，亦冀次第程功，得以支撑时

局，不妨忍死须臾，以企国会之成立。乃甫逾一月，而日俄协约之事成，又逾一月，而日韩合并之祸急。风云惨变，朝野震惊，一若幸我国会之未成立，乘此上下不交之际，急图乘时进取之谋。两月之间，事变如此其剧，而谓能从容图治，竟九年完全筹备之事，恐狡焉思启者不我待矣。伏惟圣谟远大，鉴此时难，眷然东顾，必思施根本之治，萃全国之力，以保东省，而维大局。则顺时应变，即开国会，使上下交，而内外靖，早在圣明预计之中。

顾东省士民犹不能已于渎请者。东省时事日益阽危，以东省之财之力谋东省，东省不能存；即合全国之财之力以谋东省，而以迟徊瞻顾出之，东省亦不能存。彼挟其全国人民之强力以谋我，而我不以全国人民之强力急起而相抗，徒劳皇上忧廑于上，内外大臣经营于下，规划沮于强权，失败诿于气数。甚且谓国会人才未经历练，仓卒召集，徒滋纷扰，抑曷能为？是说也，阻宪政，误大局，而言之易于动听。此东省士民所以披沥上陈，不惮屡渎之咎，而以即开国会呼吁请命者也。夫事至万难，则进行难缓，理有对错，则不辩自明。国会之益，前上书者已俱详陈，无庸赘渎。请以东省之往事，并战胜国之国会证之。甲午之役，我孝钦显皇后、德宗景皇帝十年之前，烛照几先，即设东三省练兵大臣，严整边备。当时以李鸿章之硕辅，南北洋海军，及湘军淮军之精锐，以为战胜三岛，如操左券。及宣战后，胜负之形，竟至相左。何则？彼恃有国会之后援，增筹兵费，鼓吹国民军，保护军人家庭。即战胜之后，犹议组织义勇团，增长国势。故甲午之败，非庙有遗算，乃少数民力与全国民力比较相差之数也。今东省之危，十倍曩日，乃欲责枢府疆臣数人之力，保存已危之局，以与立宪之全数民力抗，诚不知其可也。向使甲午以前，深维国本，早开国会，军民一心，力图国是，胜负之数，当未易量。往不可谏，来犹可追。今幸朝野上下鉴于往事，惩前毖后，已知强国之根本在立宪，立宪之精神在国会矣。又知保韩而后，东省危亡，急无可待，舍根本之计画，更无别策矣。然则我皇上亦何所顾虑，何所疑畏，而不出于此也？

恭读五月二十一日谕旨，有谓论议院之地位，在宪法中只为参与立法之一机关耳。其与议院相辅相成之事，何一不关重要，非尽议院所能参预。而谓议院一开，即足致全功而臻郅治，古今中外，亦无此理。是我皇上洞微烛远，统筹兼顾之至意也。窃谓国家至重，宪政至繁，非领挈则衣不振，非纲举则目不张。国会不立，则百事莫举，考之各国，莫不皆然。议院为参预立法之机关，其与议院相辅相成者，则行政、司法之机关，诚为重要。今法院编制，粗具规模，议会而外，急宜组织者，莫若责任内阁一事。然议院与内阁相对待，议院立则庶政公诸舆论，下情无壅蔽之虞，责任归诸内阁，政府无推诿之弊。绅民之所以殷殷请愿者，正以召集国会，则内阁成立，即在同时并举之中。他若枢密院、会计审查院之提前组织者，亦属期月可成之事。分途并进则有功，非谓议院一开，而行政之重要机关皆可缺焉不讲。正谓议院一开，而行政重要机关，转可促之速成。至于庶政待理，千绪万端，国会既开，次第经营，进行自速。日本改正官制，现行法规，其颁布多在议院成立之后，典籍俱在，可覆按也。若如各衙门行政大臣所奏，按期次第筹备，一切尚未完全，不知宪政繁赜，因时变通，积久大备。所谓完全者，乃政府与国会无穷之责任，与时竞进，非第九年之功，亦非筹备事宜清单所能尽也。

谕旨又谓，况以我国幅员之广，近今财政之艰，屡值地方偏灾，匪徒滋事，皆于宪政前途不无阻碍。是我皇上深谋远虑，防患未然之至意也。窃谓幅员无论广狭，而五方风气不能强同。日本之北海、冲绳人民程度不及内地，而不足为立宪之障害，我国之新疆、蒙藏亦犹是也。至于财政之艰，地方偏灾，匪徒滋事，正以国会未开，上下隔阂所致耳。租税无待承诺，即施以强制之威权，财政不允监察，但责以必尽之义务，偏灾缓于报闻，匪徒因而煽惑，事急变生，铤而走险，长沙、莱阳之变，其前鉴已。俄国幅员至广，人民之程度至为不齐，然自旅大败后，颁布立宪，召集国会，以岁亏五百万兵费案，国会于烟、酒、糖、火柴四项下加捐补助，国民以既经国会议决，无抵抗者，而上下之隔阂以消。然则财政之艰，正赖国会之协赞，有国会而上下之情通，内患因之以靖。宪政前途之碍，国会其疏通之具矣。

谕旨有谓，本年九月，即届资政院开院之期，业已降旨，选定议员，先期集会，如能上下一心，共图治理，不惟立议院之基础，兼以资议院之精神。是我皇上思艰图易，循序以进之至意也。窃谓国家立一机关，必先辨其性质，杂而不纯，障害因之而起。各国贵族与众议员多取两院制度，为其性质异也。今资政院之组织，各部员司选充议员，是行政与立法相混淆也。且合贵族与众议员而一之，组织既不融洽，恐朝野两派冲突一生，不惟失议院之精神，更恐无识者以资政院为诟病,将深闭固拒于国会之请愿,而议院之基础坏矣。诚欲上下一心,共图治理,则宜采两院之制,随其性质,各为组织,而后议院始立于颠扑不破之地。不宜暂为迁就,以误促行宪政之至计也。

综计以上各项理由,即令地无东省,时非今日,揆诸皇上励精图治之心,已属缓无可缓。何况迩来时事日异月非,均势之说,万族一心,祸机一发,内地各省将与东省同时受害。不惟九年筹备,河清难俟,即缩短年限,迟至二三年后,始行组织国会,亦挽救莫及矣。近来论时局者,辄以东省为已覆之水,已破之甑,不必耗内地之力,空费经营。此等悠谬之谈,诚不知其何心。议员等但念发祥重地,根本攸关,一有动摇,全局瓦裂。正宜即开国会,化除省界,置东省于完全国界之中,联合二十二省之人才物力,以维大局,而救危亡,不宜筑室道谋,今岁筹备不完全,明岁程度不划一,竟令中国之大,终无会筹国是之日,而致沦胥。又况召集大计,定自先朝,宪政筹备,已经三岁,默察时局之当否,静验人心之从违,固无待烛照数计,已如水之赴壑,群注于国会之一途。诚使明诏一颁,自必全国倾风,智竭其谋,勇竭其力,而危犹不可转,根本犹不能固,必无之理也。伏愿皇上宸衷独断,即召国会,以保东省,而救危亡,勿格于内外臣工老成持重之谋,稍短期限,以为敷衍人民之计,则东省幸甚,全国幸甚!所有东省危迫,牵动全局,恳请即开国会,以救危亡各缘由,理合具呈恳请代奏施行。谨呈。

《盛京时报》,1910年10月22、23日

奉天谘议局第二次常年会九月十九日议事录

九月十九日午后一时,谘议局开议,议题为遵修义仓积谷备荒案。议长报告后,由三十五号出席谓,本案临时会曾经提议,现因外界感触,此案复成。本席对于理由办法均甚赞成。其中条文尚有修正者,如集谷甲项,每亩出粮一升,拟

改为每日出粮一升；赈贷甲项，出贷仓谷时，每石出息一斗，拟改为二斗；丙条遇大荒时，计口售粮，拟改为力不能偿还者缓至次年。此本会审查之结果也。次由二十号出席谓，办法下加权限一条，其事由议事会议决，由董事会乡董执行，均须列表呈报。积谷甲项，改为每六亩出谷一升，由业主出，但不满二十亩者免集。赈贷丙条，拟删去力不能偿三句。杜弊甲条，改为每届年终，造具四柱清册二份，本会与监督各存一份，一面榜示周知。继由二十八号出席谓，屯案为鄙人于临时会提出，今又提起者，正因新民、洮南水灾时出，临时赈钱必致浪费，且凶年之粮分外价贵。且本意所在，以时有兵灾，藉此事以维系人心，此提案之要点也。继由二十号出席谓，乙条改为出贷平粜，须于廿日前宣布周知，查明户口底册，酌量匀放。更酌商一条，遇有交通便利地方，改集谷为积钱，发商生息。请大家核议。继由三十六号谓，集粮一节，但由地东出粮借贷之息，宜从重为宜。又集钱之说，百元不及五十元之用，以收时粮贱而钱少，买粮时粮贵而费钱也。至法律股缓年偿粮之说，久之必至拖累，仍求研究。末由议长汇众说报告，一积钱说取消，众赞成。加耗折规定，每石应折三升，地数以六亩出粮一升，不得二十亩者免集。出粮之法，地主与佃户各出一半，并加条件。末云，此系大概办法，其余未尽事宜，由各属自治会酌量当地情形规定。请就此表决，得全体赞成，案遂通过。闻下点钟开研究会，商议公推审查科人员，遂摇铃散会。

《盛京时报》，1910年10月22日

奉天谘议局第二次常年会九月二十日议事录

九月二十日午后一时，谘议局开议，议题为修正预备巡警章程案。吴议长假，孙议长主席报告。由十三号出席谓，本股坚持堡防名称，设令堡防隶属巡警，则种种困难，且使民兵多一层上司。又本案由去年常会及临时会两次议决，无端奏请立案，本股实难承认。此不认可预警名目之理由。继由三十六号谓，法律股报告意思，实为全体所同，但恐争之，究竟于事无补。愚意以预警为征兵基础，其原章自然无效。请大家研究。继由三十七号谓，此案均未赞成，而哓哓至今者，良由时局危急，但可通融，何须反对。但现在乡间业经办起，而效果毫无。是赞成既不完全，不赞成亦不过仍旧破坏，且议者自议，行者自行，此所以主张必多也。继由十号在座发言谓，议题不承认，何须修改。又由二十八号谓，堡防是督署发生，乃自行取消，改为巡警。及本局议后，又改为预警，此即侵夺权限所在。故在所必争。末由孙议长汇集众说，先研议题是否承认，投签表决，得三十七支黑签，四支查案，遂表决。举起草六人，案成再议。遂摇铃散会。

《盛京时报》，1910年10月23日

奉天谘议局第二次常年会九月二十二日议事录

九月廿二日午后一时，谘议局开议，议题为东省盗匪猖獗，请变通刑例，从严法办，以遏乱萌而杜外患案。吴议长假，孙议长主席，报告议题大意。由二十号出席谓，本股对于此案理由办法，均极赞成。惟对此议题稍加参考，拟将奉省"盗匪猖獗"四字删去，至"变通"二字亦恐滞碍，拟改"暂用旧例"，于其理由内加入临时会批语，引用旧例处加入从前谕旨"奉省盗贼较多，仍就地正法，勿庸解勘"等语。政事会审查结果如此。继由三十号出席谓，本股对于此案颇表同情，惟戊项拟加入"遇有盗匪拒捕，格杀勿论"语，请大家裁夺。继由二十八号出席谓，议题拟用"特增"字样，似觉对于边省危急情形较切。继由五十号出席谓，临时会曾提此案，照言之，不如此项之痛切。现时局如此，故不能不痛切言之。政事股审查理由，均极赞成。继由三十七号畅言胡匪之轻纵，只将就地正法留存，若将特别审判厅沿用行营、发审办法，恐办不到。后由五十号辩明就地正法旧条，现并未废。又由三十六号，可否将此办法授之巡防营务，期其实行，众多不认可。末由孙议长报告理由，照政事审查，勿庸赘述。先将此案表决，再由原提案人修正。投签得三十七支白签，全体赞成，案遂【通过】，摇铃散会。

《盛京时报》，1910年10月25日

提议组织矿业会

日昨午后一钟，谘议局提议整顿矿务一案，始由议长报告，拟另设机关，由劝业道招集各团体，组织一会。以后办法，均由此会核议。继由三十号谓：矿有三百余处，无一商办成功者，此案界限太宽，不如作为质问案，应催办矿业学堂，及保存会为要。后由五十号谓：此案似无庸质问，只须组织会体入手，则明矿务之人员，必纷纷来告。当得四十一人赞成，此案遂通过。（逸）

《远东报》，1910年10月25日

奉天谘议局第二次常年会九月二十四日议事录

九月二十四日午后一时，谘议局开会。议长报告，预算股提出，将本局重要案于二十七以前议竣，专待预算案交来。当由三十七号报告理由，三十六号说明办法，结果仍拟催文，请公署速交，一面分电院部请示。次由议长命书记读建议请开国会回批，请大家公阅后再议。次议提议征收税捐附捐专充自治经费案。三十五号出席谓，对于此案，颇有慎重意思，拟请从缓。次由二十号谓，本股拟改为二十分之一，丁条下再加一条，订明未设统捐之州县，其所收附捐截留，或拨回之意，且鄙意仍请从缓理由。三十号说明，本股意见与法律审查相同，恐滋流弊，亦请从缓。次由五十号说明提案本意，谓关系甚重，办理不可不急，更不可减少，少则无济于事。继十四号、九号、三十六号、十号、六号，或主急办，或主缓办，或主修正旧案，其说甚多。嗣以天大雷雨，电震铅瓦声，对面不相闻，且又乌黑，遂延会。即振铃散会。

《盛京时报》，1910 年 10 月 28 日

奉天谘议局第二次常年会九月二十五日议事录

九月二十五日，谘议局为审查预算案，开全体特别审查会。因将本日应议之修正禁绝烟害案移入二十六日下午并议云。

《盛京时报》，1910 年 10 月 28 日

奉天谘议局与国会

昨请愿代表团接奉天谘议局电，云：电悉。资政院国会案通过，同深欣慰。敝局请愿案，由都察院代奏，督另联衔，定二十三日出奏。

《国民公报》，1910 年 10 月 28 日

奉天谘议局第二次常年会九月二十六日议事录

九月二十六日午后一时，谘议局开议。出席议员四十人，行政委员亦出席。议长报告各省预算案，如福建、江苏等处均已交出。现会期过半，公署尚未交出，拟请此案无论何日到局，即以此日作为九月初一计算，向后补足日期，以终其事。众赞成。又报告建议请开国会文批，内有人民建议，向例由都察院代奏一节，今日由预算股提出根据，于宪馆议覆于大臣折内上书陈请，定例在内由都察院，在外由督抚代奏，留另行呈请。众赞成。又度支部咨交总督车捐亩捐案，及筹设缫丝场议案回批，遂提出本日应议之筹议边内外胡匪防剿办法案。当由二十号出席报告，政事股拟将此案附于严治盗贼案之末。继由十三号出席谓，此案与严治盗匪案大致虽同，而主旨各异，并详言差异之点甚多，不妨仍使之独立。继由原提案人四十九号说明主旨所在，结果仍主张此案独立。遂请大众表决，全体起立赞成。继议修正禁绝烟害案，二十号出席说明，"修正"二字不正确，拟改为请议案。三十五号出席说明，"修正"二字不确，可否作为增加禁绝烟害（条）〔案〕件。继由原提议人详言原案，并问大家可否作为质问案。议长谘问大家可否作为质问、行政委员说明租界禁止之困难，后经表决，结果仍作质问案。休息后，开扩充女学案读会，大家无甚增改，遂定稿呈出。遂摇铃散会。

《盛京时报》，1910 年 10 月 29 日

奉天谘议局汇录

九月二十三日午后一时，谘议局开议。议长先报告各省来电，酌拟办法。次议二案，议题为：请裁各属劝学员，归董事会乡董佐，补助劝学事宜案。议长报告后，由二十号出席，谓：此案本股甚为赞成。惟题上"补助"二字，拟仍用"办理"【二】字；甲条拟增入"其未办镇乡自治，或学务未兴之处，姑仍其旧"；丁条拟改为"所有本区筹款、兴学事宜，悉责成之"。继由三十五号出席，报告村学董之五十元，为数甚少，不若留之，以资补助。继由三十六号出席，谓：村学董如仍留原薪五十元，实与原案冲突，拟仍旧原案。继由三十七号谓：不用补助，而用办理，其仍留村学董之五十元，绝不认可。继由十三号畅言"补助"二字之理由，谓：本局有两种议案，劝学归董事，收捐亦归董事，将来实业、土木、水利、卫生，一切自治章程，执行之事，皆责在董事。董事如专办劝学，他种责任，不皆废弛乎？至于村学董支薪之事，因来回领款，买置物件垫款，一切均责之村学董，且令其纯尽义务，试问一人做事，费力赔钱，而有多数人訾议其后，而尤能坚持不懈者，未之有也。继由三十七号、四十七号、十三号往复辩论"补助"二字【之】意义。三十六号以为"补助"二字，意义已在条文中。末由议长汇集众说，甲条照政事【股】审查结果加入，"村学董"下加以"其因公赴劝学所时，酌给路费"，议题改为"办理学务事宜"。以此表决，得四十四支白签，案遂通过。复报告下点钟公推审查科人员，遂摇铃散会。

《国民公报》，1910年10月29日

奉天谘议局汇录

为建议事。窃本年五月，各省谘议局议员、学界、商界、南洋华侨，及东省绅民等，以时局危迫，吁恳速开国会以保大局等词，呈请都察院代奏，未奉俞允，以上情形，谅在明鉴之中。自顷以来，警报纷传，时势愈迫。日俄协约以后，日韩合并又见，人民奔告呼号，不知所措。赖我督部堂公忠体国，入觐阙廷，敷陈至计，东都人士，感佩莫名。顾以救急之方，在审时势，为政之要，在维本根。设使紊乱缓急先后之序，枝枝节节而为之，虽有嘉谟，不足以为治。时局如此，一误岂容再误乎？为今之计，惟有即开国会，庶足补救万一。谨为督部堂缕晰陈之。（一）曰内政。自筹备宪政以来，各部动以空文责诸各省，而于地方情形及经费所由皆不问也。自中央集权之议定，各部对于各省横加干涉，而于各省官吏是否侵权不问也。甚至一部有一部之计划，而意见纷歧，一时有一时之权宜，而固执不变。各部有其权而无其责，各省有其责而无其权，天下岂有如是之政体乎？国家以地方之重寄之督抚，权限本极分明，各部只知集权而不知分权，政事安能敏活？如此预备立宪，势不至贻误不止。无他，无内阁以负责任，故行政不能统一，权责遂至混淆，无国会以催促内阁，故内阁不能成立。即使敷衍成立，而无国会以监督之，亦必不负责任。东省地广人稀，改设行省，不过数年，百端待理，加以筹备要政，处处非款不济。从先仅为受协省份，况当多事之日，比年以来，各省协款，积欠累累，任催罔效。而东省人民租税之担负，只有此数，现已无可再加。今欲整理地方之政，则省库空虚，欲为财政之谋，则部中掣肘。然使要政以无款而搁置，则部中之诘责又来，处时之艰，用心之苦，未有如我督部堂者。夫东省者乃中国之东省，非东省之东省，设有国会以监察，数府通盘筹计，必不至如今日之危也。此东省内政有待于国会者一也。（一）曰外交。甲午一战，仓皇失利，损我国威，三国干涉还辽，日退俄进，辽东租借，辅以东省铁路公司，狡焉有南下之志。及庚子之变，势益扩张。日人处心积虑，愤不能平,遂有日俄之役。日人以战胜之利,尽获俄在东省之权利及特权,条约具在,可覆按也。日人雄猜阴狠,思镇闭门户,独揽利权,美人为掌握太平洋海权起见,久思在远东伸张势力,日之利,美之害也。去年遂有满洲铁路中立之提议,而外交失败,适以促成日俄协约,此并韩所由来,而人之所共见也。推原祸始,不能不归咎于我国之外交,每缔一约,遇事则迁就了结,事后则贻害万端。举东省之土地人民,已暗中断送于一二定约者之手。试取交涉档案而观,则强者发冲冠,懦者泪盈眦矣。居今日而欲图补救,势非口舌所能争。要非改正条约,无以资根本之解决。然无国会以为外交之后盾,则条约终无改正之期。乃者道路喧传,日已暗地增兵,运输军械,俄已厚集边备,竭力经营。设一旦有事,则长驱直入,神京震惊,其祸有不忍言者矣。督部堂审时度势,何尝不知注重外交,乃徒有其心,而无其力。盖两强协合以谋我,而仅以东省相抵抗,胜负之数,不待蓍龟。使有国会以当之,其力自较雄厚。此东省外交之有待于国会者二也。凡此内政外交,何一不急,而顾以根本之国会,则必迟徊审慎,待至九年而后开,彼虎视而鹰瞵者,能假我如是优长之岁月乎?比东省士民所为寝馈难安,而痛泣不已者也。现在速开国会之声,遍于全国,在官在野,均无异词。各省绅民又三次伏阙上书矣。山西抚部院已单衔入奏矣。直隶士民会集多人,呈蒙直录督部堂批准代奏矣。风闻军机王大臣主持斯议者,亦有人矣。督部堂公忠刚直,圣眷独隆,诚可格天,久为东省士民之所共信。际此时危势迫,何惜一言而不为民生造福乎?本局自开会以来,警告日至,咸以为危亡在即,非即开国会,不足救急。人心愤激,溢于言表,亦可见一般之舆论,而非本局之私言。叠经开会讨论,询谋咸同,确有见于非即开国会,亦无救急之法,谨拟具折稿,缮呈鉴核。应请据情代奏,不胜迫切之至。理合备文呈请督部堂批示施行。须至呈者。

一、张璟等请议私售私押与外人土地,惩儆勒令赎回,以防后祸书一件。

答:书悉。查私售私押土地于外人,向为约章所不许,应候代呈督部堂核办。俟奉批后,再行答覆。此覆。

一、宋秀峰等请议吞搂警款,私造假账书一件。

答:书悉。查此案既经呈蒙督部堂批准饬查,当能秉公办理。惟事关贪赃舞弊,情节较重,应候代呈督部堂饬催。俟奉批后,再行答覆。此覆。

一、陈汝春请议盐厘委员不循旧章,虐待滩户书一件。

答：书悉。据陈各节，如果属实，殊属变乱旧章。虐待滩户，应候代呈督部堂核办。俟奉批后，再行答覆。此覆。

一、王德纯等请议警务废弛，草芥人命，残害地方，亟应究办，请速代呈书一件。

答：书悉。据陈警务废弛，抢案迭出，如果属实，殊不足以安人心，而靖地面。应候代呈督部堂核办，俟奉批后，再行答覆。此覆。

《国民公报》，1910年10月30日

奉谘议局对于不交豫算之办法

奉天谘议局于二十六日开会。议长提议谓，福建、江苏等省均已交出预算，现在会期过半，而本省预算，公署仍不交出，殊失监督财政之义。拟于预算交到后，即以此日作为九月初一计算，向后补足日期，以终其事云云。众均赞成。

按：此事极是，愿未接到预算及已接到而过迟之省份，仿而行之。

《国民公报》，1910年11月1日

谘议局加展议期志闻

谘议局自九月初一日开常年会议，照章四十日即应闭会。兹已届期，闻本季之议案较为繁多，加以开设国会之期缩短，应行宪政，亟宜预备。且东省预算财政，现正会议划分国家税、地方税之际，审查稽核，均需详慎，尚未议竣。闻已照章呈请督宪加展议期十日，以便赶办各项要案云。

《盛京时报》，1910 年 11 月 11 日

谘议局审查预算案之忙碌

宣统二年预算财政清册，已经督宪于上月杪交付谘议局核议，并划分国家税与地方税两项。但此项表册关乎全省之出入，名目浩繁。该局即于二十八日将各项议案一律终止，各议员分别审查，爬疏钩稽，以期条分缕晰，厘订清楚。迄今已十有余日，闻该局仅办有眉目。现在闭会伊迩，是以各议员日夜经办，定于十三日告竣云。

《盛京时报》，1910 年 11 月 12 日

谘议局大开各界团体会议

日昨谘议局函知各界团体，内称：顷接本省驻京代表来函云，现代表团意思，对于国会短缩期限问题，拟征求各省意见，以定行止云云。本局以问题重大，又须急待解决，自应开会研究，以大众之知识，定唯一之宗旨。兹定于初七日（即今日）上午九钟，在本局开各界全体会议，务乞届时早临为荷云云。兹悉绅、商、学、警各界往局会议者，已达数千人之多云。（逸）

《远东报》，1910 年 11 月 12 日

谘议局请展议期

谘议局现届常年闭会之期,自应遵章闭会。乃局中未曾议决各案,尚属不少。加以国会期限短缩,应议各案更形烦剧。且预算财政,亦未划分清晰,于国家、地方两税,均未详慎劈明。日昨经议长宣告大众,拟具文呈请督宪核准加展议期十日,准于本月二十日闭会,以便十日内赶议各案,而重公益云。(逸)

《远东报》,1910 年 11 月 16 日

谘议局预算财政之办法

东省各署预算财政,均已办理就绪,惟谘议局尚未厘定。现闻已奉宪政编查馆暂行拟定办法:本年自开会时起至十二月止,造一预算表册。另于明年正月起至二月止,造列全年正式预算。以后逐年递推,均以通行预算年度为准,逐一清查,造册呈报。现已声明督宪,并咨会财政局知照云。

《盛京时报》,1910 年 11 月 17 日

谘议局之大会议

谘议局正、副议长日昨邀集城厢议事会议长、董事及绅学各界，在该局会议。闻系为各省谘议局电商公举代表，再上缩短国会请愿书。闻赞成者惟森林学堂与中学堂徐、苏二君最为恳切，其余均随同认可而已。

《盛京时报》，1910 年 11 月 17 日

奉天请愿国会之百折不回

奉天谘议局以国会年限缩短问题，尚应从事研究，特于十三日下午柬邀各界代表，至该局会议。闻主持第三次之请愿者，以各学堂学生代表为最力。其余各界，赞成者亦多。现拟依照湖北办法，各界同举代表赴京。学界诸君，拟举中学堂学生苏君岩荪、森林学堂学生刘君子严为代表，以二君热心国会，特公举前往，冀达速开之目的。闻二君亦毅然以国会为己任，少年英锐，夫固出于寻常万万，国会前途可为一贺。

《帝国日报》，1910 年 11 月 24 日

谘议局闭会纪事

谘议局常年闭会，照章在十月初十。兹因议案过多，请展十日，已载本报。日昨系谘议局闭会之期，恭请督宪到局，举行闭会礼式，并监视互选常驻议员。至午后一钟，始行回辕。并闻该局选定常驻议员王香山等十人，及候补常驻议员殷廷璋等六人，均照章支给薪水，在局常驻云。（逸）

《远东报》，1910 年 11 月 27 日

奉天谘议局反动车捐之用意

省城警务局前因修补马路，经费无出，特征收车捐，以资补助，已志早报。兹闻刻已实行，而城关内外各小车行，以生计维艰，一再要求减捐，率未邀准。日前谘议局以征收车捐，亦是财政问题，自应交局核议，方合局章。乃警务局遽呈督宪批准，任意征收，殊于小车行业生计有碍。日昨特具文呈请督宪取消，刻闻督宪已饬民政司转饬警务局，呈覆核夺云。（逸）

《远东报》，1910 年 11 月 30 日

谘议局拟开临时会定期

谘议局常年会议已于二十日闭会，各议员等自应照章解归。嗣因督宪交议之宣统三年预算案，尚未议覆，前日闭会时，曾由袁议长宣告大众，请勿急于言旋。现已于本月二十五日复开临时大会一次，以便议覆交议预算案件云。（逸）

《远东报》，1910年12月1日

奉天谘议局纪事——临时会议事录

十一月初四，谘议局因审查预算，不开正式会议。

《盛京时报》，1910年12月6日

请开矿产以充自治经费

闻督宪昨准谘议局议呈各属自治经费碍难筹集，请将各属自治区域内未经他人开采矿产，准由自治会发起，报由矿务会移知劝业道，核准集资开采，照章纳税，作为公产，并酌抽成分，作为自治经费等情。当奉督宪示谕，查《城镇乡自治章程》本有公益捐一项，自治会若能于本区内发起，开采矿业，酌收成分，诚与公益捐相符，自应照准。现已札饬劝业道、交涉司会同自治筹办处妥议办法呈覆核夺云。

《盛京时报》，1910年12月7日

奉天谘议局汇录

谨将提议修正推广矿物一案，议决之理由及办法，详列于左：

一、理由

查本届交议整顿矿务一案，本局以与去岁议决推广矿务一案相同。前案尚未实行，后案不必另议，应将整顿办法加入前案，提出修正，免致重复而便施行。业经议决，呈送在案，自应将此案提出，加以修正，以兴矿务而拓利源。

二、办法

（甲）查前案矿产保存会，原照山西路矿保存会办法办理，以保持矿产，拒绝外资为宗旨。然按照矿章，原准外人投资，自宜变通办理。惟矿权关乎国权，若自初订定合同或契约，稍有不慎，即遗害无穷。今欲为保持矿权，利用外资起见，必使主权在我，方有利而无弊。议：矿产保存会成立以后，凡开采矿产，准照矿章办理。惟与外人订定之合同或契约，均须由官府交由该会议可后，方能开办，以期详慎，而保利权。

（乙）查前案业经呈准公布，至今尚未施行。若长此因循，殊非官民协力之意。议：由官府饬行劝业道，酌择房所，拨给开办经费。查照前案，定期召集本省绅士，发起组织矿产保存会，议定会章。闭会讨论，即日实行。

（丙）查前案议于矿产保存会成立以后，即行附设矿业学堂，及矿业研究所，以增知识而资应用。惟培养需时，而待用甚急，自宜提先办理，稍减忍饥待食之忧。议：此项学堂及研究所，由官府饬行提学司、劝业道，查照前案，会同筹立。无论该会是否成立，先行开办，以养人材。

（丁）查前案招徕华侨一项，原议由矿产保存会设法办理，现在利源待辟，而材财两穷，亟宜推广范围，以【期】各埠富商闻风而至。议：一面由官府饬行劝业道设法招徕，一面由矿产保存会设法招致，以兴矿业。

（戊）查各处矿产甚多，要在广为开采。按照自治章程第六条第六款丁项，其他关于本城镇乡公共营业之事等语，各处自治区域以内，多有山荒，不乏矿产，因地之利，举办不难。议：各属自治区域内，如有矿产，未经他人开采者，准由自治会发起，报明保存会核准，集资开采，照章缴税，作为公产。并准招人开采，由该会酌抽成数，作为自治经费。

以上各项，系本局对于提议修正推广矿务一案议决之理由及办法也。总之，议案之效力，重在施行。若徒批准公布，而不实行，则议案即等于未议。现在此案又加修正，当能即日实行。所有未经修正事宜，均照前案办理。此本局所为有此案之议也。

提议修正推广矿务一案批回

督部堂批：呈、粘均悉。查此案，上年谘议局议决，本省应设立矿产保存会，由会择地开采，并招集海外华侨，及组织矿业学堂各理由。本部堂以设会兴学，必须筹有的款，方能著手办理。当经札饬劝业道，督饬本省绅商各团体，按照所议，逐渐筹办。一面募集款项，一面妥拟章程，统俟筹有头绪，由劝业道公布施行等因在案。今逾一载，未据将筹办情形具报，谅由筹款为难，未克遵行。现经谘议局将前案修正，议决办法。如甲条所议各节，系为慎重交涉起见，自应照议办理。又乙条所议，由劝业道酌择房所，拨给开办经费，定期召集士绅，发起组织矿产保存会，即日实行；及丙条所议，无论该会是否成立，应将附设矿业学堂，及矿业研究所，先行开办，以养人材。虽皆系至急之务，未可迟缓。惟设会兴学，势难同时并举。拟先由官绅组织一会，即定名为矿务会，附设劝业道署，由官筹款提倡，而绅商入会者，均仿教育会、商务会，酌纳会资，庶官绅协力，众擎易举。至矿产学堂，与农务、森林各学堂，事同一律，拟俟由官筹有的款，再行开办。又丁条所议，招徕华侨，由劝业道及矿务会设法招致，自可照行。又戊条所议，各属自治区域内，如有矿产，未经他人开采者，准由自治会发起，报由矿务会，移明劝业道核准，集资开采，照章缴税，作为公产。并酌抽成分，作为自治经费。查《城镇乡自治章程》，本有"公益捐"一项。盖自治会若能于本区内发起开采矿产，酌收成分，核与公益捐相符，应准照办。惟开采之后，所有抽捐办法，仍应先行呈由主管衙门酌量批准照办。其余未尽事宜，统由劝业道先行妥筹办理，候饬交涉司、劝业道、自治筹办处知照。缴。十月十三日。

谨将交议整顿矿务一案议决之理由及办法详列于左：

一、理由。

查原案谓，奉省矿产蕴蓄宏富，其未经商人报领者，尚有三百余处。宜官商合力，设法兴办，以拓利源。本局对于兴利事项，非常欢认。惟查此案与去岁通常会交议推广矿务一案大致相同。前案业经议决，呈奉督部堂批准，公布施行。现在已届一年，尚未实行举办，是推广未见成效，又何整顿之可言？且原案范围太宽，办法亦无一定，即谓本省集股，官家补助，为整顿之办法，然矿产尚有三百余处未经开采，从何整顿？如何补助？原案均未指明。宪政编查馆厘订议案办法，第三项内开"督抚提议事件，若题系议案，而尚无一定办法，或间作问辞者，得由谘议局呈请，指明办法意旨，然后付议"等语。此案本应照章，由本局呈请指明办法意旨，再行付议。惟此案与去年议案相同，未便再行付议，以省手续。所有整顿办法，应将前次推广矿务议案，由本局提出，加以修正，以期实行，而于矿务有益。

二、办法。

议将此案整顿之办法，提归去年通常会，议决推广矿务案内，详细核议，加以修正，以省繁牍，而便施行。

以上各项，系本局对于交议整顿矿务一案议决之理由及办法也。总之，本局对于此案非常欢认。惟与去年已准之案相同，故将前案提出修正，即与议成此案无异。此所为有此案之议也。

《国民公报》，1910年12月7日

第四次请愿国会者之流血

日前谘议局邀集农、商、绅、学各界多人会议，以谓东省时局日危，非速开国会，不足以救目前之急。故各界议定公举代表赴京，为第四次之请愿。学界则举定刘君文焕、舒君继祖为代表，并议定赴京行期。议长则以第四次请愿，前途益狭，手续倍难，谈次慷慨激昂，座中至有泣下者。当有中学生金君毓绂持刀截指，李君德权亦持刀割股，议长救护已无及矣。金君则血书"至诚感人"及"至诚"二纸，李君则大书"请速开国会"五字毕，议长即饬巡警送二君至卫生院医治云。（逸）

《远东报》，1910 年 12 月 8 日

人民将请求代奏

初一日，商学各界即议定第四次请开国会，遂订于初五日赴督院呈递愿书。由议长捧书，率同各界人民，请求督宪承认代奏，并预制大旗一面，上书"奉天全体人民请愿即开国会"字样云。（逸）

《远东报》，1910 年 12 月 8 日

请开国会之热血

奉天函云：自宣统五年召集国会诏旨颁布后，代表团宜遵谕解散，函询各省团体，对待国会期限办法。谘议局月前邀集商、农、绅、学、自治各界，开会集议。届时不期而集者数千人，均以时势瞬息万变，东省处特别地位，实不能待至宣统五年始开国会。议定各界公举代表赴京，联合各省，为第四次之请愿。学界代表，举刘君焕文、舒君继祖赴京。初一日，学界三十余人至谘议局会议，定行期，举各界代表。议长以谘议局临时会期限甚促，预算繁重，代表未曾举定，拟次日即行开会，公举定期赴京。谈及第四次请愿前途益狭、手续倍难，激昂慷慨，有泣下者。学界中学生金君毓绂（辽阳人）抽刀截指，李君德权（承德人）亦持刀割左股，袁、吴两议长夺刀救护，全座失色。二君洒血淋漓，金君大书"至诚感人"及"至诚"二纸，李君大书"请速开国会"字毕，议长即饬巡警送卫生院医治。吁！第四次请愿国会价值，二君发轫之始，即以血代购，是谓人心不死。

《顺天时报》，1910年12月9日

奉天人对于国会之热血

昨接奉天函，云：自宣统五年召集国会诏旨颁布后，代表团宜遵谕解散。函询各省团体对待国会期限办法。谘议局月前邀集商、农、绅、学、自治各界，开会集议。届时不期而集者数千人，均以时势瞬息万变，东省处特别地位，实不能待至宣统五年始开国会。议定各界公举代表赴京，联合各省，为第四次之请愿。学界举代表刘君焕文、舒君继祖赴京。初一日，学界三十余人，至谘议局会议，以定行期。议长以谘议局临时会期限甚促，预算繁重，代表未曾举定，拟次日即行开会，公举定期赴京。谈及第四次请愿，前途益狭，手续倍难，激昂慷慨，有泣下者。学界中学生金君毓绂（辽阳人）抽刀截指，李君德权（承德人）亦持刀割左股，吴、袁两议长夺刀救护，全座失色。二君洒血淋漓，金君大书"至诚感人"及"至诚"二纸，李君大书"请速开国会"字毕，议长即饬巡警送卫生院医治。吁！奉天人不惜以热血灌溉国会，盖知吾国会之足以救亡也。

《国民公报》，1910 年 12 月 10 日

奉天全省人民请锡督代奏明年即开国会呈稿

奉天全省人民吴景濂等，为国会期限缩短，东省危不及待，非明年即开国会，不足以救危亡而保全局，谨联名合词，呈请代奏事。窃本年十月初三日，钦奉上谕，于宣统五年实行召集议院，仰见宸衷裁断，力挽时艰之至意。属在臣民，宜如何鼓舞欢忻，共庆再造。而惟东三省人民，则同居覆帱之中，深恐或遗于生成之外，有不能不上渎天听者。伏查九年立宪，定自先朝，两次请愿，未蒙俞允。乃三次上书，竟奉上谕，缩短三年，非曲徇臣民之请也。诚如诏旨所云，缓固不能再缓也。至诏旨所谓急亦无可再急云者，诚以兹事体大，理宜求详，但求赶赴事机，并非拘定程限。讵料潮流所演，东省大势，有较三次上书时，日俄协约、日韩合并之情形更迫不容待者。日则安奉宽轨，日夜并工，闻于明年即拟告成，沿路线内，移民日多，且显以协剿胡匪，挟我外部。俄则以侵蚀瓯脱，扩张交通为政策，移民之谋，更亟于日，不惟航权界约狡执无方，且阴以诱我边民，以窥蒙古。是危机之伏，已岌岌不可终日。诚俟至宣统五年，而此土尚为我有与否，已不可知。现今朝野中外，无不公认国会为救亡之良药。果无此良药则

已,既有此良药,则早服一日,早救一日之效,乃犹纡徐以待,坐使良药不能即时收(亡)〔效〕,乃致三省坐亡,牵及全国,此景濂等焦心沸血,而不能已于再请缩短者也。亦知国会筹备,诸未完全,其如时势阽危,瞬不及待,谓急遽以开国会,恐有欲速不达之虞,然不达之弊尚可以挽救,而即亡之祸乌可坐待。两害相权,自以速开国会以救危亡为急务。况筹备之事,如官制、内阁、议院法、选举法等类,缓图之,三年亦未必完全;急图之,数月亦可以竣事。若明年八九月召集议院,薄海臣民,咸知朝廷锐意更始,不容仍前因循,各于应负之责,自必夙夜以图,无敢或息。伏愿我皇上俯念东三省之存亡,关乎全国之安危,早开国会一日,即早救东省一日之亡。再降谕旨,明年即开国会,以系人心而维大局,俾三省不为韩国之续,而后全国不为三省之续。中国幸甚!三省幸甚!所有欲请明年即开国会,以救三省而保全局缘由,谨联名合词呈请督部堂鉴核,据情代奏,无任悚惶待命之至。谨呈。

《顺天时报》,1910 年 12 月 11 日

奉人第四次请愿国会之详志

奉天全省人民,要求明年即开国会,齐赴总督公署,呈请代奏情形,已志昨日紧要新闻。兹又得一访函云,十一月初五日午前九钟,奉天八团体四十六州县,各执本团体旗帜,共集谘议局,约同诣总督公署,请其代奏,于明年即开国会。代表六十四人,总额一万有零,未成行以前,有商会讲员兼奉天商务日报编辑员张进治,断指洒血书旗,字迹模糊,悲痛欲绝,几欲赴公署自戕。商会总理田绪圣极力劝阻,将其血旗执为前导,见者惨目,无不感动。遂于十一点钟成行。谘议局议长吴景濂,被公推为奉天全省代表,捧愿书前行,各团体及各州县又次之,皆步行,部署严明,人无哗者。沿途不期而加入者,约近万人,首尾长续二里有余。瞬抵公署,方停步,即有卫队长某至前,欲取愿书,吴君叱以

"此事重大，尔乌能为？去！快去！"继承德忠令趋前，意欲将书接去。吴君告以"非寻常事，尔不能担任。请退。"末由民政、提学、劝业各司道接去代表名单，即请代表入署内，锡督待之院井。首由吴君言："今日奉人全省八团体四十六州县人民，此次因东省危急，委代表等特谒大帅，恳请代奏，于明年即开国会，以救危亡。"锡帅反诘之曰："国会一开，就能救亡吗？大家须实力作事，方可挽救。"吴君答曰："第三次各省督抚联衔请开国会，系由大帅领衔。如谓国会不能救亡，当初联奏，就是大帅欺君。"日前由公领衔，奏请明年即开国会，何其勇也。今全省人民恳请代奏，方谓我帅必能赞成。今见拒若此，是前之奏请，非出于本心，徒要名誉也。"曾有翼谓："开国会方能作事，不开国会，尚有何事可作？"刘君兴甲言："国家作事，必先改良机关，机关不完全，则首尾不灵，断难作事。"李君心曾谓："现在不负责任之政府，能作何事？故大帅上次折内，呈请于明年立责任内阁，然无国会内阁之监督，不过中央集权耳。故不开国会，敢必其决不能作事。"锡帅曰："吾不代奏，你们如吾何？"言次恨恨，以足拍地者再。吴君遂痛哭，余皆哭，跪地不起。董之威大言曰："不准代奏，用意安在？岂东省有急，公尚能住此巍巍高楼乎？"李心曾泣曰："代表在北京为第三次请愿时，内而四大军机，及十一部行政大臣，对于国会，皆阳为赞成，而阴实反动。幸督抚中尚有十二省督抚及大帅，敢出而领衔，代为奏请。故今日代表等，敢以此来相请求，乃大帅今日竟出此反动之语。可见，内外大员，并无一人真实赞成国会，不过以赞成语愚弄人民。向者以为中国可以不亡者，尚有十二省之督抚为之挽救，今日肯为挽救者并无一人，我中国断无不亡之理。"说毕，仍痛哭不止。曾有翼出报大众曰："总督不允代奏，我们活不起。"全体闻声大恸，号哭之声，振动全市。当经民政司等将大众劝起，向锡帅哀求，徒哭无益。代表均起立，锡帅谓吴君曰："今日代表，系受全省人民之委托，并非议长资格。"董之威曰："他不是吴莲伯，他是全省人民之代表，不得不如此之哀恳锡帅，权词允许代奏。"吴曰："大帅之言，甚未可信。今春三省谘议局合词呈请代奏，已蒙允许，竟至反汗。本年通常会议，请即开国会，仅蒙咨送都察院。前日学界恳请，当面允诺，亦未实行。今日请将副呈明白批示，不然一般人民万不能信代表之言，决不散去。"锡帅言："代奏之责在我。如此说法，是你们要挟。"群喧言曰："我们迫于危局，故此哀恳。"吴曰："我们处此地位，大帅尚言我等要挟，与其将来死于他人之手，请即饬陆军将我们二万人打死倒痛快！大帅好效台湾林抚之充交割使，韩国之李完用。"乃群焉呼号，董之威以头抢地，号哭不止。锡帅大怒，拂袖而入。民政司等急劝大家起立，内有公署内差员王某大言曰："大帅已允代奏，何必喧号不已。"众情迫切之急，即将该王某群唾骂之。

时又有公署及各司道科员等，在第二层楼廊，向南嘻笑不止。于是门内外跪者喧骂之，该员等避徙两配楼上，仍无愧色。是时内外卫队感及泣下者有之，以此例彼，可见官场温度之高下矣。司道劝之不已，勉起。司道反入大厅，少许持正呈出，上批准即代奏。吴曰："原有副呈，应批副呈，用印乃足以昭大信。"李君心曾曰："如此答，直似搪塞。直督陈小石、鄂督瑞莘儒均允代奏，后仅咨送军机处、政务处、资政院、都察院。今仍蹈该省故辙，以愚吾民，我们死不敢信。"各司乃持正呈旋入，顷复持回批，出曰："可以令众人散去矣。"吴曰："此批未经用印。往日寻常事件，回批必须用印。似此重大事件不用印，未免轻视国会。"李心曾、袁金铠、永贞亦均向民政司云："既允代奏，事在必行，何吝用印。如不用印，一般人民，即死守十日，冻馁而死，亦决不肯去。"民政司、劝业道曰："大帅允即入奏，我们敢保的。倘将此事寝下，请即来责问我们。"董君之威曰："公等敢保大帅，谁保公等？"吴曰："现在尚不敢向大帅陈说，何论将来。"宝君昆谓："现在日韩合并，日俄逼视，若再因循，即变为日满合并，此种大事，恐难担保。"门内代表于是据地而坐。时承德县忠令林亦来劝，被呵而退。正在呼求间，提学使来，持呈转身向内，民政、劝业亦偕入门内。代表遥见司道等似向锡帅请妥，恳求许久，锡帅率司道下阶来，见代表等席地哀遽情状，不觉感动泣下，亦席地坐。司道随坐，提学司持盖印封筒回批至，锡帅曰："吾即代奏。锡某在东三省未做一事，愧对东三省人民。对于国会，并非反动，亦颇欲设法维持。奈只有此一副心，而无能力。何况在东三省时局，你们之心，即我们之心。你们父母妻子，将来为人奴隶，无怪痛迫如此。"吴曰："东三省为国朝发祥重地，设非力为保全，一旦沦为异域，陵寝所在，关系非轻。我们父母妻子、田园卢墓尤属细事。"曾有翼曰："大帅奏明皇上，勿忘老家。若东（东）〔省〕不存，我们即欲哭请，亦苦无地。因相对泣下。大帅因将批示宣布，并云三日内准代奏，绝不咨送他处。"代表等请大帅起，叩头感谢。

门内外均叩头，欢呼"国会万岁！大清帝国万岁！"。是时鼓掌声，呼万岁声，并哭号之余声，轰动如雷。代表捧回批，甫至公署门，见有数龄儿童二人，痛不能（仰）〔抑〕，代表等答曰："已允代奏矣。"儿童即曰："是真吗？"代表以批示之，乃起。众皆整顿散归。代表等仍请求回谘议局，借地商议代表赴京上书进行手续，及各省联络方法，至六钟方散。由此观之，足见民气奋兴，人心不死，而各省士民，想亦必闻风响应也。

并悉此次奉省人民发起第四次国会请愿，其原呈（已见昨日紧要新闻）所列代表衔名，探录如下：

奉天全省谘议局代表吴景濂、孙百斛、袁金铠、刘兴甲、曾有严、永贞、董之威等六十人；

奉天教育总会代表李树滋、曾有翼等四百三十人；

奉天农务总会代表恩选、鹿鸣等一千二百八十人；

奉天商务总会代表田绪圣、崔兴麟等四千八百五十一人；

奉天惠工公司代表王有台等二百二十人；

承德自治会代表张之汉等七十人；

清真教①代表铁萃恒等七百十二人；

奉天请愿即开国会同志会代表王荫棠等五百人；

承德县代表成友善等二百人；

海城县代表李心曾、秦玉璞等三百人；

义州代表王泽周等二百人；

彰武县代表赵永熙等三十人；

怀仁县代表李廷桢等四十人；

抚顺县代表张钦元等五十人；

辑安县代表张振铎等三十人；

凤凰厅代表谭受乾等八十人；

洮南府代表孙在田等二十人；

康平县代表魏勇等四十人；

---

① 清真教，即伊斯兰教。原稿如此。

通化县代表田忠禹等三十人；
兴京府代表马明俊等三十六人；
昌图府代表刘鹤龄等三百人；
镇安县代表惠如霖等三十人；
复州代表张悦龄等三十二人；
锦州府代表孙振香等七十八人；
新民府代表李有忱等九十一人；
辽中县代表赵世臣等一百七十人；
锦西厅代表徐佐卿等三十三人；
开原县代表李栋材等七十人；
盘山厅代表王星原等二十八人；
营口厅代表高瀛海等四十二人；
怀德县代表王文阁等三十人；
柳河县代表王玉书等五人；
东平县代表杜燮铨等二十人；
西安县代表颜成儒等十八人；
西丰县代表于长湖等二十四人；
法库厅代表桂森等三十人；
宽甸县代表董立威等五十八人；
岫岩州代表关维藩等七十二人；
庄河厅代表朱恩波等八十五人；
铁岭县代表刘东烺等二百八十三人；
安东县代表孙甫田等七十九人；
辽阳州代表徐珍等三百零八人；
广宁县代表萧露华等九十七人；
盖平县代表周连昌等九十一人；
绥中县代表徐元瑞等五十三人；
奉化县代表王伯勋等四十二人；
宁远州代表李缙云等三十人；

开通县代表胡伟三等十七人；

靖安县代表孙玉麟等十二人；

辽源州代表李梦庚等五人；

长白府代表陈世魁等六人；

金州代表于建中等二十五人；

本溪县代表葛菊生等十五人。

《帝国日报》，1910 年 12 月 13 日

奉天谘议局纪事——临时会议事录

十一月十一日午后一时，谘议局开议。行政委员韩君其楣、韩君莘出席。是日袁议长主席报告，议题为预算各府厅州县教练所经费案。首由三十七号报告，教练所系专就各城已设者预算，通减七万三千余元，拟将减下之款，作为各属服装、子弹费。屠兽场已设者共十二处，数多者六城，许减去五千六百余元。以上系审查会议决之结果。嗣三十六号谓，各城未减者，其服装、子药无款支给，能否以节省一成项下开支。三十七号谓，一成乃存储金，非预备金，似难支出，不如临时追加。质之行政委员韩君其楣，亦无异说。遂表决，得三十二支白签，案遂通过。继议预算官业支出经费案，由三十三号出席报告，谓官业支出共系三种，一为硝矿局，一为电灯局，一为天利公司。三者共所减无几，前在审查会均已通过。经行政委员韩君莘报告赞成，投签得三十一白签，通过。次议复议催办自治一案，警务局征收各项车辆月捐一案，各州县宣布罚款一案，复议修仓积谷一案，中间无甚出入，遂以次表决通过。遂振铃散会。

《盛京时报》，1910 年 12 月 14 日

谘议局为第四次请愿国会之要电

吉、江两省谘议局第四次请开国会，初五日聚数万人，哀求代奏。锡帅允三日出奏。各代表定于十一日抵京，用东三省名义上书。贵局如委人不及，先以代表姓名示知，限三日内电覆奉天请愿同志会云。（逸）

《远东报》，1910 年 12 月 14 日

奉天谘议局纪事——临时会议事录

十一月十二日午后三时，谘议局开议。是日行政委员彭君銮宝、韩君莘出席。吴、孙二议长假，由袁议长主席报告，本日议题为预算省城巡警总局经费案。首由三十七号说明审查结果，以巡警局局员比巡警道应设职员较多，略需裁减。省城共设七局，将第二归并第一。且照章并无捐务科，故将此科裁去另设，共减经费二万五千余两，清道局亦即裁去。另兴修马路，另作一部分。外有预算曾更正者，为裁去兽医学堂、裁警衙队二项，留探访队四十名。质之行政委员彭君銮宝，并无异议。表决，得三十三支白签，此案通过。继议劝业道所属学堂局所案，由三十三号出席报告。劝业道所属共十八处，计减二万二千余两。其中所减最多者，为农业试验场。由行政委员报告，农业试验场监督，有津贴百两，系因兼英文教员，提调系兼东文教员，故薪水较多。又官牧场之芟草费一千余两。以上三者，均有碍难裁减之处。继由三十七号、三十六号谓，农业学堂日形进化，非但不可添教员，抑且应减去教员，仍赞成审查案。往复辩论数时，最终照

原案表决，得三十二支白签，通过。遂振铃散会。

《盛京时报》，1910年12月15日

奉天国会请愿代表出发

奉天第四次国会请愿代表团人，于初十日早九点二十五分，由奉出发。同志会各团体，均有多人赴车站送别，车水马龙，颇形拥挤。兹将代表诸君姓名录下：

奉天谘议局代表　董之威

奉天教育总会代表　孙振香

奉天商务总会代表　崔兴麟

奉天农务总会代表　恩　吉

奉天清真教育会及报界公会代表　张兆龄

奉天学界代表　舒基祖　刘焕文

营口绅界代表　段宝田

营口学界代表　孙鸿龄

海城学界代表　赵中鹄

《顺天时报》，1910年12月15日

奉天谘议局纪事——临时会议事录

十一月十三日午后二时，谘议局开议。是日行政委员刘君存智、德君龄、刘君挺英、王君恩绍出席。议长报告，首议预算贫民习艺所及同善堂经费案。由三十七号报告，贫民习艺所共减银四千一百余两，同善堂减银一千一百余两。嗣经刘委员存智说明，各项事体，司书所办者多，请留此司书二名，众许。遂照审查案再留司书二名，表决通过。次议自治筹办处经费。由三十七号报告审查结果，共减五千六百余两。行政委员刘君挺英谓，薪水及夫役又煤炉三项，均请少减。三十七号谓，参事职务等于本局之书记长，今酌留之数，加书记长一倍，不为不多。继十二号亦谓，不可再加。议长谓，参事薪水如照本局议长，其科长照本局副议长如何？赞成请起立。（仪）〔后〕有数人起立，不到半数。继议茶水照原审查案。夫役加三名，煤炉十五。表决，得全体赞成，通过。次议卫生医院经费案。三十七号报告，减去四千八百余两，行政委员说明，清理财政局造册错误，致将各种需用品列入杂物项下，因而将必要品裁去，请公议回复原制，众认可。最终照审查修正案删去第二项，表决，全体赞成，通过。次议高等警务学堂经费案。由三十六号报告，共减七千四百余两。行政委员德君龄谓，此案赞成，但学生班次人数，现有不足，如将来人数足，各项费用随之而增，可否在册内声明。议长谓，此费可以追加，无庸声明。遂表决，得全体赞成，通过。次议建议实行军国民教育案。议长报告此案原委，斟酌至再，各无异议。表决，全体赞成。决议开通民智案。议长报告演说大意，又须有种种演说学问，种种演说材料，拟加入演说讲习会一层。遂表决，得全体赞成，案已通过，时至五钟，遂振铃散会。

《盛京时报》，1910 年 12 月 16 日

奉天谘议局纪事——临时会议事录

十一月十四日午后二时，谘议局开议。首由议长报告临时发生事件，据宁远州自治研究所所长康生谦函告，宁远州因索警饷，巡警枪伤人命事件，此事若不早图，恐酿山东莱阳之变，请大家研究办法。有云据函呈出者。议长谓，宁属已电民政司，现正派员往查，本局原有调查，不妨公推妥人，往宁调查。众赞成。公推杜君觐三、（焉）〔马〕君旭升、萧君沐之，众可。即续议谘议局经费略有变更之处，再付审查。继议交议预备巡警章程案，研究一小时之久，始更前两条表决，全体赞成，通过。议长报告，提前自治案，正已议决，昨晚来正式公文，交议前案，是否呈出？五十号出席谓，前议之案，系专指未交议而言。今既交议，前案自当变更。并此次交出日期，与本局更订表相差不过六月，尽可不必争执。议长请大众表决，得全体赞成，通过。后禁止傍听，遂不得其详。

《盛京时报》，1910 年 12 月 17 日

东省对国会之毅力

东三省国会同志会日前电致驻京同志会云：东省危迫，诚难待至五年开设国会。现公举代表，仍行来京，请即开国会，以救危亡，并趁资政院未闭会以前，便可抵京云。

《顺天时报》，1910 年 12 月 17 日

札饬妥议提前赶办自治办法

筹办自治期限，原定六期，以宣统元年九月起，至四年八月止，每六个月为一期。日前谘议局以现在国会已经缩短，自治为宪政之基础，亟宜提前赶办。拟续呈请督抚，饬将镇乡自治缩短一年，期于宣统三年九月一律成立，每期定以三个月，以收实力进行之效。督宪以自治一项关系甚重，虽各地望治情殷，然若过事迫促，转恐致多窒碍。其应如何赶办之处，已札饬自治筹办处详细妥议，呈候核夺，以便札知照办云。

《盛京时报》，1910年12月18日

奉天谘议局纪事——临时会议事录

十一月十五日午后二时，谘议局开议。吴、孙二议长假袁议长主席，报告审查结果，增添预备金四百两，图书议改为会计，其余皆照旧。经讨论再三，遂表决通过。次议移民章程案。三十六号报告，改订第六条及四十三、四等条，余不更动。全体赞成，通过。次议增添预算规则案。三十七号说明，"印刷配付于各议员"句甚属窒碍，大家议将"印刷"二字删去。表决，全体赞成，通过。次议推广简易师范案，由三十七号报告教育费减款，净余三万余两，自当仍用之教育，推广简易师范，约能养官费生十班，但须年前出奏，否则明年照章不能办此种学堂矣。略事研究，表决，全体赞成。次议奉天农业学堂计画案，亦赞成通过。又教育总会请议三案，及请议书二十余件，又建议归并州县局所案，均一律表决。继报告各种外来事件四起，时已五钟，遂散会。

《盛京时报》，1910年12月18日

奉天国会代表大举入京

奉天第四次请愿国会代表，于前日入京，为舒基祖、王惕、段实田、孙振香、孙鸿龄、恩吉、崔兴麟、彭济臣、董立威、刘焕文、赵中鹄、张兆龄、广轮，共十三人。闻尚有续到者。其请愿之目的，闻一面上书与监国及资政院，将三省近日迫不及待之情形，哭陈于监国之前，力求保全祖宗发祥重地，一面联络各省第四次请愿代表，研究进行之法，皆持有不得国会不生还之志愿云。

《国民公报》，1910年12月18日

奉直两省人民联合

此次奉天因大局危险，全省绅民恳请锡督代奏，吁恳速开国会各节，已见各报。兹悉该省举定各代表，于日前至天津，先到谘议局陈说东三省危险情形，又到城内普育女学校，联合绅、商、学各界。是日到者为王竹林、王少莲、张伯苓诸君。日前顺直绅民又于河北三条石研究总所开会，筹商进行办法。是日顺直谘议局举定四次代表，为王法勤、贾恩绂。闻此次重整旗鼓，大举进行者，盖以东三省将不为吾有也。

《国民公报》，1910年12月18日

奉天之国会运动种种

奉天人民请开国会，赴督署呈请代奏详纪

十一月初五日午前九钟，奉天八团体四十六州县，各执本团体旗帜，共集谘议局，约同诣总督公署，请其代奏，于明年即开国会。代表六十四人，总额一万有零，未成行以前，有商会讲员兼奉天商务日报编辑员张进治，断指洒血书旗，字迹模糊，悲痛欲绝，几欲赴公署自戕。商会总理田绪圣极力劝阻，将其血旗执为前导，见者惨目，无不感动。遂于十一点钟成行。谘议局议长吴景濂，被公推为奉天全省代表，捧愿书前行，各团体之各州县又次之。皆步行，部署严明，人无哗者。沿途不期而加入者，约近万人，首尾长续二里有余。瞬抵公署，方停步，即有卫队长某至前，欲取愿书，吴君叱以"此事重大，尔乌能为？去！快去！"继承德忠令趋前，意欲将书接去。吴君告以"非寻常事，尔不能担任。请退。"末由民政、提学、劝业各司道接去代表名单，即请代表入署内，锡督待之院井。首由吴君言："今日奉人全省八团体四十六州县人民，此次因东省危急，委代表等特谒大帅，恳请代奏，于明年即开国会，以救危亡。"锡帅反诘之曰："国会一开，就能救亡吗？大家须实力作事，方可挽救。"吴君答曰："第三次各省督抚联衔请开国会，系由大帅领衔。如谓国会不能救亡，当初联奏，就是大帅欺君。日前由公领衔，奏请明年即开国会，何其勇也。今全省人民恳请代奏，方谓我帅必能赞成。今见拒若此，是前之奏请，非出于本心，徒要名誉也。"曾有翼谓："开国会方能作事，不开国会，尚有何事可作？"刘君兴甲言："国家作事，必先改良机关，机关不完全，则首尾不灵，断难作事。"李君心曾谓："现在不负责任之政府，能作何事？故大帅上次折内，呈请于明年责任内阁，然无国会内阁之监督，不过中央集权耳。故不开国会，敢必其决不能作事。"锡帅曰："吾不代奏，你们如吾何？"言次恨恨，以足拍地者再。吴君遂痛哭，余皆哭，

跪地不起。董之威大言曰："不准代奏，用意安在？岂东省有急，公尚能住此巍巍高楼乎？"李心曾泣曰："代表在北京为第三次请愿时，内而四大军机，及十一部行政大臣，对于国会，皆阳为赞成，而阴实反动。幸督抚中尚有十二省督抚及大帅，敢出而领衔，代为奏请。故今日代表等，敢以此来相请求，乃大帅今日竟出此反动之语。可见，内外大员，并无一人真实赞成国会，不过以赞成语愚弄人民。向者以为中国可以不亡者，尚有十二省之督抚为之挽救，今日肯为挽救者并无一人，我中国断无不亡之理。"说毕，仍痛哭不止。曾有翼出报大众曰："总督不允代奏，我们活不起。"全体闻声大恸，号哭之声，振动全市。当经民政司等将大众劝起，向锡帅哀求，徒哭无益。代表均起立，锡帅谓吴君曰："今日代表，系受全省人民之委托，并非议长资格。"董之威曰："他不是吴莲伯，他是全省人民之代表，不得不如此之哀恳锡帅，权词允许代奏。"吴曰："大帅之言，甚未可信。今春三省谘议局合词呈请代奏，已蒙允许，竟至反汗。本年通常会议，请即开国会，仅蒙咨送都察院。前日学界恳请，当面允诺，亦未实行。今日请将副呈明白批示，不然一般人民万不能信代表之言，决不散去。"锡帅言："代奏之责在我。如此说法，是你们要挟。"群喧言曰："我们迫于危局，故此哀恳。"吴曰："我们处此地位，大帅尚言我等要挟，与其将来死于他人之手，请即饬陆军将我们二万人打死倒痛快！大帅好效台湾林抚之充交割使，韩国之李完用。"乃群焉呼号。董之威以头抢地，号哭不止。锡帅大怒，拂袖而入。民政司等急劝大家起立，内有公署内差员王某大言曰："大帅已允代奏，何必喧号不已。"众情迫切之急，即将该王某群唾骂之。

时又有公署及各司道科员等，在第二层楼廊，向南嘻笑不止。于是门内外跪者喧骂之，该员等避徙两配楼上，仍无愧色。是时内外卫队感及泣下者有之，以此例彼，可见官场温度之高下矣。司道劝之不已，勉起。司道反入大厅，少许持正呈出，上批准即代奏。吴曰："原有副呈，应批副呈，用印乃足以昭大信。"李君心曾曰："如此答，直似搪塞。直督陈小石、鄂督瑞莘儒均允代奏，后仅咨送军机处、政务处、资政院、都察院。今仍蹈该省故辙，以愚吾民，我们死不敢信。"各司乃持正呈旋入，顷复持回批，出曰："可以令众人散去矣。"吴曰："此批未经用印。往日寻常事件，回批必须用印。似此重大事件不用印，未免轻视国会。"李心曾、袁金铠、永贞亦均向民政司云："既允代奏，事在必行，何各用印。如不用印，一般人民，即死守十日，冻馁而死，亦决不肯去。"民政司、劝业道曰："大帅允即入奏，我们敢保的。倘将此事寝下，请即来责问我们。"董君之威曰："公等敢保大帅，谁保公等？"吴曰："现在尚不敢向大帅陈说，何论将来。"宝君昆谓："现在日韩合并，日俄逼视，若再因循，即变为日满合并，此种大事，恐难担保。"门内代表于是据地而坐。时承德县忠令林亦来劝，被呵而退。正在呼求间，提学使来，持呈转身向内，民政、劝业亦偕入门内。代表遥见司道等似向锡帅请妥，恳求许久，锡帅率司道下阶来，见代表等席地哀遽情状，不觉感动泣下，亦席地坐。司道随坐，提学司持盖印封筒回批至，锡帅曰："吾即代奏。锡某在东三省未做一事，愧对东三省人民。对于国会，并非反动，亦颇欲设法维持。奈只有此一副心，而无能力。何况在东三省时局，你们之心，即我们之心。你们父母妻子，将来为人奴隶，无怪痛迫如此。"吴曰："东三省为国朝发祥重地，设非力为保全，一旦沦为异域，陵寝所在，关系非轻。我们父母妻子、田园卢墓尤属细事。"曾有翼曰："大帅奏明皇上，勿忘老家。若东（东）〔省〕不存，我们即欲哭请，亦苦无地。"因相对泣下。大帅因将批示宣布，并云三日内准代奏，绝不咨送他处。代表等请大帅起，叩头感谢。门内外均叩头，欢呼"国会万岁！大清帝国万岁！"。是时鼓掌声，呼万岁声，并哭号之余声，轰动如雷。代表捧回批，甫至公署门，见有数龄儿童二人，痛不能抑，代表等答曰："已允代奏矣。"儿童即曰："是真吗？"代表以批示之，乃起。众皆整顿散归。代表等仍请求回谘议局，借地商议代表赴京上书进行手续，及各省联络方法，至六钟方散。由此观之，足见民气奋兴，人心不死，而各省士民，想亦必闻风响应也。

奉天全省人民请锡督代奏明年即开国会呈稿

奉天全省人民吴景濂等，为国会期限缩短，东省危不及待，非明年即开国会，不足以救危亡而保全局，谨联名合词，呈请代奏事。窃本年十月初三日，钦奉上谕，于宣统五年实行召集议院，仰见宸衷裁断，力挽时艰之至意。属在臣民，宜如何鼓舞欢忻，共庆再造。而惟东三省人民，则同居覆帱之中，深恐或遗于生成之外，有不能不上渎天听者。伏查九年立宪，定自先朝，两次请愿，未蒙愈允。乃三次上书，竟奉上谕缩短三年，非曲徇臣民之请也。诚如诏旨所云，缓固不能再缓也。至诏旨所谓"急亦无可再急"云者，诚以兹事体大，理宜求详，但求赶赴事机，并非拘定程限。讵料潮流所演，东省大势，有较三次上书时，日俄协约、日韩合并之情形，更迫不容待者。日则安奉宽轨，日夜并工，闻于明年即拟告成。沿路线内，移民日多，且显以协剿胡匪，挟我外部。俄则以侵蚀瓯脱，扩张交通为政策，移民之谋，更亟于日。不惟航权界约，狡执无方，且阴以诱我边民，以窥蒙古。是危机之伏，已岌岌不可终日。诚俟至宣统五年，而此土尚为我有与否，已不可知。现今朝野中外，无不公认国会为救亡之良药，果无此良药则已。即有此良药，则早服一日，早救一日之亡。乃犹纡徐以待，坐使良药不能即时收效，以致三省坐亡，牵及全国，此景濂等焦心沸血，而不能已于再请缩短者也。亦知国会筹备，诸未完全，其如时势阽危，瞬不及待，谓急遽以开国会恐有欲速不达之虞。然不达之弊，尚可以挽救，而即亡之祸，乌可坐待。两害相权，自以速开国会以救危亡为急务。况筹备之事，如官制、内阁、议院法、选举法等类，缓图之，三年亦未必完全，急图之，数月亦可以竣事。若明年八九月召集议院，薄海臣民，咸知朝廷锐意更始，不容仍前因循，各于应负之责，自必夙夜以图，无敢或息。伏愿我皇上俯念东三省之存亡，关乎全国之安危，早开国会一日，即早救东省一日之亡。再降谕旨，明年即开国会，以系人心而维大局，俾三省不为韩国之续，而后全国不为三省之续。中国幸甚！三省幸甚！所有欲请明年即开国会，以救三省而保全局缘由，谨联名合词呈请督部堂鉴核，据情代奏，无任悚惶待命之至。谨呈。

吴议长对于学生周志曾下乡讲演之演说

此次请开国会，应行预备事件，非一二语之所能尽。而从预备事件中，权衡其轻重，最扼要者，即学界同志曾公认之开通民智之问题也。查我国人民，知国会之所以然者，寥寥无几。于是而欲开其智识，使知开国会之利益，非普通演说，无以济之。但演说之法，甚宜研究。

一、国会之好处。人民有躬与政事，及监督财政之权利，即有担负当兵纳税之义务。吾人演说时，亦切宜避之，以权利说之，勿以义务怵之。盖人民闻当兵纳税等事，恐生危愓，（及）〔乃〕反生阻力也。

二、请开国会，以救东省之亡。演说必以此动人听，然说之不得其法，听之者激发，如贫人骤得财货，宣扬鼓励，更有以速三省之亡者在焉。盖东省人民，质直而尚德，趋之于战争易，趋之于暴动亦易。言论稍有不慎，激成变态，上等社会人皆负其责。故孔子云："民可使由之，不可使知之。"本局对于预警案之慎重，正为此也。诸君演说时，切宜注意此点。

三、诸君在外，受外界之激刺太甚，至乡间演说时，有顽固弗受演说者，亦须设法牢笼，切勿激烈。虽愚夫小人，切勿小看为要。

四、今有割股者一人，系逼弟急力提倡诸君演说等事。断指者一人，系催逼诸君演说后回城者，恐至伊时，志气懈弛。现在各堂监督，欲请提学司先期考年考，诸君可以早归，诸君大概必赞成此说。

五、弟对诸君，必开诚布公，有言必言。自初一日至今，割指割股者共六人，此种人能振作吾人之精神，非常可敬可服，但不欲其多言。盖人才不易得，有此人才，必须珍保，以留后日作事。且有此血，必对有价值时流之，方谓死得其所。望诸君嗣后平气作事，以图获最大之利益，勿再发生此事。

六、诸君至城演说，进行之方法，如有用本局名义者，本局系法团，全体通过，必与执行。如有用弟个人名义者，力之所能，必尽力而为。此临别赠言。吾先代表奉天全省人民，为演说诸君谢。

《国民公报》，1910 年 12 月 18 日

谘议局调查枪毙民命案

宁远州巡警因加增亩捐，致起冲突，枪毙民命，该州呈报民政司查办等情，已志昨报。嗣经该处自治研究所长康生谦函告谘议局，会议办法，以重民命。该局以此事关系重大，若不早为设法安抚，恐酿山东莱阳之变。现已公推杜议员觐三、马议员旭升、萧议员沐之等前往确切调查是何情形，以便公议善后办法云。

《盛京时报》，1910 年 12 月 21 日

谘议局又要捣乱

奉天谘议局议员鄢某，抚顺人，于请开国会一节，各堂学生疑其反对，群相不齿。鄢某欲向各生质问辩白，又均置不理。鄢某遂疑各学生之反动，必议长之所使，以议长现充某学堂监督故也。因之大起意见，鄢某向议长辞职，议长亦因此决意辞职。呜呼！谘议局乃全省命脉所关，议长、议员处最高之地位，不顾公义，辄起私嫌，宪政前途，何堪设想？

按：山东议员互相辞职，其意见之起，起于莱阳之变乱，消极者也。奉天议员互相辞职，其意见之起，起于国会之请求，积极者也。孰是孰非，孰新孰旧，姑置无论。总之，各人心中均不免有一"私"字印入，移步换影，善学功倍，真不愧读书种子。公人无私，敢为一字之献。（石）

《长春公报》，1910 年 12 月 21 日

奉天谘议局纪事

札为奏准征收附加捐税拨充自治经费一案

督部堂为恭录札行事。案照本大臣具奏奉省城镇乡自治会渐次成立，请征收附加捐税扩充经费一折，业经刷印原奏，札行在案。兹于十一月十二日奉到朱批：该衙门知道，钦此。合亟恭录札行谘议局查照。须至札者。

呈为提议征收税捐附加捐专充自治经费一案回批

督部堂批：呈、粘均悉。查所议于各税局征收之税捐，附加一成，专充自治经费，核与自治章程所发之公益捐办法相符，自应照准。上条所请一节，本大臣即请立案，一俟奉到朱批，另行札知，暨通饬各属遵照，并候札饬度支司、自治筹办处知照。缴。初二日。

呈为广宁周际昌等请议旗员苛捐扰民一案回批

督部堂批：呈、粘均悉。候饬旗务处查覆筹办。缴。初二日。

《盛京时报》，1910年12月23日

锡督之热血当冷水矣

奉省人民为吁求国会早开，于初三日哀请锡帅，单衔入奏。所有绅民万余，跪求泣请，及锡帅允许力争各情，已叠志本报。兹悉初七日早晨，锡督即行具折拜发奏稿，系民政张贞午代拟。原文二千余言，前半将人民请愿热诚，及初三日代表进辕要求情形，概行叙入。至后半锡帅自陈政见，尤哀恳异常。中有云：东省自甲午、甲辰以后，受强邻之激刺，生国家之思想，人民知身家性命，非合群不能自保。近复目睹朝鲜亡国惨状，甚恐三省版图，首沦异域，即万劫不能自拔，其切肤之痛，较之各行省，有特别之危险，不能不有特别之请求。臣莅东以来，默察今日大势，欲求所以捍三省之危亡者，一无可恃。所恃者，民心不死，皆知崇戴朝廷耳。夫以万余里朝纵夕横，仅余此残缺不完之领土，与三百年深仁厚泽，仅得此固结不解之人心，忍令转瞬之间拱手授之他人，为朝鲜之续乎？总之，时势危迫，为人民所公愤，亦朝廷所深恫，何必靳此区区二年之时间，不与万姓更始耶？臣受恩深重，奉职无状，上无以匡国是，下无以慰舆情，伏乞圣明俯允所请，再降谕旨，定于明年秋间召集国会。如以臣言为欺饰，即请先褫臣职云云。旋于十二日奉朱批云，缩改开设议院年限，前经廷议详酌，已降旨明白宣示，不应再奏。三省地方重要，该督有治事安民之责。值此艰危，尤应力任其难,毋许藉词诿卸,致负委任云云。

《帝国日报》,1910年12月26日

请裁(漏)〔陋〕规之批示

谘议局前议裁撤征收地亩之(漏)〔陋〕规一案,曾经呈请督宪批示,日昨已奉回批,略谓:部文令将规费作为正项收款,案经奏准,理宜恪遵。各省通行,奉天不能独异。今欲实行扫除,非筹垫的款不可。本大臣不敢违抗朝旨,亦不愿提出加税案,实无两全之策,仰仍遵照办理云。(逸)

《远东报》,1910年12月27日

奉天代表之去留

二十四日午前,奉天四次请愿国会代表张兆麟、段宝田、孙振香、崔兴麟、舒(维基)〔基祖〕、恩吉、赵岚亭、张兆龄、王惕、董之(盛)〔威〕十人齐至京奉车站,搭早车回奉。护送者有内城总厅所派之长警七人,外城总厅所派之长警十四人,并有翼兵枪队六人,势极威武,一同登车东下矣。

又前日代表等在内城总厅,本允以昨日一同回奉。及回张相公庙寓所之后,刘焕文、孙鸿龄、广轮、彭治臣四人,决定不回奉天。昨日早晨动身之时,刘焕文等四人,坚志不往,各兵警无可如何。即将四人齐送外城总厅,王仲(乡)〔卿〕出与接待,劝慰甚久。该四人矢志不允,故奉天代表十四人,已回者十人。拘留外城警厅者，尚有四人云。

《顺天时报》，1910年12月27日

东省国会代表之回籍

东三省请愿国会代表，在京要求军机大臣代奏即开国会，又被严旨拒驳，并著民政部、步军统领衙门立即派员，将各代表迅速送回原籍等因。昨有弁兵四十余名，护送东三省代表十四名，由京乘火车过津，即日送归奉省云。

《顺天时报》，1910年12月28日

奉天谘议局纪事

议决增删修改官印婚书案

谨将本局议决增删修改官印婚书印章另缮清单于左：

第一条　婚书由民政司制发，盖用各该管地方官印，嗣后准由各该地方官仿照刷印，发交城镇乡董事会暨乡董等，饬民间随时就近购取。其自治团体尚未遍设地方，暂发各巡警区照章办理。

第二条　婚书酌分两则，上则以项上红纸制备，而加描金彩花，次则以寻常红纸制备，不描金。愿用何则，听民间自便。

第三条　婚书每起两套，男女两家各领一套。

第四条　婚书取费，上则每起男女两家各取费银元壹元贰角，次则每起男女两家各取费银元六角。若于额定数目外，丝毫需索，准民间登时控究。

第五条　购领此项婚书时，男女均须开出姓名、年岁、籍贯、住址、三代、媒妁，交董事会暨乡婚处挂号存案。自治未成立之地，仍归巡警办理。

第六条　此项官印婚书，全省遵行之日，自宣统二年正月起。以后遇有婚姻涉讼，若非呈验官印婚书，应令原告人先出二倍上则之官印婚书费。俟结案后，再判令理屈人出上则二倍以上、四倍以下之资。

第七条　结婚在宣统元年正月以前，现尚未嫁娶者，准自治人员广为劝导，令男女两家补领此项官印婚书，但不愿领者听。

第八条　由各地方官署发给男女结婚存底表册，由经发处随时填注，按月送署查阅存案。其暂归巡警经发者，应将款项解送收捐处，以凭造报。

第九条　由各该地方官署发给官印婚书收费册，按月由经发处分起填注，呈报备查，并分别解省汇报收捐处查收。

第十条　所收官印婚书费，以十分之一为经理费。各该官署与自治各得其半。以十分之一为纸张印刷成本费，余俱拨充女学应用。

第十一条　此次行用官印婚书，一为扩充女学经费，一为民间婚姻预杜纠葛。嗣后民间结婚，务须遵章购用。如有于非正当结婚，胆领盖印婚书者，被控到官，一经查出，仍照例惩办，并将原领婚书注销。

第十二条　此项简章如有未尽事宜，及应行变通办法，得由各该地方随时呈明，札行谘议局议决施行。

呈为提议增删修改官印婚书简章一案

督部堂回批：呈、粘均悉。查此项章程，原系提法司改定辽阳州试办婚书简章修改案内所称，改作盖用各该地方官印。此即现时办法，无庸再改。各属派捐所定章，虽发交巡警局，亦有呈请交出劝学所办理者，原为便民起见。况在自治会业已成立，所拟交由自治人员办理，尚无不合。原案又称由地方官仿照刊刷交发，查现在制发婚书，均分别上则、次则，编定民字、政字骑号数存档，并盖用民政司核定戳记。若改由地方官仿照刊刷，所须骑号及核定戳记，万难仿照。与现发格式殊难一律。又称原案既不与准理，又与准理，实与裁判官（赶）〔枉〕

法地步，此殊误会。查原章"自官印婚书之日起，以后遇有婚书涉讼，呈验婚约，若非官印婚书，不与准理"一条，是指有婚约而非官印婚书者言也。其次条未领官印婚书涉讼之件云云，是指应领官书又未据呈有私立婚约者而言也。两项性质相殊，谘议局修改案尚未分别研究。惟原章不与准理一律，有欠妥当。缘婚姻乃民事诉讼中关系重大之案，不能因官书之有无，以为准理与否之标准。今应更正条文为，"此项官印婚书，自宣统二年正月，全省通行之日起，以后遇有婚姻诉讼。若所呈婚约，非官印婚书者，应令原告先出一倍上则之官印婚书费，换领官印婚书。其私立婚约，当官取消，再与准理。俟结案后，判定理屈之人出一倍以下之无官印婚书费，换领官印婚书。其私立婚书约者，遇有诉讼时，查系正当婚姻，准其补领，但官印婚书费应视前项之数各加一倍。其结婚在官印婚书未经通行以前者，不在此限。"较为明晰妥当。又修正案第七条末句可以删去。缘条文"广为劝导"一语，本无强迫必领之规定也。又原案第十一条，筹办审判厅经费，应改扩充女学经费。查本年饬发章程，已经改作"筹备女学经费"字样，与议案正合。惟各属女学尚未全设，所称拟改扩充女学经费，似不如仍用"筹备"二字。其余酌减罚费，及拨其十分之一为纸张刷印成本费，各该地方官署及自治会共扣经理费十分之一，各得其半等条，均可。应统候饬民政司、提法司、提学司、自治筹办处知照。缴。

《盛京时报》，1910年12月31日

陈议员之建议案

奉天议员陈瀛洲等，以东边时局危迫，瞬息万变，曾具说帖，质问外务部。闻前日开秘密会时，外务部大臣以口头答复。（因事关秘密，不便宣布。）陈议员随即提出建议数项：

（一）增加兵额。凡东省人民，共负当兵义务。仿古代寓兵于农之制，无事可以自守，有事可以自卫。

（二）建设器械厂。制造各项军械，以备需用。

（三）扩张东三省总督权限，使之不受制于中央，不能与内地督抚视同一例。但总督权限既拓张之后，谘议局权限亦应酌量增加，以与总督对待。

（四）厚借外债，兴办各项新政。

刻闻已另具说帖，得三十人以上之赞成。下次开议，即可提出矣。

《帝京新闻》，1911年1月2日

奉天谘议局纪事

呈为提议各属罚款宜随时宣布一案

奉督部堂批：呈、粘均悉。查地方问刑衙门判断案件，或应罚金，或应赎罪，均应遵照现行刑律办理。前准部咨，申明罚金章程，当由提法司拟定开用三联执据，发交各属，以一联交给缴纳罚赎银两之人，一联解司，一联存卷，并饬将罚赎银数，按月造册送部在案。此次谘议局议谓，未设审判厅地方衙门，每判一案，作成判罚书，于七日内张贴，固为慎重公款起见。第所谓判罚书，即审判厅之判词，各府厅州县系行政官厅，一切组织本与审判厅不同。若责令遇案张贴判词，而于民人控诉之手续、上告之期限，一未议及，亦嫌挂一漏万。现奉明谕，预备立宪之期业已缩短，正议提前筹设省外各级审判厅。将来审判厅一律成立，自必查照新章办理。此时毋庸更张。至或虑及官吏侵蚀，应候饬提法司通饬各属，于署前作木牌一具，将征收罚赎各款，备列姓名、案由、罪名、银数，按月张贴，俾众周知。缴。十一月二十六日。

呈为盘山杨荫桥请议盐税画一以清积弊一案

奉督部堂批：呈、粘均悉。查奉天盐厘，原以东钱为本位。嗣因东钱缺乏，各属使银元遂按各该处彼时钱价，呈准酌改银元，实征实解，按月册报在案。惟各处钱价时有涨落，以致改收银元数目，未能画一。现资政院因整顿全国盐法，业经提作议案，将来如何办法，督办盐政处必有一定章程，颁示通行。谘议局所呈各节，系为整顿本省盐厘起见，候饬盐务总局查明禀覆，再行核办。缴。十一月廿七日。

《盛京时报》，1911 年 1 月 5 日

租税之大会议

顷闻官场人言，日昨各司道及谘议局议长、议员等，午后二钟在公署会议关于国家税及地方税之财政问题。由度支司齐自芸司使提出税契一案，筹议预防匿税之法，聚讼盈庭，莫衷一是。后以民政司宪所论，责成乡正、乡佐之法为善，并拟查出加倍罚金，以杜隐匿，而重财政云。（逸）

《远东报》，1911 年 1 月 10 日

奉天札饬妥拟盐厘之办法

奉省盐政废弛，自制钱改收银元而后，价值不一，小民尤为吃亏。前谘议局

提议盘山等处盐厘复杂请定办法一案，经呈督宪核夺，故督宪日昨特札饬盐务总局，著将所收盐厘妥筹办法，克日呈覆，以凭核夺，而重盐政云云。（逸）

《远东报》，1911年1月17日

奉省士民恳留清帅督东之血诚

督宪锡清帅以时局艰危，忧患成疾，迭请开缺，均已奉旨慰留，而清帅仍怀去志。奉省士民闻之，惊惶万状，力谋攀留，连日函电交驰，必求清帅勉力支此垂危之局。兹将函电录下：

致军机处电

军机处、王爷、贝勒爷、中堂钧鉴：锡督公诚谋国，中外皆知。所筹三省要政，肇端宏远，正赖次第推行。现奏请开缺，迭奉温旨慰留，在朝廷权衡至当，固无待绅民等之渎求。惟东省安危，关系全国，四年之中，数易督抚，措施方始，更替旋来，以致内政外交，均无效果。现在时局较前尤迫，万难再议更张，仍蹈前辙。绅民等逼处阽危，罔识顾忌，议叩恳钧处代奏，坚留锡督督东，以维大局，不胜迫切之至。奉天谘议局、教育总会、农务总会、商务总会公叩。盐。

致同乡京官函

敬肃者，清帅督东以来，公忠体国，诚挚爱民。凡属地方要政，无不竭诚规划，早在诸公洞鉴之中。其荦荦数大端，尤为中外所注目者，如开葫芦岛商港，以巩固海权，议修锦瑷铁路，以扩张路线，奏设清乡局，以绝盗源而治内，筹办移民实边，以固边防而对外，皆与国计民生有极大关系。至俭以率属，严以察吏，延揽人才，维持舆论，尚属事之小焉者。乃甫经著手，亟待施行，正赖仔肩。忽思引退，虽经温旨慰留，而去志颇坚。际兹时局，人心非常惶恐，当举各界代表，叩辕恳留，未蒙赐见。嗣经公上书函，陈述恳留意见，亦未答复。自愧绵力，无术转圜。伏查我省自改设行省后，四年之中，数易督抚，如次帅、菊帅、少帅、雪帅，皆以设施未竟，中道而去，还念前辙，可为痛心。现在东事较前尤急万分，设再更动疆臣，东事将益不可问。语云：临敌易将，兵家所忌；重臣去位，敌国之福。是清帅一身之去留，东省之安危系焉。此我东省士民咸以为祸福关头，群焉奔走呼号，以求达此挽留之目的，而又自愧无能，不能不仰赖于乡先生之大力以为转旋者也。除经电军机处恳为代奏外，特此函请左右，俯念梓乡，广求当路，务期坚留清帅督东，以维大局。临楮不胜祷盼之至。随函附呈电稿一纸，敬叩荩安。伏乞察照不宣。奉天谘议局、教育总会、农务总会、商务总会顿首。

致世京卿函

仁甫仁兄大人鉴：敬启者，清帅奏请开缺，去志甚坚。我省绅民惶惶，惟恐其去。本局代表舆论，深愧无术挽留。除电恳军机处外，谨会同各团体，特具公函一份，乞援于在京诸公。素稔阁下，热心桑梓，务望于接到此公函后，为邀在京诸公，共同筹议，设法斡旋，务期达到目的。是为至盼。肃此，敬请台安。诸维爱照不宣。

《顺天时报》，1911年1月21日

奉人挽留锡督之公函照录

奉天谘议局因挽留锡督，致其同乡京官函云：敬肃者。清帅督东以来，公忠体国，诚挚爱民。凡属地方要政，无不竭诚规划，早在诸公洞鉴之中。其荦荦数大端，尤为中外所注目者，如开葫芦岛商港以巩固海权，议修锦瑷铁路以扩张路线，奏设清乡局以绝盗源而治内，筹办移民实边以固边防而对外，皆与国计民生有极大关系。至俭以率属,严以察吏,延揽人才,维持舆论,尚属事之小焉者。乃甫经著手,尚待施行,正赖仔肩,忽思引退。虽经温旨慰留,而去志颇坚。际兹时局,人心非常惶恐,当举各界代表,叩辕恳留,未蒙赐允。嗣经公上一函,陈述意见,亦未答复。自愧绵力,无术转圜。伏查我省自改设行省后,四年之中,数易督抚,如次帅、菊帅、少帅、雪帅,皆以设施未竟,中道而去。追念前辙,可为痛心。现在东事较前尤急万分,设再更动疆臣,东事将遂不可问。语云:临敌易将,兵家所忌。重臣去位,敌国之福。是清帅一身之去留,东省之安危系焉。此东省士民,咸以为祸福关头,群焉奔走呼号,以求达此挽留之目的。而又自愧无能,不能不仰赖于乡先生之大力以为转旋者也。除径电军机处恳为代奏外,特此函请左右,俯念梓乡,广求当路,务期坚留清帅督东,以维大局。临楮不胜祷盼之至。

《帝京新闻》,1911 年 1 月 22 日

奉天谘议局汇录

谨将交议募集公债,振兴实业一案,议决之理由及办法,详列于左:

一、理由

查本年五月,本局临时会交议募集公债,振兴实业一案,经本局议以原案办法未经指明,提出质问,呈奉督部堂批,将此案理由及事项,逐条答复,查照议决等因。本局奉到回批,适在闭会以后,应即归入本届常年会,照章会议。兹查原案办法,系将公债归入兴业银行之中,以银行之名义,发行债票。如此是非公债,纯系私债。是以银行为本,而债票由银行而生。本届交议,拟设劝业银行一案,与此大致相同。应将此项募债办法,归并办理。《殖业银行则例》原准发行债票,是于法定额数以内,原有募集私债之权。殖业、兴业、劝业,要皆以放款于工业、农业为目的,名目不同,实质则一。如此归并核议,庶免两歧。

二、办法

议将此案归入交议,拟设劝业银行案内,于筹办则例中详细规定,准劝业银行照银行则例,发行私债债票。此案未便另议,以免重复。以上各项,系对于交议募集公债,振兴实业一案之理由及办法也。

总之,此案名为募集公债,细绎办法,其实设立兴业银行,由银行募集私债,既有另案劝业银行,若再办兴业银行,未免重复。归并会议,较为正当。此所为有本案之议也。

交议劝业银行案

督部堂锡批:呈、粘均悉。查所议《劝业银行则例》内,条文大半与度支部奏定《殖业银行则例》相同。夫法律之类别,有主法、助法两种。此项部定则例,实系主法。至于开办银行,各种专章细则,为助法。今主法既有部定则例,正宜遵照办理,不必择条编录,反致挂漏。若专章细则,仍应照部例第二十一条、三十二条所规定,另行撰拟。凡已见于部例各条者,不必复载。据呈,则例于主法、助法两种性质,尚嫌含糊。至第三、第四两条,系度支部对于全国银行之口吻,尤不通用。此项银行,实系社会经济发展之最要机关,既经决议,从事开办,候另拟各项详细专章,待局议决后,再行照章咨部核办。缴。十一月初八日。

交议募集公债振兴实业案

督部堂锡批:查此案,据呈请并入本届交议劝业银行案内,希即查照该案批答可也。缴。十一月初八日。

《国民公报》,1911年1月22日

劝业银行则例

第一章 总 则

第一条 劝业银行为股份有限公司，其目的在放款，以改良发达农工业。

第二条 劝业银行之资本，以官股银十万两、商股银十万两集成之，共二十万两。前项之股票额为二十两。

第三条 劝业银行既设立后，有再设立银行者，不得与此银行名号相同。

第四条 劝业银行欲设立分行，或代理店，均应呈请度支部核准。度支部视为亟须设立之地，亦命其照章设立。

第五条 劝业银行之股票，概用记名式。

第六条 设股之权利，限于中国人。

如股东将股票转卖或抵押于外国人及外国公司，劝业银行得视此项股票为无效。

第二章 营 业

第七条 劝业银行营左之事业：

一、劝业银行得以不动产或股票公债票作抵押，用分年均还法，于三十年内为放款。

二、以相当于分年均还总额五分一之金额为限，收相当之抵押，得以五年内为一偿还期。

三、如有殷实保户五人以上，连环保证，以五年为最长期，不用抵押，得为不过资本十分之一之放款。

四、对于城镇乡，或法律所组织之共团体，可不收抵押，得为本条第一项、第二项之放款。

第八条　为前项之放款，限于以左列事项为目的者：

一、开垦、排水、灌溉及耕地土质之改良。

二、耕作、道路之筑造或改良。

三、殖业林事业。

四、种苗肥料与农工业原料之购置。

五、农工业所用之器具、机械、车辆、牲畜之购置。

六、农工业所用建物之筑造或改良。

七、前各项外，农工业之改良。

第九条　非以前条事项为目的，银行不得放款。或已放款后，而债务者以此借款经营他业者，得于偿还期限前，将全数本利追缴。

第十条　劝业银行若确知债务者有不能本利俱还之势，得于五年内只收利息。

第十一条　分年均还法，其数目合本利计算，按年定一平均偿还之额，不得无故变更。但在偿还借款一部后，更商定其额或债务者，于均还定额外，多还若干，于偿还期前全数还清者，均不在此限。

前项债主之变更偿还期及偿还额，须于一月前通知银行。

第十二条　对于债务者，分年均还之额，不得过于债主每年净将收益之总额。

第十三条　借款总额，不得过抵押物实值十分之七。

以未附有保险契约之房屋作抵押，则借款不得过实值十分之五。

第十四条　劝业银行此收抵押物，须为第一抵当者。但对于借新债偿旧债之效果，能为新债第一抵押者，不在此限。

第十五条　劝业银行所收受之抵押物，必系有永远确实之收益者。

第十六条　劝业银行遇不动产抵押物之全部，或一部被官收用，或债务者欲出卖时，虽在偿还期限前，得要求偿还借款。但债务者能别作增抵押，则不在此限。

若其收用卖出，止一部要求偿还，当应其实值之分数。

第十七条　劝业银行遇抵押物价值抵减之时，得要求增加抵押，或要求偿还相当不足之一部。

第十八条　债务者偿还借款，过逾二成以上，可（相）〔向〕劝业银行请退抵押物相当之一部。

第十九条　债务者如延缴借款，得于满期次日起加算利息，或索还未到期之全额。

前项之延缴银，得斟酌情形，报该管官厅追缴。

第二十条　劝业银行之放款，年利息至高不得过一分。其存款，年利息至低不得下六厘。

第二十一条　劝业银行可代人管保金银，及一切重要之物件。

第二十二条　劝业银行营业上如有余款，得一时购买国家公债票、地方公债票，或存放妥实银行生息。

除前项外，不得使用营业之余款。

第二十三条　劝业银行得与同行订联结契约，兼管农工业家汇兑事务。

第二十四条　劝业银行不得经营本则例未经载明之事项。如有不得已之故，必须经营者，应请度支部或该管地方官核准。

第二十五条　劝业银行遇有长年定期存款，亦代人存放生息。

第三章【债　票】

第二十六条　劝业银行得照实收资本五倍之数，发行债票，但不得过放出款项之总额。

第二十七条　劝业银行之债票全额，每张以五元为率。

前项债票之偿还方法，须遵《殖业银行则例》第二十一条，于发行前呈候度支部核准。

第二十八条　劝业银行因市面利息低落，借新债以偿旧债时，得偶超过第二十六条之制限。但新债票既发行后，须以此收之全数，于一个月内偿还旧债。

前项之新债票，须于发行前呈请度支部核准。

第二十九条　劝业银行发行债票之时，地方官斟酌情形，得将地方而有长存款项购此债票。

第四章 公债金

第三十条 劝业银行每年除开销资本额息薪水行用外，应提一成，作为公资债，专补资本缺损之用。

第五章 政府之监督及委任监督

第三十一条 劝【业】银行每年结账一次，须分缮营业资财，切实报告，申送度支部。

第三十二条 度支部得就地方官中特派劝业银行监理官。

前项之监理官，得随时检查劝业银行之账簿，现款准备金、债票发行额等项，详细申报度支部。

第三十三条 监理官（区）〔因〕劝业银行实有危险，或违背则例情事，可禀度支部，听候查办。

第三十四条 劝业银行有违背则例，或害公益之事，度支部或该管地方官，得随时禁止。

第六章 罚则

第三十五条 劝业银行有违背本则例之事项者，处以五两以上、五百两以下之过料。

第三十六条 监理官有藉端索费，及妨害银行利益，或干预银行业务者，均从严参处。

第七章 补助

第三十七条 劝业银行创办之始，度支部得命地方官，就地方公款，酌量入股。

前项之官股，五年内不分额息，以次五年者得额息之利半数，加入公债。十年后，与寻【常】股份，一律分派。

附 则

第三十八条　本则例如有随时变更之处，经股东会决议后，呈候度支部核准。

第三十九条　劝业银行除守本则例外，应照《商律》及《普通银行则例》办理。

《劝业银行则例》之说明

银行为发生生产业、维持生产业最良之机关。夫人而知之矣。然银行有为一般生产业而设立者，有为一部分生产业而设立者。为一般生产业而设立者，谋实业界全部金融之活动，一般生产业均受其利益，如劝业银行、兴业银行是。为一部生产业而设立者，谋实业界一部金融之活动，而一部生产业独享其利益，（为）〔如〕农业银行、工业银行、商业银行是。故有一银行，即有一最先设立银行之目的，而后银行之营业始有一定之范围，银行之则例始有规定之标准。乃来又言，拟设劝业银行。绎其名称，似为一般生产业而设立者。而其中又发见为农、工两业立一交通机关等语，又似专为农工业而设立者。名实两歧，（疏）〔殊〕不识主旨之所在。复以私意揣测，以原文内多引《殖业银行则例》。"殖业"字样，即农工业之代名词。而又据"为农、工两业立一交通机关"一语，故起草案时，惟专注重于农工业。凡非农工业者，不得享有此银行之利益，直谓之"农工业银行章程"【可】也。兹将所拟草案之主义说明如左：

一、取限制主义。劝业银行既以发达改良农工业为目的，凡非经营农工业者，不得向银行借款，固无待论。即经营农工业而以借款购买土地，或为创立工厂之资本，是益大地主、大资本家之恣横也，乌乎可？故为一般农工业而设立银行，绝不可不防利益之独占也。制限之意，如第八条、第九条是。

一、厚债主之权利。分年均还，宽其偿还期，限以三十年。盖三十年而后，农工业始能充分发达。恐偿还期限短迫，以（防）〔妨〕其农工业之发达也。如第七条第一项是。而又恐营业者未必平均，按年获利，故又以五年为一偿还期，使之得于五年之盈绌，得此调剂。不至以一年之时间，致失其后日获利之种子也。如第七条第二项是。分年均还，银行不再缩短期限，致迫债主，而债主乃得缩短期限，以图便利。如第十一条是。债主虽不得延缴分年均还之额，而银行得视债主获利之程度，于五年内只收利息。是债主对于分年均还额，虽不得延缴本利之全部，而犹得延缴利息之一部也。如第十条是。所谓不得变更者，仅注重银行不得缩短偿还期限耳。规定债主之权利，不可谓非优厚矣。而要其所以优厚者，不外乎发达农工业之宗旨。

一、根据度支部《殖业银行则例》。《殖业银行则例》为《农工业银行则例》之大纲，而莫能或背。独是各国银行之监督，多属于度支部，以其熟悉银行之性质，易于监督，且事权有统一之势。而《殖业银行则例》规定委任地方官监理，殊觉不合，但系奏定则例，不得不根据之。而劝业银行又有官股一半，料地方官虽监理，究亦无妨也，故仍之。至其他各条，照《殖业银行则例》，不无出入，或仅就条文之修饰，要皆不背殖业银行规定之主义。

以上之说明，系起草员应有之义务，故特说明所拟《劝业银行则例》之主义，以备会议研究之材料，非对外人之意也。谨志。刘兴甲稿

《国民公报》，1911年1月22、24日

建议变通八旗官兵改练陆军以祛虚縻而求实用案

奉省款项支绌，兵力单弱，尽人皆知。然欲添练新军，而又苦于无饷可筹。顾虑迟徊，终无补救。与其虚縻钜款，养无事之官兵，曷若因时改革，化无用为有用？查奉省各旗官兵，俸饷、薪津、公费、赏项等款，常年额支银约四十余万两余。三陵、内务府、宗室觉罗各项，为陪京特设之制度，未可轻议变更外，其余各旗官兵，常年所领仍在三十万两上下。即以此款改练陆军一协，尚可敷用。比年以来，八旗官兵差操久废，所有额缺已同虚设。兼以库款奇绌，应发旗饷，均按六成折减发放。而旗署办公向无的款，复由兵饷项下摊扣，沿为惯例。每兵每年所领饷银，至多不过三四两之数，间有仅领市钱数吊者。往返用资，且虞不

给，于生活实际毫无补裨。幸赖设旗之初，随缺拨地，兼行屯垦之法，不专恃饷项一端为生活，较之内地各驻防情形迥乎不同。至于旗官，现既设有旗务处，一切内外城旗务，统归该处直接办理，而旗官率多无所事事。家居食俸，贻诮素餐，而其间之稍有国家思想者，未尝不扼腕咨嗟，以此闲散之官为可耻。长此敷衍，坐令八旗人材尽销磨于区区俸饷之中，是养之而转以害之也，岂不误哉？董子云："琴瑟不调，改弦而更张之，乃可鼓也。"近岁京师设立变通旗制处，筹生计，谋教育，兴实业，已为裁撤八旗官兵之预备。

奉省叠经奏裁锦州副都统、海龙城总管、尉校，暨抚顺防御等缺。本年又奏请停补旗缺，挑练旗兵，无非实行变通之计划。明知朝廷轸念旗丁，注重丰镐，本应逐渐筹备，以图万全。岂好为是汲汲哉！无如两强逼处，风云惨变，瞬息万端，举凡应兴应革之事，均宜振刷精神，力图急进。此亦我督部堂之苦衷，有不待言传者矣。本局有鉴于此，爰就奉省八旗旧有俸饷通核，计拟改练陆军一协，择各旗兵丁之年力精壮、身体健全者，改编新军。其衰老废疾者，一律裁汰，酌给恩饷，以示体恤。而旗官则拣其年富力强者，均令入讲武堂肄业。毕业后，擢充军官，一面仍为另筹酌改外官，对品调用，以广出路。其年老疾病者，亦酌给恩俸一年，以免向隅之叹。内城旗务，仍归旗务处总司其事。外城依照奏裁海龙城总管办法，一切旗务归地方官办理，庶事不废而款可省，饷不加而军可成。一转移间，虚縻尽祛，而实效可期，似于奉省时局，大有裨益。谨将变通八旗官兵，改练陆军办法，详列于后。是否有当，仍请公裁。

起草者　桂　森

校阅者　曾有严

办法

甲、暂缓变通之事项

查奉天为国家根本重地，陵寝宫殿所在，关系最钜。所有三陵、内务府、宗室觉罗各员缺，暂仍其旧，以重职守。

乙、旗官之出路

查外城设有城守尉、防守尉及内外城协缺，各缺品秩较崇，资望亦深，不必入讲武堂肄业，可照奏裁五部官员章程，酌改外官，对品调用，以示优异。其余内外城佐领、防御、骁骑校等官，凡年力精壮者，均令入讲武堂肄业，以养成陆军官弁资格，而便擢用。实系年老废疾者，酌给半俸，以免向隅。

丙、旗兵之选举

查奉天内外城旗兵二万五千余名，改练陆军一协，所余尚多。若不细加选择，仍恐滥竽充数，蹈旧日旗兵之弊。拟凡原有制兵，年在二十岁以上，三十五岁以下，身体健全，略识文者，为合格。先由各该旗加倍选送，即由旗务司会同督练处按格挑选，编为陆军。其年老疾病，及未被挑选者，概予恩饷一年，以示体恤。

丁、编练营制

凡营制，一切遵照陆军部奏定编练陆军新章办理，不得稍有出入，以归一律。

戊、军官资格

凡旗官曾在将弁学堂、陆军学堂，及奉天所设之讲武堂毕业，或留学外国陆军学堂，及士官学校者，为合格。如旗官中此项毕业人员缺少，可参用汉官，以化畛域。然亦须有以上各校之毕业文凭，不准滥用。

己、旗丁之生计

查奉省旗丁多务农工，不专仰给于饷糈，且历经旗务处筹设。

（整理者按：原件此段之后缺失。）

《国民公报》，1911年1月24、25日

呈为建议变通八旗官兵改练陆军以祛虚糜而求实用案批

督部堂批：呈悉。所议裁拨旗饷，改练陆军，及出路生计各条，与旗务（单）〔军〕政，两有裨益。经营筹划，足见热诚。查变通旗制，事关全局。奉

省八旗户口繁盛，满汉杂处，利害相连。若不从速妥筹办法，非特畛域长有，显背宪政，抑且事权各执，有碍地方。自应亟议变通尽利之策，以期成效，而便实行。唯变通旗制，事体重大。本省前曾通盘规划，筹议大纲，咨商变通旗制处覈议，并将八旗教育、实业及迁垦等事，逐渐兴办，藉谋生计。尽其心力之所能为，以期补救于万一。如原呈旗官出路一节，前议曾有旗员酌改外官办法，旗制处、陆军部均以碍难照办为词，先后驳覆。又原呈旗兵选择一节，前议亦有旗兵挑练陆军，及酌予恩饷办法，迄今未见核定。其余分年筹备，裁官撤饷等事，前议亦均筹及，久未准覆，不得已本年始有奏请拨用旷饷，改练旗兵之事，与谘议局所议，用意正同。原呈旗员入讲武堂肄业一节，今春亦经考送入学，嗣后尚当陆续挑送，以广造就。综观原呈所议各条，大致均要。虽俸饷骤裁，似过操切。【案】照本省旗人，并不专恃俸饷，且尚有应得地租，暂可资为补助，当无窒碍。至原呈三陵、内务府、宗室觉罗各员缺一节，皇室定制一仍其旧，尤属妥协。唯所议仅系办法大纲，此事关系改革旗制，自非奏明请旨办理，未便率行轻举。究竟旗饷能否即裁，陆军能否改练，先练一协，经费是否足用，旗官裁缺，出路能否办到，均应先事预筹，免致临时生阻。应由旗务处核拟详细办法，呈候咨商变通旗制处，暨各覆到日，再行拟办。现在国会期限，业奉明谕提前成立，宪政筹备急宜赶办，旗制变通尤关重要。自应从根本解决，方有把握。深幸上下协谋，方图急进，以济时艰。本大臣有厚望焉。候饬旗务处遵照。缴。十月二十七日。

八旗工艺厂、女工满蒙文中学堂，为谋教养之术。其旗丁之贫困者，已为另谋生计，迁旗实边。更拟清查八旗官地，招佃收价，组织八旗兴业银行，以补助实业。如此办理，旗丁生计，亦不至艰难。

《国民公报》，1911年1月24、25日

关于地租之整顿质问草案

甲、质问之理由

查此案系第一次通常会交议议呈,奉批:所议各节,语多扼要,颇堪采择,候饬度支司通盘筹划,应如何扫除积弊,期于课赋、民生两有裨益之处,妥拟章程,呈候奏请饬下度支部核定后,再行宣布等因。嗣奉札开,据度支司呈称:米地一项,事关仓储,应俟清查以后,再行详议办法。(未完)

《国民公报》,1911年1月25日

不负责任之谘议局议长

自鼠疫流行之后,日、俄两国藉口防疫,屡次侵及主权。而俄国今又有在边境示威之举动,奉省人心大为惶恐,各界交相警备。惟谘议局议长吴某,自温世霖被谴之后,即不敢干预地方之事。近来日人又有调查奉天户口之议,绅、商两界亟思抵制之策,屡次就商于该议长,而该议长则始终以不负责任之态度,不与其事。闻奉人对于吴某甚不满意,拟将群起而攻之。

《帝京新闻》,1911年2月23日

奉天谘议局等组织临时防疫会

谘议局、教育会、商务总会等各团体，谋组织临时防疫会，于上月二十七在商务总会开成立会。公举谘议局议长吴景濂为总理，自治会议长张君、商务总会协理蔡君为副总理。此外，商界选举干事若干名，从事防疫，以辅官力之不逮。

同日，民政使张元奇、交涉使韩国钧、卫生病院长王君，会同日员佐藤、久保田、小池三氏，提议中日联合防疫事宜，彼此得一致之意见。当即呈请锡督，候示遵行。闻日员亦须伺大岛都督之意，以定进止。

《吉长日报》，1911年3月4日

督部堂批谘议局议案二则

提议前会整顿学务案内子项统一事权一项案

督部堂批：呈悉。候饬提学司，查照前批办理，并将规章迅拟呈核，再行通告。缴。

建议裁并衙署局所案

督部堂批：呈悉。查承德县一缺，与本管府同城，职守简单，本应裁撤。锦县一缺，事虽繁多，若将县事统归该府直辖办理，即将锦县裁撤，亦属正当。至各属佐杂缺分，有管理监狱者，一经监狱改良，即应遴选管狱专官，该佐杂即无所事事。此项缺分可裁。至分防佐职，有缉捕盗贼，审理徒罪以下案件之责，且分防衙署多设于沿边沿海地方，各厅州县难于遥制，应审度地势，分别办理。以上应裁各缺，统候新官制颁布，再行另案规定，以免纷歧。各属教职，现值岁、科两考停试，亦无专司之事，应一并另案核办。本税局事既无多，应否归并省城税捐局办理，以节虚糜之处，候札饬度支司，核覆酌夺。缴。

《国民公报》，1911 年 3 月 22 日

谘议局议请裁撤同城县缺

闻督宪日昨接准谘议局议呈，谓奉天、锦州两府均系府县同城，现在司法、行政已经划分权限，事务较单，请将承德及锦县两缺裁撤，以一事权，而节经费。督宪以新官制尚未颁行，骤难即议裁去，仰候饬令各司道等核议，再行核办云。

《盛京时报》，1911 年 3 月 23 日

奉天谘议局通告书

为中俄交涉问题事

启者国势积弱，外侮逼来，莽莽神州陆沉日，固我外务当局者之畏葸无能，毋亦我国民放弃责任，不知以强固之团结力，协争以盾其后之有以启之耶！两月

以来，最足惊魂动魄，痛心疾首，如迅雷风雨之烈，如蛇神牛鬼之怪者，惟俄人强硬要求而以兵力胁我一事。

据中外各报，俄国致我国照会，要求得有权利，在哈齐、古城、廓里札、塔尔、巴哈台、库伦、乌里雅苏台、喀什噶尔、乌鲁木齐、张家口等处设立领事，并得于以上各处购地，建筑房舍。苟中国不如其言，则俄国自有适宜之办法。又俄国向各国声言，其国并无占领中国土地之意，此次示意举动之结果，一视中国对待之情形为断。呜呼！何俄人之阴险狡诈，敢于冒犯不韪若是耶？盖俄人明知空言恫吓，不足达充分之欲望也，于是先发兵以示战。又知挟持之理由不足为开战之口实也，于是有各国宣言其意，以为将来彼发兵而我备之，则其曲在我，彼可利用协约诸国之公开评判，而不居开战之名。若将来彼发兵，而我听之，则其志已伸，彼可借口光绪七年之中俄协约，而遂行占据之实。呜呼！何俄人之阴险狡诈，敢于冒犯不韪若是耶?！固我外务当局者之畏葸无能，毋亦我国民放弃责任，不知以强国之团结力，协争以盾其后之有以启之耶？同人等对于兹事，根据国际法，悉心研究，得有俄人种种不法行为之确证，谨为诸君子沥陈之。

第一，请证诸条约之缘起也。查俄人要求之根据，在《续改陆路通商章程》。此章程为《伊犁条约》之附件，而《伊犁条约》者，则中、俄两国全权大臣于光绪七年，即西历一千八百八十一年所订者也。当同治十年间，洪、杨尚扰中原，而回族又倡乱于敖罕，喀什噶尔蔓延于回疆全部，俄人乘机长驱占我伊犁，及其附近之地，曾宣言此次发兵，伊犁实为自卫边圉之计，苟清国能平回乱，则我仍以原璧归之。彼固断定吾国之决无平回之能力也。迨左文襄戡定天山南北及喀什噶尔，吾国即照会驻京俄使。闻索还伊犁之谈判，俄人事出意外，又未便公然食言，乃一面承允交欢，一面提出种种条件，以为推宕地步。吾国初以崇厚之贻误，丧地辱国，几酿战祸，卒以戈登将军之劝告，始易战而和，议修条约。派出使英、法、义、比公使曾惠敏公为全权大臣，磋商七阅月，收回帖克斯河上流之地，而以霍尔果斯河西之地代之，赔款则增至九百万卢布。而霍尔果斯河东及伊犁一带均附中国版图，其事遂终。是此条约之发生，始由于俄人藉回乱而占领伊犁，继由于俄人还伊犁而别生枝节。依国际法，因战胜之结果，一时占领其地，犹不得为取得土地之原因。况俄人之乘乱窃据，其不能取得明矣。此就条约之缘起上研究之，已足为俄人不法行为之一证也。

第二，请证诸条约之文义也。查《伊犁条约》第十条，有俄国照条约在伊犁、塔尔、巴哈台、喀什噶尔、库伦设立领事之外，亦准在肃州即嘉峪关及吐鲁番两城设领事。其余科布多、乌里雅苏台、哈密、乌鲁木齐、古城五处，俟商务兴旺，始由两国陆续商议开设之文。第十二条，有俄国人民准在中国蒙古地方贸易，照旧不纳税，与蒙古各处及各盟设民与未设官之处，均准贸易，亦照旧不纳税。并准俄民在伊犁、塔尔、巴哈台、喀什噶尔、乌鲁木齐关外之天山南北两路各城贸易，暂不纳税。俟将来商务兴旺，由两国议定税则，即将免税之例废弃之。又第十五条，有此约所载通商各条，及所附《陆路通商章程》自换约之日，于十年后可以商议酌改之文，曰"陆续添设"，则非同时之要件，而顺序之缓图也；曰"商议"，则非片面之主张，而双方之合意也；曰"讲定"，曰"废弃"，则免税非永久利益，我国固有收科主权也；曰"十年后商议酌改"，则条约非永久性质，我国固有改约时期也。依国际法条约者，国家与国家相交际，文字与文字相结合而成，而尤以文字为证据，彼此有遵守之义务者也。此就条约之文义上研究之，又足为俄人不法行为之一证也。

第三，请证诸条约之时效也。俄人要求设领事者凡九处，如廓里札、张家口，非约文中所保留；如科布多、乌里雅苏台、哈密、乌鲁木齐、古城，俟商务兴旺，始议陆续添设者无论矣；至于塔尔、巴哈台、喀什噶尔、库伦三处，已为咸丰十年所订《中俄条约》第六款内所允许，不过于此次约文中再为申明者也，距咸丰七年历二十余年矣。今距光绪七年又三十余年矣，彼久取得其权利，而未之实行，且商务之不发达，人口之不繁殖，亦实无行其权利之必要。即今日亦犹是也。夫其已得之权利，既已盘据保留，至五十年或三十年之久，在理及势，均不能以实行，岂非当然不必继续之明证乎？依国际法，条约有以片意消灭者：一曰预定。预定者，谓条约定有限期已满，一国欲继续，一国不欲继续也。我国苟鉴于利权损失之过巨，而坚持不欲继续前约，固国际公法之所许也。此就条约之时效上研究之，又足为俄人不法行为之一证也。

观于以上各理由，俄人举动之为不法行为，所谓司马昭之心，路人皆见矣。而交谈未久，遽以兵力胁我，则更违反国际法之尤者也。夫战争固国际上最终手段也，然其适用此手段之时，必于其无法可以解决之问题也，必于其关系一国重要之问题也，必于其牵连而为国际团体之重要问题也，必于其问题今日不以战争手段解决，则酝酿既久，将至惹起极大极可恐怖之战争，故不若牺牲现在，以博将来人类之幸福。此今日国际中万不得已而用战争手段之前提也。试问中俄此次之交涉，果如以上诸问题，有用战争手段之必要否耶？呜呼！何俄人之阴险狡诈，敢于冒犯，不应若是耶！固我外务当局者之畏葸无能，毋亦我国民放弃责任，不知以强国之团结力，协争以盾其后之有以启之耶？且夫国际法者，乃保全世界生存之条件，欲维持和平，无论何等之国，皆得共享此权利，不以种族宗教分，亦不以贫富强弱分也。我国既加入于国际团体矣，自可根据国际团体之法律，与强俄折冲于樽俎之间，不必以兵力单弱为虑也。我外务当局者，苟早见及此，不独此次迫胁之不足畏，即前此霍尔果斯河西之地可以不割、九百万卢布之占领费可以不偿矣。然而先进各国对于政府外交之不可恃者，往往以国民之外交补救之。诸君子倘不以仆等之言为狂，恳即联电政府力争，务于本年改订商约之期，取回权利，毋稍退让，坐失事机。时乎时乎！往者不可谏，来者犹可追。邈邈河山，非复金瓯之本色，茫茫宙合，岂无铁血之男儿。临诸悚惶，不尽欲言。肃叩。任安。敬希亮鉴。

《盛京时报》，1911年4月2日

奉天谘议局纪事

渔业公司请议整顿渔业案之批示

督部堂批：呈、粘均悉。查原请议书所陈种种为难情形，意在请裁保护局，并规复旧日内各收二成秤用。其目的所在，专为保存公司，并稳固现在办事人地位而已。考其谓撤保护局之说，全无理由。谓公司兼办保护，各省皆然，不知现在各省办理渔业之公司，均系官办。江浙渔业公司虽系苏绅张謇、浙绅樊棻等组织，然开办均系官款，并归上海道监督，实系官办性质。良由购办新式渔轮，讲究捕渔制造各事业，目下商民尚无此实力。现时我国办理渔业，所注重者，惟在借设立渔业公司之名，保护海业，乃系国家关系外交重要事务，岂一般商民所能通晓。江苏、直隶两省所立名称，不过适与奉省商办之名同耳。今该公司既自称商业性质，自应专重捕渔制造事业，与保护局划分界限。乃妄为此例，殊嫌不伦。况上年保护局兼管巡洋各兵轮后，颇资得力，可以保护费挹注各兵轮，酌盈剂虚，经费亦省，断无裁撤之理。至谓公司前招股本，均由官商合办时消耗，不知当开办时，系分巡缉海盗与办理渔业为二事。所招商股，均归办理渔业项下开支。只因当时所招商本共八万余元，内有二万余元系将破船网作股，现银不过四五万元，不及一年，已为股东孙继尧等归入添补船只及川资旅费项下开销殆尽，劝业道署有案可查。是该公司原招商股，并不得牵混保护费内。至公司与渔业总局分立之后，原无款可赔。所谓赔累者，全系借公家大票收入之秤用耳。据该公司自称，每年秤用可收三万元左右。试问自设立销售场以来，所收入秤用几何，余付股息及学堂实应开支款项外，应存几何？何以现在尚有债务？何以开办学堂经费尚须葆真借垫？究竟此项应存之款销耗何处？缘何赔累？该公司中办事人，若稍有天良，当不肯一事不办，仅以坐耗秤用为事矣。又谓卢总办所定销售场章程不善，以致赔款，不知当日定章，原系该公司拟呈之稿，历年均系公司派人办理，既知铺张糜费，何不早日变通，以期节省？凡此种种，恐该公司亦无以自解。原请议书所称种种为难，及公司赔累情形，多系自相矛盾，颠倒是非，已可概见。至请编练渔团一节，前经李道龙彭、王守顺存指陈，奉省与长江内河不同情形，已决议缓办。至请撤销预算一案，业由劝业道会同清理财政局核驳，呈经本大臣批准，转饬该公司遵照在案，应无庸置议。至该公司既称隶属劝业道，则整顿办法应由该道不时查看情形，分别拟具呈请核办。此次该公司擅自拟定，尤属不合。查该公司总理葆真尚在假内，协理段德懋为公司办事人之主体。现在被人禀控，饬保护局李道正在查办所有整顿公司及取缔销售场各办法，应俟段德懋控案查办竣事，再饬劝业道分别核拟呈夺宣布，候饬劝业道知照。缴。正月二十日。

查覆西安警长被控之实情

督部堂锡为札行事。据海龙府呈称，案奉宪台札开，据谘议局呈为西安县王德纯等请议警务废弛残害地方一案，饬查覆等因。奉此，知府到任伊始，庶政待理，不遑亲查。惟查府经历陶朴办事认真，不辞劳瘁，委令实地调查去后。旋据该经历禀称，遵即驰赴西安县，访查所控各窃案，均有其事。惟杨树森家甫被挖窟，警觉并未失物。会贤居住兵失马，系经人说合赔钱，并非警务长勒令。贾家面铺丢失马骡三匹，并非四匹，其抢案亦各属实。惟边士英家车辆被阻，尚未迟至日晚。其余情形，均与呈单相符。谨将查明各详情，另开清折，具文呈覆宪台查核等情前来。据此除批"据呈所查各控案，均属实在。盗贼遍地，该警长区官尚复因缘图争私利，实堪痛恨。西安警务长恒续、区官王成绪，仰民政司迅即查明有无官职，呈候严惩，仍勒令将任内所出各劫案、窃案破获具报。一面迅派干员接充，将该县警务严重整顿，由县转呈候夺。该县警务废弛，至于此极，雷令竟形同聋聩，亦属溺职。并由司据处覆夺，仍转饬该府知照，并候札谘议局知照。缴"等因。印发外，为此札行谘议局知照。须至札者。

《盛京时报》，1911年4月2日

奉天谘议局纪事

督部堂锡为札行事。案照本大臣于宣统三年二月初一日电奏，为奉省三园地亩归入清赋新案，一律升科等因一案，于本月初二日奉旨：锡良电奏奉省三园地亩奉准升科案之札行，园地按照浮多熟地分年减免地价章程办法，概令原主首报升科，以裕课赋等语，著度支部知道。钦此。除咨部并分饬各地方官遵办外，合行恭录并抄粘原电、章程，札行谘议局查照。须至札者。

计抄粘原电暨章程各一件

北京军机处钧鉴：洪窃查奉省三园地亩内，分房园、坟园、园栏三种，向无粮赋。遇有买卖，只税契而不过割。自光绪三十二年开办清赋，凡报领地亩，均须缴价。民间私鬻浮多地亩，益相率隐匿，捏作三园名目，立契投税，规避漏粮。查内地各省，无论房地园地，均有粮额，而奉省三园独无，本非正办。若循此不改，影射日多，于清赋有碍。上年奏改清赋章程，已将浮多熟地一项，准于第一年限内报明升科，免缴地价；第二年限内报领者，交价一半；第三年报领者，缴纳全价，分别办理。此项三园，本系以浮多熟地捏改者居多，拟请除城镇街市地面免其升科外，其余各项园地，无论从前已否税契，是否领有户管，概归入清赋新章案内，按照浮多熟地，分年减免地价办法，概令原主首报升科，以杜隐匿而裕课赋。除将另订章程咨部外，谨撮要电，陈请代奏立案。锡叩。初一。

今将拟定奉省三园地亩升科章程五条开列如左。（下略）

《盛京时报》，1911年4月4日

奉天谘议局纪事

交议奉天全省宣统三年预算案

督部堂锡批：呈、粘均悉。查谘议局此次修正地方行政各经费，实能深明预算要例，本督皆深表同意。惟本年预算尚在试办时期，试办时期之始基，即为确定时期之张本，必求斟酌至当，庶将来监督财政之机关，有所凭藉，行政一方面亦不致有所窒碍。本大臣详加查核，其有可减者，照局议削减之，其有必不能减者，照局议酌加之，总期款不虚糜，事归有济。兹分晰答复如左，并候札饬各主管衙门暨清理财政局知照饬核，正表随发。

一、民政费

查巡警局经费经常门，局议修正额比较原额，减去五万七千六百一十七两四钱九分四厘。其临时门，照原额办理。高等巡警学堂经费，局议修正额比较原额，减去七千零五十九两三钱三分两厘。贫民习艺所经费，局议修正额比较原额，减去四千一百零六两六钱四分三厘，未免太多，实有窒碍。应各照局议额数，折半核减，以期适中。至此核减数目，在各区域之款项目节，应如何支配，候饬民政司转饬各该局堂所自行酌办，列表呈核。卫生医院经费，局议修正额，比较原额，减去四千零四十六两四钱一分五厘，应改为减去三千三百八十四两四钱一分五厘。同善堂经费，应照局议修正额办理。至自治筹办处人少事烦，且全省自治明年成立后，该处即须裁撤，所费无多，应照原额减去八百零六两八钱零六厘。其各属巡警经费，局议悉以医务通则为标准，系为整顿划一起见。又各属教练所经费，以减余之款，仍归各属扩充巡警子弹费用，办法尚属妥协。并各属屠兽场经费裁减，亦尚允当，均准如局议修正额办理。

一、教育费

查法政学堂监督兼庶务长一节，该堂既有会计兼庶务，又有庶务专员。监督本有整理指挥全堂之责，无庸再行兼充，应照局议裁去。又局议监学检查宿舍、管理各员一节，所议正是，应准照办。其酌留监学，管理教员薪水及学生伙食费，均准如局议办理。惟裁减学额，本年仍依三百七十名计算，俟毕业后再照局议，依次裁减。余如文案一员、会计兼庶务一员月薪，仍应照旧支给。排印费一项，尚属核实，无庸减削。又学务公所临时费，局议修正额，比较原额，减去五千一百零八两四钱一分三厘，核与事实上确有窒碍难行之处，应改为减去二千六百零八两四钱一分三厘，以免临时竭蹶。蒙文学堂经费，应以经常费原额内之四千二百九十两，改为临时建筑费。两级师范学堂经费，应于经常门修正额内，再减去一千七百两，拨归临时门一千两。缘该堂全年房租一千三百两，向由学务公所付给，未列预算。此次即由减额内照拨，以资弥补。其余省城各学校馆所暨各属官立师范学堂、传习所，以及各属官立两等小学堂各经费，均准照局议办理。

一、实业费

查农业试验场经费，局议将监督全年津贴一千三百两裁去，应准照议办理。商品陈列所经费，局议裁撤护兵二名。官牧总场经费，局议裁司事一名。查核情形，均属未便照裁。又局议裁泥工、木工五名，恐不敷用，应准酌裁三名。刈草费一项，前据该主管预算，本年度比较元年度增加者，缘元年畜少草多，刈草与民人平分，故所费较轻。本年牲畜加多，全系雇工刈草，未便议减，应照原额办理。种植费，局议概行裁去，不无窒碍，应照原额减半开支。以上各项，照修正额计算，统费增银一千七百一十六两九钱七分一厘。官牧上区分场经费，应酌留杂役二名，照修正额增加银一百三十两；官牧中区分场经费，应照局议办理；官牧下区分场经费，局议裁警官一员、护兵一名、夫役二名，核与上、中两区系属画一，应照局议办理。余如农业学堂教员讲习、蚕业讲习所、公园种树公所各经费，均准照修正额办理。其森林学堂，照修正额增银四百二十二两二钱；安东农业分场，照修正额增银七两六钱五分；海龙农业分场，照修正额增银二百六十五两八钱；广宁农业分场，照修正额增银二百五十七两六钱二分；盖平农业分场，照修正额增银三百四十六两五钱。

一、官业支出

查电灯厂经费，照局议酌留一等司事一名，计照修正额增加银二百九十二两七钱六分；硝矿总局经费，局议裁经费银二百八十两一钱七分二厘，核于事实上亦多窒碍，未便照裁。余如筹办理。

提议另立省城巡警局捐务处及清道修补马路事宜改归自治会办理等案

督部堂批：呈、粘均悉。查各属警捐，始由绅董劝办，即归绅董经理。省城警捐，除铺捐一项，系公议商会劝办，交由警局经收外，余均系由官筹办，自行征收，情形本与各属迥异。省城地大人众，警务事繁，需款较巨，开办伊始，尚恃公款，嗣各项捐务陆续推广，渐成巨款，而出入相较，不敷尚多，仍待公家拨款，以为补助，复与各属警务专用地方捐款者情形不同。警局办理捐务，始设一股，继改为科，事由简而至繁，局内亦由小而至大。然较之京、津各处专设一局长管理，暨使用费亦轻，是以该科虽为部章所无，事务所在，责任攸归，屡次报部，并未驳诘。至征收捐务，本易招怨。各属收捐处向由绅董管理，亦时有被人控告之事，并非一归绅办理，民遂相信也。房捐、车捐两项，他省已办理就绪，独奉省尚未能办到，若徒归咎官民，均非确论。且警局经收捐款，与行政均有绝大关系。如各项营业，须由行政科查明许可，始准收捐。或未经许可，或因事故停止营业，均不得收其捐款。若粮车、屠兽之稽查，妓馆、戏园之取缔，为管理起见，并非徒事征收，本在行政范围之内。若改归董事经理，指挥既有未便，办理尤易两歧，转于民间信用诸多妨碍，似不如仍旧办理之为愈也。至经收捐务，易滋疑谤，查该科员司，不乏籍隶本省之人，有无弊端，自可共见。嗣后委派该科科员，应多用本地士绅，以免隔阂。并由商会、自治会公推公正士绅，每月到局，查核收支账目，一面由局公布，以昭大信。如此办法，人民既实行监察财政之权，而捐务机关不另设立，管理亦不致纷歧，正不必改立名目，徒事更张也。

查清道事务，向归警局各分区办理，嗣因呼应不灵，始改议立卫生科，直接管理。从前本系佣夫洒扫，旋以管理未便，复改设东西两部，暨商埠分驻所，募补长警，专办清道事宜。办理有年，不遗余力，从前各地垢积，逐渐清洁，核计所需经费均系实用实销，复以地方面积辽阔，经费有限，未能随时扩充，办理仍形竭蹶。若改归自治会办理，仍此少数财力，未必收效胜于从前。且办理卫生事宜，半赖清道队为之补助。若改归自治会，则警局无管理之权，办理尤多窒碍。惟自治会既有清洁道路之责，可自另行设法提倡，人民力求清洁，以补官力之不逮，毋庸徒事变更，无裨实际。至马路工程，关系行政，尤赖巡警辅助。前由工程局专办，现在工程局裁撤，马路一项归并警局，另设专科办理，撙节经费，划一事权，将来此项工程，自可力臻完善。若归自治会，巡警无从干涉，事实诸多不便，且甫经改设，毋庸遽议纷更。候饬民政司转行巡警局、自治筹办处、商务会知照。缴。

《盛京时报》，1911 年 4 月 6 日

推举局长

局长由谘议局公举举定后，呈请督抚院照会设局行事，启用关防。即由局长随时汇集各省各属移民事例规定，进行办法，呈请核定进行。

《盛京时报》，1911 年 4 月 7 日

奉天预算成立

奉天谘议局前开临时会，以议决豫算，现已呈请锡督施行。旋奉锡督批答，谓：此次修正地方行政各经费，实能深明豫算要义。本大臣深表同意云云。惟其中有不能同意者，已分晰批答矣。

《国民公报》，1911年4月10日

奉天各界欢宴防疫员志盛

上月二十八日晚，奉天绅、学、商、农、报各界假座庆丰茶园，公请锡清帅、各司道大员、防疫在事员，并万国鼠疫研究会列国委员、驻奉各国领事，及中外官商，共计二百余人，大开欢迎会。该会场装有华彩电灯，与国旗之翻飞相掩映。其余备设一切，尤尽美善。盖系奉省未曾有之盛事也。

下午七钟时，宾主均就席，旋即开宴。清帅先起而举觞，申谢今日之盛情。嗣谘议局议长吴君景濂，代表各界，朗读欢迎辞。兹将其全文录下：（并由某员以英语译告外宾）

宣统三年三月二十八日，奉天绅、商、农、报各界特开全体欢迎会于萃芳楼，一以仰酬诸长官救民水火之精诚，一以慰劳列国贵宾远道贲临之厚意。国徽飞舞，都人怡然，盛况也。窃闻人类幸福，悉从忧患中来。嗟我东三省，自发生疫疠以来，罹是厄者，以数万计，生产经济，胥受损失。幸得诸贤长官，视民如伤，急起直追，而肆力于防御，赖在上者之热心主持，执行者之推行尽利，绝能战退巨疬，还我健康，今日犹得与诸长官、诸贵宾得樽酒言欢，藉伸谢悃，谓非由忧患中来欤。我皇上、我监国摄政王惓怀旧京，殷殷垂念，为世界人类永远之幸福计，特开万国鼠疫研究会于奉天，由各国政府特派委员，茇会研究，网罗一时知名硕彦，萃于一堂，言前人之所未言，发别人之所未发，充其效用，不徒惠我中国，实可于二十世纪医学界上放一异彩。我奉天之名誉，亦将因之而增，更不能不向列国贵宾一致谢悃。际此春光正艳，塞上花开，谨代表奉天全体民人，恭进一觞，愿列国贵宾及我诸长官，笑而尽之，以志我奉天全体人民之谢意。奉天全省谘议局、奉天全省教育总会、奉天全省商务总会、奉天全省农务总会、承德城厢议事会、承德城厢董事会、东三省报界公会敬献。

次由清帅致答词，（由施右丞飞译英语）其全文如下：

此次疫疠事起，我大皇帝宵旰焦劳于上，各绅商协力防卫于下，用能疫气迅扫，衽席共安。本大臣忻慰之余，不无后望。以各国百斯笃流行先例，能一举灭种绝疫者，史书上实为罕觏。此次疫虽扑灭，全赖地方明哲，以卫生上之知识方法，并各友邦耆儒硕（产）〔学〕，远道惠临之所研究，演为浅说，时为民间宣讲，俾二千万生民，人人具防卫知识，人人明防卫方法，则数千年蔓衍世界之疫疠，不致重现于我东三省。非特研究会诸君子之荣施，亦我三省民族程度上非常之光誉也。本大臣以衰朽之躯，治东两载，猥蒙圣恩高厚，俯允养疴，眷顾东隅。（触）〔虽〕我去后，感情不一而足，而时憧接于我（必）〔心〕目者，尤为此次疫疠流行之惨。本年九月二十三日，为三省发疫之纪念日。届时三省报纸，见有"百斯笃"三字影迹，本大臣无论如何衰病，定当勉为加餐，以答地方诸公督励卫生进步之苦心，并今日之盛意。

嗣又有墨国委员肯杂列斯君代表各国委员，以英语致答词，热心申谢各界款待之盛谊。宴毕，由奉省著名各优演剧十余出以娱宾。各国委员等均拍手观赏，形极满意。比至十一钟时，始行返驾。

《顺天时报》，1911年5月2日

议长之尸居余气

奉省谘议局议长，纯以敷衍为主义，除攫金钱外，他无长技。日昨由日回国，倡办国民军之代表到奉，先往谘议局谒见议长，说明来意，冀资臂助。该议长不动声色，若毫无关系者。继则以奉省已办预备巡警，宗旨大致相合，无庸再多此举云云。两代表悻悻而退。由此观之，该代表又徒劳往返矣。哀莫哀于心死，绝大河山，又送于第二官府之谘议局，不重可慨哉?!（岩）

《长春公报》，1911年5月6日

奉谘议局与赵督之融洽

奉天谘议局因东三省时局益急，甚希望赵督早日来奉。日前特电致赵督，关于东三省目下之急务，有所建议。昨赵督覆电云：局诸君子之所建议，皆属目前最急之务，不胜钦佩。到任后必当一一实行，现因与政府有所商议，月之中旬，始能由京起程云云。又该省谘议局因奉省《盛京时报》载有东省谘议局挽留东督之无效，并载电资政院云：更赵来东，恐东省前途益不可收拾，乞奏请收回成命。又载资政院覆电云：黜陟之权，操之朝廷。所请收回成命之处，本院碍难代奏等语。该局特发传单辩正，谓函、电挽留锡帅，诚不止一次。自赵帅督东命下，亦甚欢迎，并未电请资政院请收成命，资政院更无回电，似此毫无影响之谈，实足以淆惑听闻，而变乱是非。因函请各报馆更正云。

《国民公报》，1911年5月9日

电催议长晋京近讯

北京联合会日前电致谘议局议长，刻速到京，会商组织国民军事宜。当闻袁议长接电后，本拟二十日前后起程。昨又接电催，务请刻日到京，以便会合磋商进行之办法。兹闻袁君接电后，当即电邀吉林谘议局庆议长顺道来奉，以便同日赴京云。（逸）

《远东报》，1911年5月14日

奉省预算告成

奉天全省各项行政预算经费，业经谘议局逐条修正，呈请督宪核准。兹闻此项预算册已由民政司咨送财政局，汇总报部云。（逸）

《远东报》，1911年5月14日

奉天各界公饯锡清帅

奉天谘议局、商务会、教育会、农业会、报界公会、自治议、董两会之代表者，于十一日上午十一点，在谘议局公饯清帅。邀座为各司道，及张统制、蓝协统、陈京卿等，主宾三十余人，先合摄一影，并请清帅摄一小影，以志去思。兹将各界祝词录下：

督部堂蒙古锡公，渥荷圣恩，回旗有日，我邦人士，攀辕卧辙，百计俱穷，知成命之不可收回，帅节之不能不去，各界绅民，感不能已，联合恳乞，恭行饯送，我公不以为慢，移节临莅，荣庆曷胜。溯自我公来督斯土，今二年矣。方衔命督东之始，正东省积患之时，强邻默觇政策，内政亟待补苴，其难可知也。我公宽以治内，严以治外，民气于以大和，国际因之以睦。公以为未可已也，宏谋国之伟略，促宪政之进行，为民请命，面阙者一，抗疏者再，积诚格天。筹备期限，特奉明诏缩短，功在全国，业在千秋。奉天绅民，隐蒙幸福，犹其小者。去腊天灾流行，毒氛肆焰，至春未熄。我公督饬僚属，昕夕焦劳，遂以人谋之臧，竟餍天心之祸。而万国鼠疫研究会之代表，在奉者亦皆感格于公之诚恪忧勤，无间言焉。可见公之用心，无非为民，而公之行事，无非为国也。景濂等被福在躬，食惠未餍，怅地方之多难，竟祖帐之在途，惟有代表全省士民，敬举一觞，为我公寿。今日天气清明，惠风和畅，愿我公一饮而尽之，毋忘东省，日后旌节重临，其欢迎当更倍于今日也。辞不尽意，惟视我公，努力加餐，为国自爱。

清帅答词录下：

鄙人承乏兹土，今阅两年矣。自维德薄能鲜，益以衰病，既陨越之是惧，乃不敢以久稽也。仰荷朝廷矜鉴，得请而放归，行将与诸君子别矣。辱承嘉招，愧无以赠言。顾念东三省，自迭经兵燹而后，全部望治之亟，什百倍于内地之人民，赖前督部赵公辛苦艰难，与为更始，转移危局，翕然就绪。徐公继之，经营改制，高掌远蹠，观听一新。鄙人于此两年中，一惟规随之是务。然自顾不能以几及，所幸区区之忱，诸君子皆能亮之。近者鼠疫流行，影响滋钜，诸君子暨各界士绅，复与维持辅助，以底于弭平。此尤鄙人之所深慰也。夫以东省诸多规划，类由赵公经始，而诸君子又为全省之代表，足以沟通上下之情。异日者，赵公引申旧绪，发挥而光大之，以慰三省人民之愿望者，安有既邪。鄙人虽远隔一方，且闻而忭跃矣。首途在即，爱此景光，敬为诸君子满饮一觞，以答殷殷作饯之盛意。

《京津日报》，1911年5月14日

奉天谘议局纪事

开原城镇乡自治联合会请议清赋经费以二分五厘拨充自治经费书一件答复

查变通清赋章程，系本局去年临时会议决，呈准督部堂奏咨在案。行之未久，未便遽议更张。况来呈所称，不能由一城而独异，实为确论。所请分给经费之处，碍难代呈。此覆。

昌图府教育会劝学所请议斗捐一项留作学款书一件

书悉。查昌图斗捐一项，原为警务所创设，乃该府专揽此款，作班房之费。虽经呈报度支司在案，挪移地方之款，以充行政之用，究与原定此捐之本意不符。所陈留作学款，事属可行，应与代呈。此覆。

《盛京时报》，1911年5月20日

奉省预算告成

奉天全省各项行政预算经费，业经谘议局逐条修正，呈请督宪核准。兹闻此项预算册，已由民政司咨送财政局汇总报部云。

《京津日报》，1911年5月21日

谘议局拟监督外款

闻谘议局各议员谓，此次所借外债，在拨充东三省，办理实业之用。按此事关系甚为重要，人民既有纳捐义务，此项借款用途，似宜监查，以昭核实，而免滥费。拟即禀请督宪并资政院，（发）〔拨〕用此项借款时，须交局会议。现已咨行吉、江两省谘议局，查照会议办法，以便声请照办云。

《盛京时报》，1911 年 5 月 27 日

是果热心教育耶

奉省谘议局议长吴景濂，兼充两级师范监督，车马费每月百余金。驻局议员毛春林，兼简易师范学员，每月（辛）〔薪〕金五十两。近日曾有严又兼实业学堂国文教员。贤者多劳，固应尔尔。独是诸公，以至尊至重之全省代表，而下就监督教员之席，果热心教育耶？抑为金钱主义耶？则非记者所敢知矣。（岩）

《长春公报》，1911 年 5 月 27 日

谘议局拟要求监督借款用途

谘议局议员等日昨会议,以东三省此次领来四国借款,作为开办实业及改良币制之用,仍以三省税捐向四国作为抵押,实与我三省存亡大局攸关,一或不慎,恐将来无法偿还。现拟通知吉、黑两省谘议局,会同磋商,联名禀恳督宪,凡属使用外借款项,务请先行交局核议,以决可否,而昭郑重云。(逸)

《远东报》,1911 年 5 月 31 日

奉天谘议局纪事

复州于宗汉等请议迁移州署一件

书悉。复州移治一案,经前督部堂当经奏准,原难遽议变更,惟该事体大,复州绅商及历任官既屡以缓办请求,以至于今,则非全州人民乐于迁移可知。本局殊难代呈。此复。

辽中县甘士良请议备价留买原佃恳为代呈以救民生一件

书悉。查此案业在本管地方官厅控诉有案,该佃等如不甘服,尽可遵照新章,按级上诉,碍难代呈。此复。

《盛京时报》,1911 年 6 月 16 日

奉天谘议局纪事

谘议局鉴：联合会呈请代奏内阁及预备兵两案，实系保国救亡至计。如不得请，以后关于人民负担之增加，敝省决不承认。贵局如何办法，请电示。鄂局。

《盛京时报》，1911年6月17日

监督借款用途之建议

奉天谘议局因此次四国借款，其中有二千万元为振兴东三省实业之用，特联合吉、江两省谘议局监督其用途。顷闻两省谘议局覆电，均极赞成。吉省谘议局并主张，凡动用借款振兴实业之事，均先由三省谘议局议决，再为执行云。

《帝国日报》，1911年6月17日

奉天谘议局纪事

东平县西四乡自治会请议巡防副左路管带挟私擅绑自治职员一案

督部堂批：查此案前据东平县自治毕业生鲍士传具呈，当经批示，鲍士传如无为非，该管带李治云何致借口清丈浮多地段，被人领去，遽行捆绑羁押。所呈殊不近情。既据控经东平县批示，派员确查转详，应候该县具详到日，再行核办，毋庸越控在案。兹据呈前情，究竟实情如何，候饬巡防营务处检派委员，会同东平县迅速确查，呈覆核办，并行东平县知照。缴。

《盛京时报》，1911 年 7 月 16 日

袁议长旋奉

奉天谘议局副议长袁君金铠，前因京师开谘议局联合会，举为代表，赴京会议，具折入奏。现在事毕旋奉，日昨经省城绅学自治各界在本局开会欢迎云。

《盛京时报》，1911 年 7 月 18 日

谘议局亦将取缔

政府对于资政院虽已改订章制,缩小议事权限,而对于各省谘议局亦亟欲严行取缔。闻已密谕某侍郎改订章制,俟脱稿后,即明降谕旨,仿照资政院改订办法。其取缔大旨,最要之目的:一、限定一省之范围,不得干涉朝廷要政;一、因议案与行政官冲突,应呈请资政院核夺,不得率行辞职,藉肆要挟;一、关于数省之利害,各谘议局联合公请,须呈资政院核准代奏,不得向都察院呈递,直接向各部呈请;一、谘议局员各制责成,不得擅离。其余尚有对于督抚限制各条,尚容续探。

《盛京时报》,1911 年 7 月 20 日

饬查谘议局近情

谘议局议长因联合会晋京会议一节,已见前报。兹闻该会已经闭会,奉天袁议长已于日前返奉。昨闻政界人云,公署顷接政府来电,谓奉天联合会议员回籍后是何情形,有何举动,务请严加查察,并请随时电告云。(逸)

《远东报》,1911 年 7 月 25 日

谘议局议请改订豆税暂行从缓

　　督宪以东省财政困难,饬令度支司、劝业道拟订改征豆税办法。向时只收一成者,今乃改征三成,将其余他项税率均行免去,定于八月初一日实行。当经发交谘议局核议,兹闻该局以骤加豆税,商业难堪,恐致酿生种种弊窦,请暂收回,再行酌改。督宪以此次改订豆税,系整顿税章,维持商务起见,并无不合,仰仍另行详加妥议具复云。

《盛京时报》,1911 年 8 月 18 日

三、来往电文

宪政编查馆致各省督抚电

各省制台抚台鉴：急。本日奉上谕，各省谘议局为采取舆论之所，仰蒙德宗景皇帝钦奉孝钦显皇后懿旨饬办，朕御极后，继述前（澈）〔辙〕，责成内外诸臣依限办理。现据各省陆续奏报，谘议局选举事宜，均已照章筹办完竣。兹届九月初一日，各省招集议员，开议之期，用特重申诰诫，各该谘议局议员，于地方利弊情形，均当切实指陈，妥善计划，务各见遵前奉懿旨，勿挟私心以妨公益，勿逞意气以紊成规，勿见事太易而议论稍涉嚣张，勿权限不明而定法致滋侵越。各该督抚，亦当虚心采纳，裁度施行，以期上下一心，渐臻上理。开局以后，各该督抚，尤应钦遵定章，实行监督，务使议决事件，不得逾越权限，违背法律，共抒忠爱，以图富强，上以副朝廷勤求民隐之衷，下不失官民守分尽职之义。朕实有厚望焉。著将此谕敬谨缮录，悬挂各省谘议局议场，一体钦遵。钦此。特此奉知，希即恭录悬挂议场，并希遵照奏定章程，及本馆议覆于大臣原奏办法，切实办理，务须随时监督，毋令逾越权限，致有纷扰窒碍，转阻宪政进步。是为切要。宪政编查馆。鉴。

《顺天时报》，1909 年 10 月 23 日

宪政编查馆致东三省督抚电

奉天【制】台、抚台鉴：谘议局初次开议，本馆拟派员赴交通便利省份，参观情形。奉省即由馆员曹参议汝霖此次赴奉之便，就近察看，即希接洽。特闻。

宪政编查馆。绛。

《顺天时报》，1909年10月23日

宪政编查馆致各省督抚电

各省制台、抚台鉴：谘议局议场内，督抚席应在议长（习）〔席〕后层居中稍高。其余行政官及行政委员席，应在演台后、议长席前之两旁地位分列。毋庸随同督抚席一律在后，以便与议员相与质问。即希查照办理。宪政编查馆。寘。

《顺天时报》，1909年10月23日

宪政编查馆致电三则

各省制台、抚台鉴：本日奉上谕（见初一日本报，不赘录），特此奉知，希即恭录悬挂议场。并希遵照奏定章程，及本馆议覆于大臣原奏办法，切实综理，务须随时监督，毋令逾越权限，致有纷扰窒碍，转阻宪政进步。是为切要。宪政编查馆。鉴。

各省制台、抚台鉴：谘议局议场内，督抚席应在议长席后层居中稍高，其余行政官及行政委员席应在演台后、议长席前之两旁地位分列，毋须随同督抚席一律在后，以便与议员相与质问。即希查照办理。宪政编查馆。寘。

奉天制台、抚台鉴：谘议局初次开议，本馆拟派员赴交通便利省份，参观情形。奉省即由馆员曹参议汝霖此次赴奉之便，就近察看。即希接洽。特闻。宪政编查馆。绛。

《申报》，1909年10月28日

宪政编查馆致各省督抚电

各省制台、各省抚台鉴：谘议局对官吏称谓，各省多来询问。兹定督抚署行谘议局公牍式。其专对局言者，应照章用札。专对议长、副议长言者，如系京堂、翰林，无论局事、非局事，均应用照会。其谘议局呈督抚文，应自称本局，称督曰督部堂，抚曰抚部院，不用贵字。如有与府厅州县关涉文件，应互用移。与司道领衔之局处，仍用呈文。均参照咨呈格式，惟不用咨字。即希查照饬遵。

宪政编查馆。电。

《顺天时报》，1909年11月3日

宪政编查馆致奉天等省督抚电

奉天、武昌制台、奉天、长沙、开封抚台鉴：此次由馆派员参观谘议局，均已备有资斧，不得馈赆供张，并希饬属遵照。是为至要。宪政编查馆。汉。

《顺天时报》，1909年11月12日

宪政编查馆致各省督抚电

奉天、天津、南京、广州、武昌、福州、兰州、云南、成都各制台、奉天、吉林、齐齐哈尔、太原、安庆、南昌、贵阳、苏州、长沙、开封、杭州、桂林、西安、迪化、济南各抚台鉴：谘议局议事权限，屡奉谕旨，不得逾越，自应恪遵办理。该局所议事件，既以本省地方为限，自毋庸与京师各署文电往还。除俟资政院成立后，得照定章随时报告，呈请资政院核办外，现在该院未成立以前，如有关系该局争执事件，暂准由督抚分别据情电咨核覆，以昭慎重而清权限。宪政编查馆。漾。

《顺天时报》，1909年11月12日

宪政馆与各省往复电文

宪政编查馆致各省督抚电

奉天、天津、南京、广州、武昌、福州、兰州、云南、成都各制台、奉天、吉林、齐齐哈尔、太原、安庆、南昌、贵阳、苏州、长沙、开封、杭州、桂林、西安、迪化、济南各抚台鉴：上年本馆通行各省文称，督抚行谘议局用札，系仿定例。各部札太常、鸿胪各寺，顺天府并礼部札各省学政之程式。其札文应首书"为札行事"，末书"为此札行谘议局查照，须至札者"云云。首不用"札饬"字样，末不用"札到该局，即便遵照，切切毋违，此札"字样。无庸朱标，与各省督抚札饬属员文式，须有区别。特此通电，以昭划一，希即查照，并转谘议局知。宪政编查馆。宥。

宪政编查馆致奉天等省督抚电

奉天、广州、兰州、云南各制台、奉天、桂林、齐齐哈尔、开封各抚台鉴：议长、副议长姓名、官阶，希即迅电本馆，盼切。宪政编查馆。宥。

《顺天时报》，1909年11月13日

宪政编查馆致各省督抚电

奉天、天津、南京、广州、武昌、福州、兰州、云南、成都各制台、奉天、吉林、齐齐哈尔、太原、安庆、南昌、贵阳、苏州、长沙、开封、杭州、桂林、西安、迪化、济南各抚台鉴：兹各谘议局呈文格式，酌定首用呈明、呈请、呈报、呈覆等字样，末用"须至呈者"，仍称督部堂、抚部院，不用"贵"字，希转饬遵。宪政编查馆。青。

《顺天时报》，1909年11月27日

奉天与资政院往来电文二则

东督致资政院电

资政院鉴：奉省宗室觉罗互选事宜，业已遵章派员筹办，先事调查。惟查前准院章，议员以年满三十岁以上者选充，而此次选举章程，并未声明年岁。是否无论互选当选人员，均以年满三十岁为合格，抑年满二十五岁者即得有互选权？又一户父子兄弟均属合格，是否同有互选权，及得为当选人？抑每户只许一人有互选权？并乞示覆。良。元。

资政院覆东督电

奉天制台鉴：元电悉。互选资政院议员，照章以年满三十岁者为合格。一户父子兄弟均属合格，应同有互选权，并得为当选人。惟选定议员时，如查有父子同列者，应令以子避父。其缺额，依次选补。资政院。咸。

《中国报》，1909年12月25日

晋省梁议长谢致各省谘议局函

敬启者。善济自通告辞职，即行离局旋里。两月以来，杜门读书，不复与闻外事。自惟德薄能鲜，无以服乡人士，故急急引退，以待贤者，盖恐忍与终古，靦然领袖代表，因个人之不肖，而累及于最高机关，将数千年创见之谘议局，不啻为藏垢纳污之所。此后上交下交，为国为民，行将鄙弃之，不遑云兴利除弊乎？仆何人，斯敢首作斯俑，以贻羞于我二十行省之谘议局哉？旋经敝省各界同人，组合维持会，一再推勘，剖判是非，然公理仍未大白于天下也。自承贵局暨各议局函电交驰，力彰公道，慰留敦劝，训示周详，敝局同人共深感激。吾国省界之划分久矣，秦越肥瘠，漠不相关，积弱总因，悉在于此。我议局诸君子，见及于一部分之破坏，全国均受其影响，遂尔合力挽救，不遗在远，意欲搏既散之沙，而使之复聚，持已解之瓦，而令其再全，岂惟敝局受福，将造健全之舆论，伸正当之民权，胥于此举，实图利之。重以代表团诸君，深虑黑白混淆，派员调查，宫君砥堂亲临寒舍，温语奖勉，旋京报告全国，郭君希仁再莅冰垣，遣使敦劝。维持会同人，又复踵门恳告，责劝兼施，心非木石，能毫无感觉耶？刻已于六月十六日回局任事矣。第收拾残局，再接再厉，恢复无形之信用，决定进行之方针，区区（棉）〔绵〕薄，终难胜任。惟有与驻局同人，协力同心，共图补救来日大难，此后借重于贵局暨各议局诸君子者，正不知凡几也。尚望始终玉成，俾弊局得为后庆之步，则幸甚矣。专此布谢，敬请公安。

《顺天时报》，1910年8月10日

东督与宪政编查馆来往电

宪政编查馆钧鉴：按《谘议局章程》第二十一条第二款，应议决本省岁出入预算事件。奉省宣统三年地方行政费预算底册，已札清理财政局呈核转交谘议局。惟现准度支部电，试办预算，照章先将局存地方行政经费底册一份，送交谘议局。所有本部核增核减之款，已由贵处允许者，一并钞案汇送，以备参考等因。电内但云参考，无交局议决字样，应如何办理，乞酌核示遵。良。庚。

奉天制台鉴：庚电悉。《奏定清理财政章程》第二十条，地方行政经费，系交局议决，希照章办理。宪政编查馆。灰。

《盛京时报》，1910年10月21日

资政院接收奉天谘议局来电

九月二十五日，收奉天谘议局电。资政院钧鉴：预算案至今犹未交议，迭经呈催，总以度支部未经出奏，未奉部覆为辞。钧院应议全国预算，案经奉旨交议，本局应议本省预算，事同一律。且闽、鄂已交数册，本省独异，于理不解。现在会期已过大半，若再迟延不交，何凭会议？乞分催度支部、本省督院，即日交议，以免贻误。奉谘议局叩。敬。

《国民公报》，1910年11月1日

奉天谘议局致资政院电

资政院钧鉴：预算案至今犹未交议，迭经呈催，总以度支部未经出奏，未奉部覆为辞。钧院应议全国预算案，经奉旨交议，本局应议本省预算同一律，且闽、鄂已交数册，本省独异，于理不解。现在会期已过大半，若再迟延不交，何凭会议。乞分饬度支部、本省督院，即日交议，以免贻误。奉谘议局叩。敬。

《帝京新闻》，1910 年 11 月 2 日

资政院致各省电

九月二十九日发各省谘议局电

南京、广州、兰州、吉林、安庆、长沙、西安、福州、云南、奉天、成都、武昌、齐齐哈尔、南昌、太原、贵阳、天津、开封、济南、桂林、杭州谘议局【鉴】：本年试办明年预算，各省报告岁入数目，有无多少不符，或遗漏款目，望各就所知，查明电覆。一面详细申覆，以备参考。资政院（印）。

又发各省谘议局电

南昌、开封、武昌、桂林、奉天、南京、吉林、福州、长沙、成都、广州、太原、西安、天津谘议局【鉴】：电悉。经咨询度支部，覆称已通电各省，将地方行政经费，送交局议，并将预算全册，送供参考。其中岁入俟划分国家、地方

税后，方可划定。资政院（印）。

《顺天时报》，1910年11月5日

资政院接收来电

又收奉天谘议局电。资政院鉴：艳电悉。现在送局参考，各册仍未交局，祈速商度支部，电催东督，克期将各册交局。俟交到时，即遵电办理。奉局。

《帝京新闻》，1910年11月6日

资政院接收各省来电

十月初一日收奉天谘议局电

资政院鉴：艳电悉。现在送局参考各册，仍未交局，祈速商度支部，电催东督，克期将各册交局。俟交到时，即遵电办理。奉局。

《顺天时报》，1910年11月6日

资政院接收各省来电

十月初八日收奉天谘议局电

资政院钧鉴：本省豫算业于初四日交议。查局章第三十二条、第二十五条所载，此项豫算，应于开会之初交议，现电交议，而会期已过大半，所余不过七日。即再照章延会十日，并计仍仅十七日。以四五十日应议之豫算案，而欲以十余日议决，实难毕事。拟于会期七日以外，照章延会十日，并于应延会期以外，再延二十日，至十一月初十日闭会。事关变通会期，应请核议。除将详情合呈，并呈本省督部堂核示外，乞迅示遵。奉谘议局叩。庚。

《顺天时报》，1910 年 11 月 15 日

资政院致奉天等省谘议局电一则

九月二十九日，资政院发各省谘议局电。南京、广州、兰州、吉林、安庆、长沙、西安、福州、云南、奉天、成都、武昌、齐齐哈尔、南昌、太原、贵阳、天津、开封、济南、桂林、杭州谘议局：本年试办明年预算，各省报告岁入数目，有无多少不符，或遗漏款目，望各就所知，查明电覆。一面详细申覆，以备参考。资政院（印）。

《远东报》，1910 年 11 月 15 日

资政院请送意见书之要电

　　日昨奉谘议局接资政院电云：锡督与瑞督会衔奏请借外债修筑铁路一案，已经交院议商。惟兹事体大，各督抚多有反对者。查借债须由民力担负，应视民意以为从违，事关大局，务宜审慎。迅即查核贵省舆论，拟定意见书，送院以凭解决。（逸）

《远东报》，1910年12月9日

四、相关报道及其他

国会问题

奉天教育总会长吴景濂君热心国会,已于月之二十三日在教育总会提议请愿事宜,各会员皆极力赞成此举。闻其办法,拟联络三省为一大团体。现正颁布公启,妥订办法,不久当即公举代表矣。

《北京大同日报》,1908年7月27日

论各省谘议局宜届期办齐

自有立宪之说起,人之不欲改行者无论矣,其欲改行立宪者,皆热心提倡之,以为救亡之道,竞强之策,悉赖乎兹。既而各省人士,恐立宪之议未能决定,相与上书政府,以开国会为请,尤见中国之大,现虽积弱至于此极也,而振兴有自,正无难争衡于列强。迨宣布开议院年限之明诏,先后各省设谘议局,为采取舆论之所,以为资政院豫储议员之阶,议院基础即肇于此,其谁不心焉鼓舞者。乃转瞬至今,开办谘议局之期,已相去不远。各直省有心人,当如何力勉于前途,以自为筹备一切乎?去年拟定谘议局及议员选举各章程时,谕令各直省督抚迅速举办,实力奉行。自奉到章程之日起,限一年内,一律办齐。今年九月,实为其时。屈指计之,既节过仲秋,开办谘议局之筹备,宜无或贻误者。列强注目,其谁不加意于兹?乃访闻各省士民,于一切筹备事宜,莫能大同。有办理初选举尚未毕者,有初选举虽毕,复选举尚未毕者,有复选举虽毕,而开办谘议局诸务尚未及筹议者。异夫!去年上书政府请开国会者,独未与办理选举事,以抒其热诚乎?抑各督抚不能实力奉行乎?朝廷轸念民依,将来使国民与闻政事,以求大公,因先令各省设谘议局,以资历练。煌煌明诏,夫固已家喻而户晓。先德宗景皇帝谓,凡我士庶,均当共体时艰,同抒忠爱,于本省地方应兴应革之利弊,切实指陈,于国民应尽之义务,应循之秩序,竭诚践守,是则吾侪所钦佩不置者。计及开办谘议局之期将届,其能按着章程办理者,勿挟私心,以妨公益,勿逞意气,以紊成规,勿见事太易,而议论稍涉嚣张,勿权限不明,而定法致滋侵越。如期开办谘议局,以肇立宪之基,当今之急务无过此者。办理合宜,诸省吏治亦形整饬,民风亦见开通,中国前途实嘉赖之。其不能如期办理者,不为国家计,独不自为计乎?热心未具,实力未充,无论作何等事业,断难望其有成。各直省人民,目击时事孔艰,当如何振奋,以计及自强乎?况谘议局之开办也,务使民情不至壅蔽,国宪咸知遵循,所以资历练者良多。督抚等本集思广益之怀,行好恶同民之政,于办理选举事宜,认真监督,精择慎取,不令心术不正、行止有亏之人,托足其间,致妨治安,是非竞尚空谈所能济事者。议院未开以前,逐年应行筹备诸要务,虽不一而足,而开办谘议局,则其要务中之最急者。群情鼓舞,盖以是夫。若因循自误,而咎将谁属?敢告热心立宪诸人,尚其振作精神,体"大权统于朝廷,庶政公诸舆论"之谕旨,以伸民权而张国势乎。运会转移,时不我待,外交内政,相关甚切。事变纷乘,莫知所底止,非朝野同心,不足以图存,非官民交勉,互相劝惩,不足以促进步而收实效。谘议局章程既颁,上谕谓在京言路诸臣,当留心察访,倘有逾限不办,或阳奉阴违,或有名无实,均得据实纠参,定按溺职例议处。王大臣等若敢扶同讳饰,贻误国事,朝廷亦决不宽假。甚哉!中国之政令,就表面观之,似真能争胜列强者。而无如其能办实事者鲜矣,政体之改良,依赖于官乎,抑依赖于民乎?统二十二省计之,办理新政各官,果无一溺职者乎?而据实纠参者则未之或闻。窃想各省民庶,得勿有不悦于开办谘议局,竟置诸膜外者耶?是盖局外人不得而知之。谨此拭目于其后。

《顺天时报》,1909年10月1日

奉天谘议局成立感言

一年以来，宪政上种种经营，由上之人担任者居多。其事且多偏于消极，属于提倡者。然而外人之觇国者，则已惊心于我国之象气之迥异从前。盖机动而效以呈焉。况在今日，选举事竣，谘议局已告成立，则以后种种事业，上之人任提倡，而下之人任调查，任评议，必另有一番新气象之出现，此则可为预决者耳。

然而奉省今日，最棘手者为财政问题。设不将各种实业，若农林、矿山等，开采而垦辟之，以增加其岁入，而且穷于应付，前此淘汰闲员，裁并局所，任几多之劳怨，而所得乃亦不过如斯，则专从事于节流之一方面，将来难支此危局耳。虽然，浚财之源，谈亦何易，种种实业可袭固也，而先必有袭之之资本。然问此巨大之资本，将拨自公家乎，抑筹自民间乎？公家除揭债外，别无长策，则国民必不愿，然则吾国民自办之外，盖亦无疑义矣。然则事后之决议，盖为筹资自办，而自办之果能有成与否，则虽至明者，恐亦未由臆决。是盖财政问题未易解决之真相也。

财政问题既有端倪，则一切事乃可亟谋进取。若防边，若剿匪，若交通行政，于奉省之前途，均有极大之关系者也。如何而可使吾圉固，如何而可使匪患除，如何而可使运输便，盖均在各议员之筹度中矣。其利害本为切身，为其所筹谋者，自不同剿袭之条陈，敷衍之政策。财政未裕，似当姑就其所固有者而整顿之，所已成者而展拓之。财政苟裕，则当规及全局，为久远之擘画。必使居者行者，咸目奉省为乐土而后可。夫切身之利害，即全局之利害也。应祛者祛，应兴者兴，固国人之所仰望，而今乃得之于一旦，讵不足令人快意乎哉！

谘议局之成立，各省从同也，而议员之程度，今日固犹未能斠若画一。以后种种议案之能通过与否，于事实上能适合否，于法理上不舛忤否，盖不无优劣之可言也。同为议员，资格同也，而学识或有不同，则且为全局之玷尔。况乎不知法理者，且群然以此为官治自治之转枢，日思乘隙以相抵。设竟授之柄而贻之口实,则我之自位为何如,讵不将【辱】及朝廷,而羞当世之士乎哉!成立之顷,欢声雷动,都人士均走相告语,以为可庆幸。然某则窃愿议员之能尽其职,一切行事,为内省模范,则庶乎一隅而系全局之望矣。

《盛京时报》,1909 年 10 月 16 日

论各省须编制豫算案提议于谘议局

世界立宪各国,凡行一政,皆须裁成于议院。议院之组织不能相等,其所定权限亦不同,意各有当也。独至关于财政事,豫算决算必由议院决议,以监督政府,则各国一致。是其最重要件也,亦责任之最大者也。言之国家政策,由政府主持,一张一弛,无众寡,无小大,胥影响于度支,与财政相干涉,而所以监督财政可否。度支者非他,即监督政府全体之行动也,可否政府全部之政策也。观立宪各国,党派分立,朝野对峙,其输赢之互争,概以豫算案为决战之场。虽曰意见各执,究不容偏私于其间。如政府提议之豫算案,一下之议院中,得多数之赞成,全国人甘心认可,弊窦不能开,民皆无异言,则是政府获议院之信任也。措施裕如,阻碍悉泯。如曰不然,政府所提议之预算案,议院举行驳斥,一失议院之信任,政府将何以出治乎?财政之所关大矣哉!现时中国财政困难,用度消耗,其间弊窦洞开,罔上行私者皆是。【中】国议院未立,故无所以监督政府者。但议院之基础,即肇于各省开办谘议局。夫所谓谘议局者,即各省之民选议院也。具此民选议院之责,正当监督各省督抚,可否其政策之所施行者,以彰议院之效用,以发挥各省之舆论。其道无他,只在于监督财政,审察度支之当否而已。若以提议豫算案,谓无关紧要,则失之矣。谘议局之任重在斯,然由督抚观之,提议豫算案于谘议局,必得其赞成而后可,不能挥霍自如,并于豫算之范围内,确定出款若何,入款若何,弊窦悉数杜绝,则似督抚大权被谘议局削除也,自由之手腕力,胥被其束缚也,谁则甘诸?乃为之进而思,不决议立宪则已,既

议预备立宪，以为实行地步，采取舆论之所，即在此谘议局。编制预算案，以决定可否，其事万不容或废。谘议局开办时，不计及此，则至开议院之日，亦将蹈其覆辙也。若曰议院无可否豫算之权，是无监督财政之实矣，奚其可？且夫督抚之政策，苟欲自行其是，不甚恰于民心，则其提议之豫算案，不能得议院之认可，是非提议豫算案之罪，而督抚失其信任之咎也。甚或政策之所施为，悉孚乎众志，则信任已深，豫算案之订，适得议院之认可，出款苟有所不敷，议院对兹关怀，或加税，或加捐，佥谋从同，收支维均，无论如何艰难，断不令库款至奇绌之极。盖加税加捐等事，由督抚一人决之，则必招民间之物议。何也？恐其弊窦丛生耳。若督抚提议豫算案于谘议局，对照出入之数，使各该省民众咸得于闻知，苟无决大漏卮，然后将入不敷出之款，提议加税加捐之说，明示不得已之理由，于此中情事，民皆无所疑虑，即查悉其度支之当否矣，孰敢反动于加税加捐尽力抗阻乎？故曰各省督抚，以财政之困难为辞，常苦新法之不易行，使果欲财政裕如，以期新政各种迅速举办，须先将豫算案提议，能得谘议局之赞成，则无不可以施行者。谘议局议员既认可，彼省民一部虽有倡反动之人，自无庸顾虑矣。豫算案由督抚提议，而以谘议局为其援助，道在此矣。况今者清理财政，各省皆不容缓图，定期造册报告，责成有专归，以调查出入款目为始基，以确定豫算决算为纲要，先时弊窦，俱不令掩饰。倘有任意迟延者，或造报不实，贻误宪政，度支部惟是会同吏部奏订，逾限处分，查实严参，分别办理。并各省正、副监理官等，亦不得令其扶同弊混，是则最关紧要者。谘议局既开办就绪，各省督抚即有所不欲，亦无如之何。为清理财政事，报告册不得逾限，若届期出入款项查明，豫算决算案仍自行筹定，不使民皆与闻。朝廷之上，虽奉旨允准，各省绅商士民，谁其认可乎？且亦奚贵开办此谘议局为？决算之案为重，豫算之案尤重也，宪政之实行在迩，筹备各项事宜，无一不与财政相感通，积弊之除，国家利赖之矣。各省督抚与各该省谘议局，其勿忘之，使权限划分，宜善自操之。

《顺天时报》，1909 年 10 月 23 日

论各省民皆宜开谘议局研究会

《谘议局章程》宣布于先皇帝之朝，谘议局开办，近在宣统皇上纪元之九月初一日。以中国历史论，诚千古所未有也。人民生当其际，得享此未有之幸福，于目前何乐如之。故近者各省谘议局既以次成立，而于其行开幕典礼之时，不识不知者，或疑之，或诽之，或妄肆讥谈，皆无足甚怪。凡以不明于其义，不达于其理也。其稍有知识者，则群相与庆幸曰：世界立宪各国，无论何有要政，悉付诸议院裁成之。中国既预备立宪，议院虽未开，而议院之基础，已肇于各省开办谘议局矣。谘议局既行开幕典礼，朝廷之上，对兹欣然曰：将使国民与闻政事，必先使知所遵从也。各地方行政长官，对此谘议局之开办，虽曰恐夺其固有之权利也，而二十省一律齐行，则亦群相附和之云尔。窃惟是再三审思，以谘议局为采取舆论之所，而君民联为一体之兆，将因之而大启之矣。谓重在督抚之认真办理固也，然究其实在情事，必须各议员明于议事之方。或不明议事之方，而研究之于先，始知责任之重，不能以旁贷也。闻各省谘议局成立伊始，所有议员等既充其选，于责任之重，尚不知云何，于议事之方，诸多不能通晓，侈然备位，视同儿戏。是以各该地方民，见谘议局之成立也，庆祝者固有之矣，而冷眼相看，以为不关休戚者尤所在皆是。噫！同胞民族作如是观，议员又忘其所以，官府将如何对待乎？独江苏省民，灼见夫谘议局之设，非为官绅营私者，另作一机关，惟此对于谘议局之议员，特加意注重，联合诸同志，创开江苏谘议局研究会，以招待议员，相与讨论，诚可谓得其要领也。闻其开会时，由会长马君，宣布宗旨，同声称赞，并演说时局危迫，议员之担负甚重，社会之希望于议员者甚奢。谓议员等非放开眼光，善用其热心热力，不足达救国救民之目的。即此数语思之，非苛责于议员也。凡有志于救国救民者，皆必用其热心热力而后可，亦皆必放开眼光观之，方能真知时局之危迫也。上自政府诸王公大臣，下至于匹夫匹妇，凡隶中国籍者，俱不得宽其责，而况身为议员者，在各该省谘议局中，则代表各该省民，抒其舆论之要，以达于官府。若擢至资政院议员,则政府依赖,全国民之责望,又不容稍宽。苟泯泯棼棼,宗旨莫能自明,方针莫能自定,即至宣统八年开议院,奚足恃乎?而如现在江苏谘议局研究会之开,以招待议员也。议员与会员相继演说,其研究各项,约分三种:一则曰非开国会,不足以对外,非组织责任内阁,不足以安内。就中国时局言之,对外无策,安内无方,日以筹备立宪自强为侈谈之资,而全国精神不振,此推则彼诿,致徒饰表面,其可乎?而且表面犹未完也,不组织责任内阁,国事其谁任之?不大开国会,国力其何以充?是则各省谘议局议员,所当同深研究者,非特一江苏省为然。而江苏省能先倡之,各直省民与其谘议局之议员,亦起而视之可也。其二曰要求开设国会,固是要著,然非唤起一般舆论,则无以为国会之后盾。宣讲一事,万不可缓。观中国时局,此策最中肯綮。何以言之?谓中国民气可用,舆论亦有可采者,然而淆乱纷歧,莫衷一是。虽开国会,将如之何,徒滋扰耳。先于各地方开设宣讲所,举明达绅士,众望攸孚者,定期宣讲,唤起本地方民,使知所趋向之目的,渐次舆论翕然,不至于枝节横生,临时有人焉。要求开国会,全体力争,虽奸宄当道,勿能御之哉。然此非江苏一省之事也,各直省与国民,其亦闻风而起则可矣。宣讲之道,宜速图之。其三曰富贵不淫,威武不屈,议员之可贵者在此,议员之不易为者亦在此。甚矣夫,中国时局败坏之者,固由于贪官污吏,恃执其专制之大权,以愚弄同胞民庶,而罔上行私也。实则劣绅居间,淫于富贵,屈于威武,蝇营狗苟,鬼鬼祟祟,自出其不畏人言之手段,与官府共济凶恶也。今而各省设谘议局,所有议员皆公同选举者,所有局中开议之事,虽曰代表舆论,无不与官府相交接。议员其名,与前此所谓绅士者,亦所差无几。若真能力任其重,不为富贵所淫,不为威武所屈,则民权伸而国势以张,所贵于议员在此。甚或因官势之扬厉已久矣,难以不淫于富贵,不屈于威武,前途茫茫,曷其有极。不独江苏省谘议局之议员,当研究如何办法,各直省任重议员者,皆宜善自为谋也。前车之覆辙,万不可蹈,要惟有心人,力勉其难而已。由是以思谘议局既开议院之先声,而谘议局各议员任大责重,又须赖民族同胞,协力赞成,先开研究会,以相与认真讨论。如江苏省所开谘议局研究会办法,并其三种论议,中国各省民,对于谘议局议员,皆与有责焉,慎勿坐视弗睹,自安于不识不知之列也。福之造,实肇于兹。

《顺天时报》,1909年10月27日

论各省谘议局宜将重要议案提出

廿二省地方，同归中国领土，而人心各异，风俗攸殊，不能强使划一，其积习然也。今而开办谘议局，以为朝廷采取舆论之所，夫固各有当也。先朝圣训，谓凡我士庶，均当共体时艰，同抒忠爱。于本省地方应兴应革之利弊，切实指陈，于国民应尽之义务，遵循之秩序，竭诚践守。是则各省谘议局议员，代表各该省舆论，所宜服膺无失者。而各省谘议局现既一律办齐，其所订议案题目不一，有轻于此者，有重于彼者，有彼视为缓而此视为急者。凡以相其机，度其势，揆其物理之宜，不能以概论也。要之于兴利除弊，同为国家策治安，不得以私营而害地方之公益，必除弊方能兴利，此定制也。侈谈利之兴，而弊不能尽除，其可乎？然亦思中国行政之弊窦，以财政、法律为最深，猝而曰：尽行杜绝之，是非设专员以审查之不可。在昔未设谘议局时，举凡官府之所为，庶民皆不得过问。今幸得机会之乘，议案甫提，不容忍也。如江苏谘议局九月初五开会，即以选举财政审查员，选举法律审查员，为议事之要务，岂无故而云然。盖必确有见于弊窦之深者，惟认真审查，方能痛抉其隐也。其他各项，亦俱得要领。江苏省惟然，推之廿一省财政法律，不皆当审查乎，特谘议局议员未明于议事之法耳。至初六日复开会，宣布南洋制台提出议案，有限制铜元，有调查户口，有宁省接筑芜湖铁路各要件，登高而呼，众听震惊。议员等代表全省，于全省利弊，关切身心，制台为全省表率，赖议员等相助为理，视各司道、郡守、牧令，尤为得手。如限（到）〔制〕铜元事，先时已通咨各地方官，设法办理矣。乃愈限制而愈充斥，其故安在？至于调查户口，地方官久视为具文，愈调查愈形滋扰，实政何补？若夫修筑铁路，凡路线所经地方，皆受其影响，民则身家性命之相关，官则视同秦越矣。非有本地方真正绅士任其重，万难办理合宜，使无误于路工之要图。南洋制台明见及之，以此重要事件，提议于谘议局，诚知所本务者。各省制台，独未念铜元之流弊，户口之难清查，铁路之急宜修筑乎？至江苏抚台提出议案多件，有实行印花税办法，有改订厘金征收方法，有整顿税契方法，并转交清查公款公产办法纲要案。夫印花税拟定实行，本财政之急务，其所以难于实行者，恐官府以之扰民耳。至厘金、税契两项，亦财政之大关，久已弊窦洞开，官家视为利薮，不思设法整理，其可乎？此三事者，各省一律，不独江苏省然也。若公款公产等，各省皆有，其难于清查处，又各省从同。江苏抚台转交谘议局筹议，诚得其要领矣。以上所举江苏谘议局议事各目，一则见江苏当道者于开办谘议局事宜，能认真预备之于先；一则见其欢迎谘议局，推诚布公，信用议员之盛意。各直省诸当道能奉行之可矣。又闻奉天谘议局议案，有由督抚提交者矣。甲曰筹集地方自治经费方法，乙曰禁绝烟害，丙曰整顿巡警，丁曰推广救贫事业，虽尚不止此，而即此数大端观之，亦足见奉天督抚，对于谘议局，倍加信任，委之特筹，不稍抑制。各担负议员之重者，其亦勿自放弃其责任可也。然亦思救贫事业，何省不宜设法推广乎？巡警要政，何省不宜整顿乎？烟之害，何省不宜禁绝乎？既办地方自治，何省不宜筹集经费乎？若曰此皆官府事，非民所得与闻者，亦自欺之甚。官而不以之提议于谘议局，亦把持之甚，直怠荒之也。奉天督抚举此议案之要领，以先为之倡，其预备之周到可知。较之直隶谘议局行开幕礼后，不见提出何等紧要议案，以宣告于众，相去几何。得勿当道者于一切要政，能自措施裕如，或假手各官吏已可，不必资于各议员乎？而开办谘议局何为者？抑或各议员不足信任乎？而视其坐拥虚名何为者？推之海内各行省以观，谘议局既设，监督谘议局者，与议员诸人，取则不远，江苏、奉天已作之标准矣。虽曰人心风俗不同也，而本地方利弊，自有应兴应革者在，其勿忘之哉。

《顺天时报》，1909年10月29日

摄政王注重谘议局事宜

顷闻摄政王日前向庆邸询问各省谘议局开办后，所有督抚提议之件，各议员发生之议，与提议事宜，是否和平，抑有意见不仝之处。兹经庆邸覆奏，据各省督抚先后电报，各议员于开会后，将提议之件会议，甚为平和，尚无别项不合情形云。摄政王闻奏，亦甚适意云。

《顺天时报》，1909 年 11 月 3 日

议员解诂

议员者，一新名词也，出现于我国也盖不久。然而谘议局则业已成立有日，平日人人所仰望所钦慕者，今也果得其人以实之，则向之所仰望者在于名，而今则见之于实行；向之所钦慕者属于虚，而今则责之以实事。孔子曰：必也正名。记者不敏，乃更解议员之新名词，重辱诸君清听，可乎？

按"议"字从言，义声，在六书为错声。其字所以从言者，以言论为议员之天职也。大凡官吏有不职，议员得以弹劾之。人民有疾苦，议员得自上问之。地方有利弊，议员得以建白之。其责任盖不可谓不重矣。若缄默不言，是为溺职。溺职之人，不得为议员。矢口妄言，是谓溢职。溢职之人，亦不得为议员。此议字从言之慎也，

其所以从义声者何？义即意思之谓也。议院为全国人民之意思机关，议员者，意思机关中之活动机也。若活动机损坏，则机关之效用全失，而开之即等于闭。谘议局为议院之基础，今日谘议局之议员，即他日议院中之议员也。议员以代表人民之意思为义务，即以得代表人民之意思为权利，可见议员之责任，即以尽义务尽责任也。

按"议"字从我从羊，为会意字。从我者，推己及人之谓也。若只知有我，而不顾他人，谓之不义。不义之徒，不得为议员。从羊者，与名誉同意也。盖但知名誉之美，而无实行以副之，亦谓之不义。不义之徒，不得为议员。知乎此，则议之为议，已思过半矣。

按员者，物数也，引申之为人数。从口贝声。口者，范围也。凡为范围者，当守章程，遵法律，不能溢出议员之范围也。非特一己不能溢出范围，即全国官吏，全国人民，若有溢出范围者，议员皆得而评议之。必使之各视范围，以保全国之治安，此亦议员之天职也。

按贝者，财货也，全国财政之出入，议员得以稽查之。是议员又有稽查财政之权也。凡军国大事，其预算决算，议员均得预闻。若议员而贪财货，则政以贿成，敲剥人民之骨髓，吮吸人民之脂膏，其能力当更甚于专制时代之贪官污吏，而人民之生计绝矣。若此者，则谓之民贼。贼者，戒贝也。戒贝者，以兵戎盗贝者也。兵戎其贝者谓之贼，范围其贝者谓之员。明乎员字之意，则议员之当洁己奉公，不待言矣。

呜呼！议员二字，考之古义，参以新理，一正其名，而责任权限，昭然若揭。然后知议员者，有代表人民言论之责任也，有监督官吏行为之权限也。责任也，义务也，监督也，权利也，一切种种之界说，均囊括乎议员二字之中。呜呼！当议员者，又安可以不识字乎哉！记者曰：欲正名，当自识字始。

《盛京时报》，1909 年 11 月 11 日

论督抚与谘议局宜和衷共济

为筹备立宪事宜，各省士民对兹有倍切希望者，亦有坐而周章者。各省督抚官吏于此，先时意图反对，而不敢抗旨，既而苟且敷衍，以为塞责之计。至于今之时，各省谘议局已一律开办矣。议院之基础在斯，立宪之筹备亦莫要于此。就表面观之，势虽视官府稍杀，实则居于对待之地位也。所谓立法议政之府者，不已众目注之乎？其局中所选举之议员，不由官派，亦不能自任。众望攸归，群推代表于一省，是非各州县之公正绅士乎？论议员之权限，凡于本省内应兴应革之利弊，皆可切实指陈，而大为之讨论。虽有任重监督者，亦不能恃权力而竟箝其

口，以惟命是听。故既开办谘议局后，各省督抚提议之案件，议员或为之议决，或竟不为议决，或议决之问题，不利于督抚，或督抚之所为，而相与抗论，是理所当然，固议员应尽之职务也，果能竭诚践守，而谁则非之？然督抚为行政长官，若才略广大，德望攸孚，推赤心于议员之腹，而无他偏私，所有省内一切政治，概依公论决之，如是谘议局之设，不惟不与督抚反对，且必感激督抚之公正，与之和衷共济也。立法、行政之冲突，吾知免夫。非然者，督抚对于谘议局恃有监督之权，以威临之，以势压之，或于其议决之要件，而硬事掩护，或于议员之建白言论，不束缚不止，或于局中议员，争官阶之尊卑，或于议事场中，妄谈权限之有无。如是督抚与谘议局嫉视仇敌，不堪言状。谘议局之与督抚何如乎？设反对之策无他道，议政与行政冲突时起，两不相下，犹曰届期开议院，将收实行立宪之效果，其可得乎？噫！畏之甚！督抚辈之无德望无才略者，或不免于此。甚矣！夫筹备立宪之难也，然亦思宪政之要，以议政与行政对立不屈，偏私悉泯，方能各行其是而莫疑。又必防冲突之渐萌，以相协和为主义，万一协和之情伤，而冲突横生，停会解散等变象层出，不必论其原因之如何，总之责在督抚者，既以一省之行政长官名，而于谘议局竟不能统御之，咎固有所难辞也。且或各省督抚，与其所开谘议局冲突之甚，真不能兼容，使出其非常权力，径行解散之，然亦不能将谘议局终至灭绝也。若于解散之后，再选举议员充之，复与督抚不能相容，督抚又不能位置私人于其间以参预之，吾不知此事究竟何如也。将再用非常之权力以解散之乎？抑他有权谋制之乎？此时各该省民舆论之不服，不待言矣。即上而政府，亦断不能屈天下之公论，徒袒庇一督抚之大吏也。督抚所持之权，将必随解散议会之后，突然撤去也，而谘议局则仍开办无疑。得勿为督抚者，亦仍运动政府，谓其人地不相宜，再调任他省，使再解散其议会乎？是则非可理测者。然考之立宪各国之历史，政府与议会相协和者有之，而相冲突者亦有之，因冲突而解散者亦有之。但解散一回则可，若欲至再至三，冀屈服民气而后已，未有能行之者。由是民气愈伸，议会之基础愈固，政府诸当道，因负其责任而辞职，亦无如之何也。今中国督抚等，仅为一省之行政长官，尤非一国之政府可比。中央政府既奉明诏，与以监督谘议局之权，苟确见其统治失宜，而易之如奕棋，虽欲稍事回护，无如公论之难欺。何也？为今之督抚计，不有远虑则已，果真愿永保禄位，以享终身之厚福，慎勿蔑视谘议局，谓其归我监督已也。

谘议局议员既系选举之后备充者，则其为各州县之公正绅士可知矣。以公正绅士相与讨论地方应兴应革事宜，督抚既并居对待地位，须与谘议局和衷共济可也。然欲其冲突之不起，又非敷衍所能塞责者，要惟推诚布公，披沥其赤心，一遵谘议局之公，行议决而已，于立宪前途关系为至重，故窃敢持论及之。

《顺天时报》，1909年11月13日

奉省拟立新政研究会

奉天民政司张司使，以现在候补各项人员均须研究新政，为他日任事时之预备，以免临时茫然。日前（按）〔接〕见候补各员，曾论及此事。兹闻前盖平县刘式珍大令暨张大令政等，筹议倡设研究会。先从九年预备立宪事件入手，拟举前兴京府廖柄枢太守为该会会长。盖太守前在兴京历办新政，著有成效。闻该会章程不日订定云。

《顺天时报》，1909年11月13日

谘议局争公文式之无效

各省谘议局开办以来，多因督抚对于该局行用札付，纷纷电致宪政馆争议。现访悉宪政馆仍坚持原议，不准更改。兹将其覆电照录如下：

上年本馆通行各省文称，督抚行谘议局用札，系仿定例各部札太常、鸿胪各寺，顺天府、礼部札各省学政之程式。其札文应首书"为札行事"，末书"为此札行谘议局查照。须至札者"云云。首不用"札饬"字样,末不用"札到该局,即便遵照,切切毋违。此札"字样。无庸朱标,与外省督抚札饬属员文式,须有区别。特此通电,以昭划一。希即查照,并谘议局转知云云。(元)

《中国报》,1909 年 11 月 14 日

谘议局不议交涉之问题

谘议局成立矣,议案提议矣,舆论能公,民权伊始,一省之利哉。而大吏有以为不利者,于自营之术有碍耳。历如许艰辛,经如许运动,得浡升今职,为一省长,时命不齐,忽逢此立宪时代,人享威福之独擅去,我受舆论之范围来,心之愠矣,夫何足怪。所可怪者,交涉之件,亦欲谘议局不参末议耳。外交之胜败,端恃强权。我国兵力未充,虎视鹰瞵,眈眈吾宇,恫喝政府,欺压官民。执政大臣怵于御侮之难,乐得和平迁就,谈往日外交之历史,有不禁扼腕流涕者矣。近数年来,民知爱国,遇有交涉,鼓其气以助政府,外人虽甚强横,怯吾民气,稍为让步。政府虽甚愚弱,借舆论为启发,藉民气为后盾,开谈判于前席,增识力于无穷。安徽铜官山案,其明证也。今忽限制谘议局议事之权,将交涉划出舆论之外,吾试问我国今日时局交涉之难,不借助舆论,大吏有何恃以御外侮?仇政府者之言曰:无媚外性质者,不可以入官场。卖国卖权,为官家之妙技。此说吾初为政界呼冤,观某抚与编查馆来往之电,吾不敢为之辩矣。

大吏不欲谘议局之议交涉也,其心殆畏舆论之公,又怯外人之势,袒外人则大拂舆论,从舆论则触怒外人,进退两难,转而环顾一身,禄位功名,爱惜备至,顿觉空言之舆论,不敌外人实力实权之可畏矣。过去交涉之案,国民非争之不力,常有败于一二大员之手者,职此故也,大吏知之审矣。谘议局成立,舆论有权,与昔之徒托空言,公举代表,乞求主持者,不可同日语。故先限制谘议局之提议,免他日受外人之责难,名位因之可保。政界诸公之心,可恨亦可怜耳!

夫国家土地，国民祖若宗留贻之产也。田园庐墓，饮食钓游，子女玉帛，宗族朋友，于是乎咸在。专制时代，黔首皆愚，抱屈含冤，呼天莫诉，虽有爱吾土地之心，不敢出诸口，况力争乎？立宪已成，则尺寸不能让人矣。谘议局之设也，为一省筹利害也。外人侵我土地，夺我主权，绝我生计，害莫大焉。此而不议，吾民何贵有此参预政权也?!大害不能去也，为朝廷担任财政，为地方办事公仆，是终日勤勤，修其内政，不过为他日外人攘取之预备而已。微论大悖庶政公诸舆论之旨，即立宪实行，亦不能救中国之亡也。

民气之器，政界恶之久矣。近年以来，每有交涉事起，国民风涌云集，处处开会，人之筹议，力图抵制，甚至指摘政府，言之过暴，保无有令政界难堪者，此正因无谘议局之过也。议员未定，人人可肆言论之权，处处可为会议之地，程度不一，茫无限制，如彼筑室于道谋，是用不臧。有谘议局以为会议一定之地，有议员以为全省舆论之代表，规则井然，秩序不紊，何患民气之器。且所议者为本省之事，外省之交涉，外省之谘议局提议，与从前随意越俎，近于喜事者迥别。若因噎废食，本省之交涉，本省之谘议局不能赞一词，然则临时一省之人开特别会议，以图之耶？抑任交涉之失败，噤若寒蝉耶？此问题愿政府一解决之，愿吾同胞一解决之。（孺公）

《中国报》，1909年11月18日

宗室觉罗互选资政院议员委金梁为管理员片

再查《资政院选举议员章程》内开：宗室、觉罗互选资政院议员，在奉天以东三省总督为监督，应设互选管理具一员，奏明派充等语。现已由奴才照章认真监督筹办，并查有奉天旗务处总办，保送同知金梁，堪以派充互选管理员。业饬该员将应行调查互选人名册，暨一切事宜，先期详慎规画，禀由奴才核定施行，俾届时举行互选，不致贻误。除咨资政院暨宪政编查馆，分别查照外，理合附片具陈，伏乞圣鉴。谨奏。

本月十九日奉到朱批：该衙门知道。钦此。

1909 年 11 月 22 日

论谘议局当历年发达

先时谘议局之未成立也，所有二十二省之人士，于办理选举议员事，皆注重在此，以为朝廷上采取舆论，实嘉赖之，故无弗翘首仰企者。迨选举事毕，议员已定，而谘议局开办，亦一律举行开幕典礼，诚盛事也。然谘议局成立于九月上浣，各省督抚，所有提议案件，俱交局中决议。议员奉行维谨，即为之再四筹策，以求无负于职务之要。同胞民族，盖群相与日夜仰之矣。无如时载不能留，谘议局定章，每年会议之期，率以四十日，自九月初一日起，至十月十一日止。其有必须接续会议之事，得延长会期十日以内。就目前言之，时已逾十月十一矣，定章会期已满，即再延长，亦不能过十日。是则闭会之期已延，各省决议事项，谅皆有端倪，不惟民焉望之，而朝廷之上，贤王监国，对兹谘议局开会、闭会事，夫固有不能恝置者。然究其实际而论，中国谘议局之开办，本属创始之事，为议员者，素未尝有所练习，议决要件，亦未必皆能适中，成绩之昭著尚少，谁则执其咎乎。但谘议局既成立，将来年年开会，习以为常，议事熟练，皆相与筹备于先时。吾知其效果之收，自不可侮也。谁谓议员之资格，有多所终于如此者？特以今年肇其基，而发达必须有待，故议事各项，时不免逾越权限之错失，未能衡量夫轻重，于缓急事宜，殊欠详审，是亦不得为各省谘议局宽其责也。然使责备之甚，于创始之际，见其小有过，即愤詈之，掩护之，谓谘议局不能负责任，遂欲阻挠实行立宪之进步，尤大不可者。盖天下事，随在皆能进取，一人之力有限，则合群以要之，求成功于一时有不足。则历岁月以研究之，其谁能御我前途者。惟不知奋勉，斯无如之何也。又如各省督抚，对于谘议局，欢迎者有之，恝置者有之，愿恃其压力者亦有之。而究之谘议局既设，前此督抚独断独行之政策,俱不敢取怀而出,其多所顾虑也甚矣。然亦思各省督抚等,无德望,无才干,固难乎其为言。苟德望素著,才干超群,于力所不能为者,赖谘议局议员,以大为之援助。吾知效用之益,视独断独行而较胜,于营私虽多不便,于行政公务,得所资藉不为少。今年开办谘议局之始,虽若夺其利权者,实则议院基础,已肇于此,以次逐年渐进,势力自不可遏,二十二省人民,日见其开通。有谘议局代表舆论,筹计地方各事宜,国家胥利赖之矣。尚祝议员诸君,慎勿以现在将届闭会之期,而顿生其怠念,亦勿以决议要件,自居其成功。议院未开以前,所有筹备立宪事甚多,亦各自勉焉而已,敢窃拭目于其后。今年行将闭会,而来年开会之期,又不转瞬即至。况遇有紧要事件,于常年会期外,亦得开临时会以决议之。期以二十日为率,是则慎重之至,夫谁能蔑视者。

《顺天时报》,1909 年 11 月 25 日

督抚榜示本省资政院议员

钦差大臣、东三省总督兼东三省将军事务锡、钦命副都统奉天巡抚程为榜示事。案照奏定《各省谘议局互选资政院议员章程》第十二条,应由本监督等将互选前列当选人,按照第一条所定额数,覆加选定,作为资政院议员。除将名册咨送资政院,并给予执照外,合将员名榜示如左:

陈瀛洲　第一次互选　得三十一票
王玉泉　第一次互选　得二十九票
书　铭　第一次互选　得二十七票
右榜谘议局选举投票所。

宣统元年十月十三日

《奉天谘议局专报》,1909 年 11 月 27 日

奉天人民之爱国热

欧洲各国,监督中国财政之说,屡载于报章,奉天人心大为激昂。现由各学堂发起倡办国民捐,偿还国债。师范学堂代表人曹君忠周、吴君云舫,高等学堂代表人杨君景时、乐君沛生,中学堂代表人刘君宗升等,联名建议于谘议局,并由各学生节缩膳费,共捐银三千余两。各州县亦陆续选出代表,到省会议筹捐办法。兹将复州公笺列左:

敬启者。盲人瞎马,夜半深渊,我同胞所处境地,殆尤过之。数年来,一般同志,奔走呼(唬)〔号〕,以誓日之心,作回天之力,方冀唤醒睡狮,以达精神上竞争之目的,(不)〔可〕谓人心未死,时机不待。此次海牙平和会开议,竟有监督我财政,划分我土地之噩耗,听闻之下,脑如爆烈,心如焦灼,手足齿牙为之□动。呜呼,我果已矣!我辈将无生人之趣矣!而壹志凝神,意以为服药而亡,终愈坐以待毙,万难之中,不能不筹对待之策。列强藉口偿还无着,瓜分魔计大半自我财政下手。此时听命朝廷,依赖官府,经济困难,国债问题无从解决。若仍任其迟徊,酖毒剧祸,即在眉睫。各界同人,开会提议,共谋转圜之方。适值府尊过境,阖乡绅董来城欢迎。其初到会者二百余人,方行开议,而城乡各色人民拥挤而来者,不下数千,遂公同议决,由同胞担任国债。一经提倡,鼓掌赞成者,声震堂壁。通盘核计,我国国债不过九万万,由库承认利息,所余原本,以四万万同胞分担,每人仅摊二两有奇。限以三年偿竣,人民生活尚可支持。救急之策,虽未甚完全,然当危险时代,亦属不二法门。无畏惧,无顾忌,为政府稍增魄力。执此交涉,庶可杜列强之口。贵同志热度增高,横山下士,素愧不及,闻此警报,设法救援,未经发起,谅已久表同情。兹据公举张君乐民、宫君石卿,赴省代表,请求各界开会议决,并函知各城,电达各省,一律组织。民气一日未绝,即主权一日未失。此等理由,谅久在诸大君子谈吐中也。将死哀鸣,孤注一掷,祷切盼切,幸勿弁弃。至各州县,已由鄙人等崙函报告,倘得会同合办，尤为妙妙。敝邑由议决日，即作实行办理之期，如蒙赞成，即请迅速示覆。

又闻复州代表张君乐民演说之时，父老闻之有下涕者。谓国势如此危急，我辈虽沿街行乞，亦当公凑一二元，以救危亡。观此可见奉天人民程度之进步矣。

《帝国日报》，1909年11月30日

奉天学界拟还国债之消息

奉天省城学界，日前会议，以国家库款支绌，财力不足，所欠外款甚巨，若不设法补助，终无富强之日。特于日前咨请谘议局，请联络各省谘议局，按户集款，以还外债。闻谘议局议员，对于学界此举，甚为赞成，拟俟订定，即呈请督抚宪出奏云。

《顺天时报》，1909年12月1日

奉天互选资政院议员之决果

十一日，奉天谘议局举行互选资政院议员，各议员遵章投票。兹闻开票之决果，应得资政院议员及应充候补议员者列下：

陈瀛洲　三十一票

王玉泉　二十七票

书　铭　二十七票

永　贞　再选得二十八票
吴国珍　二次再选得三十四票
张程九　二次再选得三十一票

《顺天时报》，1909年12月1日

英人注意谘议局反对新协约

伦敦电云，中国各省谘议局群起反对中日新协约，于政府抗论。伦敦《泰晤士报》特著论辩议此事，以为中国创立宪政开幕唯一之冲突。

《吉长日报》，1909年12月2日

谘议局不议军费之问题

谘议局为地方行政之机关，其所提议者，不出地方范围。凡为议员者，知之矣。夫吾国昔日，固专制政体也。民无参政之权，地方行政与国家行政混合而不分，一旦舍其旧而新是谋，权限之分析，非朝夕所能尽，无足怪也。然以权限不清之故，官吏则有大权旁落之惧，人民则有私心愿望之奢，于是争端起焉。寻流必溯其源，繁枝必培其干，急进派动以齐王反手之谈责难朝廷。迨至实行，窒碍不通，始悟言之非艰，行之为艰，古人诚不我欺也。谘议局之成立，非吾国民平日所祷祀以求者耶？迭观各省大吏，电询编查馆之文，于权限斤斤注意焉，非谘议局借端侵大吏之权也，国家行政与地方行政，吾国素未分明之过也。谘议局持参预政权之说，以为一省之政议员，皆有参议之权。平日大权独揽之大吏，安得不疑。宪政编查馆又明知谘议局之议政权，不出地方行政范围，因地方行政与国家行政分别之章程，未明白宣定，每遇一事之诘难，枝枝节节而辩之，不特无以释群疑，且争端愈多矣。日前四川谘议局因军饷问题，争归局议，职是故也。

军队与警察，性质迥然不同者也。军队之供给，由国费支出，警察之供给，由地方支出。明乎军队与警察之不同，则知谘议局权限之所在矣。四川谘议局之议员，非不知之也。徒以吾国今日国库未立，国费皆直接取诸地方，此项军饷，平时混合于地方财政之内。一省财政，由一省担任，谘议局既有担任筹款之责，军饷为财政之大而要者，此而不议，谘议局更有何事可议？起而争之，为地方财政计，非权限之不明也。编查馆谓，军饷与谘议局无涉，指国家行政与地方行政而言，其说亦是。然亦思今日各省之军饷，非分取于各省乎？且所取者，多由各省零碎杂捐指拨，非专恃田赋、关征两大宗也。川省谘议局所谓国费皆直接于地方，不独川省为然，各省亦无不然矣。平日为军饷之故，加捐加抽，一省之人并未协议，认可与不认可，中央均不之计，专制行之而已。不观厘金一项乎，其始也由于军饷流弊至今，屡议裁而不能裁也。财政为一省之命脉，即为地方之命脉，军饷虽曰国费，非中央自出之，亦分任于各省，其本源亦在地方而已。各国因增兵饷，而加地方之赋，未加赋之先，亦由国民会议认可，然后实行。盖款取于地方，未拨入军饷以前，仍地方之款也。不先为地方利害计也，既拨军饷，则归诸国费，与地方无涉矣。故一言军饷，谘议局实无干涉之权，一言财政所自出，谘议局先有参预之责。此章程内所以有"本省担任"之四字也。吾国军饷，既直接取诸地方，当时未经国民会议认可，其中为害地方之处，在所必有。国库未立，财权淆乱，使拘泥"军饷"二字，拒谘议局之参议，此不明过渡时代之情形者也。

《中国报》，1909年12月4日

锡督与东三省

东三省大局,岌岌乎殆哉!祸机所伏,已非一朝一夕之故,朝廷廑然忧,草野戚然惧。报纸大声疾呼而号,国民奔走四顾,而谋自存之策。锡督赴斯任也,朝廷以股肱倚之,草野以浆食迎之,报纸诫勉警惕,以期望之。士夫尽心竭力,支持民气,以为其后盾。为锡督者,处此万难之局,责任如此其重,应如何鞠躬尽瘁,力回厄运,奠严疆于磐石,御外侮于边陲,上不负国,下不负民,方足以酬知遇之恩,而立功名于不朽。乃莅任伊始,即多不洽舆论之事,犹谓老成谋国,胜算在胸,非浅识所能窥,但求事之有济,毁誉听之。天下古来大臣,遗大投艰,处群疑众谤之交,靖外患内讧之乱,尝有不见谅于人者。以今日之东三省畀锡督,谤之者虽多,谅之者或有人也。奈之何,自锡督视事以来,无一善之足称,只谤书之盈箧。界乎两大,事齐事楚,策应无方,遂使千年辽鹤,望人民城阙而伤心,几处铜驼,陷棘地荆天而陨涕。东三省大局之危,非自锡督始,然有锡督,东三省之危局愈危。虽曰天命,岂非人事哉?锡督实无词以诿其过也。

为天子守土,不能因难而退也。曾子居武城,寇至而不去,睢阳血溅,五丈星沉,一死尚不足以塞责,况欲逍遥于河上耶?锡督明知东三省大局之困难,然后受总督之命。既然受命矣,虽肝脑涂地,以至于死,亦其分也。锡督对于东三省,未闻其建一策,展一谋,以救此时艰。迨至不可收拾,忽作引身而退之想。请假已有明文矣,不引避于未曾到任之先,而引避于事不可为之后。噫!时至今日,事诚不可为矣。然试问胡以至此不可为者?锡督固负责任之人也。堂堂乎总督之位也,升平无事,欣欣然恐求而不得,偾事之后,百祸交集,皇皇然求去唯恐不速。朝廷胡贵有此臣子哉?国民胡贵有此公侯哉?

然而锡督去志虽坚,锡督之去当不易也。锡督才具,不足以胜任,方其到东三省时,已为有识者窥破。使其自知不逮,应于到东之初,即力辞斯任,留高位以待贤者,东三省或不至有今日。东三省人士于其去也,虽无感情,犹无责言。

乃不自忖空疏无术，为人傀儡，如蚕自缚，如兰自煎，至于无可奈何，嗒然作归山计。噫！迟矣！锡督虽去，而锡督之罪已重矣。锡督之身名已败裂，不可收拾矣！锡督清夜自照，扪心自问，进退维谷，将如之何？忙里偷闲，无端请假，锡督亦苦哉！

寄边疆之命，不得其人，是委土地于陆沉也，陷斯民于涂炭也。锡督非寄命之才，使之往岌岌可危之东三省，政府已失知人之明矣。士穷而节义见，世乱而智愚分，以东三省试锡督，而锡督之真相出。政府既知其真相，一误乌可再误？锡督即不自行请退，亦应早易能者，以免坐贻大患。事机危迫，不可终日，犹以优待大员之礼，迭次赏假，然后许之行。吾恐东三省之断送，将无人负责任矣！
（吉三）

《中国报》，1909 年 12 月 7 日

奉天地方自治筹办处办理情形并预算常年经费折

奏为奉天地方自治筹办处办理情形，并预算常年经费，恭折仰祈圣鉴事。窃地方自治为谘议局进行之始基，现谘议局既经筹办完竣，则城镇乡自治必须急起直追，继续办理，方无偏而不举之弊，而收交相为补之功。查奉省谘议局于九月初一日成立，地方自治筹办处亦即于九月初一日开始，当经臣等刊发关防，选派司员，核定章程，责成民政使张元奇监理其事，并照会籍绅盛京副都统多文为会办，凡关于城镇乡地方自治各事宜，暨附属各会所，统归该处核转，由臣等随时认真督饬，务臻周密。

臣等窃维筹办自治，必先养成人民智识，使皆知自治名义为辅官治所不及，而非独立于官治之外。宗旨不致误会，始于地方为有益，则入手办法自以遍设府厅州县自治研究所为第一义。奉天省城研究所，业于本年八月二十一日毕业，共得毕业学员一百七十三名，当即分别派赴各属举办自治研究所，分作三届，限期

成立。每届每属至少以一所为限。此次毕业学员即充作该所讲员。以四个月为一学期,计两学期毕业,并由臣等核定规则,颁发遵行,用防流弊而归一律。将来学员毕业后,传习渐广,一般人民均具有普通自治之智识,了然知地方自治之真意,庶续办城镇乡自治,得以推行尽利,不致贻误。此奉省自治筹办处创始筹办之情形也。

至常年经费,据该处开具预算,呈请奏咨前来。由臣等切实核减,每年约需动用银一万七千二百八十两,拟由度支司税捐项下动支,应请作正开销。除分咨查照外,所有开办自治筹办处暨动拨款项各缘由,理合恭折具陈,伏乞皇上圣鉴。谨奏。

十一月初四日奉到朱批:该衙门知道。钦此。

1909 年 12 月 8 日

锡督禀派金梁充互选管理员

东督片奏云,再查《资政院选举议员章程》内开,宗室觉罗互选资政院议员。在奉天以东三省总督监督,应设互选管理员一员,奏明派充等语。现已由奴才照章认真监督筹办。今有奉天旗务处总办、保送同知金梁,堪以派充互选管理,业饬该员将应行调查互选人名册,暨一切管理事宜,先期详慎规划,禀由奴才核定施行,俾届时举行互选,不致贻误。除资政院暨宪政编查馆分别查照外,理合附片具陈,伏乞圣鉴。谨奏。宣统元年十月十六日,奉朱批:该衙门知道。钦此。

《盛京时报》,1909 年 12 月 9 日

资政院选举问题

奉天警务公所日昨奉两帅札称，资政院来文，宗室觉罗选举资政院议员，奉天省应即以东三省总督为监督，照章举行。现已派员设所，即日筹办。兹特派员分赴各城，实行调查。凡有宗室觉罗居住之处，应饬本地巡警，先期查察，一俟该员到日，即便导同前往，以期便捷。

《吉长日报》，1909年12月9日

调查宗室觉罗选举议员

资政院奏定《选举资政院议员章程》内，所有选举宗室觉罗议员，于京师则以府尹为监督，盛京则以总督监督。锡清帅接奉此项章程，特奏派金中书梁，为选举宗室觉罗督理员，专以管理调查选举事宜，已奉朱批允准在案。兹闻金中书业将调查办法拟定，惟恐宗室觉罗散居各处，下乡调查，茫无头绪，刻已呈请钦帅，札饬乡镇巡警局辅助办理。俾调查员下乡时，与各巡警局接洽，派同熟悉户口巡警，导引调查，以免有遗漏之处。

《帝国日报》，1909年12月16日

论地方自治为宪政之根本

二十世纪之国家，胥变专制为立宪。盖国家之成立，以民为本位，民权不张，国势不振，民气不雄，国力不厚。专制政体，愚民而已。故朕即国家，作威作福，氓之蚩蚩，殆为国家之附属物，非主观而客观也。进而立宪，大权统于朝廷，庶政公诸舆论，国家责任，君民共负，百废俱举，宪政之功绩也。其所以奏厥功绩者，术亦多矣。而重且要者，厥维地方自治。吾尝窃计我国诏颁立宪，筹备各政，迄今殆二年矣。督抚部臣之奏报，大都一纸空文，其实在事迹，百不获一。此至可太息者也。然而内外奉行者之如何，吾姑弗论。论我民对于宪政之感情，则非无少数志士，挟如荼如火之热诚，极力进行，期于成立。如近顷各省谘议局代表齐集上海，议请速开国会，斯议既成，则家国前途，似有无穷之希望。而抑知有不能无疑者，无根之木，虽荣必枯，无源之水，虽深必竭。宪政之根本，在地方自治，不办地方自治，而欲冀宪政之成立，闻过则喜，南辕北辙，不知其可也。吾非以速开国会之请为无当，而横肆訾议也。吾以为开国会为宪政之形式，地方自治为宪政之精神，形式而以精神贯之，斯形式亦为活动之机体。然起视国民，淡漠对之，一若国会自国会，地方自治自地方自治。国会之期须缩短，地方自治即可任其悠悠岁月。不揣其本，而齐其末，无论政府之未必我许，就令许之，试问有如何之实益乎？吾故于请求速开国会之顷，而敬告我国民曰：速办地方自治！区区一二自治研究所，不足以塞我民筹办地方自治之实也。草创之初，事多罅隙，然而不足虑也。苟有热心，实事求是，则整顿改良，宽以时日，宁不可以臻完美之域哉。难者必曰：经费无着，事不易举。则将应之曰：地方自治，需要经费，今日民力衰弱，无能负担固已。然有可以变通办理者，需费较多之事，俟诸异日，较少者先往试办。如组织议事会、董事会，初无需乎巨款也。就原有之公共团【体】，更为组织，厘定新章，俾徐合乎宪政之本旨，则亦可以暂缓别筹经费也。其他公共营业，本可生利，发行地方公债，举办自治事宜，资本家断无不响应者。吾又敬告我国民曰：地方自治者，国民之权利，亦责任之所在也。我民旧习，依赖官吏，一若官吏万能，可以代我民负无限之责任，尽无限之义务者。呜呼，何其谬耶！天下事，众擎易举，独力难支，官吏之心力，犹之民也，而必欲举重大之责任，尽以畀之，自处于优游逸豫之境，贻误大局，宁可言喻？而民权丧失，外力内侵，瞻顾前途，未知所届。今宜翻然憬然，实行固有之地方自治权，以自负责任，自享权利，国家官吏，各尽其监督之职，无侵越亦无压抑，以符地方自治之真义，裨补宪政，夫岂浅鲜！（无用）

《吉长日报》，1910年1月11日

资政院议员覆加选定陈瀛洲等三名片

再查奉省谘议局互选资政院议员，遵章于十月十一日在局举行互选，照章监督投票、开票、检票，仅得当选人六名，并无得票及格、额满见遗之候补当选人。嗣经臣等覆加选定拣选知县陈瀛洲、王玉泉、考职巡检书铭等三名，作为资政院议员，榜示投票所，仍于闭会后遵发资政院议员执照，即为陈瀛洲等选充资政院议员之期。虽在延会期内互选，于该员等议事职务仍无妨碍。至谘议局议员缺额，业经照章饬令选补。除分咨查照外，理合附片具陈，伏乞圣鉴。谨奏。

十三日奉到朱批：览。钦此。

1910年1月14日

论筹还国债之得失

筹还国债之议发生以来，两阅月矣。肇端于天津，响应于各省。今则异口同声，上下一心，其事之成绩，苟准现具之热度，以豫计之，完美无缺，又奚容疑。虽然，天下事利弊相因，得失互见，吾不敢知曰"事必百利而无一害"，亦不敢知曰"必百害而无一利"。水火生人，又能杀人，刀兵灭国，亦能卫国。吾人处事，苟不即其事之根本，而通盘研究之，语乃呓语，动为盲动，凡利皆弊矣。苟即其事之根本，而精确讨论之，善者从之，不善者改之，凡弊皆利矣。吾为此言，吾恐我同胞激于一时之热血，偏重利之一方，竟以积极的片面语，争相炫耀，一旦反复，准备绝无，以致仓皇无措，全局皆输。鉴于前事，承斯弊者，不可胜道。夫筹还国债，中外上下，观瞻所系，故当其冲者，宜如何慎重将事。所谓利者，盖人之所知，又奚俟赘。吾之所欲研究者，在有何弊病耳。就近顷发生之问题，约有数端：

一、我民之实力，果能负担国债全额否？

二、即曰实力能负担国债全额，果愿出资否？

三、即曰愿出资，外国能通融条约之所定，改定期还为一时还否？

四、即曰外国能通融而为一时还，则将来政府保无再借外债否？

五、筹款以后，未还以前，款在经手人处，能无侵蚀之弊否？

六、我民今日民穷财尽，猝出巨资，国内金融界能不受影响否？

如右所述六种问题，为今日反对筹还国债最有势力之说。持之有故，言之成理，然则将缩手乎？前事尽成泡幻，将辞而辟之乎？不究其利害轻重，亦未足服反对派之心也。且我于事之真相未窥及，亦办事者一大缺点也。吾故不敢自欺欺人，就右举六问题，详悉讲究，以告赞成筹还国债之同志。

曰我民之实力果能负担国债否？能也。

近据各报译某西报曾载"中国洋债一览表"，合普通各债，甲庚赔款及铁路借款，共英金一百三十六兆二十二万三千五百九十磅，以三先令合银一两计之，共银九百零八兆十六万三千九百三十二两。以四百五十兆人计之，每人须出银二两，即可偿清云云。夫每人出银二两，每户五人者，即出银十两，分三年摊认，每年每户应还三两三钱三分零。以中钱五吊合银一两，全户年应还三吊三百三十文。若以每年三百六十五日分计，每人日节中钱一成而已足。我民虽贫，谓其一日不能节中钱一成者，吾不信也。就令贫窭之徒，衣食不足，实有不能负担一日一成之苦况，则由富贵之家多担填补，有过之无不及。况此次吾人发议筹还之国债，以甲庚赔款为限，普通各债及铁路借款原不在内，其数较减，为力自易。愿我民毋自馁气，致良好之事废止不为也。

曰实力能负担国债全额，果愿出资否？愿也。

凡人负债，大都无力归偿故也。无力归偿，而展缓其归偿之期，是系债权者之通融。斯时债务者必酬以相当之利益，所谓利息是也。利息为债权者之利益，亦即债务者之损失。出其资而不减原本之额丝忽，故以恒人之性理论之，力苟所堪，未有不愿早清负担者。吾尝观世人对于义务，濡滞不即尽者，非力有不足，必时有宜待，今将何待乎？民为国本，责有攸归，迁延岁月，其失盈万者，即日了结，其失盖五千而已足。孰得孰失，何去何从，奚俟蓍蔡决哉？

曰民愿出资，外国能通融条约之所定，改定期还为一时还否？能也。

条约者，契约之一种也。规定之时，须得两造之合意，故解除之时，亦惟欲得两造之合意。前项国债，按期归还，订约时合意，无论已。今乃提早归还，与原约稍有差池，然苟派员专向磋商，并动以睦邻修好之谊，所谓人之欲善，谁不如我。况此事之无损彼国者耶。如其不允，则我尽可储此债款，按年提付，有恃无恐。监督财政之说，不驱自除。我乃力事整顿，凡一切外交上之权利，丝毫不容假借，严守条约，制限外人，于我获得之利益，彼必感乎种种不便，而允许我以还债之事。何也？外国人士于利害轻重权之最熟，固执区区国债之利，丧失种种交通营业上之便，盖断弗为也。

曰外国通融而为一时还，则将来政府能无再借外债否？能也。

甲庚之举，初非政府之所愿，故其赔款，亦非政府之所愿。非所愿，故其赔款亦非政府之所愿。非所愿之事，能一而不能再，可断言焉。是就情理上论之，政府不再借此种外债者一。我国预备立宪，财政监督权归我民，则此后财政之出入，须得我民之同意，政府又有何权而私借外债乎？是就法理上论之，政府不再借各种外债者二。夫君子论事，须究其原，世人不察，哓哓以此次我民代还国债，政府将再借外债为虑，是误认强制的赔款为合意的借款，与夫立宪国民之监督政府者为专制国民之听命政府矣，不可笑欤?!

曰款在经手人处，能无侵蚀之弊否？无也。

我国旧习，地方事宜，大都授诸一二豪绅劣董，以致侵蚀公款之事，时有所闻，而我民类，皆置若罔闻。是谁之过与？今即组织公会，厘定机关，款储银行，不容挪动，登诸报章，宣告大众。犹恐不足以征信也，公选议员，严行监察，俾一二私人无隙可乘，又何侵蚀之虑耶？虽然我国民俗，洁己自好有余，监察权能不足，往往初时热血喷涌，赴汤蹈火所不辞，及其既也，再衰三竭，莫之或顾，则木朽而蛀生之矣。吾故于我同胞热心筹还国债之余，请再热心监察还债之款，九仞一篑，其在斯焉。

曰我民猝出巨资，国内金融界能不受影响否？能也。

夫一国经济之所在，不外两途：一为市场，一为私囊。斯二者之消长，恒视人民经济思想发达与否为标准。我国文明初进，经济思想尚未发达，无统计全国之金钱者。设统计之市场流通之数，恐不敌私囊窖藏之数。此次筹还国债，实出于国民热心，其所出之款，强半来自私囊，吾敢武断而【言】，债偿之后，民心一转，民气益雄。凡有窖金，悉出以储银行，为企业家之资本，则市场流通之金钱，因之亦不竭蹶。况振兴工艺，制造物品，抵制外货，通年收入，日增月盛，我国金融界日进于良好之途。譬之人体质稍弱，而精神疲茶时，奚啻倍蓰，则筹还国债，初时金融界虽或稍觉顿挫，继以民财济之，不难恢复元气也已。

夫上所述，要皆考诸原理，准夫事实，初非徒恃空论，以惑一时之观听已也。抑又言之，筹还国债，有形之利益在轻负担，无形之利益在生我民爱国之心。民爱其国，外人不得而睨视，国运日即乎昌隆。成败存亡，在此一举，愿热心爱国之同胞，悉心讲究，共济艰难，则国家之幸也！（无用）

《吉长日报》，1910年1月18、19、20日

实行地方自治之理由

吾国政治之名称,治人人治而已,固无所谓地方自治也。故官人者恒以民可使由,不可使知,奉为圭臬。而芸芸众庶,亦遵以为尽其职业,与担任纳税义务而外,事事皆得仰理于官,而不负责任。官之才力,逮焉与否,弗顾也。幸得其人,仅乃获济,弗尚则废弛矣,紊乱矣,而受治者听之。岂徒听之,黠而桀者,抑且从其所废弛者而废弛之,所紊乱者而紊乱之,以自便其巧取豪压,营私武断之谋。循斯以往,又乌在而不废弛,不紊乱耶?推而至极,何所不至?虽有善者,莫如之何。其原理,则系于不能自治,以阶之厉也。然自治云者,非合群策以谋之,群力以图之,由地方官厅以为之监督,则过与不及之现象,辄发生于不觉。故必严之以规则,立之以范围,俾国与民交受其利,而不蒙其害。其制度虽吾国经史所未翔,诸子百家所未道,然比间族党之制,轨里连乡之法,啬夫三老之名,实其权舆,兹不过异其称谓,其立旨要自相同耳。或曰:自治制度,洵如所云,囊昔盖已备具,今且有乡董会首,准今酌古,自足以适其所宜,何必远探东西洋规制,以贻削足就履之诮?抑知乡董会首,率民之黠桀者也,一二迂疏拘谨,与俗浮沉而外,光怪陆离,何奇不有?质而言之,类在剥夺公权之列。间有贤隽,亦必锄而去之。不如是,盖不足以保其利权也。设以国家新政,寄诸若辈,令之奉行,其与狸奴以饲鼠,责猛虎以牧羊,奚择耶?况夫怨毒之于人甚矣,以若所为,斯民之疾视也盖已久,岂不欲得而甘心焉!所敢怒而不敢言者,特慑于城社之威而已。今使集斯民而询之曰:乡董会首,与众举之之为愈耶,抑任其与刁绅劣衿,奸吏奸役,相结合以把持耶?吾逆知其必欲与众举之。又若曰:乡董会首所执行之公共事业,与众议之之为愈耶,抑听其独断独行耶?吾逆知其必曰:与众议之。然则吾国之民,固富于自治思想者也,何程度不及之足云。然则,向之厚诬吾民者,固当爽然自失,而吾民乃亦不可不倍自振奋,以图合于立宪国民之资格,以一雪此言为快乃可!

《盛京时报》,1910 年 1 月 21 日

奉天民政司榜示有资政院议员资格者

榜示事。照得调查资政院纳税多额议员选举资格，现已完竣。经本监督按照纳税年额，比较多寡，将纳税较多者孙以苪等二十人，照章认为合格。合行列榜宣示。自本日起，二十日内，如本人于年岁、籍贯、住址、税额各项，有以为错误者，得即呈请更正，逾限概不受理。为此榜示周知，以示大公，而昭慎重云。并将姓名列后：

复州孙以苪	复州孙春如	复州李鼎臣
复州孙以格	复州李梓林	法库厅韩翎翩
复州孙升及	复州李国翰	复州郭家琛
义州员清齐	镇安县王维翰	复州贺殿中
复州孙以锦	盖平县郭尚之	锦县孙振香
辽阳州李文琇	复州李荣甲	奉化县温增祺
锦县朱紫贵	海城县杨鸿业	

《顺天时报》，1910 年 2 月 3 日

禁止粮谷外运问题

去腊东省大吏以粮谷一宗，中外商人购运出口太多，粮价奇涨，恐贩卖无已，妨害民食，援约禁运。除大豆及豆制品、芝麻数项外，余属农产类者，一概遏制。本年岁首，已下令实行矣。记者爰较论其利害，备刍议焉。

东省现今商界、金融界尽恃粮谷为根本，一朝禁运，必牵制市面，致全体陷于沉寂之境。此害点也。然使输运外洋，不稍区别，将红粮、小麦与大豆等类，一体贩售，则本地农产悉充商品。当境食粮，转形匮乏，民食艰，斯生计窘，其害亦足普及于一般社会。如取此两种弊害问题，权衡轻重，而求解其真诠，则一时研究，尚不在禁令之张弛，而在有确实之调查，精严之统计。夫然后操纵缓急，乃得事理之平也。

比年全部满洲出口农产，大宗在豆，于是民间种植，亦以豆为主产，其余已有畸轻之倾向。此次禁约条文，独限制粱麦，而不及豆谷，固系援照交涉成案办理，以示保护民食之深心。所虑者，豆以能出口之故，销路仍畅，价乃愈昂；粱麦受法定之限制，故行（消）〔销〕独滞，价愈下落。盖价额之差负，不外供求之比例，常视两者之程度为低昂。商人贩运，亦择其容易脱卸者，而避其呆重者。如是，则凡有耕垦之地，将尽种豆，至向种红粮、包谷、蜀黍、禾粟之地，亦相率而改种豆，食粮缺乏，效可立见。究其害，仍恐如前说，农产充商品，当境转生艰食之虞。天下事，防弊之黠，每即为弊害所滋，其斯谓耶？

记者非谓当道禁令之不当也，特治丝而棼，非理必淆。今宜于产出、消费两方面，合全局以调查。若豆，若粱麦，若种种之副食品，每年境内产数，于就地消费数，其比例若何，果运至何等额量，遂妨民食？又农人播谷，匀计中稔，时当平价，种豆一畦，较种杂粮，农利之差等又几何？（以豆为本位）此真确报告，并非凭和文书籍，侈译一二，便为折衷，则或者粮谷外输，其张弛之权，有切实之把握也。

虽然，此就狭义言耳。经济学家谓：一国之财产力，必藉交换为发达。与一人之量出入为生计者，性质迥殊。譬一方之物产，忽然求过于供，则价必昂。价昂则购者以无利，止运他方物产，且以利来馈其贫，则供求之比例又均。英儒斯密亚丹"自由贸易篇"所谓任物自己自越于平是也。此种学说，吾国在十年前交通闭塞时代，万不可行。今环海大通，东省地点，轮路接触，即不遏制，当亦无绝粮断运之虞。是记者所敢必也。况东省情形，与南方异。南土人稠，逐末者较农民倍蓰有余。耕者一而食粟之家几百，又俗好奢，盖藏素鲜，故外运稍多，米粮顿竭。是数者，皆关东三省所无。然则今之禁运，统计之学既疏，粮市调查复无依据，但骇然于外商竞争购买之风潮，遽为是抵制，恐效力之被及民

生，亦仅焉矣。（劭）

《吉长日报》，1910年2月26日

京师国会期成会之投函

敬启者。客腊电请各省谘局、学商会举第二次代表入京，谅邀伟鉴。国会一日不开，国是一日不定。国是一日不定，国困一日不苏。方今外患纷乘，内忧叠起，即使宪政急起直追，犹恐难救危亡于万一。而说者动引先朝九年筹备之谕旨，谓宜少安毋躁，不知当时原谕，本视国民程度以为期。使今日国民对于国会漠焉置为缓图，尚可谓程度幼稚，毋取急进。乃自去秋谘议局告成以来，国民对于国会之热度，已极沸腾，则程度增长，已可概见。使先朝处此，亦必嘉与国民，早更成命。则今日请开国会，正为仰体先朝谕旨，并非轻背先朝谕旨也。客腊我皇上宣布明诏，于国民爱国热忱，亦极嘉赏，乃犹迟徊审慎，未即俞允者，盖将觇我国民对于国会之热忱，果真挚焉否耳。果使我国民志气坚定，始终不懈，一请再请，天心必可早回，目的必可早达也。夫国会之迟早，关系国家之存亡，国家之存亡，关系国民之生死。国民何能因此次请愿不成，遂灰心丧志，不再鼓最后之勇气乎？且此次请愿代表既多，誓死不返，国民更何能听其孤立，而不为后援？仝人有见于此，特联合在京同志数百人，组织国会期成会，作此次代表之后援。惟兹事体大，必众擎共举，方能早观厥成。贵局为全省士民之总率，请即联合各地方自治、宪政等会，组织国会期成分会，公举代表二人，偕教育会、商会各代表，准三月初十日以前到京，会同敝会，联合上书，以达即开国会之目的。若能一面举代表来京，一面恳督抚代奏尤善。仝人因筹集巨款，组织此会，舌敝唇焦者有之，长号呕血者有之，割臂而缮写血书者更有之。诸公素爱国家，素悯志士，当不忍坐观膜视。使此次代表孤立于前，复使敝会仝人孤立于后，而为五洲万国所窃笑也，谨布腹心，敬候裁处，无任迫切盼祷之至。顺颂春

祺。京师国会期成会黎宗岳、陈佐清、程箴、马权公等顿首百拜（宣统二年正月初七日）

敝会致各省教育会、商会等函，词意概与此同，祈将此函酌登贵报，以通告海内为感。

《吉长日报》，1910年2月27日

再请速开国会感言

事有非延至某日不可实行者，有非即日实行不可者，有延缓若干日，或即日实行，俱无不可者。如我国今日求开国会问题，在政府一部观之，直非延至九年不可。自模棱两可、所谓中立派者观之，或延缓若干日，抑即日实行，俱无不可。惟自热心宪政、深明时局之志士观之，则我国今日开设国会，奚啻七年之病，三年之艾，倘不速行，将见利权日削，政务日废，外势内侵，久将不治。哀哀国运，有非臣子所忍言矣！何以言之？二十世纪，专制政体决无容足地。如欲救亡，势必立宪，此我朝野所共赞也。立宪之期，愈速愈妙，此亦全国所一致赞可也。惟专制与立宪，立于绝对违异之地位，欲改专制为立宪，谓必徐徐施行，方免颠越，亦郑重将事者所宜尔。然而民族惯性，不迫不行。筹备宪政各事宜，吾非敢知曰旦夕可济，但果实心从事，固可决其不必延以九年。否则，即延至九年，恐犹是今年之状态。试征往事，筹备宪政业逾二年矣，其成绩除勉强告成一二外，重要事宜之未举行者，夫岂尠少？循是以往，宣统八年开设国会，彼时之宪政，不知其异于今日者有几何。与其迟开国会，延掷七载岁月于无何有之乡，孰若详议进行方法，俾早臻完善之域。此对于政府一方面言也。至于吾国志士，既有请开国会之主动，第一当思屡申请愿，无乖朝旨否？第二当思朝廷不我许，则将以何者为最终之策以盾乎其后？由前之说，吾得而释之曰：前年诏颁预备立宪后，吾民请愿缩短国会期限，朝廷婉辞以却，并不以吾民之请为非分，是朝廷于请愿缩短国会期限之举，已默认吾民为正当之手段，虽至再三，殆无不可。由后之说，最为吾民今日应行准备之点。盖请愿与否之权虽在吾民，而允吾民请愿之权，则操之政府。吾民无最后之对付方法，百请而百不允，与不请将毋同？或有谓以筹还国债为购国会之代价者，是说犹待斟酌。盖筹还国债一事也，开国会又一事也。不得曰，无国会之开设，即不须筹还国债。亦不得曰，不筹还国债，不开设国会。此中界线，颡若鸿沟。愿吾民之无作茧自缚也。西人有言，不出代议士，不纳租税。吾民今日力顾大局，万不可猝行此种猛烈手段。惟亦当微师其意，由各地团体，妥议一定宗旨，普告同胞曰：朝廷不开国会，除前此确定之租税照常缴纳外，其他吾民财政之负担，非经吾民公选之代议士认可者，不敢缴纳丝毫。此乃吾民极和平之手段，实为今日所宜提倡实行者也。吾愿热心国会之同胞，弗河汉斯言。（无用）

《吉长日报》，1910 年 3 月 1 日

自治筹办处与法库学员

奉天全省地方自治筹办处覆法库厅事务所学员等质问调查疑义由。查各国定住民资格之制度有二，一为户籍制度，专以户籍簿登记之地为主，不论本人现在何地，凡姓名登记于何地之册簿者，即作为何地之住民；二为住居制度，专以其人所住居之地为准，不论其人曾否登记于何地户籍簿，但使现住何地方，即何地方住民。此两种制度，互有取义。我国向例，所谓籍贯者，其原意本与住所相同。惟更改籍贯，必须寄居二十年以上，又须取具保证，呈准地方官。其未呈明者，虽寄居已久，仍不得入籍，窒碍甚多。查立宪各国，住居迁移之自由权，多载入宪法条文。故凡人民得具本国国籍者，即为其国之人民。至一国之内，复分彼此籍贯，惟联邦各国，容或有之。我国大一统之制度，久已昭揭。所谓行省，府厅州县各地方，不过行政上之区划，并无法理上应行研究之价（价）〔值〕。

现今举办新政，全国一心，尤应化去内部之畦町，以增国家主义进行之助力。上年《谘议局章程》，因以省为单位，尚不能不斟酌惯例，稍存本省、非本省籍贯之区别。而《城镇乡自治章程》，规定居民、选民，则纯取住居制度，最为妥协。其第十五条云："凡于城镇乡内现有住所，或寓所者，不论本籍、京旗、驻防及流寓，均为城镇乡居民。居民有享受本地方公益之权利，并有分任本地方负担之义务。"第六条规定选民资格，第一款指明本国国籍，第三款指明住居年限，始终不提及籍贯一字。是明明以国家为本位，力除从前部落思想，及一切之障碍，诚可谓法律进化之见端。本处筹办地方自治，事事以定章为标准，因该员节问至此，故详论及之。仍候将此节通饬各属，钞登报章，以阐扬朝廷实行立宪，化除畛域之盛意，庶几疑义冰释，于讲学办事之前途，裨益良非浅鲜也。

《中国报》，1910 年 3 月 15 日

选举停止办公

二月初一日，为宗室觉罗在公署互选资政院议员之期。督抚宪为选举监督，各司道、府县等均到场参观。是日，宗室觉罗及来宾到场，共千余人。公署大楼、各司道办公处均停办公事一天。

《吉长日报》，1910 年 3 月 15 日

互选资政院商界议员

民政司举办互选资政院商界议员,定于今日在商务总会投票。各属被选人,均已到省预备开会云。

《中国报》,1910 年 3 月 16 日

原立法权

国不可无政,政不可无法,法者国家之所立,准此以行其政治者也。羲皇以上,人类初生,各安其居,各乐其业,生活孤立,群议不明,国且无有,罔论夫法。法之为物,与国俱生。无专制立宪,苟有其国,不能无法。法奚自成?有立之者。专制时代,朕即国家,故立法之权概属之君。立宪时代,民为邦本,故立法之权悉归诸民。属君者,君主之私意,即法律之条文。读我国历朝政治史,几以君主之言论为神圣,俯首帖耳,莫敢违忤。是非尊崇君主之言论,误认君主之言论为国家之意思。国家之意思,即为法律,因尊崇君主之言论,如国家之法律也。归诸民者,非得人民之总意,决不认为法律,虽君主与齐民等。试即近世立宪国通行制度述之,国家行动,鼎足而三,行政、司法一本立法,立法全权,议会握之。议会也者,由民选议员组织而成,与行政、司法官吏迥然有别,期合乎人民总意之义。即君主立宪之国,有钦定颁行法律之权。然"钦定"二字,与"批改"二字,容有区别。盖批改者,有增删之意义。议会决议案,谓须东行者,君主可增删之为西走也。夫如是,议会立法之权,全为君主最后之修改,而

异其面目。呜呼！天下曷贵有此掩耳盗铃之举！吾知学者虽愚，决不倡行此说，以失真正之立法原理。而后进诸国，现行君主钦定颁行法律者，以专制国立法权属君，立宪国立法权属民，由专制而立宪之过渡时代，调停折衷。立法权虽属诸民，而以无违乎君主之意思为附带条件，此乃权宜变通之手续，非立法权固有之原理。谅国法学家所公认也。梨洲有言：三代以上之法未当，为一己而立也。此犹就心理言之。若并就形式论之，君主一人，虽为天下，亦不得立法。盖世道日降，诈伪百出，与其为暴主假托圣贤，以愚黔首，孰若集人民之总意，以箝制君主恣横之为愈也。

虽然，欧美各国对此民权（立法权为国民固有之权，故谓之民权）屡起革命，掷无数生命膏血以购之，始获完美之效果。日本立宪，民权束缚，自由公权，所享亦仅所谓议会决议之法律，须再得君主之裁可，立法权几扫地尽已。回观我国，预备立宪，政体如何，犹未发表。惟就前年宪政编查馆奏，遵拟宪法大纲内，钦定颁行法律云：凡法律虽经议院议决，而未奉诏令批准颁布者，不能见诸施行。是其主义，与日本现行制同。立法权未得完全，且置勿论。而原折云：必宪法告成，先行颁布，然后乃可召集议院。记者不能无疑。盖宪法者，国家不刊之大典，各国通例。法律不得变更之，即欲提议修改，其决议人数，视通常法律须多，故欲全法律人民总意之义，宪法须由议院议决。然论者以为立宪伊始，不得不藉以维持议会之成立。日本故事，是我师也。吾又存而不论。吾最不能已于言者，原宪政编查馆之性质，一法律编纂局耳。然据九年筹备事宜所注，某某宪政编查馆同办等字样，该馆实握全国立法之大权。夫使其有握全国立法大权之资格之能力也，姑为之，庸何伤。无如该馆亦不过寻常官衙之一，蝟集无数官员，袭若干法律，二三年来，除《谘议局章程》稍有可采外，余皆拾日本之牙慧，聊敷衍以塞责。他日实施，定多掣肘。识者知其不可，因有倡议废宪政编查馆，使立法、行政截而为二，以完全立法之大权，归之将开之资政院；以馆员并之于会议政务处，为预备设立责任内阁之基础云云。是皆因现状以立言，盖有无数通变之道，存乎其间矣。不然朝廷亟予立宪，速开国会，一切应编法律，除已订者，悉作暂行法典施行，徐俟国会陆续修改外，未订各种法律，速饬国会编纂，呈请钦准，不又直捷痛快也乎？！且集全国人之见闻，以编法律，视宪政编查馆仅就少数人之臆度者，奚啻霄壤。吾愿主张立宪者，当郑重立法，以奠定宪

政根基，此又昕夕所馨香祷祝者也。（无用）

《吉长日报》，1910 年 3 月 18、19 日

奉省政界近闻

新正时奉省督抚有拟将在奉当差人员，择优奏留之说。凡投效人员，闻信之余，无不争先恐后，群赴民政司署递禀，恳请转详。不数日间，此项禀牍，竟不下百余件之多。张司使因恐人数过众，难以出奏，且各司道尚有保送之员，虽力加删减，亦已有百员左右。续来禀请者，遂万难照准。日前特示谕，即以二月初一为截止之期，嗣后凡有具禀者，概不接收。

《吉长日报》，1910 年 3 月 21 日

商界资政院议员选定

互选商界资政院议员，经民政司张司使于初一日在商务总会举行投票选举。孙以苐得九票，李鼎臣得九票，均作为当选人。郭尚之得八票，朱（柴）〔紫〕贵得七票，均作为候补当选人。

《中国报》，1910 年 3 月 22 日

国会请愿纪事

国会代表等筹议，现在纵使再递请愿书，亦决无效力。拟俟各省签名者，每省均达二十万以上，然后或由各该省谘议局，或由商会通力合作，联名出场，再递请愿书，或可有济云。北京国会代表团昨接广东来电云，同志会组织已有端绪，报款先汇千元，能办日报尤得力。第二次上书，敝局另举陈寿崇代表，月杪成行，华侨代表陆乃翔北上，希招待。商会允联直鄂苏发起，乞转电知云云。

《吉长日报》，1910年4月8日

筹备宪政第二年第二届成绩并下届筹备情形折

奏为筹备宪政第二年第二届成绩并第一届筹备情形，恭折仰祈圣鉴事。窃查奉省第二年第二届筹备宪政情形，业经臣等于上年八月奏报第二年第一届之期，先时奏陈，奉朱批：著即认真筹备，妥慎办理。该衙门知道。钦此。祗聆之下，矢勤矢慎，夙夜图维，不敢因循废事，亦不肯粉饰见功，有进行，无退缩，实事求是，以期上达圣明。兹值奏报之期，谨将第二年第二届成绩暨第三年第一届筹备情形，分别为我皇上陈之。

查奉省谘议局选举于上年九月初一日遵限开办，臣等亲莅该局，宣布朝廷德意，绅民感戴，庆忭同深。随即监视投票，举定议长吴景濂，副议长袁金铠、孙百斛，暨议员五十名。当由臣等草具议案，交其决议。该局亦自行提议，呈请施行。凡开会五十日，得议决之案三十四事，有立予实行者，有尚待研究者。俟咨询就绪，当将各议案分别汇咨馆部，并督饬各属克期举办，以收庶政公诸舆论之效。此已办之成绩一。奉省人口户数，于上年十月间遵章第一次调查完竣，计得正户五十六万八千六百零，散附户二十七万一千九百三十四，当经列表咨送民政部在案。惟是生故嫁娶，随时变迁，节经批饬各属，随时由巡警稽查列表，按季报告，庶户数既实，将来覆查报齐时，即不难按籍而稽。此已办之成绩二。奉省简易识字学塾，于上年十一月间创设省城官立简易识字总塾一，官立第一简易识字学塾、私立简易识字学塾各一，并通饬各小学堂均附设简易识字夜班，以树风声而谋普及。其省外各属，或专设，或附设，或数处，或数十处不等。现查业经开办之府厅州县已有二十五处，课本甫经颁到，即已纷纷请领，惟虞不给。查奉省各属蒙小学堂创办较早，此项学塾于人户稠密之区，利用专设以作模范，而于蒙小各学遍行附设，以期推广，费省事集，莫善于此。将来乡间多一识字之班，即自治多一明理之人，与宪政前途，不无裨益。此已办之成绩三。奉省举行资政院选举，凡四次。一为宗室、觉罗，照章以臣锡良为监督，业于本年二月初一日召集互选人，在公署内举行投票互选，计得宗室当选十六人，觉罗当选十七人。一为纳税多额，应以民政使为监督，亦于二月初一日举行投票互选，计得当选二人。一为硕学通儒，臣锡良、臣德全暨提学使卢靖应各搜访合格人员，亦经分别遴员保送。以上三项均经遵章造具当选人名册，咨送汇奏，恭候钦选。其照章应由臣等覆选确定为资政院议员者，则为谘议局议员互选，业于上年十月间经臣等覆加选定，以陈瀛洲、王玉泉、书铭三人为资政院议员，分别给与执照，将名册分咨馆院。各在案。此已办之成绩四。以上四项，皆于第二年第二届遵章按期筹备者也。

至于第二年第二届筹备已有成绩，而于下届接续筹备，亦有端倪者，则有若厅州县巡警年内粗具规模。奉省巡警，本系城乡兼办。自上届奏报颁定通则，画一章制后，渐次整齐。除长白府、辉南厅甫经设治尚在筹办外，据民政司呈报，各属警局之成立者四十七处，食饷官弁二千五百一十员，马巡五千七百三十一名，步巡一万三千八百九十九名，不特府厅州县巡警业经完备，即乡镇巡警亦已粗具规模。此提先筹办者一。有若筹办城镇乡自治，设立自治研究所。奉天省城研究所于上年八月毕业，共取学员一百七十三名，当经分派各属，充当讲员，而各属自治研究所亦即立时开办。现据自治筹办处监理、民政使张元奇呈报，各属已设立自治研究所者三十四处，共得学员二千六百八十六名。其偏僻州县未成立者，饬令限期成立，学额未足者限令补足，已足者饬令推广，并饬该处将学课认真稽核，务臻完善。至城镇乡自治会成立，应在下届续办年限，现已通饬各属，一律设自治事务所，以为组织自治之根据。并以划分区域，调查人数，事极繁重，由该处制成限期表说，以免误会而促进行。除长白府、辉南厅、醴泉、镇东两县甫经设治有待续办处，其他各属，统限六月内先将城厢议事会、董事会一律成立。此提先筹办者二。有若筹办省城商埠各级审判厅，除奉天省城高等审判厅，承德、抚顺、营口、新民各地方初级审判厅并检察厅均于上届奏报成立外，安东一埠为日商麇集之区，复经提前筹办，设地方初级审判厅各一，皆附设检察厅，于上年十月十六日开庭，奏咨有案。此外商埠如凤凰、辽阳、法库、同江、铁岭五处，现在饬司筹款，赶期设立。查筹备清单，省城商埠审判厅应于本年年内一律成立。奉省商埠较各省为独多，而地方并非繁盛，财力尤形艰啬。现届尚在筹办年限，而两项成立实已过半。此提先筹办者三。有若调查岁出入总数，奉省光绪三十四年分全省岁入银一千五百八十万零七千二百七十五两零，岁出银一千五百五十八万七千八百八十九两零，业经电咨度支部在案。其宣统元年分各衙门局所营旗各款季报，亦经造送清理财政局，由监理官复核编造，先将春、夏两季入款细册呈转咨部。惟光绪三十四年出入报告册，宣统元年春夏季支款细册，并秋季收支款细册，现正严饬催办，一俟编造齐全，即行咨部查核。至试办各省预算，本应在下届年限。奉省上年已由清理财政局制定预算册式，经臣等通饬仿行，定自本年起，即照预算办理。并饬各属一律设立收支委员，令其担负责任，实地练习，庶几循序渐进，办理部预算时即不致无所依据。此提先筹办者四。以上四项，皆于本届应报成绩外业经筹办下届之情形也。

伏惟筹备立宪为朝廷确定政策，奉省尤根本重地，臣等材轻责重，敢不凛遵上届谕旨，真实不苟，妥慎将事。惟是举办要政，在在需款，综核偶疏，即邻于滥。并时时诰诫僚属，总期循名责实，力戒虚縻，仰副皇上眷顾东陲、殷殷望治之至意。所有依限奏报第二年第二届成绩并下届筹备情形，除分咨查照外，理合恭折具陈，伏乞皇上圣鉴。谨奏。

三月初七日奉到朱批：该衙门知道。钦此。

1910年4月9日

遵将奉省宪政考核处改为宪政筹备处片

再恭查宣统元年十二月二十日钦奉上谕：宪政编查馆奏请饬京外各衙门设立宪政筹备处，并将十月十三日上谕恭书悬挂一折，著依议。钦此钦遵，由馆抄录原奏，咨行到奉。查奉省于宣统元年五月，就公署内设立宪政筹备考核处，遴派熟习宪政幕僚，酌定简章，分任考核，俾归一律。即派各司道，商同各幕僚办理，照章不另支薪。并将上年十月十三日钦奉上谕，恭书悬挂，昕夕省视，以资警惕。臣总揽全纲，责无旁贷，惟有督率僚属，勉力进行，仰慰朝廷循名责实之至意。除将各员衔名咨送宪政编查馆查照外，所有奉省遵将宪政筹备考核处改为宪政筹备处缘由，谨附片具陈，伏乞圣鉴。谨奏。

四月初四日奉到朱批：览。钦此。

1910 年 5 月 5 日

自治区域之划定

奉省应办自治各区，计共四十六属。现在城厢调查，一律告竣。区域随经划定，如辽阳、海城、承德、铁岭、开原、西安、宁远、昌图、盖平等十属，城镇乡同时并举者，其镇乡区域亦经划定。现由筹办处定绘制自治区域图例，饬各属一律遵照。至城厢议事会须五月可以成立，董事会须六月可以成立。昨闻锡督已将各情，电咨民政部知照矣。

《中国报》，1910 年 5 月 26 日

东省行政会议厅之人才

奉天公署行政会议厅各员，业经选定，兹录如下：

民政司张元奇　交涉司韩国钧　提学司卢靖　提法司吴钫　度支司齐福田　劝业道赵鸿猷　秘书员、留奉知县邹致钧　吏科参事、留奉知府陈闿　民政科参事、直隶州张凤台　度支科参事、四川补用道冯善徵　礼学科参事、留江补用道徐鼎霖　军政科参事、候选道刘濬　农工商科兼邮传科参事、内阁中书蔡肇元　边务科参事、直隶试用道吴兹培　法科参事、安徽知县严伟　谘议局筹办处会办、盛京副都统多文　旗务处总办、留奉知府金梁　蒙务局总办、公省补用道黄士福　督练处总参议、记名提督田中玉　督练参议、候选道冯学书　兵备处总办殷启勋　参谋处总办、直隶州管云臣　教练处总办、公省补用知府岳开先　调查局总办、候选道李家鏊　警务公所总办、分省试用道张俊　巡防营务处总办、副都统衔张锡銮　盐务局总办、四川补用道沈致坚　官银号总办、调补山西补用道周克昌

《中国报》，1910年6月20日

奉天政界近讯

闻奉省政界人云：度支齐自芸司宪近因公款困绌，对于各司道时有意见争持之处，钦帅意亦颇不为然。昨司宪上辕禀商要公，言及度支困难，易惹怨尤，诸事棘手各端。钦帅面谕司宪，可将经手事件从速清理。于是外间传言均谓，齐司

使不久当请假开缺。其实或出于一时争执,未必即允其卸任云。

《吉长日报》,1910年7月3日

奉天清理财政局呈为嗣后凡谘议局及各署局关于财政议案呈请批准后恳祈饬知由

奉天清理财政局为呈请事。窃查职局自成立以来,凡关于奉省财政改革事宜,遵奉部章,又叠奉宪札在案。现时正值调查之际,期于各项报告册蒇事后,再行酌量办法,呈请鉴核,以仰副宪台慎重度支之至意。惟查奉省行政各署局以及谘议局议请改革财政事件,固为兴利除弊起见,但与职局编制预算册报均有重要之关系,拟请嗣后凡行政各署局及谘议局关于财政之公牍与议案,呈请批准后,恳祈宪台饬知职局,以资接洽而便遵行。是否有当,伏候批示祗遵。须至呈者。

右呈东三省总督部堂锡

附:批

如呈照办。仰即移行知照。缴。(六月初八日)

1910年7月13日

为试办省预算敬告各省谘议局

立宪政体之精髓，在人民握监督财政之权。如预算一项，虽未可以概宪政之全。其纲领，要足以左右国计民生。故两院制之立宪国家，众议院有优先协赞预算议案之权，正所以报酬人民负担租税也。我国国会未开，国家预算尚非其时，而宪政筹办事宜清单，第三年所开有"试办各省预算决算，度支部各省督抚同办"字样。谘议局章第二十一条第二项，"议决本省岁入出预算事件"。是本年为试办省预算之新纪元。一省之代议机关，为谘议局。谘议局乃下议院之基础，各握本省财政之监督权。虽曰势分力薄，罔足以敌政府，然过渡时代，得此亦差强人意。倘谘议局而善自为谋，斟酌事理，筹划办法，庶政施行，民力充裕，立宪之赐，曷当不从兹享受。吾记江苏谘议局呈江督苏抚文，请将草案限期交局，以便及早研究，冀获正当之协赞云云。不禁念及其他诸省，并祝其郑重预算，以实受立宪政体上无穷之利益。管见所及，谘议局现应注意调查之事有二：

一为人民经济状况。预算议案所载费目，何自来乎？曰自人民。人民对于国家，虽绝对担负纳税义务，然至力实未逮时，则又当别论。职是之故，试办预算以前，代议机关当于人民经济状况，通盘筹划，详晰讨论。若者有盈，若者有朒，若者日进，若者递减，若者多取而不为虐，若者寡取而已为苛，酌剂盈虚，变通悉当，庶于预算议案，得莫善之办法。此可谓为试办预算之一前提也。

一为国家行政费目。行政费目，为预算议案岁出项下之要素。凡议预算案，必先议决岁出，故代议机关须明人民经济状况，尤须明国家行政费目。盖立宪政体，民力固宜展舒，政务亦当施行。若代议机关不就行政费目悉心研究，徒以民力不逮为反对原案之理由，微独天下无此办法，即于大局，又何济哉？故谘议局于此，宜就行政费目，一一研求，何者当增，何者当删，何者当斟酌裁减。节省经费，无碍大局，政府虽欲不允而不得，此可谓为试办预算之又一前提也。

要之，我国旧习，向无所谓预算。预算之说，昉自今日。第一次试办之初，谘议局必挟一不加税主义，政府必循旧惯，滥行开支。（立宪国通例，凡预算不能通过时，当照上次预算开支。我国现在创办伊始，前此无所谓预算，似无旧例可援。然而政府力强，势必依旧开支，故谘议局为大局计，当议决预算，方能有益焉。）两两对峙，永无接近之望。或谘议局唯诺成风，政府之所可可之，政府之所否否之，则代议机关虽有若无，中国政体又适成为名义上之立宪而已。吾故曰：谘议局于试办预算，应注意调查人民经济状况、国家行政费目，实为先务也。（无用）

《吉长日报》，1910 年 7 月 15 日

谘议局联合会议之内容

各省谘议局来京之议员，暨资政院议员，在石桥别业设立一联合会。于初六日举行第一次开会事宜，是日莅会者甚夥。兹闻各议员会议之内容，共为通资政院与各省谘议局联络事宜，一对付行政事宜，议时甚久。

《盛京时报》，1910 年 8 月 16 日

直省谘议局议员联合会章程

第一章　总　纲

第一条　本会以各省谘议局遣派之议员组织之。

第二条　本会开会时，各省谘议局皆应遣派本局议员到会。但由谘议局选出之资政院议员，各本局亦得遣派之。

第三条　各省谘议局选出之资政院议员，未经各本局遣派者，亦得请其加入为本会会员。

第四条　各省谘议局议员，非经谘议局遣派，而愿与会者，本会认为参议员，得就特设席发表意见，但不列表决之数。

第五条　本会每年六月，在北京开会一次。

第六条　本会开会之期，以二十日为限，但得延长至十日以内。

第七条　本会以开会之日为成立，闭会之日为终止。

第八条　本会议事之范围如左：

（一）各省谘议局共通利害之事；

（二）资政院提案预备之事；

（三）关于本会章程及其他各种规则之事。

第九条　本会议案既经决议后，各省谘议局应取一致之行动。

第十条　本会就各省谘议局中，致公推一省或二省谘议局，主任关于会议一切应办之事件。

第二章　会　议

第十一条　本会会议，于各省谘议局遣派之议员齐集后开之。但至六月初十以后，若到会议员已达十二省以上，得以公决，即行开会。

第十二条　本会开会时，由到会之议员互选主席一人，副主席一人。

第十三条　议事之整理及会场之秩序，主席司之。主席有事故不能到会时，副主席代之。

第十四条　本会会议，设议事日表及议事录，皆公布之。

第十五条　本会会议议决之法，用多数决，从人数，不从省份。

第十六条　本会会议设旁听席。

第十七条　议事规则别设专条定之。

第三章　主任谘议局

第十八条　主任谘议局应办之事项如左：

（一）通信主任，凡通告召集，汇齐议案，公布事件等属之；

（二）庶务主任，凡不属前项所列，而系开会时一切应办之事属之。

第十九条　通信主任应于每年二月初十以前，将本届开会应办之事件，先行拟定，详载理由办法，分别列表，通告各省谘议局。

第二十条　通信主任为前条之通告时，应酌定复信到达日期，请各省谘议局，各将所提议之事件，照式誊写，按期寄齐，以便汇集。

第二十一条　通信主任得各省谘议局复信后，应于四月初十以前，将所征集之议案，统列详表，并开会通告书，更通告各省谘议局。

第二十二条　凡路程较远之省份，通信期限不在前项范围以内，仍以不误开会日期为准。除前三条所列外，凡开会前其他应行通告之事，及常时本会对外应有之行动，皆通信主任任之。

第二十三条　开会时，通信主任应将所有经办事件，交由主席报告之。

第二十四条　会议之场所，及其他关于开会应行设备之事务，庶务主任主之。

第二十五条　开会时，应组织临时办事处，由庶务主任任之。

第二十六条　开会时，一切庶务，庶务主任商同主席办理。

第二十七条　关于本会会计之事，庶务主任掌之。庶务主任应于每年闭会后一个月以内，将本届全会期一切收支出入款目，详列清册，先行报告各省谘议局。俟次年开会时，仍应交由主席报告之。通信主任一切用费，由庶务主任拨给，并（入）〔交〕庶务部报告之。

第二十八条　凡本会之文件，由通信主任保存。但关于会计册籍，及置备之物件，庶务主任保存之。

第二十九条　临时办事处办事规则，别定之。

第四章　各省谘议局

第三十条　各省谘议局遣派议员到会时，应由各本局出具委任函电，以为代表各该本局之据。

第三十一条　各省谘议局应按照第十九条、第二十条所定，预备议案，如期缴集主任谘议局，及如期派员到会会议。但有临时欲提出议案者，虽未经先期缴集，仍得由其遣派之议员提出之。

第三十二条　各省谘议局有因不得已事故，不及派员到会者，得将提议之事件，寄交主任谘议局，汇列于本届议案中，开会时提出之。

第五章　经　费

第三十三条　本会经费，由各省谘议局分任之。但到会议员之旅费，由各该本局自备。

第三十四条　前条分任之额，以闭会结算后，平均分配为准。但主任谘议局应预拟额数，通告各谘议局，以便先期缴集备用。

第六章　附　条

第三十五条　本章程以本会成立时正式议决为实行期。

第三十六条　本章程所有未尽事宜，于开会时议决修改之。

《顺天时报》，1910年8月16日

直省谘议局联合会临时办事处办事规则

第一条　本会依章程第二十五条设临时办事处，由庶务主任谘议局，于开会期一月内组织成立，就会场所在地方，布置一切事宜。

第二条　临时办事处设置左之职员：

（一）文牍科二人；

（二）庶务科一人。

第三条　文牍科之职务如左：

（一）收发议案；

（二）起草函电；

（三）保存文件；

（四）其他应归文牍办理之件。

第四条　庶务科之职务如左：

（一）定会议及办事之场所；

（二）雇用司役；

（三）管理印刷；

（四）其他一切应行布置之事。

第五条　文牍、庶务各职员，于本会开会期中一切职务，商承主席办理。

第六条　本会会议时，所有记载缮写各事项，由文牍科担任会场记录。于会议之当日下午九点钟以前，得由发言员检阅订误。

第七条　本会会计事件，由庶务科担任。

第八条　文牍、庶务两科得酌量事务之繁简，聘用人员。

第九条　本规则未尽事宜，照本会章程及其他规则办理。

《顺天时报》，1910年8月16日

代表团提交谘议局联合议案

北京国会请愿代表团提议交谘议局联合会议案有二要项：

（一）限制民选资政院议员，不得承认新租税，以稍减政府假立宪之威焰也。西人有言，不出代议士，不纳租税。今资政院之终结，在于恭候圣裁。其去法治国议院性质，何啻霄壤。资政院职员断不能与西人所谓代议士相提并论。而谘议局与督抚有异议时，其权力仅能达于资政院而止，则谘议局议员之无议士之价值可知。吾若循文明国之先例，国会不开，即停纳一切租税，亦属正当之办法。仍虽不忍遽为已甚，而国民即未有监督财政之权利，自应不任增加负担之义务。拟请限制民选资政院议员，此次资政院开院后，对于政府提出增加租税之案，不得议决。（各省督抚奏陈预算案，一切收入款项，必多隐漏，非须检查其隐漏之数，作为新租税论，不准督抚私自征收。）倘不顾公理，冒昧议决，一般国民，誓不承认。民选资政院议员，为贵会各谘议局所选出，即不啻为贵会所组织，贵会有训戒监督之权，即有为民请命之责。代表等所以要求贵会者此其一。

（一）各省谘议局议员同时辞职，以破除假立宪之狡谋也。谘议局地位，与各国联邦议会，微有不同，然即不设董事会，即无执行之权，自不能作地方议事会看待。查《谘议局章程》第二十二条，谘议局议定可行事件，呈候督抚公布施行。是谘议局为一省立法机关，督抚为一省行政机关，国家法律，早已认定。目经编查馆深文解释，节节缩小，已同赘瘤。而督抚施虐新民，又往往多笼络谘议局，使负责任，于是人民怨毒不加于官府，转以谘议局为众矢之的。若国会不开，上不能直达于君主，下适以取恶于人民，实为万分危险。拟请本年谘议局常年会，即以请愿速开国会为第一议案，呈请督抚代奏，若不允代奏，全体议员同时辞职，尚可告无罪于父老兄弟。代表等或同为议员，或主持各界，均有密切之关系，即不能不熟察进退之先机。代表等所以要求贵会者又其一。

《顺天时报》，1910年8月14日

各界对于新民水灾之热心

二十四日，由各界发起人，假谘议局大开会，议筹办新民被灾募赈之办法。闻赞成者颇不乏人，以故连日会议，分担劝募，以济灾黎。闻继起者，又由中国报界及女界，均亦相助为理云。（逸）

《远东报》，1910年9月6日

呈请国会未开以前政府不得收商办铁道为官有之理由

（各省谘议局议员联合会第八次会议之案）

铁道国有，东西各国，久成争议。吾国官制组织未完，任用官吏，又无一定资格，不独用非所习也，其用人之滥，开支之浮冒，职任之放弃，随事皆然。中国于铁路，则经济上、交通上所受之损害尤巨。京奉、京汉二路虽有岁赢，实为地理关系，自然必至之利益，非办理完善，因之而增之利益，岂不了然。此铁道之不宜遽收为官有之理一也。

国家财政之信用未立，欲举内债，万无一成，势必贷资于外国。以政府之无能也，金钱流入，而列强之势力随以滋长，后患种种可虑。此铁道之不宜遽收为官有之理由二也。

吾国实业尚在幼稚时代，铁道亦为其一。近岁因借款拒款，屡起国民与政府之争端，竭蹶掊柱，方兴未已。若一旦收为官有，其直接之受打击，即在民气，而间接影响于各种实业，亦必非细。此铁道之不宜遽收为官有理由三也。

办法：

一、国会未开之前，政府不得有收商办铁道为官有之议。

二、由资政院议决陈请，特颁谕旨，以资遵守。

《远东报》，1910 年 9 月 6 日

各省商办铁路公举检查员议案

（各省谘议局议员联合会第八次会议之案）

各省陆地上交通机关，惟铁路为第一。东西洋各国，莫不奉此为主要之政策。我中国亦准之。查中国铁路分为四种：一曰官办，是由国家自办者。如京奉铁路、吉长铁路、京张铁路等是。至京汉铁路赎回后者，亦曰官办。二曰租办，是由外国租借条约上所协定者。如英国所租借之济缅铁路，法国所租借之云南铁路，日本所租借之日清铁路、安奉铁路，德国所租借之胶济铁路等是。三曰商办，是由各省绅商禀官自办者。如苏沪铁路，河南之汴洛铁路，山东之烟潍铁路等是。四官商合办者，如粤汉铁路、川汉铁路、津浦铁路、苏杭甬路、潼洛铁路等，多为两省或数省公通者是。以上四种路线，除官办、租办两种，本属于国家法律及条约规定者，均不属各省谘议局范围之内，此际国会尚未成立，无庸议及。惟官商合办及商办两种，或由借用外债，或由分任集股，此种路线巨款，皆由各省绅商罗掘脂膏，勉事担负。若专听奏派之督办大臣、会办大臣，滥用私人，任意挥霍，此事甚属危险。如直隶李德顺之案，筑路未半，全款已尽。往事可为前车，若不思患预防，一误再误，各省铁路，难保无李德顺第二其人者。况宣统二年度支部奏定豫算地方经费范围内，本有豫算本省商办铁路一条，此事尤为谘议局议案上甚要之关系。欲防此弊，惟有要求铁路检查权，各省组织监察机关，以为最后之补救，定永远保持之策为最要。谨拟办法如左：

一、凡官商合办及本省商办之路线，凡铁路经过省份，由该省谘议局举出本省绅商检查员二人，检查该省路局内一切支销，以慎重用款，并备异日之决算。

二、检查员职务，平日概不干预路局内之用人用款，惟遇购地、买料、占工、转运各项，或有贪私冒滥，及所用员司工头通同舞弊等事，查有实据，得呈请该省督抚，咨查惩办。

三、该省路局所有关于该省出入用款文件、账簿等，随时得由检查员检阅，以核虚实。

四、凡遇铁路除本省商办,由该省检查员自为检查外,如有关于两省或数省者,须各省检查各段,并互相照会。如有以上等弊,得呈请该省督抚,咨查凭办。

五、各省续办铁路,除官办、租办外,凡关于官商合办及商办者亦同。

《远东报》,1910年9月6日

论借款须经资政院若谘议局之议决

利权为世界列邦所竞争久矣,而中国之利权失落外人之手者亦多矣。近四五年来,自有收回利权之说,一倡百和,风闻响应。吾见中国民气,勃然而变,凡所持论,均以借外款为亡国之造端。对于借款事宜,则并力拒之,而惟恐或后。于前此外款之所有已借者,则详议筹还之,嚣嚣焉舆论沸腾,其势至滔滔不可禁遏。当是时也,本报立言,曾主持借款事,苟得其宜,不但非亡国之媒,而且为兴国之良策。盖中国现在,患贫已甚,欲筹集巨款,以应国家之急需,既不能得之于税捐,又不能借之于国民,然按诸事实,非筹巨款之额,则铁路不能建造,矿山不能开采,所以谓借外款者,乃今日不得已之举。而以观民论之大势,殆有赤手不能支江河之状矣。先是粤汉路赎回之际,本报已曾颂收回之成功,而大为之称赞,并论及该路收回故可也,然非借款于外邦,恐不能迅速建造。其在当时,首肯此言者亦鲜矣,乃结果之收,竟不出所料。虽曰不幸而言中,盖窃心焉悲之。人其谓之何哉?又如筹还外债之有人发议也,本报对兹,盛称其主论者之意气不可或没,而不赞成其策之实行。曰筹还巨款之事大,招募之不易,自是实在情形。就令能招募巨款,以清还外债,举中国金钱,悉数付之外人,将见中国全土,猝成为无金无银无钱之邦,紊乱财界,莫此为甚,而且驱中人至破产流离之域,直无能为计。当时首肯此论者,亦不为多。乃日前见上海市场,有二三银号之倒闭，致搅乱财界一事。由此思之，想人亦皆谓吾所言之不空也。近者政界诸人，见筹集巨款，确信其不易矣，尤知非有巨款，一事业不能兴办。由此拒款之论，势力渐减，而借款之议稍盛。外务部咨各省督抚，所有开矿事，俱可借外款，以为辟利源之资。东督锡良此次来京，主张借款外人，以兴办东省实业之大，其议论闻甚有势力。而度支部泽尚书，拟与反对，或恐有屈下之状焉。以斯思政界议论之变迁，盖良可惊云。且夫借款之利害，至不一也，然亦视其用途如何，办事成否，方足以解决。试为分别言之。

第一，于不生产事业之用款，万不可借之外邦也。夫所谓不生产事业者何？有若筹办海军，有若维护陆军，有若兴办学堂等，论其事业之成，亦最有益于国家，然所需者，则巨款而已，以言生利金也，则丝毫绝无。诸如此类，政府统盘筹划，必须以租税办之。设不得已，非以外款办之不可，亦必须讲求以租税筹还其息利之方策，惟此事甚不易办。究之，办此等事业，量库款之入，以制其出则可也。第二，于生产的事业，其所需费款，虽借之外国，亦无不利。然而按其实际，于兴办生产事业之中，又不可不分择利益之确实而迅速，与利益虽确实而必需时日者。如铁路之建造即收利，矿山之开采即收利，此等事业，在创始时，利益虽微，而用以办借款之息利则有余。若至五年或十年之后，则分筹本息之偿还，自无不可能。至如移民事业，其成功也，必需诸久远，而利益之收，亦非俟久远不可。故各国之投款于移民事业者，悉愿依开垦而收间接之利益，非愿收直接之利益也。所由其投资之款，概充奖励移民之费，而不求偿还，盖曰不如此，则垦荒移民，即不可为也。故此等费款，须由租税支拨，而不必赖之借。呜呼！此论信然。果无有所贻误，则中国借款之利与否，自一言而可决。凡铁路、矿山等，并其他直接生产的事业，能至成功确实者，即借款以兴办，决无不利者也。若夫开垦、移民等事业，成功须约诸久远，专恃借款兴办，则似有所不利也。故总而言之，借款在中国为救亡之策，诚最重要者。中国政界，现自觉拒款之不利于自国，而思借款之益，确乎其不可疑，亦大转机也。但念借款利害之所分界，犹之干将莫邪，本属利刃，而巧者用之，则足以毙敌，至一为拙者用，手偶一拔，即能伤身。甚矣夫利害得失，不善讲究之，勿乎可？

夫借款犹之利刃，诚是也，故利用之道，必须细心慎重，不可以或略。由是按兴办事业之性质，再察事业之先后缓急，更量利益之确否有无，而后决其取舍，以定方针之所向，始确乎不可移。然观外人之借款中国也，每议借款事项，恒先与当局者以二分又三分之报酬，其事明言不讳。以故当局者，每遇借款功成，订数若一千万元，则二十万三十万之金，即不劳而入于囊底矣。所以中国官吏，主持借款者，往往不问事业之性质，不论利益之有无，但言需款甚急，非借不可。寻其真意所在，凡以为二三分之报酬，冀图肥自己之囊底而已。囊底而果肥，则借款之有利国家与否，俱不求知之。故四五年来，倡言拒款者，多知其详情。其反动借款也，持论不为无理。以斯思实行借款，必先禁绝此弊风然后可。若弊风不能以禁绝，而徒曰借款为当务之急，则其流毒之大，真不可测度也。而且中国之借款，又有一弊风。如当局者果能筹借巨款矣，绝不确定预算之数，而浮冒滥出，毫无忌惮，或借贷于自己有关系之商号银庄，或通融官府之亏款，时常糜费数百万之财，于所兴办事业，及期不能成一半，而更议借款者有之。在外人以为可怪，在中人反习以为常。呜呼！国势至此，良可痛也。如津浦铁路者，有一李德顺，糜款数十万，绝不知惜，致第一次所借之款，工用不敷，更借第二次。然此事非特津浦路已也，盖到处有之，而持拒款之论者，常指摘此弊，以借款为不利，岂无故而云然。所谓欲实行借款，必须先严正监督之方，以除去此弊风为要。万一此弊不能除，则借款之为国家害，正未可量也。为中国计，今日必须借款固矣，而欲禁除以上所言弊风，实获借款之利，惟赖公议之判断与监督而已。其在各省有借款之要，务先将关于借款详情，公诸谘议局决议，以定其准。谘议局得监查其用款之正不正，是则不可忽者。而在政府有借款之要，则须向资政院，提议借款案，公同决议，并使资政院得监查其出款之正否，丝毫不容爽。盖《资政院章程》所定，其第十四条，资政院应行议决之事件如左开：

一、国家岁出入预算事件；

二、国家岁出入决算事件；

三、税法及公债事件；

四、新定法典，及嗣后修改事件，但宪法不在此限；

五、其余奉特旨交议事件。

审是资政院之权限，广矣大矣。即如借款事由第一项国家岁出入豫算事件以论之，提议于资政院，固理之当然者。何则？以借款之额，编入岁入豫算中，宜也。而况第三项所订税法及公债事件，又明明以公债为资政院应行议决之案乎？

夫借外款与内款二者，均属公债事件也。其必须资政院之议决，夫何待论。就现在而言，有若粤汉路之借款问题，拒款者与借款者相争论，至今尚嚣嚣然不已。政府一面允湘鄂人之拒款自办，而其他方面，又与四国代表，商酌未决。在政府之意，或以为湘鄂无自办能力，而徐观其后，再行借款以筑之。然今也资政院开幕在迩，而该借款事尚无成议，则将来该借款之可行不可行，均须俟资政院之议决，是谓得之。闻东督锡良提议筹借五千万元，以兴办东省实业及银行等，而政府已允借二千万，但不知此二千万之借款，由政府借之，转贷之东省乎？抑东省筹借之，而政府担其责任乎？局外人悉未得其详。然此借款之实行否也，必须东省谘议局与资政院之议决如何。何也？去年既开办谘议局于各省，而各该省之支款收款，已询之谘议局矣。此后借款事件，问之谘议局，以为定夺，非理之当然乎？彼政府中，不拘该借款之为代筹与否，须先提议资政院，以问其可否，此盖资政院之章程所规定者也。虽政府既允东督之请，而资政院之允政府否也，其谁能必之。且夫借款有利之谈，在朝野之间，已渐占势力之雄。再待二三年后，借款或为一时雷动风行之状，亦未可知。惟此时幸有谘议局与资政院，会同多数人才，以讨论其得失，研究其利害，可者允之，不可者拒之。甚且就其可者言之，亦能鉴查其实行如何，收支如何，俾当局不得逃避责任，将来以所借外款，兴办事业，日盛月炽，则中国实业之发达，必有蒸蒸日上之势无容疑。吾侪对兹，既甚喜中国人自知觉借款之益，而更欣其有审议借款之可否，鉴查借款收支之机关，以次驯至完备，是则可为中国贺。而所有任议员之责者，其勉之勿或怠。

《顺天时报》，1910年9月14、15日

资政院议员启程赴京

资政院定于九月初一日开议，本省宗室、觉罗、左右翼公举之议员宜君纯，

已于日昨禀谒督宪，准于十六日束装起程赴京，以便届时入议院与议云。

《盛京时报》，1910 年 9 月 20 日

资政院议员过奉赴京之荣幸

现有铁岭县绅陈海峰君，已选为京师资政院议员。兹闻该议员日昨由籍来奉，时经本邑，绅商各界，饯行欢送者，甚形炫耀。至省后，旋往谘议局暨自治筹办处拜谒。闻该二处议员等，无不羡慕异常，并托付全省谋人民幸福诸事，陈君亦慨为肩任。并闻陈君赴京时，自治筹办处并拟设筵饯送云。（逸）

《远东报》，1910 年 9 月 21 日

各界之演说热

奉省自接得日韩合并之耗，上下官民，均为之震动，以故谣言四起，群相顾失色，无不以为东省之大局系焉。现闻商、学、军、警各界聚会之余，互相演说。日昨法政学堂李、刘诸教员上堂时，均演说至数十分钟之久。又闻陆军第二混成协李际春管带，假操毕之暇，对于军士之演说，几至痛哭流涕，声音并为之壅塞。探其大意，均不外乎东省大局岌岌不可终日，我等应如何激发天良，庶不愧为国民之一分子等语云。（逸）

《远东报》，1910 年 9 月 23 日

资政院议员来信近闻

奉天互选资政院议员业于日前赴京,已志本报。兹闻京内来函,谓资政院开幕日期,已经决定九月初一日实行开院礼式。本月十九日,各省互选议员在全蜀会馆会议,拟各组织一各省议员研究会,每省各举干事员一人。闻奉天干事员已举定陈君海峰云。(逸)

《远东报》,1910年9月24日

东三省总督锡良奏筹备宪政折

奏为筹备宪政第三年第一届成绩,并第二届筹备情形,恭折仰祈圣鉴事。窃查奉省第三年第一届筹备宪政情形,业于本年二月间奏报第二年第二届之期,先行奏咨在案。谨按逐年筹备清单,本年各省督抚应行筹备事宜,计分九项。查此九项,筹备次序,虽有缓急先后之殊,惟同在本年内,均须一律告竣。当入手之初,固当遵限筹备,如有余力,自不妨通盘计划,同时并进。故凡本届应办事件,其可提前办理者,亦当竭力赶办,期底于成,庶于宪政前途,不至贻误。兹届奏报之期,谨为我皇上缕晰陈之。

一曰续办城镇乡地方〈有〉自治。查奉省城镇乡地方自治系继续第二年办理。本年二月,遵章调查选民资格、居民口数竣事。据自治筹办处呈报,统计四十六属城厢人口总数,共有一百二十三万一千七百一十九人,选民总数共二万六千八百四十七名,平均居民四十七人中,得选民一人。至正税、公益捐两项,共二百万七千八百八十九圆二角七厘。平均计算，每选民一人，合七十四元七角有奇；每居民一人，合一元六角有奇。旋于五、六两月，遵章组织议事、董事各会，投票选举，计得议事会议长、副议长、议员共五百九十名，董事会总董、董事、名誉董事共二百六十八名。现全省自治区域内，四十六属城厢自治会，业已一律成立，镇乡会同时成立者，计十一属。至自治研究所，除人口稀少之处，准其合设外，余均每属各设一所。统计学员，已有三千六百七十人。并饬各属开设自治研究会，俾自治职员得以互相讨论。查筹备清单，城镇乡地方自治限宣统五年一律成立。现奉省城镇乡自治，虽未一律成立，业已略具规模。此提前办理已有成绩者一也。

一曰筹办厅州县地方自治。查厅州县城方自治，当以城镇乡地方自治为根据，断难一蹴而几。奉省城镇乡自治会既已设立过半，厅州县地方自治自可早日成立。现由自治筹办处通饬各属，凡城镇乡自治会已办者，限本年十月内开办厅州县自治。城厢办竣，接办镇乡者，其镇乡自治，限本年十二月成立。即于宣统三年正月，接办厅州县自治，并厘定厅州县自治事务期限表，札发各属，以便督查。此提前办理已有成绩者二也。

一曰汇报全省人户总数。查人户总数，业经遵章调查明确者，四十三属。计得正户一百零二万三千七百九十三，附户四十八万五千一百二十六。尚有九属未经报到，业已严催，统限本年十月前一律报齐，再行列表汇报民政部。至口数照章应于宣统三年调查，现已饬令即行办理，已据开通一属，查明呈报。此外各属，当可陆续报到。此提前办理已有成绩者三也。

一曰覆查全省岁出入总数。奉省财政复杂，款项纠纷，上届调查总数，业将光绪三十四年全省出入款目，分别内结、外销梳剔钩稽，依限报部。至三十四年及宣统元年之报告册，并饬由清理财政局汇造齐全，先后咨部在案。此筹办之成绩四也。

一曰厘订地方税章程。查地方税一项，征之各国前例，均须附加于国家税内。如未厘订国家税章程以前，遽欲厘订地方税章程，事实上颇多窒碍难行。近准部咨，以本年为调查国家税、地方税期限，宣统三年为厘订期限，业经饬度支司及清理财政局，迅速从事调查，缮具说明书，以备咨部。此筹办之成绩五也。

一曰试办各省预算决算。查奉省宣统三年之预算报告册，业据清理财政局详细编成，经臣查核，另案分别奏报在案。计国家行政经费一千二百二十万八百二十四两八钱九分七厘，地方行政经费三百九十二万一千一百二两九钱五分五厘，收支两抵，所亏之数，计六十万四千八百九十两八钱二分八厘。第岁出临时门，列有预备金六十万两，系属国家行政经费。若除此款以相抵，则岁出仅亏四千八百九十两八钱二分八厘。东省内政外交，在在困难，临时经费，能否敷用，尚难逆料。惟仅就此次预算报告册而论，似尚有背收支适合之意。此筹办之成绩六也。

一曰省城及商埠等处各级审判厅，限一年内一律成立。查奉省高等审判厅，承德、抚顺、营口、新民、安东地方初级审判厅并检察厅，均于上届奏报成立。至辽阳等华商埠应设之审判厅，皆应于本年成立。嗣因宪政编查馆奏定新章，府厅州县得分别设立分厅，凤凰、法库地方，指定通商，尚未开埠，现定先行设立。辽阳、铁岭两埠地方初级审判厅，筹备已有端倪，约计九、十月间，即可开办。其凤凰、法库两厅，拟俟明年遵照新章，筹设分厅，业经咨部查核。此外尚有因补助审判机关而筹办者。查宪政编查馆颁发审判阶级区域新章，权限分明，因设特别地方审判厅。又查馆颁《现行刑律》及登记章程，条理繁密，因设审检讲演会，及登记讲习所。又查审判厅之成立，须改良监狱，以清狱政，因于法政学堂添设狱政专科，以储人才，均经分别奏咨在案。以上数端，虽为筹备事项所无，要皆于司法前途极有关系。此已办有成绩者七也。

一曰推广厅州县简易识字学塾。查此项学塾，上年业经饬司于省城设立三所，并于城关内外各小学堂附设夜课八处，以为之倡。现府厅州县呈报筹办者，计一百八十八处，开学者七十四处，学生二千九百余人。其余筹办尚未成立者，当严行督催，迅速举办，务期逐渐普设，使识字者日多，藉收开通民智之效。此已办有成绩者八也。

一曰厅州县巡警，限年内一律完备。奉省各属巡警，粗具规模，上届业经奏报。所有辉南、长白、安图、抚松等属，前因设治伊始，未及筹设。嗣饬民政使督催赶办，现均次第据报，一律成立。查各属巡警分区，广狭不同，有因款项支绌，区官缺额，及并未设立者，亦经饬司实力整顿，每区各置区官一员，以归一律。至巡警教练所，尚有未经普设之处，亦严催速设。每所学额，并照章以百名为限，必期教练推广，警务日见起色。计年内各属巡警，可期一律完备。但奉省地接蒙荒，盗风素炽，仅恃额定巡警保卫，尤恐难周。前经奏明筹办预备巡警，以补额定巡警所不及，尤为刻不容缓之要图。此已办有成绩者九也。

综上九端，或依限次第妥筹，或办理已经竣事，要皆竭诚以议治，并力以图功。惟是奉省承兵燹之余，处强邻之间，较内地各省情势不同，筹办一切，尤不能拘执期限，致误时机。自当督促进行，赓续赶办，藉图补救于万一，断不敢畏难苟安，因循敷衍，以期仰副朝廷宵旰忧劳，眷顾东陲之至意。所有胪陈奉省第三年第一届成绩，并下届筹备情形缘由，除分咨查照外，理合恭折具陈，伏乞皇上圣鉴训示。谨奏。宣统二年八月十九日，奉朱批：该衙门知道。钦此。

《顺天时报》，1910年10月9、11日

论国民不可徒望治于政府

顷者各地方自治机关，亦已成立，吾民自治之能力如何，殆将逐一表见。若仅以一提议一表决了事，则以前望治于政府之劣根性，盖犹未尽绝也。向日政府，尝以程度之不及诮吾民，为吾民辩者，又皆举官吏之庸恶陋劣，反唇以相讥。然而以此间执官吏之口，则可使之心折，盖犹未也。设吾民今日，留心于政治者多，能以独立之眼光，普通之常识，造成一般舆论，驯复举其属于自治范围之一部分，一一见诸实行，成绩昭然，彼官吏又曷敢藐视吾耶？

吾非欲吾民不望治于政府，悻悻焉自谋独立，以背我朝廷也。今有家族于此，其最上者，即家长也，次即家长所雇用之司事，使之帮理家政人也，此外有子弟若干人，遂成一家族焉。夫使此为子弟者，无所事事，终岁荒嬉，而终日责望司事者之整理其家政。司事而善，则子弟无诟言，家长之心，得以稍慰。司事而不善，则子弟群起而反动之，遂至与家长互伤感情焉，其家当立败也。今之皇上与摄政王，犹家长也。政府各大臣，犹政府所聘之司事也。我辈国民，犹子弟也。国民苟不能勤起而助政府，共支此艰难之危局，而徒殷然仰望政府，为之谋

教育之普及，谋国富之充盈，谋实业之发达，谋军事之强固，谋外交之胜利。一不得当，则坐而詈之嘲之，若对岸之观火者然，乌夫责人严而责己宽，吾恐政府大臣之心，未必能诚服也。

夫望治之民愈多，则其国事愈不能治，于是望之愈切，责之愈苛，而政府愈不足以餍国民之望。其结果也，政府不能得国民之助力，不得不径行己意。国民不能满意于政府之施设，不得不日伤感情。自是之后，国民自国民，政府自政府，上下睽隔，彼我互仇，此吾国今日之现象也。

为今之计，吾辈国民，上不必过问政府大臣之如何，第即其国民自身所应尽之责，举而尽之。如教育也，实业也，先谋其普及之法，振兴之方，然后民化进而民力以充。有大政党，有大资本家，立于政府之旁，以实行其监督扶助，政府之施政而善，则每年豫算之案，议会得以通过，政府之施政而不善，则议会不信任，豫算不成立，内阁之倒易易耳。不思养此实力，以与政府争短长，而徒重足耸肩，如丐者之望人色笑，一饭之与，誉之若尧舜，一钱之靳，恨之若仇雠，乌夫以是资格，欲为立宪国民，多见其不知量矣。

故吾民与其殷然望治，而失事费时，不如注意自治之有速效。美有自治之国民，而罗斯福之名乃立，英有自治之国民，而爱德华之誉乃新，德有自治之国民，而维廉第二之政略乃畅，日本有自治之国民，而明治之维新乃成，故欲有尧舜之君者，必先有尧舜之民。倘以一牧者而牧群羊，虽善牧者，不能使羊化为牧也。据是以观，则知吾民苟不注意自治，而徒望治于政府，终乃无济矣。孟子曰："待文王而后兴者，凡民也。若夫豪杰之士，虽无文王犹兴。"吾侪国民，盍兴乎哉。

《盛京时报》，1910年10月25日

锡督请开国会之内容

各督抚请速开国会一事,由锡清帅领衔,其电奏已于昨日到京。大致谓:时机已迫,日甚一日,如此紧要问题,朝廷何必游移不决。至谓国会既开,民气益极嚣张,殊为悖谬,伏祈圣明独断,毅然降旨,速行组织责任内阁,并下通诏,于明年即开国会。并请饬宪政编查馆即日编定选举法及议院法,以便施行云云。闻奏中措词极为精到透辟,足见吾国人对于国会颇能一致行动也。

《盛京时报》,1910 年 11 月 1 日

地方自治谭

今日文明各国,国家行政上之组织,莫不判而为二:一曰官治行政,二曰自治行政。所谓官治行政者,国家设立种种机关,直接处理其职务也。所谓自治行政者,国家委托行政事务于地方团体,而为之监督者也。此二要素为国家欲达生存活动之目的,而不可缺者。中国以前但有官治行政,而无自治行政,而欲处理一切事务,循名覈实,事无不举其可得耶?然则地方自治,有益于国家者,盖彰彰甚。吾试分析言之。可乎?

一曰事无不举而国民皆有实利也。中国上下相蒙,官民隔阂,其弊最甚。朝廷欲推行新政,有所兴革,而地方官奉行故事,但以一纸公文了之。一事不办,自甘丛脞,政治之腐败,所由来也。若夫地方自治制度,业已规定,则凡兴一利,除一弊,可责成地方团体,自举办之,行政上为圆满之进行,自能适切而周

到。盖以地方之人，办地方之事，其着手固较易也。且人民以利害关系之故，直接受其影响，其担任地方行政事务也，尤不能忽而行之。以视事事仰望于官，而苟且搪塞，而于地方毫不能受其实益者，其得失为何如乎？

二曰养成国民政治之思想也。中国人民，政治思想之薄弱，其原因甚多。而蜷伏于专制政府之下，人民无参与政事之权利，不得不自甘放弃，此其重要之一大原因也。今者既预备立宪有年矣，与往日专制之政治思想，判然不同。专制政体，但使人民服于君主之命令，无论适法与否，皆绝对的服从，驯驯然，战战然，懔遵而莫之敢抗而已。立宪政治，观念则不然，当使人人有政治之思想，人人有参与政治之权利，乃可称为立宪政治之国民也。今国民程度，虽未能尽有立宪之资格，然既曰预备，自当诱导国民政治之思想，使之骎骎发达，以养成其政治之能力。如是则地方固足以自治，而立宪国民之程度，亦庶乎足企及之矣。

三曰扶植人民利害自立也。当自治制度不立之前，则人人倚赖国家，以谋一己之利益。所以夏暑雨，小民唯曰怨咨，冬祁寒，小民亦唯曰怨咨。盖一般之观念，以国家为万能，祸我福我，皆惟国家是赖。地方既归自治，则地方之事，皆责成其自行上理，国家但监督之。由是国民知地方公共之事，利害皆切于一身，而不能自卸其责，以引起其责任心，而向之倚赖国家之心，自消灭矣。夫未有国民不思自立，而徒倚赖国家，而可称为法治国之国民也。绝其倚赖性，以扶植其自立，则人人之自治能力既充，而欲其国之不强，要不可得。此征之东西各国而皆然者。盖自治团体之精神，一面观察国家政治之如何，一面以团体之势力，以辅助国家之发达。一地方如此，各地方无不如此，而国家殆真可以不劳而理也矣。

《盛京时报》，1910年11月5日

各省谘议局愿明年国会

顷闻福建、山西、吉林、奉天等省谘议局,昨向资政院议员等来电云,宣统五年开设国会,时期尚缓,请再议缩短,于明年即行开设,以副民望,而收宪政之速效。

《顺天时报》,1910年11月6日

论政府议收买民选议员事

闻民选议员之崭露头角,而好与政府问难者,政府拟设法收买之。噫!政府对待人民之手段,抑何其进步若是速耶!政府以前对于人民,率用压力,有不顺乎己者,则诛锄之,顺乎己者,则以小惠姁煦之。若夫对于不顺乎己者,而加以特别之宠赉,则以前固未之闻也。

若四五品京堂,若盐政处、宪政馆各要差,则固自来悬价以求沽,非有大力者不得与者也。今乃以之相饵,彼民选议员,或亦志夺于所好,而情移于可羡乎?然而民选议员中之佼佼者,其操守或不若是之易摇者,又宁为政府之所蔑视,而不肯轻施以牢笼之术者也。两方面之目的各异,用情自以不同。必谓自好之民选议员,行将为政府网罗以去,是说也,吾究疑之,

政府中人,因以为苟得一二枭杰者为我用,则其余自弃,即藉院章以厉行病民之政策,又谁议其后者?然吾则以为民选议员之卓卓者,万不至受政府之牢笼。就令受者一二,不受者固犹多数也。且也民选议员之见地之口辩,将日异而

岁不同。今日之所谓中驷,俄焉而上驷矣,窃恐政府悬以相待之差缺有时而穷,而后起之人材则无穷也,此亦政府中人所宜计及者也。

民选议员负一般人民之寄托而来。其所争持,大率关乎国家之前途,人民之休戚者也。其视一身之荣枯休戚,盖已淡若忘,迩者乃突受政府之当头一击。吾知稍自爱者,必将更励其坚贞之节,以期无负乎初心耳。民选议员,苟自兹益念及仔肩之重,于前抗辩者,仍抗辩不屈,则政府必穷于应付。是又我国未来之宪政史中,较有光采事也。

政府中人于异己者而思设法以笼络之,本系极无聊之举动。若夫民选议员不为所动,则政府必将易其无聊,而为愤懑尔。政府曩者以国民程度为不足,而今则此耻已雪,且被其横厉无前之概,大可与政府相见。政府中人应亦悔以前之压抑太甚,而思与我民讲信修睦矣乎。夫然,则我民选议员今日之劳勋,为不可没也。

《盛京时报》,1910年11月8日

国会代表团决议解散

各省请愿速开国会代表,于初四日上午开会,讨论代表以后之办法。先由孙君洪伊宣布开会宗旨,讨论良久,易君宗夔主张解散代表团,改变同志会性质,以为宣统五年以前组织政党之预备,并倡议将请愿速开国会同志会,改名为同志会三字,以立政党之基础云云。王君敬芳主张改请愿速开国会同志会,为帝国同志会,以图政治团体之活动。时有某君主张不解散请开国会同志会,李君芳堂坚持代表团、同志会同时解散之说。座由孙君洪伊宣告代表团决计即地解散,同志会亦决计解散,惟须通告各省,方为正当。有赞成又提议重行组织政团,经众推定徐君公勉、孙君洪伊、王君敬芳、方君还为起草员,草拟纲领,再行开会公决云。

《顺天时报》,1910年11月8日

缩短国会之示谕将揭晓矣

闻督宪日前接到廷寄,为各督抚及各省谘议局及人民代表均请早开国会,钦颁宪法。现准改于宣统五年开设国会,通行各省督抚及谘议局,转饬军民人等一体遵照,并饬接奉廷寄日起,即行晓谕绅民一体周知。闻督宪已预备示谕,不日即当揭晓云。

《盛京时报》,1910 年 11 月 12 日

学界大开欢迎会

奉天留学京师某学校学生赵振清君,前于第三次愿速开国会时,该生曾割股血书,送诸代表团,一时爱国热诚,义声遍于天下。昨闻该生由京返奉,以故奉省学界全体诸君,特挽赵君小住数日,并拟于月之十二日十句钟,假座小南门里大观茶园,大开欢迎盛会,藉伸羡慕之忱。兹悉学界同人业已刊印传单数百张,分送各界,届时务乞光临云。(逸)

《远东报》,1910 年 11 月 15 日

奉天议员注重外交矣

闻此次谕旨发布后，东三省资政院议员以为国会缩短三年，揆之东三省目前之情形，实有不能稍待之势。加以某国日夜增兵，势尤岌岌，将具质问书，质问外务部。对于三省外交之失败，及以后补救之方法如何，现由陈瀛洲、庆山等分具说帖，至合提或分提，尚未决定云。（国）

《长春公报》，1910年11月15日

国会请愿代表通问各省同志书

敬告者。某等承全国诸父老委托之重，匍匐都门，请求国会。积诚馨哀，一年于今，三次上书，幸值各省督抚，连翩之电奏，力争于外，资政院全体之通过，主持于中，王大臣乃始临朝震悚，翻整改图。会议四顾，犹回翔容与，疏慢不促，定为宣统五年，实行开设议院。昨奉上谕，已宣示臣民，千气万力，得国会期限，缩短三年。心长力短，言之痛心，以诸父老希望之殷，而效果止此，委任非人，能无惭悚。夫令时会可以少安，国步不至日蹙，则优游坐待，即至九年之久，何容焦燥。无如国家时变，瞬息万端，今去宣统五年，尚复距离三年。不审此三年中，列强圜视，外交上有无变更与否？财政竭蹶，内部公事有无嚣暴与否？公廷揽权，私室倖进，叫嚣奔竞，中央政府有无内讧与否？且国会未开，而先设内阁，监督无人，有无滥用权力与否？新旧过渡，必防官邪，政治改革，而宽以岁月，有无金壬夤缘，大臣把持，肆其奸谋与否？国本未定，而人心惶惶，我谋不用，有无继绝与否？中央集权而无人民为之赞助，治不统一，各省督抚有无不能行政与否？宪法先颁，而不经国会通过，有无权限失当与否？三年遥遥，夜长梦多，诸父老与有兴亡之责，为国忧勤，其何以图之？夫我皇上冲龄践祚，监国摄政王负扆而朝，内处深宫，日月固有遗照之明，今兹主谋，度必有一二昏耄老臣，势居津要，阳为老成持重之言，而阴以遂其敷衍苟且，窃踞朝柄之私心，而新进得幸之臣，又甚虑国会一开，人才勃兴，或致摇撼其禄位，坐是遏抑挠阻，力主五年之说，相与扬波而助焰。是举各省督抚与人民之所要求明年速开者，率皆一不审谛，徒取决于少数之廷臣，而廷臣仰承风旨，唯诺者十九，草具说帖，不敢有异论，相率画诺，遂为定议。朝命既下，度非复挟一公呈、一请愿书，可以力争也，又非复少数人奔走呼吁，可以终得请求也。惟诸父老实【力】图之，鹄候裁示，以定进止，无任惶悚。国会请愿代表孙洪伊等谨启。

《远东报》，1910年11月15日

东三省之国会热

各宪督抚及人民代表日前上书奏请速开国会，已奉谕缩至宣统五年。兹闻东三省谘议局以时局阽危，非即开国会，无以挽救大局。日昨已函电谘商，拟再行上书，请即开办国会，毋俟迟至五年，以致虚縻岁月。并闻通电各省协助，以期感动朝廷，惟不知能否达到目的云。

《盛京时报》，1910年11月17日

东三省国会之悲观

奉天函云：东三省议员某君，日昨在北京全蜀会馆，邀请各省议员，开谈话会。其中以奉天某君所言，尤为痛切。大致略谓：国会期限，待至宣统五年始行召集。在各省或可稍待，至东三省则实无一日可缓。现在日本合并朝鲜，两年内大致必能就绪。俄国于东方军事计划，着着进行，两年内亦可回复元气。待至宣统五年，东三省早非我有。当道诸公，即不为全局计，亦当为一隅计。今乃任人民如何呼号，始终坚执。吾辈既为东三省人民所推举，尤无坐待作两国顺民之理。应请各议员集会，念三省为国家重地，唇亡齿寒之谊，同矢援手。语毕，呜咽不止。在座各员，莫不为之感动，均大呼赞成不已云。（营）

《长春公报》，1910 年 11 月 17 日

奉到保持舆论之字寄

闻官场人云，督宪日昨接准军机大臣字寄，奉谕旨，以地方财政，照宪政章程，须由谘议局议决，然后奏咨核办。前湖南发行公债，虽系经部议准，然未先交谘议局会议，殊属疏漏。嗣后凡各省有关地面之事，应行交议者，须照章程交局议决，不得贻误。现闻督宪除咨行吉、江两省外，已札谘议局遵照矣。（营）

《长春公报》，1910 年 11 月 19 日

督宪对于国会之热诚

留守京师赵振清君,为第三次请愿开会,割股血书,送诸代表。赵君已于日前回奉,学界全体拟开欢迎会各节,均志昨报。兹闻督宪以赵君热诚爱国,洵属可嘉,特于日昨命驾亲往亚隆栈拜晤赵君,并垂询京师近日国会之近讯。督宪对于国会之热诚,于此可见一斑。(逸)

《远东报》,1910 年 11 月 19 日

公民奴隶辨

嗟我国民,将勉尽公民之天职,以自竞生存乎?抑甘心奴隶而悠忽以亡耶?

凡物必有其自立之地位,亦必有其对照之地位。我国民今日所当自立之地位,公民是也。其与公民峙于相对照之地位者,奴隶是也。盖对于国家所负之义务,谓之公义务,对于国家所有之权利,谓之公权利。其一面为组织国家之一分子,有参与国家,行使统治权之权,故凡为公民者,无不服从国家。所谓服从国家者,非徒服从国家也,服从国家所定之法律也。非服从法律也,其实则服从一己而已。何以言之?地球上法治国,不外立法、司法、行政三大权,而以立法权为最重。盖法之所立,其权虽操之议会,议会之组织者何人,岂非即公民乎?以公民组织议会,即以公民决定法律。公举代表员,以制定之,是代表员之宗旨,即己之宗旨也。所有一切法律,上下共遵守之,实不啻各人自定之,而自遵守之。盖服从国家法律,即服从一己之宗旨也。公民之资格,其尊重有如是者。至

于奴隶，则反是矣。寂处于少数人威权之下，不能恃法律为保护，生杀予夺，操之少数人之手，故生命虽属我自有，而不得自有之；财产虽属我自有，亦不得自有之。其少数人之挟有威权者，可以随时随意，攘夺之，践踏之，而无所控诉。盖只有威权，只有命令，而本无所谓法律也。其时暂称为法律者，则非出于国民之同心，但由在上之少数编定之，颁发之，强迫人民遵守之。明明自称为法律，而仍可肆行无阻于法律之外，无论何时，皆能施发其无限之威权，与不规则之命令，剥夺人民应享之权利，而莫敢稍抗。是所谓服从法律者，非一己所能参与之法律，非议会所曾共定之法律，非国家公同认可之法律，不过少数人私立之，而私行之，适成为一种束缚人民、侵夺自由权之法律而已。故凡丁此时世，蜷伏于其法律之下者，失其公民自有之权，非奴隶而何？盖惟奴隶乃无人格，无人格斯无权利矣。奴隶之猥贱有如是者。今何幸谘议局早成立矣，我国人人以公民自居，谈及奴隶，无不怫然怒者。抑知公民也，奴隶也，在我一己之自立，而非他人可以妄加诸我者也。天下无中立地位，不进则退，乃各省谘议局未闻有进而益上之理想，徒争竞一二无足轻重之虚文，于公民、奴隶一大关头，全不注意。时夫！时夫！他日追悔则无及矣！今日之谘议局，放弃公民之责任，自沉沦于奴隶者，皆由权利、义务界限未清，误以权利为义务，以非文明之权利，为唯一之义务，南辕北辙，国是日非，危急存亡之秋，徒令人长太息耳！（莒）

《长春公报》，1910年11月19日

奉省预算之亏数

顷闻督宪以奉天财政异常竭蹶，依据宣统二年之决算，及三年之预算，计全年国家行政经费应需一千二百二十万八百二十四两有奇，地方行政经费应需三百九十二万一千一百余两，以入款核抵，尚亏六十余万。日前迭次饬令各司道，一再核减，每年约可减去二十余万。刻闻不敷之数，尚亏四十余万。日昨特札交谘

议局核议办法，呈覆核查云。（逸）

《远东报》，1910年11月23日

时事小言——代表求差

国会缩短之功，不归于代表，代表苦矣。

代表求差，代表之善后也。代表尤苦。

运动！运动！

奔波！奔波！

分道四出，各自为谋，代表团何破碎乃尔！

代表之名，可以禁儿啼，独不可以动王公大臣乎？求差得差，此终南捷径也！时哉弗可失！

某某求调军咨处！

某某求调海军处！

某某求调盐务处！

某某求调宪政编查馆！

纷纷扰扰，权贵之门，回事处之红纸条，积压成寸！

然而有有效者，有无效者，有得者，有弗得者。暗中摸索，希望无量，吁苦矣！

犹忆第一次请愿时，某代表致友书，有谓：请愿国会，不过借题为文。咄咄好题目，从何处得来？所谓文章本天成，妙手偶得之，其忻幸何如？其踌躇满志又何如？！

不意初三日以后之代表，其辛苦乃万状，其文章乃如斯之艰涩，不负此好题目乎？！

或曰缩短国会之纶音，天语煌煌，压倒一切，代表之技穷矣！然苏秦十上书，代表中必有其才，借国会问题之余波，故不惜颠倒宗旨，易昔日国会之请愿，迫而为求差之请愿。今日之良工苦心，乃国会代表中包身契文字也！噫！（馨）

《长春公报》，1910 年 11 月 29 日

伦贝子注重民选议员

闻资政院伦贝子议长，因资政院章程经此次开院施行，尚多窒碍，拟俟闭院后，仍须详加修正，以期完善。查现在民选议员中，敏干人才甚多，拟将来闭院时，酌留数员，以资襄赞一切，而期精密云。（民）

《长春公报》，1910 年 11 月 30 日

四十万两小亏空

民穷财困！

畸实为之！

顷闻督宪以奉天财政，异常竭蹶。依据宣统二年之决算，及三年之预算，计全年国家行政经费，应需一千二百二十万八百二十四两有奇；地方行政经费，应需三百九十二万一千一百余两。以入款核抵，尚亏六十余万。日前叠次饬令各司道，一再核减，一年约可减去二十余万。刻闻不敷之数，尚亏四十余万。日昨特札交谘议局核议办法，呈覆核夺云。（亚）

闻奉省财政，赵次帅去后，有七百万两之盈余。徐菊帅去后，有一千七百万两之亏空。锡督到任，核减至再至三，今尚亏有此数。财政前途，其堪设想耶?!

《长春公报》，1910年11月30日

度支部试办宣统三年各省各衙门预算总说（摘录）

奉天

谨按奉省预算原册，宣统三年共岁入银一千六百一十八万三千三百一十一两有奇，共岁出银一千五百五十二万一千九百二十七两，出入相抵，计盈银六十六万一千三百八十两有奇。预备金六十万两在内。总岁入之数，以正杂各税、正杂各捐为大宗，当全省入数之半；部款、协款、盐务、官业、杂收入次之，田赋最少。岁出之数，以军饷、民政为大宗，行政、财政、教育次之，司法、实业等又次之，典礼最少。本部详核各册，该省岁出有应增巨款者，若部拨练饷二四盐厘，并北洋协饷银一百四十一万两，照奏案饬令该省自筹，则不敷当在一百数十万以上。岁入如税捐局票照、罚款、杂费各项，皆应议增。岁出如巡警、审判各项，宜核实撙节者，亦复不少。该省为留都重地，屏障全国，其经营边务，保卫根本者，皆未可议从减削。而土脉雄厚，号称天府，林矿美富，百产丰盈，轨路旁通，航业远达，如能开扩实业，整顿征收，则未始不足自给也。又该省咨报岁入门内，官吏自筹新政经收之款，约余六十六万六千余两，应仍归地方办理新政，未便移充国家行政经费。惟国家税、地方税现未划分，该省地方行政，凡警务、学务等已备列开支，通权出入，同为民财，同归国用，自未容置诸预算以外，蹈向日自收自支旧习。再原册有旗署预算总表，以有自为收支之款，不在奉省总数之内，今附于后备核。此覆核奉省预算之大略也。

吉林

谨案吉省宣统三年预算，统经常、临时岁入，共银八百四十八万八千六百两有奇，岁出共银九百三十四万二千七百两有奇，出入相抵，不敷银八十五万四千一百两有奇。总岁入之数，以此正杂各税，盐课、厘税为大宗，几当全数三分之二，部款次之，官业、田赋、杂收入等又次之。岁出以军政、民政、财政为大宗，当全数之半，工程、行政等费次之，教育、实业等又次之，典礼最少。本部详核各册，岁入拟增者，有五十一万七千余两；岁出拟减者，有四十七万余两。以限期已迫，不及电商，均暂仍原数开列。该省地处边陲，向为受协省份，矿林各产，蕴藏莫泄，入款本少。近年内筹新政，外谋边卫，需财日急，剔除中饱，整顿征收之政备举，入款日益，而用款亦因之日繁。如工程等类，亦不免开支过巨。田矿森林之利已辟者，尚不及未开者之多。百产丰盈，迥殊硗瘠，果能核实支用，开拓本利，以庚子以前该省所收，例今之所取，则该省财力之扩充，正未可限量也。所有议增议减各款，均另行咨明核办。如该省全数允认，尚可减去不敷银八十五万余两，盈余银一十三万余两。此外尚有应行增减各款，须俟商准，方能确定数目。至该省此次造送预算表册，总散各数多不相符。若经电询，期限已迫，只得先将误列各数，另于分表内注明，统俟咨查更正。此覆核吉林预算之大略也。

《顺天时报》，1910 年 12 月 1 日

奉天缩短自治成立年限

昨闻公署接民政部咨开，略谓：全国自治，原定于宣统六年一律成立。现因国会短缩，诸事自应提前办理，以期宪政之进行。自治为立宪之基础，亦应提前赶办。凡各直省自治，统限于宣统四年一律成立，毋得如前延缓云云。刻闻督宪拟即转饬各属，一体遵照云。（逸）

《远东报》，1910 年 12 月 1 日

第四次国会请愿之先声

自宣统五年召集国会诏旨颁布后，代表团宜遵谕解散，函询各省团体对待国会期限办法。谘议局月前邀集商、农、绅、学、自治各界开会集议，届时不期而集省数千人。均以时势瞬息万变，东省处特别地位，实不能待至宣统五年始开国会。议定各界公举代表赴京，联合各省，为第四次之请愿。学界代表举刘君焕文、舒君继祖赴京。初一日，学界三十余人，至谘议局会议，议定行期，举各界代表。议长以谘议局临时会期限甚促，预算繁重，代表未曾举定，拟次日即行开会公举，定期赴京。谈及第四次请愿，前途益狭，手续倍难，激昂慷慨，有泣下者。学界中学生金君毓绂，辽阳人，抽刀捐指；李君法权，承德人，亦持刀割左股。吴、袁两议长夺刀救护，全座失色。二君洒血淋漓，金君大书"至诚感人"及"至诚"二纸，李君大书"请速开国会"字毕，议长即饬巡警送卫生院医治。于第四次请愿国会价值，二君发轫之始，即以血代购，是谓良心不死。

《盛京时报》，1910年12月4日

本日请开国会之计划

一、愿书：起草员张仙舫主任，孙鼎臣、曾子敬参拟。

二、总旗："奉天全体人民请愿即开国会"，照此字制总旗一杆，谘议局担任，黄色，五尺长方。

三、各团体旗：黄色，长方三尺，谘议局、教育会、商会、农会、自治会各自置备。

四、各州县旗：每州县一律用黄色，一尺余，三角形。

五、悬旗：由各总团体知会总部，是日一体门上挂旗。

六、衣冠：各界首领均靴帽衣冠。首领外，听便。由各团体来谘议局时，即须执旗成列，整肃前往。

七、时间：初五日午前十点，在谘议局聚齐。十一点成行，均步行前往。

八、举捧书人：吴景濂。

九、按排列次序进行，不得紊乱。

十、如得督部堂承认代奏，齐呼万岁。

十一、督部堂如不承允，不得退散。

十一、标识：列会人皆带本团体小旗一支。

《盛京时报》，1910年12月6日

各省谘议局经费

云　南　一万六千一百九十两

贵　州　公债三万零九百七十八两　库一万零七百九十两

山　西　三万五千八百七十七两

甘　肃　一万二千一百八十一两

新　疆　七千五百零八两

江　苏　苏属三万八千五百两　宁属六万两

安　徽　三万一千六百两

直　隶　八万零三百八十九两

山　东　五万零六百四十两

湖　南　三万八千二百六十七两

陕　西　一万六千两

湖　北　四万九千八百零五两

福　建　三万七千一百二十五两

江　西　五万零七百九十七两

奉　天　三万八千三百七十四两

吉　林　二万五千五百两

浙　江　四万六千三百零七两

广　东　五万零八百八十五两

广　西　三万八千九百六十八两

黑龙江　二万零二百四十八两

四　川　四万七千三百二十五两

河　南　四万二千五百四十一两

《盛京时报》，1910年12月7日

国家清史编纂委员会·文献丛刊

清末立宪运动史料丛刊 15

奉天谘议局 下卷

孙家红 编

主编 胡绳武
副主编 牛贯杰 戴鞍钢

山西人民出版社

本书获中国人民大学"中央高校建设世界一流大学(学科)和特色发展引导专项资金"支持

"十二五"国家重点图书出版规划项目

国家清史编纂委员会出版委员会

主　任　　戴逸

执行主任　马大正　崔建飞

委　员　　卜　键　朱诚如　成崇德　郭成康
　　　　　潘振平　徐兆仁　邹爱莲

学术秘书　赫晓琳　李　岚

《清末立宪运动史料丛刊》出版工作委员会

主　　任　　贾新田　胡彦威

副主任　　姚　军　梁晋华

统　　筹　　蒙莉莉

委　　员　（以姓氏笔画为序）

王新斐　冯灵芝　史美珍　刘小玲　吉　昊

李　靖　李　鑫　张小芳　张志杰　何赵云

杜厚勤　张彦彬　柳承旭　武　静　郝文霞

贺　权　贾登红　崔人杰　阎卫斌　傅晓红

翟丽娟　蔡咏卉　魏美荣

目录

下 卷

第二编 开局议事、议案及其他活动

四、相关报道及其他

各界人民请愿即开国会之伟观 …………………………………………… 513
奉省城镇乡自治会成立征收附加捐税拨充自治经费折 ………………… 514
奉天全省各界绅民因时局迫不及待呈请代奏明年即开国会以救危亡折 … 515
第四次请愿国会者之流血 ………………………………………………… 516
人民将请求代奏 …………………………………………………………… 517
三省谘议局需费总数 ……………………………………………………… 517

奉天全省人民请明年即开国会之纪实 …… 517
各界公举第四次国会请愿代表赴京 …… 518
奉天学界第四次请愿国会之效果 …… 519
述奉省士绅要求即开国会事 …… 519
奉天各界请开国会之大庆祝 …… 521
奉天全省矿产之确数 …… 522
公送各界代表赴京请愿志盛 …… 522
同志会拟将下乡演说请开国会情形 …… 523
同志公举请愿代表之后劲 …… 523
钦帅将代奏请开国会 …… 524
锡清帅请假已准 …… 524
第四次请愿国会之代表赴京 …… 525
时事小言——异哉日人之奉天国会观 …… 525
督宪已代奏请开国会 …… 526
各界赴京请愿代表之来电 …… 526
法政学堂速行期考之原因 …… 527
函催各属开国会之代表 …… 527
请愿同志会代表来省会议 …… 528
舒刘两代表旋省 …… 528
锦州七属联合会 …… 529
奉天自治代表上资政院东三省救亡书 …… 529
密查请愿国会者来矣 …… 530
奉天督宪奉到代奏请开国会折之朱批 …… 531
同志会请开国会之进行 …… 531
四次请愿之一喜一忧 …… 532
不准学生干预国会 …… 532
奉天自治代表上资政院东三省救亡书（一续） …… 533
东三省人心未死 …… 534
奉天自治代表上资政院东三省救亡书（二续） …… 534

锡督之痛哭流涕	535
东省国会热之影响	536
同志会选举请开国会代表	537
奉天请愿即开国会同志会致北京同志会书	537
第四次国会代表谒见庆邸详纪	539
奉天请愿国会同志会简章	540
关于东三省国会代表要电一则	541
谐文——创办中国仕宦公债会	542
东省请愿国会之被斥	543
奉天自治代表上资政院东三省救亡书（三续）	543
上谕一则	545
锡帅对于时事之感言	546
东三省各界人民代表董之威等上监国摄政王请愿即开国会书	546
锡公果不负民	548
民心未死　民力如何	548
代表归矣	549
筹设演说讲习会之预闻	549
皇太后对于请开国会之嘉奖	550
资政院有后援矣	550
奉天自治代表上资政院东三省救亡书（四续）	551
三子策	552
请愿国会代表之资格取销	552
奉天同志会通告书	553
荆天棘地　同声一哭	554
督宪体恤民财之政见	555
噫！同志会解散矣！	555
锡督放胆责枢府	556
东人恳留锡督之热忱	556
东三省之危机	557

国会第五次请愿之先声……557
一出戏也竟不能自由了……558
督抚筹边策……558
戏拟军机大臣讨资政院议员檄……559
筹东政见——资政院关于东省之议案……560
督宪请假之原因……560
甘为奴隶之特别性……561
捋虎须者又将出现……561
谕禁请愿后之大风潮……562
中国民有义务无权利……562
奉天慰留东督……564
且看庆邸扶持东三省之手段……564
那大臣覆奏东三省情形……565
日人必吞满洲之放言……565
外患日急之骇闻……568
锡督禁止谣言告示……568
东督为疫事乞援……569
救中国人还得中国人……570
奉省防疫之严厉……571
奉天商界大举检疫……572
奉省自治团之防疫……572
奉天疫势渐灭之佳音……573
有东督省望者五……573
锡督电奏鼠疫消灭……574
恭报筹办宪政第三年成绩折……574
奉天国会请求之复活……576
赵次帅有督东消息……577
赵次珊终难脱东三省之行……577
东督锡良奏报第三年第二届筹备宪政成绩折……578

东省士民二次公电挽留锡督…………………………………………………… 580
锡督奏报三省疫情并开会事宜电………………………………………………… 580
锡督通饬各属裁撤防疫机关归并巡警办理札…………………………………… 581
东督举赵尔巽自代原电…………………………………………………………… 582
自治学员请送考初级师范………………………………………………………… 582
奏报分年筹备宪政事宜…………………………………………………………… 583
各省联合会之大举………………………………………………………………… 583
赵督调许观察原因………………………………………………………………… 584
某司之运动无效…………………………………………………………………… 584
时事小言——呜呼东三省之铁之血之民气…………………………………… 585
联合会员奉天袁金铠曾有严来函附该省改订预备巡警简章…………………… 585
各省谘议局联合会成立…………………………………………………………… 591
开垦东省之办法…………………………………………………………………… 591
各界派员迎迓赵帅………………………………………………………………… 592
敬告八旗同人速开联合会………………………………………………………… 592
学界对于锡帅之去思……………………………………………………………… 593
东督吉抚致盛宫保要电…………………………………………………………… 594
清帅行期志闻……………………………………………………………………… 594
奉天学界公饯锡清帅……………………………………………………………… 595
奉天学界对于锡帅之去思………………………………………………………… 595
各省谘议局联合会盛况…………………………………………………………… 597
奉天恭迎赵帅志盛………………………………………………………………… 598
新旧两督之交替…………………………………………………………………… 598
新督治东政策……………………………………………………………………… 599
部咨划分行政自治权限…………………………………………………………… 599
国民会全体愤激之函件…………………………………………………………… 600
营口志士演剧募赈始末志………………………………………………………… 600
惨剧《吉林火》…………………………………………………………………… 601
赵督传见国民团代表……………………………………………………………… 602

有取消预警之风说 …… 603
补志国民会代表与学司之谈话 …… 603
开办体育社述闻 …… 604
关于国民会之智批 …… 604
呈报筹办第二期选举情形 …… 605
派员赴资政院旁听之电咨 …… 605
谘议局联合会宣告全国书 …… 606
联合会拼命战内阁 …… 612
男儿指血尚殷红 …… 613
国民分会成立之手续 …… 613
电催遴选议员入京 …… 614
请议水灾之交涉 …… 614
资政院罗议员到奉 …… 615
沈议长保全大局 …… 615
电饬派员入资政院会议 …… 616
工务会欢迎罗议员 …… 616
罗议员首途赴吉 …… 617

第三编　辛亥革命后之变迁

一、从谘议局、保安会到省议会

谘议局将开通常会 …… 618
谘议局对于川事之争议 …… 619
谘议局开会之预备 …… 619
谘议局开幕纪事 …… 619
资政院致奉省谘议局电照录 …… 620

奉天谘议局电达政见于资政院……621
资政院致奉天谘议局之电文……622
联合保安会成立……624
东省绅界倡议设立保安会……624
奉天设保安会之演说……625
奉天保安会章程……625
奉天宣布保安会议稿……626
路透电报——东三省宣布独立……628
保安公会举定参谋部长……628
参议员亦已推定……628
国民保安公会选定部长……629
谘议局接到汤程两都督之通电……630
急进会举定赴沪会议之代表……630
举定赴沪代表……631
张作霖指议长为革党……631
省垣之风声日紧……632
保安会参议部开会志闻……632
吴议长启程南下……633
奉天特派员来矣……633
声明绍彝无三省代表权……634
保安会势力已就衰弱……634
保安会接到阻借外债之要电……635
诘问吴议长之去向……635
交议东省改订官制案……636
东省谘议局已承认民主之确闻……636
奉省交议请设银行之议案……637
参议大会纪事……637
保安会将行取消……638
东省谘议局已承认民主之确闻……638

电催吴议长返奉	639
奉天保安会变相之预闻	639
论吴议长之赞成民主	640
奉吉保安会之现形	641
保安会变相之预闻	642
谘议局宣布取消吴议长情形	643
奉天谘议局之公布	643
东三省谘议局致内阁电文	644
顺直谘议局致山东奉天吉林黑龙江陕西甘肃山西电	645
顺直谘议局致奉天谘议局电	646
纪奉省承认共和事	646
奉天谘议局致袁大总统之要电	647
定期召集正式省议会议员	647
省议会不承认五路观察使	648
国民保安会定期开参议会	648
大会议	649
国民保安会定期开参议会	649
奉天特电——谘议局之开会	650
奉天谘议局开会日期的确	650
谘议局提倡剪发	650
谘议局议逐去奉之司道	651
奉天开临时议会	651
各团体之谈话会	652
东三省之电覆湖北	652
谘议局谈话会之纪实	653
参议院仍用从前议员组织	653
谘议局选举缓期之原因	654
全省地方联合会开会志盛	654
谘议局选举参议员	655

限期组织省议会	655
组织议事机关办法	656
致奉天赵督帅电	656
组织省议会	657
临时议会成立	657
致各省都督交临时省议会电	658
奉天全省谘议局酌拟组织临时省议会办法由	658
地方联合会致谘议局之要函	660
拟开三省议员联合会	660
谘议局改为省议会	661
都督札谘议局之要文	661
电催参议员起程	662
省议会成立	663
省议会接准参议院之公启	663
省议会派员调查各属自治	664
电驳关外临时议会之通告	664
谘议局咨请都督文	665
选举竞争之开幕观	666
限期选送省议员	666
省议会定期开会	667
奉天府选举省议员	667
奉天对于参议院吴议长之庆祝	668
参议院议定海陆军旗式	668
省议会咨请调查各署财政	669
都督提倡国民捐	669
奉省议员定期选举	670
省议会开幕改期	670
省议会查明司道出入款项	671
蓝天蔚致奉天省谘议局等关于改悬国旗事的电报	671

省议办法暂由自定 …… 672

二、相关报道及其他

奉天五大要件 …… 673
奉天谘议局为川事致内阁电 …… 673
论各省民族知爱同胞之要 …… 674
自治费移充春赈 …… 676
实行裁撤自治筹办处 …… 676
督宪镇定人心之种种布置 …… 677
顺直谘议局致各省谘议局电 …… 678
东三省总督赵尔巽奏筹办宪政第四年第一届成绩折 …… 679
革命声中之奉天 …… 681
东三省总督赵尔巽吉林巡抚陈昭常奏吉省军政费用未能按资政院
  核定数目遽减并追加宣统三年国家地方行政各费折 …… 681
旅奉团体公会之组织 …… 685
宫廷注意于东三省 …… 686
奉天国事共济分会成立 …… 686
日本政府对于东三省之宣言 …… 688
奉天革命风潮详志 …… 689
四面风云 …… 691
庄复警耗续志 …… 691
奉天派专员来京会议国事 …… 693
旅奉十三省同乡联合会许久香演说词 …… 693
吉林代表过奉 …… 697
东三省国民会代表到京 …… 697
各界组织政党之研究 …… 697
督宪仍准调查屯垦 …… 698
东三省各团体致驻京代表函 …… 698

庄复战事议结之条件	701
三省联合力争君主	702
袁总统致奉天要电	702
奉天团体致上海电	703
督帅爱才若渴	703
奉天赵制台率同三省官民公举袁大总统电	704
东三省军警学商工农自治各界庆贺袁大总统电	704
奉天各团体关于民军占据铁岭之要电两则	705
奉人顾全大局之热心	705
奉天各团体忠告全体人民公启	706
参议院由各省谘议局派员	706
东三省之祝总统	707
三省议员抵津	707
关于顺直谘议局之种种	708
各界挽留赵都督之预备	708
督帅招吉黑议长筹商防匪	709
各界恭宴参议员	709
七省联合会已经成立	709
邵章致赵尔巽书	711
共和俱进会开正式会	712
袁大总统关于自治之要电	712
奉天最近之四大会	713
七省新参议院议员	714
参议员不日赴都	715
七省联合会取消	715
统一党致函赵都督	715
吉黑参议抵奉之协商	716
纪参议院选举议长副议长	716
吴景濂汤化龙得举正副议长原因	717

吴议长之略历 … 718
奉天全省公民宣布民贼袁金铠十六大罪状 … 718

第四编　各属自治会、议事会、董事会、参事会等相关活动

一、奉天府

奉天自治局招考续闻 … 721
奉天地方自治之起点 … 722
奉天女学自治会投票纪盛 … 722
奉天自治局调查户口 … 723
奉天自治研究所归并法政学堂 … 723
奉天府管太守开办自治局呈文 … 723
奉天开设议事会之先声 … 725
奉天地方自治定期开第一次会议 … 726
奉天地方自治开会式 … 726
奉天地方自治定期开会 … 727
报告奉天地方自治开会大意并提议案 … 727
民政司张司使开办自治局训辞 … 728
报告奉天地方自治开会大意并提议案 … 729
奉天选举自治会员 … 730
奉天自治研究所试验承德县学员已经定期 … 731
奉天出品协会事务所会议选举事件 … 731
张司使地方自治研究所开学训辞 … 732
奉天地方自治纪事 … 733
奉天地方自治纪事 … 733
奉天地方自治纪事 … 735

奉天自治筹办所纪事	736
奉天地方自治纪事	736
奉天地方自治纪事	737
奉天地方自治纪事	737
奉天地方自治纪事	738
奉天地方自治纪事	738
奉天地方自治纪事	739
奉天地方自治纪事	739
奉天自治研究所年假考试	741
奉天省地方自治纪事	741
奉天禀请派用被选自治学员	742
奉天通饬造具自治学员研究学期成绩表	742
奉天议事会筹办乡团	743
奉天各界合筹自治经费志闻	743
奉天定期选举议事会长	744
奉天订期会议自治办法	744
奉天省地方自治纪事	744
函复宁远州问公文种式疑义	745
奉天省地方自治纪事	745
奉天省地方自治纪事	746
奉天自治预议开会办法	746
奉天城乡合议议事会经费	747
奉天董议事会定期会议	747
奉天禀请撤换议长未准	748
奉天饬查议事会议长被控确情	748
奉天议事会开会	749
奉天议事会组织宣讲所	749
奉天地方自治纪事	749
奉天议事会定期开会	750

奉天议事会分区设一董事	750
奉天议事会拟清理地方税	751
奉天议员争持自治区域	751
奉天议事会定期开会	751
论奉天禁绝花会事	752
奉天议事会拟清理地方税	753
奉天议事会拟建筑游民习艺所	754
奉天议事会开幕纪盛	754
奉天议事会议长回奉	755
奉天商人呈请议事会设立煤炭公司	755
奉天议事会酌抽戏捐	756
奉天学界推选代表赴京请开国会	756
奉天自治学员请咨送法政学堂肄业	757
奉天府厅州县自治会议员分配算法	757
奉天自治筹办处札饬整顿经费	758
奉天自治筹办处通饬分配讲员额数	759
奉天自治筹办处补发参事会纲要表	759
奉天自治筹办处催造选举名册	760
奉天会议镇乡小学添习武技	760
奉天议事会有展期之风说	760
奉天请将清道归自治会办理未准	761
奉天自治研究所更换监督	761
奉天提议倡办商团	762
奉天议事会议长有辞职消息	762
奉天镇乡筹办殷富捐	763
奉天议长舞弊被控	763
奉天府议会选举议员	764
南满铁路公司修理护城河	764
奉天府议事会定期开会	765

奉天选民为被撤议员讼冤 …………………………………………………… 765

奉天自治毕业生请入法政学堂肄业 …………………………………………… 765

奉天议事会呈请兴办林业 ……………………………………………………… 766

奉天亦是弭盗之一法 …………………………………………………………… 766

奉天立连庄会忽成泡影 ………………………………………………………… 767

奉天呈请发给府议事会员知会书 ……………………………………………… 767

奉天会议禁止粮石出口 ………………………………………………………… 767

奉天预算阖属自治经费 ………………………………………………………… 768

奉天会议禁粮出境 ……………………………………………………………… 768

奉天董事会清理款项 …………………………………………………………… 769

奉天地方自治纪事 ……………………………………………………………… 769

奉天地方自治纪事 ……………………………………………………………… 770

奉天请设自治宣讲会 …………………………………………………………… 771

奉天地方自治纪事 ……………………………………………………………… 771

奉天自治员禀请化镇为乡 ……………………………………………………… 772

奉天府城厢议事会广征意见书 ………………………………………………… 773

奉天条陈自治划一章程 ………………………………………………………… 774

奉天通饬造报自治经费 ………………………………………………………… 774

奉天议事会之征求意见书 ……………………………………………………… 775

奉天警察与住户因粪土之冲突 ………………………………………………… 775

奉天地方自治局纪事 …………………………………………………………… 776

奉天议事会开夏季常会 ………………………………………………………… 776

奉天府城厢议事会补开夏季通常会议场演说及答词 ………………………… 777

奉天地方自治局纪事 …………………………………………………………… 778

奉天议事会议长辞职 …………………………………………………………… 779

奉天议事会清理议案 …………………………………………………………… 779

奉天议事会呈覆各项议案 ……………………………………………………… 780

奉天城厢议事会拟设宣讲所 …………………………………………………… 780

奉天议事会组织白话报 ………………………………………………………… 781

奉天议长吸食鸦片被控 …… 781
奉化县会开选之先声 …… 781
奉天议员运动议长 …… 782
奉天城厢议事会禀请当道保护剪辫 …… 782
奉天议事会反对巡防队 …… 783
奉天府议会改选议长 …… 783
奉天选举诉讼之结果 …… 784
奉天议董两会亦提倡剪发 …… 784
奉天议长失窃 …… 784
奉天议参两会之大激战 …… 785
奉天参事会清查亩捐 …… 785
承德投票选举区董之定期 …… 786
承德县自治研究所招考之出示 …… 787
承德投考自治者之踊跃 …… 788
承德自治会成立有期 …… 788
投票公举议长议绅 …… 788
奉天饬查自治选举之弊窦 …… 789
承德议事会征求意见书 …… 789
承德拟提房捐为议事会之经费 …… 790
奉天督宪札饬示定归镇办法 …… 790
承德自治争持各不相下 …… 791
奉天自治研究所通饬续行办理 …… 791
奉天议事会定期开会 …… 792
奉天县令札发地方议事会案件 …… 792
奉天城厢议事会开会志盛 …… 792
奉天自治学员将次毕业 …… 793
奉天通饬限期筹办自治 …… 793
承德县城厢议事会开会纪事 …… 794
奉天自治经费准由戏园筹措 …… 796

议事会农会归并之先声	796
承德议事会已闭会矣	797
自治监督调查选民之示谕	797
议员攻讦议长	797
调查镇乡预备巡警	798
辽阳调查自治情形	798
辽阳选定自治会长	799
辽阳自治研究员第三次期满	799
辽阳当选人晋省投票	799
辽阳议员回辽	800
辽阳议长齐集火柴公司股份	800
辽阳议事会长选定	801
辽阳自治选举势将告竣	801
辽阳自治议事会会议	801
辽阳议长回辽帮理自治	802
辽阳自治会开全体大会	802
辽阳议事会将行成立	802
辽阳医生将欲考验	803
辽阳自治研究所开学	803
辽阳为国会而开议会	804
辽阳议事会开会改期	804
辽阳自治员组织宣讲所	804
辽阳州范玉璞请议改章折价因累众丁一案	805
辽阳大开联合会	806
辽阳议事会阻挠开采铁矿	806
辽阳州议事会定期投票	806
辽阳州议事会选举议员	807
辽阳自治会及教育会同日开票	807
辽阳州议事会选举揭晓	808

辽阳自治会为婚书招集村长 …… 808
辽阳总董请假 …… 808
辽阳议长到辽 …… 809
辽阳董事会暂不办事 …… 809
辽阳请拨车捐办理堡防 …… 809
辽阳续录秋冬通常会并议各案 …… 810
辽阳参事会筹募赈捐 …… 811
开原自治研究会成立 …… 811
开原选举调查员苴差 …… 812
开原议员回籍调查 …… 812
开原议员力辞欢迎 …… 813
开原县呈报将自治讲习所改为自治研究所并开学日期 …… 813
开原自治事务所成立 …… 813
开原自治公所不日成立 …… 814
开原选举董事会 …… 814
议长被控各情 …… 815
开原议事会其勉之 …… 815
开原议事会开演通常会 …… 816
开原城厢议事会开通常会 …… 816
开原自治研究所所长易人 …… 817
术诈选举照章议罚 …… 817
自治研究所停课温习 …… 818
开原自治研究所开学在迩 …… 818
开原议事会开春季通常会 …… 818
开原县议事会选民调查完竣 …… 819
开原自治学员尚未到齐 …… 819
呜呼自治人员 …… 819
开原调查县议事会选民之模糊 …… 820
呜呼镇乡自治人员 …… 820

条目	页码
开原议事会开通常会	821
开原自治所长认真考试	821
开原自治研究所所长辞职	822
开原选举县议员投票有期	822
开原选举诉讼接踵而起	822
开原野蛮教员	823
开原议董两会会员之攻讦	823
开原宣示选举人名榜	824
开原自治联合会长被控	824
开原选举省议员	825
铁岭开办自治局	825
铁岭自治调查勤劳	825
铁岭城内自治调查将竣	826
铁岭调查乡里自治	826
铁岭调查自治假期	827
铁岭自治调查将竣	827
铁岭调查不易	827
铁岭议员调查地方情形	828
铁岭商会请议案批驳	828
铁岭自治教员热心	828
铁岭自治放假行礼	829
铁岭自治研究所迁移有日	829
自治调查员将回铁岭	830
铁岭自治研究所迁移	830
铁岭选举行将揭晓	830
铁岭自治会第一次会纪	831
铁岭考试自治学员	831
铁岭定期选举议长	832
铁岭选定议事会正副议长	832

铁岭议事会议员之人物……832
铁岭议事会地址已定……833
铁岭自治经费支绌……833
铁岭议员辞职……834
铁岭选举诉讼……834
铁岭颁发议员执照……834
铁岭董事会选举揭晓……835
铁岭议员慨捐会资……835
铁岭研究城厢议事会开会……835
铁岭另颁自治区域图式……836
铁岭自治研究所期考揭晓……836
铁岭调查自治……837
铁岭议事会开会……837
铁岭议事会近闻……837
铁岭农会归并议事会办理……838
铁岭提议龙圆……838
铁岭议事会会所将次告成……838
议事通常会闭会……839
铁岭国会请愿签字……839
铁岭自治研究所毕业有期……839
铁岭议事会拟创办白话报……840
铁岭议事会开会近闻……840
铁岭催缴自治经费……841
铁岭自治公所开通常会……841
铁岭续招自治学员……841
铁岭札发议案……842
铁岭为国会请愿而回铁者……842
铁岭设议员研究会……842
铁岭自治学员之热心……843

铁岭议员之研究会	843
铁岭自治研究所将发毕业文凭	844
铁岭札催自治公所呈送表册	844
铁岭乡议事会将开春季常会	844
铁岭董事会长与宣讲员之冲突	845
铁岭自治会开会志闻	845
铁岭议员调查兴修桥梁之工程	845
铁岭议拆城墙	846
铁岭议事会议将三官庙充作校舍	846
铁岭整顿街道	846
铁岭自治会为筹办铁路开会	847
铁岭人力车捐改归自治会经费	847
议员调查兴修桥梁之工程	847
铁岭议事会闭会	848
铁岭县议事会选举有日	848
铁岭修盖宣讲所	848
铁岭榜示县议事会合格人	849
铁岭禀办铁海路事	849
铁岭县议事会定议选举	849
铁岭选举县议事会议员揭晓	850
铁岭选举议员揭晓	850
铁岭自治会对于禁烟之公启	851
铁岭重选议事会长	851
铁岭县议事会举行复选	852
铁岭县议事会正副议长揭晓	852
铁岭县议事会开临时会	852
铁岭县议会筹措经费	853
铁岭县议事会建造房屋	853
铁岭自治会员热心公益	854

铁岭县议事会举行开幕典礼 854
铁岭农会附在自治公所 854
铁岭县议事会开幕顺延 855
铁岭自治事务所撤销 855
铁岭宣布改选半数人名榜 855
铁岭县会将开临时会 856
铁岭选举省议员 856
铁岭自治员踊跃认股 856
铁岭省议员进省 857
铁岭自治会开夏季通常会 857
张民政司在海城县演说地方自治 857
海城筹还国债会 858
海城县议事会当选人员揭晓 859
海城县议事会复选改期 859
海城选定省议员 860
盖平自治期成会开会纪盛 860
张民政司使莅盖平自治会演说（节录） 860
盖平议事会选举议员 862
辽中县康桂芳请议浮收钱粮一案 862
本溪选举董事 863
本溪参议员举定之确闻 863
本溪议事会提议阅报纪略 864
本溪自治会被抢纪闻 864
本溪自治研究所考试毕业 865
本溪自治研究所定期开学 865
本溪县议事会当选人氏 865
本溪乡议会平治道路 866
本溪省议员选定 866
旅顺组织华人自治团体之先声 867

二、法库直隶厅

法库筹措自治经费之为难……………………………… 868
法库自治经费有著……………………………………… 868
法库议事会开通常会…………………………………… 869
法库自治研究所举行期考……………………………… 869
法库厅议事会选举志闻………………………………… 869

三、锦州府

锦州设局调查自治……………………………………… 871
锦州府议员选举已定…………………………………… 871
锦州考验自治研究员…………………………………… 872
锦州筹设镇乡董议事会………………………………… 872
锦州自治研究所添招校外生…………………………… 872
锦州议事会更变前议…………………………………… 873
锦州议事会提拨经费案解决…………………………… 873
锦州议事会议长为县令禀请销过……………………… 874
锦州议事会请领军械…………………………………… 874
锦州研究所添招校外生………………………………… 875
锦州议事会为州牧筹措亏款…………………………… 875
锦州税捐局发给自治经费……………………………… 876
锦州乡镇议事会定期开会……………………………… 876
锦州自治经费拟提拨庙产……………………………… 876
义州议员热心公益……………………………………… 877
义州议长吝惜钱财……………………………………… 877
锦州议事会弛禁粮石出境……………………………… 878
锦州议事会不肯体恤农民……………………………… 878

宁远州选送议员…………………………………………………………879
张民政司在绥中县演说………………………………………………879

四、新民府

新民府自治会亏累尚巨…………………………………………………881
新民选举开会……………………………………………………………881
新民汇志筹办选举事宜…………………………………………………882
新民司选员赴彰武………………………………………………………882
对于选举事务之认真……………………………………………………883
记选举调查员之伙食费…………………………………………………883
新民府镇安县之选举近况………………………………………………884
新民府镇安县调查之迅速………………………………………………884
司选员回新………………………………………………………………885
新民议员之资格…………………………………………………………885
彰武选举合格人员记数…………………………………………………885
记彰武劝学总董…………………………………………………………886
新民复查选举合格人员…………………………………………………886
新民复选批示照录………………………………………………………887
新民复选举人到府………………………………………………………887
新民议员免扣差俸之札知………………………………………………887
新民自治研究所开学……………………………………………………888
新民自治选民资格报告…………………………………………………888
新民府热心国会再志……………………………………………………889
新民议事会开会有期……………………………………………………889
新民府自治学员下乡劝捐………………………………………………890
新民自治研究所快将毕业………………………………………………890
新民自治所毕业考试完竣………………………………………………890
新民府自治研究所续招学员……………………………………………891

新民恤车户而苛捐戏园……891
新民选举国会代表有期……892
新民请愿国会代表回新开会……892
新民开会闭会钟点及秩序……892
新民府组织同志会……893
新民府同志会举定代表……893
新民府组织国会宣讲所……894
新民议事会开会……894
新民议事会提议组合积金会……894
新民自治员私用公款……895
新民董议两会奉到宪札……895
新民四乡自治会亦将成立……896
新民复选揭晓……896
新民议员当场献丑……896
新民议事会开会……897
新民董事会行将选举……897
新民选定省议员……898
新民府议事会互选议长金太守之训词……898
新民府议事会议长荣凯答词……899
新民府议事会举定议长及参事员……899

五、营口直隶厅

营口开议地方自治……900
营口地方自治之计划……900
营口地方自治问题……901
营口筹款办理自治……901
营口推广地面调查自治……902
营口地方自治绅商合办……902

营口自治局调查户口财产 ……………………………………………… 903
张民政司使在营口商务会演说 ………………………………………… 903
营口议员归县选举 ……………………………………………………… 904
营口议案一议了事 ……………………………………………………… 905
营口演戏还债谈 ………………………………………………………… 905
营口商业学生之热心 …………………………………………………… 905
营口绅商学界大集议 …………………………………………………… 906
营口筹还国债办法 ……………………………………………………… 906
营口商会提议继续请开国会 …………………………………………… 907
营口地方议事会人员选定 ……………………………………………… 907
营口自治研究所毋庸裁撤 ……………………………………………… 907
营口议事会择定会所 …………………………………………………… 908
营口董事会员有辞职之风说 …………………………………………… 908
营口议事会定期成立 …………………………………………………… 909
营口议事会成立志盛 …………………………………………………… 909
营口选举乡议事会之先声 ……………………………………………… 910
营口议事会近况述闻 …………………………………………………… 910
营口议事会开特别会议 ………………………………………………… 911
营口自治学员要求退学被斥 …………………………………………… 911
营口自治学员之擘画 …………………………………………………… 912
营口议事会开会有期 …………………………………………………… 912
营口绅董引退之原因 …………………………………………………… 912
营口建筑会场之擘划 …………………………………………………… 913
营口议事会提议捐款 …………………………………………………… 913
营口厅高札覆议事会全文照登 ………………………………………… 914
营口劝学所禀驳议事会议案全文 ……………………………………… 914
营口代表演说之动人 …………………………………………………… 915
营口欢迎请愿国会代表 ………………………………………………… 916
营口代表旋省 …………………………………………………………… 916

营口议事会解散 ... 917
营口调查选民资格 ... 917
营口女学生留堂案议决 ... 918
营口自治研究所之敷衍 ... 918
营口正北乡自治决议 ... 919
营口厅气死绅耆 ... 919
营口议事会开会期 ... 920
营口议事会之于巡警 ... 920
营口议事会对于巡警之公愤 ... 921
营口董事会选举又改期 ... 921
营口选举议员揭晓 ... 922
营口厅议事会开幕有期 ... 922
营口收捐处将归商会兼办 ... 923
营口选举议员揭晓 ... 923
营口自治会拟再招预备巡警 ... 924
营口厅议事会选举议长 ... 924
营口厅议事会复选有期 ... 925
营口厅议事会及参事会投票复选 ... 925
营口厅议事会会长当选有人 ... 925
营口再志议参两会当选人 ... 926
营口厅议事会选举揭晓 ... 926
营口筹议演戏助赈 ... 927
营口三江公所举定议董 ... 927
营口参议两会开幕有期 ... 928
营口厅议事会开幕志盛 ... 928
营口照录检察厅告示 ... 929
营口自治会兼办戒烟 ... 929
营口议事会不理家事 ... 930
营口照录民买旗地税契办法之示谕 ... 930

营口续行选举期志闻……932
营口改选议员揭晓……932
营口董事会已届改选期……933
营口投票选举竟成诉讼……933
营口厅议事会征求意见……934
营口厅议事会改选议长……934
营口呈控损害田苗者……935
营口选举志盛……935
营口选举揭晓……935
营口董事会长出缺……936
营口选举省议员揭晓……936
营口省议员晋省……937

六、兴京府

兴京厅呈报本省筹办处文……938

七、凤凰直隶厅

凤凰厅复选监督程守告议员文……940
凤凰议员与议长之冲突……941
凤属士绅质问省议会改组之理由……941
岫岩自治之悲观……942
岫岩省议员选定……942
安东自治调查员藉端讹索之风说……942
安东选举亦可请托……943
安东自治研究所开学……943
安东县亦举国会代表……944
安东自治研究所定期考试……944

安东议事会拟呈命案议书 … 944
安东自治会成立 … 945
安东议员藉端谋利之耗闻 … 945
安东会议自治经费 … 946
安东自治研究所开课 … 946
安东公议房捐之办法 … 947
筹办处发给图章式样 … 947
安东自治会禀请迁移 … 948
安东自治局行将乔迁 … 948
安东自治会提倡天足 … 948
安东街基租价归自治经费 … 949
安东公议设立简易识字所 … 949
安东自治会复开会议 … 950
安东发给考试研究生题目 … 950
安东议定选举章程 … 951
安东自治会会议禁购鞭炮 … 951
安东奉谕复举议员 … 951
安东因续招自治学员乏人呈谘议局核议 … 952
安东乡镇选举人名单 … 952
安东公议移挪草市 … 953
安东四六两区议长之历史 … 953
安东县不准循私武断 … 954
乡董议员全体辞职 … 954
安东亩捐拟归自治会抽收 … 955
安东自治会电禀熊令不克胜任 … 955
安东自治会照章选举 … 955
安东自治会选举名誉董事 … 956
安东县议事会选举议员续闻 … 956
安东省议员推定 … 957

八、海龙府

张贞午司使在东平县欢迎会演说稿……958
东平举定议事会董事会职员……959
西安议事会员请代呈辞职未准……959
西安县议事会请议浮收斗规藐法苛民一案……960
西安县议事会请议将西安本年余存及将来收进车捐藉充自治经费……960
海龙自治联合会请领枪械……961
西丰县议长防患于几先……962
西安县选举省议员揭晓……962
西丰选举省议员……963
西安选举诉讼……963
西丰选举省议员揭晓……964
西安省议员当选无效……964
西安县选定县议事会正副议长……965

九、昌图府

通江子组织自治……966
通江子自治研究会章程……966
昌图选举省议员……967
昌图自治会提倡剪发……968
公主岭选举董事之大运动……968
奉化好事难成……969

十、洮南府

洮南府致谘议局电……970

开通县愿认经费迁移县署……………………………………………………… 970
开通县城厢议事会请议奸商架空出帖恳请整顿一案…………………………… 971

第五编　回忆及其他

吴景濂自述年谱（摘录）………………………………………… 吴景濂 972
佣庐日记语存（卷二）…………………………………………… 袁金铠 988
佣庐经过自述（摘录）…………………………………………… 袁金铠 1004
东北辛亥革命简述 ………………………………………………… 宁　武 1007
关外革命回忆录 …………………………………………………… 程起陆 1025
辛亥革命在辽阳 …………………………………………………… 何东林 1029
辛亥革命与张榕 …………………………………………………… 秦诚至 1034

第二编　开局议事、议案及其他活动

四、相关报道及其他

各界人民请愿即开国会之伟观

日昨奉天各界人民为请开国会而齐聚谘议局者，约计万余人。于午前十一钟时，由该局成列前进。在最前列者，揭持特书"奉天全体人民请愿即开国会""谘议局"等大旗三四方。次为谘议局议长吴景濂君，手持请愿书。各团体均持大旗，依次紧随。所有请愿人等，亦一律执旗，徐步而前。队伍整齐，举动静肃。取道大西门晋城，观者如堵，道路尤极拥挤。当最前列已抵督辕时，后列尚有未过大西门者。该人民请愿之伟观，盖可想见也。已而各团体齐聚督署门前，各该代表就地请愿，督宪面允代奏。先是东督锡清帅在公署邀集各司道核议该事宜。及至是时，与该团代表晤面，允许代奏。其司道亦劝出，以温言相慰，藉俾该团体解散。各请愿人民等亦因此随意散去。是日阖城商户均行悬黄龙旗，以表诚悃云。

《盛京时报》，1910年12月7日

奉省城镇乡自治会成立征收附加捐税拨充自治经费折

奏为奉省城镇乡自治会渐次成立，拟请查照馆章，征收附加捐税，拨充自治经费，恭折仰祈圣鉴事。窃奉省城镇乡地方自治，遵照筹备清单，提前赶办，业将次第办理情形，列入八月筹备宪政折内奏报在案。现在各属城镇乡自治会渐次成立，所有会中一切办事费用，动需款项。奉省财政困难，各项杂捐，除办警学外，绝无赢余。若非另筹专款，颟若画一，则各属自为风气，办法纷歧，名目众多，民将不堪其扰，官亦无法可稽。查《城镇乡自治章程》九十二条："就官府征收之捐税，附加若干，作为公益捐者，为附捐。"又"附捐数目不得过原征税捐十分之一。"等语。兹经奉省谘议局提议公决，拟就各属税捐局于旧日征收税额之外，每项附加十分之一，专充自治会常年经费。此系间接于民，较诸他项筹款，尚无琐碎烦扰之弊。征收之后，每月由各属警学收捐处向税捐局照捐册具领。按之《自治章程》第九十六条"附捐由该管官吏征收，汇交城镇董事会，或乡董收管"之文，亦无不合。拟即于宣统三年正月实行，呈请具奏前来。臣惟宪政以自治为最急，需款亦以自治为最巨，而自治用款理应就地自筹，求其费省而事易集，舍此亦别无筹措之方。相应仰恳天恩，俯念奉省自治会需款孔殷，准就各项税捐加收一分附捐，专充自治常年经费。如蒙俞允，并拟饬由各地方官按各会治事之繁简，将此款妥为分拨。一俟厅州县自治会成立，再将分拨之法，归该议事会议决，照章办理。除将谘议局公决议案分咨查照外，谨恭折具陈，伏乞皇上圣鉴训示。谨奏。

十二日奉到朱批：该衙门知道。钦此。

1910年12月7日

奉天全省各界绅民因时局迫不及待
呈请代奏明年即开国会以救危亡折

奏为奉天全省各界绅民，因时局迫不及待，呈请代奏明年即开国会以救危亡，恭折仰祈圣鉴事。窃本月初三、初五等日，有各界绅民一万余人，手执请开国会旗帜，伏泣于公署之前，求为代奏。先经各司道婉加劝慰，仍不肯散。当由臣传见各代表，将宪政应如何预备，国会应如何组织，反复晓谕，以朝廷所定宣统五年时间已极缩短，不必再生异议。当据代表谘议局议长吴景濂等面递公呈，大意则以东省大势，较三次上书时日俄协约、日韩合并情形，更有迫不容待者。日则安奉宽轨日夜并工，闻于明年即拟告成，沿路线内移民日多，且以协剿胡匪挟我外部。俄则以侵蚀瓯脱、扩张交通为政策，移民之谋更亟于日，不惟航权界约狡执无方，且阴以诱我边民，藉窥蒙古。是危机之伏，已岌岌不可终日。诚俟至宣统五年，而此土尚为我有与否已不可知。现今朝野上下，无不公认国会为救亡之良药。果无此良药则已，既有此良药，则早服一日，即早救一日之亡。乃犹纡徐以待，坐良药不能实时收效，以致三省坐亡，牵及全国，此所由焦心沸血而不能已于再请缩短者也。况筹备之事，如官制、内阁、议院、选举法、宪法，缓图之即三年未必完全，急图之虽数月亦可蒇事。仍恳奏请明年八九月召集议院，以系人心而维大局。其情词迫切，由于至诚，万余人伏地悲泣，至有搏颡流血、声嘶力竭不能自已者。

臣维东三省自甲午、甲辰以后，受强邻之激刺，生国家之思想。人民知身家性命非合群不能自保；复目睹朝鲜亡国惨状，甚恐三省版图首沦异域，即万劫不能自拔。其切肤之痛，较之各行省，有特别之危险，不能不有特别之请求。臣莅东以来，默察今日大势，欲求所以捍三省之危亡者，一无可恃，所恃者民心不死，皆知崇戴朝廷耳。夫以万余里朝纵夕横，仅余此残缺不完之土地，与三百年深仁厚泽得来固结不解之民心，忍转瞬之间拱手授之他人，为朝鲜之续乎？总之，时危势迫，为民人之大患，亦朝廷所深恫，何必靳此区区二年之时间，不与万姓更始耶？

臣待罪边陲，奉职无状，上无以匡国是，下无以慰舆情，伏乞圣明俯允所请，再降谕旨，定于明年召集国会，大局幸甚。如以臣言为欺饰，请先裭臣职，别简贤能大员，以纾边祸，臣不胜迫切待命之至。伏乞皇上圣鉴。谨代奏。

十一月十三日奉到朱批：缩改开设议院年限，前经廷议详酌，已降旨明白宣示，不应再奏。东三省地方重要，该督有治事安民之责，值此时艰，尤应力任其难，毋许藉词诿卸，致负委任。钦此。

1910 年 12 月 7 日

第四次请愿国会者之流血

日前谘议局邀集农、商、绅、学各界多人会议，以谓东省时局日危，非速开国会，不足以救目前之急。故各界议定公举代表赴京，为第四次之请愿。学界则举定刘君文焕、舒君继祖为代表，并议定赴京行期。议长则以第四次请愿，前途益狭，手续倍难，谈次慷慨激昂，座中至有泣下者。当有中学生金君毓绂持刀截指，李君德权亦持刀割股，议长救护已无及矣。金君则血书"至诚感人"及"至诚"二纸，李君则大书"请速开国会"五字毕，议长即饬巡警送二君至卫生院医治云。（逸）

《远东报》，1910 年 12 月 8 日

人民将请求代奏

初一日，商学各界即议定第四次请开国会，遂订于初五日赴督院呈递愿书。由议长捧书，率同各界人民，请求督宪承认代奏，并预制大旗一面，上书"奉天全体人民请愿即开国会"字样云。（逸）

《远东报》，1910年12月8日

三省谘议局需费总数

三省谘议局经费，顷已核定。闻奉天共银三万八千三百七十四两，吉林二万五千五百两，黑龙江二万零三百四十八两。于日前由该局呈请督宪鉴核，备文咨送度支部、宪政编查馆暨资政院，请烦查照核销云。

《盛京时报》，1910年12月10日

奉天全省人民请明年即开国会之纪实

全省各界人民日昨请愿速开国会，齐赴公署，呈恳代奏，并悬旗志庆一节，已志昨报。兹闻是日午前，督宪先已传集各司道磋议对待人民之法。当各团体至公署时，即有民政、提学及各司道接待，将各代表名单接去，请代表入署，督宪待之院井。首由吴君景濂言，今日奉省危急，全省八团体四十六州县人民，委代表等，特谒大帅，恳请代奏。初则督宪加以诘难，意似不允，后由各代表率同全体哀求，哭跪不起。督宪暨各司道，亦为泣然流涕者久之。督宪遂即允准，于三日内代奏，并将副呈回批，用印宣布。代表等率同全体，叩头感谢，欢呼"国会万岁！大清国万岁！"始行起立散去。（逸）

《远东报》，1910年12月10日

各界公举第四次国会请愿代表赴京

闻日昨各界将代表选举妥协，定于初十日早八钟，由同志商民齐赴京奉车站，执旗整列公送代表赴京，以示请愿之诚。计各界赴京代表姓名如下：

教育会　孙寿恒
农务会　曾陶占
商务会　崔立涛
谘议局　董靖环
学　界　苏秀亭

《盛京时报》，1910年12月11日

奉天学界第四次请愿国会之效果

奉天各界热心国会，拟为第四次之请愿，中学学生至为国会流血一节，已志报端。嗣学界诸君，以为前定初五日呈递愿书，恐误课程，乃由省垣各堂教员，及外府州、县各学代表，改于昨星期日联合学界数千人，齐集公署，呈递愿书，跪求代奏。督宪当即电传民政、提学两司到署婉劝，而各代表以全体时局阽危，痛哭陈诉，非得督宪面允，众将长跪不起。二司无可如何，亦均泣下，并还跪，乞暂解散。众以未蒙督宪面允，跪哭如故。后经督宪亲出，目睹学界全体如此至诚，允准代奏，众始起立，欢呼万岁，声如雷动云。（逸）

《远东报》，1910 年 12 月 11 日

述奉省士绅要求即开国会事

国会者，中国变法维新之第一要着也。有国会则强，无国会则弱。全国绅民请愿，至于三次，而朝廷亦以国会为急，缩短年限，定期于宣统五年开设议院。若是乎，我国家之筹备宪政，其所亟当注意者，孰有甚于国会哉？奉省士绅，激于爱国之热诚，毅然而为第四次之请愿，公拟呈词，要求锡督代奏，但能国会早开一日，即足以救危亡而弥忧患。此非徒东三省臣民之幸，薄海内外，固将仰首而望之，则信乎吾国国民之有政治热也。据闻奉省士绅联合四十六州县之团体，各执团中旗帜，于本月初五日共集谘议局议场，约同趋谒公署，请代奏明年即开国会。其代表共六十四人，未成行以前，商会讲员张进治君断指作血书，见者无

不感动。谘议局议长吴景濂君，于临行时，被推为全省总代表，首捧愿书，各团体列次其后。途中不期而加入者，约有万人。方抵公署前，有卫队长某至前欲取愿书，吴君告以此事重大，非尔所能担任，即对于承德县忠令亦然。继由民政、提学、劝业各司道接进代表名单，即请入署相见，锡督待之院内。吴君言："今日奉天全省人民委代表等特谒大帅，恳请代（表）〔奏〕于明年即开国会，以救危亡。"锡督谓大家须有实力作事，方可挽救，不在国会迟早之间。吴君答曰："第三次各省督抚联衔请开国会，系由大帅领衔。如谓国会不能救亡，当初大帅又何必联奏？日前由公领衔奏请明年即开国会，何其勇也。今全省人民恳请代奏，方谓大帅必能赞成。今见拒若此，是前之奏请，非出本心，徒要名誉而已。"曾君有翼言："开国会方能作事，不开国会尚有何事可作？"刘君兴甲言："国家作事，必（失）〔先〕改良机关，机关不完全，则首尾不灵，断难作事。"李君心曾言："现在以不负责任之政府，能作何事？故大帅上次折内呈请于明年设立责任内阁，然无国会以为之监督，不过中央集权已耳。故不开国会，敢决其不能作事。"锡督曰："吾不代奏，又将若何？"吴君闻此言，遂痛哭，余皆哭，跪地不起。董君之威言曰："不准代奏，用意（每）〔何〕在？岂东省有急，大帅独可置身事外耶？"李君心曾泣曰："代表在北京为第三次请愿时，内而四大军机及十一部行政大臣，对于国会，皆阳为赞成而阴实反动，幸督抚中尚有十二省督抚及大帅敢出而领衔，代为奏请，故今日代表等敢以来相请求，乃大帅今亦出此反动之语，可见内外大臣，并无一人真实赞成国会。"言毕，仍痛哭不止。民政司当将大众劝起，向锡哀求，徒哭无益。锡督谓吴君曰："莲伯亦知吾今日之意见乎？"吴曰："今日代表系受全省人之委托，并非议长资格。"董君之威曰："他不是吴莲伯，他是全省人之代表，不得不如是哀恳。"锡督无如何，遂权词允许代奏。吴曰："大帅之言甚未可信，今春三省谘议局合词呈请代奏，已蒙允许，竟至反汗。今日请将副呈明白批示，不然一般人民万不能信代表之言，决不散去。"锡督言："代奏之责在我，如此说法，岂非要挟乎？"众代表敬答之曰："吾人迫于危局，故此哀恳，愿大帅勿疑为要挟也。"此时众论愈高，声情激越，锡督乃拂袖竟入。司道劝代表等起立，取正呈出，上批"准即代奏"四字。吴曰："原有副呈，应批副呈，用印乃足以昭大信。"各司乃持正呈入内，复取副呈批示，谓代表曰："可令众人出矣。"吴曰："此批未曾用印。往日寻常事件，回批必须用印，似此重大事件，不用印，未免轻视国会。"于是各代表遂据地坐待久之，锡督率司道下阶来见代表，亦感动泣下，谓："某对于国会并非反对，亦颇欲设法维持，奈只有此一副心，而苦于无能力，何言？"时适提学司持盖印批回至，锡督遂当众宣布云："于三日内准即代奏，绝不咨送他处。"各代表皆叩头感谢，内外人均欢呼"国会万岁！国会万岁！"此一举也，洵足为吾东三省人民生色哉！夫请愿国会，本为人民分内之事，而无如政府蕲之，即代表亦只能尽其请愿之责任而已。今日奉省人民之代表，其决心毅力，百折不回，可谓不负其代表之资格。而锡督之对于国会问题，又甚热心，非如他督抚之敷衍从事，故能官民合意，允为代奏，以蕲国会之速开。语云：莫为之前，虽盛不传，莫为之后，虽美勿彰。吾纪此篇，吾殊有无穷之希望在也。（婴）

《远东报》，1910 年 12 月 13 日

奉天各界请开国会之大庆祝

本日午前，绅商各团体在谘议局聚齐各界首领，衣冠整齐，率同各团体，于十一点钟时成行，均步行齐赴公署。捧书人吴君景濂前行，有"奉天请愿即开国会"之总旗为之先导，次有各团体及各州县之旗，以示区别，省垣内外各门首，均悬挂龙旗，以志庆祝云。（逸）

《远东报》，1910 年 12 月 13 日

奉天全省矿产之确数

奉天矿产经谘议局调查，全省共有四百余处一节，已登各报。兹得最近之确实报告，云：奉天之全省矿产，实在只有一百七十七处，金矿五十五处，银矿五处，铜矿九处，铁矿七处，铅矿九处，煤矿八十五处，石绵矿两处，玻璃矿及岩石矿均两处，锑矿一处而已云。（逸）

《远东报》，1910 年 12 月 13 日

公送各界代表赴京请愿志盛

日昨八钟，第四次请愿国会代表，受各团体之委托，乘京奉汽车赴京，各界同志商民齐赴车站，执旗整列，公送行旌。盖以表请愿之诚，而并一洗以前国民程度不及之耻云。

《盛京时报》，1910 年 12 月 13 日

同志会拟将下乡演说请开国会情形

奉天请愿学生同志会，于日昨在谘议局开全体会议，以我国人民知国会之所以然者寥寥无几，而欲开其智识，使知开国会之利益，非普通演说，无以济之。现在第四次请愿代表业已赴京，恐难邀允准，非有多数人民以为后盾，难收实效。拟俟年假时，由同志会各生，担认下乡演说国会可以救亡之效力，并人民对于国会应担之义务。各学生均皆承认，别无异词，并由议长吴君勉励多词，务须和平，切毋激剧云云。

《盛京时报》，1910 年 12 月 13 日

同志公举请愿代表之后劲

各界代表于初十日早八钟乘京奉汽车赴京，第四次上书，呈请速开国会，已志前报。此次请愿系由奉省发起，电约各省谘议局同为赞成，定期在京守候。兹闻各界因代表赴京，恐政府多方阻碍，致难如愿。故日昨又在谘议局大开同志会议，复行选举代表三十余人，定期赴京，以作请愿之后劲云。

《盛京时报》，1910 年 12 月 14 日

钦帅将代奏请开国会

奉天全省人民请愿速开国会，蒙督宪允为代奏一节，已纪前报。兹闻日昨督宪当起草时，颇觉为难，以为国会年限已经缩短三年，若再行奏请缩短，岂不触政府中人之怒。若不代奏，则又已面许人民，不能反（汉）〔汗〕，筹思良久，始行脱稿。日内即将出奏，请再缩短期限，速开国会云。（逸）

《远东报》，1910 年 12 月 14 日

锡清帅请假已准

人民请速开国会，清帅已为代奏一节，已纪昨报。闻日昨清帅拜发奏折后，即电请军机处代奏请假半月，当已奉旨允准。又闻清帅言既已代奏，请于明年秋间召集国会，如果政府不允，拟即奏请开缺，以让贤能云。（逸）

《远东报》，1910 年 12 月 14 日

第四次请愿国会之代表赴京

全省人民请愿速开国会,曾经各界组织同志会,以为代表请愿之后援。当于日昨公举代表赴京,计共十人。起程时,各团体赴车站送行者络绎不绝云。兹将代表姓名备录于左:谘议局代表董之威,教育会代表孙振香,农务会代表孙陶占,商会代表崔兴麟,学界代表舒基祖、刘文焕、孙鸿龄、赵中鹄,绅界代表段宝田。(逸)

《远东报》,1910年12月14日

时事小言——异哉日人之奉天国会观

奉天第四次国会请愿,为我东三省救亡计,为我中国大局安危计,无所谓排外也,而日人乃目为排日之极点。

异哉日本某报之言曰:今清国排日思想,上下充溢。在满洲之清日人,如冰炭不相容,冲突几成寻常茶饭之话柄。此现象果何由起乎?自日俄战后,日人占用南满地,是为清人疑日之始。其后法库线、安奉线之改筑,及其他满洲诸问题,以利害相冲突,益激成排日之思想。最近为日俄协约、日韩合并,与大隈伯、户水博士之言论,为汉字新闻所译载,以警醒激励其国民,排日之势焰愈高,乃迫而为国会之请愿,又迫而为国会即开之运动。

尤可异者,彼谓清人之论,以国会为强国唯一之机关,一似国会即开,国家富强,即可以驱逐满洲日人云云。

嗟乎日人之言，忌我耶？畏我耶？抑料我国会请愿之无效，而故为此揶揄耶？不然，以奉天国会之请愿，必认为排日思想之联结，日人之意，亦可知矣。我三省同胞，对于奉天国会，观感若何，急起直追，勿令人之笑我后也！（馨）

《长春公报》，1910 年 12 月 15 日

督宪已代奏请开国会

全省人民请愿速开国会，督宪已允代奏一节，迭纪前报。闻此项奏稿，系张珍午司使承督宪之命拟定，呈督宪覆核，于昨缮就，即行拜发矣。（逸）

《远东报》，1910 年 12 月 16 日

各界赴京请愿代表之来电

各界公举第四次赴京请开国会代表，于初八日早八钟乘京奉汽车起程，已志前报。兹于日昨各代表由京来电，初九抵津，与该省代表会齐。十一日至京。现在各省代表于二十日到齐，并饬省城同志会选举代表，于二十日以前至京，以作请愿之后劲云。

《盛京时报》，1910 年 12 月 16 日

法政学堂速行期考之原因

法政学堂每年终期考，俱以冬月底为率。本年因全省人民第四次请愿速开国会，各界虽经组织同志会，以为代表请愿之后援，然非有多数人民联名签押，恐此次请愿仍归无效。故既由同志会公举代表下乡演说，使一般人民知国会之利益，而该学堂诸君之热心者，亦多拟分赴各乡演说。是以特请本堂督监，先于十四、五等日即行期考，以便从事演说云。

《远东报》，1910 年 12 月 17 日

函催各属开国会之代表

谘议局暨请愿同志会因督宪日前代奏速开国会，未邀俞允，亟宜赴京，上书请求。东省代表日前仅有奉天、营口、海城等十员，各属尚未举定有人。闻现已函催各属，速即选举，限于二十日以前到京聚齐，以便与各省代表会议上书事宜，切毋延误云云。

《盛京时报》，1910 年 12 月 17 日

请愿同志会代表来省会议

镇乡同志会日前接省城各界同志函告,因督宪代奏速开国会,奉谕批驳。今各代表赴京请愿,政府若不允准,代奏各同志概全体赴京牺牲,泣血恳求,以作后劲之预备。故各镇乡同志接函后,公举代表,已于日昨来省会议,约明赴京请求云。

《盛京时报》,1910 年 12 月 17 日

舒刘两代表旋省

奉天第四次国会请愿代表舒、刘二君,来营及在小红楼演说各节,已两纪本报。当二君在小红楼并本埠学、绅、商界诸君,以次演说后,有议事会听差赵升亦登台演说国会亟宜速开,请愿不容稍缓。言颇痛切,爱国热诚,激发尽致,闻者无不起敬。按此亦可见吾国人民程度之猛进矣。今日(初八日)午后三钟,舒、刘二代表回省,全埠学生鸣乐扬旗,大书"欢送代表",送至新市街车站而回。

《远东报》,1910 年 12 月 18 日

锦州七属联合会

锦郡七属绅、商、学、农各界，日前在议事会组织七属联合会，因时局阽危，以共谋治安、不背法律为宗旨。已拟定借用议事会为会场，准于十七日各界齐到，投票选举会长、会员，并一切办法，余容续登。（亚）

《长春公报》，1910 年 12 月 20 日

奉天自治代表上资政院东三省救亡书

具陈请说帖，奉天自治代表广轮等谨呈，为东省阽危，全国牵动，痛陈管见，请议奏行，以固人心而坚国本事。窃思霜催叶落，根本固尚可回春。盗逼城危，门户失势难久守。夫东三省为圣清发祥之地，实东壁门户攸关，地大物博，丁户寥落。昔之列强垂涎者，因不谙国情，未敢实行侵略。自中东一战，摧败主帅，遂至夺我军港，剪我屏藩，割我台湾，索我偿款。列强借口均势，划我全国，相继拳匪肇乱，客军云屯，两圣蒙尘，群生涂炭。俄人更于东省遍地驻兵，马放我山陵，车停我宫殿，奴隶我官府，屠戮我人民，网尽我利权，辱及我家室。卒至俄势日张，日人滋惧，复有甲辰一战，两雄倾轧，谁怜无告之民，三省坵墟，几无驻足之土。图谋我物产，损害我主权，罗掘我地藏，巧窃我商利，其他秘谋诡术，笔难尽言。凡我臣民，所以不殉义难，与之一拼者，诚冀国本尚在，主权或有恢复之日也。无如疮痍虽收，积习难改，以宜于殖民之地，隐为位置官府之场。今者楼阁连云，局司遍地，一新外表，难问内容。纵使竭泽求鱼，

其如小民之（指）〔脂〕膏已尽，何哉？至于兴实业，谋民生，御外交，保主权，荦荦大政，不惟窘于财力，且谁能计此？搪塞蹉跎，竟演成今日之危势。然使俄果不协约，朝鲜尚未灭亡，我民曲全伏就，犹有可原。兹值万旌齐指之时，处四面楚歌之里，求生无路，觅死都难，群拟一战背城，深恐祸延全国，不徒减国民颜色，何忍陵寝为墟，遂祷告祖宗之灵，乃共矢忠爱之誓。凡当言者期必办，凡举办者期必成，其后虎前狼，尚何足计？即或中道殂丧，当留思爱精魂，较作亡国奴，仍若天壤也。惟事关大体，众智资是，敢具野人之忱，爰计刖足之罪，乃公推代表，络绎来京。值钧院开幕之秋，正草野属望之日，萃全国英俊，集于一堂，举亿兆臣民，系诸宪法，允宜薄海胪欢，胡为望驼饮泣。但议院之宏基始定，外人之谋我已深，防不胜防，痛更思痛。特备五束刍议，权作一瓣心香，吁恳我资政院长，眷念三省，保持全局，俯采舆论，议决奏陈。谨将关于三省救亡事项，就管见所及，仰贡贤明垂察焉。（未完）

《长春公报》，1910 年 12 月 21 日

密查请愿国会者来矣

枢府现派章京钟某，前往东省，密查一切事宜。闻重要之点，系关于该省请愿国会种种情形，以便妥筹对待之法。该员业已就赴该省调查矣。（天）

《长春公报》，1910 年 12 月 21 日

奉天督宪奉到代奏请开国会折之朱批

全省人民请速开国会,蒙督宪代奏一节,已纪本报。兹闻公署于十二日奉到朱批,缩短年限,开设国会。前经廷议详酌,已降旨明白宣示,不应再奏。东三省地方重要,该督有治事安民之责,值此时艰,尤应力任其难,毋许藉词诿卸,致负委任。钦此。(逸)

《远东报》,1910年12月21日

同志会请开国会之进行

督宪代奏请开国会之折,奉批未准一节,已志昨报。兹各界同志会以为昨奉朱批,虽有不容再请之文,而请明年即开国会之目的在我,同志会则期必达,故各界到会签名者,有万余人之多。各属均选举代表晋京上书,以为继续进行之方法云。(逸)

《远东报》,1910年12月22日

四次请愿之一喜一忧

此次东三省四次请愿速开国会代表等，已于昨日午刻将愿书呈递资政院。当由秘书官接收，允为转递议长云。

又东督锡良电奏，奉天请即开国会，于十二日奉朱批：缩改开设议院年限，前经廷议详酌，已降旨明白宣示，不应再奏。三省地方重要，该督有治事安民之责，值此时艰，尤应力任其难，毋许藉词诿卸，致负委任等。

《国民公报》，1910 年 12 月 22 日

不准学生干预国会

准谁干预？

前者要求国会各学堂之学生，各聚多人，直赴公署请愿。今又有第四次请愿，学司诚恐各学生再逾越范围，通饬各学堂，先行查禁，毋使各学生妄干国政。（日）

《长春公报》，1910 年 12 月 22 日

奉天自治代表上资政院东三省救亡书（一续）

（一）利用外债。埃及亡于外债，我国士夫引镜自照，故每有拒款之举甚是。惟东三省则不尽然，以三省之航路、矿产、森林、渔盐及蚕桑各业，苟能实力讲求，遍可皆地兴利。但被外人谋夺，已十分五六。若谋自办，则又苦于资本匮乏，无力经营，坐视满地金钱，妄想蒸沙为饭。设不早为收拾，恐从此非我有矣。迫不得已，乃赞成大府借款，并将关于借款之意见列下：

（甲）债权国　与东三省土地关系最切者，厥为日、俄。如借该两国之款，是抱薪救火。倘欲牵入第三国势力，厥为美国。虽明知其尾闾必泄于极东，然在我苟【能】利用，则相隔远鸾，尚不有尾大不（挥）〔掉〕之弊。

（乙）路矿　东三省已成之路线，仅奉榆及营口属我国家，其他咸归外人掌握。其未修者，若吉会，若锦齐，及各要地之支路。即我计划兴修，外人必百方掣肘。至各属之矿产，尤为外人垂涎。为今之急，宜先筑锦齐，后联三省民商，筹款不足，再贷美款，将南满、东清两路赎回，庶于利权及国防上均大有裨益。然后开五矿之富产，复三江之航权，其他应兴各业，次第措施，大利既兴，亦国本自固。

（丙）拓殖　三省为天然农业国，宜择人烟稀少之处，创设拓殖公司，移山东、直隶住民，赴三省从事开垦，以收实边之效果，兼获未辟之地利。

（丁）负债　查东三省指借外债，原议由度支部担负。倘全国仿行，大部实难兼顾。况借款为保土地主权，自应由三省谘议局，联合地方团体，暂为负担。俟国债清结时，再归国家担任。其抽成提拨之弊，必须铲断。

（戊）检查　地方团体，既负债务，必特许该团体有检查账目，及一切监视之权利。否则徒事铺张，为位置少数私人计，非惟遗笑于外人，恐侵蚀之难免。我国民又奚于待款也耶?!（未完）

《长春公报》，1910年12月23日

东三省人心未死

安东各界对于请愿即开全国会一节，素具热忱。故于吴君省三、谭君保泰、郝君麟生等，由同志会公举同乡，联络国会请愿欢迎，于初十日至安，极为各界欢迎。于十一日午后一句钟，在商务会处开各界之全体大会。到会者，约百余人。遂经吴君等将回城之原因，及其目的，并省垣各界对于国会之情形，与一切进行之手续，以及开国会之利益，东省危亡之现状，亡国之惨苦，他若种种方面，皆痛陈剀切。迨报告毕，如劝学所总董孙日暄、教育会长李赓襄、县视学姜兴来、商务会协理王晓东、城镇乡自治董事盖峰山、王贯一、王岳东、联合会会长夏子冕等，无不极力赞成，实心协助。如各界所代表，自担一切经费，约五六日间即能筹办妥协。可见，安东受外界之刺激力，较他城为甚。故各界之人心感发，亦比他城为速。安东各界对于国会之热心，可为各城之巨擘矣。（大）

《长春公报》，1910 年 12 月 23 日

奉天自治代表上资政院东三省救亡书（二续）

（二）澈查财政。惜夫国无政不立，政非财不举，财用不足，百废莫兴，实今日我国之大患也。设不正本清源，一味滥征捐税，无怪西人斥我国捐税为堵商民咽喉物，而抗捐酿乱者，将接踵思逞。特将关于财政之意见列下：

（甲）通情 今各省清理财政局所凭据者，各项统计表及调查表。其统计调查，皆为官府附属品，自能代为挹注，量入为出，而滥支滥销之弊，更易掩盖。

如是清理，虽计百年后，终难得进出各款之真像。莫若于省会设会计检查所，一准各属四民，各抒所知，切实指摘，合则采之，不合则置之。如当权者果能认真详慎，秉公追求，假一年之时间，岁征款项，必增数倍。然后议行累进税法，则贫富可均矣。

（乙）核对　今东三省旗民各署，昭人耳目之款，尚不得清。其旧日隐匿浮冒各规费，非亲历者不能知其详，岂一纸统计表所能得其彷佛耶？宜由会计检查所督查各属财政使、官治局署，与自治团体互相指驳，俟丑象毕形，然后再将实用实销各项入表，较对实收确数，或提或免，宜定规约，以取缔之。

（丙）审定　查例有赋课及正捐，均为国家税。其一切公益捐，均为地方税。今闻东省有欲以警学亩捐列入国家税之说，殊与法理及事实上诸多不便。拟请将所征之帑款，逐细审定，遍张晓谕，以解民疑。并饬各属，自此次清查后，凡所进之款，每季榜示，每年刊刻征信录，颁发民间，以表大公。

（丁）赏罚　如民间指陈查实之项，有益公款者，酌给奖赏。官治与自治及监察员，通私作弊，及徇情塞责者议罚。一转移间，则中饱之弊可革矣。

《长春公报》，1910 年 12 月 24 日

锡督之痛哭流涕

闻之而不心动者必非中国人！

探悉官场人云，某大老昨接东督锡清弼制军长函一件，内系详陈东省局势危迫情形，及该省人民共举代表，来京请愿，速开国会，一切举动，乞于监国前，代为陈述。原函约三千余言，痛切利害。闻其中有云：东省时势日亟，有如大厦之将倾，良之不忍遽去者，实以东省人心未死，号呼奔走，冀挽狂澜，正好藉此时机，速谋万全之策。乃愚昧之忱，多不见谅于当轴已矣乎。此次请愿不准，良决意乞骸骨归，实不敢久处于累卵之局，坐观成败，使祖宗发祥之地，终落于他

人掌握之中,致受天下后世之唾骂云云。

按:近日时局之阽危,舍速开国会,几则无救亡上策。前次各督抚联衔电请,实由于锡制军之建议。今国会缩短之诏旨已颁,制军仍复作此再三之渎,岂真丧心病狂哉?亦以东三省之现相,其危迫实较前更甚也?乃枢老不察,群焉反对。读函中愚昧之忱,多不见谅于当轴数语,制军之心酸,制军之泪绝矣!记者至此,直欲无言。(亚)

《长春公报》,1910年12月24日

东省国会热之影响

东省请愿国会之各代表均已到京,而刘、舒、董三君又特往天津,与顺直谘议局联合,并演说东三省危险情形。又到城内普育女学校,联合绅商学各界,到者甚众。有江元吉者,湖北人,肄业天津法政学堂。因接东三省请开国会通告书,忧愤不知所出,适日昨又得资政院弹劾军机无效之恶耗,悲从中来,知非即开国会,不可挽救。遂在学堂割去臂肉一块,写成血书,布告同胞,题曰"万国请命警告同胞书"。当时同学目睹情状,人人感动,公请该堂监督停课一日,至三条石地方事务所,开会筹商进行办法。是日经顺直谘议局举定四次代表三人,为王法勤、贾恩绂、祥□。

记者按:即开国会风云,想从此或又有一番之热闹也。但国会之不可即开,政府每借口于人民程度之不足。若以新刑律问题例之,如直隶等省,尚不少反动者,诚哉其人民程度之不足也。夫人民之程度不足,而必日求开国会,岂国会二字,寒可以为衣,饥可以为食耶?脑筋简单,如是可〈以〉哀矣!

《盛京时报》,1910年12月25日

同志会选举请开国会代表

各界代表赴京请开国会一节，已志前报。兹闻学界年假归里，拟下乡演说开国会之迟速，关乎东省之存亡，俾一般人民共知国会之利益。约各界同志，在谘议局选举会长，以充日后赴京之代表。若政府不允代奏，拟再派请代表，以作后劲云。

《盛京时报》，1910年12月25日

奉天请愿即开国会同志会致北京同志会书

哀我奉省同胞　血枯泪尽矣！

敬启者。自国会缩短期限之上谕颁布后，敝省绅、学、商、农各界，众议沸腾，群以为东省垂危，若待至宣统五年，恐国会虽开，东土已非我有。当于谘议局开各界联合会议，不期而集者数千人。演说多人，皆持急激请愿主义，全场一致赞成，敝局遂有告资政院及各省谘议局之电。继此数经会议，或研究手续，或推举代表，或筹措川资，研究进行间，不意而有初一日金君、李君之血。金君（印）毓绂、李君（印）德权，皆中学学生也。十一月初一日，二君会同学界代表，到谘议局会议。二君恐事稍迟缓，致碍进行之机，金君于谈次，抽刀截左手小指，大书"金毓绂至诚"及"至诚感人"多字。群起拦阻间，李君复以割指之刀割其左股，肉垂落，复以血大书"李德权请速开国会"等字，大众劝归。未几，而有文君、苏君之血。十一月初三日，学界同志会集数千人，赴公署哀请锡督，代表请即开国会。法政学生文君科刺左手食指，苏君毓芳向锡督叩头流血，哀求锡督，允为电致各省督抚，联衔代奏，众始散归。未几而有于君之血，于君（印）长祥，营口商业学堂学生也。于初四日，因组织国会请愿事宜，恐众懈志，断左手第四指一枚，血流如注，以壮众志。未几，而有张君之血。十一月初五日，集八团体四十六州县人民数万人，以联衔迟缓，上书哀求锡督，专折代奏。未至公署以前，商务报编辑员张君进治，因商会求其写旗，以备赴公署标志，张君乃不以墨而以血，断其左手食指，三尺黄旗，几变为赤帜。其意在开通商界，使知国会之切急请求。此次请愿书，锡督已于初八日奏出。未几，于同日夜间，而有厚君之血。厚君（印）达，高等学堂学生，愤东省危急，于初五日夜间，自刺其股四处，以碗承血，作万言书，书极长之文二份，共十四纸，一上谘议局议长，一送代表，均救亡之策，切实而可行者。当即送医院调治。乃未几而有杨君之血。杨君育春，师范学堂学生，因学界下乡演说，诚恐有名无实，乃自刺左手食指，血书两篇。若规若讽，以为演说不力者警。未几，而又有曹君之血。因赴京代表出发有日，大书"北京花天酒地，足以坏人名誉，弟曾宪廷切嘱"等语，以振各代表临行之气。敝会于初七日电邀各省，共同请求，而覆电者已得多数省份赞成，此敝省请开国会各代表将行以前，众心切望切盼之情形如此也。各代表初十日启程，抵京后必谒贵会，共商此事，务请竭力设法，如何上书，如何遍谒当道。凡三次请愿所经过之历史，此次非惟不可略，且较从前而增益之，不达此请愿之目的不止。此敝会所馨香而祷祝者也。其余详细情形，敝代表自能缕述不赘。除将各项血书、纪实等篇呈阅，略共参考外，耑此拜恳，敬请公安。

《长春公报》，1910年12月25日

第四次国会代表谒见庆邸详纪

二十一日十一钟,东三省国会代表董之威、广轮、赵中鹄、刘焕文、舒基祖、段宝田、崔兴麟、恩吉、王惕、彭济臣、张兆麟、张兆龄、孙鸿龄、支寿铭、孙振香十五人,齐赴庆王府求见。府门上即找来步军统领乌珍,问明来由,其色似有难意。旋有警官来云:"诸君到此,足征热心,但数日内王爷大概不能见客。"王君云:"何日能见,即候何日再见。"寻有一冠珊瑚顶长翎者,近前曰:"诸君请到高庙少待,俟敝上到来,带领诸君进见,何如?"窥其意,盖欲诱之离却此地也。孙君云:"贵上肯为带领,感激之至。但在此立候,不能他往。"张兆龄君云:"我辈千里来此,事出公益,非有丝毫恶意。如或不信,请即按人搜检,以明心迹。"当下段君即对旁观者说东省危亡日甚一日现状,闻者多为泣下。旋传肃王到,当由董、孙、王三君近前面语,肃王云:"此处王爷暂时不能见客,休息三日再见,如何?"董如川曰:"准见,我等即立候三日无妨。"肃王云:"此难为情。不然请至厅上少息。"孙云:"王爷是否将代表等送交总厅?"肃云:"否否。请诸君暂到厅上,待以客礼。"孙云:"客礼不敢当。代表等知守法律,如王爷交厅拘留,不敢不往。"肃云:"噫!拘留岂所以待国民者。诸君不辞劳瘁,为四万万同胞奔命,吾若拘留诸君,诸君固有词以谢三省同乡,本爵何以对天下人民。本爵为人居心,诸君当可相信。睹此时势艰危,心如潮涌。"言时泪痕承睫,盈盈欲堕。王君云:"拘留,王爷不忍;回寓,代表不肯。无已,乞代达此意,令代表得见。"肃王入,未几有厅丞出,传董、刘两君入见。诸人要求全体皆见,许久始允同入。入则见庆王立阶上,肃王侍其右,诸人跪于阶下。董、刘两君报告东省情形,日逼日紧,非即开国会,不足以救危亡。庆王曰:"东省事,吾日夜关心,但开国会,即能挽回吗?"刘云:"开国会后,整顿内政,人民各有应负责任。虽不能即免危亡,然集合各省力量,团结一致,当可有转圜之法。"庆云:"我也知国会甚好。"王君云:"王爷既知国会有好处,请即将代表等请愿书,代递代奏,并乞极力主持,以期于成。"庆云:"此份请愿书,我可以代递吗?"孙云:"第三次请愿书,系乞肃王爷代递者。此次王爷更能代递无疑。"肃云:"代递一事,我替这王爷答应了。"舒云:"王爷代递好极,不然代表等长跪阶下,绝不回去。"时朔风凛冽,观诸人面,皆粒粒起粟。有未服皮衣者,寒气侵肌肤,不顾也。庆云:"我一人恐无此大力。"广君云:"庚子之役,非王爷,和约不能保存。中国此次东省危险,甚于庚子,仍请王爷主持,以救万民生命。"庆王曰:"明年即开国会,一切预备,恐来不及罢。"赵云:"开国会所应筹备者,不过议院法、选举法耳。若能提前认真赶办,则两三月间,足以成就,何至赶办不及?"支云:"王爷如不俯允此请,代表等死此不能他去。"言罢,众人呼号哀恳,泣如雨下。移时,庆王似亦心动,乃慨然应允。诸人齐声曰:"王爷位隆德重,九鼎一言,全国人民敬听后命。"肃王曰:"王爷即允所请,绝无改易。"众感谢,并高声呼万岁者三,乃徐徐退出,时已五句钟矣。

《顺天时报》,1910 年 12 月 25 日

奉天请愿国会同志会简章

一、定名

本会联合各团体,发起第四次请愿国会,因定名曰奉天请愿即开国会同志会。

二、宗旨

本会之设,以敦促宪政成立,请求即开国会为宗旨。

三、组织

本会就旧有同志会加入各团体,共谋扩充,以规宏远。

四、办事人员,列左:

甲、由省城及各城各团体，公举代表若干人赴京。

乙、暂由省城各团体自举干事四人。各城干事举定后，有愿来省值日者，随时加入。

丙、公聘事务员一人。

五、代表之职任

甲、代表赴京，联合吉、黑两省，特别上书，并联络同志各代表，协商进行方法。

乙、代表任期，暂不限定。将来应否轮替，及轮替办法，由各团体自行酌定后，再经本会公认，方得实行。

丙、代表人遇有急要事件，必需他往，经代表人同意认可者，应一面嘱托代表人兼理，一面报告本会。

丁、代表在京，有协商办法，及应行报告事宜，按日函告本会。遇有特别事件，随时电告。

戊、代表在京，组织机关，及一切进行办法，得向代表人同意决之，随时报告本会。其重要事件，并当由本会公同决议，电复施行。

六、干事之职任

甲、本会干事分二股

（一）书记股：专司核办文牍事宜。

（二）会计股：专司会内一切款项事。

《长春公报》，1910年12月25日

关于东三省国会代表要电一则

昨日东三省国会代表等，誓死断食，拜访庆邸，将请愿即开国会上书，恳请代呈摄政王。庆邸始尚未面接代表，而肃邸亲出接见之，告以自替代表与庆邸恳商代呈事宜。代表到底不肯，仍哀求庆邸之面允而不去。庆邸不得已，而即出接见代表，并允代呈。

《长春公报》，1910年12月25日

谐文——创办中国仕宦公债会

猗欤盛哉，我仕宦一途之焜耀于中国也。言乎权，则掌钧衡，握枢要，国脉攸关，民生共赖。举凡所谓农、工、产、学各界，无是重。言乎势，则拥高衙，建大纛，堂上一呼，阶前百诺。举凡所谓共和立宪诸国，无是尊。言乎利，则汩汩而来，源源不绝，陋规杂税，供我搜求，铁路矿山，任吾售卖。举凡所谓洋行、公司各业，无是厚。花翎红顶，其荣何如？大人公祖，其尊何如？大轿煌煌，头牌秩秩，其威何如？仆御盈前，姬妾满侧，其乐何如？山珍海错，一食万钱，叉雀呼卢，一掷千镒，其阔何如？紫缊黄褂，叠荷隆恩，福字荷包，屡邀异数，其宠何如？加以少年英俊，半拜门生，族党亲朋，并居权要，计三窟之已成，固已万摇而不动焉矣。不图世风乖戾，民气嚣张，往往昌言团体，抵制上官，报馆日肆狂言，士绅竞干朝政，一官方授，阻挠之电纷来；一利将收，唾骂之声四起。试问一池清水，底事干卿，而乃薄海同风，竞图仇我。若不未雨绸缪，早筹抵制，诚恐愈趋愈下，不独卖矿卖路，不能事事随心，即令一缺一差，亦将处处棘手也。爰集同人，亟组斯会，合内外为一家，联文武为一气，结极阔之团体，增极大之威权，从兹宦海波平，不虑冰山易倒，笑尔众生运尽，任吾豺虎施威，我仕宦中人，其群起而赞成之乎？宦途幸甚！中国幸甚！

《长春公报》，1910年12月27日

东省请愿国会之被斥

东省各界日前恳请督宪代奏速开国会,并举代表上书政府等情,已志前报。兹闻公署于昨二十五日早接奉寄谕,略谓:开设议院,缩改于宣统五年,乃系廷臣协议,请旨定夺,并申明一经宣示,万不能再议更张。乃无知之徒,往往要集多人,并请官长,今又有以东三省代表名词,来京递呈,一再渎扰,实属不成事体。已饬民政部、步军衙门将代表解回,不准逗留。嗣后如再有聚众滋闹情事,则由该督抚查拿严办,以防隐患云云。

《盛京时报》,1910 年 12 月 28 日

奉天自治代表上资政院东三省救亡书(三续)

(丙)启迪　民智不开,最易偾事,宜择热心国事,洞明时局之士,加入研究,将国家人民关系之理,演为白话,呈官审定,排印成书。多委巡行宣讲员,分途演说,现身说法,再遍设阅报室及宣讲圣谕所,并附简易识字塾。果能实行期年,风化必一新矣。

(丁)教育　德之胜法,日之胜俄,皆归功于小学教员,信不诬也。我国近来虽极力兴学,然官绅视为沽名纳利之捷径。所以报成绩者有人,列公益之事实者有人,前后任互相争功及推诿者更有人,究之卒业合乎部试之格式者,几如凤毛麟角。推原其故,务虚不尚实故也。请饬各省学使,严查所属各学堂,成绩优者,酌给奖励,成绩劣者,从重惩罚。教令一新,学务自肃。至于官立学堂,不

必望多，只在求精。私立学堂，阖属遍立，要在一致。并在所有中学以下学堂，各设简易识字塾，附三小时夜课，令职教各员，分日教导一般劳动人等，暨酌设女学，以收普及之效。

（戊）生计 善谋国者，不患内乱外侮，深虑民乏生计，故欧美各国资本家，与一般劳动者恒有冲突。此各国之大政治家所以日谋调剂贫富，为最急之务也。今我国分利日多，生利日少，一夫力耕，百口坐食，国安得不贫弱？彼西人之忧贫，较我犹在天上，我独无忧，且敲骨求之。倘不早谋生计，必有不堪设想者矣。未若停不急之工，节滥销之费，推广工场，强迫无业游民，以工代教。就本国固有之产料，制社会日用所必需，源开则流自节，工举则利自生。一面联合商民，集合重款，创设储蓄银行，济贫益官，生计日足，营业日兴，国计民生，自能充裕。然后审时制宜，与环球列强，始以商战，继以智战，我国族又何患无富强之日哉！

（己）立誓 东三省人民，素以强悍称。惟习于承平，日趋柔懦，近感外界风潮，颇知自奋。宜乘此时，利用新机，下剪发令，与民更始。务使一般臣民，拔剑砍地，断发誓天，爱国忠君，坚抱此念，当食余茶罢，摩顶兴怀，较卧薪尝胆，尤为痛切。

（庚）崇俭 我国士夫蹈于奢侈，上下仿效，已非一日。今之滥费妄耗，较十年前尤过百倍。非有一定取缔，则浇风终难矫正。莫若将民服制重新厘定，下令易服，先自东省始。在乍办之初，难免阻滞，果官能倡于上，民自和于下。不惟男子之妄费可减，即女子一切簪环首饰金银等件，皆可俭省。镕铸为币，以【作】通用，不惟可节虚糜，更免银根奇紧之弊。（未完）

《长春公报》，1910年12月28日

（整理者按：此篇与前两篇"救亡书"内容连贯，而编号略有参差。姑保留原样。）

上谕一则

十一月二十三日内阁奉上谕：前据锡良代奏，奉天绅民呈请明年即开国会，当经批示，缩改开设议院年限，前经廷议详酌，已降旨明白宣示，不应再奏。嗣据陈夔龙电奏，顺直谘议局议长等又以速开国会为请。复经电饬，剀切宣示，不准再行联名要求渎奏，并严饬开导弹压。如不服劝谕，纠众违抗，即行查拿严办。兹又据军机大臣据情面奏，亦属不合。开设议院，缩改于宣统五年，乃系廷臣协议，请旨定夺，并申明一经宣示，万不能再议更张。诚以事繁期迫，一切均须提前筹备，已不免种种为难。各省督抚陈奏，亦多见及于此。乃无识之徒，不察此意，仍肆要求，往往聚集多人，挟制官长。今又有以东三省代表名词，来京递呈，一再渎扰，实属不成事体。著民政部、步军统领衙门立即派员，将此项人等迅速递回原籍，各安生业，不准在京逗留。朝廷于无知愚民，因迫于时艰，妄行陈说，已从宽宥，然岂有国民而不循理法者。深恐奸人暗中鼓动，藉词煽惑，希图扰乱治安。若不及早防维，认真弹压惩办，久必至于酿乱。此后倘有续行来京，藉端滋扰者，定惟民政部、步军统领衙门是问。各省如再有聚众滋闹情事，即非安分良民，该督抚等均有地方之责，著即懔遵十月初三日谕旨，查拿严办，毋稍纵容，以安民生，而防隐患。钦此。

《长春公报》，1910 年 12 月 29 日

锡帅对于时事之感言

锡帅行将晋京,并决志乞休一节,已纪昨报。顷据政界人言,钦帅昨在公署与各司道谈及国事,甚为伤感,以谓东省时局艰危,强邻逼处,舍速开国会,实别无救济之法。今既难回天听,国会不能速开,则祸患无穷。东省之土地人民,势将不保,身任封疆者,与其坐视危亡,无从补救,不如退位以让贤者之为愈也。言毕欷歔不置,各司道亦为太息云。(逸)

《远东报》,1910 年 12 月 29 日

东三省各界人民代表董之威等上监国摄政王请愿即开国会书

之威等谨上书于贤王殿下,窃以中国今日之情势,舍即开国会,组织责任内阁,谋政治之统一,不足以救危亡。前经各省人民两次请愿速开国会,本年复经资政院提作议案,议决上奏,暨各省督抚先后电奏,速开国会。当于十月初三日,钦奉上谕,俯顺臣民之请,缩改于宣统五年实行,开设议院,在我皇上审机观变,好恶同民,贤王力辅圣猷,主持大计,属在臣民,莫不感激涕零。仰承高厚,尽心于实行筹备,以期早日观成,孰敢再事请求,意存尝试,而自取罪戾。顾之威等默窥时局,近察事机,家国危亡,实有刻不容缓之势。而东三省危险万状,尤为不可思议。之威等身受目击,刺激尤深,知而不言,非臣子之道,言而不切,非事君之忠,用敢椎心泣血,披沥陈之。

今日之东三省,乃名存实亡之东三省也。统览三省大势,为日俄、南满、东

清铁道，及安奉、吉宁诸铁路所包围，步步处人肘腋之下，屯兵要隘，蹂躏主权，不与之争，安忍以祖宗发祥之地，人民身家性命财产所托之区，任人行动自由。与之争，则空言适足以速祸，奴隶犬马之惨剧不待，三省舆图变色，而已身受，可为恸哭。此犹我国朝野上下所已知者。据近日情形，则并吞之概，又相逼而来。安奉路工，原期二年竣事，今则缩短于一年半竣工，日夕从事工作，似此亟亟，则日人将欲迁都朝鲜之说，不难实行。近又借口于铁道沿线胡匪之滋扰，要我外部允许会剿，如是则我无警察权。南满铁路，日本移民日渐增多，如入无人之境，如是则我无土地权。俄国亦运用日俄协约之作用，野心勃勃，嗾使胡匪，扰我边境，并进窥蒙古。近以哈尔滨发生鼠疫，竟借口查疫，侵我主权，如是则我无行政权。因防疫之故，竟断吾国行人，如是则我无通行之自由权。种种举动，无非急欲揽我主权，并东三省名义而去之，置我于朝鲜之列。而此数事，又皆发生于近数月之间。莽莽浩劫，无术以避之，故数月之内，农不安于耕，商不安于市，士不安于诵读，工不安于制作，人心惶迫，盼望国会，不惜断指割股，以表示其哀恳迫切之诚。不十日间，已至五十余人。其可惊可哭状况，诚知前途岌岌，朝不保夕，几有风中残烛之象。一旦有变，则三省人民，父不能保其子，兄不能保其弟，夫不能保其妻，哭之于天，而苍苍者无语，哭之于我皇上，我皇上亦无如此丰镐之子遗何。而谓宣统五年开设议院，延颈以待，能乎不能？近世之政治家、外交家论中国者，恒谓欲解决中国问题，当先解决东三省问题。东三省存，则中国存，东三省亡，则中国亡。我贤王不为东三省计，亦当为全国计，不为全国计，亦当为祖宗陵寝计。欲救东三省之危亡，舍即开国会，谋政治之统一，实无他善策。恭读上谕，所谓缓之固无可缓，具见圣明，以今日时局之危险，急起直追，即开国会，能容我补救于万一，而得免危亡与否，尚不敢必。若待至宣统五年，始开国会，则我国必不能免于灭亡。我方审慎迟徊，人已急不我待。至其时，虽有良法，亦无所用。虽欲开国会，而必不能。与其追悔于事后，何如补救于未然。若以为既确定于宣统五年召集国会，不能再议更张，之威等以为事贵求实，而不骛名，不再议更张，不过体制上稍有虚誉，而国亡家破，丝毫无补于事实。朝廷又何必求虚名而速实祸？

先朝之谕旨，尚能因时制宜，我皇上必能俯顺舆情，再缩年限，以活三省，而拯大局。至议院选举诸法，各国具有成规，并力编纂，则数月亦可蒇事。资政院议案，本系主张速开国会，徒以不负责任之军机大臣，不能赞襄圣谟，致收此不痛不痒之结果。然而，之威等经庚子之乱，日俄之战，劫后余生，已成两番未亡之人民，今兹苟延残喘，痛定思痛，实不能再忍须臾，重见东都板荡之祸。为此联合各界，公举代表，沥陈东三省危急情形于贤王之前。请于明年七八月间开设议院，俾得政治统一，力救危亡。伏乞贤王附采刍荛，不必交由会议政务处会议，毅然独断，以宗庙社稷为重，则之威等虽冒斧钺之诛，亦将含笑而赴。国家幸甚！天下幸甚！泣血哀鸣，语无伦次，罔识忌讳，无任恐惧之至。（完）

《长春公报》，1910年12月30日

锡公果不负民

锡督自奉到二十三日严禁请开国会之上谕后，以时事孔急，潮流所趋，必至日甚一日，加以各界志士奔走号呼，尤不能不目睹心伤，碍难压制心性。是已决意乞休，以表乃心之清白，并以谢多数人民之哀求。如锡公者，始终可谓不负民民（已）〔也〕。（石）

《长春公报》，1910年12月30日

民心未死　民力如何

奉省各界绅民以请求国会一节，已奉明谕，严行禁止，乃存亡所关，究不能不设法维持，研究进行。仍拟联合各界，多方哀求，纵至牺牲性命、破坏身家亦不辞。并云：如其奄奄束手，坐以待外人之毙，毋宁舌敝唇焦，死于本国之峻法严刑，犹可对祖宗于地下也。民心未死，可见一斑。（石）

《长春公报》，1910年12月30日

代表归矣

热心国会者看看

奉天请开国会代表被送回籍，由民政部特派员负责礼送回奉，在于昨日下午五点五十分到站。计代表十人：董之威、孙振香、崔兴麟、恩吉、张兆龄、舒基祖、段宝田、赵中鹄、张兆麟、王惕。各界均有多人至站迎接，至谘议局，由孙、董、舒、王四君报告在京大概情形，尚有代表刘焕文、孙鸿龄、支寿铭、广轮四君留京，闻于今日到奉云。

《长春公报》，1910年12月30日

筹设演说讲习会之预闻

奉天各界人民热心国会，学界尤为热心。日前各学堂学生下乡演说，以谋开通民智，使知开国会利益，即以之为请愿速开国会之后援。虽演说固必有能动人之听闻，亦不可过于激烈。谘议局正议长吴景濂君有见于此，以为非加讲习，则演说恐有流于过激之弊，故拟筹款设立一演说讲习会，以为研究之处。闻不日即

将开办矣。（逸）

《远东报》，1910年12月30日

皇太后对于请开国会之嘉奖

内廷近息　二十二早，监国办事后，特蒙隆裕皇太后召见于宁寿宫，当垂询云：现闻奉天及直隶等省，为要求即开国会，团体甚坚，诚恐各督抚不敢代奏，因之持流血主义，牺牲性命者，不知有几。此事应准与否，本宫不便主张。惟现时民心之固结，民气之勃兴，亦颇为可喜云云。监国闻谕旨，当奏以此事关系国家前途甚大，本监国颇愿准伊等之请，既可挽国危，复能慰民望。惟其中待议之问题甚多，故尚须详加斟酌耳。奏毕，随即退出。（成）

《长春公报》，1910年12月31日

资政院有后援矣

弹劾军机案之无效，全国人心为之失望。刻又闻各省谘议局纷纷电致资政院，询问其主张。如资政院议员辞职，各省谘议局亦同盟解散云。（亚）

《长春公报》，1910年12月31日

奉天自治代表上资政院东三省救亡书（四续）

（辛）团结　夫齐万有之民，共抱忠爱之义，非设法团结，难期一致。尤不能不审其好恶，按症进剂。今东省人民，被害于烟、酒、淫、赌四项，锢弊最深，所以在礼无稽之教，得乘隙蹈暇，随处风行。倘更以高尚之道理导之，必望风向化。查万国改良会之宗旨，专为戒断此四大弊，宜利用之，以健身体，而保利权。次推行万国赤十字会，使同登化域。然后统一宗教，以固团体。惟须收回教权，揭去外人护符，以亚洲人行亚洲教，徐图将儒、释、耶三教精蕴，搜集组合一上帝神教，教长由内务大臣暂任之。我国人常自夸，执环球之牛耳，合五洲而大同，非有高等宗教，莫由而致之矣。

（五）力求军备　兵者国之保障，人民生命财产，赖以保护维持。故可百年不用，不可一日不备，因将关于军备之意见列下：

（甲）测绘　今我全国舆图，被外人测量已详，而边隘要地窥查尤确。我之各省测量局，虽已成立，然绘成之图，寥寥无几。一日有警，敌我者对于山河险要，边疆隘口，了如指掌，操纵裕如；御敌者如蝇扑窗，屡进屡仆，在未战之先，胜败已决。宜选择通人，详细勘绘，凡军事上之要点，备载总图、分图，庶临战时不致茫无把握。

（乙）练兵　兵贵妙用一心，尤贵神速。今我国陆军未完备，海军难骤兴，航路不尽交通，国防实难周备，欲期神速，谈而已矣。然决不能因噎废食，宜将旧日军队严加训练。练身而外，练心为要。果能如日军抱定一死报国之志，尚可以血肉敌国仇。练心之法，要在以国耻激之，以身家动之，更须易地教练，专一其精神。今东省外患日逼，朝不保夕，请将各省精练之军，拨调五镇，分驻三省，任知兵大员督率镇摄，庶于交涉上稍增气力。

《长春公报》，1911年1月1日

三子策

究竟学好耶？

学赖耶？

抑学坏耶？

奉天四次请求国会代表，均已回奉。月之二拾七日下四钟，在教育总会开全体大会。由代表孙君报告在京请求种种为难，及强被送回情形，并研究遵谕解散同志会，重行组织，为五次进行之预备。其进行方法，概而计之，不外上、中、下三策：上策之法曰学好小子，中策之法曰学赖小子，下策之法曰学坏小子。三法之外，无所用矣。俟议有端倪，再为详悉说明。（石）

《长春公报》，1911年1月1日

请愿国会代表之资格取销

第四次请愿国会既归无效，由民政部派员将各代表送回。各代表曾函请同志会将其责任取销。闻日昨经同志会全体议决通过，当将取销各代表责任缘由，通告各界，并闻将另举代表，为第五次之请愿，不日即发表云。（逸）

《远东报》，1911年1月1日

奉天同志会通告书

敬启者。本省前举第四次赴京请愿即开国会代表,上书后,已奉上谕,未允所请,并著民政部、步军统领衙门派员,送回原籍。煌煌谕旨,理合敬谨遵行,然国势日危,朝不保夕,而吾人请愿即开国会,以救危亡之心,固未敢息。前请各举代表,作五次请愿之准备。此其时矣。恭读上谕,深恐奸人暗中鼓动,藉词煽惑,希图扰害治安,应即早防维,认真弹压等语。原为朝廷防范奸人,维持秩序之至意,属在臣民,莫不同具此心。我等目睹家国之危亡,哀求朝廷,早图救亡之策,发于忠爱,自当于组织进行之际,格外防范奸人混迹,扰害治安。我等果言行皆遵法律,一切纳乎范围之内,国家何用其弹压?务乞贵处,仍照前议,速举代表,协同进行。并乞举定后,迅速见告所由,来省聚齐,日期届时酌定,再行专函奉闻,务请万众一心,同趋此的。幸甚!幸甚!至本会会员下乡宣讲,原为开通民智起见,厥功甚伟,收效必宏。惟值此四次请愿无效之后,有为诸君所应注意者:

一、对于此次所奉上谕,当敬谨委婉解释,不可稍涉不敬。须知国家杜渐防微,无非防范奸人扰乱治安之苦心。我能不越范围,自无虑或有违背之处。

一、值此紧要关头,一举一动,均宜格外审慎,免为反对者借口,而妨碍本会之进行。

一、四次请愿无效尚可,五次请愿不可以为失望,发为愤激之谈,致酿生别种恶果。此宜引为大戒。

一、热心过甚之人,每于失望之余,灰心万状。尤望格外振拔,同作正气,以支危局。

呜呼!千钧一发,系此河山,生死关头,非同儿戏。须知一人之得失,即本会之得失,而目的之能达与否,实系于此。诸君热心毅力,素所深信,必能广收效果,而为同志光也。临颖依依,不尽一一。

奉天请愿即开国会同志会启

《长春公报》，1911年1月3日

荆天棘地　同声一哭

奉省城南三十里之吴家堡村人某，日昨闻知国会代表回奉，约集乡老数人，同赴村外火车站，迎问代表国会情形。行走之间，突有日人数名，手执木棒，将此村人遍行痛打。询其缘由，则蹙然对曰："尔中国人心术坏矣。即要求国会一事，已足征之，打之不足以尽罪。"该村人只得负痛含泪，抱头鼠窜而去。

按：今大势所趋，有强权无公理，人皆知之。独怪日本与我同种同文，区区三岛，以侥幸战胜俄人之故，一跃而驾乎列强，遂侈然自恣，绝不思黄白种族异日鏖战之大界限、大结果，竟百般凌辱，一意与我为难。不独昧于唇亡齿寒之计，且恐天然之隔膜，群友邻未必不视为鼎上肉也。犹诩诩然自号为文明，文明人固窃笑之，即不敢自居文明者，亦不得不为反唇之讥。吾不禁为中国人之前途哭！吾又不禁为日本人之前途哭！

《长春公报》，1911年1月3日

督宪体恤民财之政见

藉公剥削者注意

奉省自治经费,前经督宪奏准,附加税捐项作为的款。即或万难敷用,另创特捐,亦宜由地方官谕令,照章征收,勿庸由议事会擅立名目,藉公剥削。日内抚顺、承德两县议事会议员庆恒、庆安、邦太等,均以经费不足来督辕,一则呈明特收蚕捐,一则禀请加收车捐。该会员等原为亟谋公益,以资挹注起见,而督宪体恤民艰,预防流弊,于抚顺则驳以特收蚕捐,牵累贫民;于承德则斥以擅立名目,致滋扰累。于此见督宪思患首防之端矣。(大)

《长春公报》,1911年1月3日

噫!同志会解散矣!

政府又去一病

前此各界组织国会请愿同志会,并公举职员,以谋进行事宜。现因第四次之请愿未邀俞允,只得将本会暂时遵旨解散,徐图再接再厉之方法云。(北)

《长春公报》,1911年1月4日

锡督放胆责枢府

木钟泥鼓　任尔敲击

锡督帅近日屡次电陈东三省之交涉困难情形，各枢臣毫无切实办法，亦无正式之覆电。锡督因之颇为不悦，闻又特电枢臣，备陈东三省大局之危险，与国际之关系，并深责各枢臣不负责任，立言极其刚直。各枢臣对于此电颇生恶感，以该督只知己所处地之困难，而不识中央地位之困难尤甚。并谓该督之屡次恳请开缺，为志在要挟，拟将来如再乞退，当即奏请允准云。（立）

《长春公报》，1911年1月4日

东人恳留锡督之热忱

东督锡制军以现在财政支绌，外交棘手，叠请早开国会，难邀俞允，则仰不能效力君国，亦俯无颜对三省人民，故前已暂出请假，以待消息各节，早志本报。近竟奉到朝旨，不允所请，至此锡督退志倍固。闻日昨又电求政府，代奏请开缺，并荐唐少川自代。本省各司道等闻之，以此事与东省大局有关系，故均向锡督殷劝，以当此时局危近，大帅乞勿萌退志等语。乃谘议局代表及学、商等各界代表十余名，于日前晋谒锡帅，恳请仍督东省，至短亦再任两三年，以为急流之砥柱，而救三省颠危等情，词意激切，声泪俱下。锡帅亦颇为动容云。（公）

《长春公报》，1911年1月4日

东三省之危机

实事耶？

抑传之非其真耶？噫！

东三省国会请愿代表，请愿不遂，懊丧而归。闻该省人民，大不满意。近日外间纷传，遂谓日俄两国，有向我外务部索借东三省之谣，想东省时局，必危迫万状也！（公）

《长春公报》，1911 年 1 月 4 日

国会第五次请愿之先声

第四次请开国会之代表，已由民政部派员送回。日昨同志会在谘议局会议，以谓第四次请愿虽归无效，而我东省之人民决不可不谋进行之方法。盖不进行，则无以达明年即开会之目的，亦无以对各省进京之代表。故拟再举代表进京，为第五次之请愿云。（逸）

《远东报》，1911 年 1 月 4 日

一出戏也竟不能自由了

奉省大西关维新茶园，经热心志士排有《爱国血》一出戏，令该园演唱，专以形容朝鲜见并后，种种受人虐待之惨状，冀以唤醒同胞，力图自强。不意日人侦知，竟谓此等状况，适以启邻邦性情上之恶感。当即照会巡警总局，速速禁止，否则定行干涉云云。

按：日人既不欲惹起我国人性情上之恶感，即应种种和平，敦睦友谊，胡为乎蛮野横生，多方牵掣？甚至于剪发之举动，则叱曰违制，国会之请求，则鄙曰狂热。事不干己，妄肆讥评，而警权之把持，矿业、林业、渔业，以及垦业之着着侵占，尤不堪枚举。起居动静，莫非惹恶感之资料。今竟于一戏之微，借口邦交，公然取缔，其不欲我国民之稍有振作，已如司马之心，路人皆知。较之英人之于印度，法人之于越南，日人之于琉球、台湾、高丽，俨同一辙。主权丧失，已达极点，由此做去，何堪设想？敬告我国民，断不得以事近微琐，开彼乘隙之渐，失我提倡之利。文明之对待，精神之感触，双方并进，莫遗余力，庶几烟消天霁，或不终游黑暗也。同胞勉诸！（石）

《长春公报》，1911年1月7日

督抚筹边策

闻东督锡清帅、吉抚陈简帅，以吉省地毗蒙古，地方辽阔，人民稀少，外人时生觊觎，久欲侵蚀矿垦之权利，非招徕垦牧，移民实边，不足以固边圉而保领土。现在已来往电商殖民之事宜，惟因地势荒僻，胡匪猖獗，道路不通，行旅裹足，加以外力日形澎涨，侨民络绎而至，均宜速筹对待之方法，以期赴垦者源源而来，而免人民之疑惧观望，致荒天然之大利。现闻督宪已札饬司道等，公同会拟妥善办法，以便电覆吉抚，请烦查照核办云。

《长春公报》，1911年1月7日

戏拟军机大臣讨资政院议员檄

拟徐敬业讨武曌檄体

伪君子资政院议员者，性非和顺，地实寒微。昔为草茅下士，曾以议员入选。洎乎今日，渎乱朝纲，竟忘前日之穷，阴图后来之誉。入朝见嫉，狼吞直欲噬人，奋袖狂呼，狗吠偏能感众，视元后如草芥，轻我辈若鸿毛。加以豺虎其心，犬豕其性，结连邪党，弹劾大臣，欺君灭官，助下犯上，朝廷之所同嫉，官场之所不容。犹复包藏祸心，要求国会，君之介弟，目之为婴孩，国之老臣，斥之为顽固。呜呼！大彼得之不作，拿破仑之已亡，倒授以戈，知官威之日替，不掉其尾，慨帝制之难为。某等朝廷重臣，王公臣子，邀先君之宠命，作当代之大官，贾似道之半闲，良有以也；卢怀慎之伴食，岂徒然哉。是用共奋威权，保持禄位，因百僚之失望，合六部以同心，爰举官兵，以歼民党。内连枢府，外结疆臣，王爷当头，群僚接踵，病假夕请，慰留之诏旋来，严旨朝颁，代表之徒并逐。威声动而北风起，官气冲而南斗平，喑呜则百姓亡魂，叱咤则万民变色。以此制贼，何贼不摧？以此杀人，何人不死？尔等或家传科举，或世守职官，或期富贵于前途，或博显扬于后日，名虽可念，利岂忘心，三月之期匪遥，一朝之权何在。倘能转祸为福，去彼就兹，共入升官之途，同作发财之计。凡诸美缺，任尔取携。若其眷念议员，醉心国会，坐失飞来之福，并贻解散之羞，试看今日之纶音，竟是谁家之失败？（选）

《长春公报》，1911年1月8日

筹东政见——资政院关于东省之议案

资政院奉天议员陈瀛洲等以东边时局危迫，瞬息万变，曾具说帖质问外务部。闻前日开秘密会时，外务部大臣口答"因事关秘密，不便宣布"，陈议员随即提出建议数项：（一）增加兵额。凡东省人民，共负当兵义务，仿古代寓兵于农之制，无事可以自守，有事可以自卫。（二）建设器械厂，制造各项军械，以备需用。（三）扩张东三省总督权限，使之不受制于中央，不能与内地督抚视同一例。但总督权限既拓张之后，谘议局权限亦应酌量增加，以与总督对待。（四）厚借外债，兴办各项新政。刻闻已另具说帖，得三十人以上之赞成，下次开议，即可提出矣。

《吉长日报》，1911 年 1 月 10 日

督宪请假之原因

督宪自代奏四次请愿，奉谕后即行不豫。刻闻各界又组织五次请愿，督宪以若再来辕要求，压制不可，解散不能，既有二十三日之上谕，若再代表，必受严饬。与其左右做人难，何如乞休以避贤路。故前已续假十日，拟于此十日假满后，再行续请，非达到告退之目的不止云。（可）

《长春公报》，1911 年 1 月 10 日

甘为奴隶之特别性

与日人交涉当何如？

奉天省垣现有一种质屋，门前均有日商两字，月利四分五分，甚至六七分不等。三月期满，任其变卖。病民病商，莫此为甚。而无知愚民，均贪其出价之昂，群焉趋之，以致各当店大受影响，莫可如何。兹探其实在情形，此种质屋，究非日人所设。本地刁商筹备资本，勾串日人，假借名目，每月所得之利，许与三七或四六分红。呜呼！以自己之母财，陷自己之同胞，反以权利与人，听人指挥，是之谓真奴隶！是之谓具特别之性根！刻谘议局已提为议案，向日人交涉矣。（石）

《长春公报》，1911年1月10日

捋虎须者又将出现

奉省国会代表自被送回奉后，多方研究，迄无进行良策。月之初一日，假大观茶园，开全体大会。议定暂将同志会名目，遵谕取消，另行公举代表四人，准于明年正月二十日赴京哀求，倘再不达目的，宁死不归云云。

《长春公报》，1911年1月11日

谕禁请愿后之大风潮

津函云：天津学界因奉天代表到津运动，全体罢学，邀求国会，不期而集于督辕者有三千余人之多。陈督允为代奏，已志前报。及上谕不准，陈督张示云云，如再邀求，即遵十月十三日上谕，查拿严办。学界大愤，齐集三条石自治研究所（即二十一日晚），筹议对待方法。陈督盛怒，命巡警道署查办。该道恐酿大乱，不敢操切。陈督大加申饬，天津镇张怀芝主张捆缚议长，天津道主张多杀数人，于是陈督命天津镇派警兵一百人，各衙署亦纷纷邀求保护，满街马队巡逻，如临大敌。是夜之天津，如办理稍一失宜，即二次之湖南事变发生也。巡警道署课员杨卓家、童俊、何丕基、潘炳章诸人，亲临会场，开导学生，不见解散。突有巡警道署宪政研究所教员吴超君，见兵队临场捕拿，恐成不了之局，乃攘臂登台，痛哭流涕，情愿归校，照常开课。现已安静无事云。（京）

《长春公报》，1911年1月11日

中国民有义务无权利

世界上各国，无论东亚西欧，无论专制立宪，以及那共和民主，国民对于国家，既有应尽的义务，就有应享的权利，人情公理，两无所亏。大概国民的义务事，最当先的纳捐纳税，然而国家收受国民的捐金税金，并非入于私囊，还要替国民设备，保卫安宁，清理秩序的事务。甚么制船造炮，甚么募兵丁，购军火，又是甚么修筑城池营垒、军港炮台等等的费用，不过是教国民享受那太平的幸福，对于外不受外人的虐待，对于内不受贼匪的扰害。设巡警卫生，是保护国民的安宁，郑重国民的生命。设乡谳审判，是维持国民讲公理、明曲直。凡国家建设卫署局所，是专专为国民尽义务、享权利而设的。由这么一看，国民对于国家所颁行种种的捐税，自应竭力的输纳，不应有丝毫的违抗，那才不愧为国民。然而国家对于国民呢，也应当尽力的保全，方不失国家的资格。国家与国民，不过彼此维持，互相保守，然后可以达到那强胜的地位。我想这个道理，不但欧美如此，大概我们中国，自有国以来，也不外乎这个意思吧！惟有最可惜最可痛的是，我们专制日久啦，竟把真道实理抛弃九霄云外去啦！降至如今，国民只有尽义务的责任，没有享权利的幸福。你看人家外国人，无论作甚么营生，来到中国，不但他那性命财产，是钦差领事分内应保护的事，就连和我们中国人有交接的事，稍有一点儿吃亏，人家的钦差领事，立刻他就行照会，打电报，就要交涉来。一则是人家恐怕辜负了国民的委任，一则是恐怕伤了国民的感情，所以人家的官府，一听见商民有甚么事，但凡能可以办的事，必要尽心尽力的替办。决不像我们中国的官府，就知道自己安富尊荣，就知道使尽方法刮地皮，不必说我们中国人旅居在外洋，受人家的虐待了，就是在我们自己国里的，受了人家的欺侮，官府还不闻不问哪！甚至于我们的性命财产有损失的时候，我们官府但得能够妆聋，也就妆听不见啦！

　　我听见有一位朋友说，外国的国民，所纳的捐税，每年比我们多着好几倍哪！甚至苦力担一桶豆腐，挑一筐青菜，先得到巡捕房颁了小票，然后才许到大街小巷去售卖。为甚么我国要办的印花税，人人都抱怨哪？难道我们中国人就不懂得尽义务吗？不懂爱国吗？据我想，不是呀！第一是我们官场从来办甚么事，总免不了弊，未曾开一项捐税，正额有限，勒索起来没完，不实不尽的事很多。所以民间一听见加捐加税的事，重者是聚众罢市，轻者也有许多麻烦的口舌。嗳！中国将来有许多的新政，该举办的那一样不用款？这笔款项，难道金銮殿上有摇钱树吧？！（迷信比喻）难道作官的，他还由家里带出几百万银子来办新政吗？（断无此理！）然而要照这样筹款的难法，将来怎么办呢？我想并不是民不爱国，一定是官府办理不善吧！惟有盼望着官府，第一先要把市面维持好了，然后再一秉大公的开捐，人民都享着国家的权利，自然而然，就拿出爱的真心，来尽义务啦！不但要办的印花税好办，就是再加上几倍捐税，也决不像这样的为

难。要想专专用那奖励官吏、苦害商民的老法子,那还有不出乱子的吗?!（锡茂萱）

《长春公报》,1911年1月11、12日

奉天慰留东督

东三省总督锡钦帅,除两次奏请病假外,并于日前电请军机处代奏,开缺回籍调养。兹闻官场人言,昨已接奉枢府王大臣,来电慰勉,谓:东省时局困难,该督筹划周备,尚能诸事和平,成效昭著。值此赶办新政之际,更宜勉为其难,岂可骤萌退志,置国事于不顾云。

《吉长日报》,1911年1月13日

且看庆邸扶持东三省之手段

监国近来对于东三省之交涉,非常注意。昨曾由枢垣及外部调阅锡制军之电告,深责那相国敷衍误事,何竟至于此极,故又饬徐相国协赞一切。闻日前之挽留庆邸,亦以东三省为词。略谓:祖宗发祥之地,外人侵略如此,而王爷竟乘此时说退,是不独不以朝廷为重,更不以祖宗为重矣云云。故现在该邸亦以东三省之故,渐消退志,特未识果具有若何挽救之法。（公）

《长春公报》,1911年1月14日

那大臣覆奏东三省情形

内廷近息。前赴东三省校阅陆军大臣那锡侯，昨已回京复命，蒙监国召见时，垂询三省情形。闻该大臣曾将东省现在岌岌可危之象，详细沥陈，并奏对某某两国图谋不轨，显然外露，务请政府暨中央各部，合力维持，严防不虞。至校阅陆军情形，另有疏章具奏，俟访再志。（商）

《长春公报》，1911 年 1 月 15 日

日人必吞满洲之放言

阳历十二月十一日（星期日），早稻田大学开讲演会于千叶县千叶町，演题"日本教育之二大方针"。主演者为法学博士高田早苗，爰随笔录之。其演题前半篇或嘲笑我国往古及今之教育不善，以致于弱而抵于不振，自矜日本国教育之进步，而国运隆兴，一跃而为世界一等国。肆言无忌，足令我国人听者永为纪念。

诸君诸君，教育一道，究有益于国是乎？抑有伤于国事乎？有益于民智乎？有伤于民智乎？诸君闻之，必曰教育乃绝对的有益，于国事有益，于民智断非有伤者也。虽然，但曰教育教育，而施教育、受教育者之善不善，即国事民智之损益之一大疑问也。试质问诸君，盖亦当知同一教育，而甲国行之，国事、民智两都益；乙国行之，而国事、民智两都伤。果何如也？试举一二例，以证明之。

余曾游老大帝国之支那南京，南京为支那历代帝都所在之地，繁盛甲于东

南。数年前，科举时代，三年大比，聚上下江十万士人而考试之。得第者即得翰林、进士等名目，以宠荣之。国民耽此，舍科举外，更无最大之名誉。由是上以此教育，而下亦应此教育，举国若狂，耽此无益之虚名，国事不知，民力不振，以致于今日，国力之衰，国民之弱，不待言而诸君早知之。及今稍行新教育，然枝枝节节，从前之腐气不除，全无国民教育之本旨。国之存亡，已危如一发矣。（其间形容往时科举时代之丑态，并及今教育之无根本无尚武精神，徒有虚名，姑略。）

诸君诸君，吾今论国民教育二大方针者何也？一曰外以开拓帝国之殖民地，一曰内以确定帝国宪政之基础。夫所谓开拓帝国之殖民地者，乃日本国第一之急务。（中略。）欲开拓殖民之事业，则舍侵略之法，其道末由。今日世界有强权，即有公理，公理即寓于强权之中，苟我日本帝国国力之所及，并合弱国，灭绝人道与否，是所不顾。（注意！）苟非如是，则我国家不足以立，我国民不足以存。然则，吾人观察世界大势，足供吾日本人民，染指投足，并足被吾国家侵略者，其地已无多。五洲大陆也，南洋群岛也，非为白种之殖民地，即为白种之保护国。白人之兵力，我国人不如之，白人之才势，吾国人不如之。又况鞭长莫及，非容易所争得者也。惟有亚洲大陆，可谋插足，朝鲜既并，满洲必吞，势所必然，无庸赘论者。（注意！）今日所当急议者，为进行之方针，及侵略之计划是已。欲达此目的，其进行之方法有二：其一、国旗为先锋，商务为后继；其二、商务为先锋，国旗作后继。我国如从第一法乎，吾恐有所难能。夫国旗之所向，则兵也炮也，战舰也，粮饷也，是当预为筹备，而结局终不免于战争。即战争而果得地，则所失之兵力、财政，终致得不偿失。征诸往事，可明鉴也。一千九百年前，俄人怀远略之计，欲吞并满蒙，于运粮增兵，日不暇给，聚于东方，加以若大之战舰于旅顺，遂于一千九百零三年开日俄战争之局。俄师大败，从前所经营者，俱化为乌有。其所失败者，俄人以国旗为先锋，商务作后继之政策故也。当一千九百年前，拿破仑以振古之伟人，十余年间，蹂躏欧洲大陆，不遗余力，终至征俄一役，丧师而归。其所以失败者，亦以国旗为先锋，商务为后继之故也。征诸往事既如此，征诸近世亦如彼，其他如此例者，不胜枚举，是则国旗为先锋，商务为后继之政策行之，得失不能参半者，彰彰明甚矣。第一法吾国不能师而行之。

印度属于英，夫人而知之矣。问印度何以属英，英何以取印度，乃印度有自灭之道，英有取印度之理也。问何以知之？印度负英之巨款，而亡于英，英人以利用其资，而贸易于印度，乃取印度。初英人创设商会于印度，时印人苦交通之不便也，商会为之出资，以谋建铁路；印人苦于工业之不发达也，商会为之出资，以经营各种业务。由是印人负英人国债，百万千万，累债而至数千万兆，而印度遂亡于英矣。英人亦不能不取印度而自理之。所以然者，英人以商务为前驱，国旗为后继之政策也。其他英人取亚非、澳洲、南北美洲诸大陆，无一非用此政策。不唯英也，独逸人取美非亚诸洲地，及大洋洲群岛，亦用是策。法人取安南，及南洋群岛；俄人取西比利亚及波兰，荷人取南洋群岛，西班牙、葡萄牙人之取南美诸地，及大洋群岛；美人之取非律宾群岛，何莫非挟此政策而唾手即得。由是观之，商务为前驱，国旗作后继之政策，取人国家，胜于强兵十万。吾国急宜师法而实行之。行之微有效者，今日之满洲各地，已少见效果。（满洲人听着！）然尚非挟群策群力，实行侵略主义也。诸君诸君，是当急起直追。日本人民能在满洲扩充一分之商务，即得满洲一分之实权。吾国之商务能在满洲盛行一地，即获得满洲实在土地。（满洲人听着！）诸君诸君，可不卧薪尝胆，以获肥厚广大满洲之宝藏，幸勿失之！余所不满意者，日本国家不能如英之富厚，日本国民不能如英之大资本家，不然则开拓国家之地力，掌握满洲之商务，其在今日乎。吾愿吾国民策群智群力以谋之，有农学之智识者为之开辟田畴，有工业之智识者为之开采矿产，有商学之智识者为之管理商务，握其财政，其他有法学智识者可以为之执掌行政权，教育家可以执其教育权，医学家为之开设医学校、医院，收其子弟，治其病民；他如劳动家、杂艺家，尽其力之所挟，其智之所及，为之劳役，为之经划。由是行之，吾国人人努力四五年以后，不膨胀全满洲，吾不信也。今日之朝鲜，既为吾国之朝鲜，而满洲亦遂为吾国之满洲，可断言也。诸君诸君，各负担其责任而行之，不轻轻放过也。（满洲人听着！万弩齐发矣！）

按：日本人对于满洲，可分为两派。一派军人，则主张以武力从事者；一派实业家，则主张以商业为前驱者。自去秋新约得手后，一年以来，日俄协约，日韩合并，其于满洲前途，竟有扬帆直下之势。此后办法，可无庸以武力从事，不过有时为其辅助机关，盖必以商业为前驱，有断然者。本篇所论，皆日本全国心理所同然者，特为此君一泄无余耳。录此以警告三省同胞，俾知满洲现象，如是如是，庶几对于实业上稍谋万一之补救，而勿嚣嚣然徒争空言，自以为尽其天职也。若一瞑不视之外部，吾虽有万言，亦无从告语也。（民）

《吉长日报》，1911年1月17、18日

外患日急之骇闻

两国已难防　又添两国

京函云：今日东三省大局，危迫之机，日益紧迫。三省各督抚，均皆有怀退志。政府虽曾屡次特开秘议，亦未闻有何相当之办法。昨又据外交界之报告，现除日俄协约以外，法、德、日、俄又互订协约，协以谋我。惟内容极为秘密，略闻仍系以保守我国主权为名，阴肆要掠手段。其所以联德者，系为山东与东三省接壤之故。兹闻驻京日伊集院彦吉已请假回国，准于十四日携眷离京，亦系有关于此事之故。此事传云虽未识确否，然我东北大局已危如累卵矣。

《长春公报》，1911年1月21日

锡督禁止谣言告示

锡帅出示，为剀切晓谕事。照得三省疫疠流行，谣诼四起，谓有冒称外人，四处挥洒药水，及在井边（赔）〔暗〕投毒药之事，种种谬说，前已饬防疫总局出示晓谕在案。近日流言愈盛，街谈巷议，辄以乡镇巡警局，拿获造谣之犯人焦天保为证。兹据提法司送呈承德地方审判厅，讯明造谣之犯人焦天保供词。据供

系因骗卖小北关菜行周福成芝麻，形色慌张，被巡警查获。该犯恐骗卖芝麻罪发，信口妄供。旋经周福成到厅质证，该犯始供出骗卖芝麻情形，并无在井撒药之事，实属捏造谣言，希图卸罪。除由审判厅按律严惩外，为此晓谕尔商民人等知悉。尔等须知外国商人在奉，与吾国同此食息，决无暗投毒药，害人自害之理。自示之后，如再有胆敢造谣生事，如焦天保其人者，一经拿获，定即严惩。本大臣言出法随，决不宽贷。切切特示。

《顺天时报》，1911 年 2 月 8 日

东督为疫事乞援

正月初一日，邮传部尚书盛宫保接东省来电云："奉省疫病，现又蔓延法库、开原两厅县，吉林全省传染，业已及半。中外医官疫毙者十余人，用款直如泥沙，不知如何结束。统三省计之，即使目前疫气扑灭，已在二三百万两上下，仅恃部款，恐亦穷于应付。筹办赈捐一节，诚如尊示，缓不济急，然舍此无长策。我公恫瘝饥弱，为海内慈善巨擘，敬乞垂念东省灾重，可否先在赈款内设法挪借，以济急需，一面附入皖豫赈捐之内，俾得接济。百叩恳祷，鹄盼筹示。良。艳。"未知盛尚书将何以答覆之也。（国）

《长春公报》，1911 年 2 月 10 日

救中国人还得中国人

可防

亦可治

还是中国针药有用！

嗳呀！好了！好了！时疫有了救了！自从去冬到而今，瘟疫发现，中国不懂防疫的法子，受传染的很多。又信西医之言，说是这病能防不能治，误了多少生命，赔上多少金钱，弄得关东三省疫祸滔天，尸林血海，真是伤心惨目得很。最可怪的，人若受传染病，发表出来的时候，不论轻重，不问有救无救，偏要万口同声，甚么百斯笃咧，黑死病咧，鼠瘟咧，肺疫咧，一般西人的新名词，都搬运到病人身上，说是没治没治！乳臭儿学说大人话，猪八戒争吃人参菓，糊糊涂涂的白送了人家生命！只须石灰一把，石炭酸水一滴，管保他一路平安，走进枉死城中去了。中国人既不能防，又不能治，死亡的人日多一日，越觉西人不可救治的话儿，千灵万灵，瞪着眼儿，只好挨命待死罢了！哈哈！奇怪！奇怪！难道榆关以东的中国人，必死得干干净净，才算到尽头，瘟神爷爷才肯干休吗？呸！糊说！世上尚有不可救的人，便是尚有不可治的病。但问你医学如何，本领如何，经验如何，现在时疫虽然厉害万分，杀人如草，若说是不可救治，这话我却不信。鄙人不通医学，不解药性，岂敢妄说？但是耳闻不如目见，理想不如事实，今日为本报出版第一日，试把我亲身经验的，的确毫无疑义的事情，说给大家听听。疫气大行的时候，留点神儿，救命要紧！

怎么说时疫有了救呢？长春自去腊初三日疫疠发生以来，死的人也不在少数。病人吃了西药，不但不能生活，死得更觉快些。只听说有吃了西药死的，却尚没有吃了西药活的。哈哈！这便是可防不可治的道理。闷葫芦藏甚药？真令人莫名其妙！现在瘟疫之害，未见少减，吃了中国医药，救过来的，却是很多。（药方多载入本报，阅者留神。）其中手到病除，屡试屡效的，还推针法为第一。

懂针法的不只一人，因针法而愈病的，亦不只一人。其中手段最高，热心救世，活人无算的，还推程占丰君为第一。程君自从治疫以来，无论病者轻重，或是吐血，或是倒卧，但有一丝气息，可有生还之望的，无不如法施治，亦无不应手奏效。西医怕疫，不敢进病人的屋里去，不敢到病人的身边来，程君则东奔西走，诊脉按穴，针石并用，在疫气海里往来出入，劳碌五十余日，活人二百余名。只有救世的婆心，没有畏险的惧色。难道他有避瘟丹，斩邪剑，老鼠耗子，不敢向他兴妖作怪吗？哈哈！是了！是了！世间尚有不可救的人，便是尚有不可治的病。西医能防，是外国人的长处。中医能治，亦是中国人的好处。程君的针法，既然载在本报，大家应该留神看看，做一个起死回生的妙术。何苦的误听人言，任凭西医愚弄，断送这无数生灵呢！

鄙人这一番话，句句属实，事事皆真。细细想来，如今这种疫病，既然可以药疗，可以根治，定然和西医的见解不同。病源不同，百斯笃的徽号，恐怕也有点不稳。长春的中国医药，也有能说疫源的（本报告白栏内，请看时疫非百斯笃之确论，颇有见解，阅者切莫过），也有立见功效的（本报所登诸方，皆有实地的试验），地方人也有亲身试验的，也有亲眼见过的。治疫之法，既是西医无用，中医有用，这事儿生命攸关，非同儿戏。地方官绅就该提倡起来，广施为治，普渡群生。死亡日少，瘟疫日退，大家也都有些光宠。怎么只设防疫会，不设治疫会呢？有人说啦，防疫会里何尝没有治疫的章程！没有西医的疗法，但是有效无效，有害无害，明白人还用细说吗！咳！没法儿，生死关头，愿列位自拿主意，自爱生命，把中国的针药试一试，定该怎么样啊！（馨钥）

《长春公报》，1911 年 2 月 10 日

奉省防疫之严厉

奉省自瘟疫流行以来，各上峰深恐防范稍疏，惹起外人干涉，蹈哈埠之故

辙。传谕防疫所及巡警各局，严加搜查，街衢住户，一律扫除洁净，洒以石灰与消毒等药。商务会亦组织分会，挨户搜查劝导。且令各家轮流迁居，腾出空室，熏以硫黄，以杀疫虫。近则尤加紧严，各城门均设防疫分所，出入之人，悉加访问，遍洒消毒药水，然后放行。惟各项车辆，则在内者不准外出，在外者不准内入。而鼠疫仍不减少，其何以故？（石）

《长春公报》，1911年2月11日

奉天商界大举检疫

奉天省垣鼠疫仍甚猖獗，日疫毙数十名。兹闻昨经谘议局、总商会各代表会议，决定由城内住民挑募壮丁，共四百五十名，组织一大卫生队，每日分班，往各街到处调查户口，以便详验有无染疫，而资防范云。

《顺天时报》，1911年3月1日

奉省自治团之防疫

奉省谘议局、商务总会、自治会等有志发起组织一临时防疫会，以尽义务。日前已公举谘议局吴议长为总理，并自治会张议长及商务总会蔡协理为副总理，并由商界公举干事员三名，以便办理防疫事云。

《顺天时报》，1911年3月5日

奉天疫势渐灭之佳音

外部接洋医基刺西底禀称，据云现沈阳省城中国官宪，对于防疫事宜，认真办理，异常著有成效，故疫势渐灭。即省城外各城镇，疫势亦退。查沈阳民口实逾二十余万，计疫毙者甚少，是全赖当局官宪切实防疫之功也。昨计毙命之数，仅十八名。而在铁路沿线，亦无一名之染者云。

《顺天时报》，1911年3月10日

有东督省望者五

政界消息，东督锡清帅退志甚坚，而政府以能继斯任者，袁项城为最，其次则瑞莘帅、赵次帅、陈小帅皆可胜任。惟袁项城不但某国竭力破坏，即其自己亦不肯出山。而赵次帅重行回东三省，恐其必多方推辞。瑞莘帅亦甚萌退志，陈小帅则又据某邸等奏称，为北洋不可少之人，故一时竟难得其选。闻昨日监国曾提及，欲以李仲帅调补东三省总督，然滇事方殷，更动更不易也。

《吉长日报》，1911年3月20日

锡督电奏鼠疫消灭

督锡清帅昨有电致军机处代奏，据称东三省鼠疫现已消灭，善后事宜，办理得法。刻正拟邀请中外医学大家开会，研究鼠疫办法，请勿厪念。

《顺天时报》，1911年3月28日

恭报筹办宪政第三年成绩折

奏为恭报筹办宪政第三年第二届成绩，并第四年第一届筹备情形，恭折仰祈圣鉴事。窃查奉省第三年第二届筹备宪政事宜，业于上年八月奏报第一届成绩折内奏明在案。嗣奉上谕，缩短国会期限，并改正筹备清单，提前赶办。仰见我皇上励精图治之至意，感奋莫名。伏查原单，第三年各省应办之事，计分九项，其中关于民政者四，关于财政者三，关于司法及教育者各一。兹届奏报之期，敬为我皇上缕晰陈之。

一为续办城镇乡地方自治。奉省自治区域，计四十有六处。上年城镇乡同时举办者，业有承德、铁岭、辽阳、海城、开原、盖平、营口、昌图、西安、宁远、凤凰等十一属。八月以后，赓续举办者，复有抚顺、本溪、辽中、法库、复州、康平、海龙、东平、锦县、盘山、义州、安东、庄河等十三属。统计城镇乡会先后成立之处，凡二十四属，比较全省自治区域，业已强半竣功。嗣因各属议员来自田间，未必皆明法理，特设自治职员研究会，并将议决各案，随时呈由自治筹办处人员逐项评论，刊发月报，以资观感。计自秋、冬两季开会以来，议董各员，尚能恪遵定章，循序办理。

一为筹办厅州县地方自治。查厅州县自治系城镇乡之上级机关，尤应早日成立，以资模范。自上年九月开办以来，凡选举之调查，名册之制造，议员额数之比算，现均办有端绪。循是以进，全省议事、参事各会，来年二月计可告成。至各属自治研究所，系宣统元年开办，统计至上年十二月为止，毕业学员已达三千七百八十五名。刻又遵章接续办理，务使政治知识普及，藉收知行并进之效。

一为汇报全省人口总数。奉省户数，业于上年遵章查竣，计全省正户一百一十一万八千五百一十三户，附户五十二万一千八百六十户。当经先后列表，咨报民政部在案。又虑迁徙并析，时有变更，节经饬令各属，随时由巡警列表稽查，按季具报，俾户数确实，将来清查口数，不致漫无凭依。至口数调查一节，虽系第四年应办之事，亦经提前赶办。业据兴京、法库、辽阳、海城、镇安、锦县、广宁、绥中、凤凰、海龙等十属，造册呈报，转咨在案。其余各属，均可于本年十月一律报齐。

一为厅州县巡警。查奉省巡警一项开办较早，现在厅州县巡警及镇、乡巡警均已先后成立。据民政使张元奇呈报，全省警区二百一十有八，分所六百八十有七，巡警一万九千一百九十七名，足敷平时保安之用。又查东边一带，当鸭、浑两江流域之冲，国防紧要，兼之林工麇聚，易滋事端，复添备水上巡警，设总局一，分局十五，以资巡卫。复以奉省盗风素炽，常设巡警，分布实恐难周，曾于上年奏设预备巡警，以补不足，刻正赶速筹办，已有多处造成。此关于民政各项之成绩及筹办之实在情形也。

一为商埠审判厅。原单限令年内一律成立。查奉省商埠区域较多，历经提前筹设承德、抚顺、新民、营口、安东等处审判厅。上年十一月又奏设辽阳州地方、初级两审判厅，并奏改抚顺为地方分厅，以裁节之经费，挹注辽阳；其余铁岭、凤凰、法库、同江各处，应提前赶速设立者，已于宣统三年预算司法经费内筹定专款，本年当可次第告成。至扩充检察讲演会，筹办高等检验学习所、律师传习所，虽为原单所无，要皆补助法权独立之事。此关于司法事项之成绩及筹办之实在情形也。

一为推广厅州县简易识字学塾。查此项学塾，上届已设七十四处，学生二千九百余人。嗣后逐加增设，现共有学塾二百六十处，学生八千七百八十五人。奉省人口之多，教育虑有未遍，刻拟力图扩充，普及于乡村各处，总期编氓之知识日进，庶几新政之障碍潜消。此关于教育之成绩及筹办之实在情形也。

一为覆查全省岁出入总数，试办全省预算决算，厘订地方税章程三项。查奉省岁出入总数及试办预算，业于上届奏咨在案。惟预算创办伊始，与行政互有关系。奉省各府厅州县并各税局之改革办法，及预算案内规定一切公廉各费，现已一律试办，以为将来实行预算之张本。至划分国家、地方两税，已饬清理财政局，分类列定说明书，转咨度支部在案。一经部臣厘订，自可次第实行。

综上九端，约为四类，或办理已经竣事，或刻期先行妥筹，总期实事求是，不敢稍存敷衍。惟是轮轨交驰之地，疮痍满目之时，财力虽罗掘几空，望治则水火同迫，一切新政之举办，断不能拘牵文义，致误时机。臣才绵力薄，夙夜兢兢，惟有矢慎矢勤，力图进步，以仰副朝廷望治之意于万一。

所有胪陈奉省第三年第二届成绩，并下届筹备情形缘由，除分咨外，理合恭折具陈，伏乞皇上圣鉴训示。谨奏。

三月初六日奉到朱批：该衙门知道。钦此。

1911 年 3 月 28 日

奉天国会请求之复活

赵君兰亭，辽阳知名士也，自号诗狂，不拘小节。年前请开国会，曾作代表，事归失败，异常牢骚。然其坚定之性，未常稍懈。只因阻于防疫，交通不便，碍难再举。今已疫气渐消，拟日内辞去教员之差，联合同志，重整旗鼓，作五次之请求，赴汤蹈火，总期达于目的而后止。（岩）

《长春公报》，1911 年 4 月 2 日

赵次帅有督东消息

赵次珊制军,召见时,固辞东督任,并请起用袁、岑二人,以继锡督之后。兹闻监国之意已决,万无挽回,仍以赵次珊补授东三省总督。所遗四川总督一缺,即以锡清弼调补。约于一二日内即可揭晓。昨闻旅奉各当道,已接到北京密电矣。

《长春公报》,1911年4月4日

赵次珊终难脱东三省之行

京函云:此次赵次珊制军调(京)〔东〕,系监国所最主张,将以之继任锡督之任者。惟近日以来,该制军极力推卸,奏保锡督,并请起用岑西林、端更阳、袁项城三大废员。监国始未有允意,昨闻该督又特上封奏一件,陈请锡督之不可更调等情原因。闻其大略,有分六则:一为亟称其才不如锡良,并非有意规避;一为请俾锡良以全权;一为详陈各疆臣轻即更调之害;一为陈报锡良在东力支危局之得体,恐非他人所能胜任。此外尚有两则,未及探悉。惟闻政府终不以该督所陈为然,未识何故云。(召)

《长春公报》,1911年4月6日

东督锡良奏报第三年第二届筹备宪政成绩折

奏为恭报筹办宪政第三年第二届成绩，并第四年第一届筹备情形，恭折仰祈圣鉴事。窃查奉省第三年第二届筹备宪政事宜，业于上年八月奏报第一届成绩折内奏明在案。嗣奉上谕，缩短国会期限，并改正筹备清单，提前赶办。仰见我皇上励精图治之至意，感奋莫名。伏查原单第三年各省应办之事，计分九项，其中关于民政者四，关于财政者三，关于司法及教育者各一。兹届奏报之期，敬为我皇上缕晰陈之。

一为筹办城镇乡地方自治。奉省自治区域，计四十有六处。上年城镇乡同时举办者，业有承德、铁岭、辽阳、海城、开原、盖平、营口、昌图、西安、宁远、凤凰等十一属。八月以后，赓续举办者，复有抚顺、本溪、辽中、法库、复州、康平、海龙、东平、锦县、盘山、义州、安东、庄河等十三属。统计城镇乡会先后成立之处，凡二十四属。比较全省自治区域，业已强半竣功。嗣因各属议员来自田间，未必皆明治理，特设自治职员研究会，并将议决各案，随时呈由自治筹办处人员，逐项评论，刊发月报，以资观感。计自秋冬两季开会以来，议、董各员，尚能恪遵定章，循序办理。

一、为筹办厅州县地方自治。查厅州县自治系城镇乡之上级机关，尤应早日成立，以资模范。自上年九月开办以来，凡选举之调查，名册之制造，议员额数之比算，现均办有端绪。是以全省议事、参事各会，来年二月，计可告成。至各属自治研究所，系宣统元年开办。统计至上年十二月为止，毕业学员已达三千七百八十五名。刻又遵章接续办理，务使法政知识普及，藉收知行并进之效。

一为汇报全省人户总数。奉省户数，业于上年遵章查竣。计全省正户一百一十一万八千五百一十三户，附户五十二万一千八百六十户。当经先后列表，咨报民政部在案。又虑迁徙并析，时有变更，节经饬令各属，随时由巡警列表稽查，按季具报，俾户数确实，将来清查口数，不致漫无凭依。至口数调查一节，虽系第四年应办之事，亦经提前赶办。业据兴京、法库、辽阳、海城、镇安、锦县、广宁、绥中、凤凰、海龙等十属，造册呈报，转咨在案。其余各属，均可于本年十月，一律报齐。

一为厅州县巡警。查奉省巡警一项，开办较早。现在厅州县巡警，及镇乡巡警，均已先后成立。据民政使张元奇呈报，全省警区二百一十有八，分所六百八十有七，巡警一万九千一百九十七名，足敷平时保安之用。又查东边一带，当鸭、浑两江流域之冲，国防紧要，兼之林工麇聚，易滋事端，复添备水上巡警，设总局一，分局十五，以资巡卫。复以奉省盗风素炽，常设巡警分布，实恐难周，曾于上年奏设预备巡警，以补不足，刻正赶速筹办，已有多处告成。此关于民政各项之成绩，及筹办之实在情形也。

一为商埠审判厅。原单限令年内一律成立，查奉省商埠区域较多，历经提前筹设。承德、抚顺、新民、营口、安东等处审判厅，上年十一月又奏设辽阳州地方、初级两审判厅，并奏改抚顺为地方分厅，以裁节之经费，挹注辽阳。其余铁岭、凤凰、法库、同江各处，应提前赶速设立者，已于宣统三年预算司法经费内，筹定专款，本年当可次第告成。至扩充检察讲演会，筹办高等检验学习所，律师传习所，虽为原单所无，要皆补助法权独立之事。此关于司法事项之成绩，及筹办之实在情形也。

一为推广厅州县简易识字学塾。查此项学塾，上届已设七十四处，学生二千九百余人。嗣后逐如增设。现共有学塾二百六十处，学生八千七百八十五人。惟以奉省人户之多，教育虑有未遍，刻拟力图扩充，普及于乡村各处，总期编氓之知识日进，庶几新政之障碍潜消。此关于教育之成绩，及筹办之实在情形也。

一为覆查全省岁出入总数，试办全省预算决算，厘订地方税章程三项。查奉省岁出入总数，及试办预算，业于上届奏咨在案。惟预算创办伊始，与行政互有关系。奉省各府厅州县并各税局之改革办法，及预算案内规定，一切公廉各费，现已一律试办，以为将来实行预算之张本。至划分国家、地方两税，已饬清理财政局，分类列表，拟定说明书，转咨度支部在案。一经部臣厘订，自可次第实行。此关于财政事项之成绩，及筹办之实在情形也。

综上九端，约为四类，或办理已经竣事，或刻期先行妥筹，总期实事求是，不敢稍存敷衍。惟是轮轨交驰之地，疮痍满目之时，财力虽罗掘几空，望治则水火同迫，一切新政之举办，断不能拘牵文义，致误时机。臣材绵力薄，夙夜兢兢，惟有矢慎矢勤，力图进步，以仰副朝廷望治之意于万一。所有胪陈奉省第三年第二届成绩，并下届筹备情形缘由，除分咨外，理合恭折具陈，伏乞皇上圣鉴训示。谨奏。宣统三年三月初六日，奉朱批：该衙门知道。钦此。

《顺天时报》，1911年4月7、8日

东省士民二次公电挽留锡督

东三省士民因见报载，政府将有更换锡督之消息，谘议局与学界曾由三省谘议局公电政府挽留，未见覆电。嗣三省议员以锡督自到任后，保卫东省士民，遇事力持大局，今值存亡一发之际，更不宜易生手，决议再电政府挽留。该电已于初一日到京云。

《盛京时报》，1911年4月8日

锡督奏报三省疫情并开会事宜电

军机处钧鉴：窃查东三省疫症流行，府厅州县地方蔓延所及者六十六处，死亡人口达四万二千以上。腊尾春初，疫势最为炽盛。哈尔滨一隅，及其附近之双城、呼兰、长春，每日辄疫毙百数十人，岌岌不可终日。哈埠人口，不及二万，死亡至六千以上。染疫各处，大半因有来自哈埠之人，因而传播。自外务部派医官伍连德赴哈而后，并以陆军围守傅家甸，严厉进行，协力以图扑灭，二月以来，疫势以次衰减。现在统计染疫各属，月余无疫，或十日半月无疫者，占十之八九；疫未消灭之区，类皆间数日偶一发见，渐起渐灭。开会之期已届，全境肃清，亦指日可期，堪以上【慰】宸廑。各国政府遣派医员，陆续莅止。外部右丞施肇基，已于二月二十五日到奉。招待事宜，会同商定，筹备亦大致周妥。合并陈明，谨请代奏。锡良、昭常、树模。冬。

《顺天时报》，1911 年 4 月 8 日

锡督通饬各属裁撤防疫机关归并巡警办理札

为札饬事。案查三省疫气，迭据各属报告，已大见消灭。如吉省之长春、新城，奉省之怀德等处，均报已将各所卡及检疫队等量为裁撤在案。此次疫事，起于仓卒，平日机关未具，临时组织，倍觉为难。始疫以来，所费已属不赀。现各属既有疫气净尽之区，一切设备，自应量为裁撤，以节经费。惟将防疫机关同时取消，若竟毫无布置，亦非毖后惩前之道。查日本传染病预防及检疫、消毒各事，均详于警察法令，吾国警章，亦重卫生，但使平日警务办理认真，即能收遏绝疫萌之效。仰各该地方官，体察近日情形，如该处疫气已消灭，即将所设临时机关量为裁撤，一面将所属巡警，切实整顿，注意人民公共卫生。所有防疫未尽事宜，应即责成警务局经理，并饬警局卫生股随时讲求传染病预防及检疫消毒各方法。设遇偶一发见，不难即时扑灭，亦不致如此次之临时张皇。至此次各属领用之药品，应将原领若干，用过若干，实存若干，详细列册呈报。药品未用罄者，及原领各项器物，由警局妥为保存，以备设有发见之地，即可应用。仍将器物实存数目，列单报查备案。警员更替之际，此项应归入交代，不得任其损失。切切此札。

《顺天时报》，1911 年 4 月 8 日

东督举赵尔巽自代原电

东督锡清帅因决意乞休，特举贤自代，其致枢府原电云：窃谓外省官制，现正协商厘订。论者佥谓边省总督，责大任重，必须加重事权。而东三省总督一缺，所处地位关系，尤为重要，非有声猷卓越，洞悉内政外交之大员，不足以资镇抚。查现任四川总督赵尔巽，魄力雄厚，素著公忠。前任奉天将军，日俄战后，收回主权，创办要政，勋绩昭著，其才望实胜锡良十倍，久荷朝廷洞鉴。锡良为东省地方重要起见，谨本以人事君之义，冒昧奏陈，伏乞朝廷特降恩命，俾令督东，该督必能胜任愉快。而锡良近因防疫事起，元气亏散，万难支持，恳恩开缺，稍事调养，一俟痊可，仍当泥首宫门，藉图报国。

《顺天时报》，1911 年 4 月 9 日

自治学员请送考初级师范

自治研究所毕业生恩铭，现在提学司署禀请送考初级师范学堂，以资深造等情。该学宪以查招考限制章程，初级师范本科非在高等小学毕业者，不能升入。该生所禀各节，核与定章不符，碍难照准云。

《盛京时报》，1911 年 4 月 14 日

奏报分年筹备宪政事宜

分年筹备宪政事宜,已经遵章按季具奏,咨部在案。现闻又届奏报之期,督宪日前特谕各科,刻即赶办具报,以符定章。闻日昨已将奉天全省宣统二年秋冬二季分,及本年春季分各项筹备事件,及已实行各要政,胪列清单,连折具奏拜发云。(逸)

《远东报》,1911年4月27日

各省联合会之大举

各省谘议局联合会代表,原定期于本月初一日在京聚齐。湖北代表汤议长化龙、郑议员万瞻、湖南代表谭议长延闿等已先后到京。该会宗旨:(一)关于此次借债问题。盛宣怀筹借日款一千万元,又议借美款一千万元,四国借款亦将次签押。查各国家借债,必得国会协赞。今盛等先事既未将理由说明,临事又未将用途宣布,我等国民,决不能承认。(二)朝廷既宣布立宪,新内阁总理大臣断不应责任皇族,以背宪法云云。其手续若何,容悉续报。(公)

《长春公报》,1911年5月9日

赵督调许观察原因

　　日前东三省总督赵尔巽奏调人材折内，有资政院议员许鼎霖。闻赵督以许鼎霖学问渊博，熟悉东西洋交涉，前充杭州洋务局会办，办理外国交涉，颇著成效。后蒙擢授安徽候补道，在籍与绅董提倡公益事业颇多，为民间所企重。当借英款修筑沪杭甬铁路时，该道与绅董倡议收回自办，并充江苏铁路公司总理，复充该省谘议局议员。去年被选为资政院议员。开会后，议事适当，多获优誉。其最长者，于农工商业事业，颇有心得。今东三省农工商业正当振兴之际，该道赴东后，农工商业可望有起色云云等语。

《盛京时报》，1911年5月10日

某司之运动无效

　　无此运动
　　未必有此更动
　　苦哉某司之运动
　　赵次帅来东有日，各司道无不急力运动，有望高骞者，有图幸免者，种种丑态，不堪言状。独有某司使，遣亲信二人，晋京谒见次帅，报东省现在情形，以图进身。不意次帅正在会议要政，凡一切讲运动学者，尽行谢绝，并有更动某司使，调叶景奎之说。故某司使之运动，归于无效云。（岩）

《长春公报》，1911年5月13日

时事小言——呜呼东三省之铁之血之民气

铁死物也，淬之使利，挥之使动，而铁乃不顽而灵。

血亦死物也，贯之使注，喷之使涌，而血乃不冷而热。

灵吾铁者何？曰民气。热吾血者何？亦曰民气。

民气者，世界之最活泼物也。民气活，则铁血生，民气灭，则铁血死。国脉之生死，视铁血。铁血之生死，视民气。民气乎，铁乎，血乎，生死乎？！

东三省之铁皆顽耳，血冷，多不温，遑言热？闻者疑吾言乎？请问诸今日之民气！

嗟乎！铁顽血冷，其如此将死未死之东三省何？

呜呼，东三省之铁！

呜呼，东三省之血！

呜呼，东三省之民气！（馨）

《长春公报》，1911年5月13日

联合会员奉天袁金铠曾有严来函附该省改订预备巡警简章

敬启者。适该陕西李君桐轩倡办民团之议，所以隐弭内乱，防御外侮之心，至深且远。敝省自甲午、庚子以迄甲辰日俄之战，迭遭蹂躏，地方所以自卫，实团练之力居多。自日俄战后，改团练为堡防，近又改为预备巡警，皆以防外人疑忌，隐寓内政寄军令之意。惟团练堡防，系任民间自为，未能推及全省。去岁始由敝局议定章程，请锡督推行全省。大旨由城镇乡自治会创办，按户抽丁，取寓兵于农主义。教练用陆军兵弁，与巡警有联络，而无统系。所谓预警，盖托名也。惟章程系属草创，行之本省，尚有量为变通之处。至于各省情形，万难强同。敝省强邻逼处，举动每有牵制，故宜秘密行之。他省办团，则可径请直行，无所顾虑，此较敝省为易者也。关外胡匪最多，购置枪弹，陆军部尚可通融，然于东督尚多责言。他省购此，恐援例而不得，此较敝省为难者也。谨将敝局议定预备巡警简章二十条，送呈公阅，藉备参考，以为研究实行民团办法之一助。是否有当，敬请公裁。

预备巡警章程

第一章　宗　旨

第一条　预备巡警，取旧时团练保甲自卫之义，（于）〔以〕辅助正警，防备盗贼，共保治安为宗旨。

第二章　【设　立】

第二条　省城公署附设督办清乡局一所，由督宪遴选官绅处理其职务。凡各府厅州县之预备巡警，均须分报督办、清乡局立案。

第三条　各府厅州县地方长官署内附设预警办事处一所，由地方长官督率总长，承督办清乡局之命令，处理关于预警一切事务。

第四条　每区应择一相当之房屋，或庙宇，或会，所设之预警常驻一所。百家长、什家长承地方官之命令，处理其事务。其屯小不能自设者，得合邻屯为之。

第三章　权　限

第五条　预警开办时，自治会总董、乡董得协助地方官筹设。俟设备完善后，由地方长官呈请督办、清乡局委充总长。如自治会不及兼顾，地方官得遴选公正士绅，呈请札委为总长，担任前项事务。

第六条　预警除按时操练防守外，无论何事，不得干预。

第七条　预警或有违背警章之事，正警应先通告百什家长，送由警官处分。如百什家长袒警，则先通知事务处处分之。预警于操练时，如有违犯警章，应由警官通告百什家长自行处理，不得擅行逮捕。

第四章 区 域

第八条 预备巡警仍按照该各府厅州县巡警之区域，即名曰某府厅州县某区预备巡警。

第九条 各村屯编户，十人为什，设什家长；百人为百，设百家长。如因地形联络不便，不满什户，亦谓之什家长；不满百户，亦谓之百家长。若一屯有数百户，即设百家长数人。

第五章 编 制

第十条 预备巡警受什家长之指挥，执行职务。什家长受百家长指挥，百家长受地方官之指挥，各处理其事务。

第十一条 什家长用公推法，预警十人，公推一人。百家长【用】选举法，由百家内选民互选。照第三条之资格，当选及被推者，无故不得辞职。任满以一年为限期。满后，复被推选者，得续任。

第十二条 有左列第十五条资格，而无第十六条之事项者，均为预备巡警。

第十三条 有左列资格者，得选为百家长：

一、品行端正，素孚乡望者；

二、廉洁不苟，处事公平者；

三、能任劳怨，热心公益者；

四、家道殷实，通晓文义者。

第十四条 有左列资格者，得推为什家长：

一、年力精壮者；

二、为众信服者；

三、略识文义者。

第十五条 如左列资格者，均编为预备巡警：

一、身家清白，为一区共认者；

二、年在二十岁以上，三十五岁以下者；

三、外籍人居住本区三年以上，置有产业者。

第十六条 有左列事项之一者，得免充预备巡警：

一、年岁不及格者；

二、有废疾及家无壮丁者；

三、现充职官、军人、巡警、教员、学生者；

四、以身佣工养家者。

第十七条　预警如有提升，及因故缺额者，由各区合格之壮丁内挑补。

第十八条　凡在本区内本籍人、外籍人，年岁不及第十五条第二项之资格，愿充预警者，听。

其合格者，均有抽充预警之义务，但僧道得出预警费，免其充当。

其预警费等则，及征收方法，于第四十条别定之。

第十九条　已编充之预警，中途遇有变故，合于第十六条免充之事项者，即照章免充。

第二十条　各区预警壮丁花名、年籍、负责区域、枪械，造具清册，呈由地方官送督办清乡局备查。

第六章　职　务

第二十一条　预警在操期内，按日由百家长分配，轮流值更巡夜。

分配之法，以十人抽一人为率，其余九人轮流接充。

值更之期，以五人至十人为度，周而复始。

第二十二条　遇有贼匪，放枪为号，互相策应追击。

如大股贼匪，正警或陆防各军力不能支者，预警协力助剿。

遇匪时，什百家长与正警互相通知接应。

第二十三条　保卫治安，巡缉盗贼，正警专责。预警除轮流值更，按期操练，遇急击匪外，并无他项职务。尤以各卫各屯为主，不得调遣他乡。

第二十四条　各属户口，已由正警编查造册，率由地方长官调集册籍，交办本处分发。各区由什百家长详细覆查，如有遗漏不符，报明更正。

其花户生育、疾亡、迁徙，并随时具报。

第二十五条　什百家长，于本区内客店停宿，及平时往来之人，须详细留意。其营业并来踪去迹如有可疑，照第三十三条办理。

第七章　教　练

第二十六条　预警由什百家长，于本区内按时以名额十分之二为一班，抽出教练其操。为期三个月，每日三小时。一班期满，再抽一班，轮番教练，周而复始。

第二十七条　预备巡警，各住各村，万难招集一处，宜用散在法。操练期内，由清乡局按府厅州县选派熟于操法者，充总教练员，仍按区分派教练员，周历各屯，轮流教练。每处以三小时为限。操毕，预警每日仍各营其常业。操期完竣，即将各教练员一律撤回。其教练员规则，别定之。

第八章　器　械

第二十八条　预警枪械子弹，备价由官请领，分区编号造册。

枪械即责成各什家长，酌量分给，慎重稽察，令各警各妥自保管拂拭，不使生锈。其大宗子弹，应由地方长官妥为存储，按期分发。各区由百家长计算，足敷警急应用，按名发给外，余即分储百家长处。仍由百家长每日将已发之枪弹，查验一次，出具并无短少，不致私斗切结，呈报地方之枪械编号官备查。地方官应将已发造册，并按期分发之子弹，以及责成何人保管，一一列报公署清乡局备查。其预警家中本有洋炮、火枪、快枪者，仍准其使用。惟须报明，另行编号造册，但不准隐匿。

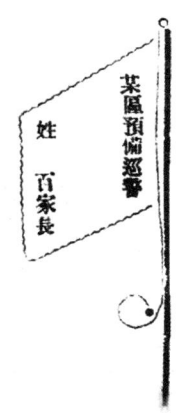

第二十九条　如遇击贼丢失枪械，或有损坏炸裂，立刻具报地方官，查明确实，将原编号数呈报清乡局备案。其丢失枪械、号数，并须分移各地方官营队周知。

第三十条　每百家长置旗一面，以为招集指挥之用。旗式如左：

二尺见方，黄地黑字。

第三十二条　击贼用过子弹数目，随时具报。如地方不靖，枪械子弹，认为必须添购时，区中会议备价，报由地方官赴省请领。

第九章　赏　罚

第三十二条　遇操练及轮应值更之期，无故不到者，由教练员、什百家长，分别处罚。操练不到一日者，罚操练两日。值更不到一夜者，罚操练一日。仍报总长，将操练勤惰列表，报由地方官转报督办清乡局查核。

第三十三条　什百家长，对于窝匪盗钱，及烟赌等犯，知而不举者，处以十元以下、五元以上之罚金。但须犯在此次定章以后，及确有证据者，方准举报。如有挟嫌指证，举报不实者，加倍处罚。

如区内有形迹可疑之人，即报知正警盘诘，但不得挟嫌妄指。

第三十四条　遇有紧急时，经什百家长召集不到者，加重处罚。至多不得过十元以上。

第三十五条　击贼伤亡，照陆防各军章程给恤。

第三十六条　什百家长、总长于任期满时，调查其任内无抢窃案件，得由地方官呈请给奖。

第三十七条　预警教练，每三个月期满，其程度特优，及操练勤奋者，由教练呈报总教练员，报由地方官，呈报清乡局，转呈督宪核奖。

第三十八条　预警对于本职有违犯等事，轻者什家长报由百家长互商处理，仍报地方官查核。重者报由地方官处理，具报清乡总局查核。其有违犯普通法律者，即由地方官照律惩办，与平民无异。

第三十九条　所有在事员绅，及预警总长、什百家长，除办公费用外，均不支薪饷。预警号衣，由省局颁发式样，由各区设筹自备，存储于百家长，按期操练时领用。平时则于常服上缀一肩团，以示区别，可不著号衣。

第四十条　操练每班以三个月为期，凡有产业之僧道寺院，每户每年应出三个月养警费，分为三等，按日计算。上等每日六角，中等四角，下等二角，合计每年上等应出五十四元，中等应出三十六元，下等应出十八元。按月均以三十日计算，不扣小建，于秋季交收。各本区将户名、收数造册，报由地方官，转报清乡局。无产业者免。至如何分等之处，由该处议事会酌量规定，呈报清乡局备查。

第四十一条　预警驻所灯油，以及纸笔，一切零费，由罚款及养警费内开支。什百家长公举廉正士绅，轮流经理，按月册报地方官，转报省局查核。

第四十二条　以上章程，施行如有不适用时，由地方官酌议，禀请省局核明更正。

《京津日报》，1911年5月14、15、16、17、19日

各省谘议局联合会成立

十四午,各省谘议局议员到京,假松筠庵开联合会成立会。二句半钟,摇铃开会。议员到者三十余人,警界、报界及来宾旁听者十余人。湖北谘议局议长汤化龙君为临时主席,宣布开会理由毕,用不记名选举法,首选举会长。湖南谘议局议长谭延闿君得十五票,最多数,遂定谭君为会长。次选举副会长,直隶谘议局副会长王振尧君得二十四票,亦最多数,遂定为副会长。如是谭、王二君循例谦辞不获,始升主席座。如前选举审查员九位,汤化龙君三十三票,孙洪伊君二十四票,方贞君二十四票,谢达涵君二十二票,李文熙君二十一票,刘崇佑君二十票,萧湘君十八票,梁善济君十八票,罗杰君十六票,选竣定议。昨日下午一钟,又开谈话会云。

《顺天时报》,1911年5月14日

开垦东省之办法

赵次帅刻正整顿行装,闻其莅任后,先与江抚周中丞商办开垦事宜,以为三省入手政策。现已由湖北招徕难民,前往垦地。俟与奉、黑两省谘议局议订移民办法,即参照运司熊希龄前向锡督条陈垦务事宜举办矣。(立)

《长春公报》,1911年5月19日

各界派员迎迓赵帅

新简东督赵次帅来奉在即，故日昨农、商、学、绅各界在谘议局会议，拟每界派员一名，赴新民恭候帅节，以示诚敬云。

《盛京时报》，1911年5月20日

敬告八旗同人速开联合会

鄙人自戊秋出关，忽忽三载。此次以会议八旗生计事，由奉旋京，见吾八旗同人，对于八旗生计，异常注意。一城之中，乃得八旗同人提倡之会凡三处，不觉忻然以喜。继思吾八旗同人，对于八旗生计，异常注意，宗旨既同，何以不协力同心，联合大举。一城之中，八旗同人提倡之会乃分而为三，又不觉惶然以惧。喜者，喜吾八旗同人之能注意生计，立会提倡也；惧者，惧吾八旗同人之能注意生计，立会提倡，而未能联合大举，虑势分而力弱，成效既难，且将来不免争端大启之虞也。今有大家于此，户口既众，财产有限，重整旗鼓日难，其子弟知非自谋振作，不足以挽颓运而救艰境，自应合群而起，速自经营，方有家业重兴之望。乃竟分掣其属，自立门户，各不相顾，而不知群策群力，合全体以共支危亡之局。此又何可久耶？鄙人念吾八旗同人，同为八旗，同为生计，讵有意分而不合之理，不过以事体重大，宗旨虽同，方法各异，势不能强归一致，姑且分道而驰，冀他时殊途同归，自有会合之日。而孰知一国三公，众情惶惑，上下无所适从，其争端已隐伏于其中也。鄙意天下事，果万无可合之理，则不可不言分也。若其事明明有天然可合之端，则不可言分也。吾八旗同人，今日所提倡者，同为八旗，同为生计，非明明有可合之端耶？可合不合，坐待其竭，区区之意，大不谓然。今请与吾八旗同人约，吾八旗同人，果以鄙言为是，能即日将各会合并一处，联数会为一会，化小群为大群，协力同心，联合大举，此吾八旗前途之福也。万一以已成之局，未便即行消灭，不妨先开联合会，开诚布公，共谋进取。或徐议合并，或设法联络，务使四支虽分，全体如一，面目虽异，精神则同，以为补救之计，亦无不可也。至于联合办法，当以预商会制，明订宗旨为第一要义。会制拟分三部，曰生计部，曰宪政部，而以总务部总其成。宗旨则有四纲：一、辅助筹备宪政、一、实行自谋生计，一、赞画变通旗制，一、预备组织政党。今应商订之处，大致不外乎是，日方述之，识者无不赞成其说。时日迫促，愿吾八旗同人，速定会议，迅即实行，鄙人当不辞奔走之劳，以尽其维持之力。有赐教者，幸枉顾敝寓。鄙人此来，不过暂留七日，即须回东。除会议生计，及谋实行外，别无所望。所望唯吾八旗同人能联合大会一事而已。是否可行，伏候公决。（金梁）

《顺天时报》，1911年5月20日

学界对于锡帅之去思

省城学界以锡帅行将去奉，挽留无术，特于本日设筵恭饯，以昭诚敬。蒙锡帅席间勉励多语，听者无不感激。现闻各学堂又编订去思歌，令各生演习，用备恭送锡帅起节时之歌唱云。

《盛京时报》，1911年5月21日

东督吉抚致盛宫保要电

顷闻东三省总督暨吉林抚陈中丞，昨致邮政大臣盛杏荪宫保要电一道，探其内容，略谓：东三省自瘟疫发生以来，各库款项，早已告罄。幸赖各国暨各省协济，现虽扑灭，然支绌情形，不堪言状，真有挖肉补疮之势。讵料此次吉省又遭火灾，较上年烧将军宅犹甚。从来未有如此火灾，幸与交涉无关。然灾情较重，民无所归，哭声载道，哀鸿遍野，实属惨伤。虽蒙发内帑，然杯水车薪，尚无十分所补，还望各处竭力提倡协助，以救灾黎。我公素所慷慨，前江、鄂、皖、浙、粤等省连年灾荒，均赖筹赈协济，何止救活百万生灵，真造福无涯。还望我公量力乐输，提倡筹赈，以惠灾黎。不第弟等感激，则吉省灾黎必戴德无涯矣。闻宫保接电后，已筹款两万金电汇到东矣。

《顺天时报》，1911 年 5 月 21 日

清帅行期志闻

探闻督宪锡清帅于交卸后，拟于本月二十八日，或下月初一日，由奉入觐。届时恭送行旌者，定不尠也。（同）

《长春公报》，1911 年 5 月 21 日

奉天学界公饯锡清帅

奉省本月二十三日，学界开全体大会，公饯锡清帅。所有本城高等师范中学及小学，均于本日九钟，齐集小西关陆军教场，奏乐升旗行礼，恭读颂辞，复进酒、唱歌、拍照，以报公在东二年老成忧国、政绩不磨之盛概云。（岩）

《长春公报》，1911年5月24日

奉天学界对于锡帅之去思

奉天学界以锡帅行将去奉，挽留无术，特于本日设筵恭饯，以昭诚敬。蒙锡帅席间勉励多语，听者无不感激。现闻各学堂又编订去思歌，令各生演习，用备恭送锡帅起节时之歌唱云。

奉天学界全体公饯锡制军大人之颂词

辛亥之春，我尚书制军锡公，疏请归田，仰邀俞允。东省人士，乏术攀辕，行有日矣。凡我学界，被泽素深，谨于四月二十有三日，择西教场开联合会，恭饯节麾，并求训诲。辱荷不弃，惠然来临，得闻金玉之音，藉作韦弦之佩。莘莘学子，何幸如之。溯我制军衔命督东，于兹两载，当内忧外患之日，本公忠体国之心，天子褒嘉，远人悦服，凡百措施，固将铭之旗常，垂之竹帛，与此白山黑水，永永不朽，无待赘述矣。独是我边陲学务，克树规模，盛德维持，更仆难数。综其大要，患士气之不扬也，则请练兵操，以振尚武，虑校舍之不敷也，乃宏开广厦，以庇多士，帑藏虽绌，而教育之费必丰，时日无多，而学额之增已倍。尤难忘者，上年请愿国会，东省人士，怵于时艰之棘，忘其出位之思，痛哭陈辞，愤激过当，方以为必触雷霆之怒，难免郊逐之移，而孰知我制军鉴其苦志，悯其愚忠，下采舆论，上达天听，事虽格于廷议，义不愧乎大臣。迨乎腊尾春初，疫氛大肆，弓蛇市虎，中外惊心。惟我制军，饥溺为怀，不遑寝食，间尝流涕而道曰，防疫如防敌，吾只有以严厉之手段，行慈善之事业，用能天心悔祸，民乐更生。凡此诚笃宽宏之治，何非再造东省之恩，更此邦人士，所永矢勿谖者也。今者轺车将发，祖帐徒殷，召伯甘棠，去思弥永。虽然天生异人，以利社稷，宗邦之难未已，东山之出有时，他日者或内秉钧轴，或外拥节钺，推民胞物与之怀，宏中国一人之量，知我制军所加惠于三省旧治者，方永永无极也。爰集学界全体，同进一觞，敬祝加餐，并贡芜词，留为息壤。

锡制军训词

鄙人待罪斯土，忽忽二年矣。夙承学界诸君子挚爱，一旦离别，能无黯然？乃今荷诸君子，暨大小学生，殷殷盛意，开会饯别，推许过当，愧何敢承。顾念奉省为国家根本之重地，教育乃凡百新政之权舆，鄙人早登仕版，学术就荒，兼以在东二年，簿书鞅掌丛脞，时虞心力有限，势不能专注于学务，此则私衷所引以为憾者。所幸与卢学使一方共事，时有匡襄，学界在事诸君子，更能不我遐弃，随时臂助，日积月累，粗有规模。藐躬薄德，虽不敢语从善如流之美，要亦深服集思广益之言。只以衰病侵寻，恐负重寄，去冬疏请引退，旋值鼠疫流行，民命所关，不能不力疾从公，终始其事。兹幸疫气肃清，仰荷圣恩，放归田里。新制军赵公，重莅斯土。东省学务，乃其所手创，又与诸君子相知有素，行见上下一心，其所以谋，盖鄙人往日之愆尤，而大慰东省人士之愿望者，安可测耶。抑鄙人对于大小学生，尚有由衷之言，愿为临行之告。国家者，乃社会之所积而成，必有完美之社会，乃有强盛之国家。诸生青年求学，既为社会之表率，即系国家之兴亡，刚毅之气不可无，而虚骄之气不可有；进取之心不可无，而忮求之心不可有；卧薪尝胆之志不可无，而轻举妄动之事不可有。世变亟矣，今日菁莪械朴之士，皆他年心腹干城之选。□出□□之间，他时倘有瑰奇之杰出，而扶危定顺，以转移此世运者乎！则鄙人虽退老田间，亦将引领东望，掀髯一笑，为之加餐也。诸生勉乎哉！敢尽一觞，以酬嘉贶，并表谢忱。

恭饯锡清弼制军

日丽兮风和，攀辕【兮】卧辙。东山归谢傅，霖雨奈公何。念王臣劳隙，恩诏颁，嘉许养疴。辽东二载余，老成忧国。鬓发皤，固圉善交结，敦盘折冲保平和。自强兴教育，丰镐劝举讴巍峨。许我留遗爱，白山黑水，政绩永不磨。乾坤整顿赖公多，乘时假斧柯。

欢送歌

制军来，群情喜，倏忽二年矣。制军去，民心苦，如婴初失乳。去何急，来何暮，疆场尚多故。我闻昔汉时，士夫争送疏。太傅惟我锡制军，功德在民旗常著。原上草，何郁郁，星轺留不住。河沿柳，何青青，难绾别离情。但愿早起东山谢，重慰此苍生。

《顺天时报》，1911年5月24日

各省谘议局联合会盛况

各省谘议局联合会会议，昨在松筠庵开议。到会者，除资政院议员外，尚有志士甚众，声势最盛。故各议员意气大为激昂。

《顺天时报》，1911年5月24日

奉天恭迎赵帅志盛

奉函云：新简东督赵次帅，偕其幕僚，以及随员，计共十余名，附坐京奉车，于十四日正午安抵沈阳车站。锡清帅暨司道各员、各局处所总办官员，及旅奉各国官绅等计数百名，驻奉军队、各学堂学生等计数千名，齐赴车站，列队恭迎。该地附近一带，车马充塞，异常拥挤，盖为近来罕见之盛事也。已而赵督与各随员等一律下车，旋与锡督以下各大员、各团体代表等相见，逐一握手，以谢见迓之劳。是时满铁理事冈松博士，代表南满铁路公司及旅奉日侨等晋谒，致欢迎词，赵督答以谢词。比接见事竣，再坐马车，由马队数十名翊卫，恭谒北陵。午后三钟时，自陵返驾晋城，由小北门经过鼓楼南入署。所有经过各街道，除添派岗警、陆军，严加戒严外，并将各街巷口，一律派有巡警驻守，禁止行人，以昭慎重而免疏虞。

《顺天时报》，1911年5月26日

新旧两督之交替

新督赵次珊制军已于二十四日乘京奉汽车抵站，即恭谒昭陵。三点钟，由小北门进城入公署。二十五日十钟，恭谒福陵，回转接见司道以下各官，准于二十六日卯时接印，锡帅交代毕，二十七、八两日，辞谢中外官绅。休息数日，准于月初启节，回京陛见。（中）

《远东报》，1911年5月27日

新督治东政策

奉天地处边陲，胡匪充斥，稍不防范，即惹外人干涉。去年锡督奏准设立四路清乡局，办理已有头绪。赵次帅念此乃治东要策，不但能保地方治安，又可树民兵之基础。现与各司道会议，将欲大加整顿，以期达完全目的，并拟将此项枪械，均由江南制造局、湖北铁政局二处定购，以免利权外溢云。（岩）

《长春公报》，1911年6月6日

部咨划分行政自治权限

督宪日昨接准民政部咨开，谓现在宪政进行，地方议事会均已成立。各项权限亟宜划清。所有地方绅士，有充任司道、巡警、科长、科员者，均系关于行政，不得再充地方自治各项议员、议董，以清界限，而免混淆。闻督宪已通饬各司道暨各厅州县一体遵照云。

《盛京时报》，1911年6月18日

国民会全体愤激之函件

东三省组织国民军代表王卓山、金树汾二君,昨接留日国民会全体会员来函,内称:蒋、傅两君到沪数月,未见实效,近竟组织学界日报,弃却代表本务,干涉外界事件,人心愤激。拟于日内在东开全体会议,以谋对付之办法。到会者均毋庸捐缴会费云。(逸)

《远东报》,1911年6月18日

营口志士演剧募赈始末志

自吉林火灾惨闻,声达营口,则有大志士王精一君,允执系有职人员,而不肯曲膝宦途者。当语人曰:不惟不作叩头虫的买卖,即折腰于人前,亦不为也。曾于埠北田庄台镇创设宣讲所阅报社,迄今五年余矣。程级极高,规模宏大,经管洛笙观察令海城时,禀请咨部。前年组织中西印字馆,后办亚东报,因将己囊赔罄,出兑与人,迄尚负债累累,而该君之热心曾不少懈。今办理吉林火灾赈捐,先上书周关道长龄、营口厅高司马暄阳,请为提倡。周尚抚慰数语,高竟置之不理。该君又上书议事会、商务总会,以及各名誉家,果承商会总协理潘、李两君极力赞成,并有商业学堂汪君一庵、电报局金总办协同办理,订簿募写。又有议事会郑绅等十余人,出首募赈。该王君犹念近年以来,银钱窘迫,生意萧条,募化难集巨款,又邀集同志,排演惨戏,名曰《吉林火》,有红楼茶园主人张三宝愿尽义务,坤名各角,概不取资斯工。于二十五、六演唱两日夜,得资八百余元，悉交自治会，转汇灾区。又有张子歧君，约同许、张、殷、段各君，邀集平康名妓十八魁等，于二十七日，帮唱一昼夜，又得资一百六十余元，亦交自治会转汇矣。今次调查，商务总会代募一千一百五十元，王精一君唱戏得资八百十五元，十八魁唱戏得资一百六十余元，自治团人员、学界诸董共捐一百二十余元，商业学堂教员、学生共捐八十余元，统共捐洋二千二百余元。官界由上派捐之数，不在其内。款已由营口商会，汇给吉林商会，以资赈济，而表苦衷云。

《长春公报》，1911年6月28日

惨剧《吉林火》

王君编辑最近时事惨剧《吉林火》一出，在营口红楼茶园，于五月二十五、六两夜演唱，日间仍唱旧戏，得资统归赈捐。该戏前后共分十二幕：

（一）商人喊辘轳把街着火，巡警鸣笛报告，警官带领警兵消防，前往救火，随跟陆军各队。（二）中军官报告巡抚（王君精一扮作巡抚）起火。巡抚先吩咐快救，追后登楼观火，问役几点钟，役回：火起时一点半，现三点半钟。巡抚到官银号，见饶总办密室私语，至半钟之久。饶吩咐部下，收拾车辆逃走。巡抚回署，报火势愈大，并云西南风大作。（此时台上人如同曹操之惊赤壁焉。）巡抚吩咐，调陆军学生救护公署，一面传知各门岗，禁止出入，而免党祸。一面携眷搬物，登轮过江避火。（殆）〔迨〕出门时，遇各司道府说：逃命！逃命！匆匆而去。各官见巡抚如此，亦各猖蹶而去。巡抚上船过江，军警护卫。（三）度支司谢科员请命负卷出衙。（四）兵警交哄。（五）狱犯解逃，乘火打劫，难民被掠，门警不准出入。（六）知府带人救火，提学预备救火。（七）库官守库防火。（八）火熄，难民寻尸，号叫痛哭。（至此，座中落泪者、切齿者颇有其人。）（九）巡抚回署，坐大帐，命民政司造具灾单。提法司造具逃犯单，交涉司调查侨居外人，度支司造报失款，并令知府出示安民令，幕府办稿具奏。

（十）民政司放粥。难民启衅。（十一）府议事会上谘议局书，谘议局开会。（十二）巡抚奉廷寄降级留任罚俸等事，并接阅七不解请答书等情。可谓描写周到，形容殆尽。

《长春公报》，1911年6月28日

赵督传见国民团代表

东三省国民会代表金、王二君，前日具禀督宪，内称扩充团练及预备巡警各办法。禀上之次日，督宪即传见该代表等到署晤话。金、王二君旋即奉命前往，以国民会代表字样名衔禀见。兹探其问答大略如下：

督宪开首即问二君之籍贯，王答直隶，金答吉林。督宪问："何谓全体学生代表？"二君答云："系留东学生团公众推举名之。"督宪问："汝二人此来何干？"二君答云："为蒙、滇各边境三国进兵，学生等睹国势阽危，意在提倡民团，速为自为之计。近因国款支绌，恐练兵则饷糈无出，而且启外之猜疑，拟就东省所办之预警，提倡扩充，出则可以御强邻，退则可以靖内患。特举学生等回籍，先由奉省创设一体商会，专备造就教练人才云云。督宪问：汝等曾拜谒提学司，及会晤谘议局否？"二君答云："谘议局员已晤数次，惟提学司宪尚未。"督宪点首云："此事关系重大，非一时所能详尽。俟见提学司后再谈吧！"至是二君遂辞出。

《远东报》，1911年6月28日

有取消预警之风说

昨闻政界人云：公署今日接得民政、陆军两部来咨，谓东省所办之预备巡警，漫无纪律，恐不足恃，且起外人之猜嫌，应请饬令解散，免生意外之葛藤云云。所闻如是，未知确否。（逸）

《远东报》，1911年6月28日

补志国民会代表与学司之谈话

国民会代表金、王二君于念六日谒见次帅晤谈一节，已志本报。兹闻金、王二君退出公署后，次日即拜谒提学司及国民会一事，拟在奉垣创办体育社，卢司使当询日昨在公署曾经大帅之允否，金、王曰："已有条陈呈电大帅，虽未明示允许，大约不至于禁阻。"卢司使曰："日昨余在公署，亦曾见过二君之条陈，所叙各情，尚无不合。且体育一门，本司极表赞成。本司到奉后，即令各学堂实行添设兵式体操，曾一再传谕，二君谅有所闻。但二君在东留学六七年，将近毕业之期，专为此事废学返国，殊觉可惜云云。"金、王曰："国事日非，强邻逼处，丧家之患，急在眉睫，即卒业有何用处？"司使曰："二君总宜以和平为进行之主义，本司无不乐于赞成。然而尤有进者，务必将国民军三字招牌，从速换去要紧。至于团练一事，设颁发枪枝，为胡匪掠去，奈何？"金、王曰："此系不能大办之故。设使扩量充之，则遍地皆兵，胡匪将何从匿迹乎？"彼此辩论许久，金、王始兴辞出署。以上各情，此不过记其节略耳。闻者谅之。（逸）

《远东报》，1911年6月30日

开办体育社述闻

　　国民会代表金、王二君，日前谒见督宪，陈明提倡国民会及开办体育社一节，略见昨报。兹闻金、王二君于谒见督宪时，已窥透督宪有默示允肯之意。出署后，即往谒提学司，卢学宪亦表赞成。故于日昨特将体育社之办法，及进行之手续，传知各界，标其名曰公立体育社云。（逸）

《远东报》，1911年7月1日

关于国民会之智批

　　国民军代表金、王二君，日前谒见督宪暨提学司后，即条陈创办体育社一节，均载本报。兹探悉其条陈内容，有三大纲领：一为外交之后援，一为同盟之先导，一为实业之保障。词旨极其和平，持论实深痛切。闻禀上之后，次帅甚为动容，日昨业已明白批示，兹特录之如下：

　　批：据禀于中外大势，言之凿凿，足见平日留心考查，长深嘉许。所称拟组织国民会，未始非有志者之所为。但凡事难于得人，复难于筹款，斯时斯地，尤当以镇静之气，施实行之方，奔走呼号，殊有未当。顷与该生等面谈，亦已深知此意。所请扩充巡警、乡团各节，查本省巡警及预备巡警分隶各属者，为数不为不多，已嫌分歧，正拟切实改良，期收实效，岂可再定名目。至体育社一层，是否可行，仰提学司核议饬遵。禀发，仍缴。（逸）

《远东报》，1911年7月1日

呈报筹办第二期选举情形

谘议局已届第二期选举日期，故外城辽阳、金、复、开原、铁岭等处自治选举事务所，已按照自治章程，派员分区调查，编造名册，陆续呈报到省，送谘议局核阅矣。

《盛京时报》，1911年7月6日

派员赴资政院旁听之电咨

上年资政院开院，各省均各派员赴京旁听，遇有提议该省事件，即由该员陈述一切。现资政院开院伊迩，内阁特电督帅，查照前案，遴选熟悉本省情形人员，先期到京，接洽一是，并须先将派出员名，先行知照。东省究派何人，督帅尚未决定云。

《顺天时报》，1911年7月8日

谘议局联合会宣告全国书

敬启者。议员等学识浅薄，谬以故乡父老，选与议席，比年以来，代抒言论，靡补大局，内惭滋深。迩者时局濒危，国会未开，海内喁喁，望治孔亟。各省议局远虑深忧，本年四月开议局联合会于北京，冀以全国人民议定救亡之大计。佥以为，欲救国亡，先定政策，欲定政策，先定政体。君主立宪，国之所以，有内阁者，为执行政策之总机关，对于国会，代君主负责任者也。中国而不为君主立宪则已，如定君主立宪政体，必有责任内阁。内阁而不负责任则已，如负责任，则不宜有皇族内阁。盖专制政体，以一人负全国之责，故政治上所生之影响，其美恶常及于君主一人之身。而立宪国之君主，则以不可侵犯、不负责任为原则。君主于神圣不可侵犯之地位，其密隶君主之皇族，亦即立于特别一不动摇之地位。君主退处于不负责任之地，而以责任负之内阁，则内阁实处于完全负责之地位，而不可以内阁之动摇，侵及于君主之下，以受国会之监督。有政策之冲突，即有推倒之事实。内阁而为皇族，万一皇族将因其地位特别之故，自认为不可动摇，则良美政治或不自常期。若任其推倒，则一般人民之怨望，因内阁而及于皇族，因忘皇族之尊严，而于君主之神圣，将有不能永保之虑。影响所暨，将与君主立宪政体之原则相背驰，而国家一切良美之政治，几无有完全成立之危亡。此固吾父老之所为杞忧，而各议局之所共虑也。议员等重膺各议局之推任，甫入都门，适值内阁官制发表。试办之初，即开一皇族内阁先例，诚如诸君子所虑及。迩者政策发表，又不足以定国是而餍人心。屡开会议，惧负诸君子之期望。思维凡百，政治必有一完全自由之地，根本之解决未定，则枝节之补救徒劳，故议以完全内阁为第一议题。以为内阁组织完全，则不患无完全之政策，谨于□月□日，呈由都察院代奏，皇族不能充当内阁总理，另简大臣，组织内阁，附上增练备补兵一折，复于□月□日呈于都察院代奏，请饬阁臣宣布政策，附上请废禁烟条件一折，先后折奏，俱闻留中。报纸交讥，自维无状，谨于□月□日又呈请都察院代奏。伏阙待罪,迄至今日,仍未明降纶音。议员等自愧恳之未至,不能见信君父。惟为我父老作喉舌,绵力所及,只如此数,辜负望治之深心,又无呼吁之余地,不得不以诸父老之所言者,返而报告于诸父老,冀垂察焉。

议员等窃以为诸父老所希望者,欲得良善政治,以救国家危亡。本此心理,以生希望,新内阁成立,新政策发生,则转危为安,转亡为存,可以翘首俟也。乃观近日之新政策,则适与所希望者相左。谨举其荦荦大者。

(一)借债政策　主张借债政策者,谓不借外债,则中国必亡。反对者则曰:借债必速亡。东西各国,其国富强者,其国债亦必多,借债故非亡国政策也。但以借债救国亡,必先视其国之财政之现状如何,又必视借债之合乎公例与否?今中国财政现状困难之原因,实生于紊乱,税法无统系,机关未完全,则整理紊乱,洵为先决问题。乃不谋清理紊乱之办法,而欲藉巨款之输入,以苏困难于目前。输入愈多,紊乱愈甚,兴业无期,偿还失恃,欲不为埃及、波斯之续,殆不可得也。借债公例,本无担保之必要。中国信用久失,借债必有抵押。今不求所以致信用之法,但仍以任便指押为借债之券。不计偿还之力,是否足以相应,今日超出之额,一旦骤增,他日罗掘之方,苦无所措。目前之抵押物,欲免成将来之断送品,盖不可得也。在主张借债政策者,必曰:英、美、德、法四国银行一千万磅,将以抵制日、俄之攫我远东。然何以自解于日本横滨银行一千万元?且已国财政曾无解理紊乱之方,而以借债为抵制他国之计,前拒狼而后揖虎,虽至愚鲁,必不出此下策。又况川、粤、汉铁路借款,则又力拒商款,以输入外债。四国之于东南主权,亦将如日、俄之于远东,又何以自解于抵制他国之计划也。两次合同,根本损失,而主张借债者,又另议币制顾问之约,以巧避监督财政之名;藉聘四国以外之工程师,以回护其卖路之实。司马昭之心迹,路人皆知,而谓借债以救国亡,其复谁信?然则今日借债政策,仍亡国政策耳。此新内阁政策之不可恃者一也。

(一)改定币制政策　主张此项政策者,以借债为计划。然此项借债,将为购置币材之用耶?按国中人口之比例,需铸实币若干,需用币材若干,流通于中国之生银若干、银圆若干,如有详细调查比较,当采用自由铸造之法,以实值换实值,吸收国中之银货,而以外债补其不足。今于法制,则不采自由铸造,而以外债为基本，此何说也？将为大清银行准备金之用耶？大清银行之组织，纯反乎银行之原则。迩年以来，败相毕露，救正改革，实为先决之问题。而所谓准备金者，亦必有一定成数。今将以外债为准备金，而未见银行改良之方，并未确定准备之数，又何理也？将以为收回旧币之用耶？国中旧币之恶孽，莫逾于铜元之充斥，非不加贴补，尽数收回，必终至乱币制之统系，而蹙国民之生计。筹拟旧币办法，大旨不外暂准照市价行用，按年限制，随时设法收回。最后之解决，归于体察事情，斟酌办理。准此办法，将欲并行，必有害于主币，欲收回，必至累及国民，名为改定币制，而币制卒不可实行。大清银行前途之信用，将不可保。而全国破产之惨象，将在目前，尚何以为国乎？则例颁行一载，施行瞬将届期，币制根本问题，曾未见有详晰之解决，而第树一借债改定之政策。然则今日改定币制政策，仍一借债亡国政策耳。此新内阁政策之不可恃者又一也。

（一）兴业政策　主张兴业政策者，以东三省工业为计划，而借外债以施行。夫生产之借债，与不生产之借债，其利害自迥不相同。然而政策者，系全国之政策；实业政策者，系全国农工商之政策。中国实业之凋敝，日甚一日，种种辅助之机关，如公司，如银行，屡蹶不振，以无法律之保障，而执法者又不适用法律也。今欲振兴实业，先必能解决根本问题。第一，先确定完全之法律，应如何保护，如何补助，准他国之法理，按中国之情形，从速厘订颁布。第二，先定完全之政策，统计全国实业，何者应为国家专利，何者应听国民经营，国有实业应从何处何业着手，民间营业应如何监督救济，非统筹全局，成竹在胸，则生产之率不能相当。今内地实业主权，半押抵操于外人之手，曾不一为顾虑，悬一振兴实业之名，而实只及于东省工业。工业之范围亦广，办法亦夥，资本几何，先营何业，曾无详晰之表示，而第树一借债兴业之政策。借债兴业，为东省工业，则此项借债，应为东省借债也。惧东省旦暮不可保，偿还无着，而以全国担负之，乃定为国家政策。投资于旦暮不保之土地，而使全国人民任其偿还，此何心理也？近日且闻有主张矿产国有政策，以议续举巨债之实者。国法不问，国权不问，国民不问，然则今日兴业政策，仍一借债亡国政策耳。此新内阁政策之不可恃者又一也。

（一）铁路国有政策　主张此项政策者，亦不外借人外债，收回商办之计划。其借债也，不外乎抵押，其收回也，不外乎压制。夫欲定铁路国有政策：第一，必有完全之区划。通一国内应办之铁路，干路几何，支路几何，何者为政事上铁路，何者为商事上铁路，干路是否一律禁止民办，政事铁路是否不应民办，民办铁路是否防碍国家行政主权，已归国有之铁路是否办有成绩，种种根本问题不解决，则不能区划。第二，必有精密之布置。德相谋交通之统一，历八年始议买收，此则先划官设干线，历十七年而始定。日本之买收国内铁路也，隐令商民以收回之股金，为南满拓殖之事业，更以他政策为主目的，而以铁路国有政策济之也。奥国始则奖励私设，继且助子金，后且以国有铁路取半费，卖与人民，是因国有政策不及民有也。各国之先例具在，按之中国内情，应如何妥为布置。第三，必有收回之能力。今纵无区划，无布置，而国家财政整理之后，实有余力，以为收回之资本，则克期收回，亦不得谓非政策。乃商民奉旨经年，咸晓然于交通要政之必需，铁路营业之利益，群策群力，目睹商办之成功，或已开车，或待赶筑，或按年输股，是商力虽绵薄，尚以自己之资本，为铁路之主人。今骤反成命，改归国有，退还民股，而国有之主人翁，乃乞借（他）〔债〕于之四国，弃自己之实力，引外人以抵制百姓，不问全国铁路之计划，不采各国国有之办法，率然请命，以遂其私。甚且以守商办成命者为违制，援用格杀勿论之条，诬一切摊股为派捐，博休养民力之誉。夫前之商办，今之国有，朝廷反汗，实以借债为前提。小民保全营业，系遵前旨，非作奸犯科可比。拟以格杀勿请，与草菅人命者有以异乎？立宪公例，人民以负担为原则，为增进幸福计，原不应沽煦煦孑孑之仁义。即谓民力竭蹙，则国内之滥捐苛税，屈指难终，何不取其甚者而亟除之？今夺民生业，而文之曰体念民艰，是一方面以恶税收吸人民之脂膏，一方面又绝其生活之路也。立宪国人民权利义务，固应尔乎？新内阁负全国之责，而有轻率之举动，然则铁路国有政策，不外借债亡国政策，实一铁路外有政策耳。此新内阁政策之不可恃者又一也。

（一）禁烟政策 主张禁烟政策者，以从速禁革，提前办理为前提。似此项政策，不为无见。然而资政院去年议决案，非以今年十二月为各省一律禁绝之期乎？新刑律明年实行，非列举种烟、运烟、吃烟各罪乎？外务部讵未之知耶？今观其与英使续订禁烟条件，则仍以七年为原则，仍以每年减运五千一百箱为原则。其于禁运也，则一以绝种为断，一以土药禁运为准。虽有分省办理之名，而归结于考查认可，显有确据。若故使中国种绝、运绝之后，尚留此犹预期间，以为印药畅销之地者。且禁种不禁运,则来源不绝,而禁吸无功;禁运土药,不能同时禁运印药,则印药居奇,而禁种禁运将致于无效,此必至之势也。其于烟税也,则以每斤箱加至三百五十两税为率,而以消除洋药大宗贸易之各项限制,及征收各项税捐为名,除各口留难之中,若故予中国以赞成禁烟之名,而收自由贸易之实者,非仅我国民不认此条件,即彼国民亦不韪之,即第三国民亦力争之,而新内阁出一政策,乃有此废弛烟禁之反动。然则,今日禁烟政策,例之往昔,又反汗矣。烟禁不速行,民毒不能去。此新内阁政策之不可恃者又一也。

（一）外交政策　主张外交政策者,不外延宕与退让两途。（进）〔近〕如片马交涉,喧传海内,滇督争持于上,绅民呼吁于下,国内人士咸愤不平,外部迄未提出严重抗议,与英交涉。乃者奏交由阁议,仍不外延宕退让之法。夫今日片马交涉,实由延宕所致。滇缅续约,本有查明情形,再定界线等语,乘机不决,遂有革道石鸿韶与英领事烈敦会勘之误。外部既知石道之误,而自光绪三十一年至今,不援石道与烈敦误议之图证,速事另勘,酿成此辱。以延宕败于前者,乃欲以延宕持之于后,此何故也？外务部奏交阁议,有就范不易,拟照烈敦原议,永远租借等语。夫永远租借,实割让土地之变名词。若如所请,则高丽、贡山将不保,英人从此（讲）〔沟〕通川藏,直踞长江上游。英人得利,法人继起。自余各国,亦必欲有以逞其所欲。何地非片马？何国非英人？大陆茫茫,瓜分在目,是以退让为亡国之券也。阁议月余,迄无办法,若故避退让之名,而为延宕之计,待英人累进,是故为万不得已,舍退让无他法,以谢全国者。退让延宕,互相为用,从前外交之失败,悉由于此。新内阁固无以易之也。且也北京各国使馆驻兵,大反各国公理。该项条约,以今年七月为期,如三月以前不通知,则承认接续之事实。外部诸人,亦无有议及此者。谓外部不知有条约,未免太甚;谓外部居心延宕,则延宕实外部外交之政策也。类此失败,笔不胜书,过此以往,独如曩日。然则今日外交政策,仍媚外政策耳。此新内阁政策之不可恃者又一也。

综观以上各政策,与我人民所希望转危为安、转亡为存者,适成一相反之比例。我人民希望立宪,至于今日,国会之开,尚待后年。内外官制,迄未定议,方以为立宪尚不可期,乃君主立宪国之最重要最高级之机关,竟巍然出现于四千年来专制政体之中国。内阁官制十九条,姑无论其完全与否,而第二条有国务大臣辅弼皇帝担负责任之规定,第三条有内阁总理大臣定政治之方针,保持行政统一之规定，是中国竟立宪矣，是政府竟负责矣，而新内阁政策之发生乃如此。人民希望宪政之心日益高，政府所持之政策乃日见其不可恃。昔日政府不可恃，犹以不负责任为巧避攻击之地，今日之内阁规定其责任矣，而政策仍不可恃。呜呼！吾人民欲得良美政治以救国亡，幸而睹新内阁，而新内阁若此，吾人民之希望绝矣！议员等一再呼号请命而不得，而救亡之策穷矣，然议员等犹以为未也。天下安危，匹夫有责，阁制既定，责有攸归。今日之新内阁，而果实行担负责任也，则吾人民危希望内阁之心，正有加而无已也。

而或者谓，此数政策，有发于内阁官制未颁以前者，有发于内阁总协理大臣辞职之际者，内阁将持此以为不负责任之地。不知四月初六日借款上谕，署名者为军机大臣奕劻、毓朗、那桐、徐世昌；十一日铁路借款上谕，署名者为奕劻、那桐、徐世昌、载泽（假）、盛宣怀。除毓、盛外后之内阁总协理大臣，即前之军机大臣，事属相承，策本一贯，是第一次借债政策，即新内阁之政策也。总协理大臣虽经辞职，而已遵旨到阁办事，照章署名，不得以总理再辞职，协理未谢恩，而以十一日所发禁烟、铁路国有、铁路借款各政策为总协卸其责。且各部尚书均为内阁国务大臣，既各照章署名，实有联带责任，更不得藉此为不负责任地也。或者又谓，阁制并未实行，今日内阁不过为暂行办事之内阁，恐无完全负责之希望。不知内阁为一国行政之总机关，断不可以一日暂行，使全国行政计划，出于姑且尝试之举。暂行章程，现宜速取消也。且暂行章程虽有变通之处，而实用阁制，第三、第四各条之规定，不得以其暂行变通，而谓阁制规定之责任，亦在取消之例也。然则，今日新内阁欲不负责而不能矣。

今日新内阁既据阁制，而应负完全之责任，今日内阁之政策，犹是以前政府之政策，甚且推翻以前政府之政策。昔日政府不可恃，今日内阁果可恃乎？去年资政院弹劾军机，犹可以不负责任为词。今日阁制既明定担负责任，资政院常会时，内阁尚能以不负责任对付资政院乎？今日之内阁，虽一新其名称，而组织内阁之人，则犹是昔日之军机，以素不负责任之人，一易其名，即能受而完全负责乎？今日内阁已发表之政策如此，未发表之政策不卜可知，迨至资政院时，能保无去年弹劾之事乎？弹劾军机，去年已无效，以预备议会之资政院，而弹劾内阁，能否收法律上之效果乎？如仍无效，将解散资政院乎？则今日之内阁，实为皇族内阁，保无因资政院之解散，而一般人民之怨望，因内阁而及于皇族，因皇族而侵及神圣之君主乎？如弹劾而有效也，则必重新组织内阁，内阁可推倒，皇族可以推倒乎？推倒皇族内阁，仍为皇族内阁，万一不幸又有推倒之事，皇族特别不可动摇之地位安在乎？皇族特别不可动摇之地位，既不能确定，而皇族实密隶于君主，君主神圣不可侵犯之原则，尚能保其永无妨碍乎？是故欲救中国之亡，必得良美之政治，欲得良美政治，必得完全内阁，欲得完全内阁，必求不反乎责任内阁之原则。君主立宪国，皇族不能充当内阁，我国阁制并无内阁必用皇族之规定，诚以内阁者，全国行政之所汇归，而人民危亡之所集的也。内阁而自恃其不可动摇，则政策之进步不可期，内阁而为皇族，则内阁几有不可动摇之实质。如是，则名为内阁，实则军机；名为立宪，实则专制矣。是故内阁者，可以动摇者也；皇族者，不可动摇者也。皇族组织内阁，则内阁不得动摇，是无内阁也。内阁仍可动摇，是无皇族也。无皇族，则君主危，无内阁，则国家危。观今日内阁政策之不可恃，则异日必重新组织内阁；观皇族内阁之不便动摇，则内阁无重新组织之日，而我国家永无良美政治之望。所谓欲救国亡，先定政策，欲定政策，先定政体者此也。故必云皇族内阁，始有责任内阁，有完全负责之内阁，而后有良美之政治。疆场多故，时不再来，我故乡父老望治之深心，议员等愧无以报命，谨就救亡根本大计，具陈一二，望我父老，恕议员等能力之薄弱，引天下为己任，希望之心永无断绝，则中国庶有豸乎？！

《长春公报》，1911 年 7 月 12、15、16、18、19 日

联合会拼命战内阁

日前都察院上有封奏二件，内有联合会呈文一件，其准驳与否，又未奉有明文。故近来联合会对于新内阁甚不满意。昨已函电各省谘议局，拟要求各省督抚代奏，请即取消皇族内阁，以符立宪体制云云。但未知能达到目的否。（吏）

《长春公报》，1911 年 7 月 14 日

男儿指血尚殷红

去岁四次国会请愿倡于奉天，一般志士断指割臂，热血滴滴点点，遍于绅、商、学、农各界。当时流血有《商务日报》发行人张舞五君，书血旗一面，字迹模糊。其余学界之血书，共二十八份，锡督均储公署内。赵帅到任，将此项血旗、血书均行点检，赵帅阅毕，深为赞美，起敬曰"志士热血，千载殷红"云云。（岩）

《长春公报》，1911年7月21日

国民分会成立之手续

奉天国民分会，日昨由该分会代表，约会同志诸君，大开会议，研究成立后种种进行之手续。计当时会共计五十余人之多。兹录其议决之各条件如下：（一）酌定地址，公举齐峻君等七人担任磋商。（二）审查规则，公推高敏堂君等四人担任起草。（三）联络各界，公推李少甫君等十人担任，分袂联络。（四）设宣讲所，于城隍庙及长安寺二处。（五）推行筹款，分为两项办法。甲、由开会之日起，限一星期内发公函催款；乙、提倡演剧助款。至七钟时始行散会。（逸）

《远东报》，1911年8月12日

电催遴选议员入京

公署昨接内阁电催，谓资政院开会在迩，去岁所选议员，于本省风俗治理茫不谙悉，殊于议院前途，多生窒碍。相应咨请贵督，此次改选议员，务求熟悉本省情形者，始克当选。并请饬其于本月内到京，以便七月间开院时，与议案件云。（逸）

《远东报》，1911年8月12日

请议水灾之交涉

安奉铁路沿线一带农民，日前联袂来城，请谘议局会议，本年水灾为患，实因安奉土轨拦堵水道，无处消泄，以致淹毁田苗，受害已非浅鲜。请议呈请督院，转照日领，要求赔偿云云。经众表决，昨已呈请督宪核准，即饬交涉司据情照会日领云。（逸）

《远东报》，1911年9月2日

资政院罗议员到奉

资政院议员罗君杰，现在充辛亥俱乐部常驻议员，兼会计干事。近因辛亥俱乐部应行联络事宜，于前日晚间，乘京奉火车抵奉，寓于小南门里三江旅馆楼上。闻近日一般热心政党者，前往晋谒，以致门前拥挤，议员几有应接不暇之势云。（逸）

《远东报》，1911 年 9 月 23 日

沈议长保全大局

浙江谘议局沈议长日前因川省之乱局，累及川省谘议局之正、副议长蒲、罗诸君，恐影响及于各省谘议前途，将来定多危险，特请法政学堂邵监督章，务求东督赵次帅格外矜怜，乞赏转电川督，将所拘蒲、罗诸人释放，以保大局云云。当闻邵监督接电后，即往谒督宪，直陈各情。至督宪能否允准，外间无从探悉云。

《远东报》，1911 年 9 月 28 日

电饬派员入资政院会议

公署接内阁电,略谓:资政院开会时,贵省如有陈述事件,尽可派员到会,提出意见,交会议决。如无紧要事件,亦可免派,并烦转致吉、黑两省知照云云。闻督宪接后,即电致吉、黑两抚查办理矣。(逸)

《远东报》,1911年9月30日

工务会欢迎罗议员

辛亥俱乐部党员,即资政院议员罗峙云君,日前到奉,拟组织支部一节,已载本报。兹悉工务会总协理,及会董、会员等,以罗君热心公益,特于日昨就该会所院内开会,以表欢迎。当时并柬请督宪,及各司道,并各国领事官、外交团,及本城大小各团体到会观光者,约有五百余人。当由李君少甫登台报告,并宣读开会欢迎词。次由罗君登台致谢毕,即演陈东省实业之萌芽,与政治有何等之关系,并陈说东省原料之丰富,应如何研究改良。次由代表劝业道傅式可君登台,申明劝业道未曾赴会之理由。次由法国领事官登台,即以华语演说中外工商之联络关系。次由政界都太守演说工艺家进行之迅速。次由报界关天僧君演说改良制造需要品。末后相继演说者,有学界之曾于威,及农界之鹿实国诸君。至下午五时,始振铃摄影散会。

《远东报》,1911年9月30日

罗议员首途赴吉

辛亥俱乐部党员罗峙云议员杰到奉之后,与各界极力联络。闻近日互相介绍书名入社者,已有百余人。兹闻罗议员于日昨由工务会散会后即赴江南春晚餐,席尤未终,即兴辞归寓。八钟时,已附坐南满汽车,前赴吉林组织支部矣。(逸)

《远东报》,1911 年 9 月 30 日

第三编　辛亥革命后之变迁

一、从谘议局、保安会到省议会

谘议局将开通常会

各省谘议局开会，向章分通常、临时两种。现届本年通常会开会之期，例应举行。奉省谘议局议长吴莲伯君，当即呈请督宪转饬不常驻议员董之威等三十五名，先期到省，并由该局咨行各司道处，一体查照，请于九月初一日到会，举行开幕礼式云。（逸）

《远东报》，1911年10月10日

谘议局对于川事之争议

川省议长、议员因争路事被逮，经奉省谘议局电致各省开会争议一节，已志各报。现闻该局日前又电达内阁力争，其电文若何，容访续登。

《远东报》，1911年10月10日

谘议局开会之预备

谘议局定于九月初一日开通常大会，已志前报。昨闻督院通饬各司道局所，拟仿照北京资政院开会办法，届时各司道局所务各选派行政委员前往预会，以便陈述意见，并饬先（收）〔将〕委员衔名开送到会，俾资接洽云。（逸）

《远东报》，1911年10月17日

谘议局开幕纪事

奉天谘议局日昨初一日开第三次通常会。午后一钟开幕。当有督宪及副都统，与民政、度支、交涉、提学、提法各司暨各署所派之行政委员等，均临会场。当由吴议长报告开会宗旨,次由督宪演说毕,继由各司道先后致祝词,后由该局书记长宣读答词。至下午四钟,即振铃散会。(逸)

《远东报》,1911年10月28日

资政院致奉省谘议局电照录

电云:

谘议局公鉴:自川鄂变起,乱事蔓延,凡我谘议局诸公,辛苦艰难,勉强支持。本院同人,殊深悬系。本院开院之始,已当危急之秋。同人以为,势迫救亡,论必探本。举凡年来我国民历次请愿,而未得之改良内阁、协赞宪法等事,不惮哓音瘏口上陈,以作焦头烂额之急计。本月初九日,奏奉谕旨,于院议之组织责任内阁不用懿亲、宪法先交院议、悉赦政治党人三折,皆蒙裁可,已通告各省,想悉周知。朝廷俯徇本院之请,即俯徇全国人民之请,而且特诏罪己,德音恳挚,可为与民更始,切实改革之确据。现在政体已立,政本已定,一面拟由本院商请政府,于肇事地方奏请朝廷明降谕旨,表示不欲用兵力平内乱之意。同时本院对于宪法问题,拟采用英国君主立宪主义,今用成文法规定,并先提出重要信条,奏请即日宣布,正在商榷中。贵局诸公,有何意见,从速电院,以便公同会议。抑本院更有进者,此次武汉及各省民之变,本以改良政治为宗旨,至种族革命、社会革命二说,大都由于群情失望,激而出此。实则揆之公理大势,不但兵祸连结,难保治安,抑恐牵动外交,转速实祸。凡我爱国之军民,谅所不取。尚祈贵局遍行通告各团体,及华侨中公举贵局之参议员,痛加谕诫,共维秩序,以安人心,而固国本。大局幸甚。资政院。蒸。(印)

《远东报》,1911年11月5日

奉天谘议局电达政见于资政院

资政院前奉初九谕旨后，当即通电奉天谘议局，嘱各发抒政见，以便会同公议等情，已志本报。兹阅谘议局条陈政见七项，并请要求明年即开国会，奏请罢斥不肖官吏等语，已于十三电达资政院矣。特照录其电文如下：

资政院钧鉴：蒸电【悉】。仰见钧院维持危局，绥靖兆民之意，欣感无已。奉省人民前拟公电，请开（院）〔议〕院，所持意见，与钧院相同。既蒙奏奉恩纶，民心为之鼓舞，前议自应作罢。窃维今日之事，要在提出重要信条，奏请宣布。谨陈管见。一、大清帝国皇帝，万世一系。二、皇室大典之编纂改订，由资政院或国会参与。三、君上大权，有一定之界限。四、帝国臣民在法律上一律平等，无何项之区别。五、帝国臣民应享之权利，非依法律，不受制限。六、国会议决之法律及预算，有完全之效力。七、非由国会议决，不得变更领土。此其大略也。综上各端，均关系国会，宜请明年召集开设，以便主持。至肇事地方，钧院既拟奏请谕旨，表示不欲用兵之意。若再由钧院遵照此意，设法办理，尤较迅速。总之，国内之事，当自为之，不留外人干预之余地也。今日地方官吏，甚不可恃，宜由钧院奏请罢斥各省不孚舆论之督抚，另简贤能，藉资坐镇。各省饥民土匪，最为可忧，更宜委任各省谘议局，会同官绅，妥筹安戢之策，实行镇抚之方，以靖人心，而安大局。伏乞核议。奉天谘议局叩。元。

《顺天时报》，1911年11月10日

资政院致奉天谘议局之电文

谘议局鉴：蒸电计达。本院昨日拟具宪法内重大信条十九条，公同议决，已于本日具奏，并声明起草全部宪法时，请准各省谘议局暨军人参与意见。其条文：

一、大帝国皇统万世不易。

二、皇帝神圣不可侵犯。

三、皇帝之权，以宪法所规定者为限。

四、皇位继承顺序，于宪法规定之。

五、宪法由资政院起草议决，由皇帝颁布之。

六、宪法改正提案权，属于国会。

七、上院议员由国民于有法定特别资格者公选之。

八、总理大臣由国会公举，皇帝任命。其他国务大臣，由总理大臣推举，皇帝任命。皇族不得为总理大臣及其他国务大臣，并各省行政长官。

九、总理大臣受国会弹劾时，非国会解散，即内阁辞职。但一次内阁，不得为两次国会之解散。

十、陆海军直接皇帝统率。对内使用时，应依国会议决之特别条件，此外不得调遣。

十一、不得以命令代法律，除紧急命令，应特定条件以外，以执行法律及法律所委任者为限。

十二、国际条约非经国会议决，不得缔结。但媾和宣战，不在国会开会期中者，由国会追认。

十三、官制、官规以法律定之。

十四、本年度预算未经国会议决者，不得照前年度预算开支。又预算案内，不得有既定之岁出。预算案外，不得为非常财政之处分。

十五、皇室经费之制定及增减，由国会议决。

十六、皇室大典不得与宪法相抵触。

十七、国务裁判机关，由两院组织之。

十八、国会议决事项，由皇帝颁之。

十九、以上第八、第九、第十、第十二、第十三、第十四、第十五、第十八各条，国会未开以前，于资政院适用〈用〉之。

顷奉上谕：资政院奏采用君主立宪主义，并先拟具重大信条十九条，缮单呈览，恳请宣誓太庙，布告臣民，以固邦本，而维皇室一折，朕详加披览，均属扼要，著即照办。一面择期宣誓太庙，将重大信条立即颁布，刊刻誊黄，漫【布】天下。将来该院草拟宪法，即以此为标准。钦此。合亟电知。资政院。元。（印）

又电谘议局鉴：昨院照滦州军队奏请实行政纲，拟具信条十九条，已奉旨准誓庙颁布。院意盖欲免种族残杀之祸，尊重人道，保全中国。不意上海来电，据称汉口北军残杀，惨无人理，全院痛愤。前日本院出请降谕旨，不以兵力平乱，即已预防及此。现在惟有拟请颁发内帑，交由汉市，公举正人，查明情节，分别赔偿，并饬袁世凯将偾事军官，按律治罪，以谢天下，仍速饬前军限日休战。总冀中国不至有分裂残杀之惨。至于宪法信条，实以军机紧迫，稍纵即逝，故特先行奏请颁布，【以】立始基。将来起草全部宪法，自应行征集全国意见。一面已奏请速开国会，先由本院将议院法、选举法拟定，尊处于宪法、议院法、选举法有何意见，务即赶速电达，或举员到京，开联合会，表示意见，俾有遵循。无任迫切。资政院全体议员。

《远东报》，1911年11月11日

联合保安会成立

今晨八点钟,由学界发起,赴谘议局会议,拟联合各界,无分种族,倡办联合保安会。当由谘议局吴议长传知省垣各团体,立时到局会议,赞成是举,实繁有徒。旋由吴议长率同各团体至督院,亲谒督宪取决。督宪甚表同情,并责成各界代表,赶速组织,务限于即日内成立,藉以保全公安,而维大局。(逸)

《远东报》,1911年11月14日

东省绅界倡议设立保安会

鄂事起后,甫及弥月,南北各省,多有响应而起事者。其未经革党起事省份,人心惶惶,大势岌岌。各谘议局绅士,暨各地方团体,亦多为保全人民生命财产起见,敦请督抚宣布独立,由是地方遂各安堵无惊。东省本为无事之地,商民亦颇相安,近因各处警耗传来,亦不免有恐慌现象。而官绅并无倡议宣布独立之举,此中亦煞具有苦衷。顷闻谘议局各绅,已联络地方各团体,提议设立保安会,以图保全人民生命财产。此举若成,实与东省前途,造福匪浅。想贤达如我督帅,必能赞成此举也。

《顺天时报》,1911年11月14日

奉天设保安会之演说

二十二日沈阳电云，是日于省垣开保安会，赵督帅就议长席，吴景濂及吴廷燮就副议长席。督帅先演说，谓：第一注意外交，第二除去满汉之区别，第三撤废新旧军队之区别，实行此三项，当得达保安之目的。次武官李君演说，云：地方之安静，有军队将保持，务请信赖，勿为滋虑。吴副议长演说，多系外交之事。吴副议长，其余数人，皆各立陈述意见。后以议案数项，议决闭会。但各团体代表者，等闭会后，今尚在会议之际，应于今日行选举保安会委员。又闻开会中，熊都转希龄演说，内云：保安会先应于奉天设立，之次于吉、黑两省顺次设立云。

《顺天时报》，1911年11月14日

奉天保安会章程

二十二日，沈阳电述奉天保安会章程草案，兹登录于后：

第一条　本会为保维地方公安起见，无论满、汉、回、蒙，凡本省土著，及现居住于本地内之各省人，及各外国人等之生命财产，均为本会保安目的之范围内。本会称为奉天国民保安公会。

第二条　本会集各改革党之同意而成立，以尊重人道为宗旨。

第三条　本会择相宜地方处设立。

第四条　本会以保安为职务，应有行政权，故将组织执行行政之总机关，及各分机关，执行政务。

第五条　本会行政执行机关内之各部组织如下：

（一）外交部；（二）军政部；（三）财政部；（四）内政部；（五）司法部；（六）教育部；（七）劝业部；（八）交通部。

第六条　会长一人，副会长二人，均由公选之。各部正、副部长各有一人，均由会长、副会长委任之。

第七条　会长总管一切事宜，副会长协理一切事宜。而部长、副部长奉会长、副会长之命，办理各该部事宜。部员奉各该部正、副长之命，办理各该部事务。

第八条　本会另设参议部，将为本会监督机关。参议部设以下之各员：

（一）参议部长，一人；（二）参议副长，二人；（三）参议员，并无定数。

第九条　本会以全省为范围，照旧有行政区域，各府厅州县内设保安分会，以各该现任官吏为分会长。如有不胜其任者，由本会一律罢免解任。

第十条　本会刊用奉天国民保安公会之印篆，以明信守。

第十一条　本会执务章程，另规定。

第十二条　本章程由本会成立日起实行之，如有不尽之处，应须随时改定。

《顺天时报》，1911年11月15日

奉天宣布保安会议稿

奉天保安公会会长赵总督，副会长吴景濂及伍祯祥。赵总督演说，第一，注意外交；第二，废去满汉界限；第三，对于新旧军队，不得歧视，以期达保安之目的。次某武官演说，大旨谓：保地方之安宁，惟赖军队云云。吴副会长演说，大旨以慎重外交为主。此外，尚有伍君等相继演说。说毕，散会。时颇平稳。散会后，各团体代表者尚继续开评议会。保安会大概今日举行选任。当开会时，熊司使亦临场，其意拟分设保安会于吉林、黑龙江二省。章程在后——

奉天保安公会章程草案

一、本会为保全人民生命财产，故不分满、汉、回、蒙，及各省往来之人，以及外国人民，均在保全人民范围之内。定名曰奉天国民保安公会。

二、本会得各改革党之同意组织者也，以尊重人道为主义。

三、本会有保安之职务，是以亦有行政之权，组织执行总机关即各分机关，然后执行政务。

四、本会会所择相当之地而设。

五、本会之执行机关分下各部：

（一）外交部　（二）军政部　（三）财政部　（四）内务部

（五）司法部　（六）教育部　（七）劝业部　（八）交通部

六、设会长一人，副会长二人，均由公选。任事各部设正、副部长各一人，由会长委任。

七、会长总理一切会务，副会长帮理之。部长、副部长受正、副会长之指挥，处理一切事件。各部部员听正、副部长担任职务。

八、设参议部，为本会之监督机关。参议长一，副参议长二，参议员无定额，参议部员公同选举。

九、本会以全省为范围，照从来之行政区域，各府厅州县设立分会。各分会之长，以现住地方官任之。倘不堪任，本会有罢黜之权。

十、本会用奉天保安公会印章，以资信守。

十一、办事规则另订。

十二、本章程有未（画）〔尽〕善之处，随时改定。但本章以本会成立之日实行。

《远东报》，1911年11月15日

路透电报——东三省宣布独立

俄京消（悉）〔息〕：中国东三省一律宣布独立，其政治权尽在奉天、吉林、齐齐哈尔诸自治董事之手。

《顺天时报》，1911 年 11 月 17 日

保安公会举定参谋部长

奉天国民保安公会，业于昨日午后二钟成立。会长一人，副会长二人。前晚已公推定督帅为正会长，伍祯祥、吴莲伯两君为副会长。其参谋部系为该会监督机关，尤关重要。昨日又公推定袁金铠君为参谋总长，蒋方震、张榕两君为参谋副长云。

《顺天时报》，1911 年 11 月 17 日

参议员亦已推定

国民保安会原定简章，除正、副会长及参议、部长，与夫八大部分之部长

外，所有应行推举之参议员，概由各团体自行推举，并不限定名额。日昨午前十二钟，仍假谘议局议场，已将认定各界参赞员发表，宣布大众。暂时按名发给执照，一俟镌成该会图记，再由正会长加札委任，分班治事云。（逸）

《远东报》，1911 年 11 月 21 日

国民保安公会选定部长

奉天国民保安公会前日成立，正、副会长暨正、副参议业经举定。兹闻所有八部正副部长，于日昨选定，表列于左：

部　别	正部长	副部长
内政部	张元奇	王永江
外交部	许鼎霖	于冲汉
军政部	聂汝清	张作霖
财政部	朱钟琪	熊希龄
执法部	汪世杰	安茂寅
教育部	邵　章	李树滋
实业部	萧应椿	孙百斛
交通部	袁　良	刘兴甲

《顺天时报》，1911 年 11 月 21 日

谘议局接到汤程两都督之通电

近来南北各省之倡议独立者，应以浙江都督汤蛰仙、江苏都督程德全为最负人望，而其政治眼光，亦自迥出于一般人士之上。闻两都督以现在独立各省，万万不可自为风气，亟宜联络意见，建设共和政府，以谋统一之机关，拟于上海设一联络大会，特通电各省都督暨谘议局，速派妥员一二人，到沪会议一切办法。昨闻奉天谘议局亦曾得有两都督之来电云。

《顺天时报》，1911 年 11 月 22 日

急进会举定赴沪会议之代表

谘议局日前接得上海来电，请由各省选派代表赴沪，会议组织共和政府办法。闻急进会现已公举该会副会长张君涵初为代表，其谘议局公举何人，尚未拟定，一俟定准，即将出发云。

《顺天时报》，1911 年 11 月 28 日

举定赴沪代表

谘议局因连日接上海民国临时政府电催,要求选派国民代表赴沪,会议组织共和政府办法。闻日昨急进会已推定该会副会长张涵初君为党人急进会之代表,至谘议局之代表刻下尚未选定。有云已举定袁议长金铠,未知确否。(逸)

《远东报》,1911 年 11 月 28 日

张作霖指议长为革党

日前开保安会会议时,新委营务处总办张作霖亦在坐。该会副会长正值演说未终,张即出席,指称吴系革党。吴即应之曰:是尔,其奈我何哉?张(辨)〔辩〕诘时,忿不可遏,势将用武。幸督宪出而遮阻,虽未至于十分决裂,然而吴君亦云险矣。(逸)

《远东报》,1911 年 11 月 30 日

省垣之风声日紧

顷闻急进会党员遍告人云,该会党员近日联络三万余人,军界中人亦已运动成熟,不过于外交上尚未十分妥协。刻拟于初六、初七两日,该会仍假谘议局议场,开全体评议大会,请赵督莅场答话,决计要求独立。否则即另推都督,接办东省民国事宜云云。并闻该党人已预推商某为临时都督,所闻如是。姑志之,以观其后。(逸)

《远东报》,1911 年 11 月 30 日

保安会参议部开会志闻

国民保安会参议部日昨传知各界参议员等,定于日昨午后一钟在公署后重开参议部职员大会,并磋商该会进行之事件,及筹议对待急进会之办法。刻闻各界参议员等届时均已前往。至如何解决,容俟访明再志。(逸)

《远东报》,1911 年 11 月 30 日

吴议长启程南下

谘议局正议长吴莲伯君亦系党员之一派，自加入急进会之后，对于独立之举颇具热心。嗣因防营统领张作霖君绝对反抗，将来恐不免有决裂之一日。昨已约同急进会党员李德瑚君，前赴大连，鼓轮赴鄂，藉以觇南省民军之势力，而便协同组织共和政体各事宜云。

《远东报》，1911年12月3日

奉天特派员来矣

前奉谕旨，迅速派员，代表赴京，会议国事。奉天谘议局公推议长吴景濂，议员刘兴甲、王荫堂，公署行政会议厅公推审查科科员曾有翼，教育总会公推会长李树滋，代表赴京会议。业经赵督札饬度支司朱司使，发给各议员川资一千元云。

《帝国日报》，1911年12月7日

声明绍彝无三省代表权

昨闻谘议局接北京东三省同乡诸君来电,谓:唐大臣此次赴鄂议和,偕同各省代表前往。查东省并未公举代表,现有绍彝居然自称彼系东三省代表,并谓此次赴鄂议和,所有东省可否之权,惟彼一人可以独操。刻已随同唐大臣去京。昨经旅京东省同乡在福隆堂开全体会议,均不承认绍彝为东省代表。特此电闻。请即电致资政院声明云云。(逸)

《远东报》,1911 年 12 月 19 日

保安会势力已就衰弱

奉天国民保安公会成立之初,办理一切事宜,颇称完善。讵自副会长吴莲伯君出奔后,会中之势力日见就衰。会中原设八部,刻已逐渐消灭。现在仅存审查一部,不过对于总督交下之案,略参意见,并无有何等之效力云。

《远东报》,1911 年 12 月 22 日

保安会接到阻借外债之要电

省垣国民保安公会日前接得直隶保安会来电,其电文如下:

奉天保安公会鉴:资政院议决向法国借款九千万佛郎,以全国各项进款作抵。敝省已电请内阁上下议院及驻京公使力阻。(中略)请各省无论独立与否,火速分电力阻,以取一致,并祈电复。顺直谘议局、直隶保安会叩。

右电本系电致谘议局。因谘议局无人接受,随即转交保安会。至保安会如何电复,尚未探悉。(逸)

《远东报》,1911 年 12 月 22 日

诘问吴议长之去向

国民保安会审查部日前因交下议案,转开审查会时,督宪莅会,遂向参议部长袁君金铠诘问吴景濂议长现在之去向。袁君答之,未曾接得来函,吾不知其下落。若据外间传言,有云已往上海,有云已往北京云云。宪闻言颇滋不悦,疑其与革党通,故当此一番质问云。(逸)

《远东报》,1911 年 12 月 22 日

交议东省改订官制案

昨闻保安会接得公督发交议案一件，探其内容，系改革东省官制问题。统计八条，大致谓：现在实行立宪，嗣后督抚司道宜在同署办公，以免隔阂。至发行之公文，由司起稿，督抚签印，各司署名，方为有效。拟交保安会参议部取决后，一俟审查通过，即咨行吉、黑两抚，一体实行，以归一致云云。

《远东报》，1911 年 12 月 22 日

东省谘议局已承认民主之确闻

昨闻奉、吉两省谘议局长吴莲伯、赵伊田二君，近由上海函致东三省各自治团体，略谓：鄙人等近日已在沪上与各省代表协议，计赞成民主者已有十四省之多。吾东省虽地处边陲，未便独树一帜，业已加入承认民主之列。特此函知各公团，请同声赞成，不胜盼切之至云。（逸）

《远东报》，1911 年 12 月 26 日

奉省交议请设银行之议案

自警耗频传以来，奉省城垣及各属之钱法，均受影响，以致大清、交通两行，并官银号之纸币，均受排挤。故各城商绅，有呈请组织银号者。现在西安商会，呈督宪，拟由绅商招集股本六万元，作为基金，发行纸币，以救市面，并将章程六条一并呈阅。现已交保安会参议部审查，是否可行，具复核夺云。

《顺天时报》，1911 年 12 月 27 日

参议大会纪事

初一日，奉天国民保安公会开全体大会。于下午一点钟，振铃开会，政、军、绅、学、工商各界参议员到省，约一百五十余人。首由参议总长钱君宝书宣布开会之宗旨，旋有陆军协标统李君演说：自保安会成立以来，军界上自官长，下至兵队，如何实负保卫之责任，对于东省人民，具如何之诚心。语语恳切，言言忠实，听者无不动容。继有巡防前路管带某君演说：国家政治因何败坏，东省时局如何关切，军民各界宜如何联络感情，中间并有各界议员，互相讨论大局之如何设法维持，暨保安会因何发生之重要关节。末由袁参议总长反复辨明保安会之内容，以及督宪对于保安之苦心，并请各界参议员相见以诚，共维大局，以谋幸福。时已五钟，当即振铃散会。一切详情，容再开会讨论云。

《顺天时报》，1911 年 12 月 27 日

保安会将行取消

奉天因武昌革党举事,地面摇动,经各界联络,在谘议局组织国民保安公会后,始行稍平。近闻督宪以兵力相弹压,无须再用保安会矣。该会日昨参议部开会,由正部长袁洁珊发表正会长赵次帅,既不照会章行事,何必设此有名无实之会,徒为国民之希望。况且奉天刻下未必俱安,即俱安亦未必不有再变之举,彼时会员,岂不徒落国民之怨云云。众皆赞成。

《顺天时报》,1911年12月29日

东省谘议局已承认民主之确闻

昨闻奉、吉两省谘议局长吴莲伯、赵伊田二君,近由上海函致东三省各自治团体,略谓:鄙人等近日已在沪上,与各省代表协议,计赞成民主者,已有十四省之多。吾东省虽地处边陲,未便独树一帜,业已加入承认民主之列。特此函知各公团,请同声赞成,不胜盼切之至云。

《顺天时报》,1911年12月30日

电催吴议长返奉

谘议局吴议长前经各界选举为保安会副会长，旋即束装赴沪，参议媾和事宜，至今未遄返。现在该会因事务繁重，故日昨各部会员电催该议长迅速回奉，帮同办理要（胜）〔政〕，以保公安云。

《盛京时报》，1911 年 12 月 31 日

奉天保安会变相之预闻

日昨午后一钟，保安会参议部长袁金铠君，召集各界审查部员到会研究。首由袁君出席报告，谓今日之会议，特为保安会筹将来之接续手续。现在保安会毫无实力之可言，不过仅存其名而已。昨有某君提议谓，保安会既无何等之效力，不妨任其取消，再由热心志士组织各界联合进行会，以便接续承办保安事宜。吾等在会人员，能否跳出保安会范围外，另行联合组织，请众表决。当经大众磋议许久，金谓事属可行。但今日开议，所到者仅审查部一部分人员，未便代全体表决，容俟开全体大会，再行计议云。

《远东报》，1911 年 12 月 31 日

论吴议长之赞成民主

奉天谘议局议长吴莲伯，近由上海函致东三省各团体，略言："鄙人在沪与各省所派代表员协议，其中赞成民主者已有十四省之多。吾奉虽地属边陲，似难独树一帜。故鄙人已将奉天一省，加入赞成民主之列。"吾不知奉天官吏，其对于吴议长之恶感，又将若何？而吴议长之能为此言，则亦不愧为识时之俊杰矣。

革命之起，起于政治不良。而政治之所以不良者，则曰君主。故则曰君主专制，故则曰君主真专制，而犹伪立宪。故武昌一革命，而其他各省即起而应之。此亦足见国民之心理矣。使至今而犹能昌言君主者，则凡革命流血之惨，亦何必见于吾国哉？吴议长之赞成民主者是也。

吴议长非民主党。且此一年东三省人民奏请速开国会者，吴议长实为之领袖焉。吴议长泣请于总督锡良之前，力竭声澌，至于长跪终日，谓吴议长而非君主党者，其谁信之？其谁信之！然以如此热心爱国之人，而亦鉴于大势所趋，不得不改其宗旨。盖吴议长之心，惟知自爱其国而已。若君主而可以救国也，则为之请愿国会。若民主而亦可以救国也，则为之赞成共和。吴议长之心，夫固皦然可白于天下矣，必谓吴议长偏于民党之一方面，则岂通论也哉！

今夫吴之见忌于官吏也，非自今日始矣。无端而集合人民，无端而请愿国会，此在专制时代，有不骇而却走者乎？第以吴为谘议局之议员，兼为东三省人民之代表，欲加之罪，难以为词，而遂付诸不论不议之列者耳。吴之见忌于官吏，岂不因此也耶？凡人心有所求，则必遂其求焉而后快。至求之而犹不能即得，势且易其求之之术，以期意外之成功。吴议长请愿国会之时，其所求者，立宪而已。惟其求立宪而亦不可得，而今忽有一民主之说，足以入人之心愿，而其救国之效，且视立宪政体而过之，则虽欲不赞成之而不得。吴议长之（宝）〔赞〕成民主，夫岂无所见乎？当奉天形势危急之秋，吴议长复以独立为言，于是益招官吏之忌。保安会甫及成立，而今日某会员被捕，明日某会员被捕，吴议长之朝夕不保，几何不随柳大年等而入狱乎？吴议长幸得以赴沪会议之机缘，离去奉天，而官吏之诘问书已翩然而俱至，非谓吴投身革党，即谓吴与蓝天蔚有秘密之关系，图在东三省举事，以应民军。而其实，吴议长并无此意也。吴议长抵沪之后，见夫各省代表均坚持民主之说，而国民之趋向既一，奉天一省万不能以寡敌众，而转致糜烂其地方，故虽明知为官吏之所不容，而赞成民主之宣言终必吐之而后快。奉天而果赞成民主，则非徒地方清晏，永无风鹤之惊，即他日民族大同，东三省之内政外交，亦复易于措手。吴议长之所以为奉天计者，舍赞成民主以外，于地方大局，尚有何术以为补救哉？吾故谓为识时之俊杰者此也。

倘曰不然，奉天一省当此革命风潮，沛乎而莫之能御。安保顾人宜以外，不再有第二之顾人宜出现乎？且非徒地方人之有革命举动也，和议不成之后，民军北上，能保其不至关外乎？民军至关外，以奉天之兵力财力，果能与之抗拒乎？与其他日之糜烂地方，毋宁此日之赞成民主，吴议长通告之各团体，其一念诸！

《远东报》，1912年1月5日

奉吉保安会之现形

奉天保安会成立以来，一切亟应进行，手续均抱缺如。初一日，该会参议部审查会会员等邀集会员，公开全体大会，欲集思广益，图议进行方法。自午后一时开会，至五时散会，因种种龃龉，将当行提议之事，搁置未议。由此观之，该会现不过空存名目而已。奉天国民保安公会成立之初，办理一切事宜，颇称完善。讵自副会长吴莲伯君出奔后，会中之势力日见就衰。会中原设八部，刻已逐渐消灭。现在仅存审查一部，不过对于总督交下之案，略参意见，并无有何等之效力云。

吉林保安会自奉天保安会设立后，即随同组织。惟自设立以来，初因各职员辞职，致多观望。嗣因经费无着，故又搁置。现在由当局磋商再四，规定条例五条,名曰吉林保安会经费条例。(一)保安会经费,由官银钱号开发新帖,拨充济用。(一)此项经费暂行假定三百万吊。(一)前项假定之数,如有不敷,再行续开官帖。(一)此款专供保安会范围以内之用,他项不得挪移。(一)关于此项新帖之保持信用,及发行手续,由保安会担任之。此项条例,其合于经济原理与否,姑勿问。以经费困难万分之吉林,猝欲组织一团体费,除发行官帖外,无他道。故此议官、绅两界均赞成矣。现在关于保安会事,各署均有专部,凡出入款项,均另立名目,不啻视为一大事项。各部开支如何,姑不问,而参议一部,已有事务员四人,月各二百五十吊。书记长二百五十吊,书记生四人,月各一百二十吊。夫役四名,月各三十吊。而参议部应需薪红,及办事人员应给薪水、车马费等项用款,均由指定保安会用款内开支。然则无论保安会将来成绩如何,其支出决算,总可占财政报告上一优等位置也。

吉林保安会参议部,于上月二十六日午后一时在公署开会,先后到者约五六十人。集议之下,未有何等之结果。即清乡总分局一节,宜分宜合,亦未解决。其参议部办事简章十四条,及议事规则三十五条,均已提出矣。会分八部,各有关防,已由陈昭常于二十四日札发领用。

《顺天时报》,1912 年 1 月 7 日

保安会变相之预闻

十三午后一钟,保安会参议部长袁金铠君,召集各界审查部员到会研究。首由袁君出席报告,谓今日之会议,特为保安会筹将来之接续手续。现在保安会毫无实力之可言,不过仅存其名而已。昨有某君提议谓,保安会既无何等之效力,不妨任其取消,再由热心志士,组织各界联合进行会,以便接续承办保安事宜。吾等在会人员,能否跳出保安会范围外,另行联合组织,请众表决。当经大众磋议许久,金谓事属可行。但今日开议所到者,仅审查部一部分人员,未便代全体

表决,容俟开全体大会,再行计议云。

又保安会参议部长袁金铠君,日昨在保安会报告,东督现在之病状,日见沉重,诚恐一旦不测,则吾东省大局,将无所倚赖,实与吾等身家性命有莫大之关系。应请大众妥筹善策,为先事预防之计划,将来保安会正会长,可否即由副会长推升继任,以保安东省之大局。当闻大众均未加可否,亦俟开全体会议再斟酌云。

《民视报》,1912年1月7日

谘议局宣布取消吴议长情形

奉天谘议局正议长吴景濂,上月初晋京一节,各界向该局诘问。答复系带委任状,同刘议员兴甲赴京,代表会议。嗣刘议员回奉,该议长径私赴上海,代表三省,投票选举大统领。谘议局现已得有确信,公议将该议长资格取消,不认为东省代表。现除呈请督宪咨行宪政馆外,并通知各界一体知照云。

《顺天时报》,1912年1月25日

奉天谘议局之公布

敬启者。武昌变起,各省骚然,吾奉自保安会成立后,本局议长吴君景濂,于十月初五日,有上海之行,各界哗然,屡有异议。惟外界鲜知内容,特撮叙前后事实,以告全省。吴君未行之前,有江苏、浙江之电,嘱令各省公举代表,到沪会议。本局对此电文，几经会议，吴君以为到沪，参考各省意见，未始非调查一助。于是有赴沪之议，吴君遂慨然自任。当经多数赞成，并公推刘议员兴甲偕往，遂由本局发给委任状。临行殷殷致嘱，到会时只能陈述东省危险情形，不能参预特别事项。抵沪小住，速赴北京，此未行前之大概情形也。

吴君起程后，初八日电告本局，业已到沪。以后在沪无事，亦未来电。迟之又久，于十九日接吴君信，叙述南军大势，亦未言及会议，而两军遂有遣使媾和消息。在本省一方面，遂有军、警、商、学各界，拟向本局质问赴沪理由，取消吴君议长资格。当时本局以吴君赴沪之后，即行赴京，且经本局将吴君景濂、刘君兴甲、王君荫棠、李君树滋、曾君有翼五人姓名，呈由制军咨送内阁，作为赴京代表，并非私行，以致外界风潮略息。嗣刘君兴甲回奉，报告在沪一切情形，而吴君尚未遄返。及自南京选举大总统宣布之后，十七省投票，确有奉天，于公报私函，众议鼎沸。在奉在京各界人士，群以为此次投票，选举大统领，确出自吴君景濂之意思。现在君主、民主既未得之一般舆论，突然以一人之意思，代表众人之意思，全省人民概不承认。不但吴君之代表即时取销，即议长之资格亦应消灭。本局负代表全省之意，公论所在，虽属同人，理无回护。于是开会协议，众意金同，以为委任赴沪，确有范围。私行赴宁，地点已先违反，是赴宁之举，系吴君个人意思，非本省共同意思。无论所办何事，本局同人均不承认。征之各界舆论，咸以为然。遂议决，将吴君议长资格取消，委状作废。除电告上海伍代表知照外，特此公布。奉天谘议局谨启。

《顺天时报》，1912年2月2日

东三省谘议局致内阁电文

东省谘议局电阻张锡銮之来奉一节，已志昨报。兹将其电阻之原因，登载如左：

奉省谘议局以朝廷将宣布共和，日前特致内阁一电，谓东三省人民不承认共和，请内阁暂予以特别办法，以顺舆情等语。原电照录，以备参考。

内阁总理钧鉴：东三省所处地位特别，人民对于朝廷之心理亦特别。默察舆情，熟筹时势，现时决无承认共和之理。全国人民心理究竟如何，东三省不敢臆断，而所真知灼见，不敢默而不言者，实惟东三省之地位心理，此时实难强之使同。钧阁统筹全局，所有情形，谅在洞鉴。若果君主立宪，无论如何危险，东三省人民至死不移。如竟成共和国体，应请将东三省暂予以特别办法，以保境安民为必要，万不可遽与内地各省混同一致，以免铤而走险，牵动全局，致酿瓜分。人心惶惑，心恐变生。伏乞钧阁鉴察，速与赵督协商办法，务底万全。东三省幸甚，全国幸甚！东三省全体人民公叩。愿。

《顺天时报》，1912年2月11日

顺直谘议局致山东奉天吉林黑龙江陕西甘肃山西电

谘议局鉴：时局趋向共和，已经大定。特以内廷小有龃龉，尚未宣布。若再迟延，后患不堪设想。敝局已电内阁，并呈总督代奏，从速宣布，望即协同办理为祷。直议局叩。

《顺天时报》，1912年2月14日

顺直谘议局致奉天谘议局电

奉天谘议局鉴：昨奉一电，计达尊览。现在国体问题，行将解决。国民优待皇室，朝廷亦默主共和。彼此相见以诚，平和揖让，实为我国历史上莫大之光荣。凡我国民，同深忭舞。近闻贵省官绅军队，尚有异议。当此新旧递嬗之交，正我国存亡所系。若非全国一致，戮力同心，必致以内讧而召外侮。贵省所处地位，尤当外交之冲，一有不慎，后患曷堪设想。为今之计，只有以国家利害、民族安危为前提，倘再持一时之意见，稍生枝节，便为他人利用。贵局诸公，主持舆论，想必深明此（议）〔义〕。务望竭力劝导，俾知大局一旦破坏，全国同付沦胥。殷鉴匪遥，即在韩土，彼时皇室之辱，更甚今兹。岂我（始）〔知〕时忠君爱国者所及料耶？敝局怵于危亡，忝在唇齿，故敢径行忠告，伏祈鉴察赐教为幸。

《顺天时报》，1912年2月2日

纪奉省承认共和事

东督赵次珊于去腊二十六日，奉到皇上退位之谕旨，遂召集军、警两界各领袖，到署会议，一面即电令调赴庄河之军队，一律撤回省中驻扎，以防市面之慌乱。二十七日，即以东三省总督名义，刊印原谕，遍贴通衢。复于二十八日，又令军、警两界加添兵警，日夜逡巡市面。二十九日，特刊出传单数十份，召集城内各自治团体，务于三十日一律至公署会议。届时各界代表齐至督署会议厅，先由赵次珊发言，询及各界能否承认退位之上谕，及共和之国体，当由大众同声赞成。惟闻在座中之反动者，不过张作霖一人。嗣经赵次珊即向大众宣言，谓既经诸君承认，自明日（即阴历正月初一日）为始，一律撤去龙旗，改悬民军所悬之五色国旗。如备办不及者，稍缓一二亦可。至年号一层，则书中华民国元年二月十八日（即阴历初一日），宣统二字亦可不必书及。闻当时会议事宜甚多，皆系善后一切布置，至傍晚五钟时始散。当晚又由赵次珊仍以东三省总督名义，将各界承认情形，及一切遵循办理各事项，晓谕商民，一体周知。阴历正月初一日早，所有城关内外大小各衙署，均一律悬挂五色国旗，风摇空际，见者无不欢跃云。

《顺天时报》，1912年2月27日

奉天谘议局致袁大总统之要电

共和后，全国一家，何分南北。乃闻南京参议院议决建都北京，竟有驳令覆议者。以现在大势，就种种方面论，均无舍北就南之理。此事本无待于研究，除电参议院力争外，谨电陈。奉天谘议局叩。

《盛京时报》，1912年3月1日

定期召集正式省议会议员

都督府日昨接到大总统令，略谓：各省省议会议员选举法，业经公布施行，嗣复制定省议会议员第一届选举日期。今迭饬各该选举监督，依限办理在案。现在各省省议会议员覆选举，除据报延期各省份外，自应饬由各省行政长官，分别召集。为此通令各省，自令到日起，即先行发布省议会议员召集令。凡覆选未经据报延期各省份，限于民国二年二月十日以前召集。其已经据报延期各省份，限于该省省议会议员覆选举行后，由该省行政长官酌定日期，召集各议员，一律齐集省城。俟该省省议会到有总议员三分之二以上，即行开会。开会之翌日，即先举行参议院议员选举，以重要政云云。闻都督现已通令各地方官，定十二月十日召集正式省议会，各处被选省议会议员如期到会，勿得迟误云。（周）

《盛京时报》，1912年3月2日

省议会不承认五路观察使

五路观察使发表后，省议会于二十九日开全体会议，除东、北两路不加可否外，其中、南、西三路观察使该会绝端否认。闻已咨吴都督矣。

《盛京时报》，1912年3月2日

国民保安会定期开参议会

去秋因大局急危，由各界组织国民保安公会，以维公安。自冬月初一日开会后，迄今未曾议事。现在参议长以国体已定，东省应行整顿之事甚多，除禀明督帅外，已通知绅、学、军、农、工、商各界议员，定于本月二十日开参议大会，以便研究讨论东省应兴应革各项事宜云。

《盛京时报》，1912年3月3日

大会议

星期三日上午十二点钟，军警暨各界在谘议局北路东前路马队第三常驻扎所会元栈，开联合大会。届时到会者，有张统领，吴统领，聂协统，李、刘二标统，警局周督办，谘议局副议长，暨陆防各军之各级军官，及巡警局之各科科长，及各区区官、各会之代表，济济一堂，颇极一时之盛。首由李标统宣告开会宗旨，次由张统领、聂协统、周督办、刘标统、副议长及警局科长某等按次演说，直至三钟余，始行散会云。

《盛京时报》，1912年3月7日

国民保安会定期开参议会

去秋因大局危急，由各界组织国民保安公会，以维公安。自冬月初一日开会后，迄今未曾议事。现在参议长以国体已定，东省应行整顿之事甚多，除禀明督帅外，已通知绅、学、军、农、工、商各界议员，定于本月二十日开参议大会，以便研究讨论东省应兴应革各项事宜云。

《顺天时报》，1912年3月7日

奉天特电——谘议局之开会

奉省谘议局现拟初八日开始总会。

《顺天时报》，1912 年 3 月 8 日

奉天谘议局开会日期的确

闻各州县皆疑去岁奉天谘议局原定开会日期不确，近得谘议局最确实消息，仍拟于本月二十左右开会，研究维持地方各方法。已决定有日，仍请各界注意。

《顺天时报》，1912 年 3 月 10 日

谘议局提倡剪发

日前谘议局正副议长孙林臣、袁洁珊、曾子威诸君，以奉省虽奉前清剪发谕旨，而人民因有"自由"二字，竟存观望，不免已剪与未剪者各存异视，因之谣言迭起，人心不宁。现国体已定，同庆共和，势不能再容发辫之赘瘤，以为民

国污点。因拟发起联合各界团体，订期一律剪发，以图大同。

《盛京时报》，1912年3月12日

谘议局议逐去奉之司道

奉天谘议局以奉天各司道，于去秋九月间，因时局不靖，警耗频传之时，均相继托故去奉。现特议请督帅，嗣后该司道均不准再官奉天，以示惩戒。督帅以盐运司熊希龄、民政司张元奇、度支司朱钟琪、官银号总办金还、法政学堂监督兼提学司邵章、劝业道萧应椿、高等审判厅丞潘鸿宾，或因不得已之苦衷，或因时势之逼迫，其相继去官，均呈请在先，并非私自潜逃。况其在奉时，办理诸事，艰险不辞，劳怨不辞，皆一时之贤能。当此时局，需材孔急，招之犹恐其不来，何可毁损其名誉。已札该局，令将此议案取销，以免碍于招徕维系之道也云云。

《顺天时报》，1912年3月13日

奉天开临时议会

奉天谘议局年前为时局动摇，曾通告全省各项团体，准阴历正月二十日，特开临时大会，以便研究地方行政上改革，及维持商民秩序。嗣为政体已经解决，议拟缓行。兹以开原、铁岭各属，土匪勾合，假冒民军；若本溪等处，发见之事，动与外人关涉，对内对外，亟应有磋商应付之方法。公议仍于二十日（初八日）召集开会，凡省内教育、商、农各会，及省属参、议、董三会，均通知莅会。此次会议之结果，于精神上必有健全之进步欤。

《顺天时报》，1912年3月15日

各团体之谈话会

日前各地联合团体员等开谈话会于谘议局内，与会者有四十余。当众决议，复定十八日再开正式大会，妥商各种要项。

《顺天时报》，1912年3月17日

东三省之电覆湖北

东省谘议局电复湖北临时议会，据称全国议会，仍在北京开会为便，尊局不必固执云云。

《顺天时报》，1912年3月17日

谘议局谈话会之纪实

奉天函云,去岁武汉事起,而奉天各属,情势相异,消息不通,为地方治安计,殊欠融洽。谘议局有鉴于此,遂接前地方联合会,召集各州县团体机关,到省会议,以资审查利弊,而定维持治安方法。遂于阳历十一日午后一时,开谈话会,到会者六七十人。首由孙议长报告开会宗旨,谓到会诸公,各陈意见,及地方上之事实。并谓此次会(体)〔议〕,须继续进行,将来拟定章程,全体通过,即组织机关,筹备经费,以及公举代表、干事,方能久远进行。众颇赞成。各会员又陈述意见,并审查利弊,研究四小时之久。最后规定正式开会日期,太远则已来者难以久待,过近则未来者未免向隅,遂定于下星期日开会,无论到与不到,一经议决之件,均作为一律承认。凡通电之州县,即时发电,不通电者,登报通知。并定于二十六日再开谈话会一次,兼请到会诸公,有何政见,于未开会前,草函通知,以便研究。至午后四钟散会。

《顺天时报》,1912年3月17日

参议院仍用从前议员组织

此次拟组织临时参议院,所有各省选举之议员,因新选举法未定,即仍使各省谘议局议员继续连任,勿庸另行选举云云。

《顺天时报》,1912年3月20日

谘议局选举缓期之原因

谘议局今年已届改选之期,奉天府初选监督已派由府儒学办理。原定阴历正月二十二日投票,嗣因宣布共和,前清选举章程已失效力,且谘议局须取消,另行组织省会,以期与共和政体相符合。是以赵督除分饬各县一体知照外,并饬府尊知会各选民知照矣。

《盛京时报》,1912 年 3 月 23 日

全省地方联合会开会志盛

阳历三月十七日,全省地方联合会在奉天谘议局开会。计各州县团体到会者一百余人。首由谘议局孙、袁二议长报告开会大意,并研究进行手续,以公选临时主席、副主席及审查员。各当选如左:

主席一人:袁金铠

副主席一人:曾有翼

审查员十五人:戴裕忱　成友善　金魁钧　曾有严　王化宣
　　　　　　　孙孝宗　李秉恕　李硕夫　李有忱　李　中
　　　　　　　张国琛　李学诗　刘辅仁　张之汉　鹿　鸣

招待员四人:王香山　张佩文　李玉麟　曾锡淑

尚有候补审查十人。闻开会一星期,即各回本城云。

《顺天时报》,1912 年 3 月 23 日

谘议局选举参议员

谘议局日昨奉都督转奉临时政府饬知，北京参议院行将开办，每省各举参议员数人，著即遵照速举等情。当经该局开会公选，闻被选者为【袁】议长金铠、鹿议员鸣、曾会长有严云。

《盛京时报》，1912年3月24日

限期组织省议会

省城谘议局按照新章，应改设为省议会。故近日联和会迭次开议，以现在大局初定，亟待整顿之要政甚多，议会为监督机关，应即克期成立，以资协赞。闻已议决，限四月内组织就绪。当将所议选举办法，呈请赵都督，通饬各属官绅，一体遵照办理云。

《盛京时报》，1912年3月30日

组织议事机关办法

赵督于日前接到袁总统命令，大要云：现在国体已改，从来所有各种政治机关，必须改弦更张为要。现在资政院已消灭，惟有谘议局仍为地方议事机关，亦宜改为临时议会。一俟参议院议决后，方可颁布。但在未颁布该章程以前，凡选举议员，组织议会等办法，均由现在议事机关，禀请都督，颁订暂行章程。要在从速举办一切，而统一舆论等语。

《顺天时报》，1912 年 3 月 30 日

致奉天赵督帅电

奉天赵督帅勋鉴：电悉。《参议院约法》第十八条，自应照办，选派议员，为将来辅助行政机关，至关重要。计半月后，参议院须移北京，希即预备选派，届时候令来京可也。临时大总统袁。筱。

《顺天时报》，1912 年 4 月 2 日

组织省议会

谘议局昨接都督赵君传抄命令一通,略谓:顷接总统命令,国体改定,各省议事机关,自应一律更新,以昭划一。嗣后应将谘议局名义取消,改行组织省议会。至于选举方法,准由该省官长,按照普通选举法,迅速办理,以重舆论等情。刻闻谘议局接令后,即集全体议员,大开会议,研究另行组织办法。至于此届应行提议各案,暂从缓议。统俟改定议会妥协,再行继续提议。

《顺天时报》,1912年4月2日

临时议会成立

现虽颁布共和,政体已定,而东省疮痍未复,所有善后事件,急宜研究进行。如言论机关必不可少,刻众绅在群仙茶园开全体大会,经众赞成,公举赵元寿为正议长,赵中鹄、安定二君为副议长,孙立彩、杨大实、连承基、苏乙民、周复生、柯宗枝六君为评议员。已于阳历二十四日宣布成立,并电告南北政府矣。

《盛京时报》,1912年4月3日

致各省都督交临时省议会电

参议员选派事项，叠经通电各省，按照约法规定员数，迅速选定，以便集会在案。兹据江苏省临时议会电称，接参议院哿电，有参议员可全体改选，及五人可尽由民选等语。是该议员等亦已知舆论所在，幡然思返。敝省但求得正当立法机关，此外本无成见。惟有不得不切实声明者，则议员选派方法，虽由各省自定，而根本必归民选，应请通令各省知照等语。查共和国家议会，断无不由民选之理。从前参议院组织，本系一时不得已之办法。兹当组织约法上参议院之始，自应逐渐进步，以合共和原则。参议员选派方法，依约法委任，各地方自定，细绎法意，自因蒙、藏各地方，与内地情形不同，一时未能施行民选制度，故不得不设此因地制宜之规定。至内地各省选举事宜，均经办理有年。此次选举参议员，自应查照该院哿电，一律尽用民选。现在各省临时议会次第成立，应即以该议会为选举机关。所有各省应选参议员五人，均由该会投票选出。俟选齐集会时，即与现在参议员办理交代，以重立法。希即照办。袁。勘。（印）

《顺天时报》，1912年4月3日

奉天全省谘议局酌拟组织临时省议会办法由

奉天全省谘议局为呈请事。案奉三月十八日大总统命令，内开各省谘议局另行改定组织临时省议会，选举方法暂由各该省现有议事机关商准该省长官，按照普通选举简易办法，妥慎规定，迅速办理。三月三十一日又奉命令，内开各省选举参议员，原限期于电到日期起一月以内办竣，现既定以临时省议会为选举机关，是临时省议会成立期限应在选举参议员之前。除已经设有临时省议会及已选出参议员各省外，应即迅定简易选举方法，限于参议员选举期前，先将临时省议会组织成立，勿致延误。各等因。并奉都督札同前因，本局前曾集合各属法定团体，开联合会，业将参议员由会公举，并将当选人呈明都督在案。但参议员虽经选出，而临时省议会仍应遵限成立，当由本局协会公拟简易组织省会方法，如下：甲、谘议局原任五十议员，仍旧继续，缺额不再补。乙、由各府厅州县，每一属添议员一人。丙、各属所添之一人，以该处上级议事会议长充任。如遇未成立议事会之地方，用公推法推举一人。丁、阳历五月初六日，即阴历三月二十日，齐集到局。五月十七日，即阴历四月初一日开会，并互选临时正、副议长。另由临时省议会规定，以上各条系取最简最速办法，如蒙照办，请电明临时政府，并迅饬各属遵办，以期迅速。理合呈请都督鉴核批示施行。须至呈者。

右呈东三省都督赵

附：批

呈悉。所拟办法，甚为简当，应即照办。候通饬各属遵照，并呈明大总统立案。此缴。（四月初四日）

又批

呈悉。现奉大总统电，临时省议会因时期促迫，应即以谘议局固有之议员改组。原电另文札到。所拟办法，应勿庸议。（四月初五日）

1912 年 4 月 5 日

地方联合会致谘议局之要函

奉天全省联合会为临时省会议员选举事宜，寄谘议局质问函，略谓：

敬启者。前蒙贵局邀集开全省地方联合会，研究一切进行事宜。其方法甚善，惟日期太促，所有议案多未置议，仅将参议员、省议会两案议决，殊深抱歉。然参议员既经选出，尚不致误。而省议会选举方法，亦应赶紧呈准，以期速成。兹风闻贵局欲推翻此案，主张将贵局议员仍旧存在，此外每城各添举一人等因，未知是否属实。果如此办法，不惟与原案不符，且与命令相背，是为不适法之举动。查此案之成立，系多数人之同意，非一二人之私见。舆论所在，即法律所在，自应认为有效，岂可随意破坏，致拂舆情。况大总统之命令仅令迅定简易方法，并无谘议局即改为省议会之说。贵局之欲徒换名目，希图省事，固为全省谋利益，不为一己计，即怀良法美意，深堪钦佩。然事后翻案，知我者能为原谅，不知我者，恐有后言，窃为诸公所不取也。倘贵局仍以议员存在，不另组织选举，是不谓之改良，直可谓之谘议局变相耳。民国初造，岂应有此办法？会员等统不敢冒然承认，为此合词函请，如何办理，刻即见覆为叩云云。

《盛京时报》，1912年4月7日

拟开三省议员联合会

谘议局日前接准南京参议院议员、奉天谘议局议长吴君景濂来电，谓北京参议院行将成立，各省议员务于二十日以前到京。该局接电后，当即电致吉、江两省谘议局，请转知举定议员，于十二日以前来奉开设议员联合会，以便公议三省应行提议之事件。现在已接准两省复电谓，议员虽已选定，诸事尚未就绪，恐十二日未能如期到奉，请为稍缓云。

《盛京时报》，1912年4月9日

谘议局改为省议会

都督于昨初七日札交谘议局谓，初四日奉到大总统命令，参议院亟待成立。所有之参议员，应由各省议会选举。其未设议会之处，即将谘议局更改，一俟章程拟定，再行正式组织省议【会】。奉天谘议局应即改为议会，以免久延。现在该局已遵即通知全省议员，务于二十日以前到省，赴局开会，以便会议一切事宜云。

《盛京时报》，1912年4月10日

都督札谘议局之要文

东三省都督赵于日前札谘议局文一道，略谓：

为札行事。四月初四日奉大总统命令，内开："查临时省议会为代表本省人民，及监督地方行政之机关，至为重要。迭据各省来电，此项议会尚有未经成立者，殊于进行有碍。此次选举议员方法，按照约法，由各地方自定。若代表地方之机关尚未成立，则一切从何入手。现在期限迫促，亟待组成。查各省临时省议会，多由原设谘议局改组而成。该局议员，本系地方公民依法选出。今国体虽更，人民犹是，以固有正当之代表，为暂时继续之机关，于法于理，均无不合。除业经改组各省外，所有未经设立此项议会之省，应各就原设谘议局，撤去谘议局之名，改为临时省议会。即以原选议员作为该会议员，行使其应有选举权，以归简易，而免稽延。此项议会，既以临时为名，本非常设。一俟参议院成立，将常设之省议会组织及选举各法议决公布后，再行按照执行，希即迅速办理，千万勿延"等因。查本省临时省议会现在尚未成立，自应遵照撤去谘议局之名，改为临时省议会。即以原选议员作为该会议员，以归简易而免延误。除通饬外，合亟札行谘议局，即便查照，迅速办理云云。

《盛京时报》，1912年4月10日

电催参议员起程

谘议局日昨接准南京参议院来电谓，南京参议院移设北京，定于本月初八日起休息，十五日、二十一日齐集北京，二十五日开院。祈贵省议员，务须先期来京，以备组织一切，毋自延误等情。现在谘议局除电催吉、江两省迅速来奉，一同赴京外，并知会被选议员，预备行装，即日起程云。

《盛京时报》，1912年4月16日

省议会成立

谘议局奉都督行知,改为省议事会,筹议各项要政,俾免延误。经该局部署就绪,于昨十五日成立。现除咨明赵都督,转呈政府,缴销谘议局关防外,并备文通知各属及各团体,布告成立,启用新关防,以便遇事接洽云。

《盛京时报》,1912 年 4 月 18 日

省议会接准参议院之公启

省议会日昨接准参议院公启,略谓:南京参议院已移至北京,各议员定于本月二十一日以前齐集,二十四、五等日开会。其事务所设于宣武门内前资政院旧址,各省议员到京时,请自本月十一日起,每日由上午十钟至下午二钟,赴所报到接洽。如有函件,亦投至该所。兹闻奉天之参议员接准后,已定于二十二日启程赴京,现正预备一切云。

《盛京时报》,1912 年 4 月 19 日

省议会派员调查各属自治

省城谘议局已遵照新章，改为省议会，业经成立。其各府厅州县、城镇乡之自治会，亦应改为地方议会，以归划一，而符民国制度。现特派委议员高、李诸君，分赴营口、新民、辽阳、铁、开等处，调查地方自治一切情形，以便逐一更改云。

《盛京时报》，1912年4月20日

电驳关外临时议会之通告

临时省议会查照：赵督帅函及钞件均悉。前者烟台发起关外临时议会，曾有电来，此间并未承认，当经电驳，由蓝天蔚转交，其文如下。据关外临时议会孟元等电称，组织三省临时议会，公选议员，将前清谘议局消灭等语。查议会为法定机关，若谓公正议员久已避去，尽可按额补选，行政官无从私为去取。现在共和宣布，意见消融，独使三省人民立法机关，由烟台一隅发生，其结果必使三省人民自相冲突。按诸法理，既属离奇，征诸事实，尤为危险。吾辈公仆，何忍听其种此恶因。执事明达，当表同情，乞转属孟元等，勿另组织，以免歧异等语。希即以此驳斥可也。大总统。铣。（印）

《盛京时报》，1912年4月20日

谘议局咨请都督文

谘议局近以承认自治，代表团争添省会议员，咨请都督，略谓：

为咨行事。案查本会在谘议局届内，呈请省议会加添议员名额办法，经都督批令，遵照大总统文电，令改谘议局为临时省议会等因。遵于四月十五日成立，并启用关防，报明都督在案。查本会未成立以前，曾招集各城法定机关代表，会商省会组织方法。正在筹议间，适奉到大总统第二次改选省议会简易办法命令，遵即公同议决，佥谓民国初建，本省应兴应革事件，异常繁难。况原有议员，各城人数不同，并有多城无一人者。如仅以旧有之五十议员担任繁重义务，深恐知识未周，致多贻误。亟应增添员额，以收集思广益之效。查吉、黑两省已照原有议员加添一倍，本省事务较该两省尤为艰巨，更宜比照办理。议决以后，又奉到大总统文电命令，本会自应遵办。惟前此议决之案，业已通过。各城舆论所归，未便过拂。是以本会一面遵令报告成立，一面仍照前议增加员额，继续组织。与大总统命令既不相背，与各城舆情亦甚相孚，且与本省议会前途，亦良多裨益也。兹议定最简易选举方法如下：（甲）按府厅州县每属选举一人，被选者以本籍人为限。（乙）选举人资格，以上、下两级自治、议事会正、副议长、参事员、董事会总董、董事、乡董佐，及农、工、商、学各团体总协理、正、副会长为选举人。选定后，酌定日期，再行另集，开临时会。应请都督即日电商大总统，俟奉电允，即由都督分饬各府厅州县遵照，迅速办理。应咨请查照施行。须至咨者云云。

《盛京时报》，1912 年 4 月 20 日

选举竞争之开幕观

奉省联合会因督帅札令将谘议局改组省议会，选举疏漏，仍不脱少数专制之陋习，全体反对。业于初八日开会，电致大总统力争。兹闻初十日业接复电，谓：谘议局议员原系人民公举，以此改变为省议会，尚属正当办法，何得反对。且来电仅书各团体，并无姓名，殊属朦混。仰仍与该局接洽办理，万勿徒争意见云云。乃现在该会仍不允洽，又于十一日开会，公议对待办法，务使人人获有选举、被举之平权，一洗从前财产、官位之限制，断不能就谘议局转变，必另组一代议机关，方为根本上之解决，复经二次电达大总统固争云。

《顺天时报》，1912年4月21日

限期选送省议员

省议会于上月中旬成立，彼时即饬各属选举议员一人来省与议，以符章制，而昭公允。迄今已阅半月，是项议员来省者尚属寥寥。开会有期，未便再行延宕。是以都督现又札催各属，迅速遵照选举省议员，限于十五日以前，一律到省，勿再违延，致误限期而弃权利云。

《盛京时报》，1912年5月4日

省议会定期开会

省议事会业已成立有日,所有议员除由谘议局议员改就外,并由各属选送一人。现在省议会定于阳历六月初一日召集开会,除咨请都督查明外,并通知各属,将新选之议员,务于六月初一日以前来省,以便届期开会,切勿延误,致弃权利云。

《盛京时报》,1912年5月7日

奉天府选举省议员

临时省议会令各属选送议员一名。奉天府已于初七日召集省城学、农、工、商、自治各界投票选举。日昨揭晓,以议事会议长连科得票最多,当选本省议员。其次多数之张鹏翙、姚文会、张耀、吴文涛为候补议员。现已将被选议员衔名、履历呈请大都督,发给凭证,咨送省议会查照矣。

《盛京时报》,1912年5月11日

奉天对于参议院吴议长之庆祝

奉天省议会于初二日下午十二钟时，接到北京参议院来电，谓该院于上月二十九日开幕。前者正副议长林、王二君辞职，于五月初一日开正式议员会，投票公举奉天议员吴君景濂，得四十七票，被选为正议长；汤君化龙得四十四票，为副议长，理合电闻等情。接电后，即通知省城学、农、工、商各界，自治、参议两会，于初三日开会，公同致电吴议长，敬申祝贺，并通知各府厅州县自治会知照。是以省中各团体，无不异常欣跃，以参议院议长此次选自奉天，将来关怀桑梓，必能为东省人民造福云。

《顺天时报》，1912 年 5 月 11 日

参议院议定海陆军旗式

临时省议会日昨接得北京参议院奉天议员来电谓，昨日（阳历十五号）院中开议海陆军所用旗式时，各议员对于陆军用之十八星旗极力反对。争议许久，后经吾奉议员提出反对之理由，始经全院允服，增加一星，遂即通过云云。

《盛京时报》，1912 年 5 月 18 日

省议会咨请调查各署财政

临时省议会日昨咨请赵都督,谓省城各司道局所财政款项,均宜调查,一切用人亦宜裁减,以资节省,而图补救。其中交涉司、劝业道存款尤巨,请即查明交出。都督现已通饬各署,切实查明,可裁则裁,可减则减。所属局所,亦宜澈查明确,设法归并。其未便遽裁者,亦应切实声明,毋稍瞻顾。至劝业道署何以尚有存款之多,即赶紧如数解交度支司存储,毋再容隐,仰即遵照云。

《盛京时报》,1912年5月23日

都督提倡国民捐

赵尔巽都督现提倡国民捐,通知略谓:照得民国初立,建设需款,借募外债,饮鸩止渴,本非得已。是以各省爱国之士发起国民捐,以集巨款。如汉口、安庆、武昌、南京均已举办,甚为踊跃。沪、宁一带,数日之间,集款已达五百七十余万。可见爱国之心,人皆有之,众擎易举,未尝不可以济缓急。奉省自上年武汉起事以来,军警合力保护,地方未遭损失,较之各省,独称完善。当此时局,岂能让美于人,自应一体提倡,举办此事。拟先从官、绅、商、学入手,本都督先行捐款五千元,其余全省司道府厅州县,并旗属各衙门,各局处场所、银号、银行,以及审判、检察各厅各署局现充差使人员、陆防军队,一律量力捐助。至绅、商、学各界应如何设法,以为民间倡导,由省议会邀集各团体会商办理。所有官界捐及收捐办法,款存何处,均应由度支司会商各司道、军备处、陆防军统领详议章程，即日具复核夺云云。想各界人士亦可闻风而兴起矣。

《盛京时报》，1912年5月28日

奉省议员定期选举

谘议局改为临时省议会后，即饬各属加添议员一人，或投票公举，或即以议事会之正、副议长充之，可省诸般手续。日昨颜大令备文饬知各团体，准于五月二十八日早十钟时齐集城厢议事会，以备投票选举云。

《盛京时报》，1912年6月2日

省议会开幕改期

省议会前者已通知各属新旧议员，务于五月二十日以前齐集省城，定于阳历六月初一日开幕，以便议此项议案。昨日届期，各属新选之议员到者不过半数，该会遂改期六月初六日开会。现已电催各议员克日来省，切勿再延，放弃责任云。

《盛京时报》，1912年6月4日

省议会查明司道出入款项

省议事会议员某，以交涉司及劝业道两署用款甚多，存款亦巨，故议定由会咨请都督，允准调查。兹闻已查明劝业道署之款尚无大谬，其存款五万元已提作农业银行资本。惟交涉司用款三十六万余两，其中各属交涉佐治员及各项调查员用款至十余万两，殊为浪费，并且有开支重复之处，应即裁去，归入临时费内核办。现已札饬该司查照酌量核减矣。

《盛京时报》，1912年6月8日

蓝天蔚致奉天省谘议局等关于改悬国旗事的电报

谘议局、商务会、陆军务镇、协、巡防营务处、各司道府州县局、所、学堂钧鉴：

奉袁大总统电命，共和宣布，革命大功，业已告成。东省重要，关系国际，稍有不靖，大局甚危，同负责任。君为达人，当已鉴及。希与该处地方官平和接洽，至以为盼等因。奉此，合亟电知。希即转饬各城乡市镇，仰体慈意，改悬国旗，庶免生灵涂炭。樱篮幸积，大局幸甚。蔚实有厚望焉。

关外都督蓝天蔚

谘议局等关于改悬国旗事复蓝天蔚电稿

烟台蓝君秀豪鉴：

电悉。悬挂国旗，此间早已接到袁大总统铣电，由督帅分饬道办，业已悬挂两日。大总统所希望于君者，和平两字，务望及之。本局、所等均有厚望焉。

1912 年 6 月 10 日

省议办法暂由自定

闻省议会与都督府日昨接准参议院来电，以各省省议会均已开幕，其议会之办法，及都督与省议会之权限，本院因期迫事繁，未暇规定，请自行会同酌议办理，以便行用。一俟由院议定通行后，再将自订之法取消，以归划一。现在都督已饬秘书、参议两厅与省议会妥为商议矣。

《盛京时报》，1912 年 6 月 14 日

二、相关报道及其他

奉天五大要件

督帅以谘议局瞬届开局之期，一切交议条件，均应先期预备，以免临时仓猝，致误要政。特于日昨招集各司道，在公署行政会议厅集议数小时。闻其提议要件，约有五端：（一）改良征收警饷办法；（二）于各属自治会设学务专员；（三）取缔预备巡警领用枪枝；（四）疏浚城内沟渠水道；（五）创设游民习艺所。以上五条，各会员意见不一，有驳议者，有协议者。闻督帅之意，颇注重于设立游民习艺所云。

《顺天时报》，1911年9月20日

奉天谘议局为川事致内阁电

奉省谘议局前因川省议长、议员因争路事，被收入狱，曾经电致湖南、广东各谘议局，速开（连）〔联〕合大会，公决是非。闻日昨又有电达内阁，争议此事。兹将原电照录如下：

内阁、王爷、中堂钧鉴：川事虽渐敉平，而是非亟待昭著。恭读迭次上谕，均以分别良莠为言，是争路谋乱，判然两事，已在朝廷洞鉴之中。乃近传各报，督臣则指罗、蒲为逆绅，川人则以奏报为不实，观听一淆，办理倘有失宜，则无辜受害，乱党转以藉词，后患何堪设想。谘议局为舆论代表，万不敢因受人运动而言，而大局所关，亦不敢畏指为受人运动而不言，诚以该绅等最先争路之人，且经川省文武大吏，将争路等情电阁代奏，何至因匪徒乘间滋事，该绅等遂至与乱同科。此实为全国之大疑窦。伏恳钧座，仰体朝廷德意，惟明惟允，以靖人心，而维国是。昧死上言，无任惶悚。奉天谘议局谨叩。真。八月十一日。

《顺天时报》，1911年10月8日

论各省民族知爱同胞之要

中国省界之划分，实为人心中之一障碍物。故以四万万民生之众，竟因二十二行省之界限，遂致不能结成大团体，极合群之力以有为。秦越人肥瘠相视，夫固亦云久矣，然当其先，四万万民族同胞，生长专制时代，继世以为常，旧习之锢，牢不可破者，殆适如性成。所以各直行省，无论遇有何事故之相关，每多视如秦越人之肥瘠，而恝然置之。越至于今，筹备实行立宪之风声，传播中外，而四万万民族同胞，知非化除省界之意见不可者，亦自有其人在，而无如积习之难尽改也。此其间，流弊滋甚，于致治前途，所关为至重。而居官府者，正可以人民之限于省界，不能合群结成大团体，有事与官府相抗争，亦窃自幸甚。呜呼！一国之民生，至限于省界，不克相融洽，致令官府中人，得乘间愚弄之，良可痛也。观世界文明各列强，未有若是者。奈此次川省民为争路事，激起风潮来，其原因以川督之办理过于操切，人尽知之矣。前闻朝廷之上，派岑督臣赴川，会同办理，众望攸孚，风潮为之一平。既而因岑督臣不果去，而乱象又复炽。于此各省人民，无不为之惶恐者，盖惧其乱象成，以致牵动大局，内患与外侮相并，至不可救药也。惟是各省谘议局议员，关于川省变乱事，则尤为之注目，不敢以稍懈。若直隶、山西、江苏各谘议局，先时为川事致电内阁，请其维持，已未得其答复。以次广东、广西、桂林、济南、武昌、南京、杭州等，函电往复，皆关于川省乱事，倍极注意。而奉省谘议局，为此致电内阁，则极为恳至。其曰督臣指罗、蒲为逆绅，川人以奏报为不实，观听一淆，办理倘有失宜，则无辜受害，乱党转以藉词，后患何堪设想。就现在情形以观，政府对兹，若不甚措意者，其为后患真不可设想也。又曰谘议局为舆论代表，万不敢因受人运动而言，而大局所关，亦不敢畏指为受人运动而不言。诚以该绅等为最先争路之人，且以川省文武大吏将争路等情电阁代奏，何至因匪徒乘间滋事，该绅等遂至与乱同科，此实为全国之大疑窦。真如所云，是乃川督意见别具，不顾舆论之如何，而甚以激乱为无关紧要也。政府王公大臣，正当目现在时势，顾念国家大局之危急，以各省谘议局之往复电达，互为声援，非先时可比。如果舆论失望，至各省相联合，结成大团体，以力为抗争，将如之何？况明明革党之欲乘间起事者，已非朝夕之故，当道诸公，岂独不知乎？此则政府所不可诿为非己之咎，而以谓自有他人任责也。近闻川、粤两省，又各举代表入京，以图进行之法矣。一则谓收路国有与借债筑路两政策，须要求政府交资政院协议。如未经资政院通过，川民死不承认。二则谓因争路问题，被赵、瑞诬陷拘拿之谘议局议长、议员、路股东等十余人，须要求政府以礼释放。倘伤一人，则川人当以七千万生命殉之，而川事万无了局。三则谓政府故纵赵督惨杀省内外无辜之绅商士庶，须要求恤其家小。其人民所损失之财产，须派员会同各该地方官，及各该地方自治会绅董，确查照赔。四则谓前后酿祸官吏，须要求政府分别轻重惩办。若此四者之要求，在中国政府，施行专制之政体时，谅无不骇然以为怪也。而在筹备立宪时代，专制之政体，既决议改革，其流弊仍不可改革者，是在政府王大臣，所当详审之从事也。四万万民族同胞，苟能化除省界之严限，竞强之机，其在斯夫。谨拭目以俟，民族知爱同胞，盖莫此之为要也。

《顺天时报》，1911年10月12日

自治费移充春赈

东省本年被灾之地甚广,又兼秋收歉薄,诚恐来年青黄不接之时,诸凡粮石价昂物贵,民食维艰。赵制军以若再筹拨正款,实有不给,拟于奉省税捐附加一成,拨充自治经费项下,暂移充抚恤善后之用。俟来岁有秋,仍照原案拨充自治经费,以符原案等因云云。

《顺天时报》,1911 年 10 月 19 日

实行裁撤自治筹办处

民政司日昨呈明督宪,以地方自治筹办处成立已及二年,现在各属上下级自治机关,业已陆续完备,亟应将省城自治筹办处之总机关撤销。至应行续办自治事宜,悉并入本司民治科,接续办理。刻拟于十月初一日实行裁撤云。(逸)

《远东报》,1911 年 10 月 22 日

督宪镇定人心之种种布置

督宪近因鄂省乱耗，人心摇惑，市面恐慌，特施种种布置，藉以镇压人心。惟对于报馆取缔最力，其次则为维持市面。兹录其大略于下：

日前召集各司道到公署会议，以报馆刊发号外，诸多失实，即责成民政司及警务局传谕中国各报馆。凡关于鄂乱事件，不准妄行登载，致扰治安。惟《盛京时报》馆，则饬交涉司照会日领事，转行取缔。至于维持市面一事，即饬度支司暨大清银行、交通银行，于官银号各总理迅即妥筹储备预备金，以便兑换钞票，而免市面之恐慌。复饬民政司传知自治各团体，设法开导愚民，勿使人心摇动。又饬劝业道转行商务会，对于市面通行之钞票，仍照旧日行使，藉以平定市面。此外，又饬警务局对于客店之取缔，及行旅之检查，勿得松懈。

以上所述，刻已分途办理，兹复录之如下：

昨闻交涉司照会日领事，请即转行取缔，驻在东省日本各报馆，应照中国报律，凡遇秘密事件，自当恪遵秘密主义等情。刻闻日领事已允准照复，并饬《盛京时报》馆即日停刊号外，复行知《泰东日报》。

度支司朱司使日昨会同盐运司，通电各属地方官，及税捐盐厘补征各局，略谓：现在银根太紧，现洋留在本境周转，所有各属应征各款，一律收用大清、交通两银行及东三省官银号钞票，不必征取现洋云云。惟黑龙江官银号钞票未曾提及，以故黑龙江省驻奉之官银分号，近日持票兑现者势甚拥挤。闻该分行颇为忧虑云。

日昨谘议局及奉天府城厢董事会，均行刊发传单，略谓：革党扰乱，仅在武汉一处，各省均安堵如常。现经大兵进剿，不难指日扑灭，谅不至蔓延到奉。凡我人民，务各安心职业，均勿为谣言所惑。窃东省时局危险，宜防外患，不在内忧，均毋自相惊扰云云。

劝业道日昨行知省垣商务会，略谓：市面镇静，全恃乎商号之人心。尔商户知此次之扰乱，系在武汉一处，我东省相距数千里之遥，均毋为谣言所动。至市面通行之纸币，如大清、交通两银行及官银号所出之钞票，仍照旧日一律行使，以维市面而安人心云。

警务局近日传饬各区分所，添布岗逻，异常严紧。惟对于旅店之取缔，更形严密。闻日昨又传知各城门夜岗巡警，嗣后凡遇持门证进出城门者，必细加盘驳，并询其黑夜通行之理由，及各署长官之名号，然后始可放行。并闻警务局拟于明日即九月初一日起，所有应发之门证，另加慎重，酌拟减发一半，以杜隐患云。（逸）

《远东报》，1911年10月26日

顺直谘议局致各省谘议局电

谘议局鉴：顷接资政院电，谓该院奏请协赞宪法，已蒙裁可。现拟采用英国君主立宪意，仍用成文法规定，征求敝局意见。此想系通告各省之电，已蒙尊鉴。敝局以为宪法乃国家根本问题，非国会不能协赞，为各国通例。现在时局危急，已大非昔比。此次上谕，并无召集国会一事，已为国人所觖望。若由该院独行协赞，恐转不足以服天下之心。欲为目前收拾人心之计，宜先由该议院编订暂行选举法，奏请速开国会，然后再议宪法，使天下人心能聚于一，即可消弭祸乱。此为关系存亡紧要问题，已电该院，力言此义。贵局倘以为然，望即协力电争。直局。真。

《顺天时报》，1911年11月7日

东三省总督赵尔巽奏筹办宪政第四年第一届成绩折

奏为奉省筹办宪政第四年第一届成绩，遵照修正筹备清单，恭折具陈，仰祈圣鉴事。窃查奉省第三年第二届筹备宪政事宜，业经前督臣锡良奏报在案。嗣准宪政编查馆电开，本年以后筹备成绩，应按修正清单奏报等因。伏查修正清单第四年各省应办之事凡四项，臣到任后，逐加考察，规模颇称完具。敬将已办成绩，为我皇上缕晰陈之。

一为厘定国家税、地方税各项章程。两税款目，奉省调查较早，已于上年饬由清理财政局编拟划分两税说明书，暨税目税额表，咨送到部，以备参考。一经部臣核定，即可颁布实行。此按单筹备者一也。

一为汇报户口总数。查定章，人口总数本应于第四年十月汇报一次，迭饬民政司饬催各属，限于本年十月以前一律报齐。据该司呈称，已有二十五属陆续造报到司。其余各属，或尚未据报到，或因查核未符，驳回更正，业经立限严催，计当不误十月汇报之期。此按单筹备者二也。

一为续办地方自治。奉省自治区域，凡四十六处，计分上、下两级，城镇乡会，除上年成立之二十四属，已于二月间奏报外；其二月以后陆续成立者，为辽源、奉化、怀德、新民、彰武、镇安、西丰、柳河、广宁、岫岩、兴京、通化、怀仁、绥中、锦西、宽甸、辑安等十七属。惟洮南、临江、开通、靖安、安广五属，因人口稀少，先办上级府县会。现在全省已开办之议、董两会，城厢凡四十一所，镇会六十二所，乡会三百零二所，是为下级自治。至上级府厅州县会，自上年十月间开始筹办，截至本年七月止，已据呈报成立者，为奉天、抚顺、本溪、辽阳、辽中、铁岭、开原、复州、盖平、海城、营口、法库、昌图、奉化、康平、海龙、东平、西丰、西安、柳河、锦州、盘山、广宁、义州、宁远、绥中、凤凰、岫岩、安东、宽甸、庄河、兴京、通化、怀仁、临江、洮南、靖安、安广第三十八属。其预报本年八月间可以成立者，尚有辽源、怀德、新民、彰武、镇安、归西、辑安、开通等八属，均限至八月以内，议、参两会一律成立。是为上级自治。统计上、下两级，除长白、辉南、安图、抚松、醴泉、镇东六属，系甫经设治，不在原定四十六区域以内，暨洮南等五属下级自治会，尚待续办外，全省两级自治会，殆已一律竣事。旧设之自治筹办处，业据民政司张元奇呈请裁撤，酌留员司，归并该司，赓续办理，以省费用而竟全功。此按单筹备者三也。

一为续办各级审判厅。查奉省审判厅开办最先，历年筹设者，已有高等两厅，奉天、抚顺、安东、新民、辽阳、营口等处各级审判检察厅。本年五月到任后，复经添设锦州地方初级各审判厅。其昌图、铁岭、凤凰、法库、复州、海城、开原、盖平等各地方初级审判厅，本拟于本年提前设立，嗣因司库艰窘，法官难得，经臣奏请展缓一年，仰蒙俞允在案。现复详加体察，昌图诉讼最繁，铁岭地属商埠，仍拟于本年赶速设厅，以资治理，其余均缓至明年续设，庶于原单期限，仍无贻误，而财力藉以稍纾。此按单筹备者四也。

臣伏查奉省筹备各项宪政，不患其备之不多，而患其筹之无方；不患其行之不速，而患其守之无法。到任以来，夙夜兢兢，补偏救弊，未敢稍形疏忽。即如自治一项，会所太多，区域尚拟合并，良莠宜别，害群在所必去。薪费耗而无节，则特定支给标准，以资考覈，会员愚而自用，则月刊自治杂志，以浚学识。审判一项，尤以养成人才为急，故于法政学堂附设法官养成所，俾未来之法官有所造就。尚虑现任法官未谙法律，复将各级审判检察官吏补行考验，用杜幸进。其学生之已毕业者，则有狱政专科，检验学习所，登记讲习所，均已派赴各属，实地练习。现正开办省城高等检验学堂，以广甄陶。建筑新民、营口、辽阳、铁岭四属新监，以重刑狱。凡此皆于清单以外，为辅助宪政要端。臣到任以来，并筹兼顾，力图完备之情形也。此外如巡警、教育等项，虽经馆臣奏明，属于普通行政事务，不列修正清单，亦均接续筹办，切实进行，未敢稍懈。所有奏报奉省第四年第一届筹备宪政缘由，除分咨外，理合恭折具陈，伏乞皇上圣鉴训示。谨奏。宣统三年九月十三日，奉朱批：该衙门知道。钦此。

《顺天时报》，1911年11月10、11日

革命声中之奉天

奉天城内自昨晚接得京师不稳消息,人心惶惶。今晨纷纷持票至银行银号兑取现洋者,已拥挤不开。后经督宪出示谕令九一兑现拾洋之手票,仅许兑现洋一元,其余九元仍勒令带回行使,以示限制。讵该示张贴后,人心愈形慌乱。现在银行银号之门首,已派兵警弹压,省城危险情形,殆不可以言喻。

督宪召集各司道及自治议员等在公署会议,民政司主张布告独立,藉以保守秩序,而卫人民。闻督宪亦未加可否。又闻日本现已进兵大连,日内即可抵奉。

又闻谘议局日昨忽来剪发者四人,求见议长云:有要事相商。嗣经议长接见,始知系革命党员,要求悉挂白旗,以表归服之意。后经议长答云:奉天旗民相杂,似不能从命云云。该党员闻言随即辞去,并未多言。

《远东报》,1911 年 11 月 12 日

东三省总督赵尔巽吉林巡抚陈昭常奏吉省军政费用未能按资政院核定数目遽减并追加宣统三年国家地方行政各费折

奏为吉林省军政费用,未能按资政院核定数目遽减,并追加宣统三年国家地方行政各费,恭折具陈,仰祈圣鉴事。窃查宣统二年十二月二十八日奉上谕:"试办宣统三年岁出入总预算案,由度支部奏交会议政务处,会同集议。旋经该处王大臣奏交资政院,照章办理。兹据该院奏称,此次总预算案,业经斟酌损益,公同议决,遵章会同会议政务处具奏,缮具清单,请旨裁夺等语。现在国用

浩繁，财力支绌，该院核定宣统三年预算总案，朕详加披览，尚属核实。如确系浮增之款，即应竭力削减。若实有窒碍难行之处，准由京外各衙门，将实用不敷各款，缮呈详细表册，叙明确实理由，径行具奏，候旨办理。至裁汰绿、防各营，于现在地方情形，有无窒碍，著陆军部会同各省督抚，悉心体察，熟权利害，从长计议，详细具奏，候旨施行"等因。钦此。又臣等于议覆资政院核减三年预算案，曾声明军政应用款项另行陈奏等语。又本年春间，咨报吉省宣统三年追回预算案，接准度支部咨覆，以各项出款应撙节开支，如有特别重要事件，亦宜详加估计，妥筹的款，专案奏请追回。并另造表册，首列资政院修定之数，次列追加追减之数，逐款详叙理由，咨送内阁、会议政务处，并分咨主管各部查核等因。又度支部奏实行预算章程第十三条，凡预算外追加岁出之款，得先尽上年余存，及本年盈余裁节项下动用，仍先咨商度支部核准等因。当经遵行，钦遵查照办理。兹据兵备处及民政、提法、交涉、度支四司，暨劝业道等，将军费未能认减，并追加行政、军政各费，遵章先筹的款，详造表册。首列资政院修定之数，次列追加追减之数，逐款详叙理由，详请专案奏明追加前来。臣等查吉省军政用款，除原报预算，陆军部队一协，应分银二十九万九千四百九十五两零二分三厘，资政院未经议减外，其原列巡防队马步共三十二营，连同督办处经费，共支库平银六十六万五千五百十两零一钱三分，资政院议减四成银二十六万六千二百零四两零五分二厘；又奉省督练分处经费，并摊东三省督练处、讲武堂、测绘学堂、陆地测量局各经费，共二十万零八千三百二十八两二钱八分九厘，资政院议减银十三万三千一百五十一两八钱零八厘。以上统共议减库平银三十九万九千三百五十五两八钱六分。在资政院睹时势之艰难，冀收支之适合，不得不力持量入为出主义，原应遵照核减。惟吉省自宣统三年第二次预算报部之后，业由臣等将原有部队一协，并巡防队中、左、右、后二十六营，奏明改练陆军第二十三镇，于上年十月间成立。并因巡防前路队勇向驻延吉沿边，该处为吉林东南门户重地，时有中外交涉，从前办理边防时代，驻兵极重，且督办衙门又设有屯田、护垦各队，岩疆防戍，棋布星罗。今若因改练新军，尽裁防勇，当新旧递嬗之交，新军尚未编成，旧军已经先撤，诚恐边备空虚，伏莽或因此潜滋，外人且有词干涉。因又奏明酌留巡防，前路马步六营，仍驻延吉一带，以资镇慑。曾于上年冬间，改正三年预算案内声明，请将原编之巡防队，及东省督练分处，暨陆军部队一协,各项预算一律取消。另按新编章制,拟定确当预算送部。并以奏留驻延之巡防六营预算,未及送到,请俟另案补报追加,咨明度支部查照在案。是前项军政用款,不但未能递减,抑且因军备扩张,递有增加。原办预算,即使资政院不予删减,已属全无效力。综计现编军政预备,除陆军二十三镇薪饷银一百零四万五千五百零八两三钱七分,本省督练处、东三省督练处、讲武堂、测绘学堂、测量局各经费银二十二万六千二百十五两九钱零三厘,共银一百二十七万一千七百二十四两二钱七分三厘,已于覆奏资政院核减预算案内,以协营经费及各本款开列比较,数目相抵,应请不计外,实追加驻延巡防队马步六营薪饷库平银二十六万余两,督练等处经费银十三万余两。按之吉省现在事实,适成相反,万难遵办。伏查近畿之直隶,腹地之山东,边疆之广西等省,曾以资政院议裁军费,实用不敷,先后胪陈为难各情,专案覆奏,吁请免减。吉省根本重地,情事略同,拟请援案一体暂免核减。俟将陆军练成劲旅,州县巡警一律成立,届时再察看情形,或酌裁巡防队勇,或量减其他各项军政费用,再行随时咨商陆军大臣,奏明请旨办理。此吉省巡防队改编陆军,未能按资政院核定,遽行认减,并转有追加之实在情形也。

又行政各费,并其他各项军政及地方行政用款,或因原报遗漏,而款系实支,或因事实发生,而势难消极,其中虽亦有追减之款,不尽追加,然所追减者,大抵皆于无可撙节之中,力求减削,以之抵补追加,不啻杯水车薪。故增减相抵,所增之数仍复甚巨。惟内以陆军开办费为大宗,综计现编各款预算,实追加公署及会议厅经费,银三万七千零九十一两零六分;中军处经费,银一万四千九百八十八两一钱五分二厘;驻奉办事员公费,银三千一百十八两二钱零一厘;交涉司经费,银七千零二十八两零三分九厘;民政局经费,银七千八百二十八两一钱七分三厘;慈善费,银一千九百十三两九钱六分九厘;度支司经费,银四千二百三十三两六钱三分六厘;归并经征各局经费,银一千三百零八两八钱七分六厘;官运局经费,银八千二百十二两六钱三分四厘;公仓处经费,银八百四十一两九钱一分六厘;官庄处经费,银二百六十六两八钱四分四厘;贡品费,银四千二百七十四两三钱三分五厘;祭祀费,银一千五百十八两八钱三分二厘;解京学费,银四千二百三十两零四钱七分七厘;日本五校留学费,银一万三千二百二十两零六钱七分五厘;法部饭银,三百两;提法司经费,银一千零十两零五钱三分二厘；司法养成所经费，银一万零七百六十七两四钱四分八厘；法官临时养成所经费，银五千三百十两零八钱四分三厘；军咨处经费，银二千四百零九两六钱三分九厘；解京陆军学费，银四百两零九钱六分四厘；陆军留学费，银三百七十五两九钱零四厘；陆军粮饷局经费，银一万五千四百三十两零八钱零五厘；本省军械局经费，银一万六千二百七十九两五钱五分二厘；行营发审处经费，银一万六千九百二十一两三钱五分八厘；督练处添设财政股经费，银八千零六两七钱四分七厘；蜜山护垦队经费，银八千三百五十三两四钱一分四厘；其他军政各费，银一万一千零五十七两四钱零一厘；化分矿质局经费，银一千七百五十三两一钱四分六厘；东三省文报总局经费，银一千零六十两六钱一分二厘；陆军二十三镇开办经费，银四十六万六千三百五十两零九分一厘，以上共库平银六十七万五千八百四十四两二钱八分一厘。又现编地方行政各费，实追加谘议局选举费，二万五千七百零六两零三分四厘；补助延珲各属垦务，银一万九千二百七十七两零一分；中等农业学堂经费，银三千一百五十三两二钱四分九厘；长岭招垦局经费，银七千八百九十二两三钱八分五厘。以上共库平银五万六千零二十八两六钱七分八厘。以上统共追加库平银七十三万一千八百七十二两九钱五分九厘，内除禁烟公所因停售官膏，追减银十四万九千九百三十六两六钱四分六厘；东南路道裁并屯田队，及陆军警察队，追减银一万零四百零八两六钱六分七厘，就数相抵外，实对此次追加库平银五十七万一千五百二十七两六钱四分六厘。又官运局、禁烟公所、长岭招垦局因官运官膏改章，并清理各项，致收入亦互有增减，两抵实减银十五万九千八百四十七两九钱一分五厘。此项减收之款，须筹弥补，即不啻出款之追加。统计以上，共追加库平银七十三万一千三百七十五两五钱六分一厘。此吉省行政各费，并军政各费，及地方行政用款，拟请追加之实在情形也。

以上各项追加用款、国家费、地方费，前后统计，共库平银八十七万四千五百二十三两二钱八分八厘。内有于本年春间咨报吉省宣统三年追加预算案，已经列报，接准部咨，饬令专奏者，有零星漏报，续据补列者。现均暂饬各署局，再三删减，以减剩之数，并入一案核计，统以此次追加数目为准，俾免前后查对为难。至所加之款内，除陆军开办费银四十六万六千三百五十两零九分一厘，业经咨明度支部，以官运历年羡余抵支，余银四十万零八千一百七十三两一钱九分七厘，拟请查照部章，于宣统二年底截存余款内尽数动用，核与部咨及实行预算新章，追加条文，均属相符，自应并案请予追加。伏念维持预算，是臣等应尽之职，原不应于岁出之项，率请加增。特于以上缕陈诸端，或则关系国防，或则关系内治，因噎废食，贻误转多，故不得不兼顾并筹。现虽筹抵有款，仍应督饬司局，随时审核，务以撙节为主，断不敢因预算已请追加，即可以于用途稍涉放任，仰副圣主慎重出纳之至意。除将册表饬由财政局汇编，呈候分咨阁部查照外，谨合词恭折具陈，伏乞皇上圣鉴训示，饬部核覆施行。谨奏。宣统三年九月二十二日，奉朱批：度支部知道。钦此。

《顺天时报》，1911年11月19、21日

旅奉团体公会之组织

保安公会之性质，为将来召集国会之预备，亦当今消弭祸患之急务也。奉省保安公会成立，已将一星期，而各团体应举参议员，有已举定者，有未举定者，未能团结一气，实行监督保安会进行之机关。兹值事变万端之际，种种设备，须以敏捷为先。绍兴旅奉同乡会代表参议员钱君宝书，乃发起邀集旅奉各团体，于二十八日午后一钟，假公署前（往）〔丙〕吉胡同全国农务联合会北事务所，特开各省联合会，名曰旅奉团体【公】会。计到会者直隶、江苏、浙江、山东、山西、湖南、广东、江西、四川九省，共数十人。当由钱君宣布开会宗旨，众皆赞成。遂议定各项如左：

一、本会联合各省团体起见，名曰旅奉团体公会。

一、公催各省团体，速将应举参议员从速举定，与本会联合，实行监督保安公会执行机关。

一、各省团体意见，拟于明日邀请各乡人，由参议员内公举书记、庶务等员，以便办理本会应办各事，而专责成。

一、旅奉团体会事务所，拟暂借大南门内绍兴会馆（此事俟与吾乡诸父老

通过后，再行报告）。现在未定以前，仍暂借本所办公。

一、维持金融机关，拟用反动及旁激两项办法。报告后，经各团体赞成者甚众。惟有效与否，尚待公同研究。

一、各团体参议员举定后，即拟致保安会书（询问桑梓情形，报告旅奉情形）、内阁总理书及独立各省，并各省报界，均应致书陈说。

一、各种权利之损失者，均拟共同研究，以挽回而补救之。

一、各种进行方法，俟各团体参议员举定后，再行集议。

《顺天时报》，1911 年 11 月 23 日

宫廷注意于东三省

东三省为根本重地，朝廷对待东省之观念，自与他省不同。近日以来，东南各省纷纷独立，大势瓦解，实可疚心。闻督帅近曾奉到监国电谕，东省地面是否受鄂省变乱之影响，有危殆不安情事，可速据实电奏。督帅当以东三省设立保安公会，人心均无动摇等情，据实上陈，以仰慰朝廷之厪系云。并闻此番电谕，系因隆裕皇太后向监国垂询东省之安危所致，是可以见宫廷内之注意东三省也。

《顺天时报》，1911 年 11 月 29 日

奉天国事共济分会成立

自杨度、汪兆铭两人发起国事共济会，于是各省纷纷设立分会。奉天现亦有

人发起此项分会,署名者已有数十人。前特将该分会之宣言书,暨简章照录于下。

奉天国事共济分会宣言书

奉省逼处两强,际此风鹤频惊,烽烟四起之时,其地位尤较各省为危险。谋独立则易启外人之干涉,守中立则冀健全之形势,言保安则恐土匪纷起,人心恐惶。甚或假革军名义,以实行抢掠,玉石不辨,剿抚俱难,而全省糜乱矣。主急进则恐党派分争,兵连祸结,甚或分满汉种族,以互相仇杀,生命财产,同归一烬,而人道有乖矣。若犹是不南不北,观望徘徊,人心一律,皆向党派,势必纷歧。京政府既保护维艰,军政府亦经营莫及,孤城坐困,干戈顿兴,血肉纷飞,头颅浪掷,胡匪大起,强邻横来,嗟我爱国诸志士,忍独令我奉省演此最危险、最凄惨之悲剧乎?!然而祸患之来,必由于党派分立,而党派分立,又不外君主民主之一大问题,主张各异,而谋国则一。若合两党而共成一会,鼓吹临时国民会议,以解此难解之问题,以血肉相搏之争端,易而为樽俎雍容之谈判,吾四万万同胞之幸福,莫大乎是。此杨、汪两君所发起之国事共济会,我辈不能不赞成,而奉天国事共济分会第不能不成立也。钟岳等现已联合两党志士,同时发起,一日之内,闻风而至者数十人,足征趋治避乱,人情所同,谋国爱民,各党一是。当即一面刊发宣言书,及分会简章,一面通告天津总会,协谋共济,指日告成。我爱国志士,尚其鉴诸。

奉天国事共济分会简章

(一)同总会。

(二)同总会。

(三)同总会。

(四)同总会(但必已成年而具有政治思想者)。

(五)本会假奉天亚东栈为临时事务所,各府厅州县随时另设支部。

(六)本分会设干事若干人,开会时由各党公举。

(七)各府厅州县有赞成本分会宗旨者,得自行组织支部,一面通告本分会。

（八）本分会特制黄质红花徽章，文为奉天国事共济分会，分给各会员，配带于左臂，以示区别而免危险。

发起人：

申钟岳　支可宗　李镇东　邵元良
李作新　王恩澍　李琇琼　陶魁贤
侯家麟　唐钟澍　高遐福　张齐甲
刘秉钧　王梦龄　仇振名　德　权
景　云　锡　福　锡　祥　董凤池
裕　纶　方经权　邢　德　陈荆玉
罗蔼霖　恒　麒　孙祖泽　刘文宝
习子澄　金子明　庆　升　李小峰
李复斋　刘昱五　刘襄臣　李久华
孙泽纶　齐允中　荣　升　姜舜卿
陈喜谟

《顺天时报》，1911年12月2日

日本政府对于东三省之宣言

在满州日本当局所谈日本对于东三省时局之方针，摘录于下：

中国各省连起革命风潮，牵动全国。近者东三省一带，亦颇形祸萌，变将起于何时，乱将酿于何处，则属不可窥测之势，亦诚为可忧之现象。即如庄河厅、复州、凤凰厅各属一带地方，已见扰乱治安，连日闻战事消息；辽阳地方亦于日前猝起骚扰，各情已见连日报纸，致人心汹汹。至日侨尤大受影响，于有形上及无形上，所惹损害，亦为莫大莫论也。倘此后一旦遇战事大起，或者致日侨突受至大灾祸，亦未可料。此即日本当局之所日夕焦虑，而深抱隐忧者也。如日租界以外之地方，姑不置说，即至关东洲租界，及南满铁路附属地内，亦负维持治安，责任匪轻，故如有为充战事之用，而私运军火，或私募兵丁，或出不稳行动，致启滋事之端者等，凡于日本政府管内稍有扰害治安之举动，无论其人籍属何国，日本政府断行严禁。如仍有敢出是等举动者，立即照日本国法律，一律重究，丝毫不贷。总而言之，此时日本政府对于时局之方针，纯以维持治安、保护侨民为宗旨云云。

《顺天时报》，1911年12月7日

奉天革命风潮详志

奉天之危急

奉天自立保安会后又有急进党之发起，人民异常烈愤，近得奉天详函报告，照录于下：

一、革命之近因

第三次国会请愿时，奉省绅民最为激烈，自各代表被逐出京后，奉天蓄怨愈深。今日武汉风潮传播更易，锡清弼待之以诚，奉人感情甚厚。赵次珊好用手段，又多疑忌，奉人感情本薄，渠已不能自了，乃恃巡防营统领张作霖为护符。

二、奉天革军与湖北革命之关系

武汉发难后，黎元洪派其弟子王某来奉组织奇兵。王固夙有军事经验，且家资数十万，此次毁家纾难，党人感其义烈，咸听指挥。武汉革党支部来奉月余，住居小西门外开埠局一带，巡警全无举发，盖暗中已表同情矣。

三、组织革命军之领袖

先是奉天独立之计议，私商已久，乃组织保安会，举正、副会长，分部办事，欲推倒各官府，而以民选之首领代之。部中人已密议公举谘议局正会长吴景濂为东三省总督，副会长袁金铠为民政司。赵督危迫不自安，乃引张作霖、冯麟阁以自卫，而新军标统聂汝清，及管带李某，皆袁之旧部，张、冯皆胡匪，思想欲拥护赵督以自固其地位，遂极力反对众议，昌言如有主张独立者，当以敌人视之。革党暂避其锋，不得已权宜迁就，于是保安会势同赘旒矣。保安既有名无实，遂更立联合急进会，正会长张榕（字荫华），副会长柳大年（号曼青）。张榕曾因吴樾一案囚系天津三年，后脱归，避祸东瀛。其人光明磊落，德余于才。柳大年即柳君聘农之兄，在奉天、吉林一带最久，长于外交，最得党人之信用。其军事一部，则有胡、王两人担任，皆于新旧军事经练最久，其部下约有两万余人。

四、革命军与胡匪

闻瀛州军事警急时，某国从旁窥伺，极力诱买胡匪，使肆行劫掠，而后以本军继之，占领奉天，并约定划分辽西为界。而近日胡匪知识渐高，不愿通于某国，而表同情于革党，革党得此生力军，以之抵御张作霖实有余力。现有多数勇健者加入决死队，准备入关。

五、革军之实力

革军军火一百七十七万，粮饷足供五月之用。近有英国商人愿借军资二百万，约十年以后偿还。兵卒勇敢能赴前敌者，约二万余人。部署稍定，即分三路入关。

六、革军政府临时组织

一军政部，大都督一人，其下有参谋总长、参谋官、司令官、执法官若干人。分为九军，每军有统带、管带、帮带、队官若干人。民政部设正、副部长各一人。其下有参事长、课员若干人，部长各一人，部员若干人。

七、赵督对待革党最后之手段

赵督势益孤危，凡平日亲信之人，如蒋方震、熊希龄等，皆暗怀疑忌，不听其言。惟与金还、邵章、潘履垣、朱养田辈秘密计议。有主张捕拿者，遂于初四日上午，手发密谕，严拿张榕、张根仁、柳大年、吴【景】濂、辜天保、李德瑚、胡定甲等七人。然冯麟阁、聂汝清皆知党人势不可侮，托词推卸，不肯奉命拿捕。张作霖乃派兵队暗缉，仅拘一形迹可疑之学生，至党中首要，则尚行动自由也。

《顺天时报》，1911年12月9日

四面风云

日前奉天各界发起组织国事共济分会，已举定申钟岳君、支可宗君为会长，将所拟章程，呈请赵督鉴核立案。兹闻赵督以现在朝廷实行君主立宪，重要信条业已宣誓，是国民改革政治之目的已达。国事共济会本为征求两方意见而设，今宗旨已定，即可无庸再立分会。天津总会近已解散，各省即设分会，将何所附属？所谓继续进行，尤属无谓。党派纷歧，异论蜂起，决非人民幸福。自不如各安职业，一意保安，一俟大局平定，再行组织政党，较为有益。现除饬令解散外，并将所呈章程作废云。

《帝国日报》，1911年12月9日

庄复警耗续志

庄复警耗，叠志本报。数日以来，已无确切消息。而奉省人士之欲得彼地现状况者实多，（缘）〔爰〕从日本报纸译述大略，以供览焉。

白旗尚悬

庄复一带顾人宜之兵，本月初间，袭击官军于水门子庙，虏巡警局长及巡兵二十余名，并获小铳二十枝，弹丸三千粒。最初一战，已得大捷，以致部下士气大为发扬。官兵征讨，逡巡不进，顾之军营，乃得藉此益补充其军器弹药等物。闻顾军近日白旗尚高悬空际，态度颇为镇静云。

顾军实力

顾军之实在势力，非外间所易窥知。前得确实报告，顾军中之最勇悍者，有千五百名。其持重不肯轻动者，乃图各方面之联络，及内部之充实耳。以军器论，即机关炮亦有数尊。顾人宜任中华民国军满洲第一司令官，顾人邦任中华民国军满洲第一联队长，张璧任中华民国军满洲参谋长，现在部署已经粗定，正物色第二、第三联队长云。

官兵近状

督帅于复州警耗初起之时，派遣军队六百四十名，带炮二尊，并谓派南满各地之警兵，以期一举剿灭。嗣后方针又一变，而为和平解决。现在官军在前元台附近者，有步兵二百五十名，马队八十名；在瓦房店附近，有海军兵四十名，巡防队五十名，均似全无战争。

媾和条件

督帅对于庄复之乱，既思和平解决，十三日曾饬复州知州，通告顾人宜，相与议和。现在娘娘庙顾军中，督帅所派者，有奉天谘议局议员王子万、复州议事会议长张乐民、梅东乔、顾晓亭、樊蕴珊等诸人。顾军所派者，有顾捷三、张君玉、董新甫、陈某等诸人。现正在谈判中，闻革军所提出之条件有四：

（一）须退还在复庄地方所没收之良民财产。

（二）须任顾人宜于复州庄河管内训练一千人，且有指挥之权利。除知县以外，无论何人，不准干涉。

（三）目下所养兵员费用总数，由公家赔偿支给。

（四）复州巡防队队长李万胜，须放逐于东〔顾〕〔三〕省以外。

此四条件，闻督帅所派各委员，除第二条外，均可承允。而顾军则即以此为着眼之点。将来能否平和了结，尚未可定云。

《顺天时报》，1911年12月13日

奉天派专员来京会议国事

前有旨通饬各省派专员来京，讨论时局。现奉天已特选派谘议局议长吴景濂、议员刘兴甲，及曾有翼、李树滋等，准备赴京参议国事。该员不日即可到都矣。

《顺天时报》，1911年12月13日

旅奉十三省同乡联合会许久香演说词

今日开旅奉大会，研究保安之法，到者十三省，不胜欣慰之至。自武昌变起，各省独立，不约而同，其故安在？盖自甲午之败，国民引为大耻，吁恳德宗景皇帝，颁行宪政，冀可渐致富强。不料专制之政府，偏听顽固之谗言，暗图破坏，名为九年预备，实则一事不行，以致志士灰心，革党借口，竟有今日之败。如谘议局、资政院之弹劾，既置若罔闻，即预算案法律案之议决，亦公然取消，又何怪人民一闻独立，皆如响斯应也。

查独立始于江苏，苏人向称文弱，竟有此豪举。盖因江苏谘议局纠举江督张人骏破坏预算，即全体辞职。资政院江苏全体议员，弹劾江督张人骏违背法律，亦留中不发。谘议局为一省人民代表，资政院为各省人民代表，政府只知有江督，而不知有人民，此江苏人民所以首先宣告独立，志在推翻专制之政府耳。

武昌革军维持秩序，保卫安宁，颇为西人所重，始允确守中立。虽其向持排满宗旨，间有误杀满人之事，乃一闻西报责其残暴，即行出示，禁止伤害满人，实合人道主义。各省闻风兴起，相继独立，亦尝竭力维持秩序，保卫安宁，以期从容达其改良政治之目的。乃独立各省之举革军者，如湖南而杀都督，安庆三易都督，已令贤豪短气。其土匪叛兵之冒革军者，如山西叛兵竟戕陆抚老幼七命，陕西土匪竟杀邮政洋员一家五命，云南亦有误杀洋人之说，其居民被戮，尤惨不忍闻。此岂革党所及料，又岂独立各省所及料耶？

革党初意号召各省独立，意在以群力要求政府，改革政治。朝廷颁发信条，未尝不可满意，特因朝廷向无信用，诚恐事后必致反潮，遂又倡议共和，以为取消专制根本之计。人民急欲脱离专制之政府，故一闻革命，竟举国若狂，而于革命时之流血破产，则皆不暇瞻顾。近日旅京官商，得其本省寄书，知凡独立省份，莫不有流血破产之惨，而贪官污吏，囊橐本充，避居租界，仍作富翁，独吾贫民，欲去不能，欲留不得，老幼转于沟壑，少壮流为盗贼，浩劫之广，甚于庚子。吾民何辜，遭此荼毒，能不痛哉！

第就各国共和言之，法国创立共和，革命三次，流血数十年而后定。美国共和，因英已实行宪政在先，流血数年即定。葡国共和，因实行宪政最久，一经国会提议，不待流血，数日而定。吾国苟欲共和，何不取法葡国，而必欲取法法国，使四万万同胞，同罹数十年流血之浩劫，未免失计。况法、美、葡各国，向无种族之分，举总统尚可无争。若今之中国，混合满、汉、蒙、回、藏，其种族既难划一，即二十二行省，风俗语言亦各不相同，安得不启争举总统之祸。南美、中美各国，总统任期四年，四年之内流血一次，习以为常。中国当列强环伺之时，尚堪屡见流血之事耶？

传言南省共和之举，各国政府均已承认，鄙人是不能无疑。大抵一国之中，有变更国体之举动，必君主政府推倒，民主政府成立，然后可期各国承认。此次各国政府，因中国内乱，不应干涉，故确守中立地位，断无同时承认两政府之理。谨将鄙人闻于北京各使之言，报告吾旅奉同胞。美、法公使均言，吾本民主国，驻使应持民主之说，第就中国各省现势论之，以前既毫无联络，又毫无预备，一旦骤【跻】共和，难免不召内乱。英国公使云，君主、民主政体各有好处，总以能保秩序安宁为要义。中国各省皆曰独立，已难共和，况府县皆思独立，安得不生内乱。日本公使则谓，君主、民主须视本国历史民情，东方向无民主，一旦变更国体，势必牵动全国内乱。此外，德、俄、奥各国，亦均以中国幅员太广，不宜遽改共和为言。与驻奉各国领事之言，亦若合符节。特不知上海、汉口各领事，作何议论，以致有此误传。

报载，某使谓南省共和狂，实由伍廷芳主动。伍之脑力早乱，观其谓食素可延二百岁之诬，即知其主持中国急进共和之误。近多传诵此语，推为定论。鄙人则谓，伍之劝人食素，实欲人人皆至二百岁，伍之主持共和，实欲中国立即做到共和，不可因其劝人食素，谓其有害人之心，更不可因其主持共和，谓其有害中国之意。特不应于非肉不饱之老人，而劝其食素，以促其生。对于中国内乱外侮，危急存亡之际，而轻言共和以速其亡耳。诸君高明，以为何如？革军目的，本在改革政治，以谋人民幸福。如武昌、上海、苏州独立之后，尚可维持秩序，保卫安宁。此外独立各省，人民程度不一，焚杀奸掠，时有所闻。即此愈知中国急进共和之难。乃近来各省土匪，假托革党之名，暗置党羽，布散谣言，或称某日进兵若干，某日运枪若干，某日购炸弹若干，以期摇乱人心。迨至居民迁徙过半，人心大乱，即乘昏夜起事，袖缠白布，手执白旗，诈称革党已到，及至官逃署焚，遂亦自称独立。偏僻府县，比比皆是。官力既不能及，革军亦难兼顾，只有任其焚杀奸掠而已。此岂谋人民幸福者所忍令出此哉？！

当革军初起之时，欲藉各省独立，以张声势，犹可说也。今南省一律独立，只须和平解决，即可达其改革政治之目的，又何须更强北省独立，至蹈南省杀戮之覆辙。况我三省，尤与他省不同，逼处两强之中，一有暴动，则三省非复我有。革军素持保全边省领土主义，决不愿扰乱边省领土治安。鄙人以为，应由奉省各团体，为奉省全体人民之代表，通告独立各省都督，请其严禁匪徒冒名革党扰乱治安。奉省人民，即当为共保公安起见，得以团练民兵，为正当防卫之计。吾想各都督一经答复，则假冒革党之徒，即无可施其伎俩，而吾奉省官民，即可同心同力，放手办理守御，不至与南省同遭杀戮之惨矣。

奉省官绅，鉴于匪徒冒名革党，布散谣言，惑乱人心，诈取城池，藉称独立，以便私图。现已联络军界，妥定分段驻守之法，担负维持秩序，保卫安宁之责任。另派游击队官巡查，遇有放火炸弹等事，专由游击队捕拿。而驻守之兵队，则各驻守原段，保护居民，俾无惊扰，匪徒自无隙可乘。是以本月十一日夜间，施放炸弹日人，登时拿二人，次早拿获一人，而居民均无知觉，匪徒即计穷而逃。现在北京亦照此布置，此实保安第一良法。苟外府县均用此法，则保全奉省甚大。闻南省各都督，对于外府县亦用此法，以防土匪。窃愿奉省同胞注意！

谣言日本勾串胡匪起事，欲藉靖乱，以取奉省。此本无稽之谈。日本为世界文明强国，当以公理公法为重，以其在奉兵力，欲取奉省，易于反掌，乃为公理公法所束缚，不得逞其野心，又安肯出此卑劣下策，为世界文明各国所不齿。若日人前放炸弹一事，必系该国败类个人之行为，当与政界无涉。无论何等文明之国，皆有败类之人民。陕西、云南、广东近有杀伤洋人之事，各国亦不得指为吾政界之所为。苟谓日本实有利用暴动之心，则吾爱国之革党，更必不愿三省暴动，甘为前驱，自取灭亡也。此理甚明，望诸公广告同胞，幸勿误会。近闻英使现正提议停战，可望和平解决，以免生灵涂炭。赵大帅爱民之心，早为三省人民所信仰，自立保安会以来，尤以博采舆论，实行新政，以示与民更始。即对于假冒革党之胡匪，亦在哀矜之列，而不为已甚。此实三省人民无量之幸福。为今日计，三省人民，惟有联络军界，自结团体，共保公安之一法，勿为谣言煽惑所动，勿为假冒革党所愚。即有热心共和之士，亦应顾全地方大局，稍安勿躁，俟南省大局一定，三省自可从同，切不可冒险独立，致酿瓜分之祸也。

书曰：四海困穷，天禄永终。环顾各省，经济困穷，已达极点。满政府固难自给，民政府亦不能支，国体未定之际，必无正当借款，苟以重息借款，必增吾民担负，后患何堪设想。并闻有假冒革党，私向无赖洋商借款，以三十元作为百元，期至独立时本利归还者。如果属实，受亏更巨。吾深盼南省爱国诸君子，及早解决，以保全四千六百余年之中国，及四万万同胞之生命财产，勿逞一朝之忿，勿执一己之见，亡其国并灭其种也。所有亡国灭种之说，已详见鄙人两次与江苏都督书中，不再赘述。乃近月以来，默视中国现状，已有全国破产之势，此固不待瓜分，而已足以亡国灭种。况全国破产，内乱日生，瓜分之祸，必不能免耶。鄙人知识浅陋，发为语言，不足以动南省诸君子之听。惟愿吾旅奉同胞，审察时局，力保公安，以免劫运而维大局，无任祷祝。言不尽意，尚乞公鉴。

《顺天时报》，1911 年 12 月 15、16 日

吉林代表过奉

顷闻吉林代表庆康等五员,拟赴北京参与国事会议。昨晚已由南满汽车抵奉,当在两车站以电话通知谘议局,以便联络,一(禀)〔并〕会商一切云。(逸)

《远东报》,1911 年 12 月 15 日

东三省国民会代表到京

东三省国民会议代表三员,昨乘京奉火车来京,已赴资政院报到。惟临时国民会,须俟大局妥定后,始能开会,由毓议员善接待矣。

《顺天时报》,1911 年 12 月 17 日

各界组织政党之研究

奉天保安会参议部审查员,均系由各界选举而来,有代表全体之责任。因日前开参议大会,互生龃龉,又兼议决各案多未实行,各议员均不满意。爰于昨初

七日特开会议，各审查员拟邀集奉天谘议局参事、议事两会，绅、学、农、工商各界，组织一大政党。兹正研究办法，一俟表决，即将呈请督宪立案实行云。

《顺天时报》，1912年1月4日

督宪仍准调查屯垦

屯垦一事，关系重大。日前保安会审查会以此项借款，归人民负担，当此财政困难之时，亟应调查内容，以凭酌核。初请督宪以屯垦不在保安范围之内，无须调查，故日前初一日开全体参议会，几致酿生冲突。现闻督宪日昨已函催审查会，仍行派员调查，并饬知屯垦局，一俟调查员到时，务须妥为接待，毋得阻挠云。

《顺天时报》，1912年1月5日

东三省各团体致驻京代表函

代表诸公钧鉴：启者叠奉函电，持论正当，足以表示三省国民之意义。惟议和不成，风云日恶，革党之要求，日出愈急，政府之退步，日形失败。遥听之下，不胜愤懑。弟等窃以为，我军误于缓战者三，误于议和者五，于革军有必须痛加剿灭者，其理由有四。

当武汉事起，瑞之逃罪无论矣，假使政府速集大兵，即时扑灭，彼时兵变不过数营，何至蔓延，以有今日。乃遣兵调将，缓至十余日，竟俟革党从容布置，坐拥武汉,以固基础,此误于缓战者一。

北军云集,武汉立时主剿,以彼乌合之众,当我数万貔貅,亦不难灭此而朝食。乃一则曰同种相残,再则曰同室操戈,遂以杀敌致果之众,故示优容。革党乃乘此余暇,四出运动,极力鼓吹,东南各省,相继独立,以致革军有十余省土地,军人之势力,而不可摇动。此误于缓战者二。

独立势成,都督林立,彼此惨杀,互相争权,无秩序之可复,无团体之可言。我军一意进剿,亦不难披坚攻锐,恢复全局。乃武汉之师久顿,南京之困不援,并偏听和平解决之谬说,明倡不以兵力平内乱,遂使革军势焰日张,我军士气日馁。此误于缓战者三。

和平二字,为中外人人所爱惜,矧强邻逼处,机会均等,我稍不慎,几酿瓜分,此谅又人人所共知。乃革党有破坏而无建设,置和平二字于不顾,虽表面爱和平,而内容实注重破坏,以全国之生命财产,为孤注之一掷。其种种诡诈手段时流露,该党不爱和平之真意,请一一决择之。两军议和期内,自不得违约进攻。乃甫行议和,而北伐团召集矣,武汉厚集兵力矣,皖省各州县进陷矣。此不能爱和平者一也。

两军停战,土匪乘机骚扰,自不能不以兵力弹压,保持地方治安。乃该党既认各地土匪为革军,屡责官军剿匪为违约,而该党又无镇压土匪之能力,一任土匪猖獗,到处蹂躏,一若人民生命财产,烧杀淫掠,原无足惜者。此不能爱和平者二也。

和议初开,彼此宜从容讨论利害,解决君主民主问题,乃该党竟处处施以强制手段,有命令而无讨论。我政府所派丧师辱国之代表唐绍仪,竟畏革党如虎,甘心顺从,无一语抗辩,致令和局之成,一再迁期,战祸延长,全国人心为之骚然。此不能爱和平者三也。

本月十一日,和议尚未期满,而武汉革军迭施攻击,及诘问革党违约,乃托词误会,以自欺饰。此种诡诈技俩,即施诸外人,尚嫌有乖人道。而施诸本国同胞,亦惨刻之至矣。此不能爱和平者四也。

我皇上不忍以君主民主之争执,致令生民涂炭,谕旨召集国会,付之公决。我皇上公天下之心,当亦中外所共见。乃革党一再挑剔,欲以在上海少数人之专制,托全国国民之代表,解决君主共和两大问题,以示取巧而重要求。夫君主国体、民主国体何等重要，征诸国君，公共真意，何等正大。而革党乃以鲁莽灭裂出之，以欺饰中外人之耳目。吾恐革党势成，其专制又甚于旧政府，而反动又反动，革命复革命，中国之继乱，正未有已时。此不能爱和平者五也。

虽然，前此失败，已成过去之历史，无足深责，后此补救，不能不定一正确之方针，以与我国民、我政府一筹商之。武装和平，金钱主义，近人皆知之矣。吾谓对于外应尔，对于革党，亦何莫不然。

其一，剿灭革党，非惨杀同胞也。释同胞名义，有尊重人道，互相爱惜之意。今革党既明示推倒满政府，仇杀旗人，是将同胞已划出一部分，而蒙、藏、回诸部，已无驻足之地。人不分裂，而我自分裂之，于同胞名义，相大反悖。革党所到之处，焚杀淫掠，满人之生命财产，已丧失无算，此等行为，全国皆当视为公敌，而又何可拘泥于同胞名义，来相牵制也？

其二，剿灭革党，非与国民宣战也。所谓国民，以国家利益为前提。今革党以少数之专制，劫制多数国民，真正之理由，不惜国家四分五裂，而惟大都督、大统领是争。为公乎？为私乎？明眼人当共知之。

其三，剿灭革党，非好启战祸也。从前我政府因循腐败，假立宪名目，剥夺我国民之权利，已酿祸乱于无形。起而革之，不过曰图政治之改良耳。今革党已自号称政治革命矣，十九信条已颁布矣，旧政府已推倒矣，彼党目的已达到矣，我国上正宜起而共谋政治改良，民下相维，为国家造无量之幸福。乃革党不此之悟，而维战祸相寻，是启战祸者咎在革党，而平战祸者，责在官军。所谓冒大不韪者，乃曲在彼，而不在我也。

其四，剿灭革党，乃救全国人民也。自武汉事起，凡独立省份，人民之罹荼毒，遭浩劫，几与甲午、庚子之乱相埒；未独立省份，尚能保持秩序，得获治安。是固有幸有不幸，然亦何莫非我国家统治权范围内之国民也。今北省极力联合，保持秩序，南省欲恢复秩序，非将少数之革党大加痛剿，无由拔云翳而见天日。政府欢爱少数之革党，而牺牲多数之国民，是南省饥民，本非自弃，而政府弃之也。两两相权，当亦知所从事矣。各团体等鉴于内忧，痛于外患，恐大局不定，三省有意外之虞，是以迭次开议，研究至法。金谓非战不足以平乱，战虽难恃，和乃适足以酿乱，亦非不欲革党承认君主立宪，立即解兵，以为国民和好之地步。无如此意，皆属梦想空花，无丝毫之把握。即如暂时停战，革党果能遵旨召集国会，付之公决，倘多数主张民主，我国前途，既不可思议；倘多数主张君主，革党仍持狡猾手段，背盟败约，最后仍出之一战。此停战期内，又为革党增置努力之余暇。谓如不信，革党一面议和，一面组织新政府，选举大统领，其用意亦可知矣。虎本不可出柙，我又何可故为纵之也。为今之计，只可请将召集国会谕旨，收回成命，宣示主战，以定人心，而慑敌焰。中国幸甚，东三省幸甚！望诸代表将此意达之政府，求其采纳施行，无任盼祷之至。再此稿已电商吉、黑两省各团体，电复同意，合并声明。此叩公安。奉天谘议局、教育总会、商务总会、农务总会、城镇乡自治会顿首。

《顺天时报》，1912 年 1 月 11、14 日

庄复战事议结之条件

督帅日前特派某标统，会同谘议员前任庄复一带，招抚顾人宜等各节，已志本报。兹闻已经和平了结，共议条款八件，业由首领顾人宜允许：（一）庄复二城，各安插民兵一百五十人，由官家发饷；（二）官家拨给赈款一万元；（三）查惩扰害庄复之军兵；（四）前被军兵夺去之枪械，一律照价赔偿；（五）顾人宜被人诬控之案，须查明其人，治罪；（六）官民两军死伤相抵；（七）复州东四区区巡等官，由民选举；（八）前此官家查抄财产，悉数给还。闻业于日前在大娘娘庙双方认可签字云。

《顺天时报》，1912 年 1 月 11 日

三省联合力争君主

东三省军界主张君主甚力,前曾联合电请内阁,派遣大兵,与民军决战,以定胜负。兹闻奉天绅、学、商、工各界亦反对共和政体,而赞成君主,特于前日公电吉、江两省谘议局,亦请联络各界,会电内阁、资政院。倘和议决裂,即行开战。东三省则组织南征队,以为后盾。惟尚未接准复电,未悉能表同情否。

《顺天时报》,1912 年 2 月 2 日

袁总统致奉天要电

袁大总统于十八日电致东督赵次帅云:现皇帝退位,宣布共和,东省亦须随大势所趋,赞成共和,以免再有滋扰。如省内有藉名革命,紊乱秩序者,均认为马贼,即行弹压勿贷。旧有国旗,均撤裁,改用五色中华民国旗。旧历亦改用阳历,以旧历正月初一日,为中华民国元年二月十八日。即日实行。至于向来官制,暂照旧制等语。

《顺天时报》,1912 年 2 月 23 日

奉天团体致上海电

商务总会、农务会、教育会等各团体，于十九日电致驻沪民军代表，内开：东省虽已赞成共和，惟有蓝天蔚部下之北伐军，现尚意图扰乱，不但不能保维地方治安。况东省因介在日、俄两国之间，恐不免惹起交涉问题，应亟设法阻蓝天蔚之暴行云云。

《顺天时报》，1912年2月23日

督帅爱才若渴

省城前因军务吃紧，风潮震荡，官场相率走避。现在共和宣布，局势已定。前去各员，复有来者。经议局列名纠举，有永远与东省隔绝，不得充差云云。督帅批已见前报。兹闻友人谈及督帅优容宽大，该批确系自己手笔，故爱惜人才之意，不觉溢于言表云。

《盛京时报》，1912年3月7日

奉天赵制台率同三省官民公举袁大总统电

阳历二月十九日，即壬子正月初二日。

时局凌夷，事权危迫，我公被命全权，组织临时政府，原所以谋统一、安中国也。然全权名义，非出双方，若非合南北而共推一人，迟疑生变，中国殆矣。此次乱事之起，惟公身任艰难，维持调护，保全极大。海内跂望，非公莫属。尔巽等征求东三省官军绅民意见，公举公为临时大总统，藉以维系人心，主持国是。谨此电呈，尚乞俯就是幸。赵尔巽、陈昭常、宋小濂率军、警、官、商、绅民人等同叩。

《顺天时报》，1912年2月27日

东三省军警学商工农自治各界庆贺袁大总统电

共和既成，总统一任，非公莫当。顷接南京电已承认，足见勋望所系，即为心理之同。望公上体慈意，下顺舆情，以定大局，而布新猷，不胜待命之至。东三省军、警、学、商、工、农、自治各界公叩。艳。

《顺天时报》，1912年2月27日

奉天各团体关于民军占据铁岭之要电两则

北京袁大总统鉴：共和既成，（团）〔国〕体既定，三省一致进行，已无革命之可言。乃蓝天蔚照会各处，自称关东都督，在复州扰乱。前铁岭县徐麟瑞，带匪占据铁城，日人不容进剿，似此行为，实属扰害东省，于共和前途，大有关碍。应请与日公使交涉，并饬蓝、徐速去。除电南京参议院提议外，谨此电闻。奉天谘议局暨学、商、农、工、自治各团体叩。巧。

南京参议院鉴：钦奉懿旨，宣布共和。此系解决国体问题，东省绅民岂独无此世界眼光、国家思想？故官军绅民，同意奉行，已挂五色国旗，一致办理。查全国共和之后，已无革命之可言。现南京临时大总统，业经辞职另举，自有统一之办法。乃蓝天蔚于全国共和之后，来奉招集土匪，自称关东大都督，与徐麟瑞分路扰乱，并照会各领事暨各署各界，声称不日即到都督本任。未知来此何为，抑系奉何人命令？岂知奉省介两强之间，地位不固，因扰乱而生冲突，因冲突而启干涉，瓜分不免，所谓甘心断送全国之罪魁者，蓝、徐即其人也。请速提议为祷。奉天谘议局、学、商、农、工、自治各团体叩。

《顺天时报》，1912年3月3日

奉人顾全大局之热心

奉天谘议局、自治会及农、工、商、学各团体，以政体既定，人民自然遵守，惟恐有怀挟私见，希图破坏秩序者，特于日前发布公启，昭告大众。略谓：

现以南北大势，日趋共和，朝廷俯顺舆情，下诏辞政。本省各界代表，几经筹商，以为处此时局，第能保境安民，不受他人干涉，国体虽更，安全可保。是以谨遵诏旨，承认共和。凡我同胞，素明大义，三省处特别地位，各界人士，均有维持秩序之责。惟愿我三省人民，各安己业，一致进行，毋存破坏之心，毋萌疑虑之见，顾全大局，共谋安全。个人幸甚，即三省幸甚，全体幸甚云云。

《民视报》，1912年3月4日

奉天各团体忠告全体人民公启

敬启者。现以南北大势，日趋共和，朝廷俯顺舆情，下诏辞政。本省各界代表，几经筹商，以为处此时局，第能保境安民，不受他人干涉。国体虽更，安全可保。是以谨遵诏旨，承认共和。凡我同胞，素明大义，三省处特别地位，各界人士，均有维持秩序之责。惟愿我三省人民，各安己业，一致进行，毋存破坏之心，毋萌疑虑之见，顾全大局，共谋安全。个人幸甚，即三省幸甚，全国幸甚！奉天谘议局、教育总会、商务总会、农务总会、工务总会、各自治会全体公叩。

《民视报》，1912年3月7日

参议院由各省谘议局派员

北京组织临时参议院，若照选举法公选，不但新选举法未告成，且亦延缓。故北京之参议院，即由各省现存在之谘议局公举议员充当，俟临时政府成立，即电各省照办矣。

《顺天时报》，1912年3月10日

东三省之祝总统

袁大总统公布受职，赵东督、陈吉抚、周黑抚代表三省军、警、官、绅、商、学各界电贺，略谓：大总统在京授职，以慰众望。从此以往，邦基巩固，国利民福，可得发展，可为民国前途祝云云。

《顺天时报》，1912年3月17日

三省议员抵津

奉、吉、黑三省谘议局，前因豫、直各省谘议局，电邀议员到津会议，藉以通达消息，研究将来之种种政治。闻吉省派往之沈、谷二君，业偕黑省派定之战邻卿、文振之二君到奉。奉天谘议局当委任刘星阁、李省三二君随行。该六人会商妥协，于旧历二十日搭附京奉火车，偕行前往。已有电到奉云，各省来会人数已有大半，尚须略缓数日开会，现正研究提议各案云。

《顺天时报》，1912年3月22日

关于顺直谘议局之种种

津函云：东三省及河南、山东谘议局派代表来津，于顺直谘议局开北数省联合会。此会乃去腊顺直谘议局，为共和已经宣布，应谋北数省政治上一致之进行，故有此召集。惟山西代表刻尚未到，该会已于二十一日午后开议，至内容如何，容再调查。

《顺天时报》，1912 年 3 月 23 日

各界挽留赵都督之预备

赵都督去志甚坚，前已迭次电请辞职，乃各界以次帅自去冬以来，设法保持公安，几至力竭神疲。现在大局始定，待理之事甚夥，未便顿易他人。现在谘议局特召集绅、商、军、学、农、工、自治各界，在该局开会，拟公呈赵都督，恳请留任，并电致临时政府，乞勿更换，以顺舆情云。

《盛京时报》，1912 年 3 月 23 日

督帅招吉黑议长筹商防匪

赵都督以吉黑各属均有土匪抢掠,甚至联络外人,实于国家大有妨害。顷电招吉、黑两省议长来奉,筹商防匪一切事宜云。

《盛京时报》,1912年3月26日

各界恭宴参议员

参议员谭学堃、鸿恩及张、罗二君于日前抵奉,已志前报。兹悉警务局于日昨下午八钟时,邀集教育、议、参、董、农、工、商各会,及劝学所各团体,在该局开晚餐会,恭宴四参议员。一时宾主言欢,杯盘交错,直至十二钟方散。闻该员在奉勾留数日,尚须赴各埠调查云。

《盛京时报》,1912年3月26日

七省联合会已经成立

直隶、奉天、吉林、黑龙江、山东、河南、山西七省,为研究各省之共同利益问题，各举代表，在津组织一七省联合会。兹已于月之二十日（壬子二月初二日），假顺直谘议局开会一次，拟定简章，并互选主席、副主席各一人。闻该会已告成立云。兹将该会简章及各省到会代表姓名如下：

简　章

第一条　本会以谋合省份共同之利益，期于一致进行为宗旨。

第二条　本会以直隶、奉天、吉林、黑龙江、山东、河南、山西各省立法机关所举之代表组织之。

第三条　本会会所设于北京，但以一时便利，得以公决在天津开会。

第四条　本会由到会之代表互选主席一人，副主席一人。

第五条　议事之整理，会场之秩序，主席司之。主席有事不能出席时，副主席代之。

第六条　本会非有五省以上之代表出席，不得开议。

第七条　本会表决权，以省份定之。其他议事规则，照普通会议规则行之。

第八条　本会设文牍一人，庶务一人，执行一切事务。

第九条　本会经费由联合省份分任之。

第十条　本简章以本会成立时为行期，其有未尽事宜，于开会时议决修改之。

各省到会代表姓名

（直隶）阎凤阁　王振垚　高俊澎　丁宗峄　梁庭华

（奉天）刘兴甲　李心曾

（吉林）沈景佺　谷嘉荫

（黑龙江）战殿臣　文　铎

（山东）丁惟鲁　丁维沛

（河南）王佩箴

（山西）刘孟训

《顺天时报》，1912年3月27日

邵章致赵尔巽书

次帅大人钧鉴：昨由奉天公署寄到批谘议局呈请惩办潜逃官吏文，内开"如邵章、萧应椿则早已声明，共和宣布后，万不能留，当即许之。此与锡清弼、陈筱石二君之事相同"等语。详绎批词，似以章为反对共和而去者，章实与当日情事不相吻合。自北军赞成共和，即知大势所趋，非改变国体不可。其时奉省情形，坚欲定特别办法，仍用宣统年号。逮逊位之诏垂下，群言淆乱，章建议三省地介两强，必与关内各省一体承认共和，方能保全领土。此时宜特遵旨办理之意，预告军队士绅，庶免临机生变，帅执不可。复与萧司使密劝，帅仍未发表。前乞休，举张坡帅自代，项城已允行矣。忽拒张问题发生，载泽潜寓公署，运动独立之谋益急。帅对众宣言，誓死不离奉天，而章连日危词忠告，迹涉嫌疑，袁副议长金铠谓章为项城运动。周司使发祥阻发拟致内阁马电，实帅所亲闻亲见。章既处孤危之势，而学校适值年假，司缺又准归并，请假省亲，遂蒙允许。章之去奉，理由如是，批牍措词，适与相反，又援锡、陈例，其用意较之议局原呈，尤为溪刻。以帅相遇之厚，决不出此，或从旁执笔者忌章之深，遂不惜以向壁虚造之谭，为落井下石之计。用特推本事实，驰书申辩，乞赐察核，改正宣布，以昭信史，而全交谊，不胜盼祷。再闻帅至今尚未剪发，此虽毛举细故，然亦民国官吏之首务，愿帅毅然为之，毋滋阳赞共和、阴怀君主之嫌。恃爱并及，春寒砭人，伏维为国自卫。三月十六日，邵章拜状。

《盛京时报》，1912 年 3 月 28 日

共和俱进会开正式会

奉天共和俱进会于二十四日成立，举定会长、会员及各股员，于昨二十七日开正式大会。全体会员计一百四十余人。所议事件，拟公请齐会长回奉，由各议员分别联合各界，调查各属应办事宜，并委员赴吉、江两省联络一气，以谋三省共同一致之进行。至下午三钟时尚未散会云。

《盛京时报》，1912 年 3 月 28 日

袁大总统关于自治之要电

二十七日赵都督接到袁大总统来电谓：共和成立一月有奇，一切法律尚未编成。所有自治一切进行手续，于新法制未颁布以前，均宜按照旧章施行，不得稍涉观望。闻赵都督已通饬各属自治会遵照矣。

《盛京时报》，1912 年 3 月 30 日

奉天最近之四大会

举参议员会

谘议局前准督帅札知,奉临时政府之命,北京参议院克期成立,著速选举参议员五名,以便咨送该局。已于二十六日召集各界开会,当举定吴景濂、袁金铠、孙孝宗、刘兴甲、曾有严五人,并备举孙百斛、曾有翼、李秉恕、李有忱、崔国光为候补参议员,随将被选人名单,呈由督帅转咨。

迎送会

南京参议院特派刘鸿恩、罗凤阁、谭学夔、张石四员来东,袁大总统亦派张、朱二员,协同调查三省于改革政体后,地方一切情形,业于上星期先后抵奉。经谘议局、劝学所及自治、教育、工商等会,特于二十六日晚六钟开全体迎送大会,宾主欢集,备极敬礼。

共和会

奉天各界组织共和俱进会,业将评议、干事等员举定,已志本报。兹于二十六日,又特开成立大会,到者亦有三百余人。当举定是会发起人、卸任河南都督齐耀琳为正会长,谘议局议长孙百斛为副会长。会内计分文牍、庶务、编辑、书记四股。于二十七日再开全体大会,公议一切进行办法云。

联（和）〔合〕会

谘议局发起全省各界联（和）〔合〕会,业已举定会长、会员,分为五股办事。原定章程,开会期定一星期为限,即行闭会。兹闻自二十日起,迄本星期二，已届期满，旋公议以开会伊始，应办之事甚多，特议定自二十七日起，展限一星期，以便从容会议，限四月初二日闭会云。

《顺天时报》，1912年4月6日

七省新参议院议员

旧有各省谘议局，此次改称省议会，其规模渐次就绪。日前奉大总统命令，选举新参议院议员。昨日（初六日）电告总统府者，凡有七省。兹将议员姓名登录如左：

吉林	杨 策	金鼎勋	何裕康	李 芳	王树声
奉天	吴景濂	刘兴甲	曾有严	孙孝宗	李秉恕
江苏	田骏丰	侯效儒	康新民	王鑫润	斗载坤
福建	郑祖荫	林 翰			
湖北	郑万瞻	张鸿翼	彭介石	孔广铨	蒋义昌
	吴兆廷	彭作宾	高国焕	张祥麟	陈廷璧
	石山倜	屈佩兰	董昆瀛	左德威	刘 织
	黄昌谷	查季华	李 清	唐 燊	张倪廷
甘肃	秦望澜	吴 钧	宋振声		
浙江	陈 夔	段海骊	周 珏	王家襄	莫永贞

《顺天时报》，1912年4月7日

参议员不日赴都

现奉天参议员致南京参议院电报一通,略谓:

南京参议院暨吴莲伯鉴:奉省选举北京参议员吴景濂、刘兴甲、孙孝宗、李秉恕、曾有翼五人,请四月二十日以前到京,特闻。奉议局。歌。

《盛京时报》,1912年4月7日

七省联合会取消

七省联合会现因总统命令,已将各省谘议局改为省议事会。该会无可进行之手续,遂于开会后,将七省联合会名义取消矣。

《顺天时报》,1912年4月11日

统一党致函赵都督

闻赵都督及省议会日昨接准统一党理事程君德全来函,谓统一党之设,以统一全国建设,固强中央政府,促进完美政治为宗旨。已将总会迁至北京骡马大街，拟推设支部于东三省，联络北方同志，共襄伟业，请诸设法维持。今将会章三十七条附寄，请烦查明办理。现在都督已咨行省议会，协同绅、学、官、民各界，组织分会，以资推广云。

《盛京时报》，1912年4月19日

吉黑参议抵奉之协商

吉林、黑龙两省参议，刻已抵奉，将提出北京参议之议案，协商整理，以备临时措办。

《顺天时报》，1912年4月20日

纪参议院选举议长副议长

旧议长之垂头丧气

新议长之志高气扬

噫……局面竟为之一变！

昨日下午一时，参议院开会，选举议长、副议长。当时入席七十六人，甫就坐，即由谷钟秀倡议，本日议长未举出之前，当得有临时主席主持。语（本）〔未〕毕，而群推举谷钟秀为主席。于是谷君登上演坛，说明选举议长、副议长，按照约法，用记名投票法，得过半数当选。于是检点人数，封闭议场门，各议员投票选举。第一次选举议长，得票最多者为奉天吴景濂，计四十六票，过半数，当选。次选副议长，得票最多数者为湖北汤化龙，计四十四票，过半数，当选。是时闻谷君介绍吴景濂、汤化龙，就议长、副议长席。吴、汤二君体态沉着，气象森严，各登演坛发表，其早日希望国会成立，参议员即行交替，不愿参议院久长。又云：处今日剧烈之时局，当以国家为前提，不可稍存意见云云。二君演毕，拍掌如雷。继又讨论法制、理财、庶政、请愿、惩戒各股审查委员。闻在南京时，人数缺少，故审查委员，均甚寥寥。此次人数加多，审查委员亦应同时加多。当时各议员辩论纷纷，有倡议加倍者，有倡议加半者，又倡议法制、理财应加，而其他不必加者。争论至数十分钟，乃决定法制、理财两股照旧有之数加半，定法制股为二十一人，理财股为二十三人。继又讨论请愿、惩戒、庶政各股员，决定庶政股十一人，请愿、惩戒两股各五人，定今晨选举云。（国）

《顺天时报》，1912年5月2日

吴景濂汤化龙得举正副议长原因

参议院迁至北京时，一派资格已消之委派参议员，均跟随北来，犹复希冀高位。及前日之谈话会发表，一班委派参议员，当头受喝，明知全已失败，无可挽回，然其野心究犹不死，不肯举纯粹民选之人为议长，必欲举其委派资格之人而后已。而委派者一逢本省参议员到后，即当解职，群多五日京兆，不能举之为议长。适吴君景濂当新旧两派冲突时，出为多方调停，奔走终夕，不知费几多唇舌，居然得前日谈话会之善果。委派议员得暂时列席，而吴君又有委派、民选两种资格者，新旧两派感情均洽，故此次得举云。

至副议长汤化龙，则纯粹为民选新派之人所选举。汤君才望学识，本为参议院之冠冕。此次不得举为议长者，实委派议员不愿举之云。

全院委员长，关系审查重大案件，责任郑重。此各议员颇注意于谷钟秀。谷君深明法理，法案经其手定者甚多。此外，则张耀曾，亦颇以法理名。恐委员长

一席，二君必居其一云。（国）

《顺天时报》，1912年5月2日

吴议长之略历

新举参议院议长吴景濂，系前清副贡。去岁起义，在奉即赞成共和，与赵尔巽反对，携手枪赴沪运动，入同盟会。迨孙逸仙回国，被十八票举为总统，吴即在内。南京政府成立，吴即被委任为奉天参议员。此次被举为议长者，因汤为民选，吴为民选，又兼充旧参议员，故联络较广云。

《顺天时报》，1912年5月4日

奉天全省公民宣布民贼袁金铠十六大罪状

民贼袁金铠，反对民国之穷凶也，不但为东三省之民贼，且为民国全国之民贼也。其不祥名字，久为四万万同胞口羞道而笔不屑诛，无论知与不知，皆以为其骨已朽久矣。辽阳初选名单披露，袁贼金铠竟两次当选，探访辽阳，亦无依法起诉，窃不禁为辽阳全体羞！为奉天父老兄弟羞！往者不谏，来尚可追，爰布罪状十六条，通告全国，与我四万万同胞共讨之。

庚子后，袁贼以附生办团，旋充日本侦探，哀求小山氏向奉督说项，得保知县。挟强邻，要功名，辱国权，丧廉耻，其罪一。

乙巳、丙午等年，袁贼运动辽阳鲜牧及朱庆澜氏，得充辽阳半拉山子主计，浮收警饷，侵蚀入囊，已经杨子亭、陈梦九控告有案。鱼肉乡里，侵吞饷项，其罪二。

近年袁贼充谘议局副议长，兼充赵尔巽秘书，阳为人民代表，阴为官府爪牙，藉官势压民权，致立法、行政、司法互相混淆，其罪三。

前年九月，民国初基，议长吴景濂氏主张共和，袁贼秘唆使赵氏大施手段，逼吴出亡，毒焰日张，摧残民气，其罪四。

吴景濂氏出亡时，谘议局全体嘱伊赴沪，代表全省人民赞同共和之意。袁贼竟捏全体名义，通电上海，取消吴氏议长，冀代表无效，其罪五。

南北统一，清（庭）〔廷〕退位，袁贼仍力主勤王，自报奋勇。赵尔巽密保伊为四品京堂，出具考语，有"亮节精忠，胜堪大任"等语，计一千余字，公署有案可查。学界钜公，亦颇能道其详。当共和之初元，甘专制之奴隶，反对民国，铁证确实，所以至今东三省破坏党余毒蔓延，其罪六。

民国告成，中央各省无不引用民党，以谋建设。袁贼内以赵氏为护符，外恃党羽之众多，各种机关，无不把持。呼朋引类，纳贿揽权，凡新界学人、爱国志士，不但不令一人得抒所学，反加恶声，败其名誉。于是党人志士，非不屑回归，即旋归辄去。奉省黑暗，达于极点。袁贼遂有"二都督"之绰号，关外横被伪共和之恶名，其罪七。

去年夏间，临时省会成立，袁贼自恃充都督秘书之势，挟制多数，得当选副议长。经舆论攻击，全体否认，伊在省会潜宿二夜，又抱衾裯逃去。老羞成怒，哀求赵氏恫吓。省会张师长幸主持公论，力为镇慑，始得免河南、甘肃之惨剧，其罪八。

去年秋间，袁贼见民气日伸，赵氏将去，奉天全境将无伊立足之地，趁武汉纪念，强聒赵氏派伊为政界代表，自恃狐媚善惑，希图乞怜于旅京志士。不知志士唾骂之，拘留之，痛数其罪，布告全国。十月二号，伊托刘□二君代呈悔过书，并立誓自新。四号早四钟，伊竟潜逃。当经旅京志士报告警厅，有案可查。运动代表，玷辱全国，其罪九。

袁贼前上书于某国，图卖奉天土地人民，此书原稿已在北京某君之手，有自由党干事曾遁君目睹原书可证，其罪十。

前年辽阳警务长王氏，系袁贼私人，到差（已）〔以〕后，勒收警饷，滥支肥己,致辽阳警政日坏一日,人民困苦,痛不忍言。而袁贼家境日增,其扶同侵蚀,辽人佥能言之,其罪十一。

去年夏间,卸署辽阳州史牧,捏报资送商震及犒赏防警各兵,共八千余元。袁贼受史牧重贿,朦批准领。然所报各项,非未发给,即已由警款垫发,有辽阳州议会有议案可查,并有度支司王维宙深知此事,其罪十二。

现署辽阳州霍型武柔滑无耻,民国大蠹。袁贼受伊重贿,力代运动,得署斯缺。莅任半年,一味呵袁贼之卵。此次调公权,尤为欺蔑民权,违犯法律,引狼入室,荼毒全州,其罪十三。

选举章程,系议院通过,由政府公布,谁敢变更一字。袁贼恃充选举筹备事务所所长,希图朦混,己身当选。致函霍型武,捏称凡同姓异者,或名号不同者,俱为有效。此函虽经都督遵章通电,认为无效。捏改法律,希图己私,其罪十四。

共和俱进会,全省之团体也。经数人开办之初,推伊为评议部。不料伊被京团逐归,乞怜赵氏、周贼,入共和党,以为护符,竟卑鄙无耻,破坏团体,其罪十五。

《众议院法》第九条,办理选举人员于其选举区内停止其被选举权。省议会选举法第八条,文与前同。袁贼现充选举筹备事务所所长,孙氏、申氏又不能逐日到所办事,伊实正主任也。其无被选举权,载在选法,孰意袁贼百方运动,双方当选。枉法营私,巧为掩饰,其罪十六。

《国风日报》,1913年2月15、16日

第四编　各属自治会、议事会、董事会、参事会等相关活动

一、奉天府

奉天自治局招考续闻

风闻自治局仍招新班，由学使通饬各府厅州县考送，至局覆试。惟考期尚无确信。

《盛京时报》，1907年9月8日

奉天地方自治之起点

奉天自治会附设调查员养成会,业已卒业,照章即应派遣调查。已经该局拟定,以一属为一班,酌量地方情形,派遣该局毕业生,自一员至四员,调查地方惯例,以预备地方自治。

《盛京时报》,1907年10月9日

奉天女学自治会投票纪盛

奉天女学堂总教习吕清扬氏,以奉省女学初有萌芽,当以德育为要,故创立自治会。日昨举行投票事,学生等七十二名均到堂投票,济济拥拥,颇极一时之盛。按票选得会长韩淑卿,得票三十二;副会长刘瑞英,得票十八;书记何瑞,得票十。有此一番举动,则女学之前途,殆将蒸蒸日上矣。

《盛京时报》,1907年10月17日

奉天自治局调查户口

省城自治局于昨派员会同各巡警分局,调查省城内外商民户口,并丈量各街市之地址云。

《盛京时报》,1907年11月29日

奉天自治研究所归并法政学堂

自治研究所归并东三省法政学堂,是以民政司张观察与法政学堂总办彭观察磋商,拟派自治局教习日员末松偕一郎君充当法政学堂教习,现已奉帅允矣。

《盛京时报》,1908年1月15日

奉天府管太守开办自治局呈文

窃查奉天全省地方自治局入手办法,注重预备。今奉委卑府充奉天府自治局局长,为实行自治之起点,其办法不能不另行规定。奉文而后,与罗参事永绍、周科长大烈、方科长枢,节次会议,拟定开办简章。谨将理由为宪台详晰言之。

立宪制度为法治国法治中之行政一部分，不外中央机关与地方机关，官治制度与自治制度之分别。地方自治者，以各地方之人民，自行处理各地方公共之事，兼受国家之委任，执行国家之行政，而为下级行政之基础。官治则反是，位于自治之上，而执行国家之行政事务，以监督指挥各自治团体者也。夫地方自治必有机关，其机关即府、县、市之议事会、董事会，町村之议事会，及町村长，一为议决，一为执行。今设立自治局，官为提倡，乃组织地方自治之机关，为筹办时所不可少。从前全省地方自治局所豫备者，尚未足以为实行之凭藉。现在注重实行，仍当兼事豫备。天津试办地方自治，为各省之倡者，其办法如派宣讲员，讲白话报，设自治研究所与自治学社，皆豫备时期之事。设期成会，议定章程，选举议员，为议事会，即由议事会【行之。然奉】天情形与天津不同。天津一府开通较早，士绅不乏肄习法政之人，但为组织议事机关。至于执行机关，自可望其自行组织。究竟实在成效，尚难逆睹。奉天风气未开，倘使模仿天津，势必空言聚讼。如议决执行、投票选举之权限，在一般人民，茫然不解所谓。而一二有势力者，转得假竞争利权、担任义务之名，不受法律之范围，以自便私图。迨其纷扰抵抗，此牵彼掣，而以强迫之官力压抑解散。虽则新机，而萌芽为之摧残，必无可以发生之一日，是不可不慎于图始者。查奉省幅员辽阔，官治权力未易彻及，乡民联合，本各有会，自为风气。上焉者，举长家殷实之人为会首，会首无定额，大率一村或十数人，遇事集议，得以众论之所决定者，派敛地方人民之财力，营为公共之事业，俨然为议决机关。村有村长及甲长，有乡约、守堡，凡违背法律、妨害公安之事，得禁约而处置之，俨然为执行机关。惟是因仍其相沿之习惯，无固定不移之规则，地方官并不实力监督，非经人民控争，即绝不过问，流弊遂不可胜言。今拟以因为创，就承、兴两县固有之乡屯会，先行实地调查，为之改革，而厘定其办事章程，以确立最下级之行政制度，为地方自治之初基。团体既立，秩序井然，有人民自治其事之利而无其弊。即就教育一端而论，自能各尽其力，继续维持，不至因官吏之更易，而受废兴之影响。教育既自趋于发达，则知识日增，能力日足。所有关于自治各项事业，均可以次第推行而无阻碍。一面编辑白话报，发给各乡屯宣讲，使地方自治之要义家喻户晓。一面选举各属士绅，实地讲习，以为将来组织府县会之预备。现在开局初始，更招集各属士绅之品端学粹者为顾问员，即以本局士绅组织议事会，但凡开会、闭会、辩论、议决之秩序，一一试验，经历如是。则下级机关成立于前，而上级机关期成于后，实行预备，兼筹并进，既无鲁莽灭裂之病，更不致徒骛虚名而无实际。是否有当，理合检同开办简章，呈请宪台鉴定，批示施行。

《盛京时报》，1908年1月28日

奉天开设议事会之先声

奉天府自治局定于正月二十二日开设议事会，业经照会铁岭、辽阳等处各所属商务分会总理，及劝学所总董，届期到会集议，筹划自治入手办法，以预备实行。兹将该局照会抄稿照录如左：

为照会事。案查本局呈报地方自治入手办法，奉督抚宪批开，"所呈理由，以预备实行，宜兼筹并进，宗旨固是。惟奉省人民程度幼稚，宜采急进主义，以为助长民智之资，不宜处处为理法所拘，致蹈空文之弊。是应斟酌缓急，于实行方面着重办理，庶入手易而收效较速也。简章大致周妥，仰即先行试办。如有窒碍难行之处，仍须随时酌拟改良办法，呈候核夺，以期实行而臻完善。此缴。简章存"等因。奉此，本局遵即通盘筹划，入手之始，应将办法之次第，区域之规定，选举之方法，调查之要领，监督之权限，逐一议定，然后拟议自治草案，以为实行之地。是非士绅公同协议，断不能推行尽利。兹定于正月二十二日开会集议，铁岭商务分会总理、开原商务分会总理、劝学所总董、辽阳商务分会总理、劝学所总董、辽中劝学所总董、辽中县商会会首、本溪县劝学所总董、商务会首、海城劝学所总董、商务分会总理、牛庄商务分会总理、田庄台商务分会、腾鳌堡商务分会总理、营口商务总会总理、劝学所总董、盖平劝学所总董、商务分会总理、复州劝学所总董、商务分会总理，应到会协议，为此照会，仰即遵照，务于正月二十一日驰抵省城。奉省今日时势，非实行地方自治，断不足以对外而图自存。为维持商业，振兴教育计，亦非有自治机关不能发达。此次会议，为实行自治始开之计划，关系于地方者至为切要，幸毋后期。须至照会者。

《盛京时报》，1908年2月14日

奉天地方自治定期开第一次会议

奉天府地方自治局议事会，邀集各属州县商会代表、劝学员等，定期于正月二十四日午后一时开第一次会议，集议自治办法。想东三省地方自治肇端于此，本馆不禁为东三省前途馨香祷祝焉。

《盛京时报》，1908年2月23日

奉天地方自治开会式

奉天府地方自治开第一次研究会早志本报，辱赠本馆入场券一纸，于二十四日本馆记者得忝列来宾之末座。斯日所到会者为提学、民政两司外，有同城各官绅，并各州之学、商两界诸人。届时开会，有会中招待员介绍入座，由局长、管局太守演说，以次提学、民政司官绅互相演说，大概皆名言高论。惟有所称陆先生者，剖析自治之理由，历述所经验体查之地，纯由学问中来。虽亦人之所共知，而言之殊觉亲切有味。五钟，由局长报告散会，并各赠开会大意议案一纸。旋即摄影，以垂纪念。洵为一时之盛事云。

《盛京时报》，1908年2月26日

奉天地方自治定期开会

奉天府地方自治局议事会，邀集各属州县商会代表、劝学员等，定期于正月二十四日午后一时，开第一次会议，集议自治办法。想东三省地方自治肇端于此，为东三省前途馨香祷祝焉！

《顺天时报》，1908年2月26日

报告奉天地方自治开会大意并提议案

选举方法之提议

选举权之规定，不外乎财产、学识之限制。盖身家殷实之人，其视地方休戚利害，较为切近。然必辅之以学识，庶足为地方担任兴利除害之事。在东西各国，教育普及，几乎人人有普通之学识，故选举限制，以纳税为财产之标准。奉省识字之人且居少数，学识之限制，殊未易言，然未可偏废。今拟选举权之大略：

当选为任事员之资格——年龄，三十岁以上；学问，能读书信及记事文；经验，曾办地方公益事者；财产，有田地十（晌）〔垧〕以上，或有一千元以上之他项财产者。

以年龄、财产为必要之资格；学问、经验两项或有其一，即为合格。

选举人之资格——年二十五岁以上，在本地有实在产业者。

无选举权及不能当选举者之限制——鸦片烟之嗜好；干犯国家刑法；为不正当之营业（如赌馆、妓院、烟馆、戏院之类）；失财产之信用；有心疾者，如疯傻之类；现充本地官府幕僚，及为教员、巡警、学生、军人者；为吏役及乡约守堡者。

以上各项，有一于此，即不得有选举权，亦不得担任自治之事。规定如是，宜如何而始可实行。向来习惯，如乡约、守堡、村长、甲长无一不公举。第其实在办法，凡把持武断，势力甲于一乡者，村众不敢不举。或一二党附之人，倡言于众，谓若宜当选，即无肯违众独异以敛怨。其以一人之私见，列举捏写姓名具保，种种弊窦，不堪枚指。今欲实行选举，固不能尽人有选举权，调查财产实数，以为依据，则各村屯固有青苗会账，可以按册而稽。其它资格，若何调查，用分别投票法。乡民多不识字，倩人为之代写秉笔，再或指鹿为马，以意更易，或写不如式，实甚困难之一端也。又专就下级机关，一县之中幅员辽阔，村屯殆以何计监视及投票之法者何以规定。

《盛京时报》，1908 年 2 月 29 日

民政司张司使开办自治局训辞

（整理者案：原件前缺。）

地方自治，应尽之义务，应享之权利，刚才诸位已经说过，毋庸多赘。中国国民现在尚无完全自治之资格，今政府要预备立宪，必以地方自治为基础，甚愿大家切实做起。自治有发达之日，立宪乃有实行之时。自治的方法，如张学使所说，视公事如私事，系最要紧的事。我今有个希望，且有个议论，说出来是很可怪的。我以为地方自治局要将"局"字消灭才好，因为各国都有个地方自治，却没有地方自治的局。自治系民治的事情，应该地方上办的。自治有局，便办成

各官办自治的样子了,性质是很不合的。究竟现在的中国,怎么能够得民治的程度,只好由官府提倡经营,渐渐将自治的法子交付于人民,将来地方上选有议事的人,议事会、董事会成立之后,只有个地方自治会,并没有个地方自治局,便算是完全的地方自治了。地方自治,与我办的谘议局,是很有关系的。谘议局是构造省议事会的,所做的事,就是指陈通省利弊,筹计地方治安的事。我现已筹设一选举处,已呈请两帅选派大绅,司选举的事,我看今日是地方自治机关组成之时,将来就是省议事会议员取资之地。但现在只以奉天一府为自治起点,我甚望锦州、新民、海龙、昌图等府相继设立,并边远之洮南府,都有个地方议事会、董事会,渐渐立起自治的机关,都研究到完全的地方自治,就是我极希望的意思。

《盛京时报》,1908 年 3 月 1 日

报告奉天地方自治开会大意并提议案

监督权限之提议

自治之监督,最不易言。过于严密,使事事请命于官,则有失人民自治之初意。若失于宽,则弊端百出,而不能收自治之善果,宽严实非易易。东西各国地方自治,必有议事、执行二种机关,而以议事机关为执行之监督,乃熟虑三思而得之良法,其必仿行也无疑。惟所虑者,民智幼稚,议员难得其人,则将来议事机关之弊,非失于专横武断,则必为执行机关所愚弄,是必有以斟酌损益之也。至于以上级团体监督下级团体,而官府为其最后之监督,证以地方惯习,仿行尚易。如吾国乡村本各有会,每会举村长一人,以为下级之自治执行机关。此外设会首若干人,以司议决之职,而兼为村长之补助。联合三数十村而为一乡,乡举乡正一人,举议员三人以上、五人以下,凡各村屯之自治机关,悉归其监督。乡

则隶属于县，县有董事会，为执行机关；县有议事会，为议决机关。由各乡举议员若干人，县官为董事会长，而隶属于府，且受其监督，府之组织尊于县。如此循序，迭为监督，益以决议之许可，停止执行，决议代决，强制预算，解散检查，成绩征集报告等方法，似亦足以防其事务之废弛与其职权之侵越。若谓自治之精神在使地方团体分任国家之事，以轻国家之负担，而养成人民有政法上之惯习，在自治发达有素之国，此论固当。吾国创立伊始，人民不谙自治为何物，非官府之指导提倡，则难期发达而臻于尽善。故于（尽）〔监〕督之法，不止于杜渐防微，尚须力求助长之方，其方法果当何如。

财政计划之提议

自治经【费】为一切办事之基本。应办之事日多一日，所需经费亦继长增高。民力几何，无乃不堪担负。不谋生利之策，将何以固自治之基础？奉天府地方，南境濒海，东境多山，渔盐山林之利，苟以公共之财力经营之，所费无多，五年而后，利且不赀，是宜及早计划，固无疑义。然宜若何举办，以兴天然之美利。入手伊始，凡昔日固有之拟派侵蚀，宜如何清查其根底，而加以限制。固有之会产，如牧养庙地山场之类，典卖侵蚀殆尽，宜如何清厘之。固有之虚糜，如齐苗会地粮更钱之收入，迎神赛会演剧宴饮之浪费，宜若何而使之移易于有用之地。

《盛京时报》，1908 年 3 月 1 日

奉天选举自治会员

奉天府自治会业已组织完备，而自治会员拟由学、商两界先行各举十五员。承、兴两县尚未决定，兹闻教育总会已选举二十员，于日前呈送谘议局核定矣。

《盛京时报》，1908 年 3 月 18 日

奉天自治研究所试验承德县学员已经定期

为牌示事。查承德县保送地方自治研究所学员武翰章、高云涛、胡作纶三名，业经亲身赴局，报名看验。兹定于本月初五日上午九句钟，在本局试验。该员等皆须按时来局，毋得自误。切切特示。

《盛京时报》，1908 年 8 月 1 日

奉天出品协会事务所会议选举事件

礼拜日（即十四日）为奉天出品协会事务所会议选举事件之期。莅会者为劝业道黄观察、商会总协理，以及绅、商、学三界中人，至百余十人之多。及时计报二响钟，摇铃开会。即由主席劝业道黄观察提议，选举之权限，被选之资格，选举之制度，开诚布公，款款动听。当时各商代表中不无驳辩之人，然此皆由于商智不开，不明开办议会之宗旨所致。劝业黄道开导再三，始觉恍然。然当未撤会以前，先行出会，私相窃议者，不知凡几。噫！商学不办，程度之低，见识之浅，至于如此，可胜浩叹！及鸣钟响，劝业道黄观察告以本会办法章程，俟下礼拜（即二十一日）再行提议，于是摇铃散会，纷纷而出。

按：不明办理该会之宗旨，由于商智不开。商智之不开，由于商学不办所致，亦不足怪。本馆记者对于该会开会议选举事件会之日（即十四日），不能无微词者，以既然发柬邀请各界中人，及分送入场券，届时应派专员收取入场券，方合开会之正式。乃是日既无招待员接待来宾，又不派员收取入场券，致提议选

举事项时,不持券而入座者蜂拥而来。吾于是深为该会惜也。本馆记者识。

《盛京时报》,1909 年 8 月 31 日

张司使地方自治研究所开学训辞

今日为奉天全省地方自治研究所开学之期。奉天自治前途之进步,胥视各学研究之态度以为的。是今日为奉天全省极有关系之日,诸君即为奉天全省极有关系之人。此次朝廷宣布筹备立宪,谕旨以九年为限。本年第一条为筹办谘议局,第二条为颁布城镇乡地方自治章程;三十五年第一条为举行谘议局选举,第二条为筹办城镇乡地方自治,设立研究所。诚以预备立宪,无不从地方自治入手。本局所办之事,宗旨期限均与谕旨不悖。今日在所各学员,宪法未立以前,已具有谘议局议员之资格。宪法成立以后,并可备下议院议员之选举。诸君当思厕身议席,担全国之义务,为政府之后盾,岂无知识、无能力者所能胜其任哉?本司承乏此局,已及一年,甚盼诸君学成,改官办为自办,亲见各府厅州县地方自治会成立,为立宪之基础,宏议院之远谟。使八月初十永为地方自治纪念之日,则大幸矣。诸君勉之!

《顺天时报》,1908 年 9 月 20 日

奉天地方自治纪事

地方自治筹办处致教育会函

径启者。案照接管谘议局筹办处卷内，该处筹办选举所有各种文牍，陆续编成第二次报告书，分行咨发各议案。查从前该处曾饬各属选派行政讲习所学员，充当选举调查员，办理选举，甚为得力。该学员分速成、长期两班，人数约有二百名，均应各给报告书一本。兹特送上二百本，希即按名发给，至为感纫。专此布达，即请台安。

计送报告收贰百本。

自治筹办处谨启
十一月十三日

《奉天谘议局专报》，1909 年 11 月 25 日

奉天地方自治纪事

径启者。案照接管谘议局筹办处卷内，所有筹办选举各种文牍，陆续编成第二次报告书，业经出版，分行札发。各在案。查从前该处札饬各属，遴选该处附设自治研究所之学员，充当选举调查员，将该员等改派为各属自治研究所议员，亦应每员各发给报告书一本，藉资参考。兹特随函发下□本，务即查照日内所发

讲员名单，按名转发。是为至要。专此布达，即颂公安。

　　计发报告书□本

　　　　　　　　　　　　　　　　　　自治筹办处启
　　　　　　　　　　　　　　　　　　十月二十日

　　通饬事。案照本处分派附设自治研究所毕业委员，充当各属自治研究所讲员，当经拟定名单，暨办事通则，呈准札饬。各在案。查各属自治研究所讲员业由本处派定，其本籍讲员分派本籍者，自应自奉到分派公文之日起，即日到差。惟各讲员中有籍录此城分派彼城者，不得不斟酌道路之远近，严定到差之日期。兹特拟定到差期限简明表，除分行外，合行札发。札到该□，即便遵照表到期限，转饬各讲员遵照办理，毋得贻误。切切特札。

分派讲员到差期限简明表

派地远近	姓　名	本　籍	以拨派地	到差日期	
最近地	孙乃祥	承　德	抚　顺	从奉到公文之日	起限五日内到差
	林国栋	凤　凰	岫　岩	仝	仝
	檀维化	仝　上	仝　上	仝	仝
	王守铭	金　州	盖　平	仝	仝
	魁　麟	义　州	锦　西	仝	仝
	王丕承	海　城	盖　平	仝	仝
次远地	靳铭书	新　民	康　平	从奉到公文之日	起限十日内到差
	唐德谦	达　阳	宁　远	仝	仝
	陈建勋	仝　上	法　库	仝	仝
	书　林	仝　上	安　东	仝	仝
	孙祖培	仝　上	彰　武	仝	仝
	文　衡	仝　上	宽　甸	仝	仝
	费清扬	义　州	绥　中	仝	仝
	杨国璋	仝　上	仝　上	仝	仝
	左辅宸	承　德	康　平	仝	仝
	白介清	仝　上	庄　河	仝	仝

续表

派地远近	姓　名	本　籍	以拨派地	到差日期	
次远地	恒　魁	仝　上	盘　山	仝	仝
	松　岩	仝　上	兴　京	仝	仝
	史国箴	远　中	镇　安	仝	仝
	贾猷珍	奉　化	康　平	仝	仝
最远地	张树棻	昌　图	临　江	从奉到公文之日	起限十日内到差
	关宝恕	承　德	仝　上	仝	仝
	王建开	金　州	西　安	仝	仝
	李廷毅	仝　上	康　平	仝	仝
	安广得	承　德	海　龙	仝	仝
	张世□	仝　上	承　德	仝	仝
	崔蕴华	仝　上	通　化	仝	仝
	严士粹	仝　上	仝　上	仝	仝
注　意	右各属讲员业经本处派定。如有逾期不到差者，即由各属地方官遴选通晓法政人员，呈请本处补派。				

《奉天谘议局专报》，1909年11月26日

奉天地方自治纪事

怀仁县呈禀遵饬筹措设立自治研究所经费房屋情形

批：呈悉。据称自治研究所经费，已由公捐项下筹有的款，该所房屋亦已租定等情，具见办事敏速，深为欣慰。现在讲员名单暨办事通则，业经先后札发在案，仰该县督饬认真办理，并将开学日期及一切情形，详细具报。切切。缴。

《奉天谘议局专报》，1909年12月1日

奉天自治筹办所纪事

为札催事。案照本处通则,饬各属设立自治研究所,并将讲员名单、办事通则先后札发。各在案。查地方自治为预备宪政之基础,而各属研究所尤为实行自治之基础。本处筹办自治,现从研究入手,不得不以各属开办自治研究所之迟速及其善否,为各属地方官考成之标准。兹查此项事宜,惟怀仁、西安、辽中、承德、开原等属业经办有端绪,呈覆前来。其余各属,均未详细具报,殊为盼切。除分行外,合亟札催,札仰该□,限于文到二十日内,将筹办情形迅速呈报,毋稍延误。切切特札。右札各属准此。

《奉天谘议局专报》,1909年12月2日

奉天地方自治纪事

奉天地方自治筹办所函覆怀德县胡作纶问学额膳费各事宜由

径覆者。来电备悉。查规定学额数,以一百四十名为度,原为开通风气起见。据称创办伊始,恐难足额,自系实情。惟仍应剀切晓谕,广为招集,是为至要。学员膳宿,或官费,或自费,本处因地方情形不同,故不预为确定。该县既给官费,自无不合。现在各属研究所业已陆续开办,该员务即禀催地方官迅速办理,呈报前来是盼。此覆。

承德县呈报筹设研究所暨呈送招考示稿章程由

批:呈送招考示稿并章程,尚属妥协。该县系奉天省首邑,一切事宜,均应

认真办理,以称模范。嗣后仰将办理情形随时呈报,藉凭稽核。此缴。

锦西县呈报遵办自治研究所经费暨组织筹办会情形由

批:呈悉。所称筹办经费暨互选所长、招集学员等情,尚无不合。仰即认真筹划,俟开所后再行详细呈报。缴。

《奉天谘议局专报》,1909 年 12 月 9 日

奉天地方自治纪事

札广宁县为奉到公署批示该县呈请提拨自治会经费一案转发知照

为札发事。宣统元年十月二十六日,奉督抚宪发下批示,该县呈请拟由城商铺户买卖粮食斗捐内,每斗提钱二文,以充自治会经费。副呈一件。除抄录原批存查外,合行札发,札到即便遵批办理,迅速查明呈报。切切特札。

《奉天谘议局专报》,1909 年 12 月 11 日

奉天地方自治纪事

辽阳州呈报研究所选定所长学监并送额支活支各表

批:呈、表均悉。据称互选所长并筹拨经费等情,尚无不合。预算表所列数目,亦核实可行,应行备案。仰将开学以后详细情形,再行随时具报。切切。缴。

《奉天谘议局专报》,1909 年 12 月 13 日

奉天地方自治纪事

自治筹办处函复辽中县讲员程九恩等

函悉。所报办理自治研究所招集学生，暨互选所长、学监等事，均甚详晰，至为欣慰。据称《现行法制大意》，原授讲义本属无多一节，查此书现已编好付印，十月底可以出版。届时即当札发也。专此布覆。

《奉天谘议局专报》，1909年12月14日

奉天地方自治纪事

函覆海城县讲员孙绍宗送筹办会章程

来函及所拟筹办会章程，均经阅悉，具见该员等热心办事，无任欣慰。惟各属设立筹办会，定章查无明文。本处筹办自治，系照宪政编查馆所定逐年筹备次序。现在紧要事项，以自治研究所为最。该所事宜，既有地方官主持，而所长、学监、讲员各职又得各该员担任，尽可查照札发通则，次第举行，毋庸另立机关，致滋纷扰。将来划定区域，办理选举，实行组织议事、董事各会之时，事务殷繁，本处拟于各府厅州县均设一自治事务所，仿照四川、陕西、湖南办法。此项事务所规则，应由本处妥拟，一俟粗具端绪，即行呈请上宪核准施行。该员责任，应以研究所为主要，设立筹办会一事，宜为缓图。此覆。即颂台安。

《奉天谘议局专报》，1909年12月17日

奉天地方自治纪事

函覆同江厅讲员刘士元陈筹办研究所事宜

函悉。查同江厅筹办自治研究所事宜，前据该厅呈请免办，当经本处批驳。兹特抄录原呈暨批语，随函发下，应即查照办理。至经费不敷一节，务与该厅妥商，通盘筹划，总期克日开办，是为至要。此覆。

开原县呈报研究所业已成立可否发给图章以昭信守

呈悉。所称于本处分派讲员二员外，另委留学日本法政毕业生瑞珍、警监毕业生赵国璞、奉天法政毕业生常安，分任助教、学监等情，与通则第一条第二项义例相符，应准照办。至研究所图章一节，另札饬遵，应俟奉到札饬，查照办理。此缴。

《奉天谘议局专报》，1909年12月20日

奉天地方自治纪事

通化县呈报讲员孙炳垣病故拟以宪政学员杨福堃补充

呈悉。所报讲员孙炳垣中途患病，在家病故等情。查孙讲员学问优长，兹罹患病身故，殊堪痛悼。据称所遗讲员一席以杨福堃补充，应即照准。仰该县径行札委可也。此缴。

兴京府呈报开办自治研究所情形并开支经费清册请查核

呈、册均悉。该府所报暂定学额、筹拨经费、制定房屋等情，均属妥协。其

预算册列各项，亦无不合，准即备案。惟仍应督饬各员，极力撙省，俾无虚糜，是为至要。缴。册存。

彰武县呈报自治研究所讲员到差日期

呈悉。著再将筹款定屋、招生开学，暨举定所长学监各事宜，详细具报，以凭稽核。至王守铭何日到差，亦应申覆备查。缴。

承德县呈报开校日期暨预算额支经费列表送核

呈、表均悉。据报开校日期，具见该县办事敏捷，殊堪嘉慰。额支经费预算表所列各数目，均属核实，应准备案。其开校以后各事宜，仰该县仍认真监督。切切。缴。表存。

宽甸县讲员王者铨禀为冒名捏禀恳请查究

禀悉。据称该员恳乞分派学员一禀，实系他人冒名捏造等情，仰候严行追究。此缴。

海城县呈报筹办分乡选送自治研究所学员请示遵

呈悉。所称分乡选送学员一节，尚无不合，应准照办。再速将开学日期，并一切情形，具报前来，以凭稽核。缴。

抚顺县呈覆遵饬筹办自治研究所并拟定经费请示遵

呈悉。所报派员筹款、租屋招生各事宜，均臻妥协。仰仍认真督饬，并将开校以后情形，详细具报。缴。清折存。

义州自治研究所呈报启用图记

据呈已悉。嗣后该所有应报呈请本处事宜，应遵照本处前札，呈由地方官转呈。切切。缴。

复州呈报自治研究所学员名数开学日期并改派情形

呈悉。所称自治研究所会计、庶务各员，系派书记兼充等情，具见该州节省经费，办事实心，良深嘉慰。缴。

《奉天谘议局专报》，1909年12月31日

奉天自治研究所年假考试

自治研究所招考学员一百四十名，入堂二十余日，现届年假。于初十日停课，按科考试，至十五日始行完竣。分别派往四乡调查云。

《盛京时报》，1910 年 1 月 23 日

奉天省地方自治纪事

吃食鸦片者不得为选民之札

为通饬事。案查《自治章程》第十七条内载，吃食鸦片者不得为选民。各属自应遵照办理。惟查此项限制，《谘议局章程》第六条所列，事同一律，应比较解释。按光绪三十四年十月初二日，宪政编查馆覆山东抚台电开，吸食鸦片一项，固指本身吸食者而言。惟种烟及赁田与人种烟等户，现值厉行禁烟，如逾本省烟禁年限者，自应一并削夺其选举权等因，仰见朝廷实行禁烟之盛意。是不特吸烟者无选举权，即种烟及赁田与人种烟者，如已逾禁限，亦应削夺其选举权。本处筹办自治，现正督饬各属调查选民资格，而奉省禁止种烟，系限宣统元年净绝，前由本司通饬在案。如调查之时，查出尚有种烟、赁田与人种烟等户，除呈由禁烟公所照章惩办外，亟应遵照馆电，将其选举权一律停止，以祛积弊而重公权。为此合行札饬，札到该□，即便遵照，并转饬自治调查员知照。切切特札。

《盛京时报》，1910 年 3 月 20 日

奉天禀请派用被选自治学员

省城自治研究所所长成友善，会同各属研究所所长，在全省自治筹办处公禀，请将各属研究所此次被选之学员，派充议事、董事等会文牍、庶务各员，以收实效，并颁给修业文凭，以昭信守等情。筹办处以事属可行，现已札饬各属地方官及议会等，遵照办理，并令拟定文凭式样，速即刊发给领云。

《盛京时报》，1910年7月13日

奉天通饬造具自治学员研究学期成绩表

全省自治筹办处，以各属自治研究所学员，遵奉部章，定以两学期毕业，每期以四个月为限。现在已届暑假之期，所有研究课程成绩，均宜考核。现闻已札饬各府厅州县研究所，将自去冬开学以来，扣除年假，至何月日为第一学期，暑假后至何日为毕业之期，暨研究成效，著即逐一核明，分别列表，送处汇核，以资稽考云。

《盛京时报》，1910年7月15日

奉天议事会筹办乡团

四乡议事会会员日前邀同乡佐,大开会议,谓筹办地方自治,当从清理地方入手。现届青纱帐起,匪盗猖獗,虽有巡警,势不能按屯防范。拟将每屯原练之堡防外,再每户出丁一名,日间仍归农业,晚间结合团体,保护地面,仿古者守望相助之义。至所需器械,当呈请谘议局转呈督宪发放,一俟章程拟妥,即行来省禀请实行云。

《盛京时报》,1910 年 7 月 19 日

奉天各界合筹自治经费志闻

各界领袖日昨在自治研究所大开会议,以选举事竣,城乡议事会理合即时成立,以便地方自治之举行。所有一切需款,则由各界合筹。并闻商界拟加抽纸烟税,学界则拟将四乡归公庙产之浮款充之,农界则拟清理亩捐存款,俾资挹注。众擎则易举,某不禁为省垣自治前途幸。

《盛京时报》,1910 年 7 月 21 日

奉天定期选举议事会长

议事会甲、乙两级议员，日昨在自治研究所会议。定于月之二十日在该会选举议事会会长，已函咨商、学各界，至期到所参观，并监视一切云。

《盛京时报》，1910 年 7 月 22 日

奉天订期会议自治办法

城乡自治职员业经举定，惟因事属创办，一切方法多未谙练。故日前事务所名誉办事员富君，禀商自治监督，于本月十六日招集各乡议事会议长、乡董等来城，切实会议开办手续，及购置各项应用物品，以便即日开办云。

《盛京时报》，1910 年 7 月 23 日

奉天省地方自治纪事

承德县议员田绪圣等禀请以典史旧署作为自治公所

禀悉。所请以典史旧署作为自治公所等情，尚无不合。仰候札饬承德县查核

办理。此批。

函复宁远州问公文种式疑义

函悉。查地方自治，照章以该管地方官为监督。自治会对于本属府厅州县以上各地方官行文，自应均用呈文式样，加封封面一节，亦无不合，应准照办。此覆。

《盛京时报》，1910年7月27日

奉天省地方自治纪事

西丰县呈送城厢自治区域图三份

呈、图均悉。查本所原发图纸与部定尺寸不符，当经改制图纸，另饬再绘。仰速恪遵办理。又图中每一小格作二里，所绘城图竟有十余里之大，尚属不合。下次应即改良。缴。图存。

《盛京时报》，1910年7月29日

奉天省地方自治纪事

覆谘议局问议员可否充自治总董

大函敬悉。谘议局议员可否充城镇乡董事会员，定章及部电未有明文。惟事关法律问题，应用类推之解释，方为通用。查《城镇乡自治章程》第六十二条，董事会职员不得同时兼任该议事会议员。若有由议员当选者，应辞议员之职等因。定章即划明该议事会议员，则是指自治会议员。其谘议局议员，且不在范围之内。此当从狭义之解释者也。又民政部本年四月灰日复川督电云：歌电悉。镇乡自治选举权及被选举权，照《章程》第十九、二十两条，于谘议局议员及小学教员，并都无限制。惟案宪政编查馆元年七月蒸日覆直督电，自治职员准其兼充谘议局议员，但不得充该局议长、副议长及常驻议员等因。部电统称自治选举，馆电统称自治职，则议事会议员、董事会总董、董事自应概括在内。此当用广义之解释者也。手此奉覆。统俟卓裁，顺颂公安。地方自治筹办处启。

《盛京时报》，1910年7月30日

奉天自治预议开会办法

城厢自治会员之正、副议长、总、副董事均已举定，亟宜预备开会。日昨议长张之汉、总董成友善，邀集各议员等在教育会开临时会，会议筹设自治会，暨请拨经常各费，以及关于预备议案各办法。闻提议者共十数件，均经议有端倪。一俟呈报筹办处核准，即行定期开会云。

《盛京时报》，1910年7月30日

奉天城乡合议议事会经费

城乡议事会现经选举完竣，亟宜筹措常年经费，以资成立。日昨城乡议员拟定期邀请各乡议员，协议筹办一切事宜。闻该会经费，省城拟抽收纸烟捐，四乡拟抽收车捐。至抽收章程，俟开议时再行订立云。

《盛京时报》，1910年7月30日

奉天董议事会定期会议

四乡中、南两镇及北六乡董议事会议长、董事、议员等，拟本月杪晋省，定期借某公所开会。探闻为集议该会开办经费，并闻已拟定则，或由车捐项下提出二成，或由乡镇巡警余款内筹拨若干，请大众公决后，俾便早日开办云。

《盛京时报》，1910年8月27日

奉天禀请撤换议长未准

　　复州附生李名耀等现在自治筹办处禀控该处议长宫玉璋，擅并区镇，膜视选民，请即撤换另举等情。筹办处以查得该州近城村屯归并成区一节，前据该州呈称，系附生鸣麟等联名呈请，并声明开办之初，该屯居民未到被选之数，均不计较，呈请批准，并非宫玉璋一人所能主张。所请取消议长，另行选举之处，殊属无谓，碍难照准云。

《盛京时报》，1910 年 8 月 28 日

奉天饬查议事会议长被控确情

　　自各属议事会董事会成立以来，议长之被控告者屡有所闻。现在广宁议事会议员王天恩等又在公署禀控，该议长宋景和于选举之时百般舞弊，办事强悍，恳请查撤等情，督宪现已札仰广宁县查明是否属实，据实呈覆，以凭核夺云。

《盛京时报》，1910 年 8 月 30 日

奉天议事会开会

城厢议事会长、董事等日前在大南关自治研究所会议间，因该会已觅定大西关同善堂西房改修议事会所，因无的款，议由会禀请民政司拨用官款，抑或另筹别款，以期早日成立云云。

《盛京时报》，1910 年 8 月 30 日

奉天议事会组织宣讲所

城厢议事会议长董事、议员等，日前在会所，议在各衙商务分会内设立宣讲阅报所，并由该会派员演说地方自治，及振兴实业事宜，毋论商民，均可入所旁听。

《盛京时报》，1910 年 9 月 10 日

奉天地方自治纪事

岫岩州呈为议事会对于非本管地方官行文事项请解说

呈悉。查《城镇乡章程》第三十七条，议事会议决事件，应由议长、副议长呈报地方官查检。是该会对于警务、税捐、防疫及各局所，如有议决各件，自应均呈地方官转行移交。其各局所覆答事件，亦应由地方官转行谕知，方为妥协。仰即知照矣。

《盛京时报》，1910 年 9 月 11 日

奉天议事会定期开会

城厢议事会所现已修理完竣，并将一切应用物件均置齐备。定于本月二十日开会议事云。

《盛京时报》，1910 年 9 月 15 日

奉天议事会分区设一董事

城厢议事会拟按南区择觅适中庙宇，各安一区董，以期调查户口之利便，已志前报。兹悉日昨会议，择定庙宇数处，小西边门外关帝庙、西关望云寺、万寿寺、南关普济寺、辉宗寺、东关青云寺、老君堂、北关财神庙、火神庙、城内常安寺等处。其修理一切经费，由各庙均摊，俟议事会开办，即当实行云。

《远东报》，1910 年 9 月 17 日

奉天议事会拟清理地方税

城乡议事会现因开会在即,亟宜筹措经费,以资开办。故日前会议,拟从清理地方税为入手办法,将警局每月征收各种捐罚款项,除作正开销外,如有余分钱文,拟呈请上宪,议作议会常年经费,以期早日开办云。

《盛京时报》,1910 年 9 月 29 日

奉天议员争持自治区域

奉天承德县全体自治议员崇荫等,日前晋京,赴民政部禀称,该县东镇自治区域宜并宜析,争执迄未决定,应请大部解决办法,以便遵办等情。部已咨行东督,调查一切情形,是否应并应析,详细咨覆,以备核定饬遵。

《盛京时报》,1910 年 9 月 30 日

奉天议事会定期开会

城厢议事会应议案件业已请发到会。日昨该会议长、董事等会议,拟于九月

初一日开议。闻已呈请民政司及奉天府、承德县等届期到会，举行开会典礼云。

《盛京时报》，1910年9月30日

论奉天禁绝花会事

奉天报告云，安东日租界内，开设花会局，受其害者，不计其数。因租界不能直接禁止，奉天商务会特开会议，谓嗣后无论大小商家，皆不准写封押会。倘有违者，罚款以千元为例。如营业不足千元者，则尽其所有充公，并将犯者送官惩治云云。慨自花会之流入吾中国也，首受其祸者，即在广东。而广东之盗案遂因之蜂起，至今谘议局犹引为痛事，要求粤督用强迫手段，作速禁止，并禁绝种种赌局。吾不知此后之效果为如何，而今且播其毒于东三省矣。东三省之富，东三省之文化，虽不及广东，而盗风之盛，花会之蔓延，几有不可收拾之势，则更较广东有过之无不及也。奉天商会共发热心，禁绝花会，此诚造福社会不浅也。并且互相约束，立有罚规，是尤能维持社会之秩序，而较之官家之示谕，尤有实效者。可敬哉！奉天商会此次禁绝花会，深有合于自治之规则也。

虽然，吾东三省地方，遍地皆设有花会，又岂仅奉天一省当禁绝哉？奉天商会首为其难，是则吾尤望夫各省各埠各州县之商会，共成其志也。如吉林之长春、双城、哈尔滨，黑龙江之呼兰、黑河、满洲里，尤为花会丛集之处。其同党之赌博棍徒，及革退之弁勇，而又串通日、韩之浪子，专以日文五十字母为赌押，花会之标记时出没于通都大邑之间，而绝无忌惮者也。其诱人同赌之党羽，则谓之跑封，几于无地无日不有其人，而官家以无人举发，及其迁徙无定也，故无从为之厉禁。且又与差役联络一气，兵差收其陋规也，虽欲为之禁绝，亦无从下手。于是花会之赌，益无忌讳。其入于民家也，竟能洞入闺阃，其勾通官署也，竟能伏患肘腋。盖此近数年来，为东三省之患，尤莫花会若也。民间无论老幼男女，固无日不亡魂丧魄，废绝正业，时时以押会为正务。穷其为患社会之处，不仅在丧绝廉耻，逞其凶暴，为淫盗二字之媒也。其为患尤于生计有大影响也。人皆视此花会为无形之彩票，人争存发横财之一念，势将无人肯营实业矣。是则亡国灭种之忧，吾不能不深哀而痛绝者也。吾所以称许商会禁绝花会，而又深望各省各埠各州县之商会互相继起，以禁绝为宗旨也，盖积重难返，非全国共相扶持，不能绝此恶习。花会之流入中国也，已如洪水之泛滥，决非一手一足之烈，可以遏止。官家纵有禁赌之权，而究不若社会各以自治之能力，勉励以行之速效也。吾国近年来，其在民间者，惟商会得见成效。是以吾甚望各商会，共相发起，如安东商会之约束其子弟，则各团体皆有所观摩也，而大效亦成矣。吾是以赞许奉天商会之能力，而尤望吾东三省各商会继起以行之，即此故也。嗟嗟一木，难支大厦，而众志即可成城，是又仅在区区禁绝花会也哉?!将大于花会之事，亦可于此为之起点矣。然花会不禁，势将如痈疽之溃决，将见其全体可无完肤矣，又岂可任其贻患社会，而先议及其他哉？是以吾愿各商会共速起助之。（元）

《远东报》，1910年10月4日

奉天议事会拟清理地方税

城厢议事会现因开会在即，亟宜筹措经费，以资开办。日前该会会议，拟从清理地方税入手。如地方税，除警局开销外，剩有余款，再为呈请上宪拨补，作为该会经费云。（逸）

《远东报》，1910年10月6日

奉天议事会拟建筑游民习艺所

谘议局日前会议谓,省城老幼贫民,沿门求乞者甚夥,若不设法安置,殊失立宪保民之道。特饬议事会组织游民习艺所,安置游民,毋使失所。现闻议事会已拟将该会院内建筑房屋数楹,使老幼贫乏者入所习艺,以资保卫云。

《盛京时报》,1910年10月25日

奉天议事会开幕纪盛

承德县城厢议事会早已择定会所于同善堂之两院。日昨十八日为该会开会之期,合城各大宪,计自督宪以下,暨谘议局长,及自治筹办处、教育会长、劝学所董,以及各界士绅等莅会者,共约三百余人。各界均有演说训词不等。自十二钟开幕,至午后三钟始毕乃事云。(逸)

《远东报》,1910年10月26日

奉天议事会议长回奉

城厢议事会正议长张君仙舫,前因赴京朝考,故该会开会事宜,均由副议长等代为摄理。兹闻该议长已于日前由京返奉,故该会日昨闭会,该议长亦亲莅举行闭会典礼云。

《盛京时报》,1910年11月8日

奉天商人呈请议事会设立煤炭公司

商人耿春林日昨在议事会呈递请议书,拟组织煤炭公司,以挽利权。惟资本为艰,请由官家筹拨款项,或由会设法补助,以资提倡等情。当经答以筹设煤炭公司,足征热心公益。惟本会应兴应革之事,实繁有徒,自宜先其所急。如果能自行备款,理应径向劝业道衙门呈请核办。所请由会设法拨款之处,暂毋庸议云。

《盛京时报》,1910年11月10日

奉天议事会酌抽戏捐

承德县议事会因经费不足,日前议会拟就本城各戏园内戏资上酌加若干,以资弥补。刻闻已禀明各宪,每戏资一角加收铜子一枚,每厢加收小洋二角。当经奉准,业于日前实行加收矣。(逸)

《远东报》,1910 年 11 月 16 日

奉天学界推选代表赴京请开国会

商学各界日前诣公署呈书,环号泣请督宪代奏速开国会,冀挽危局而救时艰,业经允许出奏,已志前报。兹闻学界日昨在教育总会公举代表数名,并电知吉、江二省派代表,一同至京请愿。准于本月初十日由奉启程,一面由学界诸君趁年假之便,各回本籍演说劝导,续举代表,以作后劲云。

《盛京时报》,1910 年 12 月 10 日

奉天自治学员请咨送法政学堂肄业

自治研究所毕业学员潘景云，日昨在提学司呈请咨送法政学堂肄业，以资深造等情。学宪以研究所原有法政一门，该学员于法政之学稍有门径，愿入法政专科，以求进益，足征向学情殷。惟现在年关伊迩，放假在即，未便插班。俟明年开学，添招新班时，再行入学肄业。仰即遵照云。

《盛京时报》，1910年12月25日

奉天府厅州县自治会议员分配算法

《府厅州县自治选举章程》第六条规定议员额数，语意简括，非详加解释，则难应用。曾经锡督叠电民政部请示，兹奉部覆，已咨宪政编查馆，准覆照办。今谨将前拟算法，演释明白，并假定名数，逐项算明，以便筹办自治诸君按法类推云。十二月十四日，罗永绍记。

法以全属各自治选举区，即城镇乡自治区域人口之数相加，得全属人口之总数。按照定章第六条算法，求得该属议员之总数。再以所求得议员之总数，除该属人口之总数，求得每人口若干名，占议员一名之分数。再以此人口若干名占议员一名之数，分除各选举区人口之分数，求得某区人口若干名，占议员若干名。

例如，某县自治选举区有甲城，乙、丙镇，丁、戊、己乡。其人口，甲城占八万八千，乙镇七万八千，丙镇五万二千，丁乡四万八千，戊乡四万九千三百二十三，己乡三万九千六百八十九。统计六区人口，为三十五万四千零一十二，是为全属人口之总数。定章人口二十万，得议员二十名，自此以上，每加人口二万，得增议员一名。今该属有三十五万四千零十二口，应以二十万口得议员二十名，十五万四千零十二口，得议员七名，共二十七名。以二十七除三十五万四千零一十二，计人口一万三千一百一十一名占议员一名；尚余零数十五名。今以一万三千一百一十一之数，除甲城人口八万八千之数，其得数为六，即应出议员六名；尚余零数九千三百三十四。又以一万三千一百一十一之数，除乙镇人口七万八千之数，其得数为五，即应出议员五名；尚余零数一万二千四百四十五。又以一万三千一百一十之数，除丙镇人口五万二千之数，其得数为三，即应出议员三名；尚余零数一万二千六百六十七。又以一万三千一百一十一之数，除丁乡人口四万八千之数，其得数为三，应出议员三名；尚余零数八千六百六十七。又以一万三千一百一十一之数，除戊乡人口四万九千三百二十三，其得数为三，应出议员三名；尚余零数九千九百九十。又以一万三千一百一十一之数，除己乡人口三万九千六百八十九之数，其得数为三，应出议员三名；尚余零数三百五十六。统计以上六区，所出议员，甲六，乙五，丙、丁、戊、己皆三，共二十三名。比较全属应出议员二十七名之数，尚少四名，实因各区零数发生之结果。今比较六区零数之额，丙最多，乙次之，戊次之，甲又次之。应于四区各加议员一名，以足原额二十七名之数。其确定之结果，则甲七、乙六、丙、戊各四、丁、己各三，为该属各选举区分配议员之定数。

《帝国日报》，1911 年 1 月 25 日

奉天自治筹办处札饬整顿经费

自治筹办处日昨札饬各属谓，自治研究所系培养宪政人材而设。现在已届开学之期，各处尚有未经呈报者。查设所经费，或系提拨垆厘，或系归公庙产，以及征收粮租，若能核实开支，谅足敷用。然而多因办理他事，挪东补西，暂顾目

前，以致将来难以弥补。查自治关系重要，此项的款切毋提作别用，仰即遵照，认真整顿云。

《盛京时报》，1911年3月1日

奉天自治筹办处通饬分配讲员额数

全省自治筹办处以本届为选举府县参事会议员之期，前已通饬各地方官，督饬城镇乡董、议事会调查选民之资格，列册呈报在案。现闻又札饬各府厅州县谓，此项选民不日调查将竣，而议员名额亟宜分配，以昭公允。仰各遵照定章第六条，凡镇乡人口满二十万者，即选议员二十名。倘有溢额、不足之时，则将各乡零数合并计算，以为标准。速即核定呈报，以凭核办云。

《盛京时报》，1911年3月7日

奉天自治筹办处补发参事会纲要表

全省自治筹办处以所定筹办自治纲要表，于本年正月第二次开办府厅州参事会。其表内抚顺、庄河等十三属未经排列，现在调查在即，应即补发。仰各该属遵照表内所定章程办理，务于本年八月，将该会一律成立，以符定限，而重宪政云。

《盛京时报》，1911年3月8日

奉天自治筹办处催造选举名册

自治筹办处查自治纲要表，本年正月开办府厅州县自治会。所有调查选举资格人名表册，前已饬令各属造具呈报。现在闻抚顺、本溪等十二属尚未造送，故该处日昨又行札催赶送矣。

《盛京时报》，1911年3月23日

奉天会议镇乡小学添习武技

镇乡董议事会日前会议，以各区小学开办已有五年，行将毕业。本年开学，应请体操教员，每星期教授藤牌、舞刀、举石各项武艺，以备将来归入陆军，藉以卫身保国云。

《盛京时报》，1911年3月30日

奉天议事会有展期之风说

本埠议事会于前月杪开春季通常会，已志前报。兹悉本拟遵地方自治章程之

第十三条开会,以十五日为限。现因待议之事甚多,恐届期不能告竣,如到十五日后,果不能竣,呈即展期数日,以便提议一切云。(秀)

《远东报》,1911年4月4日

奉天请将清道归自治会办理未准

城厢自治会日前呈请督宪,将清道暨马路工程改归自治会办理,以符地方权限等情。督宪以清道事务,设立东西部及商埠分驻所,募补长警,办理有年,不遗余力。唯因地面辽阔,经费竭蹶,以致未能扩充。若改归自治会,仍少此数财力,恐未必收效。至马路工程关系行政,尤赖巡警补助。现在归并警局,另设专科办理,将来必能臻于完善。若归自治会,恐多窒碍。所请应毋庸议。现已札饬民政司、自治筹办处知照矣。

《盛京时报》,1911年4月7日

奉天自治研究所更换监督

自治研究所前时归承德县忠大令监督。现在该县裁撤,所有地方一切事宜,均由奉天府主持。故日昨府宪都太守亲往该所监视。该所所长、董事及全班学员均排班迎迓云。

《盛京时报》,1911年5月5日

奉天提议倡办商团

城厢议事会日昨会议谓，商会前次挑选之卫生防疫队，原定昼则防疫，夜则巡防窃贼。现在防疫事了，将该队解散，旋有巡警每晚站岗稽查，而幽僻街巷，未免不能兼顾，是以日来多出窃案。拟即协同商会倡办商团，保护地面。所需款项，由商会与议事会分担。俟商会允洽，即当妥议章程，实行倡办云。

《盛京时报》，1911年5月14日

奉天议事会议长有辞职消息

城厢议事会议长张君仙舫，以议会所议各件大事，未经议决，加以筹款维艰，迭次会议，卒无方法。故日昨到会，拟禀请奉天府辞职。闻各议员均婉言挽留，特未知肯允从否。

《盛京时报》，1911年5月17日

奉天镇乡筹办殷富捐

镇乡董议事会去冬成立后,一切经费尚未能筹有的款。故现在各会董事、议长等开会集议,拟邀集各屯村董、乡正副等,向各屯殷实富户劝募助捐,以作自治常年经费。第不知能否办到耳。

《盛京时报》,1911 年 5 月 19 日

奉天议长舞弊被控

昌图府绅士周海清等日昨来省民政司,呈控该府议事会议长韩佐清行为不法,弊窦丛生,不孚众望,请饬查办等情。张司宪以议长为全郡自治表率,宜如何公正,以办理一切事件,果如所控,殊属不合。现已札饬昌图府秉公查办,据实禀覆,毋稍延徇,以凭核办云。

《盛京时报》,1911 年 5 月 19 日

奉天府议会选举议员

本年为府县议事会成立之期，奉天府城厢选民，前已由议、董事会调查明确，共计选民一千余名，曾经列榜宣布。四月二十八、九两日为选举投票之期，除由奉天府都太守亲自监督外，并由教育总会派员监查，以昭慎重云。

《盛京时报》，1911年5月28日

南满铁路公司修理护城河

城西护城河因年久失修，以致水流迷漫，无从宣泄，为害地方，诚非浅鲜。按疏通水道，本为自治会所有事。今自治诸公坐视不理，日本南满铁路公司以为水将害及停车场，遂请准其政府提款修理该河。现已树桩标记，大约不日即当动工。未知自治诸公，闻见所及，得毋愧恧否耶？

《盛京时报》，1911年5月28日

奉天府议事会定期开会

省城府议事会议员已于日前选举完竣。兹闻该会议长、董事等会议,拟择觅适中空闲官房,作为会所。昨已呈请奉天府,定于本日十五日举行开会典礼云。

《盛京时报》,1911 年 5 月 31 日

奉天选民为被撤议员讼冤

海城县所属第二镇选民李兴远等,日昨来省,在公署具呈。谓该县议员郭永桂并无不合,遽尔将议员并兼差取消,恳请开复,以孚众望。督宪以该议员如果无越范违章情事,何致将议员督练一并撤销。尔选民等毋得代为饰辩,所请应不准行云。

《盛京时报》,1911 年 5 月 31 日

奉天自治毕业生请入法政学堂肄业

从九职衔自治毕业生高鸿儒日昨具呈提学司,请入法政学堂肄业,以资深

造。闻学宪以该生向学情殷，应即照准，除咨行法政学堂查照外，并饬该生径赴该堂禀到，听候核办云。

《盛京时报》，1911年6月1日

奉天议事会呈请兴办林业

东镇议事会日昨呈请奉天府，谓兴办林业，前已蒙道宪通饬照办。现查浑河一带余地甚多，正宜栽植树木，以免闲旷，而兴实业。请饬沿岸各处，一律办理。闻都太守以该会所议，于森林甚属有益，现已转呈度支、民政两司暨劝业道核示，以便转饬遵照云。

《盛京时报》，1911年6月7日

奉天亦是弭盗之一法

奉天府镇乡董议事会日前会议，以近年以来，乡间贼盗较昔尤多，一遇青纱帐起，则扰害地方，几于无法施治。拟就各乡劝募国民捐，组织连庄会，按户抽丁，充当会勇，多备枪械，以备不虞。倘遇一庄有警，则各庄连合，相助捕拿，以为守望相助之遗意。前经大众表决，旋即拟禀，呈请督宪核准。现闻督宪以该会所陈各节，颇有见地，饬将组织章程，妥拟呈阅，以凭核办札行云。（逸）

《远东报》，1911年6月11日

奉天立连庄会忽成泡影

镇乡议董事会日前会议，组织连庄会一节，已志昨报。兹切实调查，此事系柏毓生一人所为，是为见好于赵帅之地步。昨经督宪披阅其续陈简章之内，语句不清，满纸别字，当即批斥，谓所呈各节，学问疏浅，应毋庸议云。（逸）

《远东报》，1911年6月13日

奉天呈请发给府议事会员知会书

省城府议事会议员已于一日选举定当，因按照自治章程，被选者须二十日内无人禀诘，始行发给知会书。现已届期，无人禀控，故董事会日昨禀请奉天府，核发被选议长、议员等知会书，以便定期开会云。

《盛京时报》，1911年6月17日

奉天会议禁止粮石出口

闻奉天府参事会与议事会会议，谓本年春季干旱，四乡田野禾苗发生较迟，恐将来青黄不接，民食维艰。加以吉省火灾，所需赈粮甚巨，亦须由东接济。现拟公同呈请督宪，由下月初一日起，禁止各种粮石贩运出口，以重民食。惟未知果否实行云。

《盛京时报》，1911年6月18日

奉天预算阖属自治经费

奉天府属两镇二十二乡董、议事会，以现在府议事会会员已选举完竣，不日即当开办。所有地方自治，布置已形完具，所需经费，应即先时预算，以备呈请地方官设法筹措。故各会日前开会会议，统计阖属自治经费，每年共需银洋十一万余元云。

《盛京时报》，1911年6月23日

奉天会议禁粮出境

奉天议事会日前会议，以吉林此次火灾，所需赈粮，为数颇巨。现值青黄不接之际，深恐奸商购粮出境，民食堪虞。拟公同呈请督宪，示谕禁止。自六月初一日起禁，无论何种粮石，皆不得贩运出境云。（逸）

《远东报》，1911年6月24日

奉天董事会清理款项

镇乡董事会总董以四乡各区区董所收警学各款为数甚巨,乃各区按季屡有拖欠情事,实属有意蒙混。现在清理财政,故饬各区董每月呈报一次,以备清查,而重公款云。

《盛京时报》,1911 年 7 月 4 日

奉天地方自治纪事

覆辽阳州质问疑义缄

一、议长出缺,副议长不愿承补时,自应补选。盖议长代表议事会,缺额不应虚悬故也。

一、条文上既云任满(州)〔日〕,半数以抽签定之,则预计任满之日即为抽签之日。若任满之日不在每季会议期中,则可于将届任满之前会期,抽签以预定去留。例如四月任满,二月开通常会,即可于会期之末预行抽签。如此办法,既省召集之烦,于事亦便。至于抽签应由监督派员监察与否,章程上并无明文。然以办理选举投票开票之事例推之,可由城镇董事会总董或乡董临场监视。试查《自治章程》第六十八条及第八十七条,城镇董事会及乡董有准备议事会议员选举之职任权限,抽签改选一事,固已概括在内矣(又《城镇乡自治选章》第二

条规定，城镇乡议事会选举事宜，由城镇董事会及乡董、乡佐办理，尤为了然）。

一、城镇乡议事会选举事宜，既由城镇董事会及乡董主持，即可用该董图记，以该董名义行之（如以选章第二条为根据）。第一届办理选举，用监督名义，此盖依据《自治章程》第一百零十条之办法，非通例也。

一、选章第五十二条第二项规定，当选无效，一律补选。所谓"一律"云者，例如二人无效，即时补选二人；四人无效，即时补选四人。原不必照议员出缺至定额三分之一之例，以无因一二人牵动全部之（房）〔势〕。如为省事起见，以得票次多数人挨次递补，固无不可。（日本亦有此例。）

《盛京时报》，1911年7月5日

奉天地方自治纪事

覆法库厅事务所问厅会选举疑义由

函悉。府厅州县会选民资格，应照《府厅州县地方自治章程》第七、第八、第九、第十各条办理，与《谘议局章程》无涉，不得勉强援引。中学堂及师范学堂校长、教员之被选举权，虽不加限制，然有不合《城镇乡自治章程》第十六条或《府厅州县自治章程》之第十条规定者，仍不得作为选民。此覆。

《盛京时报》，1911年7月8日

奉天请设自治宣讲会

吉林初级师范预科毕业生赵元寿等，日昨禀请督宪，拟募集款项，设立自治宣讲会，以期开通民智。督宪以国民之强弱，系乎民智，自系通论。然开通民智，事非一端，断非仅仅设会所能启发。设宣讲所、阅报社，暨一切公益等事项，均列自治范围以内，但期自治各会办理有效，进化自易，毋庸节外生枝。至集资方法，无论如何便利，无非加重小民负担，所请碍难照准云。

《盛京时报》，1911 年 7 月 9 日

奉天地方自治纪事

一、海龙府自治联合会请议札提原卷缴出真账一案

督部堂批：呈悉。查此案迭经饬府传集两造，清算账目，澈究具覆在案。兹据呈称，贵珍业经到案，是一并质讯，不难水落石出。惟案延三载，扰累滋甚，候饬该府赶紧定期调齐原账，认真覈算，断结呈报，毋再迟延。该绅等即速回郡投质，毋庸在省逗留，希即知照。并候札饬民政司知照。缴。

一、本溪县第三乡议事会请将刘传琮停选之明文宣示一案

督部堂批：呈悉。应准商本溪县将刘传琮停选缘由明白宣示，并呈报备查。缴。

一、辽中县甘士良请议备价留买原佃一案

督部堂批：来呈阅悉。查原请议书声称，此项地亩系官庄陈守业领名，既有

官庄字样，则陈守业系属庄头可知，其地即系庄头承领官地，与民间私产不同，照例不准私相买卖。今其后人陈庆林竟将官地盗卖与徐文经名下，殊属有干例禁。如系领名册地，应仍归原佃六十余员照区留买，以昭平允。候饬辽中、镇安两县，会同差传陈庆林，并甘士良等各佃到案，查讯明确，是否官地，抑系领名册地，并讯明徐文经所买地亩已否税契，据实呈报核夺。札行知照，并候札饬度支司知照。缴。

一、复州长利镇岳塔乡凝岳乡自治会请议警长溺职贻害地方一件

答：呈悉。详阅各情，与该州顾咸吉前次请议警务长杨大实列举之款，大致相同，候即并案代呈。此覆。

一、镇安县汤文成等请购备价留买原佃一件

答：书悉。据称各节，与辽中县甘玉良请议情形无异，应代即呈。此覆。

《盛京时报》，1911年7月11日

奉天自治员禀请化镇为乡

奉天府东路自治会员札克凌阿，日昨在公署具禀，请将该镇仍归为乡，以顺舆情。督宪以查东路自治会筹设伊始，该路人民各怀私意，主镇主乡，缠讼不休。经前督核定作镇，严饬遵行在案。现在镇自治会早经成立，该民等尚欲析镇为乡，妄希翻案，情殊可恶，所请碍难照准云。

《盛京时报》，1911年7月12日

奉天府城厢议事会广征意见书

敬启者。近年以来，国家颁布立宪，与民维新。逆思同胞有造，他日为立宪国民，届时景象聿新，定别有自由天地。惟欲结将来英果，须先造此日良因。查地方自治之进行，实立宪筹备之基础，敝会谬承都人士之公举，忝为自治界之机关，职任非轻，危栗奚似。本年五月，通常会以他务繁剧，迄未举行，拟于本月二十六日补开，业经呈报在案。所有董事会提交，及各会员提起诸议案，实繁有徒，然仍虑数十人知识有限，地方上事体无穷，必广议以集思，庶众擎而易举。伏祈本府城厢各团体诸同胞，凡有关于自治范围地方公益一切事体，有能真知灼见者，皆可于会期以前投寄意见书，注明姓名、地址，敝会当异常欢迎，酌作议案，择善采用，期于实行。利益之得，悉由所赐。专此登诸报纸，冀便周知。凡在确有见闻，即希无惜金玉，不胜盼祷之至。

附：来函

盛京时报馆大主笔大人阁下：凡作一呈，俾众周知，朝发夕臻，家喻户晓。惟报纸能力是赖。敝会本年五月通常会，以会务繁剧，届时未开，兹订于本月二十六日补开夏季通常会。惟思各地方之事理无穷，数十人之知识有限，爰拟以公众之思想，补会议之粗疏，特拟广征意见书，恳为刊登报端，庶片纸流传，城厢共见。伏维辅助自治之义举，为贵报宗旨之一端，想不以率尔请求，或蒙拒却也。专此敬恳，盼祷实殷。即请勋安，希维惠照。奉天府城厢议事会启。六月十八日

《盛京时报》，1911年7月16日

奉天条陈自治划一章程

江苏阳湖县举人姚之鹤，日昨在公署条陈，谓东省自治现虽举办，然风气未开，殊多纷歧。特拟订整齐办法若干条，请核饬遵。当经督宪查阅，以现在地方自治制度，尚在萌芽时代，办事之人多未经验，所有一切办法，殊难整齐划一，自系实在情形。该举人所拟程序规则，悉能按照定章，加以推陈出新，尚属妥叶可行，于自治前途不无裨益，仰候札发各地方自治筹办处查核遵照云。

《盛京时报》，1911 年 7 月 16 日

奉天通饬造报自治经费

闻督宪日昨札饬自治筹办处谓，各属自治均已次第开办，所有议事、董事各会每年经费，均宜查明核定确数，按季呈报该处，汇总造册呈阅，以凭核办。自治为保卫人民之主权，纯系义务性质，理宜节减经费，以免社会之累。仰即通饬遵办。现在筹办处已通饬各属自治监督转饬遵照矣。

《盛京时报》，1911 年 7 月 19 日

奉天议事会之征求意见书

奉天府城厢议事会，以本年通常会期已改定本月二十六日开幕，现闻该会议员等日昨函知各界，并当地士绅等，关于地方公益，如有真知灼见，请赐教言，函送本会，以匡不逮云。（逸）

《远东报》，1911 年 7 月 19 日

奉天警察与住户因粪土之冲突

住户刘成万等向在沿街堆积粪土，现当夏令，臭味熏蒸，行人掩鼻。警区以有碍卫生，令将粪土移抛郊外。嗣后不知何故，与该住户刘某冲突，投至厅议事会，声称被警役逼移粪场，并藉端勒索，请为公议抵制。经议事会答复，所称各节是否属实，候呈请监督核办，一面据实申报厅署矣。（伸）

《远东报》，1911 年 7 月 19 日

奉天地方自治局纪事

函复海城县问互选参事员及候补参事员疑义由

函悉。互选参事员及候补参事员,均应一次选出。该县参事员额应定六名,须以收票较多之六人为当选。候补参事员亦同。此复。自治筹办处启。六月十八日

函复铁岭县自治事务所问议参各会办事细则是否自拟由

函悉。府厅州县议、参各会办事细则,业经本处代拟,一俟印刷出版,即行通饬各属遵守。此复。自治筹办处启。六月十八日

《盛京时报》,1911 年 7 月 20 日

奉天议事会开夏季常会

城厢议事应开夏季通常会,已择定自今日起,至下月初十日止,为开会期。闻日昨分函各界,并附送旁听证券,俾便会期内持券旁听云。

《盛京时报》,1911 年 7 月 21 日

奉天府城厢议事会补开夏季通常会议场演说及答词

（一）议长报告开会

维宣统二年六月二十六日，为本会补开夏季通常会日期。所补开缘由，理应报告。查本会遵照定章，通常会期一年四次，应于二月、五月、八月、十一月开办。本年兹经办理检查百斯笃，及赶办他项繁剧事宜，致将会期错过，故于本日补开。今值开会之始，举行礼式，荷蒙监督莅会监视，及各团体来宾光注，本会何胜荣幸。至如董会议员暨我会诸君，今日到会甚齐，诚足欣慰。惟念时局若斯之阽危，自治又若斯之重要，自顾才力浅薄，危栗奚如。所望诸君，鼎力维持，将董事会先期通知之交议、提议、覆议、补议各议案，着意审查，悉心筹划，俾无疏漏，而免陨越，无任祝祷之至。

（二）监督演说

本日为城厢议事会开通常会之日期。本监督以议事会为筹划自治之机关，自治实为立宪之基础，而本府城厢自治则尤为奉府各属自治之模范。故于政务繁赜之余，抽暇到会，来与诸君接洽。本监督虽未身亲自治之事务，然凡创作一事，则种种困难在所难免，幸议、董两会悉心筹办，竭力执行，自治事宜赖以进步。大抵团体作事，最重信用，由家族以及社会，由社会以及国家，皆属团体也，亦皆无信不立，非信不行。既有信用，然后乃可以力求自强，斯自治自可发达我国之谓。论者鲜不谓我海陆军之不及人也，抑知海陆军人皆由民间召募，必也自治振兴，人民皆有程度，自然人人具有军国民资格。然征募为兵，方能得有勇知方之概，亲王死长之风。洵如斯也，则自治兴而民强，民强则兵强，民兵俱强，岂有不强者哉？然则本日之开会，其关系顾不重欤？

（三）总董答词

本会由上年夏季即行组织，至秋季甫经成立，屈指及今，将周一年节。一切自治事务，虽亦间有举办，然自问殊觉歉然。良由本会成立未几，即经百斯笃发现，自客冬迄今春，办理检疫等事，朝夕不暇虑及自治耶。是以二月通常会并未开会，嗣又因正议长辞职等情，致夏季通常会至今始开。幸蒙监督提倡，莅场监视演说各节，皆我会诸君所当详志而力行者。愿我会奉为准绳，将来议决呈准，本董事会当即迅奋执行，庶不负监督之提倡也。

（四）议长答词

现值筹备立宪，地方自治实立宪之基础。况国会开期，业缩至宣统五年，所有筹备事宜，尤应提前赶办，则办理自治，更当如何迅速进行，以为立宪之预备。本会由客秋成立，迭蒙监督提倡维持，本会诸事藉得鲜有陨越。兹际补开夏季通常会开会之始，复蒙监督莅会监视，殷懃垂训，伏聆训词，弥深叹仰。查自治范围最广，国家时局维艰，敢弗黾勉尽心，藉期上副厚望。惟本会各员知识有限，自治事理无穷，仍祈监督复加提倡，格外维持，则不独本会之幸福，亦本城城厢之幸福也。

《盛京时报》，1911 年 7 月 23、25 日

奉天地方自治局纪事

覆奉天府自治事务所问补选副议长疑义由

函悉。查本处前发《城镇乡议事会互选议长副议长细则》第十八条内开，票数之计算，以实到投票人数为准。该府东一乡补选副议长，实到投票者八人，永谦得票最多，自应作为当选。仰即传谕该乡会知照可也。此复。自治筹办处启。六月二十五日

《盛京时报》，1911 年 7 月 26 日

奉天议事会议长辞职

城乡议事会正议长张君仙舫,以该会筹款维艰,办理诸事,殊多棘手,曾于春间禀请辞职。经奉天府都太守屡次婉留,该议长(乃)〔仍〕不肯就。日前具呈议会,谓已允准辞职。经该会公推副议长薛君自远为正议长,其副议长一席,由议员中另行选举云。

《盛京时报》,1911年8月1日

奉天议事会清理议案

城厢议事会春间所发议案,迄今尚未议决。现在因届改选半数日期,故议会此次开通常会,拟自二十日起至七月初一日止,将一切议案议决,呈请奉天府核阅。当同议事会办理秋间选举云。

《盛京时报》,1911年8月8日

奉天议事会呈覆各项议案

城厢议事会春间奉天府发交各项议案，该会均未议决呈覆。缘彼时该会正议长以筹款维艰，屡请辞职，是以延搁未议。月前该会将正议长推举定当，故自本月初一日起，开通常会，即将春间交议各案一律议结。于日昨呈覆奉天府核阅，照章闭会云。

《盛京时报》，1911 年 8 月 13 日

奉天城厢议事会拟设宣讲所

城厢议事会薛议长以自治实为立宪基础，然下等社会犹多不知宪政之益者，非设宣讲所必不足以开通民智。前已与各议员等议定，在城内开设立宣讲所，派员按日讲演，以启人民知识。日昨当将所拟章程具呈奉天府鉴核，一俟批准，即将开办云。

《盛京时报》，1911 年 8 月 13 日

奉天议事会组织白话报

奉天府董事会日前通常会时，接田兆民君请议书一扣，内称创办自治白话报馆，以辅自治之进行，请议决可否，俾得实行等情。当闻张议长提出，请大众表决，经全体赞成，现已呈明监督核批。一俟批回，即行开办云。（逸）

《远东报》，1911 年 8 月 15 日

奉天议长吸食鸦片被控

某屯乡正邵精亭日前来省，在民政司呈控该区议事会议长朱振声吸食鸦片，未能戒断。该司以议长吸食鸦片，其罪较重，已饬奉天府转饬该议长，迅速赴禁烟公所查验，以昭核实。

《盛京时报》，1911 年 8 月 18 日

奉化县会开选之先声

县自治会今岁当成立之期。上月初间，经戴监督派员十余人，调查城乡选民

资格，预备开选。现已调查完竣，榜示周知，并予限二十日，俾便遗漏者可以据实呈报补填，以免向隅之弊。昨闻事务所所长王伯勋君已与监督核定，准于七月十五日投票选举矣。

《盛京时报》，1911年8月20日

奉天议员运动议长

城厢议事会议长兼商会董事薛某，日前因商务总理清算款项，大起冲突，遂禀请督宪，将议长取消。兹闻议事会某议员大施运动，谋充该会议长。闻各议员之受其运动者已有二十余人矣。

《盛京时报》，1911年9月15日

奉天城厢议事会禀请当道保护剪辫

奉天城厢议事会此次因杀案迭出，其死身多系无发辫之人，因此谣言蜂起，各界恐慌，恐于治安前途有碍，特拟保护无发辫人之各种方法，禀呈奉天府，转禀当道。兹闻其禀文略谓：

为呈请事。窃闻省垣近日杀案迭出，其尸首多无发辫，以致谣言蜂起，剪发人人自危。伏读十月十七日上谕：资政院奏恳请降旨，即行剪发，以昭大同一折，凡我臣民，均准其自由剪发等因，钦此。以故奉旨剪发之人，所在皆有，而尤以上中社会为多，而不无乱党溷迹其间。然系心术事实上之分，初与发辫无涉，谅不至因剪发即作为乱党之据，致有被杀之嫌。惟一般流俗无知，转相传播，反失谕旨之意。若不妥为筹划，恐传闻误会，人民愈见恐慌，于保安前途，不无可虑。本会为城厢人民代表，有筹计地方治安之责，谨恳监督转呈督宪，凡剪发者发给护照，抑或设法维持，并恳巡防各军队一体妥为保护，俾安人心而维大局，实为德便。须至呈者云云。

《盛京时报》，1912年1月30日

奉天议事会反对巡防队

据奉天消息云：奉天议事会各议员，以近来巡防队缉捕革党，不遗余力。凡其剪发者，该队即视为革党，立行杀戮，良民罹祸者甚多，非设法维持，恐酿巨祸。日前禀请督帅，大要云，自由剪发，已见明谕。中流以上商民，剪发甚多，讵巡防队凡遇剪辫者，即滥行杀戮，危险万状。望设法禁止滥杀，以安民心为是等语。

《顺天时报》，1912年2月3日

奉天府议会改选议长

奉天府议事会议长孙君逢吉、郑君英澜现均被选为省议会议员，该会议长应即改选。兹已选定刘凤鸣为正议长，张鹏翱为副议长矣。

《盛京时报》，1912年3月1日

奉天选举诉讼之结果

地方审判厅昨判结南路乡镇六区自治事务所所长关庆宣，被朱文控告扣留选举票一案，当经该厅调查事实，谓并无扣留情事，当即放免云。（正）

《盛京时报》，1912年3月2日

奉天议董两会亦提倡剪发

奉天府城厢议、董两会近因谘议局提倡剪发，亦拟开会研究。董事金奎钧首先剪除，以为两会之倡，并到处逢人劝导。若然机关皆以剪发一事为事，则三千烦恼丝，不难一一除尽矣。佳音在迩，拭目俟之。

《盛京时报》，1912年3月24日

奉天议长失窃

南路第五乡正议长高淑明，于二十三日来城，行至大南关大街，怀内皮夹不知被何人窃去。内手票十余元，名片多张，因欲买物给价，始行知觉。后经报请四区某岗警代为查缉，但能否拿获，尚不可知。

《盛京时报》，1912年3月27日

奉天议参两会之大激战

奉天府参事会以本属警、学两款收款处，向系自立，需款太费。现经开会议决，呈准监督，划归参事会经理，以期节省。乃议事会两议长极力反对，意图破坏，刻正召集临时会，欲挟多数议员，以与参事会相对待。不知各议员能否果如议长之意也。

《盛京时报》，1912年4月18日

奉天参事会清查亩捐

省城四乡警学捐款，已经城厢议事会于五月初一日交由府参事会接管。当经详查各路积欠款项甚巨，现除呈请奉天府通饬各乡镇议会迅速缴清外，并派员携册分赴四乡，逐加清查，以免隐匿而清积欠云。

《盛京时报》，1912年5月7日

承德投票选举区董之定期

承德金大令遵照警务通则，于署内设立收捐处，选举总董。各区公举董事，以经理地捐等事。现特拟定投票办法，除省城选举总董外，所属四区，每区举董事四人，候补三人。凡年在二十五岁以上，有三千元之资产，均有选举及被举权。投票之期，定于月之二十四日。届期除自行监临，并派妥员分往各区监视，以昭郑重。兹将所定办法，开列于左：

为出示剀切晓谕事。照得本县莅任以来，即奉督抚宪札发警务通则，饬令从严整顿。兹将原有局区酌量归并，分划四区二十分驻所。各派区官、巡官、巡长，专司警务。而催款等事，另由各乡有选举权者，投票公举端正士绅，作为催捐董事，兼劝学员，仍复警学合办之意，于三个月限内，务期整理完善，以副斯民之仰望焉。为此拟就选举董事规则十条，出示晓谕。除禀民政司宪外，合亟仰四区投票人等知悉。此系专为地方人民谋公益起见，届时皆须秉公推举，勿为一时瞻徇情面而害大公。是为切要，其各遵照毋违。切切特示。

计开：

选举规则

一、选举场，东、西、南、北各路，均设于四分区。有选举权者，即赴该区投票。

一、定于九月二十四日辰时投票。届时不到者不候。即日当场开票。

一、每区选举四人，计四区应选十六人。外多选二人，以作候补，共八十四名。

一、有举贡生员以上功名者，曾习宪法及自治，得有文凭者，前主持各村乡正副，及前次选举议员之投票者，本县人充教员者，每年纳捐五元以上，及有二千元资产者，均得有选举权及被选举权。惟被选举之人，若非品行端正，办过地方公益，及年满二十五岁以上者，本县概不认可。

一、品行悖谬，营私武断，营业不正，有心疾者，吸食鸦片，不识文义，以及失财产信用，被人控实尚未清结者，身家不清白者，受过监禁以上之刑者，现隶兵籍者，僧道及其它宗教师，各学堂肄业生，均无选举权及被选举权。

一、选举要事，本县亲往监督。其不能亲到者，必委妥实员绅代理监督，以昭慎重，而免滋弊。

一、有选举权者，每人发给入场券一纸。无入场券者，不准入场。

一、有选举权者，临时不能到场，不能遣人替代。如有假冒代投者，查出，停止其选举权。如已经投票者，查出，其票无效。

一、写票不准旁人指示及嘱托，不准互商互看，并不准他人代写。票之正面，写被选举者姓名，左角写自己姓名。不注自己姓名者，此票无效。

一、票投毕，当众开示，得票多者为当选人。即于二十七日辰刻齐集本署，当堂投票，复选总董。选定然后，将当选人得票多者为董事。

《盛京时报》，1909年11月6日

承德县自治研究所招考之出示

为出示招考事。照得自治为地方要务，欲实行地方自治，须先培养一般自治人才。今遵奏定章程，在本县区域内筹设自治研究所一处，拟由城乡选民内分招听讲员一百四十人，限于本月十九日起在本县报名，二十九日截止。十一月初一日，在本所考试，取录各额，即行开校。为此示，仰阖属绅民人等知悉。凡属住民，人人有自治之责任，即人人应有自治之预备。将来在所研究毕业后，即可被选为城镇乡董事会、总董、乡董、董事，及议事会议长、议员，或派充讲员，权利所关，万勿忽视。其有文理清通，资行合格者，仰各遵照后列章程，先期来县报名，以备考试，毋得观望自误。切切。特示。

计开自治研究所招考章程（略）

《奉天谘议局专报》，1909年12月2日

承德投考自治者之踊跃

承德县自治研究所日前出示招考，闻现下由四乡来省赴县报名投考者联络不绝，足见人民醉心自治，与前日盖大不侔矣。

《盛京时报》，1909 年 12 月 9 日

承德自治会成立有期

承德县城镇乡自治会拟于明年六月同时办起，业经禀蒙筹办处批准。现已分贴白话告示，选派自治研究所学员一百二十余人，分区调查。各街商户悉由商务总会代查，均限正月内查竣。并委该所所长成君友善，前赴天津考察议事会、董事会办法云。

《盛京时报》，1910 年 2 月 6 日

投票公举议长议绅

承德县金大令于初三日会同本县公正士绅张仙舫等七十余名，在自治研究所

公举通达学务、素负声望之绅，以便出具考语，送府转详提学宪，聘充学务议长、议绅。是日曾君有翼得二十三票，戴君裕忱得二十一票，孙君百斛、海君清各得十二票，金大令已出具考语转详矣。

《中国报》，1910年3月22日

奉天饬查自治选举之弊窦

承德县南路地方已经归并城镇，日前各区公举代表，呈请仍行改镇为乡。当即札饬筹办处查明驳斥，具覆在案。现在该代表陈万贵等，又在公署具呈，谓该镇选举弊端百出，又兼归并城镇，殊多窒碍，仍请划分为乡，以顺舆情。督宪以此案前经札饬，应即遵照办理。惟所称一切弊端是否属实，仰地方自治筹办处确切查明，核拟办法，呈覆以凭核夺云。

《盛京时报》，1910年9月18日

承德议事会征求意见书

日昨承德县城厢议事会遍贴告白，略谓：会期在迩，鄙人等猥蒙公民推举，谬充议员，才识绵薄。于自治进行之法，及应议要案，恐未周知，务望各界热心公益诸君子，各抒所见，函报本会，以匡不逮为荷云。（逸）

《远东报》，1910年9月23日

承德拟提房捐为议事会之经费

承德县议事会自开办以来,尚未筹出的款,以故诸事未敢遽尔兴办。日昨该议事会议员等,大开会议,拟由省城收存房捐项下提拨,充作该会经费。惟此款向归警务局,必须与警务局磋商妥协,始可从事提拨云。(逸)

《远东报》,1910 年 9 月 24 日

奉天督宪札饬示定归镇办法

城镇乡议事会前经自治监督忠大令通饬,遵照办理。东路选民等因欲改镇为乡,迭次呈请督宪札饬筹办处、谘议局酌拟妥善办法,覆候核夺在案。嗣该代表等又禀请民政部,仍求改乡,咨行到奉。现已经督宪查明《自治章程》第三条,凡人满五万,即应归镇。其一切负担之费,亦较分乡为轻,并无损益于其间,何竟互相争执,转于自治有碍。现在办理镇议会期迫,著仍归镇选举议员,筹备开会事宜。仰自治监督剀切劝导,并示谕遵照办理等情。承德县忠大令遵札后,当即出示,谕令该镇选民速即遵照宪谕,筹办选举,组织议会,以免贻误自治之进行云云。

《盛京时报》,1910 年 10 月 8 日

承德自治争持各不相下

承德自治业经监督忠大令出示,划定一城二镇二十二乡。嗣至选举投票时,有呈请化镇为乡者,有呈请立镇不分乡者,争持不下,以致横生阻力,至今仍未解决。日前谘议局对于此事议案,主议仍不一致。现闻忠大令以自治事关重要,未便任其久悬,故连日商诸各绅,务速和平协议,以重要政云。(逸)

《远东报》,1910年10月13日

奉天自治研究所通饬续行办理

全省地方自治筹办处以各属自治研究所自去冬十一月开议,以原订毕业期扣至十月,已届限满,以故近日各所多有呈请毕业后即行停办者。该处现特札饬各地方官,转饬各所,谓部订《地方自治章程》,以立宪贵广开民智,研究所尚须接续办理二班三班,以期造就多数自治人材,仰即遵照办理,毋得懈弛云云。

《盛京时报》,1910年10月15日

奉天议事会定期开会

城厢议事会会所已修理完竣，日昨议长、议员等在该会集议，拟十八日开会。闻已呈请督宪及民政司等届期监视举行开会典礼，并请商学各界前往参观云。

《盛京时报》，1910年10月15日

奉天县令札发地方议事会案件

城厢地方议事会现已组织就绪，定于本月十八日开会，已经呈报列宪。昨闻承德县忠大令已将应议事件，整顿乡学、乡巡、警学捐款、酌收商捐、办理清乡，以及酌订自治经费等项，札交该议会议决呈覆，以便转呈列宪核夺施行云。

《盛京时报》，1910年10月18日

奉天城厢议事会开会志盛

城厢议事会房屋现已修理完竣，于昨十八日开会。督宪暨民政司、提学司、劝业道、谘议局议长、自治筹办处、教育会会长、劝学所总董,及该会监督、本城绅商学界等莅会者,共三百余人。十二钟,督宪亲临。当由各员恭迓入场,行开会典礼。经督宪亲自演说,以资勉励。嗣由民政司宪代表答谢。其余府县尊暨教育会长亦相继演说。直至下午三钟,始振铃散会。

《盛京时报》,1910年10月21日

奉天自治学员将次毕业

自治研究所学员自春间入所以来,现届毕业期限。闻该所已停授各课,拟十月初一日举行毕业考试云。

《盛京时报》,1910年10月21日

奉天通饬限期筹办自治

城镇乡地方自治前已经筹办处通饬,遵照定章办理。现闻日昨又经督宪谕饬该处,通札各属,凡城镇乡自治会已经筹办者,限于本年开办。其各厅州县自治城乡已办竣者,接办乡镇,限于本年十二月〈开〉办竣。尚未筹办者,统限于宣统三年正月接办。当由筹办处札催各属,速行提前遵期照办,毋得敷衍,致误期限云云。

《盛京时报》,1910年10月22日

承德县城厢议事会开会纪事

承德县城厢议事会议长报告开会

今日为我大清帝国宣统二年九月十八日，奉天承德县城厢议事会开会之日。辱蒙省垣长官来宾莅临，本会无任荣幸。查地方自治为立宪国家必行之政体，辅官治之不足，而自谋事业之发展，求人民康乐和亲之基础也。况承德为陪都首邑，东省会垣，比之日本，恰为西京市会，内为各属之模范，外为列强所观瞻，办理尤不容缓。今已开会，实吾全民之幸事，亦即全省之幸事。议员等被公民推举，任重才轻，时悚不克负荷，然以责任故，不敢不勉。惟有实心实力作事，以期不负朝廷实行宪政之心，列宪提倡自治之意。前途漫漫，来日方长，愿与同人共勉之。

承德县城厢董事会开会总董报告

议事会为议决机关，董事会为执行机关，二者权限井然。然现在诸事尚未发达，不得不因陋就简，故机关虽分，而会所则合并设于一处。查地方自治，九年筹备厘定，宣统五年一律办起，即筹办处清单亦然。而我奉当此危迫时局，刻不容缓，故尔提前办理。是以本会于五六月间已经成立，而延至今日者，一因经费无着，一因地址未定。幸蒙警务局宪拨给房捐存款作开办费，又蒙民政司宪借同善堂官房作为会所，敷衍开会。而自治一项，本我国旷古以来之创举，千载一时之遭逢。然章程已经明定，为辅佐官治，增进人民幸福，非如前日之无所遵循，因而误解者也。故各人抱定自己权限，进行自无歧也。奉省先年官绅权限亦甚不清，然尚不至如报纸所载，各省之官绅交相冲突也。近来于自治一项，官家提倡甚力，而官绅感情亦甚融洽。然大致虽有端倪，内容尚欠完整，吾侪虽才力不及，然亦不敢不勉以副列宪提倡之至意。而前途漫漫，来日方长，谨志片言，不过作开会之纪念而已。

承德县城厢议事会开会议长答词

今日为陪都首善承德县城厢议事会开会之日。当筹备宪政之第三年，日韩合并后之第二个月，时势风云，变幻万状。矧吾城为祖宗陵庙所在地，亦议员等食践钓游生长子孙之域也。彼族眈逐，视线交集，危迫极矣。幸蒙我德宗景皇帝庙谟深远，使人民有与闻政治之权。我皇上善继善述，而列宪犹复提倡宪政，俾自治如期成立，亲莅会场，勉以训词，浃洽之情，无异家人父子。凡我议员，皆宜力尽责任，勿越范围，于根本上谋生存，不使他人视为激烈。勉之！勿负天恩之高厚，勿负列宪之训词，勿负公民之选举，阖城幸甚，国家幸甚！

承德县城厢董事会开会总董答词

本年九月，为资政院第一次开院之期，谘议局第二次常年之会。本会与城厢议事会先后组织，亦克观成，俱于今日启发。辱蒙列宪监督，暨谘议局议长、绅学界诸君，联袂莅临，赐词勖勉，此真千载一时之遇，而吾邑绅民鼓舞欢欣，所梦想不及者也。惟是地方自治为立宪初基，东三省又为根本重地，东三省不能自治，安望全国？承德首县不能自治，安望全省？城厢不能自治，安望镇乡？既观瞻之所系，觉创始之綦难，总董等分属公民，谬膺代表，凡议事会议决之件，胥待一一执行，深虞遗大投艰，弗克担负。第念东亚风云，瞬息万变，唇亡前象，咄咄逼人，而我城厢经济之状况，金融之机关，无一不在外人掌握。我不自治，行将被治于人。桑梓安危，匹夫有责。至于地方利弊，若者应兴，若者应革，尤与生长斯土者密切相关。权利所在，即义务所在，曷敢放弃天职，不赴其难耶！窃愿此后对于官治，则互守范围，对于同胞，则甘居公仆，不徒为形式上自治，应为精神上自治，不仅为对内的自治，兼为对外的自治，振起涣散之人心，结合巩固之团体，力图社会之公益，扶持宪政之萌芽，庶不负列宪监督提倡之苦心，与我父老子弟殷殷之期许，成败利钝，弗遑计焉。

《盛京时报》，1910年10月23日

奉天自治经费准由戏园筹措

承德城厢议事会暨董事会常年经费，尚未筹有的款。现经议妥，由戏园茶座项下加收铜元，作为自治经费。计戏票收钱一角者，加收铜元五枚；包厢每票加收银元二角。凡一角以下之票，概免征收。现已经督帅批准，拟由十月初一日实行。昨已由民政司札饬警务局，转谕各戏园遵办云。

《盛京时报》，1910 年 10 月 29 日

议事会农会归并之先声

承德四乡两镇二十二乡董议事会现已一律开办，日前经各会会议，谓现在农务会需款，均归议事会筹措。近来董议事会常年经费尚属无济，加以筹充农会需款，恐民生不堪其苦。拟将各区农务分会归并各乡议事会办理，以期节省经费云。

《盛京时报》，1910 年 11 月 11 日

承德议事会已闭会矣

承德县城厢议事会已于前日举行闭会礼式，当由忠大令监督，暨议长、议员依次行礼毕，并陆续登台演说议事之前途，总以共谋公益为宗旨云。（逸）

《远东报》，1910年11月12日

自治监督调查选民之示谕

承德县地方自治监督忠大令，现在出有示谕，略谓：近奉地方自治筹办处札饬，限于明年三月府县自治会选举议员，成立地方高级之议会。县属共一镇二十二乡，户口六十余万，共应选举议员四十人。现已饬知城厢议会，并各村乡正副等，调查选民，赶速举办，恐有遗漏，爰特示谕，一体周知云。

《盛京时报》，1911年1月15日

议员攻讦议长

承德县东镇议事会议员某等，日昨在民政司具控该会议长景贤劣迹甚多，不孚众望，请即撤换另举等情。张司宪以该镇议长按照定章，系该职等公举，取决多数，何举之于先，竟控之于后，未免挟嫌攻讦，究竟如何情形，候饬承德县查明核办。所请撤换另选之处，碍难照准云。

《盛京时报》，1911 年 3 月 30 日

调查镇乡预备巡警

承德县属两镇二十二乡董、议事会，去冬筹设之预备巡警，至今年三月初间，一律报齐，并详造清册，呈送清乡局存照。其所需枪只，半由省城军械局请领，半由各议事会筹款购备。故日昨清乡局特派员下乡，按区调查，以免各区董事藉端浮征亩捐，以累乡民云。

《盛京时报》，1911 年 5 月 14 日

辽阳调查自治情形

辽阳自治调查局设立在城内西二道街，调查员书乐钧君等四员，热心调查，已将州城自治各项调查完竣，正在调查四乡自治事宜，约须三个月后始可一律调查完竣。而四乡旗民风气未开，遇调查员调查各项，少见多怪，捏词造谣，阻挠调查。经辽阳州日前出示晓谕，渐得无事。

《盛京时报》，1908 年 1 月 19 日

辽阳选定自治会长

辽阳自治期成会开办已数阅月,惟会长迄未举定。近因四乡自治推办将及全境,必须选举会长,以资统率。现闻开会公举在籍知县徐君摄卿接充,不日即可到会云。

《盛京时报》,1908 年 12 月 9 日

辽阳自治研究员第三次期满

本邑自治期成会附设研究(所)〔会〕,四乡士绅入所研究地方自治事宜,以为异日设施地步。现届第三班期满,例由期成会发出问题,而该员所答,闻于地方利弊均得要领。年期在即,拟俟明春再开第四班云。

《盛京时报》,1908 年 12 月 23 日

辽阳当选人晋省投票

本邑之初选当选人现因于举行复选投票之期将届,特于二十、二十一当日备

具行囊，一律趁汽车进省，为投票之预备云。

《盛京时报》，1909 年 6 月 11 日

辽阳议员回辽

辽阳谘议局常驻议员永君佩珊，前曾被众举赴南省办理速开国会事件，现已办理就绪。昨由京返奉，宣明一切，于本日返辽。闻将赴四乡劝导居民，告以开国会之利益，以备将来人民联合上书云。

《盛京时报》，1910 年 2 月 4 日

辽阳议长齐集火柴公司股份

谘议局议长袁君洁珊曾为省城荣华火柴公司之发起人。前月至辽劝招股份，颇为各界所欢迎，计劝得八百余股。今该公司开办在即，该议长于日昨抵辽，齐集股款，不辞劳瘁，诚可谓有热心毅力者矣。

《盛京时报》，1910 年 7 月 19 日

辽阳议事会长选定

本邑自治议事会已届成立之期。日昨州牧史直刺邀集绅商各界，选举议事会会长。闻已选定自治调查员王君葵卿为正议长云。

《盛京时报》，1910年7月24日

辽阳自治选举势将告竣

自治选举各事宜，迭经数日，州牧史直刺每日莅场监督，闻大旨均已就绪，大约明日即能完竣矣。

《盛京时报》，1910年7月28日

辽阳自治议事会会议

议事会、董事会及乡董、乡佐各员，业已选举定当，自应即日成立。惟经费无着，故于本日开全体大会，筹议款项。闻拟裁撤各乡收捐分会，及各乡劝学员，以为成立议事会之经费云。

《盛京时报》，1910年8月2日

辽阳议长回辽帮理自治

谘议局副议长袁君洁珊，日前返辽。为本邑自治事宜举办甚形忙碌，故该议长闭会后，特回本邑帮同办理，诚可谓热心公益矣。

《盛京时报》，1910年8月2日

辽阳自治会开全体大会

州属自治会日前开全体职员大会，州牧史公观莅场监督，并提出议案六条：（一）自治经费；（二）自治公所地址；（三）谋教育普及；（四）清查户口；（五）预备整顿巡警办法；（六）自治进行方法。现闻该职员等已按照时势，呈覆州牧矣。

《盛京时报》，1910年9月2日

辽阳议事会将行成立

本邑城乡议事、董事各会本应早日成立，乃因经费不易措筹，是以迟之又久。现闻款已有着,各乡现正修理房舍,大约不日即可修妥,一律成立云。

《盛京时报》,1910年10月7日

辽阳医生将欲考验

本邑地方自治会日前提议设立医学研究所,因经费无着,以致迟迟。后有医生杨春圃者,在州署具禀,请立医学研究会,经费由各医生自筹,无需官款。事将就绪,突有自治毕业学员某某,又在州署呈请,应设医学研究所,其款按各医生常年所获之利抽分,约每岁可得三万余元。经州牧批令自治会、劝学所会同折衷核拟。近闻已经议决,以行医之一术,关系民命,各医生非慎重乃事不可。嗣后必须经官考验合格者,或令入医学研究所毕业者,始准悬牌外,皆勒令改营别业。已将此情禀呈州署,不日可见批示云。

《盛京时报》,1910年12月4日

辽阳自治研究所开学

本邑自治研究所前班业已毕业,当分派各乡办理自治。所有二班学额,全由地方选送,亦已足额。惟未能一律到所,入所者仅四十几名。由该所所长高君钧阁禀准监督,凡入所者先行开学上课,余则听其陆续投入云。

《盛京时报》,1910年12月14日

辽阳为国会而开议会

自奉天请开国会之风起,各州县之响应者甚众。本邑教育会日昨招集各校教员等数十人至会,公举请愿开会之代表出。该会长预为闭会,以便研究矣。

《盛京时报》,1910年12月16日

辽阳议事会开会改期

城厢议事会冬季通常会,前已定于二十日开会,禀请监督通告各界。无如该员等均因事他出,届期仅有议员一名莅会。该会议长无奈,只得禀请监督改期,于二十三日开会,一面则严催议员届期务必到会云。

《盛京时报》,1910年12月25日

辽阳自治员组织宣讲所

本邑东街宣讲所原由劝学诸君担任讲员,惟该员等各有议务,每日不克应时到所,以致该所萎靡不振。现经自治诸员另行组织,在西关小十字街找妥房屋,改为宣讲所，并由各员担任宣讲，已于日昨开所矣。

《盛京时报》，1911年1月25日

辽阳州范玉璞请议改章折价因累众丁一案

　　督部堂批：呈、粘均悉。查内务府备办贡差，向交本色，任意挑剔，额外加收，积弊极深，莫从究诘。今欲整顿清理，自非改交折色，明一数目，不足以革弊端而归划一。前由旗务处督同内务府办事处，核拟办法。先由辽阳试办，呈准在案。未改新章以前，不惟本色仍多折交，且索私费。辽阳千园等历年催收各项差款，每丁每年合计至三十余元之多。自改新章以后，每丁每年合计应交仅十八元余之数，实减十分之四。所有运脚、川资等项，一律裁革，并不假千园之手，以免剥削，无非为体恤丁艰而起。本年秋季梨差，该丁等均以遵照新章呈缴，足见众皆乐从，并无阻碍。唯所定折色数目，系按旧章改算，实难确合。即如秋差以折数太少，由内务府采办贡品，亏款至五百余元，须待冬差拨补。该丁等于秋季少折之差则照纳，于冬季现折之差则抗违，未免有意取巧，尤难保无千园人等从中煽惑。总之，此次改交折色，减额除弊，系属正当办法。今年本系试办，仍俟下届考察情形，如有窒碍，再行核办，以期推行。惟事关贡差，现在亟待解纳，未便率准更张。原书所请仍交本色之处，暂毋庸议。候饬旗务处转行内务府，即饬该丁人等，本届务速遵章照数呈缴，以免迟误。希即知照。缴。

《国民公报》，1911年3月28日

辽阳大开联合会

辽阳自治会员于本日（初五日）开联合大会，先时召集各乡议事会乡董、乡佐等到会参议，故不日各乡自治人员悉数聚集城内，借教育会院宇为会场。闻所议事件甚夥云。

《盛京时报》，1911年4月8日

辽阳议事会阻挠开采铁矿

城南八盘岭前某矿学家考察该地产铁甚富，兹有绅士金某及孙某二人，意欲集设开采。经议事会议，绝端反对，以为将来当由自治会办理。（意）〔噫〕！议事会诸君殆欲以此矿拱手而让诸他人耶？！

《盛京时报》，1911年4月15日

辽阳州议事会定期投票

辽阳州议事会合选举资格者共计四十余人，日前已调查完竣。闻州牧史公已定期本月二十日左右,在各乡分别选举。现在已将管理各员遴选派委矣。

《盛京时报》,1911年4月30日

辽阳州议事会选举议员

州议事会议复经史州牧定期于十七日在城内董事会投票选举。是日,州牧亲自临会,监督一切,自上午七钟起,至下午七钟止,并示期二十四日在州署开票宣布云。

《盛京时报》,1911年5月18日

辽阳自治会及教育会同日开票

自治会在各乡选举投票,一则已志前报。兹闻全境二十一乡之票匦,业经如数送城,今日在州署大堂开票公布。中外绅商前往参观者甚形拥挤。教育会选举议长票匦,亦于今日在教育会院内开票。以故州牧史公双方监督,颇形忙碌云。

《盛京时报》,1911年5月26日

辽阳州议事会选举揭晓

辽阳州议事会日前投票选举议员，现经史州牧将票匦当众开视。闻被选者计五十余名，昨已一律揭晓矣。

《盛京时报》，1911年5月28日

辽阳自治会为婚书招集村长

婚书一事，行之已将二年。但人民嫁娶，用者甚希。推原其故，盖各乡人民进城不易。婚书一项，是以因之大生阻力。自治会近欲求婚书销路之发达，特招集各屯村长，研究填写款式，并拟发交各村长若干，以期人民取用之便利，藉可畅销云。

《盛京时报》，1911年6月6日

辽阳总董请假

董事会总董赵君钟炳因与该会议员意见不合，以致屡起冲突。昨该总董禀明州尊，恳赏长假，闻州司马已为其批准矣。

《盛京时报》，1911年7月6日

辽阳议长到辽

谘议局议长袁绅金铠，日前代表全体赴京师充联合会会员。今该会业已事竣，于日昨过奉，乘车到辽，省视邻里云。

《盛京时报》，1911年7月7日

辽阳董事会暂不办事

董事会总董赵某辞职业经照准，因继任无人，现尚不得离去会所。但州署札交之事件及一切应办事宜，刻均置之不理云。

《盛京时报》，1911年7月12日

辽阳请拨车捐办理堡防

辽阳州史牧前因革党倡乱时，招抚盗首刘景明兄弟二人，即绰号大单子、二单子，招募游击防丁一百名，归刘管带。月需薪饷，由地方筹集六百元，由车捐动拨五百元，业经赵督批驳。奈地方各款，因本年灾区甚广，垫拨已尽，大有无米为炊之概。刻拟仍请动用车捐，以资挹注。兹将原文录下：

为呈请事。窃知州前呈州属第八、九、十二、十三各乡堡防成立，所需饷项，在车捐项下，每月拨发五百元，请查核示遵一案。兹奉宪台批："呈悉。附加捐暂行移作冬防经费，业经通饬在案。该州筹办堡防，不敷之数，即可由附加捐内拨用，毋庸动支车捐，以为一律。仰即遵照"等因。奉此，遵查前奉通饬，令停办新政，暂移自治经费，先办冬防。知州遵饬城乡自治各会，将秋季通常会归于冬季并议，以期节省。惟因州属冬防同时并举，又兼应得附加捐早经挪垫，与预算约收之数殆尽，无可移拨。其不敷之数，经州属议、参两会议决，由前呈批准，每（晌）〔垧〕地应纳各乡会补助粮二升项下，悉数拨归办理四乡普通堡防之用。此番因辽匪倡乱，招抚刘景明弟兄，添练防丁，作为游击策应，以备缓急之用。每月共需军火薪饷等洋一千一百元，当经绅商决定，就该四乡共筹洋六百元，以下亏五百元，实系无可再筹，始呈请在车捐项下动支，以俟时局大定，即行撤裁。兹奉批示前因，理合具文呈请宪台查核，俯赐批准，仍由车捐项下动拨，实为公便，须至呈者。（哉）

《远东报》，1912年1月11日

辽阳续录秋冬通常会并议各案

三、巡警为官治执行之机关，人人有应遵守之效力。无论其为预警，抑为堡防，要皆统属于官治范围之下，补助巡警而非以破坏巡警也。乃乡民知识浅陋，往往有欲假堡防以为巡警之抵抗者，大谬不然，莫甚于此。总之，巡警所以保民，而民不免有怨言者，此本州办理之未善也，固宜力加整顿，期收实效。而办理堡防，亦宜谨守权限，遇事和衷，决不容稍有侵越，致滋流弊。自治诸君，为人民之代表，又熟悉地方情形，各抒意见，俾资采择。

四、亩捐为全境最要之的款，警、学二者仰给于此。警务之弛，地方治安系焉；学务之兴废，人材消长系焉。环球各国，其政化程度愈高者，其注重警、学愈不遗余力。奉省筹收亩捐，奏准专办警、学之用，按季催纳，犹恐入不敷出。若再稍有阻碍，影响所及，为患何堪设想？各乡董佐，有经理亩捐之专责，设有无知愚民，及藉端生事之倡为因噎废食之瞽说，宜如何严重取缔，勿任鼓惑，以紊乱社会之秩序哉。

《远东报》，1912年1月19日

辽阳参事会筹募赈捐

辽阳西北一带，去秋洪水为灾，颗粒无收。今当青黄不接，饥民遍野，凄惨难堪。前经商会筹赈红粮一千石，奈因灾黎众多，杯水车薪，仍属无济。昨经州参事会假荣福茶园演戏劝赈，邀请各界量力捐助，而一般热心善士慨然助捐者为数颇巨云。

《盛京时报》，1912年5月11日

开原自治研究会成立

省垣自治局毕业学员田君开宇、褚君冠英回籍，经劝学所绅董商之保大令，并约阖城绅耆，及新派各处学董，在明伦堂会议自治之法，首驱客籍人员干涉地方权利。每日三小时，入会者六七十人，月支薪水均已拟妥云。

《盛京时报》，1907年9月29日

开原选举调查员莅差

谘议局派委选举调查员书祉祯、乔寿珊等四君，现已莅开，商之保县令，出示通告，以便前往城乡各处认真调查。此举为实行立宪之预备，当不至有仍前徇袒之情弊云。

《盛京时报》，1909年1月10日

开原议员回籍调查

本省谘议局议员书铭，近因调查公权回籍。阖邑学、警、绅、商各界择地定期开会欢迎，以表钦慕。未识受之者亦以为安否？

《盛京时报》，1909年9月14日

开原议员力辞欢迎

谘议局议员书祉祯君,赴开调查,邑中学、警、绅、商各界欲开会欢迎,以致钦慕之忱。嗣由书君竭力辞谢,各界亦电达其意,因遂中止。顷闻调查日内告竣,当可旋省复命矣。

《盛京时报》,1909 年 9 月 17 日

开原县呈报将自治讲习所改为自治研究所并开学日期

批:呈悉。该县将自治讲习所改为自治研究所,于十月初四日先行开学,尚无不合。惟本处分派自治研究所讲员,暨呈准办事通则,业经先后札发。各在案应将遵札筹办情形,详细呈报前来,藉便查核。切切。缴。

《奉天谘议局专报》,1909 年 12 月 2 日

开原自治事务所成立

开原县遵奉省垣地方自治筹办处札开,饬将各属地方自治事务所,务于年内

一律成立。刻闻纪县尊已在署内新盖平房三间,作为自治事务所,并选拔公正绅董矣。

《盛京时报》,1910年2月6日

开原自治公所不日成立

选举城厢自治会议员,甲、乙两级共二十名。又由议员中推选贵化南君为正议长,高联权君为副议长。以本城尼姑庵在适中之地,定为自治公所基址。该处房屋颇形坍损,刻正修饰,谅不日工竣,即可成立矣。

《盛京时报》,1910年7月22日

开原选举董事会

日昨(二十日)王涛松大令邀集议事会议长、议员等,假教育会选举董事会总董、董事各员。闻得票最多者为书君绍章,次多数为杨君荣齐。按书君系法政毕业,历充要差,现委调查海龙矿务事宜,声望素孚。此次被选为总董,当为开邑自治前途贺也。

《盛京时报》,1910年7月23日

议长被控各情

开原县自治职员赵文卿,现在省城自治筹办处禀控该县议长刘焕章,武断营私,背违定章,恳请澈查,照章究办等情。该处以控关自治虚实,均应澈究,以重宪政。已札仰开原县按照所控各节,确切查明,据实禀覆,以凭核办矣。

《盛京时报》,1910年9月4日

开原议事会其勉之

本郡议事会自当成立后,于地方上兴利除弊一切事宜,并未议及改良。总因该议员等因循敷衍,并未忆及该会成立之宗旨。刻闻张太守颇具热肠,编刊训词,说明自治法理,并望各议员同抒忠爱,指陈利弊,筹计治安,以符议事会之名实云。(珍)

《远东报》,1910年9月14日

开原议事会开演通常会

自治之设，原为宪政之基础，实为人民增幸福、图治安起见。无如自治公所甫经成立，举凡范围内应议事件，头绪纷繁，自宜访诸舆论，博采周咨，以期广征意见。刻本会拟定期开演秋季通常会，惟望城厢绅、学、军、警、农、工、商、矿各界，如有关乎公益事项，应兴应革利弊，准开会前五日，胪列陈述，以备采择议决，不日实行云。

《远东报》，1910年9月14日

开原城厢议事会开通常会

城厢议事会于月之初十日举行开会礼式。刻正继续开议，核议本地方应行兴革事件。吾侪拭目以俟其实行可也。

《盛京时报》，1910年9月24日

开原自治研究所所长易人

劝学员张南轩兼充自治研究所所长后,复被选为戒烟会正会长。张君当将劝学员及所长两差一并辞去。闻自治研究所所长一席,已由各学员投票公举城厢议事会议长罗化南君接办云。

《盛京时报》,1910 年 9 月 24 日

术诈选举照章议罚

日前奉监督谕饬,四乡八镇设立议事会,选举正、副议长,为立宪之基。在城内议事会互相投票,以昭慎重。据有王书贵主使刘润,冒用董广悦涂改姓名传单,朦混诈术选举,果被获登。(俟)〔嗣〕经查觉,禀明监督,照选举章程六十九条,纯用诈术,加等处罚。姑念创始,从宽处罚,王书贵三十元,刘润照不应为而为例,从宽处罚五元,以示惩警。并札饬事务所牌示,转饬西路巡警知照矣。(翰)

《远东报》,1910 年 9 月 27 日

自治研究所停课温习

　　自治研究所定章八个月毕业，该所自去岁十月开办，扣除年暑假，及办理选举期间外，已届毕业期限。故日前一律停课温习，以备定期考试云。

《盛京时报》，1910 年 10 月 20 日

开原自治研究所开学在迩

　　自治研究所第二届学员已由城厢镇乡选送，曾志本报。刻闻此次学员仍以一百四十名为足额，现在先后将次到齐，于日内即可举行开学礼矣。

《盛京时报》，1910 年 12 月 28 日

开原议事会开春季通常会

　　城厢议事会前经分贴广告，征求意见，预备举行春季常会。现在已于三月初一日开议，将去岁秋冬两季议案有未臻完善者，重新修整，以期实行。想此次会议，必能慎重将事，凡有关地方公益事件，诸议员自能措置咸宜也。

《盛京时报》，1911 年 4 月 8 日

开原县议事会选民调查完竣

县令接奉自治筹办处札饬,将县议事会参事会,务于六月以前选举成立。当经转饬城厢镇乡各议员,分任调查选民资格。现已调查完竣,填列表册,送交事务所,大约不日即可榜示矣。

《盛京时报》,1911 年 5 月 10 日

开原自治学员尚未到齐

自治研究所第二班学员,去岁由城镇各乡选送,开课未久,已届年假期间,遂即放假。今正因疫疠蔓延,至上月始行开学,各讲员均悉心教授。惟该学员有离城较远者,至今未能一律到齐。现闻该所长已烦事务各区一律催促矣。

《盛京时报》,1911 年 5 月 10 日

呜呼自治人员

城厢议董事会人员,其流品甚形参差。闻会中各员有坚辞薪水,禀请充作别

项经费，以济时艰者；有浮冒开支，捏造虚账者；有奔走官场，包揽词讼者；又有逢迎官长，运动显荣者。至于开设赌场，吸食鸦片，鱼肉小民，武断乡曲，则更所在皆是。呜呼！以彼辈而为议、董两会会员，开邑自治前途，其尚可问乎？！

《盛京时报》，1911年5月31日

开原调查县议事会选民之模糊

县署前时接奉省城自治筹办处札饬，限本年六月成立县议事会。当经县令分饬城镇乡议、董两会，派员调查选民资格，现已完竣，列榜公示。如有错误遗漏，准于悬榜之日起，二十日内，赴会呈请更正补入，幸勿自弃云云。惟风闻选举合格人员遗漏甚多，而城内南街路西之某选民，则已物故三载，未知缘何犹得列入。倘将来被众选举，本邑县议事会当有鬼议员出现也。

《盛京时报》，1911年6月8日

呜呼镇乡自治人员

城厢议、董两会人员之现象，本报已略志之。兹查四镇八乡正、副议长及乡董、乡佐等，前时无不由运动谋充。盖彼辈以一经被选，即可奔官走场，擅作威福。其于"自治"两字，则茫然无知。是以近来每届开会，秩序毫无，议论悖谬，将地方上无论何事，阑入自治范围，以扩张权力。且如查烟拿赌，羁押判罚，则行之已久，甚且妄用刑讯，干预词讼，而议、董两会每有因权利势力之不均，互相冲突，反将地方公益事件，置诸不闻不问。宪政前途，岂尚可问乎?!

《盛京时报》，1911年6月8日

开原议事会开通常会

城厢议事会现在遵奉举行夏季通常会，将从前议决各案未能施诸行事者，量为调整，并将地方一切应兴应革事件，妥为筹议。想此番常会，必不至如前时之徒托空谈，于地方利弊毫无实际云。

《盛京时报》，1911年6月17日

开原自治所长认真考试

自治研究所二班学员，由各投票选举，入所肄业，故其人格较前班招考收取为尤齐。入所以来，均各顾全名誉，潜心向学。此次季考，该所长贵化南君，恐犹有枪替情弊，扃门认真考试。闻各学员课卷莫不楚楚可观云。

《盛京时报》，1911年6月17日

开原自治研究所所长辞职

自治研究所所长贵化南君,系城厢议事会正议长,兼为人极和平,颇为学员所推重。兹闻贵君以事烦任重,不克兼顾,迭经告退,均未允准。日前又具禀县署,坚辞所长,愿就讲员,俾责轻事简,不致顾此失彼。陈大令以其一再陈请,未便相强,遂即批准照办云。

《盛京时报》,1911 年 6 月 21 日

开原选举县议员投票有期

县议事会选民现已调查完竣,列榜张贴通衢。定期月之二十九日,在城镇乡各投票所一律投票选举云。

《盛京时报》,1911 年 6 月 21 日

开原选举诉讼接踵而起

选举县议事会议员于月之初一日开票,城镇乡被选人氏迄今尚未揭晓。闻系

因运动激起诉讼，各镇乡联名指控办理违章，选举舞弊，应作为无效，另行选举者，不一而足。未知将来如何解决云。

《盛京时报》，1911年7月12日

开原野蛮教员

西镇议事会会员有陶文润者，前时运动乡民，谋充议员。及至被选，患无薪水，竟钻营得庆云埠某学堂（陶）〔副〕教员一席。日前不知何故，与该堂正教员高某大起冲突，将高某面部殴伤，现已涉讼。经陈大令饬仵验明伤势，不知将来如何罚办云。

《盛京时报》，1911年7月19日

开原议董两会会员之攻讦

东南镇议、董两会自成立以来，各会员互相攻讦。此次选举县议事会会员，彼此揭发隐私，提起诉讼。闻现在陈县令已札饬南镇副议长秦佐卿君就近调查，究竟该镇所选各员是否合格，被控各情有无确据，著即明白呈覆，以便核办。想秦君素行公正，个中是非虚实，定能切实调查，无负委任也。

《盛京时报》，1911年7月20日

开原宣示选举人名榜

　　城乡自治董事会现在已将改选半数议员合格公民调查完竣，填就表册。于初六日榜示周知，并粘贴广告，予限二十日内，凡有遗漏错误，准向会自行声明改正补填，以便定期投票选举云。

《盛京时报》，1911 年 8 月 11 日

开原自治联合会长被控

　　城镇乡自治联合会长兼预警总长康君季封，前由警务毕业，曾经充任巡弁，因自恃有才，颇招物议。近闻有士绅赴省，在民政司联名具控该会长劣迹多端，前时办防疫浮冒报销，并指有砌词唆讼之确据。谅不日即可派员往查，其中虚实想不难水落石出矣。

《盛京时报》，1911 年 8 月 11 日

开原选举省议员

县议事会日前奉到省议事会公文，选举议员，克日进省。该会乃于阳历五月十八日开会选举，县令莅场监督。经各界代表投票毕，即行开匦查视。惟吴君文成得十票，当选为省议员，而以得票次多者为候补议员云。

《盛京时报》，1912 年 5 月 24 日

铁岭开办自治局

铁邑自治学员前已禀明都大令，开办调查地方自治情形，节目甚为详细，并声明借妥商会旧址，定于本月二十日开办云。

《盛京时报》，1907 年 10 月 25 日

铁岭自治调查勤劳

铁邑自治调查员郑、秦、富、王四君，借商会旧址开办以来，昼则出外调查，夜则伏案缮写，毫无间暇。且四君反复问难，心细于发，到处知四君热心自

治，无不欢欣，咸以"实事求是，不辞劳瘁"颂之云。

《盛京时报》，1907年11月5日

铁岭城内自治调查将竣

铁邑城厢幅员既广，户口亦繁，兼中外杂处，水陆冲衢，事项最多。调查诸事，较他邑为难。幸调查员郑、富、王、秦四君悉心调查，夜以继日，不遗余力，尽两月之余，将邑内调查情形，均已陆续造册，报告省垣总局，日内即将下乡调查矣。然四君自竭力调查以来，因劳致疾，因劳减食，无不形销骨立云。

《盛京时报》，1908年1月5日

铁岭调查乡里自治

铁岭班自治调查员王君、秦君因城内调查各项事由报竣，于月之初九日下乡调查所有城内尚有未完事宜，及汇类归总各节，留郑君、富君归档一切。毕后，亦即下乡调查矣。当此雪地冰天，奔走四乡，诚非易易云。

《盛京时报》，1908年1月1日

铁岭调查自治假期

铁岭调查员现奉到谘议局札饬,现届年节,诸事忙迫,特加体恤。由本年腊月二十五日放假,至明年正月初六日即行开办视事,务期调查速竣云云。

《盛京时报》,1908 年 1 月 18 日

铁岭自治调查将竣

铁邑自治调查员近已将铁邑东、西、南三乡调查就绪。惟北乡界面甚小,尚未调查竣事,刻正在北乡调查矣。大约五月内必能报竣云。

《盛京时报》,1908 年 6 月 2 日

铁岭调查不易

自治调查各员现在邑内开始调查,惟资产一层,则有以多报少者,竟有讳言无资产者,或托故外出者。以是各调查员往返奔走,反复开导,颇为不易云。

《盛京时报》,1909 年 1 月 16 日

铁岭议员调查地方情形

奉天谘议局筹办处议员王化宣、惠如霖、董成彬三君，闻不日即须回新调查地方情形，而于财政问题尤为注重，以备九月间开局时作提出议案之基础云。

《盛京时报》，1909年8月31日

铁岭商会请议案批驳

本埠有奉天官银号支开之公济栈，日前被商会以滥发纸币，故抬高价，收买粮豆，迹近垄断等情，报告谘议局，提议请督抚宪略加限制。昨奉督抚批驳，谓该号买粮，为抵制外人，不能限制。至是否滥发纸币，令奉天官银号查明呈覆。商会现得此信，知前议无效，乃直接商于公济栈，暂缓收买，俾粮价稍得和平。

《吉长日报》，1910年1月10日

铁岭自治教员热心

铁岭自治研究所现因学员甚多，分为两堂授课。每日教员不遗余力教授，各学员亦能用心听讲。该所教员秦君现因授课,喉竟为哑云。

《盛京时报》,1910年1月23日

铁岭自治放假行礼

铁岭自治研究所于日昨放假,在本堂行礼。由所监学、教员、自治会正副长演说,勉励语甚多云。

《盛京时报》,1910年1月28日

铁岭自治研究所迁移有日

铁岭西关广积金旧址,刻已租与自治研究所,正在修理一切。该所定于本月十七日由城里移入云。

《盛京时报》,1910年3月24日

自治调查员将回铁岭

自治研究所派学员赴四乡调查自治选举事宜，原订以十五日为期。日昨南路调查员业已竣事回城，至所交代一切云。

《盛京时报》，1910年3月24日

铁岭自治研究所迁移

铁岭自治研究所向系借用关帝庙内廊房，甚形狭窄。所有学员在外食宿，诸多不便。现已租妥西门外大街路南广积金栈房旧址，计房三十八间。现已修理整齐，甚属宏敞，定于二十二日即行迁入。

《吉长日报》，1910年4月4日

铁岭选举行将揭晓

自治事务所现将选举人名榜一律缮清，计一城八乡，共得选举资格一万一千余人，均按乡列榜，日内即行张贴。

《吉长日报》，1910年5月27日

铁岭自治会第一次会纪

铁岭地方自治【会】定本月十五、六两日，分乡选举管理员，先行入所研究选举章程，以免临时错误，迭志前报。初三午后四钟时，监督徐令亲赴该所，登台演说选举事宜，谆谆告诫各管理员，协同督办，务按定章，认真筹办，不可敷衍了事。此次选举，实为立宪之基础，均须实事求是。并发给每乡公费洋三十元，以资应用。

《吉长日报》，1910年6月14日

铁岭考试自治学员

铁岭自治研究所去腊开办，迄今四月有奇矣。例应期考，监督徐令因于前早八钟赴所，命题考试，并饬该所所长及学监、讲员等协同监查。各学员不准携带书籍，翻阅传替。

《吉长日报》，1910年6月6日

铁岭定期选举议长

铁岭自治选举议员，定额二十名，业已揭晓，已志前报。兹定于二十八日上午八钟，邀同当选议员等，亲至自治研究所投票，公选议长。现在研究所所长富君，正组织选举一切事宜。

《吉长日报》，1910年7月4日

铁岭选定议事会正副议长

铁岭定期选举自治议员，已志前报。五月二十九日，在自治研究所投票选举正、副议长，即日揭晓。得票多数者彭锡庚，次多者曾宪文，即以彭君为正议长，曾君为副议长。

《吉长日报》，1910年7月9日

铁岭议事会议员之人物

铁岭自治议事会前经选举甲乙两级议员，照章必须品端学优，方能入选。今闻该会所选之议员二十名，其中公正廉明者固不乏人，然武断乡曲、吸食鸦片者，亦公然充作议员矣。

《吉长日报》，1910年7月9日

铁岭议事会地址已定

城乡议事会议员、议长均已选定，日昨监督徐大令开特别会议，筹议事会所地址。闻各乡会所均已指定，惟城内会所尚未议定云。

《盛京时报》，1910年7月10日

铁岭自治经费支绌

议事会虽经成立，常年经费筹措无从。日昨开会研究，大众均莫赞一词。监督徐大令甚为踌躇。移时闭会，拟日后再行筹议云。

《盛京时报》，1910年7月10日

铁岭议员辞职

铁岭区董孟昭孔，劣迹昭著，已志前报。现在经人控告，派员查办，孟乃不安于位，已于昨日具禀辞去新举议员之职，闻已准如所请矣。

《吉长日报》，1910 年 7 月 13 日

铁岭选举诉讼

城镇乡议事会选举议员议长各节，业经登入本报。乃近来各乡人等屡至自治事务所争论调查不实、选举不公等情。虽系事后见识，然人民程度之进步，于此可见一斑。

《盛京时报》，1910 年 7 月 14 日

铁岭颁发议员执照

城乡议事会现经选举完竣，昨由自治监督徐大令，遵照定章，发给各议员执照，以昭慎重云。

《盛京时报》，1910 年 7 月 17 日

铁岭董事会选举揭晓

城乡议事会及乡董乡佐选举已竣，惟董事会尚未选举。现于昨初八日由自治监督，传集城厢议员，在西关自治研究所选举。移时开票，选出总董为童德恒及范可宗，并董事一名董春元，名誉董事四名金石麟、张希孔、郑灿文、王宝森云。

《盛京时报》，1910 年 7 月 17 日

铁岭议员慨捐会资

南三乡议事会开办经费，异常支绌，由各议员每人捐助二十五元，共五百元作为开办经费，亦足见该乡议员热心自治之一斑。

《盛京时报》，1910 年 7 月 26 日

铁岭研究城厢议事会开会

城厢议事会定于本月二十日为开会之期，各乡议员均来城参观。兹定十九日

城厢议员先行齐集,研究开会一切办法云。

《盛京时报》,1910 年 7 月 26 日

铁岭另颁自治区域图式

自治分划区域全图,已于四月间详细绘就,呈报筹办处。事越数月,忽于前复由筹办处札饬,谓前次所颁格式篇幅太小,须照改新式样,另行绘就,限半月内呈报云。

《盛京时报》,1910 年 7 月 28 日

铁岭自治研究所期考揭晓

自治研究所此次已届第一学期,遵章举行考试。现将各试卷一律阅竣,评定优劣,于二十日发揭榜示。计分最优等、优等、中等、下等四级云。

《盛京时报》,1910 年 7 月 28 日

铁岭调查自治

昌图自治研究所所长李君，日昨由省到铁调查一切办法，甚为详细，希图仿照办理。故翌日晚间，即行乘车北上云。

《盛京时报》，1910 年 8 月 24 日

铁岭议事会开会

本邑议事会因应议事件甚多，定期于月之十九日开特别会议一次，已于十八日通知在会各员届时早到云。

《盛京时报》，1910 年 8 月 24 日

铁岭议事会近闻

本邑议事会十九日开会，提议总董、董事薪水，并租赁该会房屋，抽拨庙产以作经费等情，并拟牲畜税四联票归该会收存，开海铁路及黑龙江奉天银票各事宜，均俟八月间开会时，禀请监督呈交谘议局提议云。

《盛京时报》，1910 年 8 月 25 日

铁岭农会归并议事会办理

本邑农务分会附设在商会者，因该会无地无款，不易办理。虽经总理童子阳君热心提倡，去岁栽柳数万株，今岁种桑数万本，俾农人知大利所在，自然有所观感，乃蚩蚩愚氓，不知效法，致农会仍难独立。日昨城乡议事会会议，拟以农会归并该会办理，以期切实劝导，不致利弃于地云。

《盛京时报》，1910年9月10日

铁岭提议龙圆

现在龙圆业已改造，而税局收税往往仍以龙圆作价，以故有人在议事会提议，请大众公决，以除积弊云。

《盛京时报》，1910年9月16日

铁岭议事会会所将次告成

城厢议事会会所建筑工程，大约本月望日前后即可落成，届时该会迁入。闻拟开临时大会,并贺落成云。

《盛京时报》,1910年10月7日

议事通常会闭会

城厢议事会于八月初十日举行秋季通常会,所有应议各案件,均于去月二十日内一律解决。本月初一日,已届期满,遂即举行闭会礼式云。

《盛京时报》,1910年10月7日

铁岭国会请愿签字

绅商学界现接到国会请愿签字册,并牛、赵二君送代表书。闻二君割股割臂之血痕宛然如在,令人观之动容,各界均派人到处演说,一时签字者盖争先恐后云。

《盛京时报》,1910年10月22日

铁岭自治研究所毕业有期

自治研究所现在已届毕业期限,闻该所拟本月杪停课,至十月初举行毕业考试，业经据情呈报自治筹备处矣。

《盛京时报》，1910 年 10 月 25 日

铁岭议事会拟创办白话报

南三乡议事会会长富君惠宣、乡董杨君国臣，办理公益素具热心，如组织劝业公司、储蓄银行等，均已略有端倪。现拟组织白话报馆一处，藉以开通民智，想不日即可见诸实行云。

《盛京时报》，1910 年 10 月 25 日

铁岭议事会开会近闻

城厢议事会原订二十一日开会，嗣因下雨，遂改期二十二日下午三点钟齐集该会，开通常会议。其提议案件照录如下：（一）筹款手续；（二）实行管理斗科；（三）修理道路办法；（四）凡提议事件登牌宣告；（五）国会签字云。

《盛京时报》，1910 年 10 月 26 日

铁岭催缴自治经费

本邑南三乡自治经费，系由地捐项下添捐一角。现在筹款甚急，乡民均未交纳，以故该乡议事会特求该乡巡警代为收纳云。

《盛京时报》，1910 年 12 月 4 日

铁岭自治公所开通常会

自治公所日昨开通常会，监督徐大令到会宣读训词，已而各议员用匿名投票法选举主任人。计得票最多充任会长范可宗，韩文韫则为副会长云。

《盛京时报》，1910 年 12 月 4 日

铁岭续招自治学员

自治研究所头班学员业已毕业，照章应招第二班学员。闻此事须由镇乡议事会开临时会，以便商定送学及担任款项云。

《盛京时报》，1910 年 12 月 4 日

铁岭札发议案

　　本邑尊徐大令札交议事会所有牲畜补征一案，其间应如何办法，当妥为筹划，务必有益于捐税，无扰于民生为至要。日昨已交审查，作为议案核议云。

《盛京时报》，1910年12月11日

铁岭为国会请愿而回铁者

　　留省法政学员苗君森林、学员张君师范、学员马君武君，日昨回铁，携有国会请愿血书，提倡再请速开国会，各界爰公举代表四君，分任演说，借城厢自治公所为事务所。闻各界中人无不赞成是举，亦足见国民程度之日优矣。

《盛京时报》，1910年12月13日

铁岭设议员研究会

　　本邑自治界议事会议员等，深明新政者固不乏人，但均未经研究自治事宜。以故奉天自治筹备处札饬县署，设议员研究会，而各议员亦皆乐成此举，约日内即可成立此会云。

《盛京时报》，1910年12月18日

铁岭自治学员之热心

本邑自治研究所毕业学员，现因各学堂学生年假回里在即，当邀同演说，以激动人心。拟在西关三道街人烟稠密之处，自尽义务，轮流演说，以开通下等社会民智云。

《盛京时报》，1910年12月18日

铁岭议员之研究会

本邑城厢议员既在城厢自治公所研究一切，而四乡议员亦假自治研究所开研究会。现下各议员盖均已纷纷来城云。

《盛京时报》，1910年12月24日

铁岭自治研究所将发毕业文凭

自治研究所毕业考试已经告竣,现将各科试卷评定甲乙,呈送筹办处校阅,以便发给文凭。谅不日填写完竣,即行由省颁发来铁云。

《盛京时报》,1910 年 12 月 25 日

铁岭札催自治公所呈送表册

城厢自治公所日昨奉县署札谓,顷奉自治筹办处札催呈送议案副本及董事会执行各事件,并开办日期及豫算成立年限,均各制定详细表册,送县转详云。

《盛京时报》,1911 年 3 月 28 日

铁岭乡议事会将开春季常会

八乡议事会现因疫气已消,拟开春季常会。闻已定于三月二十日为开会日期,通知各议员届期早临矣。

《盛京时报》,1911 年 4 月 8 日

铁岭董事会长与宣讲员之冲突

董事会长王香九与宣讲所讲员张宝亭不知因何事大起冲突,该会长遂禀诉监督,并请辞差。现闻经张太守批驳,已由学界人员去为调处矣。

《盛京时报》,1911年4月30日

铁岭自治会开会志闻

自治会于初一日补开春季通常会。是日各员齐集后,即公举审察长一人,次议开会钟点。各议员有提议事案者,须先时交付审察长,俟再行定期开会云。

《盛京时报》,1911年5月2日

铁岭议员调查兴修桥梁之工程

本邑城府议事会议整顿柴河桥梁,以渡行人。日昨副议长曾君,与议员秦君、倪君,亲赴柴河,在渡口估计工程及所用材料,拟即报告该会大众议决。即日兴工云。

《盛京时报》,1911年5月5日

铁岭议拆城墙

徐大令日昨交议事会议案，内有拆去城墙一条，略谓：本邑城墙不足以资捍卫，拆去石砖，可资建筑，地基可盖房屋。闻该会各员均多数赞成云。

《盛京时报》，1911年5月6日

铁岭议事会议将三官庙充作校舍

北关三官庙向来寄存灵柩，并容留贫民，实于卫生、治安两有妨碍。日昨经议事会议决，将该寺所寄灵柩一律搬出，并将所有贫民一律驱逐出境，以充作学堂之用云。

《盛京时报》，1911年5月6日

铁岭整顿街道

日昨议事会议案，有清理街道一事，当经大众议决，拟即添募清道夫，大加整顿云。

《盛京时报》，1911年5月6日

铁岭自治会为筹办铁路开会

城乡自治会员为筹办铁海铁路事,日昨在城厢自治会所开会,并宣布详请各宪文稿,公同研究,大约日内即当呈请各宪核夺云云。

《盛京时报》,1911年5月9日

铁岭人力车捐改归自治会经费

人力车捐亦系充作学款,前时由县署行政科经收。现因行政事务纷繁,无暇兼顾,昨由劝学所遂移请自治会代收,定于本月朔日接办云。

《盛京时报》,1911年5月9日

议员调查兴修桥梁之工程

铁岭城厢议事会,议整顿柴河桥梁,以渡行人。日前副议长曾君,与议员秦君、倪君亲赴柴河,在渡口估计工程及所用材料,拟即报告该会,大众议决,即日兴工云。

《京津日报》,1911年5月10日

铁岭议事会闭会

城厢自治会所于四十日闭会。闻此次所议事件虽不甚多,然议题重大,所议皆能实行,诚不愧为地方自治之议会云。

《盛京时报》,1911 年 5 月 10 日

铁岭县议事会选举有日

县署日昨出示,略谓:县议事会今年应行成立,现已将选民资格调查完竣,定于五月十七日投票公举,十八日揭晓。各乡投票所均设本乡自治公所云。

《盛京时报》,1911 年 5 月 24 日

铁岭修盖宣讲所

议事会议案,有在东西关设立宣讲所一节,故现在该会已在东关高台庙前,兴工修盖房屋,预备将来设立宣讲所之用云。

《盛京时报》,1911 年 5 月 26 日

铁岭榜示县议事会合格人

城厢自治会所昨将本年应行选举县议事会合格人名，榜示门外。并牌示：如有错误遗漏，准于二十日内到所声明，以便添改。倘逾（阅）〔越〕期限，则一概不准云。

《盛京时报》，1911 年 5 月 28 日

铁岭禀办铁海路事

自治会总董童君、劝学总董曾君，与商会总理韩君、工会总理范君，均于日昨一同进省。闻拟晋谒劝业道而禀铁海铁路之关系，及铁岭现在组织之手续，恳请转达督宪，俾此路早日落成云。

《盛京时报》，1911 年 6 月 7 日

铁岭县议事会定议选举

本邑城厢自治公所定期二十一、二两日在城中关帝庙投票选举县议事会议

员,即于二十三日开匦揭晓。日昨移请警局,届期派警前往弹压云。

《盛京时报》,1911年6月18日

铁岭选举县议事会议员揭晓

城乡人民有县议事会选举权者计六百余人,投票签到者五百一十九名。于二十三日开匦揭晓,当选者彭锡庚、郑朴、福昌阿三人云。

《盛京时报》,1911年6月21日

铁岭选举议员揭晓

铁岭县县议事会选举议员,计全境额数共二十七员。四乡已于十七、八等日,投票完竣。日昨城厢投票选举,计得票最多数者为彭绅锡庚,得八十七票;郑绅朴,得五十五票;福绅昌阿,得四十四票,均为当选云。(影)

《长春公报》,1911年6月25日

铁岭自治会对于禁烟之公启

本邑自治董事会日昨分布公启,略谓:昨承奉天禁烟总局齐委员来会演说,现在禁烟功令严迫,凡有烟瘾未断者,定干重办。其存有烟土、烟膏、烟具者,统限半个月内送会销毁,以绝根株。倘或容心隐匿,一经委员查出,或被举发,定即严行治罪,决不同从前一罚了事。凡我自治团体中人,务将此事严为传布,以尽职任云。

《盛京时报》,1911 年 7 月 1 日

铁岭重选议事会长

本邑城厢议事会正议长彭君左卿,现在县议事会当选。该会遵章以副议长推升,惟副议长一席尚须在议员中重行选举。日昨该会开会,定期投票选举云。

《盛京时报》,1911 年 7 月 2 日

铁岭县议事会举行复选

县议事会于初七日假自治研究所投票选举正、副议长及参事会参事。当日揭晓，正议长福珠隆阿，副议长富元，参事王如山、聂鸿兴、罗君卿、苗润生云。

《盛京时报》，1911年7月4日

铁岭县议事会正副议长揭晓

铁岭县议事会选举议长，于初六日投票，初七日开票，计得票最多数者为福珠隆阿，得十七票，当选为正议长。富元得十四票，当选为副议长。其参事员，则以苗润生、王如山、罗君卿、聂鸿兴四君为当选云。（影）

《长春公报》，1911年7月6日

铁岭县议事会开临时会

县议事会于月之初十日假自治研究所开临时会，正、副议长、议员及参事员等齐集该会，邀请监督徐大令莅会，筹措会中常年经费，及勘觅地址云。

《盛京时报》，1911年7月8日

铁岭县议会筹措经费

县议事会开办费暨常年经费，均无从出。日前经徐大令与各议员会议，拟由税捐浮加费一成内暂行借用云。

《盛京时报》，1911年7月9日

铁岭县议事会建造房屋

县议事会会所经徐大令在鼓楼西关帝庙内勘定地址，惟房屋不敷，尚须添建。今派定副议长富元、参事员王如山，及议员江宗九、李荣辉等四人，办理建筑事宜。现已经始，大约不日即可工竣云。

《盛京时报》，1911年7月11日

铁岭自治会员热心公益

南关小庙子水沟经自治会会员秦君辅辰捐资采买条石，兴工修理，以图一劳永逸，不至再遇水患。该员之热心地方公益，即此已可概见。

《盛京时报》，1911 年 7 月 19 日

铁岭县议事会举行开幕典礼

本邑县议事会定于月之二十四日举行开会典礼。现将各典礼刷印传单并入场参观券，于日昨分送各局所，以便届期参观云。

《盛京时报》，1911 年 7 月 19 日

铁岭农会附在自治公所

农务分会向附在商会办理，并无常年经费。所有开支，除总理童子阳君垫发外，均由商会垫拨。现在因童君已当选为董事会总董，故将农会并蚕桑公司附设在自治公所云。

《盛京时报》，1911 年 7 月 20 日

铁岭县议事会开幕顺延

县议事会原定二十四日开幕，因天雨顺延。至今日而又大雨如故，复顺延至明日开会。特未知明日天公能否晴明耳。

《盛京时报》，1911年7月22日

铁岭自治事务所撤销

自治事务所原为办理城厢乡镇自治而设。现在城乡议事会及县会均已成立，自治机关业经完备，将来自治会应由各会自行主持，自治事务所几同虚设，应即撤销。故昨由徐大令据情禀报筹办处核示云。

《盛京时报》，1911年7月28日

铁岭宣布改选半数人名榜

城厢自治公所日昨将议事会本年改选半数议员姓名，榜示周知。此外尚有遗漏者，准于初九日起，在二十日内补报，以便改选云。

《盛京时报》，1911年8月6日

铁岭县会将开临时会

邑绅某等为警款事，在县署禀控，已志他报。兹悉县令陈君，将该案移交县会公议。闻日内即行开临时会议，以便取决公论，而定是非云。

《盛京时报》，1912 年 4 月 30 日

铁岭选举省议员

县议事会日昨投票选举省议员，即于后揭晓劝学员长曾君宪文得二十七票，应即当选云。

《盛京时报》，1912 年 5 月 14 日

铁岭自治员踊跃认股

县议事会现正召集八乡乡董佐开会，适缝纫公司成立伊始，工会总理范君遂向该会劝认公司股本，一时乡董等认股者甚为踊跃。想该公司不愁无米为炊矣。

《盛京时报》，1912 年 5 月 19 日

铁岭省议员进省

劝学员长曾君述堂被选为省议员一节,已志本报。兹悉月之二十七日午车,曾君进省,各界人士均至车站欢送,殷殷以开丰铁路一事相嘱,务期至省力争。此路与全省利权极有关系云。

《盛京时报》,1912年5月30日

铁岭自治会开夏季通常会

本邑城厢自治会兹于六月一日开夏季通常会,召集各议员,于是日齐集开会,并通知阖邑人士,如有意见,可直陈该会,公诸众论云。

《盛京时报》,1912年6月4日

张民政司在海城县演说地方自治

去年本司往东边各厅州县考察,与一般人民演说地方自治,因边外风气未开,国民未受普通教育,于"自治"二字,鲜有能解者。此次一到县城,闻海城地方已组织有自治期成会，极为喜慰。在发起自治期成会之人，与会内会员，其于地方自治之责任与立宪前途之关系，必已加以研究，似不必赘说。惟创办此事之人必居少数，其一般多数之人，恐仍不了了。或且对于此会，不知赞成。虽有此少数人之苦心组织，其成立之期不知在于何年何月。今日绅界、学界、商界、巡警员弁、兵士与各乡之父老子弟，不期而集者，几三千人，须知"地方"二字系地方人民之地方。譬如就海城论，海城人之坟墓、家室、财产、生命，均与此地方有绝大之关系，不治则乱，不自治则受治于人。然则海城之官为虚设乎？非也。海城之官，有知县，有巡检，有典史，仅此三者。而地方应办之事，如学堂，如商务，如渔业，如矿产，如工艺。其它一切之公益，如修道路，开河渠，讲卫生，莫不待人而理。非藉大众自为提倡，自为组织，自为研究，虽贤能之官，亦无此种种完备之学问，非放弃即敷衍耳。现在国势岌岌，持急进主义，尚恐不足救亡，倘再梦梦，恐此地方非吾有矣。至自治虽系公共事业，尤要从个人下手。若私德不修，日日言公益，人人言义务，仍是自私自利，不是自治。本司今日所最希冀者，即盼此自治期成会成立，又盼此自治期成会由成立而清议，而组成一议事会、董事会，方不负此次谆谆相告之苦衷。

《盛京时报》，1908年4月5日

海城筹还国债会

奉省海城筹还国债会业已订定简章：（一）宗旨；（二）组织；（三）会所（暂借教育会事务所为集会办事及往来通函之所）；（四）会员；（五）劝导；（六）手续（先由各会员向一般人民说明此举之理由，务令闻之者自生一甘愿认款之心理）；（七）捐款；（八）会规；（九）经费；（十）会务；（十一）会期。

《吉长日报》，1910年1月9日

海城县议事会当选人员揭晓

县议事会议员于一十二日选举竣事,二十三日揭晓。兹将当选人氏照录如下:

福珠隆阿　刘梦梅　董价枚　富　元　李荣辉　王凤桐
王如山　　刘宗汉　李向春　汪国政　项文焕　聂鸿兴
张成策　　刘兴沛　刘庆文　张东阁　张西铭　罗君卿
曾宪孔

《盛京时报》,1911年6月20日

海城县议事会复选改期

县议事会议员经各镇乡选出,复择定本月二十五日齐集城内,互举正、副议长及参事各员。兹因连日大雨,各议员未能如期来城,想互选日期必须改换矣。

《盛京时报》,1911年7月22日

海城选定省议员

阳历五月十三号郭大令亲临县议会,监视各界人士投票选举省议员。当即揭晓,选定秦君玉璞为省议员,乐君骏声为候补议员,大约不日即可进省云。

《盛京时报》,1912 年 5 月 22 日

盖平自治期成会开会纪盛

盖平县地方自治期成会前已由县尊函请乡绅为会员,由会员中又投票推举栾君季三为会长。当时开会,来宾颇众。本城各长官亦均邀到,互相演说自治大义,听之皆沾沾自喜。散会后,将在会各员,并各长官以次列毕摄影纪念,龙旗高挂,颇极一时之盛。

《盛京时报》,1908 年 3 月 26 日

张民政司使莅盖平自治会演说(节录)

谨于月之初四日早八钟,在盖城县自治期成会山东会馆公所,民政司张同随

员并自治期成会会长郝、劝学总董沈,一切本城各官长、各校教员等演说地方自治之大义,今将民政司演说各条列后:

当认明公共团体与官厅之区别

国家之官厅,即国家之行政机关,受国家之委任,以干办一切之政事者也。凡官厅所行之事务,不论大小,皆属国家的事务。以公共团体与官厅比较起来,不甚大相悬殊。特官厅所应尽的义务,全是国家应尽的义务。官厅应享的权利,全是国家应享的权利。公共团体则权利义务通通属于自己,专图达自己生存的目的。此公共团体与官厅不同之点也。现在咱们中国为讲求地方自治之开始的时代,大众必先认明公共团体与官厅之区别,乃于本团体应办之公益事务,合伙儿干办。有银钱的,不吝惜银钱,量力捐助;无银钱的,于需要人工时,帮助气力。是即所谓尽义务。合伙儿办学堂,则自己的子弟得读书,成一个有用的人;办巡警,则自受保护的利益;修道路,则行路不受危险。是即所谓享权利。假如大众对于自己应办的事务,亦误认为官厅应办的事务,而不肯尽义务,则官厅从何处生出银钱来为大众办许多的事务?官厅无银钱为大众办自己的事务,而大众以就不肯自办,则大众的好结果从何处生出来?此便是自己抛弃权利。所以要讲先结合团体,必先要将公共团体与官厅分别清楚,方才个个人都肯负点责任。

地方团体结合不可缓

地方团体对于国家有密切之关系。你们不知道,你们观之法兰西便知道一个大概了。法兰西之中央行政不能统一,好像乱丝的一样。百年以来,都是这个样儿。现在仍然是一个强国,仍然与英国、美国不相上下。这是甚么缘故?盖其国之地方行政办得甚好,一丝不乱,所以不害其为强国。咱们中国的政府,日日的要想强国,内而军机大臣,外而督抚宪,都是一个心儿,无有那政出多门的弊端。大众若于地方行政急速整顿,则咱们中国何难强过法兰西?你们又看英吉利,现在不及昔时隆盛,然其国威不唯无损,且日日澎涨,此是甚么缘故?盖因他们全国的人民,各个人都有独立进取之精神,是以地方行政所贡献于国家之经营者,其效甚大故也。咱们中国的政府,考查外国的宪政,借作一个式样,于英国政治上的制度格外注意。政府既要效法英吉利,咱们一般人民,耳目手足皆不少于英国的人民,他们有独立的精神,咱们亦振起独立的精神，他们有进取的精神，咱们亦振起进取的精神，咱们中国不能与英吉利比个长短了?!大家须要知道，英吉利人民有独立进取的精神，办事儿的同心一气，不是存个人思想的。咱们中国人却在存个人思想，所以不能联合团体。东西的强国之人民的思想与咱们中国的人民思想比较起来，刚刚是一个反比。咱们已在他人势力范围之内，宜赶紧抛却个人思想，结合团体，斯不受后日为人奴隶之极祸也。

《盛京时报》，1908年4月17、18日

盖平议事会选举议员

议事会于一日在各镇乡投票选举自治议员。至次日开票，闻北一镇当选者有张家屯侯绅冠英、孙家屯孙绅镜涛、李家大屯李绅子卿三人，均各得票多数。至其他各镇当选人民，容俟续访。

《盛京时报》，1911年5月14日

辽中县康桂芳请议浮收钱粮一案

督部堂批：呈悉。查辽阳各旗界，余租、升科两项地亩，每（日）〔亩〕地向折收东钱二吊三四百文。前据辽阳城守尉，以辽属银元市价昂贵，请改照省价核收银元等情，呈经批准，并出示晓谕，不得于省价之外，多取分文。旋据委员范令标泰前往，查明各旗征收租钱，按照省市六吊作价，每一（日）〔亩〕地约收四角等情，呈覆。嗣据辽中县民人魏祖康，以辽阳正红旗界领催凯文催征租

项，每（日）〔亩〕地均照六角五分核收，恳请查办等情。呈经度支司咨会提法司，转行高等审判厅提讯究办。各在案。是该旗应征余租，按照向来征收钱数，折合省价，每（日）〔亩〕仅应收小银元四角，乃该旗领催收至六角五分，殊属浮冒。至随缺地一项，虽归各旗自行取租，并无应征正课，惟此项原额地租，连先后所加学费在内，每（日）〔亩〕共合小银元八角，何以该领催收至一元有余？应候札饬度支司，转行辽阳城守尉，严饬该旗，将余地租每（日）〔亩〕仍收小银元四角，随缺地租每（日）〔亩〕仍收小银元八角，不得任意加增。如再浮收，即行从严究办，以儆其陋。希即知照。缴。

《国民公报》，1911 年 3 月 13 日

本溪选举董事

自治研究所月前开议，选举城厢议事会总董。日昨已投票举定总董为景裕祯、马延铭二人，董事崔庆桐、王金榜二人，名誉董事为王锡侯、秉藩、梁玉廷、柴德林四人云。

《盛京时报》，1910 年 8 月 9 日

本溪参议员举定之确闻

于月之初八日，自治研究所开会，因选举参议员事。闻得票最多者为刘君守

荣，十三票。举定后，遂即摇铃散会云。

《盛京时报》，1910年8月16日

本溪议事会提议阅报纪略

城乡议事会二十日常会，经该会正、副议长提议，谓本邑地处偏僻，风气难开，亟宜开设宣讲所，随时宣讲，并宜购储报纸，任人翻阅，俾增人民智识云。

《盛京时报》，1910年9月27日

本溪自治会被抢纪闻

警务局后院自治会于九月二十九日夜十二句钟时分，时有诸匪人持刀破门而入，当抢去公款洋一百六十元，并姜某等衣服四十余件。闻胡匪始入院时，该会有人潜出报知警局，一连报至二次，该警局始出为缉捕。迨至警至，而贼已席卷远飏，杳乎不可得矣。

《盛京时报》，1910年11月6日

本溪自治研究所考试毕业

自治研究所已届毕业期限，于去月二十五日停课温习。二十八日，陶大令亲临该所，举行毕业考试。闻此次毕业后，尚拟续招二班学员云。

《盛京时报》，1910年11月6日

本溪自治研究所定期开学

自治研究所所长王君承三日前牌示，二月初十日开所，并续招二班学员，额定八十名。凡年在二十五岁以上、四十五岁以下，粗通文义，均可报名投考，不收学费，并每月津贴宿膳费二元。凡有志研究者，均于三月十五日以前齐到投考，即可入所听课云。

《盛京时报》，1911年4月7日

本溪县议事会当选人氏

县议事会议员于五月十七日投票选举，即于十八日当众开甄检验。闻马君春霖得一百二十四票，赵君日三得五十六票，梁君玉廷得四十九票，马君新一、李君广志各得三十八票，其余尚有得十票、二十票者，俟揭晓后再行详报。

《盛京时报》，1911年6月17日

本溪乡议会平治道路

西路第一乡议事会以平台子村南一里许之通衢大道，近为安奉铁路购占，以致车辆往来殊多不便。经该会议长乐祝三及议员吴守先、刘万廷、刘子元、崔恒五、岳某等诸君，邀同翻译员曲君仲辉，向日员某君磋商，在旧道以东，建筑木桥一座，并将山路开凿平坦，以便畅行。现已工程告竣，此来彼往，莫不称颂该会功德云。

《盛京时报》，1912年4月5日

本溪省议员选定

县议事会议长金君品三，于月之中旬奉到省议会来檄，约期选举省议员。金君当即转知城乡各议员，定于五月二十三日选举。兹闻是日到会与选者计三十人，旋即当众开箱。城乡总董马君新一得十三票，为正议员。张君俊卿得九票，为候补议员。其余均三五票不等云。

《盛京时报》，1912年5月31日

旅顺组织华人自治团体之先声

关东都督署上年以来,派员至关东州各地调查人情风俗自治事项,现已调查八九告成。兹据当轴之意见,谓与日本官员办理地方所有一切事务,不如设华人自治团体,令其办理地方公益事宜之为愈。拟于日本租借各地,组织华人自治团体云。

《盛京时报》,1908 年 1 月 21 日

二、法库直隶厅

法库筹措自治经费之为难

城厢董、议事会自去岁开办以来，迄今已阅半载。经常用款，尚未筹措。日前经城乡自治会开联合大会，提议一切款项，然卒无由表决。该会各员以为自治系立宪基础，款项如此竭蹶，必不足以资办理。所以近来颇有欲进不能、欲退不得之概云。

《盛京时报》，1911年6月7日

法库自治经费有著

城乡自治董、议两会去岁成立后，筹款为艰，幸经各该会议董等挪东补西，故得支持至今。现闻禀准张司马，加收各乡亩捐，每垧地每月加洋半角，以作经常的款。想各该会从前亏欠庶可弥补矣。

《盛京时报》，1911年7月4日

法库议事会开通常会

城乡议事会遵照定章，历年四季通常会议半月。现届六月间，开夏季常会，故日前初三日，城乡议员一律到会，由厅尊札交议案数件，以备提议云。

《盛京时报》，1911 年 7 月 7 日

法库自治研究所举行期考

自治全班学员计九十四名。今春开学以来，该所按照自治章程办理教授，颇为合法，故各学员均饶有进步。现届暑假，故于日前按照所授各科，分门考试，一俟揭示优劣，即行放假云。

《盛京时报》，1911 年 7 月 16 日

法库厅议事会选举志闻

各乡遵照自治章程，选举厅议事会议员，于闰六月初一日投票选举，即于初三日在厅街关帝庙开票。当选得城厢议员王炳文，东【一】乡议员陈福壬、杨

盛东，二乡议员王绍文、玉印，南一、北一两乡议员刘国柱，南二乡议员贺熙钧、姜佐汉，南三乡议员马玉芳、崔宗泰、王九峰，西一乡议员刘明宦、张玉福，西二乡议员傅钧龄、陈殿枫、张桂荣、杜春瑞，西三乡议员高明治、张鹏博、邱蓝田，北一乡议员徐家振、闻志成、侯祚岐等二十三名。当由监督张司马分别饬知该员来城，互选议长、参事云。

《盛京时报》，1911年8月5日

三、锦州府

锦州设局调查自治

锦州北关药王庙东胡同开办调查分局，已派郑会榜、高佐清充当正、副调查员，考察地方一切新政情形，为将来地方自治之基础。至该员能否实行，俟探悉再告云。

《盛京时报》，1907年11月10日

锦州府议员选举已定

锦州城厢区现遵章选举府议员，已志各报。兹探各镇区于初三日投票，初四日开票。所有当选者共二十四名，分别照录于下：【东】一镇为岳香岩、岳瑞岩、王清翰、靖维翰、刘雨亭、张鸿飞；东二镇为刘文轩、吴东阁、田耕云、才辅廷、刘绍虞、杨文宪；南镇为梁树桐、郝增祐、赵荫庭、麻佩伦；西镇为褚献廷、于茂龄、张屯义；北镇为侯汝赓、侯汝封、陈国棠、马登□、齐从周。以上二十四名，均在被选之列。闻府监督已饬定期开会，务于月内召集来城选举议长参事云。

《远东报》，1911年9月7日

锦州考验自治研究员

自治研究所各学员受课已八阅月。顷闻该所遵章举行毕业考验,自二十日起至二十六日始行竣事。并将试卷一律封呈自治筹办处阅核,须俟奉批后,方能揭晓也。

《盛京时报》,1910 年 12 月 2 日

锦州筹设镇乡董议事会

顷由议事会监督与诸议员公同商酌,拟在本属四乡五镇各等处分设下级自治机关。东为石山站右屯卫,西为金成堡,南为松山,北为盖王牌。闻不日即当选派干员,前往各镇筹办云。

《盛京时报》,1910 年 12 月 21 日

锦州自治研究所添招校外生

自治研究所日昨牌示,添招校外生。略谓:地方自治乃立宪之基础,而地方

自治研究所为实行地方自治之机关。本所第二届研究事宜，业将办有成效。然恐区域内绅民因道途弯远而不能研究者有之，或因事务纷繁而不能分任者有之，将来自治前途，恐不能大有起色。本所拟招校外一班，以扩充自治人才，养成普通知识，实于地方有莫大之利益。自示之后，如有合格士绅热心自治者，即到所报名领券云。

《盛京时报》，1911年4月8日

锦州议事会更变前议

城议事会日昨开谈话会，将前时议决在附加税内提成办法，顿形更变。各乡镇议长多不赞成，已将所议办法公禀豫太守议决矣。

《盛京时报》，1911年5月9日

锦州议事会提拨经费案解决

议事会为提取经费，屡次开议未决。日前经公禀豫太守裁核，曾志报端。昨闻城议事会又开第三次谈话会议，定将宣统二年正、二月份附加税，尽归城议事会弥补亏累。自三月起，是项附加税归六镇均分。决议佥同，遂即通过。大约不日即当公禀豫守批示祗遵矣。

《盛京时报》，1911年5月14日

锦州议事会议长为县令禀请销过

锦州议事会议长蒋泰周等，日昨在民政司具禀，请裁决锦县郭令道修前因事记过，请为具详撤销，以示体恤等情。张司宪以查该令办理新政、整顿选举，尚属可用之材。惟此次被控记过，系奉督宪札谕，实有应得之咎，所请撤销之处，碍难照准云。

《盛京时报》，1911 年 5 月 19 日

锦州议事会请领军械

义州议事会以现在时交夏令，青苗日见增长。凡北连边塞各地，时有胡匪出没，故日昨该州议事会派员来锦，禀请豫太守发给枪枝子弹，以作防卫之用。当经豫太守允准，即由陆军七十八标领取云。

《盛京时报》，1911 年 5 月 23 日

锦州研究所添招校外生

自治研究所为启发民生自治之知识，日前禀请监督，拟添招校外生一班。当由监督转呈筹办处批准。现在该所定期二十八日上午九钟时起，至午后五钟止，所有报名诸生，均于是日齐集该所，取具保证履历，即行发给讲义。倘或过期，概不准补云。

《盛京时报》，1911年5月26日

锦州议事会为州牧筹措亏款

义州州牧汝次泉前奉省宪调赴他任，嗣经该州各界全体保留清理财政，当蒙上宪允准，留任三月，俟期满再行更调，已志前报。兹闻该州牧以办理各项亏款，至二十四万吊之谱，日昨特邀集议事会各员，令其设法弥补。经该会开临时会，提议拟将地亩捐再行加捐提成，垫补归解，大约不日即当实行。故迩来乡民甚为惶恐云。

《盛京时报》，1911年5月26日

锦州税捐局发给自治经费

城厢及镇乡议、董两会经费,皆赖附加税下支发。本年自正月起,应发给洋三千余元。昨闻各会长等均齐赴税捐局具领矣。

《盛京时报》,1911 年 6 月 4 日

锦州乡镇议事会定期开会

锦州各乡镇议事会早经成立,继因修葺房屋,致延开会日期。现届夏季例会,闻各乡镇均经组织就绪,择定本月十七八日开会。昨已呈报监督,招集议员,并通告各界知照矣。

《盛京时报》,1911 年 6 月 14 日

锦州自治经费拟提拨庙产

东乡一镇自治会,以常年经费虽有一成附加捐,殊属不敷支用。即现在开办费,亦无所出。闻该会决意拟提拨庙产,以充经费,已将全境庙产调查详确,预

备呈请议事会议决，转呈监督，交董事会执行云。

《盛京时报》，1911年6月16日

义州议员热心公益

北区稍户营子镇东街住户自治会议员颜端峰，与该处北沟居民张雨三，日前会议，拟在该处设立宣讲所，定阅各种报纸，派员宣讲。因该处人民素称顽固，藉以开通智识，以进文明云。

《盛京时报》，1912年4月12日

义州议长吝惜钱财

城南马家屯住户傅五堂，现充州议事会副议长，人极忠厚。惟用钱财极为悭吝。近日该城各处力倡预警，而该屯署尚未前进者，因傅某在该处称为首富，不肯出钱，以致该屯千家长马振东无可奈何云。

《盛京时报》，1912年5月24日

锦州议事会弛禁粮石出境

　　议事会迩来连日开会，提议弛禁粮石出境。闻于日昨议决，准商贩购粮赴直，接济灾区。查系因奸商某存贮小米过多，是以贿嘱该会当权者二人，许以一万伍千石装运出境，每斗捐钱二百，归该会补助某项经费。刻已呈请监督豫守，未悉能准如所请否。

《盛京时报》，1912 年 5 月 30 日

锦州议事会不肯体恤农民

　　农业分银行成立后，各农民凡无力耕种者，莫不持地照契据，赴该银行借贷，以资接济。无如该行定章，必续由议事会存案备证，方能交易。而该会则概不承认，致告贷者反谓该分行故意刁难。岂知该行亦颇有难言之隐，其咎实在议事会不肯少任仔肩也。

《盛京时报》，1912 年 6 月 4 日

宁远州选送议员

临时省议会日前咨商赵都督，以现在国基虽立，国本未固。所有建议各事，名虽网罗多才，广征意见，实不足以因应咸宜。况奉省幅员辽阔，事务尤繁，以本会五十人而肩全省立法机关，实难必其有济。拟请饬下各属，凡有缺席议员各区，务祈速行选派，以便来会与议。都督当即札饬各属，兹据宁远州呈称，参、议两会业已举定李寿昌君为省议员，申详到署。闻都督已转咨省议会查照矣。

《盛京时报》，1912年5月24日

张民政司在绥中县演说

昨日入城时，居民夹道欢迎，实深喜慰。本司甚愿与此邦人士，一吐胸中所欲言者。以人数过多，不能一一接见，特借学堂为大众演说。时间有限，先就绥中所最切要者提出两条，请吾父老子弟注意。一条，私塾改良。本司到绥调查，此间学界甚属幼稚。劝学所虽设，于划分学区、调查学龄尚未着手，间恃私塾为业之寒士多生阻力，学生来去无常，视学堂与私塾歧而二之，同一读书，显分畛域。县令下车伊始，先考各私塾学师，择其文理稍优者给与教读文凭，令照初等小学教科书教授。化无数之私塾，尽变为小学堂，此举极有益于学界。昔日私塾，专为弋取科举而设，究之千百人入塾，得科举者不过一二。其多数之人，至有读书四五年不能作家信、阅报纸者。学堂则专课实学，学一门即得一门之力，学一日即有一日之功。就算学一门论，无论为士为农，为工为商，皆切于用。乡僻无知，愚民往往诋入学堂为念洋书，尤属极鄙陋见解。各州县所设之两等小学堂，是粗浅普通教育，无洋文功课，必毕业后程度稍高，升入中学，方兼习洋文。以其于中国之国学先已温习，有了根柢，然后旁通各国语言文字，预备升入专科。至洋文又系现今世界万不可少之学。譬如绥中城内来几个外国人，或游历往来，或公事交涉，试问此不通外国语言文字之一般人，目瞪口呆，如何对付？必至彼此隔阂，生出事端，为外人轻视。若能通其文字语言，便无不达之情矣。出洋游学东洋，每年须五六百元；西洋，每年须二千余元。各省学生，纷纷禀请资送，求且不得，尔乃以中国学堂为念洋书，且生疑虑，岂不可笑？故自今日改良私塾后，各屯各堡，须合力多设小学堂，切勿再生阻力。一条，劝女子不缠足。绥中有女学堂，是极可喜之事。女学堂有缠足之学生，是极可哀之事。何以言之？人无论男女，五官手足，皆天所赋。为父母者，溺于世俗乡曲之见，不惜以己最爱怜之娇女，残其肢体，忍心害理，莫此为甚。问尔缠足有何益处？恐亦无以自解。况有一极危险之事情，倘遇乱离，众无数缠脚不能行动之处女，不死于划枪炮火之下，即污于强暴匪人之手。念至此，能无惧乎？即以贵贱论，皇太后、皇后、八旗、宗室、命妇均不缠足，汉人缙绅大家近亦多立天足会，互相规劝。惟闾巷细民，平康妖妇乃以此为□美。何贵何贱，何去何从，请自择之，不必遽与尔言强种，言卫生也。我父老子弟，勿谓女子一足之敝，何与于国家大事，致烦官长饶舌。望将以上所说二事，遍加研究，一二年后，风气大开，本司道出辽西，当再为绥中人进一解。

《盛京时报》，1908年4月22日

四、新民府

新民府自治会亏累尚巨

地方自治研究会自九月十五日至十月十五日止，共收入款项三千数百串有奇。支付书记辛资及一切杂用，约二千几百串有零。所余一千串，除归还旧时欠款，计钱七千数百串一项外，实不敷钱六千串有奇云。

《盛京时报》，1908年11月17日

新民选举开会

初八日为初选举开会之日。自管太守，以次有正监选举员孙经历、副监选举员韩广文、司选员法政毕业生黄世芳，届时均齐集自治研究所也。到会约二百余人。首由管太守演说立宪之理由，次由孙经历演说有选举权有被选举权之理由，再由黄演说有财产五千元以上之关系，均极剀切详明。故刻下选举事务所中人正非常忙碌云。

《盛京时报》，1909年1月5日

新民汇志筹办选举事宜

新守有直接管理地方之权,故明年选举,应行初选、复选两种。现闻府署既奉省垣谘议局筹办处公事多件,业已于本月初开办一切,并设选举事业所于府署、所派专员经理,以期责有攸归云。

初选举监督既由府尊禀明省宪,照章派定府经历孙君、教授韩君二人矣。

省垣谘议局筹办处派自治研究学员七人,宪政学员二人,均已来新听候府尊差遣,分至各城乡调查选举人员,及讲演选举原理,俾得家喻户晓,而府尊又恐调查员以地广人众,难免遗漏,故传谕各城级巡警为之臂助一切,庶国民应有之公民权不致有所放弃云。

又省垣谘议局筹办处所派之司选员黄君世芳,亦已到新,襄助地方官办理一切选举事宜云。

《盛京时报》,1909年1月7日

新民司选员赴彰武

省垣谘议局筹办处所派之司选员黄君世芳来新一节,已志前报。兹闻黄君会同初选监督孙经历、复选监督管太守,商议入手办法,已略有端倪。故又于前日驰赴彰武县,再与该县初选监督唐小亭大令筹办一切事宜云。

《盛京时报》,1909年1月8日

对于选举事务之认真

管太守深通法政,前曾在省办过自治局事务,故于选举一道,亦素所熟悉,非同漫无头绪者可比。近自奉上宪办理选举事务后,督饬初选监督、各调查员异常认真,不肯丝毫疏忽。闻尽年内所有城乡人民合于选举之资格均可调查清楚,造成草册云。

《盛京时报》,1909年1月10日

记选举调查员之伙食费

各调查员照章应由地方官发给伙食费,并未明定限制,遂由管太守酌定,每员月给十两。兹又奉省谘议局筹办处转奉督宪札饬,调查员伙食费每员每日不得逾三角,故管太守即遵札减为每员月给九元,以资津贴云。

《盛京时报》,1909年1月15日

新民府镇安县之选举近况

新民府属镇安县张雨村大令,自奉上宪札文,筹办选举事宜后,即将各项章程悉心研究,并照章设选举事务所一处,以专责成。适司选员黄世芳君由新至镇,遂与之商定入手办法。调查员王化宜、李荫棠、张广仁、惠如霖四员,分赴城乡调查合格人员矣。

《盛京时报》,1909 年 1 月 16 日

新民府镇安县调查之迅速

城内五区选举调查员何星源、王鹏龄两君,秉承府尊管太守之督饬,调查合格人员,略有端倪。兹闻个中人云,城内地区地方合于资格者,共有三四百人之多。其中以坐拥厚资合格者,占大多数。至因功名而合格者,竟稀若晨星。现经日内发给资格表,令其填写,庶年内尚可一律收齐云。查各处调查均未有如新民之妥而且速者。此虽由于调查员之得其人,然亦未始非地方官之监督有方也。

《盛京时报》,1909 年 1 月 16 日

司选员回新

司选员黄世芳君驰赴镇安,会同该县初选监督商定入手办法,现已布置妥当,于日前回新,再与复选监督斟酌督饬各属一切办法矣。

《盛京时报》,1909 年 1 月 19 日

新民议员之资格

城乡选举调查业已陆续告竣,统计本郡人数有三十余万之多,其中合于选举资格者约一千二百人左右,合算三百人中仅占一名。而第一项至第四项之资格,不过百人余,则全系第五项资产之资格云。

《盛京时报》,1909 年 2 月 20 日

彰武选举合格人员记数

兹据彰武县来信云,该县素称荒僻,近因唐大令演说之力,各乡民颇有感动。现在陆续填成资格表者,已有五六百人,将来尚有二三百人可与于此者,统

计可有八百人之谱云。

《盛京时报》，1909 年 2 月 21 日

记彰武劝学总董

谘议局定章，凡学生不得投票选举。昨彰武县选举劝学总董时，有多数学生投票公举温甲琳。事后揭晓，温君竟得四十三票，为最多数。有孔祥升等具禀提学司，谓选举总董，学生违章投票，请饬另举。奉批：此案曾饬县查核，业据禀覆，该总董于选举时，得四十三票，扣除学生等所投十票，尚得三十三票，为数较多。当经批准，该总董今甫任差，所请另举之处，无庸置议。

《吉长日报》，1910 年 4 月 23 日

新民复查选举合格人员

管太守因选举调查虽陆续告竣，深恐不无遗漏。故昨日复札饬各调查及巡警。略谓：

查选举合格人员之多寡，全在调查之精详与否。统计本郡人数有三十余万之多，乃近阅各员所报告，合格人数至多不过一千余名左右。计算三百人中有选举权者仅占一名，调查难保无遗漏。本郡他项资格固属不多，但一人有二三百亩之田地、十余间之房产，尚不在少数。屈计预算，期限草册，尽二月初十日截止，尚不为迟。除通饬巡警切实协助调查员从事复查外，合行札仰遵照，即便从事复

查。协助各员复查,以期无稍遗漏,是为至要。切切特札云云。

《盛京时报》,1909 年 5 月 20 日

新民复选批示照录

日前管太守呈报筹办复选举情形,并附呈告初选当选人文一案,蒙谘议局筹办处批开:"呈悉。所拟晓谕初选当选人示稿,甚为明了,具见办理得法"云。

《盛京时报》,1909 年 6 月 11 日

新民复选举人到府

复选在迩,现经新、彰、镇三属选举人均已陆续到府,预备投票云。

《盛京时报》,1909 年 6 月 11 日

新民议员免扣差俸之札知

府署奉督到抚宪札知,谓所选议员,无论满汉,如系职官,一律免停差俸。

其常驻议员则不扣俸，而仍停差。业已知照遵行矣。

《盛京时报》，1909年9月17日

新民自治研究所开学

自治研究所学员业已招足一百余名，由所长禀明府尊，定于月之十一日开学礼。官绅到者甚多，颇极一时之盛云。

《盛京时报》，1910年1月23日

新民自治选民资格报告

据自治事务所报告，本年春调查选民资格，商界八百六十二户，八千七百三十五人，列入甲级者二十人，税捐额数七万八千六百六十七元，内中有被选举权者十一人，仅有选举权者九人；列入乙级者五百七十一人，税捐额数七万四千二百五十二元，内中有被选举权者一百二十四人，仅有选举权者四十七人。至民间户数四千九百七十三户，人数二万四千九百六十三人。其资格列入甲级者无，外入乙者六百二十六人，税捐数一千九百十元，内中有被选举者六百二十五人，仅有选举权者一人。查城厢人口，去冬由巡警调查，计四万有奇。此番调查，只有二万二千余口，两相比较，减少六千余口。盖缘商铺年关前后，荒闭百数十家，人数已散去若干，兼油栈行店性质活动，油栈人数冬令增而春夏减，行店人数冬令聚而春夏散，此人口减少之原因也。再选民年纳税捐总额十五万四千八百三十元,甲、乙两级平均每级应分七万七千四百余元,而甲级之二十人已占七万八千六百余元,与平均数相较,计数千元。若于甲级内再去一人,又缺千元,亦与平均数不合。只可仍以二十人为甲级税捐额数,虽多亦以无妨。至商界多有选举权,而少被选举权者,皆因为财东之代理人而非股东故也。

《盛京时报》,1910年5月3日

新民府热心国会再志

新民府商学各界,前推国会请愿代表赴省,与谘议局商量办法,已志前报。兹经议定,共推劝学总董闻君子衡,随同省中诸代表晋京,以资援助云。

《中国报》,1910年5月11日

新民议事会开会有期

议事会择定月之初七日行正式开会礼,闻须邀请各界人员齐集该会,演说一切。届期定必有一番热闹也。

《盛京时报》,1910年7月10日

新民府自治学员下乡劝捐

本埠水灾之巨，迭见各报。虽外埠各慈善家提倡捐输，以赈饥民，而本郡各慈善家，亦不忍坐视。是以日昨先由自治研究所选派学员三十名，分赴四乡，按照警务六区地段，每区学员五名，向各富户劝捐。现已分别首途矣。

《远东报》，1910年10月13日

新民自治研究所快将毕业

自治研究所毕业期限本在八月，嗣因水灾，耽误两月功课，故特展限，以便补习。然十月初旬则亦可举行毕业考试矣。

《盛京时报》，1910年10月22日

新民自治所毕业考试完竣

自治研究所毕业考试已于二十四日一律完竣。现在该所将各科试卷校阅定当，核定分数，造具清册，呈送自治筹办处核定后，即行发给文凭云。

《盛京时报》，1910年11月1日

新民府自治研究所续招学员

新郡自治研究所学员现已毕业，不日即当发给文凭，派往各区，担任义务。兹闻该所所长何君，以自治为立宪基础，不能不切实研求，拟再招学员百余名，入所讲习云。（珍）

《远东报》，1910年11月11日

新民恤车户而苛捐戏园

本郡董事会提议加增车捐一节，因各车户前已认捐一次，领有车牌，碍难令其重征，又未经商会赞成，随而中止。此举可谓体恤贫民。惟戏园每票一张，须加捐铜子一枚，实行多日。转谓戏捐前非输纳，今该会又勒令出捐，不稍宽贷，可谓捐上加捐，何厚彼而薄此耶？

《盛京时报》，1910年12月10日

新民选举国会代表有期

近因奉省各界请愿速开国会,已蒙督宪允准代奏。惟恐难达目的,昨由省城派员到新组织,选定代表,预备明年赴北京,再恳速开国会。故新民各界定于十四日,假风月楼为选举代表之处云。

《盛京时报》,1910年12月17日

新民请愿国会代表回新开会

请愿代表汪君、王君、常君三人,由省回新组织开会,假风月楼大开议会。绅商学界到会者八百余人。该代表登台演说,听者多有痛哭流涕者云。

《盛京时报》,1910年12月18日

新民开会闭会钟点及秩序

十四日早十钟,振铃开会。各团体公举代表,报告开会之缘由,省代表演说。省代表登台时,赴会人皆须起立致敬,鼓掌欢迎。各界代表演说,赴会人演说。开会时，不得任意谈话。会未闭，不得任意出入。晚三点振铃闭会。闭会时，各界赴会者须皆整齐，自后排以次散会，务求保存秩序。代表团回城办事之手续，及演说之条目。

《盛京时报》，1910 年 12 月 18 日

新民府组织同志会

本郡于十四日赴奉请愿国会代表等旋新，假风月楼大开国会演说会，绅、学、商、警各界齐集，互相提倡演说，举办同志会，推举正、副会长。现在学务总董闻子衡邀及商务总理、董事会总董，公同会议，成立选举，至应选何人，容日发表再志云。（珍）

《远东报》，1910 年 12 月 25 日

新民府同志会举定代表

新民绅商学各界近日联立同志会，举定会长程惠亭，于十七日推举各界国会赴京代表。现已揭晓，应举绅界代表荣佩卿，农商界代表闻启元，学界代表李有忱。现各代表被其推举，亦愿尽厥职，俟明正赴京，叩请缩短国会年限，以便速开云。（珍）

《远东报》，1910 年 12 月 27 日

新民府组织国会宣讲所

　　本郡各学堂因年假放归各学生,因请愿国会联合同志会目的,轮流下乡演说,开通民智,振兴富强基础。现拟往府街联合组立同志会宣讲,每日赴所宣讲国会宗旨,鼓动同胞热心爱国。(珍)

《远东报》,1911年1月3日

新民议事会开会

　　议事会日前开会,提议修筑街市。嗣因需款甚巨,一时不能解决,复提议街衢路灯向归警区经理,其中不无赢余,拟归议会接办。但夜间照管路灯,仍归警务局主持云。

《盛京时报》,1911年3月30日

新民议事会提议组合积金会

　　议事会以办理地方自治,在在需款,倘无积存款项,一旦遇有急需,必多掣肘。故提议由警、学各界薪俸内每十元抽款五角，以作积金。闻业经禀准府宪照办矣。

《盛京时报》，1911年4月4日

新民自治员私用公款

乡警五区自治员张某，自客岁划镇分乡，一切筹备办公款项，均归该员管理。乃该员不自检束，擅将公款动用，以致无力抵偿。该地人民故近来颇有物议云。

《盛京时报》，1911年5月18日

新民董议两会奉到宪札

本郡董、议事两会昨奉民政司札饬，略谓董事会须常川驻守议事会，只须临时召集，并将该会总董、议长薪金概行裁撤，每年拨给经费银一百两云。

《盛京时报》，1911年6月13日

新民四乡自治会亦将成立

本郡自治研究所头班肄业各员，已经毕业。该班各员，亦多可造之才。现奉省宪札催，设立四乡自治会，是以各员均各回乡，大约不日即当投票选举云。

《盛京时报》，1911 年 6 月 13 日

新民复选揭晓

本郡自治区域前经划分为五镇七乡，今各镇乡议事会应行设立，由各镇先行投票，选定议员二十人，由议员中再行复选。

《盛京时报》，1911 年 6 月 28 日

新民议员当场献丑

四乡选定议事会议员，现在均已来府，听候复选，曾志昨报。有某议员者昨至署内收捐处谒拜，突被审判厅司法巡警揪扭至厅，议加管押。探闻该员因被控有案，屡传不到，此次运动当选，意图藉作护符。无如该员所犯案情甚重，故巡

警将其获住云。

《盛京时报》，1911年7月1日

新民议事会开会

本郡议事会前因连日淫雨，河水为患，夏季通常会直延至今日（初五日）始行开会。金守亲临监视，以昭（整）〔郑〕重云。

《盛京时报》，1911年8月2日

新民董事会行将选举

董事会成立以来，已届一年期满，循章应另行选举。现将应有选举权者分为甲乙两级，列榜悬示。甲级二十八名，乙级一千二百七十名。其应有选举权而未曾列榜内者，准其遵章呈补云。

《盛京时报》，1911年8月10日

新民选定省议员

省议事会成立后，即饬令各属选举议员一人，至省与议，以符章制。本郡遵于月之初四日开全体大会，投票选举。其得票最多者为李君兰波，当推定为省议员，以次多数闻君子恒为候补省议员云。

《盛京时报》，1912 年 5 月 9 日

新民府议事会互选议长金太守之训词

略谓：官民不相信，遇事隔膜，互相疑阻，万事因之不理。此吾国之通病也。自筹备宪政，实行自治，渐立基础，而上下争执，各行其是，官治自治，截然二事，成效难期。唯府厅州县自治会为上级自治机关，合官治、自治而为一统，城厢、镇乡以并筹维持全局，舍此莫属。本府莅任，首重此举。提前赶办，幸不误期。各城镇乡公举议员，既称得人而治。今日互选议长、副议长，暨参事员，概皆一时之选，尤为忻喜过望。府自治实责任甚重，诸绅为全境代表，凡全境一城五镇七乡千八百屯，四十万人之权利义务，不啻一举而尽托之于诸绅。何者为应尽之义务，何者为应享之权利，何者应兴，何者应革，诸绅对于全境，实应负其全责。而本府专任地方，忝居民上，尽其心力所能为，不敢自放其责任。嗣后遇有应办之事，知而不言，诸绅之过也。如果可行之事，言而不行，本府之责也。东省大势，触目惊心，我新迭被水灾，民生困苦，救济尤不可缓。愿我诸绅，同心合力，共济艰难，毋存意见，毋相推诿，庶官民交信，祛隔膜而消疑

阻,地方通病一旦霍然,本府有厚望焉。

《远东报》,1911年10月14日

新民府议事会议长荣凯答词

府议事会,人民自治上级机关,为地方全郡人民之代表,关系非浅。鄙人前蒙本镇公民举为议员,自愧才能疏陋,陨越堪虞。今于互选之日,复蒙诸同人举为议长。公选之下,惶愧失措。以鄙人等之资格,遽裨以地方全体重大责任,汲深绳短,倍形竭蹶。况值此末灾之后,地方公益,诸般待理,款项奇绌,尤须筹划。言论稍有不当,即不足为地方谋幸福,又负全郡人民之希望。鄙人等谨承监督之训,暨来宾之祝,义不获辞,心实滋惧。惟有黾勉从事,不惮怨劳,但求稍裨于地方,即尽一分之责任。是则鄙人等私心所自励,亦我同人等所共相勉励者也。

《远东报》,1911年10月14日

新民府议事会举定议长及参事员

府议事会选举议长及参事各员,已志前报。兹该会已选定议长荣凯,副议长李有忱,参事员程世恩、刘百泉、朱广春、德先、王文魁、陈永斌,候补参事陈静轩、钱忠恕、佟恒祺、徐超、孟化一、王鏊诸人云。

《远东报》,1911年10月14日

五、营口直隶厅

营口开议地方自治

营口创办新政，尚无定章。近有自治局特派调查委员，由省来营，考查地面之风情，预为设局之基础。经海防分府马玉初司马邀集，埠内绅董等咸赴商务总会，开议办法，筹议选举充任。是日也，自绅董以外，不请之客至者甚众，不下四五百名，悉欲知地方自治之新政。经该委员提议，地方自治定须选当地之人，他省浮居者不得干预。惟汪监督言，凡在埠内居住者，均宜充任。众未可否。议至三小时之久，始行散会，尚未定议云云。

《盛京时报》，1907年10月29日

营口地方自治之计划

徐钦帅前关于地方自治事宜，派自治局卒业生赴各州县实行自治。营口派有自治员四人，日前在商会演说自治大略，已定于十月初一日开始办理。拟将营口官立之巡警、卫生、工程三局归商会自办，所有款项亦就地方上自行筹措，为实行自治之基础。至其果能办到否，尚未可知云。

《盛京时报》，1907年11月5日

营口地方自治问题

营口接收之后，诸事改良，官督绅商维新，地面渐有起色。近来奉省创设自治局，经上宪特派自治毕业学生调查各处风情，预为开办该埠，派来调查员四名到埠。经海防分府马司马通饬绅商，在商会演说自治之义。该调查员演说之词意游移，绅商各执一词。绅云：地方之事，理宜自治，而商界不得越权。商云：商会即为地方自治之基础。况且地方之事，多赖商界维持。会议数次，意见不同。因东盛和连倒风潮，遂将此案束搁。故营口之地方自治，亦现在之最难一问题也。

《盛京时报》，1907年11月22日

营口筹款办理自治

营口海防同知前奉札保送自治学生，赴省肄业，为地方自治之预备。兹已毕业，派营调查自治事宜，限六个月报竣。四人月薪共二百金，并以外饮食等费，约需银二百两之谱。奈营埠办理新政，款项亏绌，马玉初司马遂亲至劝学所，邀集绅富，酌议集款。连番集议，终属困难。司马不惮勤劳，务期达其目的，以维持地方自治大局云。

《盛京时报》，1907年11月5日

营口推广地面调查自治

营埠各地面之事,向属海、盖两县分界辖管,虽有分府,毫不相涉。自客岁收还之后,改办新政,创立新法,尽归埠内官宪办理。如巡警、卫生、工程等局,官立、私立中小学堂,分办专理,并不与海、盖两县连属。前有省城派来自治毕业学生,调查地方自治,预为设立自治局基础。该调查员到埠后,详细勘测。全埠地域,仅十余里,挨户调查,亦不用六月之久。该学生等遂在海防分府禀请推广界限,调查地方自治之情形。经马司马转详上宪,静候核咨。现在埠内商家住户尚未查毕,能否推广,尚难逆料云。

《盛京时报》,1908 年 1 月 1 日

营口地方自治绅商合办

营口接收以后,诸务维新,设学堂,立商会,学、商两界均有改良之气象。日前省宪派来自治毕业学生四名,调查地方自治,预为设立自治局之基础。在商会演说自治权限,绅商各怀意见,大起龃龉。该商会总理禀请厅宪,绅士干预地【方】自治,即是品行不端。于是,学界中人大起公愤,正欲对待。适逢商号连倒,亏款甚巨,故将自治事宜暂行缓议。兹悉绅商镠辐未息,自治办法难定。虽经商会禀请官宪,亦未核夺。近有某人出为排解,联络绅商,合办地方自治,共结团体,维持大局云。

《盛京时报》,1908 年 1 月 5 日

营口自治局调查户口财产

近省宪派来自治学生,调查地面之情形,预为设立自治局之基础。昨至牛家屯第十巡警分局,协同该局巡弁,沿村调查,颇为详细。凡住户之人口男女、老幼、昆仲、年岁、营业、地亩、财产等项,逐一登簿,极其详备。该村庄无知之民,深生猜疑,议论纷歧,多有隐匿财产,不敢实报者。幸赖该界巡官派遣妥差,协同各村之乡保,沿户演明自治之意,说出调查之由,村庄之民始释疑惧。今将邰家屯、五台子等村调查已毕矣。

《盛京时报》,1908年1月10日

张民政司使在营口商务会演说

现在我大清国为预备立宪之时代,一般人民,即为预备立宪之国民。虽有十五年之限,然使大众不先为研究,到了十五年时候,四百兆之人仍无立宪国国民资格,宪政又从何处立起?今日特借商务会为大众演说。营埠为商业繁盛之区,商界之人实占多数,故今日演说,所最注意之要点亦在商务。在昔古训,士农工商,同为四民,汉制抑末力田,并列于孝廉,商人服御有令,至今限制中国千余年,视商为贱业。虽有计然十策,陶朱三徒,仅供士大夫文辞点缀,无所谓商学也。然此为中国商界之历史。今则五洲交通,竞争剧烈,西人直以商亡人之国。识微之士,危其词曰:商战盖一胜一败,一存一亡,亦何能逃此天演之公例?西人不惜以全国兵力要求通商口岸,其意可知。我政府深审商务为立国之本,于京都创设农工商部,于各省设立商务总会,各府厅州县设立商务分会,选举总协理,以董其事。其业商外洋,有成绩者,或赏京衔,或予出身,优待商人,为从古所未有诸事。须知今日商人为极尊贵之人格,非有实学,有公德,岂能自立于商界之上?然此皆对于商务一方面立言,何与于立宪,何与于地方自治?不知"地方"二字,系合众团体构造而成为地方也。学务有学务之团体,警务有警务之团体,其它实业、工场等,莫不各有团体。由无数小团体合成一大团体,即自治之基础,立宪之根本。商务则于各团体中尤有绝大之影响,缘学堂、巡警虽开通知识,保卫地方,皆属消耗之性质,而经济问题多仰给于商业。全望在会诸君,就固有之团体,勤加研究,力求进步,视公事如私事,合众人为一心,勉为立宪国民,勿让东西洋商人独步于二十世纪之世界也。

《盛京时报》,1908年4月16日

营口议员归县选举

营埠东西街市,海、盖分辖,该海防分府并无专管地面。近因设立谘议局,例宜选举议员。前奉宪谕,官绅核议者,将当地户口、财产逐细调查,预为选举地步。正在集议之时,厅尊朱司马接到宪札,言海防厅并无专管地面谘议局之议员,著勿用举。该埠东属盖平厅,归盖平选举;西属海城,应由海城选举。自有斯谕后,而选举议员之事,遂作罢论。致埠中户口若干,财产若干,亦未调查。约须俟盖平、海城调查明晰,再行公举。

《盛京时报》,1909年1月5日

营口议案一议了事

营口商务总会于十五日上午在西营商会开会，集议督抚宪交下谘议局议案，设立储蓄银行、豆业公司等问题。先由协理李君序园一一宣布，后由各议董、各商代表集议良久，迄无成说，咸以筹款维艰为最后之决辞。

《吉长日报》，1909 年 12 月 30 日

营口演戏还债谈

营口热心志士数人，拟编排新戏，假小红楼戏园，开演劝还国债戏，将所收戏资，尽数捐入国债，一俟新戏排成，即行开演云。

《吉长日报》，1910 年 1 月 22 日

营口商业学生之热心

营口函云：本埠绅、学、商各界，自闻天津商会发起筹还国债后，热血奔涌，急起提倡，欲追随各埠热心诸君子之后，以尽国民一分子之义务者，固属不

少。然奔走呼号，涕泣随之，不辞舌敝唇焦，而欲同胞之感悟，未有如商业学堂诸学生者也。自筹还国债之议起，即开会演说，并分赴奉天等处各学堂，苦口劝导。兹当年假辍课之际，又到处演说，并将演说词编成白话，刊印分送，冀本埠各社会中人有所兴起云。

《吉长日报》，1910年1月25日

营口绅商学界大集议

营口函云：本埠绅商学各界，于筹还国债一事，颇著热心。叠经提议，未经会议，成效未能大著。故今由绅商学各界志士，拟定于十八日上午十点钟，假东营商务公所开特别大会，商议办法，俾众志成城，无遗虎头蛇尾之诮云。

《吉长日报》，1910年2月28日

营口筹还国债办法

营口绅商学界十八日假商会开议筹还国债，已志本报。兹又接营口函云：是日开会，绅商学界热心诸君，到者甚众。当由商业学生汪监督一庵，演说国债与国民之关系，及种种骑虎之势，断难半途中止，贻人讪笑。后经众议定，仿照天津、浙江办法，以图易于着手，早观厥成。

《吉长日报》，1910年3月3日

营口商会提议继续请开国会

营口商会日前接省城谘议局来函,嘱选派代表,赴省集议继续请开国会事宜,并章程数条。故于十九日开会提议,大约须俟定期特别大会,再行商议办法,并选举代表云。

《吉长日报》,1910 年 4 月 4 日

营口地方议事会人员选定

前报载二十一、二十二两日在东营商务公所投票,选举地方议事会议员一节,兹已闻举定刘绅兴沛为董事会之总董,郑绅兰田、王绅汶泉为董事会之董事,刘绅星阶为议事会议长,赵绅水如为议事会副议长。

《吉长日报》,1910 年 7 月 5 日

营口自治研究所毋庸裁撤

地方议事会现既举定会长、议员,由直隶厅呈明民政司立案。其原有之自治

研究所，应在裁撤之列。今据省城自治会通告，谓自治机关部多设一处，即多得一处之益。所有前设之研究所，仍请照常筹办。与地方议事会合力并进，俾一切自治事宜，得以克臻完备云。

《吉长日报》，1910年7月21日

营口议事会择定会所

本埠议事会自选举后，曾有捐资建筑会所之议。日前该会议长刘君星阶、副议长赵君水如，及各议员，齐集会议，择定第四小学堂院内为议事会所，克日即将修理住用。并议一切组织方法，收录人员，大约月内即可成立云云。

《盛京时报》，1910年7月30日

营口董事会员有辞职之风说

本埠董事会会长、会员早经选定，本期与议事会相辅并行。本月初十日，议事会亦经成立，惟闻董事会员均有辞职之说。闻其原因，系因各会员对于该会长不甚水乳交融，因而各有意见，此事虽未发布，而道路传言已纷纷莫讳云。

《盛京时报》，1910年8月9日

营口议事会定期成立

议事会原定于本月初一日成立，嗣因筹备一切改期。初六日，假座东商会大楼，举行该会成立正式典礼。刻已帖请阖埠官学各界，届期于上午十钟齐集观礼。至于后开会议，办理一切公务，仍暂假地方自治事务所内，俟第四小学堂内本会场所修理后，再行迁往云。

《盛京时报》，1910年8月10日

营口议事会成立志盛

本埠议事会预订于初六日举行成立典礼，已经前报。今日（初六日）午前十钟，该会全体各员及合埠官绅，齐集东商会大楼，约共二百余人，举行礼式毕。首由刘孝廉绍炎（董事会长）登台宣布，继经高司马宣布议事会大旨，及勉励希望各词。渔业总办李观察演说国步之艰危、强敌之压迫，情词痛切，泪随声下。以次金观察星珠、张区长舜卿、郑议员兰田，均相继演说。旋仍由刘绍炎君致答辞，于是礼成毕会。一时济济锵锵，颇足称【盛】。惟正议长刘君星阶、副议长赵水如则并未登台致词云。

《盛京时报》，1910年8月13日

营口选举乡议事会之先声

　　本埠议事会已于上月选举定当,于本月初六日开幕成立。兹闻四乡议事会已订十七日按照划分自治区域投票,选举乡董乡佐,以促自治之进行。届期厅尊高司马当派员莅场监视云。

《盛京时报》,1910 年 8 月 20 日

营口议事会近况述闻

　　本埠议事会业于七月初六日开会成立,已纪前报。兹闻绅界人云,该会虽名为成立,然尚未开议办事。现在假寓之会所内仅有书记二人,常在所中司理文牍。而官绅各界及会员之荐人者名条,已积至寸许,均因无事可任,一概谢绝。所筹经费,歌妓捐现已实行。惟报名纳捐之妓,不过二三十名,月收不过百余元。澡塘捐因吴家塘子不随众议,尚未开捐。其余指提各款,亦未收入,殊形拮据,举办为难。且筹备规划一切事务,在本埠中亦少熟谙人员,是以至今尚不闻有如何之发布云。

《盛京时报》,1910 年 8 月 28 日

营口议事会开特别会议

本埠议事会日前特柬约请阖埠绅、学、商会诸君,于二十三日下午三钟,齐集该会,开特别议会,到者约三十余人。厅尊高司马亦莅焉。探悉所议,仍系筹划经费各条件。至晚五钟,始行散会。一切细情,详访续登。

《盛京时报》,1910 年 8 月 30 日

营口自治学员要求退学被斥

日前自治研究所各学员因津贴之费较前减少,不足用度,并有他项复杂之原因,全所学员公同禀呈监督,全体告退。经监督高批示,略谓:该学员既自知程度太低,益当勉力用功,藉图进步。何得自甘暴弃,要求解散?不准。并斥。而各学员遂照常上课云。

《盛京时报》,1910 年 9 月 17 日

营口自治学员之擘画

自治学员董应文君家住通惠门街左近，因见该处街道均系泥土，而且低陷不平，沟道亦多淤塞，每遇雨水，积潦不退，有妨行人，用特禀请警局，派令土车运土至该街一带铺垫，务令平坦增高。一面又约集该处住家铺户，一齐出雇夫役挖沟，现已一律修作。如董君者，可谓为地方谋公利者也。

《盛京时报》，1910 年 9 月 17 日

营口议事会开会有期

营口议事会业已成立，现订于八月二十五日开第一次通常会。刻已呈报各宪，并通知各界，广征意见矣。（林）

《远东报》，1910 年 9 月 27 日

营口绅董引退之原因

营口自治事务所干事郑君蓝田，办理地方事宜，历有年所。现又举为本埠董

事会董事。惟该绅办事甚为认真,每致招忌。近因块垒填胸,灰心已极,从此地方事宜,不愿与闻。昨曾具禀厅署,请给长假,未邀允准。近日各绅拟即集合团体,赴郑君宅第,公同劝驾,谅郑君关怀时局,难拂众意,亦必能曲予出山也。(林)

《远东报》,1910年9月27日

营口建筑会场之擘划

营口议事会虽已开办,因筹款维艰,并未建筑会场。现经绅商两界开会核议,拟将发还之国民捐领回,以一半作为议事会建筑经费,以一半拨充新民赈捐股。众皆赞成,刻已分详各宪,尚未奉到批示云。

《远东报》,1910年9月27日

营口议事会提议捐款

日昨闻议事会提议警饷收捐处经理各款,照章每月应将收支各款列榜公布。今该处间或有或无,殊属非是,拟令该处按照定章而行,以免外人滋扰,并议将所收捐项存储大清银行,以便随时支用。大约俟决议后即须实行云。

《盛京时报》,1910年10月15日

营口厅高札覆议事会全文照登

为札知事。前据该会呈请整顿学务,清查学款等情,据此当经本监督调取劝学所账簿,逐一清查,无甚弊窦。一、本年正月杪,前总董卸事,即委视学梁占一代理,准以视学兼领总董薪水,系由前监督主持,该总董并无不合。一、从前各学堂款项,均系分支,故各堂归各堂。现在通盘合计,总出总入,并无第一第二之分,故余款无容宣布。一、每月报费十六元二角,除开销各堂教育官报,暨劝学所一切应看报章外,所有存款已收在账。一、两等小学堂役裁撤一名。五六月间,因该堂表册存积,急需填写,添用书记一名,遂以堂役两月工费划抵。事竣而后,一月工费已存账内。一、第三小学副教员半月薪水,已存入公账。至整顿学务一节,当经另札该所遵办。兹据禀称,【查】学两员,系为乡学而设。乡学八十余处,每月除巡查课程外,尚有办表、开会事宜,一时未便裁撤。视学一员,现在学款支绌,似可暂请缓设。简易识字学塾,并清真寺在内,共有四处。惟第四学堂业已废止,自应遵饬勉力整顿等情。据此查以上所称均系实情,惟本埠劝学员尚可裁去二员,仰该会会商劝学所总董,酌留一人,以节糜费。合行札饬。札到该会,即便知照。此札。

《远东报》,1910 年 11 月 13 日

营口劝学所禀驳议事会议案全文

(原议)劝学所为办学之机关,凡属应办之事件,必须认真办理,方期进

行无弊。该所所办各事,诸多废弛,且收支款内亦有不符之处。今逐条分列于左。

(驳)议事会为自治之机关,凡属应议之事件,必须秉公核议,方能照办无阻。该会所议各事,诸多捏凑,且所捏条内每多有污蔑之处,今试逐条分驳于左。

(原议)(甲)劝学所现用查学员二人,虽有查学之名,而无查学之实。而应设之视学,竟付阙如,未免失当。

(驳)营口应举视学,乃系尽人所知,何待该会赘议。奈以学款支绌,不得不暂付阙如。至查学两员,系专为乡学而设。查乡学八十余处,每月除巡查课程外,尚有办表、开会事宜,相继忙碌。刻又奉学宪札谕,各属查学务须按月报告呈司,以凭稽考。该会辄谓有名无实,不道私心忖测,何足据为定评?

《远东报》,1910 年 11 月 13 日

营口代表演说之动人

昨晚五钟时,奉天第四次请愿国会代表舒、刘二君至营,已经前报。当时本埠绅、商学界齐赴车站欢迎,比抵商务总会东大楼,舒、刘二君相继登台演说中国现势,及东三省尤为迫切危亡情形,与请愿国会万不能不赶速从事之理由。词义激昂,声泪俱下。合座听者数百人,无不感深痛切。直至八钟演毕,二君本拟即刻回省,经学界再一挽留,遂勉留一日。于今早(初七日)假座小红楼,请二君登台演说,以振发全埠人之爱国心,而壮请愿之声势。是早往听之人,全楼挤满,二君演说益雄,听者亦更深感痛切云。

《盛京时报》,1910 年 12 月 10 日

营口欢迎请愿国会代表

省城学绅各界请示督帅,代奏速开国会,已喧纪各报。兹闻今日有省城请愿国会代表前来,将于晚五钟后到营。于是本埠商业、水产、高等、二等各小学堂诸生,均排队作乐,至商业学堂,齐集该堂。商会总经理并自治员绅亦皆到场,且均赴新市街车站恭候欢迎云。

《盛京时报》,1910 年 12 月 10 日

营口代表旋省

奉天第四次国会请愿代表舒、刘二君来营,及在小红楼演说各节,已两纪本报。当二君在小红楼并本埠学绅商界诸君以次演说后,有议事会厅差赵升亦登台演说国会亟宜速开,请愿不容稍缓,言颇痛切,爱国热诚,激发尽致,闻者无不起敬。按此亦可见吾国人民程度之猛进矣。今日(初八日)午后三钟,舒、刘二代表回省,全埠学生鸣乐扬旗,大书"欢送代表",直送至新市街车站而回。

《盛京时报》,1910 年 12 月 13 日

营口议事会解散

奉省营口正北乡，人数已满五万之额，照章应设有董事会。该乡人民迭援自治章程请设。经厅尊高司马禀请民政使，将该乡划出六村，拨归东北乡，已由民政使批准。惟该乡议事会议员，及乡正、乡副均不以为然，业已禀请解散。并将该会戳记，一切全行呈缴。厅署高司马因之十分为难，已浼该埠绅董出为调停，未知能否和平了事。

《吉长日报》，1911年1月9日

营口调查选民资格

本年三月间，例应选举厅议事会议员。今距三月已近，亟应先事按户调查有选民之资格者，以备届时选举。日昨自治团派出干练绅士数人，分区调查。

《吉长日报》，1911年3月1日

营口女学生留堂案议决

淑慎女学堂去年毕业师范女学生，自请留堂肄业，以期深造。当经高司马饬劝学会核议。闻司马以劝学所未能解决，改交议事会提议。当经该会议决，该女生等既有志向学，断无拒绝之理。不然于劝学名义，实相违背。日昨禀请厅署核准。

《吉长日报》，1911 年 3 月 4 日

营口自治研究所之敷衍

营口自治研究所前经招考，并于初四日开学。孰知上自政界，下至绅民，俱视此项研究所为具文，一若有其名而不必有其实者。故开学至今，所中讲员只一人，学员只二十余人，余均挂名而已。

《吉长日报》，1911 年 3 月 15 日

营口正北乡自治决议

营口正北乡前于选举议事会议员时，该乡绅董以该乡人数已满五万，按照自治章程，例应设董事会，以免向隅。当即据情禀请自治会监督高司马查核，并经高司马委派厅城议事会议员前往调查，并经省垣派员履勘，案悬至今，未能解决。近因厅议事会应在预备之中，该处乡议事会未便再延，故高司马已特准该乡照章组织董事会，俾克日成立，以重自治要政。

《吉长日报》，1911 年 3 月 21 日

营口厅气死绅耆

营口厅属正北乡，地面辽阔，屯数多至六十余处，丁口逾五万人。该乡绅耆援照自治章程，请改乡为镇，俾设董事会。高厅丞未允其请，并欲于该乡内拨出十余屯，归并东北乡，俾东北乡丁口得符万五千人之数。该乡坚执不允。虽经民政使派员劝谕，亦未服从。昨高厅丞因厅议事会须刻期成立，此事碍难久悬，爰拟将该乡之东昌堡、忠心堡等六屯，划归东北乡。该六屯亦不愿意。高厅丞因此特传该六屯代表，严加申饬，讵料忠心堡代表雷鸣和，一经申饬，深愤高司马专制太甚，横加逼勒，一时忿气填胸，回屯成疾，未数日毕命。闻雷君年逾六旬，声望素好，此次因分乡事，遽以身殉，人多惜之。

《吉长日报》，1911 年 3 月 24 日

营口议事会开会期

议事会例于春夏秋冬各开会议一次,以便筹议地方应兴应革之事。兹值春季,定于本月二十五日开会,仍以十五日为期。

《吉长日报》,1911 年 3 月 24 日

营口议事会之于巡警

本埠巡警种种腐败气象,实难尽述。现有三区巡警吴某,藉查烟常讹连姓金钱,被议事会侦知,即派预警一人,尾随吴某。日昨吴某果到连家诈得小洋二百三十元,出门时被预警搜获,当即扭赴三区。不料吴某到区后,取刀向预警猛刺,竟将胸口戳通,鲜血淋漓。议事会闻得凶耗,当即电告总局与直隶厅,高司马与张警长遂亲赴该区,果见预警伤势甚重,旋将吴某带至总局,从严议惩。闻议事会议长、议员等以各区巡警毫无程度,讹诈骚扰,时有所闻,拟呈请关道及直隶厅,须严加惩治,否则不徒无益于地方,且为地方大害,每年又何苦虚费数万巨款云。(秀)

《远东报》,1911 年 4 月 26 日

营口议事会对于巡警之公愤

营口三区巡警吴某,因讹诈钱财,反持刀戳伤预备巡警,已志本报。兹悉三区区官虽将吴某捆送总局,总局并未有如何办法,转将吴某送审判厅。事经数日,亦未见审判厅有一定之惩治。议事会议长、议员等大动公愤,谓吴某骚扰地方,已是罪大恶极,兼之白日持刀行凶,其罪更不容逭。总局有保护地方与管理巡警之责,此事尚一味含糊,实与有心庇纵无异。若一二日内再不治该警以应得之罪,即赴民政司处呈控云。(秀)

《远东报》,1911年4月27日

营口董事会选举又改期

营埠董事会前拟初十选举,后因五台子、邰家屯三村尚未调查,因改于二十日投票。现自治团调查员等前往该处调查,仍未竣事。今日(即二十日)已办理不及,只得再展两期,二十二日始可投票选举云。(秀)

《远东报》,1911年4月28日

营口选举议员揭晓

营埠正北乡因厅事会业已成立,各乡应选举议员。该乡遂于日前遵章投票选举,日昨启视票匦,有张某得五十余票,最占多数,照章应为当选。惟张某于未选举之先,极力运动者早知其必得无疑云。(秀)

《远东报》,1911 年 5 月 17 日

营口厅议事会开幕有期

营埠议事会去岁已遵章成立,今岁应遵章设立厅议事会。因于上月调查一厅居民有选举权者若干人,有被选资格者若干人,调查后,遂投票选举议员。日前业经揭晓,本拟待至六月为该会开幕之期,现因国会期限愈近,一切应行筹办之事,即提前赶办,尚恐不及。日昨经绅界商量,该会定于端阳前后即行开幕,将地方应办事件,权其重轻先后,速为办理,以促宪政之进行。此亦营埠自治上一大注重之点也。姑志之,以观厥成。

《远东报》,1911 年 5 月 23 日

营口收捐处将归商会兼办

营埠自改新章以来，地方房捐、亩捐及一切零细捐项，统归收捐处管理。有总董，有司事、书记、差役，每月开支约在四五百元之谱。去岁总董李星阶君，因管理不善，致该处委员杨某吞没三千余元，虽查出，勒限缴款，至今尚未交齐。营口厅高司马有鉴及此，于二十七日午前，亲赴议事会，邀集议长、议员开临时会。首由高司马提议，将收捐处移归商务会兼办，用人较少，每月可节省经费二三百元，既可节费，又归划一，且与定章亦合。该会议长议员等均已认可云。（秀）

《远东报》，1911年5月31日

营口选举议员揭晓

旅营三江同乡选举议员，于五月初一日揭晓，已志昨报。兹悉是日午后三句钟时，该同乡约有数十人，齐到公所启视票匦。诸议员所得票数列下：郭渔笙君一百六十二票，程春国君一百二十九票，梁文臣君一百一十七票，包时墉君一百零八票，陈祥□君一百零七票，王魁元君一百零五票，康丙春君、沈俊卿君各九十五票，竺金生君八十八票，王鹿芹君八十六票，张葆廉君、郑颂祥君、顾慧僧君各六十九票，汪一庵君、周润之君各六十八票，刘华生君四十六票，朱瑞连君四十票。以上十九人，皆在议员之列。再由议员中另选总董、议董云。（秀）

《远东报》，1911年6月4日

营口自治会拟再招预备巡警

营埠自治会去岁秋间即遵章招募预备巡警，后因预巡与各区巡警时起冲突，兼之经费不敷，即行解散。现在自治会各绅因九年预备立宪定章，预备巡警须于第六年成立，拟再招预巡六十人，分布四乡，办理一切，大约节后即可发表云。

《远东报》，1911年6月6日

营口厅议事会选举议长

营埠自治团今春三月间，即遵章组织厅议事会，所有议员已投票选定。现定于今日（即初十日）约集四乡有选民之资格者，齐到城内投票，选举议长。闻正北乡有李某伟力甚大，现正到处运动，求得被选为议长。据绅界人云，董事会董事郑兰田君有得议长之希望，大约议长一席不能出此二人也。（秀）

《远东报》，1911年6月11日

营口厅议事会复选有期

自治事务所因厅议事会急待成立,特定于月之十二日邀集城乡绅董,齐赴该所,遵章复选,以符定章。故日昨由高司马札饬该所,分送传单,邀各绅董届期齐集,以便开选。至所选何人,访明再登。(仲)

《远东报》,1911年6月21日

营口厅议事会及参事会投票复选

厅议事会及参事会会员业经初选竣事,应行复选,公举会长、会员。日前由自治会传知初选当选人,于本月二十二日在本埠议事会设瓯投票。日昨(二十一日)各绅均已到齐,今日(二十二)由高司马莅场监督投票【选】举云。

《盛京时报》,1911年6月21日

营口厅议事会会长当选有人

本埠厅议事会及参事会于日昨(二十二)投票,选举会长、会员。兹探悉开瓯验票，以郑君兰田（现任董事会董事）得票为最多，当选为厅议事会长。其次则王君冠三当选为副会长，其余当选之各议员及参事会员等容报录全单，明日续登。

《盛京时报》，1911年6月22日

营口再志议参两会当选人

复选厅议事会及参事会会员，并选出正、副议长各节，已纪昨报。兹悉参事员当选者四人：马君景堃，字维卿，田庄台人；李君秉铨，字宝珩，田庄台人；张君秀卿印某，北乡人；刘君绍堂，本埠人。又候绅参事四员：郭君德盛，解君元昌，马君书田，黄君泽周。均已就选，不日即呈报省城自治筹备处，注册存案，颁领证书，组织成立云。

《盛京时报》，1911年6月23日

营口厅议事会选举揭晓

厅议事会于二十二日午后已经投票复选，当时照章揭晓，兹经三次手续，当选者：郑兰田得十票，为正议长；王冠三得九票，为副议长。再选为参事得票，当选者系马维卿、张秀卿、李宝珩、刘绍堂四人。闻不日即由营口厅高司马分别转详自治筹办处，并颁给当选证书云。（仲）

《远东报》，1911年6月27日

营口筹议演戏助赈

前日自治会开全体会议,约请埠中百十家长,暨各有声望各绅商到会,商议助赈办法。当此银根紧迫,即此劝募,恐捐数无多。因特商诸茶园,以戏代赈。各园名坤各角,均热心承认,不取薪租,每座六角,较常倍之,得资多寡,尽赈吉林灾区。兹缘座价一高,犹恐观者较少,乃由各志士编演《吉林火》新剧,由百十家长及热心诸君派送戏票。然此项新剧,只演二天,并拟招集平康里十八魁妓女演唱一天,以成善举云。(仲)

《远东报》,1911年6月28日

营口三江公所举定议董

三江公所于月之十三关帝圣诞,邀请各界同乡,于午前十钟时,在该公所拈香。是日到者数十人,午后将选举议董票筒,由大众监同启视。郭渔笙得一百二十八票,程春国得一百零六票,包时埔得六十一票,陈祥荪得五十五票,康炳春得五十票。该所议董原定五人,此五君之票故皆在议董之列云。(秀)

《远东报》,1911年7月1日

营口参议两会开幕有期

厅议事会及参事会选定会长、会员,并择定会所房屋,迭纪本报。现在该两会会场房屋均已修饰整洁,定期本月初八日午前十钟,在自治事务所院内举行厅议事会、参事会开幕典礼。日昨(初三日)该两会特行合名出帖,邀请官商各界届时光临云。

《盛京时报》,1911 年 7 月 2 日

营口厅议事会开幕志盛

营埠议事会业经遵章成立,于前日午前十时行开幕礼。到会者,除自治团外,有宪兵队长、道标管带、警商学界,以及宣讲所诸人。先由参事李君读开会词,经高司马演说,厅议事会与参事会之成立,上能补助行政,下能振兴地方利益。次由郑议长演说,应负全厅公民代表之责任,并一切进行利益。末由王议长朗读答谢来宾词。至午后一钟半时,始振铃散会云。(仲)

《远东报》,1911 年 7 月 8 日

营口照录检察厅告示

营口地方检察厅为晓谕事。案奉高等检察厅转准民政司照开，案准贵厅牒据营口地方检察厅呈，营口厅自治会违例查烟，勒令罚款等情一案，嘱即核办等。准此，查自治会只有查办之责，原无罚办之权，业经本司于归并戒烟会案内，通饬遵照在案。兹准牒开，该会遇有烟犯，并不遵章送司法衙门核办，擅自处罚，实属荒谬。除责成营厅严饬巡警，嗣后遇有烟犯，照章送厅审理，并查明该会有无挟私，兼以调查烟犯为名，或指为烟瘾未断，或指为吃有烟瘾，令预备巡警往拿，送戒烟所拘留考验。关乎私交，匿不举报。其被调查拘留者，认交罚金，即予释放；不交罚金，展期拘留，非认罚不能放免。实无烟瘾，令尽义务。始终不能逼出罚金，判送习艺所监察。以致戒烟善举，成为讹诈流毒。是以本厅呈明列宪核办。兹蒙札行，合亟晓示。为此示仰商民人等知悉。尔等果有挟嫌致被拿送罚办情事，许令来厅呈诉实情，以凭究办。如实系吸有烟瘾，自愿贿托徇庇，与因被查报，怀恨妄诉，亦应加等治罪。并劝谕居民，果有烟瘾，及早戒断，免得遭此扰害。切切特示。（仲）

《远东报》，1911年8月1日

营口自治会兼办戒烟

营口自去冬奉省札禁烟期促，有禁无戒之后，随将公立戒烟会裁撤。现因吸烟之人仍未全数戒净，又奉省札准各属，照自治章程设会施戒，补官力之不逮。

现绅董在自治会附设自治施戒处一所,以符定章,专先劝导速戒,或被举发,后由官交令勒戒,其经费由禁烟罚款提拨开支。闻于日昨开办云。(仲)

《远东报》,1911年8月1日

营口议事会不理家事

营埠住户唐家骧,家道小康,人口繁多,枝股既分,内情多故,势成冰火。月前决定分析,惟唐希强据夥产,不领夥债,各股嫉视。唐家骧投至厅议事会,恳请核议。该会答复,尔两造是因家务纠葛,可自邀亲属理处,本会未便评议云。(仲)

《远东报》,1911年9月6日

营口照录民买旗地税契办法之示谕

营口厅同知高为出示晓谕事。本年闰六月二十四日,奉度支司宪转奉督宪批,据辽中县呈为自治联合会议决,民买无粮旗地,准民户首报升科办法,请查核立案缘由。奉批:"据呈,该县自治联合会议决,民人置买旗地,如原业主无额可批,准由民户具结首报起科,不准原业主收取空粮,影设取巧,办法尚无不合。惟此项纠葛,该县如此,各属亦在不免。仰度支司核明,妥订详章,通饬各属遵办,以清讼源。一面呈覆备查。缴。原呈抄发"等因。奉此,并据该县以前情分呈到司,本署司查该县自治会原议,仅止无照可劈一层,其粮额相符,或粮少地多，应如何分别劈额税契，报额起科，该自治会均未议及。兹经本署司遵饬另行核订详细办法四条，通饬各属，出示晓谕，转饬自治会认真办理，以清纠葛而息讼端。除呈覆并分行外，合行抄录原呈，并将拟定办法，开单札发该厅，即便遵照办理。示谕周知，具报备查等因。蒙此，合行出示晓谕。为此示仰阖属商民一体遵照。自示之后，如有民买无粮旗地，准以民户首报生科。倘有因循，一经查出，或被举发，定即严惩，决不姑宽，勿谓言之不预也。各宜凛遵。特示。

奉发章程照录列左，计开：

（一）从前民户置买地亩，多未过割税契，每年应纳钱粮，均由买【户】交与原业主代完，以致旗地是否原额，抑是浮多，无凭查核。现因清赋改章，浮多熟地，分年减免价，多有执持前项白契，呈报升科者。应由该自治会饬原业主呈验宣统二年或元年分粮额，查明现存原额地若干亩，是否全数卖与该户，或尚典卖，与未经税契过割者各若干，或原主自留若干，调取各户白契，核计亩数。如果足敷分劈，即将粮额交与各买户，限两个月内，持契赴主管衙门投税。各按所买亩数，税契过割，仍归原亩承粮，毋庸归入清赋案升科。如原额亩数不敷分劈，应饬先买此地各户，照原额亩数，依限税契过割。其余即是浮多，准由最后买地之户，另行报额升科。如买主仅有一户，而粮额亦敷更过，应饬将浮多之地，先行报额升科，一面按粮额亩数，依限税契过割。如原业主无粮额呈验，各户所买之地无额可劈，应均作为浮多，准由各买户报额升科，不准原业主再收空粮，影设取巧。

（一）民间买卖三园，是浮多之地居多。然每有本是原额粮地，因从前旗民不准交产，更名为难，因有捏作三园名目，立契投税者。而原额粮租，仍由原业主完纳，每年由买主照数贴给，积习相沿，久成惯例。今三园既照浮多地一律升科，在买主必不肯再贴钱粮，在原业亦岂肯包纳赔垫，自必仍向买主索取，其争端在所不免。自应按照此次所定办法，由自治会随时查询。如实是有粮额地，即饬原业主检呈粮额，检验亩数相符，饬令另立册地，注明额名、亩数，连同粮额，交由该买主检同税契过割。三园红契，或前额三园户管，赴主管衙门，呈请更正，另行税契，更名过割。其余浮多之地，曾作三园地亩，并非在城镇街市地面，均应照章一律升科，不得稍有隐匿。

（一）原业主如有将粮额匿不呈验，设计取巧，故意刁难者，准由自治会呈请地方官究追。

（一）地方自治会验过前额税契照，并户管等件，应加盖"某年月日经自治会验讫"戳记，以备查考。

《远东报》，1911 年 9 月 9 日

营口续行选举期志闻

厅议事会成立一年，应届改选议员半数之期。前张贴选民资格人数，已志本报。兹闻于初八日在东大楼投票选举，于初十日请厅尊吴司马至议事会内监视，公开票匦。至当选若干，容访续登。（仲）

《远东报》，1911 年 10 月 10 日

营口改选议员揭晓

城厢议事会议员现届改选半数之期，投票选举，已志前报。兹闻现已公开票匦，当选者金德魁、齐天德、殷宗铎、冷兆起、梁庆筏、魏兆升、王润璞等七人。现已张榜，并遍送知会书，俟答复书覆到时，地方监督即发给当选证书，新议员方可到会任事云。

《远东报》，1911 年 10 月 12 日

营口董事会已届改选期

营口厅董事会自去岁七月成立，现届一年。按照《自治章程》第二十七条所载，董事会员届满一年，例应改选半数。故于日昨该会将选民资格人数榜贴通衢，如有不合格者，准于榜示十日内来会呈控。如实在应即停其选举权，惟不得挟嫌诬控，致干究惩。约在九月初即订期改选，以符定章云。（仲）

《远东报》，1911 年 10 月 12 日

营口投票选举竟成诉讼

劝学总所劝学员长梁庆元被控撤差，日前由参事会招集城镇乡学界合格之人，定于本月二十六日齐赴议事会投票选举，并请吴司马履场监视。日前适在互相推选之际，有桂森从中作弊，正北镇有选举权者百四十人，本埠只三十余人，自治研究所、商业中学毕业者均未列入选举册，致在投票所大起争吵，两面势甚汹涌。吴司马排解无效，自治学员等已在厅署具禀云。

《远东报》，1911 年 10 月 26 日

营口厅议事会征求意见

营口厅议事会因开通常会在即，通告各界，广征意见书，略谓：本会订于九月十五日为开会之期，以一个月为限。惟当此创办之始，诸未完备。同人等谬蒙推举，才轻任重，深虑弗胜，自应广博周谘，庶免临时陨越。况数人之知识有限，天下之事理无穷，全恃我合界士绅，先期赐教，大展谟猷，以匡同人之不逮，俾谋闾阎之幸福。凡利弊所在，务乞痛切指陈。凡痛痒相关，仍冀勿存观望。应兴应革，公众研究，或损或益，广征意见。如蒙不吝清诲，时惠教言，是则同人馨香顶祝者也。

《远东报》，1911 年 10 月 29 日

营口厅议事会改选议长

厅议事会议长郑兰田，因赴黑龙江投效，遗额以副议长王冠三升充。递遗副议长，由全体议员内投票互选，惟杨震翰得票最多，为副议长。即以备补议员卜兆祥充补议员云。（仲）

《远东报》，1911 年 10 月 31 日

营口呈控损害田苗者

埠乡白庙子居民杨金玉田亩与屯民李增才之地毗连。当夏时淫雨连绵,李田水满,将水放入杨姓田中,禾苗尽被淹没。曾经诉乡议事会评议,未能解决。日前杨某复在厅署具禀呈控,现奉批提到该会议案,再行核夺。

《远东报》,1911 年 11 月 15 日

营口选举志盛

本日(旧历十二日)厅属选举谘议局第二届议员。午前十钟时,本区域内凡有选举及被选举资格者,均齐集议事会投票所,照章领票往投。厅尊吴司马临场监视,秩序颇为整肃,至午后竣事。闻拟明日开票云。

《盛京时报》,1912 年 3 月 2 日

营口选举揭晓

厅属选举谘议局议员一节,已志本报。兹于日昨揭晓,当选者仅刘君星阶一

人，其余皆不足五十票。缘此次投票，放空者多至十之二三，本埠士绅观念之不齐，于此可见。

《盛京时报》，1912年3月7日

营口董事会长出缺

本埠董事会会长刘少炎，学问优深，身体秀削，近年又患喘症，每至冬春之间，辄便大作。去冬喘症复犯，困顿床褥，累月始愈。月前渐次就愈，五六日前见其出入步履，一如平素，居然无病矣。不图前夕（十四）忽又大作，延至昨午一钟，竟尔逝世，年始四十有三。士林多悼惜之云。

《盛京时报》，1912年4月19日

营口选举省议员揭晓

取消谘议局，改组省议会，由省行文各府厅州县各选一人送省。本埠接到此项公文，各法团当于月之一日，以厅议事会为选举投票所，齐集投票。即日揭晓，以劝学所长丁万铨得票十一，为最多数；夏君炳文得九票，为次多数。当以丁君当选，定期晋省云。

《盛京时报》，1912年5月7日

营口省议员晋省

本埠劝学员长丁君达卿被选为省议员各节，迭纪本报。兹悉丁君已定期晋省。二十三日，由自治团体开会欢送。二十四日，饯行。二十五日，丁君赴剪发会演说后，即于是日趋车晋省云。

《盛京时报》，1912年5月28日

六、兴京府

兴京厅呈报本省筹办处文

兴京厅呈报本省筹办处文，略云：宪局札发事务期限表解，内载申报应选人姓名、职衔、票数及初选情形时，应分呈本处。卑职遵于投票先期，督同管理、监察各员，将投票开所一切事宜，均布置妥协。门外交升龙旗，悬灯结彩。所有入口、出口、签字、领票、写票、投票各处，皆用长纸标明。至三月十八日投票，仿考试进场式，门前雇用鼓乐，并升炮。所有办理选举人员，必须一律到齐。八点钟，升三炮，开门投票。凡系出入地方，皆设警兵。大门以外，添拨警兵二十名弹压。有来投票者，由警长指引入口。入门后，凡签字发票，以及写票、投票，处处有监察员指引，直至事毕出口。卑职与候司选员时在各处监视。自上午八时始，午后六时止，计全区选举人数二百零五名，亲到签字一百八十五人。此选举投票情形也。三月十九日早八点钟开票，张贴榜示，并知会各选举人到所参观。是日早七点钟，由投票管理、监察员申彩亭，将投票瓯送交开票所。前有警兵列队导引，次则鼓乐，再则执事各员，以及绅衿，均衣冠随行。到时由开票管理、监察员接置开票台上。至八点钟开票，仍升炮作乐，按照开票规则，管理、监察员分司其事。卑职、候司选员左右监视，当台将投票瓯启封，检点选举票与投票簿，对照数目，均属相符，遂挨次唱名，并用红纸"选"字小签记数。唱名毕，总计一百八十三纸。以得半计算，非一人得票满九十二票以上，不得为初选当选人。查点得票计算单，有恒孚一名，得一百三十一票，已满当选票额以上，应为初选当选人。当时即将当选人姓名，及所得票数，由卑职在票台亲笔书妥，将众榜示。是日开票室三楹，除东壁开票台外，台前横列，均是参观席，足容二百余人，然非选举人不能入此座。另在开票台两旁，设有来宾参观席。卑职于开票完竣之后,人众未散之时,复将选举之利害关系,反复演说。此选举开票之情形也。卑职回署后,即备当选知会书。次日得恒绅孚复书,情愿应选。遵照议章,当选人确定后,发给执照,并于三月二十二日,复将当选人姓名、职衔、票数,再行榜示。现在初选完毕,除分报外,理合具文呈报。

《申报》,1909年5月24日

七、凤凰直隶厅

凤凰厅复选监督程守告议员文

照得立宪政体唯一之主义，在以国家之力，助国民生活之发达，而因其赞翊，以增进国力而已。然其所以增进，所以发达之原动力，则实基于议院。故东西立宪各国，其宪法未颁布以前，莫不以组织议院为先事之要点，于亿万国民中，简厥俊乂，立为议员，俾之对于政府，代表国民之愿欲，庶政治之精神，与人民之思想，二者可以沟通而无阂。是议员者实上下交通之一大机关也。其责任顾不重哉！今日凤属复选告竣，诸绅得票均占多数，是诸绅具有议员资格，已经人民之公认。诸绅此后之建白，其必有裨助于社会，更何待言。然本监督愿进一说，以附于古人赠言之义。诸绅今被复选，即为谘议局议员，视初选当选人所负之责任，迥不相同。谘议局为新政治之机关，议员为新时代之人物，享言论自由之幸福，得参与政事之特权，则凡《谘议局章程》第六章载职任、权限各条，若一省应兴应革之事件，若税法、公债之事件，若豫算、决算之事件，以及章程规则之修改，地方自治之陈请建议，皆为诸绅今日所当亟亟研究者。诸绅勉之，毋侵轶乎范围，毋放弃其权利，其速预备政治上之知识，以无负多数公民之付托，以冀收他日议会之良策。本监督实有厚望焉！

《申报》，1909 年 6 月 27 日

凤凰议员与议长之冲突

议事会议长郝正臣，昨在自治研究所提议事件，有中镇议员康某者袖出请议书一件，据称凤属前经画区改为城镇乡五大段，各界均设有自治公所。本区议长姜洛川，居籍东乡，本非中区之户。考自治条章，姜某实不应滥充中镇议长，不但越界侵权，且遇事每有把持之弊，是以呈请公议撤退。郝某以情面攸关，谓姜少有不合，然亦未便归入议案，乃康君声色俱厉，力争不容。姜某恐被抵牾，遂即具禀辞退，未知朱监督如何批示云。

《盛京时报》，1911年7月11日

凤属士绅质问省议会改组之理由

凤凰厅绅学两界以奉天省议会系由谘议局改组成立，查与民国体制诸多不合。至民国选举之法，不应有富贵贫贱之阶级。此次改组，果何所依据而然？日前特联合两界全体，上书于都督府，质问改组理由，拟提起向中央抗议。昨奉都督批示，略谓：此次省议会一切手续，悉遵守中央法令办理。至选举议员一层，亦是暂时权宜之计，并无永远遵行之性质。总之，一切办法须俟参议院磋议得宜，再行公布。仰该绅等静候毋躁可也。

《盛京时报》，1912年5月16日

岫岩自治之悲观

州属自治议、董各会开办年余,未曾筹有的款,各会员均因垫发不支,现在已有涣散情势。虽未见诸实行,但为议长等心志已馁,往往月余不曾到会一次。兹闻城厢董事会总董李翰臣君,因被会所房租所累,每日避匿家中,弗敢到会办事。自治前途岂尚有发达之一日乎?

《盛京时报》,1911年8月15日

岫岩省议员选定

州署前奉赵都督札文,选举省议员一人。当经贾刺史召集各界人士,于日昨在州议会遵章投票。闻州议事会议长仇君玉廷得二十二票,当选为省议员云。

《盛京时报》,1912年5月19日

安东自治调查员藉端讹索之风说

安东新闻云,奉天全省谘议局派员赴各属地方调查户口,闻安东县议员某,查至城西乡鸭蛋窝，因屯保伺候不周，该员故意拿错，声言此系公务，何不早为迎接，非重责不可，将屯保重打，腿受重伤。屯保亦不敢强辩。责打毕，该员又声言非重罚不可，屯保央人调说，出洋二百五十元，以作罚款，事始息。闻安东调查员四人，亦颇有实事求是者，若果有此野蛮之调查，实为地方之大害，有负于地方自治之名矣。

《盛京时报》，1908年3月29日

安东选举亦可请托

安东县初选举事宜表已列本报，兹有某总办、帮办实无被选举之资格，而仍被选举者，何也？缘系请托贿买，多方运动而得被选举之权。呜呼！选举者，立宪之基础也，洗从前之恶习，开世界之文明，若仍以改头换面，请托贿买，则议员之事，与抱薪救火何以异？！

《盛京时报》，1909年6月11日

安东自治研究所开学

安埠自治研究所定于本月初一日开办，旋因该所内容修理未竣，研究生亦未到齐，改于初六日开办。

《吉长日报》，1910年3月20日

安东县亦举国会代表

奉省谘议局组织要求速开国会,大为各府厅州县绅商所欢迎,故陆续举代表赴省以资援助者,不一而足。兹有安东县绅商各界,共举王君焕恩、盖君广增为该县国会请愿代表,闻不日即赴省,与谘议局商议一切办法云。

《中国报》,1910年5月16日

安东自治研究所定期考试

安埠自治研究所原定以八个月为毕业期,兹闻缩减改为六个月,至本月杪为一学期。定于本月二十三日举行考试,拟照分数发给修业文凭。

《吉长日报》,1910年5月27日

安东议事会拟呈命案议书

安埠永后街前于三月初旬,宋磨房之厨丁刘文护与住客郭文炳口角相争,郭以手中水烟袋击伤刘之额角,越日殒命。经检查厅勘验,验系受寒病毙命,饬令掩埋。现刘母来埠控诉,先未准理。旋在道署攀辕泣诉,准送交审判厅,即行看押。并及其堂侄刘文山,旋又送县看管。兹闻议事会颇为不平,拟呈议书于谘议局,请其提议。现正核拟议稿,缮清即行递上。

《吉长日报》,1910年5月29日

安东自治会成立

自治局投票选举正、副议长,已志前报。兹又投票选举总董、董事及名誉董事等,于日昨(十三日)揭晓。举定总副董为殷廷章、宗鹤年二人,董事盖万程一人,名誉董事洪维翰、王丹山、陈德文、程存和四人,皆以得票之多寡,定名次之先后。并闻陈大令于是日协同商会各董,齐集自治会大开会议,筹划一切云。

《盛京时报》,1910年7月24日

安东议员藉端谋利之耗闻

本邑各区贫民,屡因分粮致起风潮,幸经陈大令与乡董等极力设法赈恤,而风潮始定。近闻六区有议员王某,与二三乡董,禀明陈大令,由大清银行筹措买粮洋若干,以为分济贫民之用。乃该议员等藉名买粮,一面特派心腹人,私装出口,颇获厚利,以致贫民物议沸腾,并闻有聚众呈控之说。至其领洋多少,装粮若干,容访再登。

《盛京时报》,1910年8月9日

安东会议自治经费

自治局成立后，凡有关于会议事件，无不审慎周详，以期有基勿坏。闻日昨开会集议经费，拟抽取房捐，以应开支。大致谓：瓦房每间四角，草青房每间三角，草房二角。按房租值百抽五，原系警务定章。今议值百抽六，提一成拨归自治经费，众情佥同，遂即决定云。

《盛京时报》，1910 年 8 月 9 日

安东自治研究所开课

安埠自治研究所当放暑假时，监督面谕，各生回本牌，将各牌户口，确细调查，填注册表，以备稽考。刻届假期已满，该生均各回所，已将调查之册表，呈交本所班长阅视，于本月十二日业经入堂开课云。（衣）

《远东报》，1910 年 8 月 27 日

安东公议房捐之办法

安埠自治会日前开议筹办经费一节，本报已志。刻闻于家沟南北一带，向则居民无多，房屋稀少，仍按地亩纳捐，每岁照亩数之多寡起课。刻下人烟稠密，屋宇如栉，拟照所盖之房屋，按三等纳捐。上等每间年捐洋四角，中等三角，下等二角，以备自治经费，将前之亩捐一并注销。日昨见有自治会议员等挨门稽查注册，以便核算捐数云。（衣）

《远东报》，1910年8月27日

筹办处发给图章式样

安东县陈大令日前接奉筹办处札发议事会、董事会各图章式样，著其遵式刊刻，发给开用，以昭信守。（衣）

《远东报》，1910年9月3日

安东自治会禀请迁移

安埠自治会于日前在该会复开会议,谓交涉局业经奉谕裁撤,所遗房屋,现下空闲,无人居住。故于昨日禀请县令,拟将自治会迁移该屋办公,尚未知能邀允准否。(衣)

《远东报》,1910年9月24日

安东自治局行将乔迁

本邑自治会议局向设在县署院内,但县署房屋狭隘,每届会议,辄形拥挤。现拟迁移至道署门前之旧交涉处,该地房屋宽广,且地处适中。大约不日即当迁往云。

《盛京时报》,1910年10月7日

安东自治会提倡天足

妇女缠足,严禁已久。其未能实行者,以相染日深,破除实难。日前自治会经陈漱六大令会议妥善办法,及妇女二十岁以上者听其自便。若甘心改良欲放者,必奖赏银牌,以示鼓励。二十岁以下者,著即改放,无得因循。及仍拘旧俗,不肯即放者,经一次查出,即罚洋一元,以儆将来。如此办法,则天足会庶可实行云。(衣)

《远东报》,1910 年 10 月 12 日

安东街基租价归自治经费

安埠自设县治之初,所有街基,无人呈领,当时留为道署官田。迨积年已久,淤成荒地。经前任道宪景、徐二观察先后勘丈,计地八百余亩。民间租用,每亩租价十千,价费二千。自前故道沈凤楼观察办理新政,及长白府设治,在在需款,遂禀请督抚宪,拟将街基丈放,藉收荒价,以资挹注。委员勘丈,综计一千一百余亩。嗣因商团梗命,此议暂停。所有办理新政等等,动支若干,至今未曾弥补。兹闻自治会于日前提议,将此款拨归自治基本金,未知能邀允准否。(衣)

《远东报》,1910 年 10 月 14 日

安东公议设立简易识字所

安埠自治会以外洋各国,无论男女,俱各识字。惟中国不但妇女目不识丁,即堂堂男子而识字者,不过仅得其半,岂不愧甚。是以该会于日前会议,拟设简

易识字所一处。其教读法简便容易，使贫儿愚夫俱能识字。现已议妥，不日即行开办。（衣）

《远东报》，1910 年 10 月 15 日

安东自治会复开会议

安埠自治会以全境需款孔急，筹办维艰，凡遇公益之事，动辄支绌。于日前招集阖埠绅商，复开会议，拟将安埠城镇分为二成，太平沟并乡镇六区分为二成，其余乡镇五区分为五成，统计分为九成，以为全境统年化销之总数。如此办法，则经费之出入庶有限制云。（衣）

《远东报》，1910 年 10 月 15 日

安东发给考试研究生题目

安埠研究所日前接到筹办发给考试研究生题纸，以便考试其进步。首题：城镇乡自治经费指定公款公产、公益捐、罚金三项，安东公款公产公益属何种类，用途归于何种事宜？自治经费若不敷用，必用新筹经费，将如何筹办？试略举所见以对。次题：自治事宜，其已办者，应如何改良？其未办者，以何项先办？诸君研究有素，试略述其大要。（衣）

《远东报》，1910 年 10 月 26 日

安东议定选举章程

访闻陈漱六大令日前在自治局会议，谓自治人员必须人品端正，素孚众望，方为合格，不得冒昧投票公举。除照册呈报及榜示外，合行刊单知照，遵章选举，以杜倖进。（衣）

《远东报》，1910 年 10 月 26 日

安东自治会会议禁购鞭炮

安埠自治会以本埠每逢年节，无论大小商铺及居民，无不置办鞭炮，以庆新年，所费甚巨。现值举办新政，在在需款，何必以有用之财，置于无用之地，公议自此以后不准购买燃放，以绝恶习。倘有不遵，定行带会罚办。（衣）

《远东报》，1910 年 11 月 11 日

安东奉谕复举议员

监督陈大令以安埠乡镇自治议员现届期满，照例宜重新复举。日前传谕乡镇

人民，联牌公举，勿得因循。闻各乡现已奉谕公举云。（衣）

《远东报》，1910 年 11 月 11 日

安东因续招自治学员乏人呈谘议局核议

安东自治研究所学员已于九月间考试毕业，分派各乡筹办议事会及地方自治事宜。该所现遵照各县自治办法，续招二班学生，入所研究。无如报名者甚属寥寥，故该县日前呈请谘议局核夺。闻业经谘议局核覆，饬该县会同该所职员，务须妥筹办法，再行续招云。

《盛京时报》，1910 年 11 月 12 日

安东乡镇选举人名单

陈大令前派管理乡镇选举员于巍功等办理选举事宜，现已竣事。兹将选举人名照录于下：第四区议事会议长吕占奎、刘含章，议员宋福阶、于柳浦、廉宗汉、王济彦、刘洪英、宋永晟、郑长泰、周立德、马清禄、逄义、李宪章、陈振邦、姜积善。第五区议事会议长邱振元、李洪茂，议员曹洪恩、郑长生、崔国贤、周文德、王传甲、刘长良、朱正文、王念德、李洪玉、王兆林、万隆、付奎英、徐永平。第六区议事会议长王宝忠、盖广增，议员王德钦、王焕恩、王凤翔、程昆楼、赵万源、栾耀荣、姜连材、单桂安、黄照春、黄甲升、王隆兴、陈鸿儒、吴凤岗、王广有、徐吉德、曲振声、鞠壮坛、刘承英。（衣）

《远东报》，1910 年 12 月 17 日

安东公议移挪草市

自治会以本埠之草市地甚窄狭,有碍交通。日前会议,将草市移于老柳巷西,地方宽阔,车马可停,近日即行移挪云。(衣)

《远东报》,1911年1月14日

安东四六两区议长之历史

乡镇四区议长吕成奎,于吴前县任内充当乡约。嗣因越牌克派会账,被人告发斥革,旋又谋充劝学员。今运动选举为该区议长。

六区太平镇议长王宝忠,前于高前县任内充当乡约,因阻挠巡警,杖责斥革。旋又易名蒙混,复充乡约。客岁办理自治,王又运动,被选为该区乡董。昨又被选为该区议长。自揭晓后,该区小寺牌花户群起反对,谓王于本年三四月间征收警学亩捐,定章每亩一角二分,该乡董于小寺牌每亩征洋一角八分,共浮征洋四百余元。再六区综计十牌,每牌议长一名,该乡董每月按十一名支领薪水。自治公所原无所丁,竟假捏所丁一名,每月支领工食洋九元。日昨该牌公举代表韩成荃、于延湖等十名来县,据情揭禀,未晓县署如何批示。

《吉长日报》,1911年1月19日

安东县不准循私武断

安东县署日前接奉民政司通饬，大致为地方自治会原为谋一般人民之公益，近闻遇事多有挟私循庇，不顾公理，妄为议决者，殊属不成事体。地方官有监督之责，遇有应议事件，宜随时监察，不准任其武断，以贻害地方。如漫无觉察，任其妄为，为监督者不得辞咎云云。

《吉长日报》，1911年3月21日

乡董议员全体辞职

安东乡镇四区乡董、议长、议员等，为区官倪承恩撤差，分成两党，一欲其留，一欲其去。主留者已呈县请留，嗣经批驳未准。该议长等系主留之人，既不邀允，殊无颜面，拟行辞职，藉以要求云。

《吉长日报》，1911年4月1日

安东亩捐拟归自治会抽收

安埠学堂及巡警经费,前定按亩摊捐,由地方捐务处抽收。现因乡民多有抗违缪辀等弊,日前共议将此项捐款,改归城乡自治会抽收,庶不至再有前项情弊。(安)

《长春公报》,1911年5月9日

安东自治会电禀熊令不克胜任

安东县寿大令奉督宪调省另委,遗缺派熊令接署,已志前报。兹悉自治会电禀督宪,谓安东地关紧要,非熊令所署之海城、临江等县可比,请另选干员,前来接署,不然仍留寿监督在任云。

《盛京时报》,1911年7月8日

安东自治会照章选举

城厢自治会议员,按照章程,每年须改选半数,赓续充任。本埠自治会现届改选之期,故二十日上午所有选民,躬临该会,照章【选】举。闻留任议员为李多亭、梁子纯、王小东、索其五、宗九皋、方韶九、于巍功、李玉堂、单春光、梁廷汉十人。退任者为张粹亭、纪卿、门兆瑞、曲瀛海、李信轩、马清禄、朱相海七人。新选者：甲级，满子裕、张德盛、刘辅仁、赵连璧、李义臣；乙级，马德普、马文炳、于会清、铁朝元、王云峰云。

《盛京时报》，1911年7月20日

安东自治会选举名誉董事

城厢自治会名誉董事四名，按照章程，每年裁去半数，更选接替，以免积弊而符定章。故日昨该会开会，公议就中被撤者为程春和一名，当即签抽洪维翰及王殿增二人得票为最多，当经表决，该二人充名誉董事，接替任事云。

《盛京时报》，1911年8月6日

安东县议事会选举议员续闻

现届县议事会成立之期，其议员应由城镇乡议、董两会议员内选举。日前城乡选出刘辅仁等三名，已志报端。兹闻第一乡当选者为于麟炳、王安，第二乡为兆如、王子英，第三乡为姜日德、刘吉祯，第四乡为刘洪英、于崇议、柳浦，第五乡为王传甲、周文德，太平镇为夏炳南、盖广增、鞠壮坛、毕克文、王德钦、连振升，合城镇乡共计二十名云。

《盛京时报》，1911年8月10日

安东省议员推定

县参事会昨六日投票选举省议员,各界人士均前往投票。即于今日午前开匦检视,以王君赓廷得票为最多,应即当选。大约一二日内即可晋省云。

《盛京时报》,1912年5月11日

八、海龙府

张贞午司使在东平县欢迎会演说稿

今日承诸君开会欢迎，实深惭愧。诸君所以欢迎本司者，知官与民有密切之关系。本司所以冒严寒，往返千余里，周历一府一厅四县，考查一切者，亦以官与民有密切之关系。请言所以关系之故。

自秦以来二千余年，皆谓之专制时代。为官者，以压制百姓为能，不使其有知识，有能力。为民者，亦实无知识能力之可言，日宛转于专制手腕之下，除一身一家外，不知有利益也。然行之闭关时代，亦自成为专制之政体。今则环球各国，或民主立宪，或君主立宪。所谓专制者，独俄罗斯、土耳其，与堂堂之中国耳。俄、土因争立宪，国中大乱，现已改革其政体。我德宗景皇帝，鉴于国势之弱，非立宪不足以救亡，故有九年预备诏旨，与人民以参与政事之权。此实亘古未有之盛德。夫立宪国者何？即法治国也。君与民胥受治于法律之下，官有治民之权，民亦有自治之权，划清权限，互相监督，互相维持。官有官应担之责任，民有民应尽之义务。今何时欤？因由专制而入立宪，所谓过渡时代是也。夫此过渡时代，为立宪必历之阶级，官与民皆有其极困难者。官无完全之学问，办巡警，或不知警务也；办学堂，或不知学务也；办地方自治，或不知何者为官治，何者为自治也。民无完全之知识，办巡警，不知巡警之能保卫我也；办学堂，不知学堂之能教育我也；办地方自治，不知议事会、董事会为地方之机关，非于地方官之外多出无数之官也。惟其如此困难，故必事事预备，人人研究，而后能开国会，而后能布宪法。然海内志士，多以九年之期为不能待，欲缩而短之。本司之见，不在九年不九年，但在真立宪不真立宪。果能君民同心，上下一体，我黄帝之子孙，大陆之土壤，何不能与列强共立于世界之上？虽九年，犹转瞬也。若但涂饰耳目，掇拾皮毛，似立宪而非立宪，则官与民皆陷于极危之地位，转不如前此专制时代之尚成为专制国也。本司别无希望，但视及身，与诸君同为立宪国之国民，则今日之欢迎会，即立宪之纪念也。

《中国报》，1909 年 12 月 13 日

东平举定议事会董事会职员

东平县城厢议事会于六月初四日遵章举行选举，选定议长、副议长并议员各员。复于初十日举行董事会选举，总董、董事各员现已一律成立。

《盛京时报》，1910 年 8 月 21 日

西安议事会员请代呈辞职未准

西安县城厢议事会连日情因下乡调查牲畜之漏捐，以期补征，不意致起冲突。日昨该员特呈谘议局谓，官仇民怨，恐误大局，请代呈辞职等情。当经谘议局批示谓，士绅在地方做事，但求有济于事，无愧我心。古人忍辱负重之意，愿诸君勉之。当此时局艰危，正赖明达之士，委曲求全，为地方造福。所请代呈辞职之处，未便造次云。

《盛京时报》，1911 年 1 月 15 日

西安县议事会请议浮收斗规蔑法苛民一案

督部堂批：呈悉。查此项帖费，前据西安税局吴委员凤周呈称，该处斗秤，去岁鹿委员学厚编发时，经商务分会议定，斗由各商制造，恐大小不一，由税局代为制造。并因赴省缴款，需用川资，故于定章正税局费之外，每商斗帖一张，收斗价小洋三元，解款川资，小洋六元二角四分，牙纪帖减半。并声明该员到差以来，经商会公同会议，仍无异词。呈由度支司核示，以该局加收斗价、川资两项，均系陋规。既系商会议定，且非始于该员，姑准免究既往。此后应即裁革，不准再收。所用斗秤，应由各商铺、牙纪自造，送局较准烙印，不另收费。批饬在案。现据该县议事会，以该局员违章浮收等词，呈由谘议局请发还原商，或拨充自治经费，衡情酌理。此项陋规，何其历久如此，并经商会认可，应照清理财政部章，不究既往。倘系该员作俑，而且捏饰，呈请核示，不但责令退出，并应立予撤差，以为朦胧巧取者戒。候饬度支司札饬西安县，确切查明，禀覆核办。缴。

《国民公报》，1911 年 3 月 27 日

西安县议事会请议将西安本年余存及将来收进车捐藉充自治经费

督部堂批：呈悉。查西安县习艺所，及该官厅经费，虽均在官治范围以内，第其所指动用之车捐，以及该县另行收入各项公款，均经清理财政局规定，列入

预算，编册报部。现时国家税、地方税尚未分定，既经清理财政局规定，事关通省。本年实行预算，均应照办，西安县车捐未便独异。该县自治会请将本年车捐腾出，以归自治费用，碍难照准。惟称开办附捐，须本年正月实行，该会请提去年余剩车捐，以资去年自治经费，事尚可行。但该县去年车捐，除指拨各款外，尚盈余六千余元，是否属实，应由该县查明，再准借拨。再查各属办理自治选举，应需经费，由司库垫发，迨奉部覆，令在地方筹款归还，业由度支司呈明核定，即在各属宣统元年所收车捐，按百分之六摊还归款，通饬在案。西安县摊解选举经费，小银元九百五十余元，尚未清解，应即在于去年捐内照数提解清款。除去应提还选举经费，及应支外，盈余若干，悉行借拨自治经费。本年起收附捐，仍应照章办理。候饬度支司，转饬西安县遵办。缴。

《国民公报》，1911 年 3 月 29 日

海龙自治联合会请领枪械

海龙府自治联合会代表日昨来省，具禀公署，谓现在青纱帐起，胡匪充斥，请发预备巡警枪枝子弹，以资防卫等情。督宪以查各属预警枪械，均须呈由地方官具文请领，惟现正饬令军械局妥订章程，呈候核定，一俟定有妥章，再行札饬该府，传谕知照。该代表等应即先行回籍，听候核办可也。仰即知照云。

《盛京时报》，1911 年 6 月 15 日

西丰县议长防患于几先

　　西丰设治未久，向为盗贼渊薮。去岁武昌起义，各处土匪皆蠢蠢欲动。若不先事预防，其危害诚非浅鲜。幸县议事会议长续君声实，默察时势之危险，军力之单薄，遂集众议决，使乡间编练预警，授以枪械，各守各乡，以匡军力之不逮。复思乡间民智【未】开，其团体实难固结。续君又亲历各乡演说，甚至舌敝唇焦，声泪俱下。因以热诚相感，各乡始明知大义，按户抽丁，愿任保守义务。阳历三月中旬，有大帮胡匪至南东各路滋扰，卒被预警击散。迩来地面安静，一般人民饮水思源，皆服续君之才高识卓云。

《盛京时报》，1912 年 4 月 12 日

西安县选举省议员揭晓

　　全境各界代表二十五人，十一号在县议事会选举省议员。旋即开票，以县议事会议长赵君连琦得票为最多，应即当选云。

《盛京时报》，1912 年 5 月 18 日

西丰选举省议员

鹿大令日前接奉都督公文,略谓:省议会增加议员,各州县每属一名。被选举者,以本籍人为限。选举人者,以上下两级自治正、副议长、董事会总董、乡董,及教育会正副会长、劝学员长、农商会总帮、协理等为限等因。于阳历十七日当堂投票选举云云。

《盛京时报》,1912 年 5 月 19 日

西安选举诉讼

西安选举省议员,已志前报。兹据合属公民声称,被选人赵连琦去岁在西丰地界争渡桥梁,率众凶殴,有失议长资格。经鹿大令禀准赵都督撤销议长在案,则其不得有选举权也明矣。今复入场投票,运动当选,既与定章有违,势非改选不可。惟不知李大令当如何解决也。

《盛京时报》,1912 年 5 月 23 日

西丰选举省议员揭晓

选举省议员之选举人共五十二人,于五月十七日齐集县署公堂,用无名单记法投票选举。到场者仅二十六人,旋即开匦。参事员曲君允中得十一票,文君郁得九票,遂当选为省议员及候补省议员云。

《盛京时报》,1912年5月25日

西安省议员当选无效

前县议事会议长赵连琦,此次当选为省议员,激起诉讼一节,已志前报。兹悉日昨城厢议事会特开全体大会,咸谓该议长既经撤消公民资格,按现行章程决不准入场投票。即按《谘议局选举章程》,亦违犯第四十九条选举舞弊,及第七十二条以诈术获登选举人名册各条件,理应更选。李大令亦无可置辩,遂即据实转核,取消当选云。

《盛京时报》,1912年5月25日

西安县选定县议事会正副议长

县议事会正议长赵连琦离职，即以副议长李君小楼补充。所遗副议长，现已开会投票，选定王君泽山接任矣。

《盛京时报》，1912年6月8日

九、昌图府

通江子组织自治

同江程太守以地方自治制度重要，人民尚乏自治能力，宜先期立会研究，以为实行自治之准备。已禀请〈禀〉抚帅试办矣。（其所订章程明日登报。）

《盛京时报》，1907 年 8 月 27 日

通江子自治研究会章程

一、本会以讨论自治制度、养成议员资格为宗旨。

二、本会设会长一员，会董四员，余为名誉会友。会员无定额。

三、本会为将来实行自治张本，今日之会员，即他日之议员，必其人口心术为众人所信服者，方可充举。其资格如下：身家清白；生平无过犯及干预词讼；无嗜好；年在三十五岁以上。

四、此项会员，关系地方利害，但问人品邪正、才识优劣，无论士商，皆可举充。

五、本会购备关于宪政各书，处置会中，以便浏览。

六、定于每一、五日为会期，至期地方官赴会宣讲宪法大意。会员各备日记一册。于讲义有能引申者，或研究有心得者，撮要录入，对众传观，以期互换

知识。

七、凡民生、风俗、教育、警务、工程、财政，及一切兴革事宜，但在自治范围以内者，本会皆当悉心调查，究其利弊所在，以助长其政治思想。

八、凡朝廷行一新政，由地方官通知会员，传告庶民，以便周知。设有地方应为之事，民间不便之情，会员亦得对地方官宣告，庶冀集思广益，以力除官民隔阂之弊。

九、凡词讼及关于个人私事，不得在会中陈说，以严界限。

十、本会会员对于地方官有辅助行政、监察行政之权。会员有违法律、越权限者，地方官亦得随时解免之。但须当众宣布其事由，得会员半数以上之认可。

十一、本会成立六个月后，如各会员于自治法规俱能讲求谙习，实有效果，即当组织议事、董事会，以立地方议法行政之机关，仍须按照地方情形，斟酌妥善，以期推行无碍。

十二、本会事同草创，故所订章程暂从简单。其有未尽事宜，应行增损者，务宜随时修改，以臻美备。

《盛京时报》，1907 年 8 月 28 日

昌图选举省议员

本郡自治团体为选举省议员，于日前纷纷来城。昨在府署投票选举，得票最优者为郭君杏桥，遂即公推为正议员，而以次多数之吴君子龙为候补议员云。

《盛京时报》，1912 年 5 月 16 日

昌图自治会提倡剪发

各镇县自治会会员日前因选举省议员，齐至府议事会投票选举。有姜君耀五者谓，现在民国已立剪发一事，明亟提倡，故日昨首先将发辫剪去，闻继姜君剪者计二十余人云。

《盛京时报》，1912 年 5 月 16 日

公主岭选举董事之大运动

议事会已成立数月，应即选举董事会董事。兹悉已定于月之二十一日齐集各员，投票选举。有某甲者现为某乙运动票数，跋涉奔走，不辞劳瘁，闻已可占优胜。而某乙之为某甲运动，其票数亦不相上下，大约甲、乙二人将来必可当选，得以狼狈为奸。所可叹者，其如自治前途何？

《盛京时报》，1911 年 8 月 16 日

奉化好事难成

议事会成立时，栗议长钟华即以倡办工艺场一案，首先提议，当时赞成者颇居多数，遂议决一切办法。及招股章程，原拟今春不论股本劝募多寡，一定开办。讵发起诸人率多惟利是图，商民视其行为，竟无人肯认股款，因此迟延至今，尚未动作。而当其事者，亦皆置之度外。至有人以此事相询者，则徒叹好事难成，未可如何也。噫已矣！

《盛京时报》，1911 年 9 月 15 日

十、洮南府

洮南府致谘议局电

谘议局公鉴：洮南灾情苦乐不均，未淹者较前倍收，已淹者粒米无收，房皆冲倒。灾区以府界镇东、靖安最重，安广、开通次之，水势甚大，区域宽广，皆数百里。幸未开之地居多，合府县统计，约被淹民田三万垧以上，灾民大小约在二万以上。惟各县尚未据查报实数，急赈已请由贵局协济，感甚。以便预备冬赈绵衣，另有详信。孙葆瑨。

凤凰厅李厚源请议市集零粮增捐累民由

答：书悉。查抽收税捐，自有定章。如税捐局违章累民，宜由本城商会、议事会援照统捐章程力争，勿庸本局代呈。此覆。

庄河厅绅民王志潜等请议兵丁随缺地亩援照清赋章程书一件

答：据称各节，候代呈督部堂批示，再行答复。

《盛京时报》，1910 年 10 月 9 日

开通县愿认经费迁移县署

开通县绅商赵长春等，以开邑县署设治太偏，难资保护。日前在谘议局上呈请议移修，以便民事，并陈明自愿承认迁移修署各项经费。旋经谘议局批，开邑

衙署既已建筑于七井子地方，迁移事属不易。惟称地属太偏，亦是实情。该绅商等既能担认经费，事属可行。候呈请督宪核夺，再行饬知云云。（逸）

《远东报》，1910年10月13日

开通县城厢议事会请议奸商架空出帖恳请整顿一案

督部堂批：呈、粘均悉。查前据洮南府议事会，以该府开设普通公司，滥发纸币，有碍市面，陈经谘议局议请限制一案，当由度支司核议，请派委员，前往该公司查明原有资本，及现在发出钱帖确数。如果所发钱帖超过资本数倍，即由该委员会同洮南府，妥商分期收回办法，一面禁止再出新帖等情。业经饬司委员查办在案。兹谘议局又据开通县议事会报称，该县开设富通钱局架空，出帖病民，请限制等情。核与洮南府普通公司多出凭帖情事相同，自应设法限制，俾整圜法，以维市面。查开通县本归洮南府管辖，仍候札饬度支司并案委查，希即知照。缴。

《国民公报》，1911年3月27日

第五编　回忆及其他

吴景濂自述年谱（摘录）

吴景濂

卅六岁，戊申（光绪三十四年）

是年冬，清廷下预备立宪诏，先命各省设立谘议局，以为立宪之预备。清廷预备立宪，本系用延宕手段缓和国人革命心理。然各省督抚官吏，事事掣肘，不切实筹备。选举一事，为数千年之创举。如欲实行选举，必须调查选民资格。锡督甚虑调查无从着手，与予谈及，询问有何善法。予当即答曰："教育总会所办宪政讲习所学员，皆为各县选送，既有相当资格，复有多年对地方之经验，拟请制台加以札委，令该生回籍帮同地方官切实调查，以地方人办地方事，不必另加薪水，纯尽义务，亦为该学员等之所愿。"锡督甚以为然，当即嘱予将各县学员名册送院，以便札委。

此时奉天民政司张元奇，亦在民政司办自治养成所，约有学员一百六十余人。闻予所办之宪政讲习所学员回籍调查，故赴院力请锡督允准该所学员亦照宪政学员回籍办理调查事宜。但该所学员均在省城考取，非由各县选送而来，故在各县不尽有该所学员，以别县学员赴他县调查，自较宪政学员之情形隔阂。因此民政司对宪政学员大加嫉视。

此次调查结果，宪政学员之成绩自较自治学员为优，故锡督大加赞叹。然予则以彼等同为义务职，故对之毫无（岐）〔歧〕视之念。故谘议局选举结果，宪政学员与自治学员均有当选之人。

卅七岁，己酉（清宣统元年）

春三月，各县谘议局初选当选人选出。四月，各县初选当选人集于本府举行复选。予不才，承宁远州初选当选人一致举予为议员。四月底，全省选举告竣。奉天全省谘议局议员名额为五十人。揭晓后，皆一时之选。但当选之人通晓法律者不多，予与锡督商议补救方法。距九月初一日开会尚有数月时间，宜趁此数月时间，当由锡督招集彼等来省，假宪政讲习所地方，请当选人入所，研究法学通论及法政大义，以免开会时对于法律意义有所隔阂。锡督甚以此说为然，遂即召集彼等六月来省。当选诸公到省后，锡督提出以上办法，极为赞成。乃即开学授课，研究数月，将所拟定功课一律完成。所有教员，即以宪政讲习所之教员。内中最令人佩服者，有义州议员马老先生，年近七旬，系名翰林而退隐林下者，亦终日到所听讲。九月一日，谘议局成立，当日选举正、副议长，予谬承同人一致选举为议长；孙君百斛及袁君金铠为副议长。予辞不获，勉即就职。予以师范毕业，在奉办学，照部章系尽义务，不准兼差，今被举为议长是否兼差，请锡督电询京宪政编查馆。得复电，以议长、议员系由人民公选，与兼差不同，准仍兼师范学堂监督。

中国地方议会，此为创办，一切议事规则均无成例。当选举各股委员之时，草定一切规则，以便开议。而最令人诧异者，东邻驻奉总领事小池张造，当向锡督提出口头抗议，谓："吴某被选为议长，对奉天中日交涉极有妨害，必须重选。"锡督答云："议长是人民选举，本督无权干预。"旋即罢论。惟谘议局议会既为创办，与督府往来公文之称呼及督府接收议决议案，如无期限公布，则以开会时间有限，稍一延宕，则所议等于空论。如此种种困难，当由国家规定划一办法，以免来日之冲突。予将此种提议通电全国谘议局，亦均以予言为是。于是各省谘议局派人晋京，至宪政编查馆交涉。此时北京亦设资政院，为最高议事机关。其议员除由清廷特派外，各省谘议局选举二人送京。由各省驻京资政院议员兼充代表，交涉前议，并各省来电请予到京统筹计划。予当晋京，与各省代表协商，及向宪政编查馆交涉采择，通电全国各省督抚遵行。宪政编查馆甚以所提各案为是，当一意通电施行。此全国谘议局开会后与各省督抚开宗明义第一大关键也。清廷各省，关于财政，向无明了预算，现今清廷在各省设立清理财政局，由清廷简派专员，办理各省预算。但各省财政，国家既无法令，某项为省税，某项为国税，项目分析不清，故难办预算。谘议局对督抚，第一为监督财政权，而国家税与省税权限不分，因此又多纷扰。当由本局向锡督提议，清理财政局所办预算，送达度支部，并请多造一份送至谘议局考核，以便与本省所送谘议局财政预算案，有无重复，互相核对。锡督甚以为是。不意清理财政局送部之预算案，另一份送至谘议局，由谘议局考核。该局竟将本省亩捐充为警学各款列为省税。当即面询锡督，清理财政局将亩捐所收警学各款列为省税，实大错误。盖亩捐纯系地方附加税性质，因地方人以本地所有之土地，按亩抽捐，办理警学，设一旦解省，再由省去领，一解一领，靡费甚多。万一省当局将该款挪用，地方之警学无款支持，立时必须停办，危险殊甚！且省行政费用应由省库支给，绝不能以各县地方之款移入省库，再由省库发给地方，是何性质？揣清理财政局所以如此办理者，美其名使省库收支适合，以数百万地方之款移入省库，谓之收支适合，岂有此理？应请将警学亩捐分出，以冀省库与地方款项界线划清。不意该局清理财政官熊希龄坚持己见，不与更正。谘议局为此事一面召开临时会议，一面请予赴京与同乡京官前辈筹商救济办法。当由同乡京官锡内阁学士聘之老先生领衔折奏清廷，请饬度支部将奉天清理财政局所编预算案将亩捐列入省库，仍照旧案划归地方等语，奉旨度支部核奏。予并诣见度支部尚书载泽，力陈此案关系本省警学最巨，不能含混，以滋后患。熊某为载泽之门生，故颇左袒之，又惮于清议，将熊某调充东三省盐运使，另以某君补充。此案归结，仍将亩捐划出省税之外。奉天警学至今尚能支持者，赖有此也。

东三省日俄交涉紧急，而土匪又潜伏遍于各地方。当时无征兵制度，仅依驻扎新军及旧有之巡防营两种军队支持之间，实为危险。锡督与予同引为深忧。当由谘议局提出议案，编练全省预警，人民廿五岁以上至四十五岁以下，有为本省本县预警之义务，不得规避。并由省立讲武堂，每县选送身体、知识合格者平均四十名，进讲武堂学习训练预警及指挥预警之课程，一年半毕业。由省当局奏设督办清乡局，以东三省总督为督办，另选知兵大员一人为总办，谘议局议长为会办，其余驻省陆军首领为参议，并向德国订购军火。全案通过谘议局。锡督并将所拟办法奏明清廷，奉旨依议。是冬陆军部大臣荫昌同涛贝勒由德返国，路出奉天，锡督同予往见涛、荫二公，力陈此案原委，请两公回京主持，将军火购买之案由政府批准。涛、荫两公闻言，极为赞成，力述回京后必设法维持此案。不意购买军火案到京，政府一日三次廷寄，力言此案危险，绝不可办。第三次廷寄内并云："盛京为陪都重地，果如该督所奏，万一有奸人参杂其间，一旦暴发，将何以御之？仰即查明有无奸人煽惑其间，并即查拿，以遏乱源"云云。锡督奉此电后，邀予至公署，以廷寄示之，并言："此后如何接续办理？"予对锡督云："此案系谘议局议决，奉天督部堂公布，并奏请政府奉旨依议办理，谁系奸人？且公力主此事速成，政府既生顾虑，公此后如何进行，看公意旨如何耳？"锡督云："此案系救国救东北，并非革命，政府既不许奉天大购军火，无异将此案根本取消。予为地方长官，不能不守政府法令，但仍拟设法少购军火，以培基础。"当密商由德陆续购买军火，密令海关放行。是冬，满洲里鼠疫发生，由铁路传染至奉天，交通几为隔离。因此之故，所拟之讲武堂招生办法为之停止。次年春，疫停而锡督因受嫌疑去职。继任者赵尔巽，奉政府密旨，将督办清乡局及购买军火各事宜，以延宕方法，无形中为之停顿。民间购入军火，约有步枪十余万枝，自行保存。预警虽未成功，而中外对此事极端注目。袁世凯此时在河南彰德养疴，锡督谢事后，赴彰德与袁晤面，对予所提出之预警未能成功，极为惋惜。迨民元袁氏任民国临时大总统，予为议长，彼此初见面时，袁氏首先赞叹预警之事，并云"预警"二字应改正，由袁改为保卫团，通令全国各省办理云。

予以东三省交通路线南段为日所有，北段为俄人所有，平时商业运输即受种种限制。且因路权缘故，南段用日本老头票，北用俄之卢布，钱法大受限制。平时如此，至有事之时，转运军队，更不能谈！非另辟新路线，无以救济。而此事关系国际极重，又不能明目张胆提出议案，当就陆路路线及水路路线密筹办法，面商锡督。锡督为之感泣。以锦西县葫芦岛为水陆两线之终点，亦即水陆两线之起点。（一）关于陆路者，由奉天画一干线至吉林珲春，名为奉珲线，再由珲春画四支线。此路如能成功，平时可将吉林省所出物产由此线运至葫芦岛出口。如有战事，可运兵分布吉林全省。此时奉当局正与日本交涉京奉线与南满线接轨一事，深恐此案风声传出，日人将交涉停止。故仅提案修奉吉铁路，由奉天至吉林（先修由奉天至海龙，由海龙再修至吉林），而不提由吉林至珲春。此案提出后，日人大震，运动修铁海铁路（铁岭至海龙）或开海铁路（开原至海龙），以其有益于日人也。然多数议员赞成修奉海铁路，而否决铁海及开海铁路。此案通过后，未及举办即革命矣！后归张作霖氏长奉时，修成奉吉铁路。（二）锦瑷铁路（由锦州至黑龙江瑷珲），由瑷珲再画四支线。其关于平时及军事重要之点，较奉珲路线尤为重要。（三）修松花江、辽河，沟通水利，开航线数千余里，春夏秋可收航利九个月，冬季可收冰爬利二个月。（四）开葫芦岛为商港，凡奉珲、锦瑷、辽松所运货物，皆藉重于葫芦岛，由此再海运出口。

欲救中国之危亡，当以国家全力保全东北领土。如欲保全东北领土，非引欧美势力入于东北，与日俄均衡，则不足救东北之亡，亦即不能救中国之亡。东北之交通、矿山、森林，非藉欧美经济力量，则不能开发；且非藉欧美之巨数经济之力，则欧美在东北无利可图，不能出全力以救东北。故开辟东北之交通、矿山、土地、森林，应秘密藉英美之经济大力，否则英美不能出全力以为东北。是以统筹开发东北，当借入英美人力物力。而物力借入，非在一百亿英镑以上则不敷分配，应请锡督入都与政府密商办法。锡督以予救国大计颇以为是，当即赴都，与当国切商。无奈秉国政者，不以锡督所陈者为是，仅借英款二千万镑，办屯垦事宜。但英国出资者谓，非东北人民同意则不能付款。而所谓由人民同意者，即由三省谘议局承认，先拨款四十万镑，以作开办经费，以熊某为屯垦局督办。锡督回奉，当召三省谘议局议长共同协商屯垦局借款事宜。予以会议数次未得要领，其大端系熊某规谋狭隘，专就交通便利之荒田，为屯垦基本土地，而三省现有荒田若干，并未测划。而某处屯垦，如何移民实边，亦未筹及。既然签字，势必将借入之款糜费，将来由三省人民负担赔还。国家负屯垦之虚名，地方负还款之实害，应请熊某督办提出切实屯垦预算，三省人民方能承认此项借款。

延宕多日，熊某并未提出切实办法，因此借款亦未能签字承认。不幸鼠疫发生，防疫经费无从筹措，擅将屯垦开办经费支用三百余万元，而所余之款尚有数十万元，于辛亥革命时据闻为熊某携去。而屯垦局之举成为画饼矣！

先是锡督在北京与政府会议时，浙江汤蛰仙及江苏张季直二公，闻锡公此举皆为予所密画，当托友人介绍，赴奉访予。晤谈之下，欢若（干）〔平〕生。汤君谓予曰："此次锡督赴京，先生何不同去？至招此败，国家前途，实堪痛惜！"二公在奉盘桓数日，对于清廷前途，根本不能挽救，非相时革命则中国不能补救矣！密商将来携手改造国家办法而去。

本年（宣统元年）秋，奉天在省各校学生，认定救国之道应速开国会，当举代表赴谘议局请愿，并刺血上书，请谘议局转请锡督代奏速开国会系出人民公意。予均一一照请愿程序办理，并召集在省垣各校学生及商民各团体代表，聚有民众约七八万人，请锡督代奏请开国会议案，由予率领至省署请愿。锡督与予及诸请愿者，痛国家之危险，当局之昏庸，补救无方，徒来请愿，相对嚎啕大哭不已！锡督允即代为奏请，请诸代表各归家中，静候政府办法而散。而各校学生回校后，仍恐政府不允速开国会，举代表三人赴京请愿，通电各省谘议局，派各省谘议局议员在北京者为代表，协同举行。当代表路过天津，直隶志士温之英，号召民众响应之。温氏并同奉天代表一同晋京请愿。乃清廷不采民意，竟将各省代表押送回籍，复严令各省督抚将为首之人严加惩办。直督陈夔龙仰承政府意旨，竟将温之英拿办，奏请发遣新疆。而奉天代表押送回省后，锡督以人民请愿系出爱国行动，对代表并未加以处分。此时汤蛰仙、张季直二公正在奉，喟然叹曰："国家对爱国民众如此压迫，非革命不能救国也！"遂与予定革命计划，如前所云。

是冬鼠疫发生，奉天设立防疫总局，派交涉司司使韩某为总会办，民政司司使张某为会办，聘请西医，设立隔离医院，对人民检查疫症，大为骚扰。（越年予三十八岁）

卅八岁，庚戌（宣统二年）

正月初，省垣大雪，深二尺以上。正月十二日，闻者告予有商会代表数百人求见予，皆在雪地鹄立而候。予当出见，请商会诸君派代表数人与予接谈请愿意旨，其余可回商会，不必在雪地鹄候也。商会乃举代表数名，入室详谈，谓："吾等来访，系请议长出面，救护在省人民生命。"予请其详谈，代表云："近日防疫诸医生对有病者，不令入病人之室详为检查，即谓其患鼠疫，应即活埋。昨晚有某氏父子二人，酒醉卧于道旁，为防疫分局巡疫者查见，报告防疫医生，医生来视，即云二人均是鼠疫病死，速埋速埋。但因雪深地冻不能起土，将父子二人棺（敛）〔殓〕埋于雪堆中。夜半其子酒醒，破棺而出，归家寻父，始知父亦被活埋，乃归埋处，破棺寻父，将其父救出。今其父子二人在此。"予即接见此父子二人，并详询分局地址及埋葬地点。商会代表又云："现在巡警总局出布告，拟将内地关闭，断绝交通。南满路线，有日本警士来检疫者，不准人民拒绝。以上各种原因，商民大起（荒）〔慌〕恐。议长为人民代表，请设法援救。"予以迫于公义，无法谢绝，当嘱来人等速回商会，吾即到商会商议救济办法。商会代表闻予言，欣然而去。予当即亲赴商会与商民开会，议定在省城方面设立防疫总会，外设防疫分会数所、隔离病院数处、普通病院数处，防疫队千人；所有经费不请官家补助，均由商会担负。商民大悦。即开防疫总会之成立会，选予为总会长，并选分会长及董事若干人。防疫总会设立于商会院内。当即偕同分会长及董事面谒锡督，报告成立防疫总会之原因，并与防疫总局接洽办法。乃锡督闻予至，受防疫总局总会办先入之言，对予初有误会。经予申明经过，并将被活埋之人唤去叩见锡督，及警察局所出之告示，呈其阅看。锡督乃悟，即叹为人绐，对予道歉，并言防疫总会对防疫总局接洽办法商定。彼此满意而散。此后自防疫总会成立后，防疫总局之医生再无活埋人之事，予于无形之中保全人命不少。不及三月，防疫肃清。防疫用款甚巨，悉由屯垦局开办费支出。予对锡督言，防疫总局之报销，请多造一份送谘议局，以待督部堂察核。不意防疫总局竟失火将细账烧毁，无从详细报告，付之一叹而已！

是年（宣统二年）初夏，锡督以督办清乡局及购买枪枝事宜，召政府之嫉，调锡为热河都统，调四川总督赵尔巽督东三省。赵督到奉后，承政府意旨，不愿再以清乡局名义购买枪械，令人民备价购领。又以前案系谘议局议决，总督公布，无法将原案取消，遂用延宕办法，密令清乡局总办事事推诿，以致救国大案无形废弃，言之可为痛心！

赵督到奉，事事与谘议局相反。所有谘议局议决各案，虽经议决，督署公布，亦延宕不为执行。

去岁当谘议局初开会时，关于全省预算案内省城各校经费浮多者，大为缩减，以缩减之经费指定归师范学校，扩充师范名额，以为培养全省师资之本。予监管师范学校事，承此议决案后，省署令知每年多加招生费十万元整。予以报考人数虽多，而程度合格者甚少，不敢滥收学生，以负全省之望。故经费虽加增，而考入名额未能如数，仍实报实销，不敢滥支分文也。又以校址房舍不敷分布，一时建筑不及，此亦为减收学生岌岌【原因】之一。故为补述之。

是年清政益加失纲，少年亲贵用事，国内暗中酝酿革命之风日盛。而清廷对全国学校益加防检，甚至学生往来书信，亦令各省学校当局检查后，始付学生开视。而排满革命之书报，尤为禁止，不准阅看。不知监视愈严，而暗中反抗愈甚，风潮日迫，前途岌岌可危！甚至安徽巡抚恩铭，以警察学校毕业，莅校演说，为校中职员徐锡麟枪杀。

赵督于光绪卅一年来奉，为奉天将军。奉天向系受协省份，赵督调史念祖来奉办理财政，对奉天财政，于清理外大肆增加，以致全省收入不再受协，已能敷用。但租税各项，较吉林、黑龙江增加过重。人民于日俄战争之后，困苦已极，再加以重税苛赋，民力不支。然人民受官厅压迫，敢怒而不敢言，忍受而已。此次赵督来奉，予当向谘议局议员同人追述此事。赵督前次重税苛赋，人民忍痛担负，吾等为人民代表，不可不知赵之聚敛害民。此时不觉，将来遇有战事、水旱、兵险、荒年，人民实在无力支持，方能表现出来。孟子曰："用其一，缓其二；用其二，则民莩矣。"赵督之增赋，乃用其二，后患何堪设想！同仁闻予言，方各恍然，对赵大加愤恨。（民元予为临时参议院议长，与袁大总统初晤面时，即告予曰："予对赵在奉增赋税一节，曾以直隶总督名义去电，劝其不要如此烦刻，而赵不纳予言。"闻予对赵此举与渠主张相同，大加赞叹。赵之余毒，至今贻害奉民无穷。吉、黑未受其害。）

……

是年春（宣统二年），各省谘议局电商在北京设立各省谘议局联合会，由各省谘议局举议员为代表成立之，协商各省谘议局对付各省督抚之办法。先密商如何联络应付大局，兼协商设立政党。惟所举代表对国事主张不一：有主张君主立宪者，有主张虚君共和者，暗中主持革命者亦复有人。因此事不得公开，故暗中联络鼓吹为力甚大。辛亥革命,各省谘议局能响应者,此次联合会议不为无功也。……

三十九岁,辛亥(宣统三年)

……

予此时在奉,与二十镇统制张绍曾、第二混成协蓝天蔚协商回应办法。张、蓝二君皆主张待时而动,请予联合同志,由政治方面着手,军事方面由渠等负责。予不习军事,信其言,专从发动方面着手。有同志张榕者,于炸五大臣案被捕逃出赴日,此时在大连居住,来奉住日本铁路附属地南满医院,与予晤谈。渠诺与予合作,惟以渠在通缉之列,予设法取消其通缉,于取消其通缉之后,再行合作。当向赵督说明,力保张,赵允之。由此予与渠在奉组织革命机关,名为东三省同志急进会,予为会长,渠副之;其他本省及外省同志会员甚多。机关附设于谘议局内,日谋如何起义,回应各省。

张绍曾统二十镇援助奉天,然因吴禄贞奉清廷令统兵攻晋,兵至石家庄,欲与晋和,为中央【当】权者派人刺杀之。清廷复调驻长春第三镇统制曹锟率师攻晋,以张锡銮为晋抚。驻奉陆军,只有张绍曾一镇及蓝天蔚一混成协而已,其余军队均属巡防营。同志等以张、蓝既属同志,所有军队万不能一动入关。张、蓝二氏亦以此意为然。嗣清廷调张之第二十镇入关,张对予云:"奉天举义,如需第二十镇相助,弟可反筛,奉天军事可请蓝主持。"二十镇进关至滦州,通电清廷,要求清廷立宪,并发出通电,有十九条立宪主张,要求清廷承诺。清廷大为震动,一面派人与张敷衍,一面调兵围张。张受清廷愚弄,全师因而溃败。张只身逃出,张之部下有某君携同志数人潜赴北京。

清廷主持军事最有力而又有学识者为良弼,握禁卫军全权。此人不去,清廷能赖以支持。良弼为日本士官学生,与奉天留日陆军学生满洲人崇恭(现名张恕)为莫逆交。某君冒崇恭名,携刺往见良弼,良以为崇恭,适从外归宅,即延见之,而某君即投炸弹,立时将良炸死,清廷大震。崇恭与予交甚厚,予之革命主张,对崇推诚相告,并说:"清廷大势已去,革命问题如能早日解决,清廷受祸较轻。排满之说,为革命之一种手段,将来革命成功,势必为共和国家。中国系汉、满、蒙、回、藏五族所成,不能将满人排出中国。不过国体与政体改为民主，为五族共和。君为满族健者，请顺国内舆情，以为五族造福"等语。崇对予言并不反对。

予对同志曾云："奉天对国际关系与他省不同，此次举义，回应各省，第一要维持秩序，不流血，不杀人，免遭国际意外之干涉。故暗杀之举，暴动行为，在奉绝不可有。"同志闻之，甚以为然。故革命办法，以和平为主旨。赵督尔巽与驻奉陆军不和，故于九月中旬调奉天巡防营五统领（一）北路统领张作霖，（二）东路统领马龙潭，（三）西路统领冯德麟，（四）后路统领吴俊升，（五）右路统领耿玉田来奉。五统领见赵督后，过谘议局来访予。谈次，予对五统领言："如赵督对五位所统军队无论何路来省，请五位奉令者将此情见告，调军队之电报，俟予等与赵督协商后再发。"五统领诺之。

九月十八日，由张、吴两统领以电话告予，赵督调渠二人军队来省，电报未发。予得信后，当约同孙、袁两副议长立时晋谒赵督，力陈陆军与巡防营向来不和，调巡防营晋省，万一两方冲突，省城必遭糜乱，定受国际干涉，应请将调军队之事缓办。赵敷衍予等三人，允告张、吴二统领缓发调兵电报。予以赵督调兵之举系防举义，因趁巡防营军队未到之前，奉天先行独立为是。予当与蓝商，并定于九月二十一日晚举义，问其所统陆军能否一致。蓝氏云："吾之部下，绝无变动，何日举义，听君定期可也。"于是定九月二十日上午，先开筹备大会，筹商办法，夜间再开夜会，研究所定办法，以便次日进行。是日上午开会，莅会者数千人，并通知公署及各官厅司道到场与议。午会后，适督署督练处参议蒋方震（百里）来访，约予密谈。蒋云："革命为救民族、救国家，吾虽为赵督私人，绝不反对此举。但君为文人，所有主意之军队为谁？吾系军人，愿为借助。"予告以为第二混成协。蒋又云："蓝协统对部下不能一致，此事危险甚大。君如不信吾言，可同至北大营与蓝及其部下一谈，便知分晓。"予闻言，骇异万分。当即约蒋同予至北大营访蓝，并请其部下标统、管带晤商。蓝于此时尚未悟，仍持前说，更不悟部下与其反对。当请其标统、管带一同见面，予述来访之意。其标统聂（海）〔汝〕清起立，首先反对。次马营管带李际春起立，声明反对理由，并对其协统加以指斥，惟对予之为人并不反对，且加钦佩。且云："今日午前开会，吾等亦莅会，回协后仍由聂（海）〔汝〕清标统下令调马步炮三营即到谘议局保护并监视。请公于独立外别想办法，尽有磋商余地。并闻议长来协，另派一百人保护议长回局。"言毕，行礼而去。

予始知蒋君所言为不谬，且部下对长官如此行动，蓝君如仍在协，殊大危险。蓝氏此时气沮，乃问有何办法。予即与蒋协商由督练处派蓝赴日调查，由予先垫付川资千金，保护蓝君平安出协。时已下午三点，予尚未食，嘱蓝为备午餐。匆匆餐毕，带一百人回局，至局门前，见第二混成协所派马步炮三营已将谘议局围严。

于军队未至之前，各司道已先来局，及军队围局，各司道不知内幕，慌恐万状，藏于局中花窖中。予即与同志商议，情形现变，夜间开会如何主张。并约聂标统、李管带等，一同协商。聂、李等发言，除独立外，均有磋商余地。当议决将独立会改为奉天保安会，举赵督为会长，并由聂、李等主张兼举予为副会长，并举伍协统祯祥为副会长。于会长之下设五部长，举度支司朱司长为度支部长，张元歧为民政部长，张作霖为陆军部长，李树滋为教育部长，□□□为外务部长。并通电吉、黑二省同时设立保安会，并即举人拟创立保安会之章程，至午夜而散。

来者散后，同志等又复开密会，商议明日上午大会。闻聂、李等未到局前，先至督署投降，赵督已受其降，并出奖金数万元犒师。赵督与渠等商明日开会，伊将携卫队一营来局请双方谅解云云。由此观察明日之会，场内外驻有军队四营，情形殊为严重。同志李相臣、萧沐之二人健者，主张开会时，伊等（偕）〔携〕枪在予座后保护，用意甚厚，可感。予答谢之，嘱同志于开会时，镇静勿躁，免激成事变。同志以予言为然。

次日（九月廿一日）早八句钟，赵之卫队到局，皆布署于局之内外。同志赴会者，亦有数千人。迟延开会，由赵及予与伍三人登台主席。赵致开会词，正演说时，有同志赵中鹄（字兰亭）起立，严词责（被）〔备〕赵会长首鼠两端，以保安会成立后态度不表明白，恐酿糜乱大祸。赵拍桌发言，声色俱厉。此时赵督面色大白，发言戚戚。四外赵之卫队闻赵君严词质问，皆端枪若待发势。两方如有冲突，恐却不免流血。予以事急，当即起立止赵之卫队"安静"，并嘱赵君发言"和平"。予力言曰："今日保安会成立，会场内不可不平安，如会场内不能平安，则保安会何以维持全省治安？"赵督闻予言，即止其卫队归座。赵君亦听予言，发言（觉）〔较〕前和平。一场风波，顷刻而息。赵督请予代其主持开会,及宣布此后保安会之进行办法,并通电全国,及致电吉、黑两省分署及谘议局,请其即日成立保安会,协同进行。种种办法,全体一致承认,鼓掌散会。因第二混成协所派三营军队亦同时撤退。

同日蓝君秀豪(天蔚)亦离协,名为赴日考察,实则与革命同志在金州附近一带组织革命军。同时与蓝君合作者以商震、顾人宜等为最著。

第二混成协虽投降赵会长,而赵会长不敢以其军队为腹心,一面于保安会开例行会议,一面密调张部长作霖之巡防营军队来省。张作霖军队突于九月廿八日进省,全省不特保安会同志大为惊异,而予对赵之此举亦大反对。且予与同志今赤手无兵,所处境界较前危险万状。

先是冯阁臣(德麟)统领与予交情较厚,曾密对予言:"赵调张队不日来省,省城保安局面恐生变化。吾之军队驻于此镇,在省无实力可以相助,公作如何打算?"予乃告冯曰:"独立会改为保安会,吾之计算已败,在省如坐针毡,现有机会,因南方有电请南下组织政府,吾拟日内藉此南下。所有奉天同志,予走后兄能保其安全否?"冯乃曰:"在吾势力范围内。请将某君开名见示,绝能保其安全。"予乃将萧沐之、李相臣数君交冯统领。冯云:"李与吴兴权统领为至交,李由吴保护可也。其他同志有公之信,均能保护。"冯即日回防。

九月廿七日,有浙江都督汤寿潜等领衔通电各省,拟在沪商组临时政府,独立省份由都督派代表莅沪;未独立省份由谘议局派代表莅沪。此电到奉后,谘议局当开夜会协商,无人愿往南方,遂延会再议。

九月廿八、廿九两日,巡防营张作霖军队调省益多,形势日恶。同志等以奉天独立现已失败,今又无实力以支持保安局面,力劝予代表赴沪,以图再举,徒牺牲无益也,促予从众议。予亦以众议为然,遂布置南下办法。于保安会开常会时,予以事繁不得兼顾学堂事务,请教务长莫贵恒代理监督;教育总会会长一职,请以副会长曾有翼代理,承大会允许。此时奉天提学使卢靖,于奉天保安会成立时已携眷离奉,会议以法政学堂监督邵伯䌹代理提学使。

十月三日晚,谘议局再开夜会,议派代表赴沪之事,公请予往,并由予指派议员刘星阁一人同往。二人携款二千元,同人以为少,予坚持不再多加。散会后,即邀孙、袁两副议长、莫代理监督、曾代表会长来局会商,将经手款项交代清楚。予主持各机关所有款项,均存于大清银行。领款时由予在支票上盖戳,三处所用之戳均系一样，由予将所用之戳交孙、袁、莫、曾四君保管，以便领款盖用。（此戳系水晶的，至今尚在袁手。）

夜间另邀张榕等来局，劝其一同南下，恐予离奉，伊无人保护，发生危险。予劝说再三，张坚不肯行，予付之叹息而已矣！（张后果为赵尔巽、张作霖谋杀。）

次日早，予赴省署晤赵督云："南方有电，请不独立省份由谘议局派代表赴沪，与独立省代表共同开会，组织临时政府，早促清帝退位，以免国内糜乱。此次国内革命，东三省如不参加，将来为国人所轻视，实东北人子孙之羞也。吾今南下，既与各方合作，免东北人为国人所蔑视。吾与会长办保安会，国人对此会甚加疑视。吾走后，甚盼会长体会国人革命之心，为东三省人开一生路，勿令国人耻笑。切不可反复，令国人仇视会长，并仇视东北人。是则吾所切望于会长者也。故亲来面述苦衷，望会长鉴之。"赵力劝予不可南下，并云："予年近七旬，有朝无夕，保安会事全仗阁下帮同组织，今阁下离奉，恐予精神照顾不到，盼阁下勿走。"予对赵再云："吾与会长现兹表面尚能合作，会长自保安会成立后，暗中行动，多半未经常会通过，一旦彼此发生误会，恐四川之覆辙再见于东北。东北国际情形复杂，万一因之发生意外，则吾二人之罪也。由此一层，不如将全权让与会长，独立主持，亦未始非奉天人之福也。"赵并邀朱度支部长养田，同劝予取消南行。予仍申前说，并盼朱部长善事赵会长，维持地面，始终保持和平，使奉天不发生流血惨剧。并约朱用其马车送予至南满车站。予当偕朱辞赵，乘朱之马车去站。

予未行之前一日，师范学堂斋务长何君东启，湘人也，予自任师范学堂监督以来，彼为职员中最为得力之人，不幸因病于是身亡，予送奠金六百两，痛哭亡友不止。此亦临离奉前一日之事也。又予决定南下之前二日，派人送家眷至大连，住东冈子段宅。奉天住宅系租自学务公所，未及退租，派人看守而已。

予于十月初四日同刘君星阁由奉搭南满火车赴大连。车中遇东三省盐运使熊希龄，伊弃职南下。熊劝予到大连后再致函赵，劝其态度光明，响应南方。予告熊曰："赵事不可救药，去信已属无用。"

到大连后，买棹去上海。船中遇蔡元培先生由京绕道至大连，同船南下。其他同行者，尚有湖北代表某君等。（记此事时，民国卅一年七月廿六日，予离奉天自辛亥十月初四日起，已三十二年矣！）

　　船行三四日至沪，此时沪已独立。（沪都督陈其美，字英士，浙江人也。）各省代表团报名处及开会处，假江苏教育总会在沪会址。到会报名者已有十六省，予亦在内。（与予同行者有吉林谘议局赵副议长，未去报名。）先数日，各省到沪代表已去一半赴鄂，留一半驻沪，驻沪办理会事，以福建谘议局书记长林长民充之。开会地点，假哈同花园时为多。此时未独立省份有直隶谘议局代表谷君钟秀（予之老同学也）、山东代表刘星楠（亦予之老同学也）、河南代表李槃、陕西代表于右任、湖北代表胡子笏及其他省代表十余人。予至沪后，以电通知浙督汤蛰仙及南京都督程雪楼，两君皆为予之旧交，闻予来，立复电欢迎，并陆续来沪视予。适黄克强先生由鄂来沪，与程、汤商议以江苏、浙江义军兵力进攻南京办法。不数日，南京攻下，南京清廷总督张人骏、长江提督张勋、南京将军铁良等偕逃。

　　先是冯国璋火烧汉阳，黄克强所统义军溃败，长江上下，大为震动。及南京光复，义军声势又为大振。于是江苏都督程雪楼约浙督汤蛰仙再至沪，与黄克强及各省代表协商在南京组织临时政府办法。彼等主张举黄克强为大元帅，黎元洪为副元帅，在南京组织临时政府。议决，而湖北首义省份反对。各省代表又复议，举黎元洪为大元帅，黄兴副之，在南京组织临时政府；大元帅不能来南京时，以副元帅代行大元帅职权；政府组织方法，请各省代表到南京开会公议。各省留沪代表于是一同赴南京，定期开会。启行之日，代表团电告江苏都督派兵到车站保护，程复电照办。是日夜八九点钟，车至南京下关，予同于右任、李槃三人先行，令仆人穆忠和押取行李。下车后未见程督派有卫队，行出十数步外，忽闻枪声数响。枪声停后，即闻穆仆喊予缓行。穆仆仓皇至前告予曰："林书记长下车时有刺客对其放枪，予将林按其伏地避枪，浙军代表屈映光仆人将刺客抱住，同时车站上弹压军队上前将刺客及林君一同逮捕，押车站"云云。予嘱穆仆妥为守护，约于、李二君到车站寻车站护兵头目，问其何以同时不分皂白，将双方一同逮捕？彼云："系奉长官命令！"予等入视林君，头目禀明长官，仅许一人入视，并禁止发言。突有兵将林及刺客押送南京城，交都督审讯。予等无法，只可在下关万花楼暂住。此时有缪某，戎装来见，云系奉都督命令，来接待诸君，因误时间，致遭意外，以使诸君惊恐。

同去各省代表及秘书职员均住万花楼，正互相谈论时，另来陆军数人云：奉都督命令，来检查林某行李。据云刺客口供，林某系保皇党，来南京携有巨量毒药，毒害要人，故来检查其行李。在林行李内检出金鸡纳霜粉一包，指为毒药。当经共同检阅，认为金鸡纳霜粉并非毒药，并由予等签字证明，为来检查军人携去。当时各代表协商，一面电知上海黄副元帅，一面由予以电话通知程都督，谓予等代表甫至下关即遭此意外惊恐，请都督将被捕林某先行妥加保护。程回电照办，并云："明早派军来接，再行面谈一切。"

次早程督派马车接予，晤谈之下，始悉刺客系福建都督孙道仁派遣，谓林为保皇党，在上海数日，未在秘书处办公，系与北方秘密勾结。而林某在沪因办秘书处事，住于代表团会所，因公推林起草临时政府章程，林以会所嚣杂，故在旅馆开房间二日，专为起草之事，为诸代表所共知。予与程商，将此情形通知孙都督。同日将刺客及林某同时开释。而林某经此番打击，对代表团秘书职务决意辞去，在南京暂时闲居。

先是予同刘君星阁在沪，将密赴南京开会。刘君忽谓予曰："顷接奉天家信，省当局将不利其家属，嘱速归，南京会议吾不能往，日内回奉不能再留。"予强之不可，并与予分携来之款二千元各一半，次日买船票回奉。其未走之先，予得奉天同志密函报告，予离奉后，谘议局副议长袁洁珊与赵次珊勾结，破坏保安会现有局面。袁对在奉谘议局议员利诱之不动者，即以威胁之。除予外，所余四十九名议员，各各由赵保以四品京堂、道台、直隶州、知府等官。刘兴甲亦保以直隶州，同时又威怵其家族，故刘决然归奉，并记于此。……

四十岁，壬子（中华民国元年二月十二日）

……

予离奉之后，奉天所生之事故，略记如左：

（一）蓝天蔚组织革命军，并亲赴南京求援。其所组织之军队在烟台成军，商震、顾人宜等为师旅长，用兵攻取金、复等处。因宣布共和，奉政府令停止用兵。蓝、商等皆由政府授以重要军职。奉人随军战死及生存者，仅得少数遣散费。死者数千人，徒死而已，无人为之请恤；生者数百人，无人为之请奖，可怜亦可痛矣。

（二）张榕被杀。予走时力劝张与予同离奉天，而彼不从，乃留奉，日与宝益三等大言革命，而又无革命之准备与实力，且好狎邪游。急进会同志亦均解体。宝氏为沈阳满洲巨族，其住宏大，张亦迁入宝宅，与宝同住，且请保安会张作霖部长派防营数名为之守门。赵尔巽与张作霖正疑张榕有特别行动，其请兵守门，故欣然诺之，正可监视张之行动。张于某日夜又赴平康里，夜午甫出，为赵尔巽所派防营兵所捕，杀于娼门之外。张死，弁兵至其住宅捣毁，宝亦被杀。

（三）严查予在奉天时所管学校、谘议局及教育总局之账目。予离奉后，赵尔巽对予愈加诬蔑，使张作霖等发起派人严查予所管师范学堂、谘议局、教育总会账目。在赵等心理，以余为寒士，司理三机关多年，对三机关所有之公款势必滥支滥用，如查有实据，亦可加予以侵占公款之罪名，通电缉拿。此实小人之心测君子之行也。经人调查多日，详细核算，不但公款未侵分文，所有公积各款亦未丝毫动用。予之廉（节）〔洁〕公正，反因赵之派人严查而愈大白于奉人也。以无侵占公款之凭据，所以通缉办法亦为之停止。

（四）以清廷不甚爱惜之官，由袁金铠向局中议员及局外不附赵者，以保管派差游说各方。因此于清帝退位前一日，奉天谘议局议员及局外者得清廷奖以官职甚多，传为全国笑柄。……

摘自《近代史资料》总106号，中国社会科学出版社，2003年，第24—48页。原整理者为张树勇。

附：锡良《密陈军械关系重要再恳饬购以备缓急折》（宣统二年九月二十五日）

奏为军械关系重要，再恳天恩饬购，以备缓急，恭折密陈，仰祈圣鉴事。窃臣前奏东省阽危，恐牵全局，亟宜练兵制械一折，九月二十一日奉到朱批：该衙门知道。钦此。又附奏请设制造厂，并先借款购枪，开办所得税一片，同日奉到朱批：览。钦此钦遵。各在案。臣复留心访问，查德国现有一千八百八十九年式七密里九口径新枪五十万杆，存储待售，尚能适用。倘由中国全数购买，价值必廉，分期付款，筹拨亦易。有此大批枪械，既可藉备缓急，且需款较省，无须添借外债，仍抽收内外官吏所得税，陆续归还，利便尤多。现在外势日张，内讧叠起，统计我国现存枪炮子弹，遇有兵事，不能支数日之用，厝火积薪，至可危惧。为目前计，无论军备如何扩张，终恐缓不济急。惟有多购军械，普练民兵，费用只在购械，兵饷无须另筹，洵为财省效速。但使人人有自谋保卫之能力，庶可转弱为强。东省自叠遭外侮以来，创巨痛深，民人学子，无不志气激昂，愤思振励。从前各属举办堡防，抽丁练勇，不用公帑，所在皆有。臣体察情形，正可因势利导，曾经奏明改办预备巡警，由官督率编练，并于学堂实习兵式体操，期收实效而备干城。现在各属预警逐渐成立，将来合计人数约有二三十万人。惟均须发给枪枝，以资操演。倘前项枪械购定，东省并可陆续备价领发，以为固圉保边之助。相应仰恳天恩，俯准敕下陆军部，迅速全数商订购运，以重武备，而济急需，不胜吁祷之至。谨恭折密陈，伏乞皇上圣鉴训示。谨奏。

朱批

该衙门妥议具奏。

《锡清弼制军奏稿》，第 1238—1239 页。

佣庐日记语存（卷二）

袁金铠

己酉，时年四十岁。办期成会，被选议员，互选为副议长。

《曲礼》："四十曰强而仕。"《论语》："四十而不惑。"又曰："年四十而见恶焉，其终也已。"予今年届四十矣，既愧卜氏学优则仕之义，多理想，尚乏经猷，复惭孔子智者不惑之言，慕纯王犹存杂霸。嘻！以立功为宗旨，所成就不过毫毛。负素志而空谈，最厌憎，有何面目？窃冀乘风破浪，作砥柱于中流，庶几立地顶天，免草木之同朽。千金一刻，勿轻掷。宝贵光阴，万古崇朝，只力争。圣狂界限，但辨是非义利，休管得失毁誉，请验作工，复勘终岁。正月初一日与张星南闲语，询以予此一篇文字，将来能作到如何。伊对以此时已作过领题提股意思，已有大料，词气发皇，有书有笔，用意周到，读者惬心。当在中间，暨两大比收束处，似近超妙，疑若神龙见首不见尾。予言："明年服阕，议会宦途，正难预料。"星南谓："议会稳当，不宜另变方针，此成功在不变其目的之意也。"初三日

天之生物，因材而笃，无容心也。上帝临汝，无式尔心，至森严也。

居天下之广，居一节，惟我独尊也。孔子升大祀，大德必受命也。

不将人字认准，不能立于纲常名教之途。不与天字相通，不能超乎声臭形骸之外。

有形者皆敝，无形者常存，故人虽死，而真灵不泯。

一切皆幻相，惟善恶是真的，惜乎到死时乃悟此理。

人有一生劳苦，尽瘁君国，而不获享安富尊荣之福，论者每怜其遭际。不知此不过上帝所派一次苦差，不能不另有调剂也。

凡人言无鬼神，无因果，自谓不信佛教，吾谓其并未明白儒书。

人言死后无知善恶，同归于尽。此其言易于作恶，不然亦生质之美，而于道理终未有所得。常人每以一个混字存于胸中，其意若曰混死拉倒，使知死有不死之理，混无可混之势，当能振动其志气乎？而无如其不信，何也？

观大德必受命之理，人孰不可以为帝王？观斋戒以事上帝之理，人孰不可以为圣贤？

天下人皆傻子，惟圣贤不傻。初四日

我之责任重，职务多，指摘繁，关系大，不宜偷闲以自愒。初六日

贞静女学开校，予演说，大意以谨守女诫，勿染陋习，乃于女界前途有裨。盖今日新政之图发达，只宜从谨严处入手，乃无流弊。二月初二日

人必不以得失毁誉动心，乃可富可贵可贱，随遇而安。惜知此义而深造自得者，未易睹也。二十四日

人必不以得失动心，方能不以毁誉动心。否则笑骂由他，好官自为之矣。浏

历验稠人中不以毁誉动心者，尚或有之，不以得失动心者，千百中一二耳。汉

有人以辽城选举之无意识，谓人心叵测，前途不堪设想者。予谓：天下事只

自问用心何如耳。骨肉亲戚，邻里朋友，我厚以待之，本应厚也。推至其他，我视若同胞，厚以待之，亦本应如是也。若存一责望心，谓我待人如是，人待我亦当如是，则是望之过高。以斯人之程度，可与我相等，而自视亦卑矣。推其流弊，势必以相待之薄，而生灰冷，岂前此相厚之心耶。盖当其相厚之始，已知斯人大概相待之意，不必俟其相待之现象已露，而始知之也。每谓人必无求偿于斯世之心，乃可以与世相周旋，而无凉薄之意，以自待者重，则所见者皆轻。其千变万化之情态，本无足计耳。四月三十日

教育总会欢迎议员，予有演说。略谓："朋友有劝善规过之义，以相与有成。今议员五十人，无论聪明材力，未能殊绝于人，即学问经济，果不寻常，亦难对于议员职务胜任而愉快。然此五十人，特有名有形之议员，所有全省士绅之有学识者，乃无名无形之议员。而贵会诸君，较尤亲切，故劝规之，则所以匡救我五十人之不逮者，不能不属望于贵会也。抑有说焉。我国自海禁大开，出洋留学，新知识日有输入，于是有维新派，其笃守儒先学说者，以保存国粹为务，于是有守旧派。两派既分，每格格不相入。其实真维新者，必能守旧，能守旧者，必能维新。故居常有二语，以为作事宗旨，即不愿为守旧者之固执鲜通，亦不敢学维新者之放恣无忌。诚以处此时局，何新何旧，亦新亦旧可也。窃愿诸君之规劝，破除新旧之见，专注意一'中'字，论'中'字道理本无定形，若推其极，非圣人不能，岂我辈所能作到。然吾有说焉。就一人而作一'中'字，非有学问，有经济，有道德，有文章，有阅历，有体验，而又有度量，有言论者不能。此诚极难之事。若合全省士绅之学问、经济、道德、文章、阅历、体验、度量、言论，而共造就一谘议局，使之事事悉底于中，而无所偏倚，此何难也。嗣后凡关于谘议局之事，对政府激烈非中，对人民愤懑亦非中；好为高论，而按之事实，难于施行非中，袭取故套而揆之本省昧于时宜亦非中；有应为之事而不与官府力争非中，有不急之务而频与官府哓辩亦非中。至同人中遇应推让之事而不推让非中，遇应争执之事而不争执亦非中。凡此道理，至精至粹，亦平亦庸。所望诸君，持此宗旨，以匡不逮。是则我五十同人心香顶礼祷祀以求者也。"六月初十日

新旧之见，近乃益甚，无定体也，无止境也。前之所为者，本新也，自人视之，皆旧也。人之所为者，本新也，自我视之，皆旧也。于是舍旧而谋其新，再

越一时，再历一人，则见适前之舍旧谋新之种种，又皆旧矣。于是又谋其所谓新者，纷更烦扰，将不知何时何地，为得新之止境也。噫！汉

天意不可知。一般人之知识之趋向之注重即天意也，亦任其自然而已。七月初四日

庚戌，时年四十一岁。任谘议局副议长。

州署来填选民调查表，纳正税一元余，纳公益捐贰元。我之资产如此，其无贤而多财之累矣。一笑。正月二十日

遇拖泥带水之事，应有斩钉截铁之方，以善其后。若一味虚与委蛇，不济之以刚，果则一二事足累数年，岂不闷损人。二十八日

土门子刘氏家素丰厚，予十五岁时，曾在其家塾附课。忠厚传家，人皆正派。只以不力图振作，遂即于陵夷，今几有不能举火者矣。不得谓我是好人，我家忠厚，遂可恃以无恐也。中国之立国亦然，恐将不免为刘氏矣。二月十一日

罗宜陆来函，用一"侠"字，何所见而云然耶？吾生有谓带道学气者，书生气者，奸雄气者，相臣气者，其说甚纷。而自问本心，惟此"侠"字尚有近似处，特知者少耳。三月初二日

勇于进取是好字样，然往往以狃于进取之故，遂谓一切可以为我所欲为。于是，运动为能，置公理于弗顾，追求而不得，辄生怨望，百端弊病胥由此出。十二日

天下聪明才力之士，除少数有真学养、大识见者外，几无人不在此数语中也。汉

今日时事多不可解，每有事体离奇，甚难作到，乃一人唱之，众人和之，胥挟此一团客气，以涂饰耳目，而其事亦未必不暂观厥成。于是形容出吾前见之隘，似眼孔尚小，此真是非无定使然欤？抑衰乱之世即应有此现象，其是非可混淆于一时，待其究竟，仍不外至当之归欤？吾将静以验之。十八日

予数年来操持社会，体验人情，窃以为治奉省之道，必取法于崇文勤公及高与仁观察，乃能令行禁止，百废俱兴。盖今日中国朝野上下，气象统误于"因循姑息"四字，雷厉风行，政尚火烈，不独治奉天为宜，而奉天为尤切。奉省人民其善者质直好义，心有是非，其不善者习于强悍，死而不悔，非从严肃上着手，不能收一日千里之效。惜崇公逝后，知此意者少耳。四月初四日

凡人作事不循天理，而惟以聪明材力，强取而巧夺之，其初似人定可以胜天，亦无如彼何。于是谓天不足凭，天下事果可以为所欲为也。岂知造物老子性最不急，任你十分得意，而末后一着，必与一大败兴，或至令人不忍言。此等事，古今如出一辙。造物其故为戏弄乎？抑理有固然也？初九日

作文字无真意思者，作事亦不能有真力量。曩尝持此说以衡人物，确信历历不爽。五月初六日

予任辽阳事七年，以秉公为宗旨。全境之事，以全境之人为之，苟有能胜任者，推荐惟恐不力，否则虽至亲密者，不敢以地方事徇诸人也。论者每疵议吾之独断独行，无所顾恤，近于老辣。予亦知失众人之心，不肯改也。某君任地方事亦六七年，以和群为宗旨，全境之事以全境最初之办事人为之，苟非劣迹昭著，万无可解说，为地方官所撤换者，决不发起撤换之。以故地方事任其颓败，以副其和群爱众之说。论者谓某君能用众，能结团体，亦有谓其无激浊扬清之本领，一味含垢纳污，护众人之短，而地方终难望有起色者，此又一说也。予与某君之宗旨不同有如此。初七日

无论地方事政治事，为首领者用人混混，无所可否，久之其事未有不败者也。此虽眼前浅语，而亘千古横五洲不能易也。汉

每欲于发议时娓娓而陈，不作直捷痛快之语，而气机所到，辄有勃不可遏之势。仙舫谓：临大事，决大议，予有微长。而使理由不足者，色沮神惨，不洽于心，则亦发言者之病也。初九日

余亦号专制者，而人言可从决，不敢偏执己见以自隘。二十二日

俗人以被控为不好事，此等见解最不通。人苟主持公理，不作乡愿，则与为敌者，每思搆捏，以图破坏。故被诬之事，身分愈高者，愈不能免。贤豪之士，虽遇无妄之为，而理直气壮，处之夷然，岂复有所畏避也？二十七日

此项见解，此项作用，是君之独到处。他人勉强仿之，终露马脚。汉

内人谓余日夜筹划者，皆天下国家之事，否则宗族乡党朋友之急难，而于家人生计概不注意。其谓之何？噫！妇人而为此语，其真有见于予之隐微欤！予诚欲务其大者远者，但恐穷大失居，不免为妇人所笑耳。六月初七日

地方自治，当稚嫩时代，绅与官争权，则猜嫌起而摧折之念生。绅不与官争权，则听其所为，而自治之义消，归于无有矣。今若守我权限，而能释官之猜

嫌，互相维持，不至冲突，当必亦有道以处此。十五日

体解神昏，志消气沮，天下事不是这般人干的。攘臂抵掌，矢志奋心，天下事也不是这般人干的。干天下事者，智深勇沉，神闲气定，有所不言，言必当；有所不为，为必成。不自炫而露才，不轻试以侥功，此真才也。世鲜识之。近世惟前两种人乃互相讥，识者胥笑之。

予以为屏除私利，合谋公益，则所争者公，即兆佣之所谓道也。语曰无私心不说上话，此惟衾影自知之耳。若人不自知其恶，难于知其子之恶，又当如何？浏

心平气和，而有强毅不可夺之力，秉公持正，而有圆通不可拘之权，可以语人品矣。

建天下之大事功者，全要眼界大，眼界大，则识见自别。

不做讨便宜的学问，便是真儒。

整顿世界，全要鼓舞天下人心。鼓舞天下人心，先要振作自家精神。而今提纲挈领之人，奄奄气不足以息，如何教海内不顿手折足，零骨懈髓的。肩天下之任者，全要个气。御天下之气者，全要个理。

右节录吕叔简先生《呻吟语》五则。凡其理想，皆先得我心，极中今世之病痛。盖其所处时势，与今世固无异耳。十六日

吴灌依议论轩爽，事理明通，文笔亦条畅，泂吾乡英隽，未可多得者也。二十三日

天下事期之意中者，每失之意外。盖期望一过其当，则精神智虑均拘苦而欠自然。则其失之意外，即谓失之意中，亦未为不可。若考试，尤其显焉者也。二十八日

刘星阁问奉省保全之道，对以中国大弊，在不能作到"信赏必罚，令行禁止"八个字。政府日以宽大为口头禅，疆吏动多掣肘，此大患也。古来如管子治齐，子产治郑，孔明治蜀，景略治秦，何一不从整齐严肃处下手。日本自变法以来，驯致今日，实得法治精神。孟子云"明其政刑，虽大国必畏之矣"，此之谓也。吾国军机暨各部，非以事多牵掣，有所顾忌，即泄泄沓沓，含糊了事。至疆吏名为有权，何尝不仰承政府眉睫。下至司道州县，每以上宪喜愠为自己行政缓急之权衡。其于化民成俗之本原，尚有合耶？小民玩法，野蛮自由，譬诸乱

钱，谁为贯串，譬诸散沙，无法团结。为上者但苟且于目前之无事，不复有久大之规模。际此竞争时代，岂能生存？吾谓救亡之策，必先改革政治，将因循玩愒之气，变为震动恪恭之意。朝野上下，振刷精神，疏节阔目，简而易行，言出法随，犯者必惩，将见人心一奋，趋事赴功，不出三年，气象丕变，诚如是，天下事尚可为也。（二十九日）

此八字，予时时不去怀。今已无用世想矣。浏

予又有八字曰"综核名实，整齐划一"，不知兆佣谓之何？浏

正己率物，不轻易更张，自无朝令夕改，法如牛毛之弊，而有不沛若江河者哉。正不必操切急功，使人无所措手足，等于明思宗戮群帅以亡其国也。知人善任，而天下定矣。浏

吕星五谓：吾说话写字作文，都犯太快之弊，稍加停顿，便饶意味。至论，极佩！三十日

宜改裁好。禄

今世之官，为人唾弃久矣。至比于女子入平康，不复可言贞节。呜呼！官者出身加民，至为尊贵，胡为使人疵议至此？不另设法改良，恐罗宜陆所谓"作官不作人，作人不作官"二语，竟成名论，尚忍闻耶？！八月初七日

谒锡制军。向予言："欲搜罗人才。"其宗旨以有操守理路，清能耐劳者为合格。此等人，看似不甚奇特，未易满其量也，岷源、仙舫、华廷、廉溪均有其一二者也。十四日

孙鼎臣谓予："凡有所作，只随手写去，不肯停笔，故失于冗渙。写字亦然，若肯停蓄，当有可观。"此论星五、仙舫曾言之，可谓搔着痒处。九月二十日

不慊于心，则馁馁之原因，即天良发现处。十月初五日

幸有此一馁，若不慊于心而无馁，则横决不知所止矣。汉

内人关心家计，处处不肯放松，较予办理公益，魄力过之。村人胡某忠，直人也。尝谓人曰："袁君谋公益，不恤其私。天特与之持家贤妇，所以报也。"语虽近戏，殊有理致。初六日

仙舫谓予遇危险事，每好一意孤行，不能细密熨帖，面面俱圆。予惟一意孤行，见至即作，故经过险阻，神色不惊。其罅漏处，听之而已。若处处求全，将不胜其苦，而再遇难题，则谈虎色变，莫之敢撄。此予与舫性情作用不同处。二

十九日

合君与予为一个人，则真交济有功矣。否则予之太细，君之太疏，遇事时终是两不相掕。汉

一意孤行则可，一味飞行绝迹则不可。禄

以术愚弄人者，亦每为人所愚弄，遂致步步荆棘，大有内外夹攻之势。不诚，无物可以鉴矣。十一月初八日

张序侯来，与言司法官当神明其德，实作鉴空衡平地位，乃称厥职。盖必王法、天理、人情，均经体验，一毫粗疏不得，偏倚不得，诚戛戛乎其难也。十二月初六日

某君以报纸妄载，欲为更正，来商办法。予力言其不可，偶尔妄载，有何关系。若与辩白，反着痕迹。初十日

此见甚是，非唯见量亦见智也。古人止谤勿辩，即如此。汉

我之自待既不薄，则凡责成之道，于人则恕，于己则严，乃适得其宜。二十一日

统计一年成绩，只落终岁偷闲，多议论而少实行，口舌何济，销日月而磨志气，面目徒肥。虽从前之债见轻，室家减累，而应办之事犹待，志愿终虚。似此悠悠，徒呼负负。除夕

辛亥，时年四十二岁。赴京开联合会，领衔上书，考查各县政治，办保安会。

安波岑言：无赖事宜，以无赖人用无赖之法了之。庄语正论，一切大道理，都用不着。此论亦豪快可喜。正月二十五日

嫂王待人极厚，疏货财，丰酒食，宜有贤子女之报。二月初二日

鹿宾国谓："预警办法，宜疏节阔目，俾民自为之，但得一好总长力为提倡，材具有所出，而民且不怨。"此意可采。盖真知乡间之情状者。二十九日

议论多而成功少，其今日之谓乎？资政院，谘议局，议事会，留学生，本国学生，到处皆然。其始言论尚足听闻，久之附和雷同，数见不鲜，令人欲呕。如此闹去，事何由济急？须以实行矫之。三月三十日

名言，即"生于忧患，死于安乐"也。禄

陈介石著作等身，知名海内。观予气象，谓：曾有讲学工夫。因与纵谈时

事。予谓：必本于道德之渊源，发为事功，乃能有济。守旧维新，均涉偏见。果能见得道之圆相，何法不可变，何事不可为。介石深然之。五月初一日

谭祖庵生姿最美，加以门第清华，师友熏陶，故天分学力无一不佳，可谓和平蕴藉，修理秩然。若生当承平时，可驯致高位，而不激不随，无可疵议，自当不愧名臣。兹当多事之秋，赖转移之大力，谭君魄力不甚相宜，以延揽贤豪，驾驭一切，大力包举，殊不足也。六月初二日

莫见乎隐，莫显乎微，此理本深信而不疑。所谓诚不可掩也，故知几之神，有时以夫妇之愚，而不让圣神。彼以人为可欺者，真冥顽不灵者矣。人之视己，如见肺肝，诵"诚意"之章，令人一读一击节也。十一日

看事太难者，每生灰颓心，看事太易者，每生轻躁心。算来都有病，惟以戒慎恐惧之念，运发强刚毅之神，事应为即为，为则必要其成，庶无流弊。二十日

处事妙决。禄

某君谈地方事，以无人为忧。谨饬者能力薄弱，遇事不敢出头，才智者又或营私自利，授人以指摘之柄。地方事尚可为乎？必有为守兼优者一二人出，而领袖之，使谨饬者得以循分供职，才智者亦有所顾虑，而不敢为非，则于事庶有裨也。闰六月初七日

"面攻所短所忽，决无唯阿曲从之习，亦无营私自利之怀。"赵次帅保荐语。

"理路甚清"。锡清帅品评语。

"自信力深，有惟我独尊之概"。王采丞制军语。

"不受折磨非大器，能担艰巨是英雄"。彭丙庚语。

"冰雪胸中作肝胆，龙蛇腕底如婴儿"。陈剑谭语。

此语甚佳。禄

"直而不粗有定见，而无成见，又带英雄气"。谭祖庵语。

革命巨子，见解不差。禄

"看似议论家，确是实行家"。谢敬虚语。

"论事能见透数层，又笼罩一切，而人不知"。王古愚语。

此语甚透辟。禄

"极似告子之不动心"。鹿宾国语。

"顽皮处，万不可及"。张仙舫语。

彼所谓顽皮者，非顽皮也，乃冒险进取之谓也。非知之深，不能语此。禄

"置家人生产于不顾，惟汲汲于公"。内子语。

古来大英雄，无顾家人生产者，不独刘季与陈平也。禄

"闻有诽谤或捏控者，气象愈发舒。隐约间，有得意之处"。史曜五语。

"喜于冒险，将来总要干出事来"。孙鼎臣语。二十三日

此语见交情独厚处。禄

人皆有其性之所近，虽以学问之功，讲求于平日，而其根难拔，终有发露时，不能矫也。观人者，当于此等处窥之。七月十二日

甚是！甚是！禄

人一作官，胆子便小。以习于趋避之术，惟恐获咎，故不敢从真处下手。然则中国之官，果不可作乎？是可叹矣。八月十二日

次帅谓："奉省有一秉大公之士绅，远过蜀人，故可相与以有成也。"十三日

鹿宾国言："今世明知其伪，而未可揭其真相以相示，故号称人物者，皆以假面目谬相周旋。君独一味尚真，与流俗岂能相合？"予笑而然之。十四日

能说出一真字，尚是解人。禄

生牵硬拉强之人，曾谓为政党。我则谓为行己有耻之反面，于心理甚不安也。十九日

斯世之不做耻字反面者几何哉，岂独入会为然？禄

干大事而求处处圆到，此乡愿之行为，甚可鄙。二十七日

气馁则心虚，心虚辄恐怖。此境与理直气壮相反，不忧不惧为君子，诚至论也。二十九日

吴莲伯谓："人谓君机诈阴险，今处久，乃知人言之谬。盖极坦白极诚实，从不以不肖之心待人。所谓逆诈，亿不信，均无有也。噫！日久见人心，此理何尝欺我，而使吴君出此言，诚不易也。"九月初九日，此后为政变时代。

我奉处特别地位，如八股文之截搭题，非连上即犯下，最难着手。此亦中国一般有知识者所共喻也。大家相与维持，能保一日之安，即可免一日之祸。十九日

某君谓当危急时，骑墙人有取祸之道，要言也。二十四日

此言最有道理。禄

至沈阳馆，闻某君之论："我有惟一宗旨，已置利害于膜外，一切顾虑，不以撄吾心也。"十月初六日

地方无事，何取有官，乃一有事，而官欲逃，此真怪现象。不严惩之效尤者，接踵起矣。初七日

鼎臣邀饮于福合园，仙舫、岷源、棣琴在座。所以箴规者，无所不至。鼎谓：须作到完全处，乃见手段不可一意孤行，自以为是。舫谓："'智欲圆'三字须注意，既以佣字自任，则事乃主人之事，非佣自己之事，正须辛苦精密，以求于事有济，乃为尽其职也。"岷谓："疏而不密，果于自信，亦是短处。"棣谓："侠气吾甚佩，愿遇事赞助之。"初八日

箴规皆切题语，皆良友也。禄

张子沄死于西佛牛录。士君子生当乱世，安往而非危途？惟知命之学，讲于平日，则为地方而受害，亦气数使然。与其生此乱世，在在皆伏危机，何若轰轰烈烈，放手作去？推其极不过牺牲性命，至于死而止耳，又何畏惧之有哉？

次帅谓我有降龙伏虎手段。初九日

所拟甚似。禄

我之一意孤行，刘星阁所谓押孤注也。然道理见得真，手法拿得定，无论如何危险，皆拟斡旋而安固之，天果不弃，三省庶几获济。十一日

予评徐菊帅是一篇脑满肠肥大墨卷，赵次帅名家而非大家，锡清帅理路清楚是考卷文字，次帅叹为名论。十七日

评语甚当。禄

与世仁甫函，略谓："奉省事原因复杂，难于缕述。简言之，非次帅必断送，而非弟为之主持，亦作不到此。看此危疑震撼之秋，魄力何如？此后事变不可知，尚宜兢兢。东人有言，赵某能于此时尚不断送三省，真是伟人云云。其实弟之主持力最大，无怪彼党恨弟已极，欲得而甘心，以为赵之所为，皆弟之所为也。次帅有言，使洁珊自作，不至如此费手。弟亦不以赵言为诿。然赵老自有手法，亦难能矣。弟生平无他长，惟遇危疑震撼之际，能坚定，能果决，盖毫无利害生死之见扰于中也。在京同乡讹传本系意中事，人不知我，我亦不愠。虽非成德君子，惟天性从来如此，看世间事，在我良知内，无一非实。其离乎我者，若宝贵利达，灾殃祸害，无一而非虚也。"十九日

予谓天下事非身在局中实有经验者，不足与言兴革。次帅叹为通论。

请次帅指所短，帅言："时有过于厚处。"噫！岷源曾有此论，浅识者适得其反。今次帅脱口而出，其必有以窥吾之微矣。二十二日

天下惟知其短者，始能知其长。次帅此言，必有独得处。禄

某君谓予有理儒气，规模近隘，引东方伊藤氏、我国袁氏以为借镜。予谓："一人有一人之本色，纯乎良知作用，甘冒危险所不敢辞。若挟一权利之计，以取济于一时，则脚根已立不定，吾惧其颠也。"二十七日

某君言："欲作大事，必有所据。今决大疑，冒大险，造福无极，然于个人则无所据也。须乘机巩固势力，以谋永久，不然一旦他去，立见消和"云云。予答以昔次帅谓我无唯阿曲从之习，亦无营私自利之怀，就第一句扩之，即"威武不能屈"也，第二句扩之，即"贫贱不能移"也。孔子谓：死生有命，富贵在天。道之行废有命，在我惟尽道理之当然，听造物之位置。意必固我之私，勿撄吾虑可也。无所谓长，即无所谓消。此理已二十年前见到，而见诸实行者已二十年矣。随遇而安，落得浩浩落落，非常清爽。盖饭粝茹草，与被袗鼓琴，均无所加损故也。至旁观相爱惜，实可感。然动以人，而非动以天，夫天之道，未易遽索解人也。十一月十一日

某君谓奉省人无团体，而引外省人之互相援引以为证。予谓："奉省人有独立性，其气朴直，其节坚劲，不肯乞怜于人，以自屈辱，其志固可嘉也。"二十五日

问者甚私，答者极公。禄

征于色，发于声，而后作，我犹未免为常人也。十二月初六日

吕星五言："事无不可，对人言自是过人处。惟须为中国前途惜此身。"此语望我至厚，悚惧何如。初八日

天下何境不可处，何事不可为，但使高着眼孔，立定脚根，独往独来，不生顾虑，则居易俟命，仍然鸢飞鱼跃之机也。何有苦恼，何有忧惧？十九日

见到语。禄

天人交战，须勇者方能战胜。三十日

予此一年中，代表京师，崭露头角。调查州县，披沥心肝。奠省事于惊涛骇浪之中，置此身于荆天棘地之内。参议宣勤，京堂列荐，汲引善类，黾免前途，

惟堕入情魔，因失足而罹惊险。每思及往事，辄抚心而觉怔忡。尚宜实践忠清亮直之褒，岂得复为旖旎风华所误。天下自兹多事，家国正赖有人，时势造英雄，安知非我？勋名累儿女，莫更管他。除夕

壬子，时年四十三岁。不就民政司使，赴鄂未至而返，襄办选举，遭国民党之反对。

孟子谓："动心忍性，增益所不能。"按"动"字系"重力"两字合并而成，"忍"字系"刃心"两字合并而成。当人欲猖獗之际，寸衷扰攘，如盗贼思脱监狱，如虎狼思撞阱槛，此非有负重之力，具剚刃之心者，出而当头棒喝，不稍姑息，断难帖然也。予于道理何尝不讲习有素，自问躬行，亦尚不逾乎规矩，乃以情思之缠绵，遂至不克自主。孔子曰"未见好德如好色"，诚然哉。

又老子谓："不见可欲，使心不乱。"圣贤防微杜渐工夫，只在未见以前着意。至已见后，则动于情之不自已，苟非道根深固，难免陷溺。即或勉强抑制，亦多苦恼。而以苦恼之故，变为溃决，则滔天之祸，相逼而来矣。朱子谓："世上无如人欲险，几人到此误平生。"一般堕入情窟者，苟善领悟，则国破家亡一切不可思议之祸，其稍免矣。二月初三日

十年以来，日日作事，而淡泊自甘，于服御概不讲究，故盛衰荣辱之说不与焉。此虽系天性之自然，而内子佐治之功为多。不然，使其如某某夫人，能如此寒俭乎？假使果以二千元纳某姬，则金屋一筑，气象顿改。至此舞台一上，可富而不可贫，可贵而不可贱，子弟习成宦气，面目均非本色，其流弊可胜言乎？故对于纳姬一事，百思而无一可，而憧憧往来，不去于怀，则人欲猛烈，而克复之未易言也。吁可畏哉！

克欲如制贼，是何等工夫！何等魄力！禄

当年办团办警，从惊涛骇浪中，荆天棘地际，获知县一阶，而士绅娼嫉，捏控无已。过三年后，又众口交称矣。去岁掀天风浪，九死一生，祸机四伏，虎狼遍地，而夷然不惧，力障狂澜。当时识与不识，代为忧危，且以不食报为憾。及事机渐平，荐擢京堂，职登参议，又惹人忮心起而排斥。世情鬼蜮，古今皆然，本可笑而置之膜外，而爱我者共引为不快。夫名满天下，谤亦随之，古人大抵如是。我何如人，能免物议？惟以热肠苦口，一片婆心，不见谅于人，亦不求谅于人，还我空空洞洞之本来，一任泯泯棼棼之毁誉，知我罪我，所不顾也。二十

二日

　　大丈夫行事，如日月皎然，所以磊磊落落也。禄

　　世仁甫谆嘱：词气务敛锋芒，庶少减谤议，深韪其言。三月十一日

　　史曜五谓予作事有义务思想，无权利思想，当得一"大"字。二十四日

　　与内人订约法，予以圣贤之道严率，履豪杰之事，扩规模，不冶游，以相孤负。伊以古之贤妇人为标准，教子女，持家计，朴素自矢，不开奢端，不使戾气，以期相与有成。二十七日

　　内外井然，治天下亦当如是。禄

　　内子谓："办几件大事后，俾地方安靖，人享幸福，便退隐田园，以饮酒读书为乐，何必与争名夺利者相角逐？"何来此道德高深之语，佩服何极！四月初六日

　　某报为予作骂传标目，曰"袁金铠之大马金刀"，我闻此语，颇自豪也。初八日

　　好发议论，终是病痛。六月初八日

　　求事者多，而遇事辄有乏才之叹。人奈何不自立哉！十六日

　　次帅赠联："贞非绝俗居常广，道不求荣毁亦宜。"

　　凡大老赠语，动多不切题者，此联尚好。禄

　　鼎臣、鹤翔来商出处。予谓："次帅在奉，吾为统筹全局，计不入官界以自限。今次帅将去，吾入官界，义何所取。静观时势，得为则为，不得为则卸吾责，余不足计也。"九月十二日

　　人无刚明果断之才，遇事游移，毫无定见，而动以胸无成见，取决众论为不误，此真不知责任语也。今世人才迂腐者寡效，狡猾者营私，即貌为清高，貌为方正，而其中仍多有系恋之意。孔子叹才难诚，慨乎其言之。二十四日

　　深中近世人才之病。禄

　　某师长云："历验诸人魄力之大，不能不推袁氏。"殆语出至诚乎？十一月十五日

　　反动者印布传单，造为十六大罪。此事若视为可喜，亦嫌不恭。若含怒意，实无此工夫。我心中既不承认，则其说等于飘风之过耳。颜氏犯而不校，愿取法焉。十二月初六日

回忆此一年中，逸谤交加，是非靡定，蛩语揭登报纸，闲情每寄诗钟。因干涉而戒冶游，缘离间而辞议会，移家沈水，聊聚首以言欢，却步官场，竟问心而绝迹。方拟韬光养晦，慕闭门种菜之风，何期祝庆偕行，有设阱布荆之举。赴鄂未果，返奉不惊，安反侧于平淡之中，消嫌疑于危难之际。任长吏倏更局面，谁觉盛衰，与昔年依样葫芦，仍司选举。盖此一年中，乃默乃敛，乃退乃藏，虽人情之变，亦天道之常。除夕

癸丑，时年四十四岁。选省会议员涉讼，谒次帅于青岛，辞财政司长，谒项城面陈，暂不作官。

每有纵恣，必生苦恼，报应如桴鼓，焉可畏哉。正月初三日

云章言："某人议论谓，袁某如在三十年前，可为名臣传中人物。其所持政见，有纪纲，有秩序，有阶级，而以人人各有主张，随便发言为不然。又其人性质坚定，不能变迁，故反对之。且袁某何不入宦途，而必为议员？今虽搅散其议长，若常在议会，则所持政见，足以传染一切，是虽无议长之名，而隐然有议长之实。故必上诉于大理院，达到取消议员之目的而后已也。"十五日

某君谓予处事魄力，实兼知、仁、勇三者。其称许未敢当也。二十六日

此人似有识。禄

董伯纯自营口归，言王观察使维宙谓，袁君于本省最有关系，今虽群疑众谤，日遭反对，不可竟萌退志，或变方针。惟其所入既薄，日用恐有不敷，已函商云章拟共援济等语。二十七日

与维宙函，略谓："蒙垂注殷殷，至感。弟迷信古人，根于天性。现反对者谓袁某宜于古，不宜于今，其实弟所歉然不自足者，乃觉无一可比古人之处，而寡过未能引为咎病，故对于无意识之排挤，非惟不屑计校，实志别有在而不暇及也。今托迹议会，若言尽职，谈何容易。惟人心日坏，可为痛哭，不亟挽救，人将相食。阁下实事求是，魄力过人，必于吏治民风，加意整顿。今无他赠言，惟弟之迷信古人者，仍愿阁下取法古之循良传中卓卓者，乃不虚此时势造英雄之机会。若今世人才不足效也，素叨雅爱，一发狂谈，若使反动者闻之，更痛诋弟为一成而不可变之性质。斯世不容有此至愚之人也。一笑！"二十八日

正大之事，邪狎之事，每以联带而成，故古人慎所游。二月初一日

小人知进而不知退，夫飞蛾投火，蝇入晶瓶，岂无生路？而终陷于危亡者，

明明有可退之地，不肯走也，殊可怜矣！四月十八日

退之受用甚大，惜人不能知耳。禄

柳下惠一生纯是和气，何尝困闷来，其介处自在也。五月十四日

奢为阳病，吝为阴病，笑人奢则奢者有得意之状，讥人吝者必怒于心，而不易解。二十一日

民政长一席，大家看作奇货可居，我则以不担任为幸福。心理之不同如此。九月初十日

于此可定人之高下矣。禄

赵燕孙来谈财政，欲予肩其任。对以次帅时代，立于言论地位，尚能有效，故不入官界，曾有不就民政司之事。嗣且辞去参议，今许氏到奉，未见政绩如何，无冒然一出之理。盖虽不敢以古人自比，然立身自有本末，必志同道合之人，乃能相助为理。请俟许氏德政允孚，果可有为，彼时再商出处。燕孙叹曰："这段大议论，我不能驳。"二十五日

某君来，深致愧恨之意，谓："从前爱敬先生，颇知佩服。年来为外界潮流所荡，竟敢为反对之语言及其行为。近来两两相形，怵于成败之迹，始知其荒谬。惟愿不弃赐教为幸。"噫！天下如某君者多矣。肯书亲供，不犹贤于怙恶不悛者乎？然使潮流复返，又将掉头去矣。未可信也。十月十一日

我与人既不相同，遇事安可持以相较？妇人孺子之见，置之不理可也。十七日

入学堂者甫毕业，即亟于谋差，此淳于氏所谓"操豚蹄而祝沟车"者也。将何以应之？十一月初六日

予以速成之具而无应世之才，此其弊不在学子。禄

陈君止中质直好义，气骨坚劲，在法界克勤厥职，不可多得，为向梁任公总长言之。此荐贤为国之意，尚有意思。十二月二十八日

计终年之遭际，抚往事而低徊。选议员竟涉法庭，两番诉讼，办政党而组国会，一月京师。当乱事之甫平，有省长之推举，塞翁俟命，祸福本自无常，财政辞官，声价居然增重。未忍遽离桑梓，陈大义于极峰，有时或献刍荛，任谘议于钧府，犹幸中流砥柱，未随俗溜为转移。每思军界箴规，尚觉无形之补救。所自疚者，化歉刑余，每滋惭于好德。所宜勉者，过常内讼，庶可对于先贤。除夕

佣庐经过自述（摘录）

袁金铠

　　三十四年，戊申，三十九岁。以丁艰辞局董，洪公不准。奉天府管洛生凤和，武进人，候补道聘充自治局顾问，与海城王廉溪订交。玉泉，汉军举人，后官知县，殁后举孝行。……荐王岷源充巡官。予亦回城办自治期成会，清查亩捐，理处争讼。适麟瑞等以恃势弄权，贪黜营私等情禀控，州尊谓："毫无影响，为禀销之。"邀徐聘卿为期成会会长。是年变更五路办法，改设乡正。洪公信任颇深，凡所计划，均见施行。倡办东路模范学校。十一月，谘议局筹办处委为司选员，分得承德、辽阳、本溪、辽中四城。……

　　宣统元年，己酉，四十岁。……被选谘议局副议长，吴莲伯景濂，后为众议院议长为议长，孙鼎臣百斛，编修，后官民政司使副之。与陈海峰瀛洲，铁岭举人，后简任存记，刘星阁兴甲，昌图，后保直隶州选国会议员，张子沄程九，辽中，恤赠知府、鹿宾国鸣，满洲举人订交。高等厅发生控案，以毫无影响，归于消灭。为请开国会事赴京，于世仁甫荣学士家度岁，识陈剑谭澹然，桐城举人，著作甚富，赠联语"冰雪胸中作肝胆，龙蛇腕底如婴儿"。

　　二年，庚戌，四十一岁。……局推赴江省议局接洽。……十一月，学生来局，流血催请国会。绅民数千，请锡督代奏，公推予赴江省联络。予以时机已过，事必无效，坚辞不往。后赴京，诸代表均押送回省，兼充全省清乡局参议。腊月，有防疫事。是岁，本局照章选为公署审查员，锡清帅极表欢迎。民政司使张贞午元奇，福建人，翰林，后官奉巡按使，愿予在局，可以维持一切，遂未入署。

　　三年，辛亥，四十二岁。以防疫隔断交通，在屯住四十一日，倡办山药堡本屯学校。锡督辞职，次帅重来。局推赴谘议局联合会。四月抵京，被选审查员。每会议，必发言，咸钦佩之。五月初十日，领衔至都察院，请代奏皇族不宜充内阁总理。与谭祖庵延闿，茶陵人，后官行政院长、王古愚振尧，举人、谢敬虚远涵，江西翰林，官循吏有声、孙伯兰洪伊、汤济武化龙，后官教育总长、梁伯强善济，山西翰林，教育次长、高鱼门登鲤，福建举人，后官本省民政长诸人相聚处。祖庵谓："直而不粗，有定见而无成见，带英雄气。"戏以大帅呼之。古愚谓："论事能见透数层，气概可以笼罩一切，而人不知。"鱼门谓："东事是赖。"敬虚谓："遇有可为时，力能担荷，能耐尤属特长。"此行游颐和园、陶然亭、万生园等处，行止间涉放佚。六月六日回奉。时次帅已抵任，陈分路考查之议。予与张子沄、曾子威、刘星阁、王岷源、于云章、王廉溪、王芷飏赓廷，抚宁举人，后官上海道尹充考查政治委员。予分得承德、新民、铁岭、开原、抚顺、彰武、法库七城。以闰六月初三日启行，至八月十三日竣事。二十二日读上谕，武昌失陷，大局糜乱。次帅嘱镇定人心，晓譬报馆，本省添募巡防。徐聘卿为帮统，岷源、竣峰为管带。识张统领雨亭、吴兴权、张荫华榕。二十一日，开保安会，公推次帅为会长，伍祯祥、吴景濂副之。李管带际春字鹤翔揭陆军内幕，议论慷慨，厥功甚伟。次日，次帅到会，宣布政见，公推予为参议部长，司道总辞职。十月，朱养田司使钟琪，浙江人言：党人谓予崛强。五日，莲伯、星阁赴沪。辽阳警校学生携枪逸出，倡言独立。时有劝予勿激切者，我有惟一之宗旨，已置利害于度外，以东省处特别地位，能保一日之安，即可免一日之祸。次帅可相与有成，岂可错打主意。初九日，辽中电张子沄为革党所戕，于是变应付之策。后党魁亦死于非命。初十日，辽城有警，荫华来告，致电黄管带建中剿之。次帅以"降龙伏虎"喻之。十二月五日，荫华遇险于平康里，予亦惊悸不宁，奉旨以四五品京堂补用。二十五日，颁共和诏旨。自政变以来四阅月，惊涛骇浪，危如累卵。军人则张雨亭、李鹤翔，政界则周养庵肇祥，绅界则孙鼎臣等，均能力持正义，不惑浮言。予赞襄次帅，事事与闻，撑支危局，幸未颠越。兼任省署参议。三女庆璇生。

民国元年，壬子，四十三岁。正月，剪发。二月，共和俱进会举为评议部长。七日，被选为临时参议院参议员，未就。三月，家眷来城。发生民政司使问题，予力辞，举岷源。已任命，以阻碍故，次帅仍欲予担任，举孙鼎臣署理。党人组乃报，专用以诋毁予者，置之。四月，与彭子嘉谷孙诸人为诗钟，会临时省议会，举为副议长，辞参议。二十九日，辞副议长。五月七日，仍就参议。六月，与陈劝业道琪，查吉林陈督昭常为省议会弹劾一案。七月十一日，回省。八月，襄办选举事务，奉委赴武昌纪念日，与马润之团长凯同行。到京，党人赵中鹄、赵元寿、顾人敏、杨大实、樊贵五，暨田又横之妻，与予为难，在区起诉。致电次帅。张师长有电到京，语极愤慨。项城嘱江宇澄派人保护出京。次帅拟派安东采木公司理事长，不就，赠"贞非绝俗居常广，道不求荣毁亦宜"联语。九月，次帅有去奉消息。鼎臣、鹤翔来询出处，予谓次帅在奉，为统筹全局计，不入官界以自限。今入官办，义无所取，静观时事，得为则为之，否则卸吾责耳。编奉省共和实录。十月，次帅去奉，送至沟帮子。初八日，辞参议。张督金坡锡銮慰留，有劝入国民党者，谢之。省议会、众议院初选，均当选。仙舫诸人均不以出省为然。反动者印送传单，造为十六大罪。十二月，当选为省议员。王廷桢、陈思、于定一、苗天雨、金正伦等以被选违法，控于高等厅京局，覆电襄办士绅，不受本法限制。辞参议，赴大连，识郭精议学纯，商会会长，拟赴青岛，以无船而返。

　　二年，癸丑，四十四岁。正月五日，至高等厅听判。与王、于、苗、金接谈，公开时，诸人哓哓，予始终无一言。十一日，法政学会欢迎议员。王廷桢以议长问题显然干涉，刘鲤门主欢迎席，斥王失礼，予始终无一言。次日，省议会互选，王廷桢、杨大实语越范围，干涉选举，予以未得议长为幸。赴大连，与岷源至青岛，谒次老。致吉林陈督函，称不徇利，不趋势，不作伪，特立独行，凡事能见其大等语。归过大连，留发，共和党本部，电邀赴京。往复共二十九日。识梁任公、王揖唐。四月，办理三党合并事宜，组织进步党，推为参议。七月，进步党成立，被选为副会长。八月，发生民政长问题。有人阻挠，藉卸仔肩，甚幸。九月，许静仁世英来，任民政长，任命为奉天财政司长。国会议员刘星阁、王荫堂、曾有翼提出质问，连署者二十五人，最难者为杨大实也。向许面辞财政司长，复具禀两次，始奉令准免本官。十一月，谒项城，谕令出仕，以愿尽地方义务为辞。任命为公府政治谘议。

东北辛亥革命简述

宁 武

(一)

一九〇六年,盛京将军增祺丁忧去职,赵尔巽接任。这是清廷第一次用汉人(赵为汉军正蓝旗)任将军,以前的东省将军向来都是满族大员充任的。赵尔巽到任不久,即以变法维新自任,在省城设立各种学校,在各县也成立初级师范及男女小学校。因此,关内各省人士来东三省任教者很多,日本留学生就更多些。徐镜心毕业于日本早稻田大学,在省立实业学校任教。宋教仁以创办实业为名,于一九〇七年春在奉天成立同盟会辽东支部,新军人吴禄贞、蓝天蔚、张绍曾等是辽东支部的主要负责人。

吴、蓝二人,以前在湖南是华兴会的革命骨干,也都是军队中初级军官,到日本留学,入了日本士官学校。日俄战争爆发,一些中国留日学生都很愤激,曾由蓝天蔚领衔,吴禄贞、张绍曾副署,拍电报给清廷,提出返国组织义勇军,对俄军作战,勿须日军到中国驱逐俄军等倡议。清廷复电,拒绝他们的倡议,只说本朝要守局外中立,并令蓝等安心深造,后有重用。以后,他们由日本毕业返国,正是徐世昌任东北总督的时候,清廷任吴禄贞为第六镇统制,张绍曾为二十镇统制,蓝天蔚为第二混成协协统。一九〇七年八月,日本帝国主义制造"间岛问题",时常在吉林延吉一带骚扰。清廷命吴禄贞为吉林边务督办,率全镇去延吉布防,并与日本交涉。一九〇九年孙中山派廖仲恺到延吉帮助吴禄贞,对日本侵略者斗争。同时,清廷派张的二十镇驻防京奉铁路沿线,直到关内滦州,派蓝的第二混成协驻奉天北大营。

同盟会会员张榕,原是北洋大学学生,曾与吴樾在北京前门车站炸五大臣,当场被捕下狱。张榕以大义说服了狱官王璋,在王璋等人的帮助下越狱跑往日本。张榕入士官学校学军事，王璋入警监学警务，两人均参加了同盟会。由于张是本省留学日本习陆军的仅有的一人，回国后遂被任用为奉天营务处提调，后升为总督府军事参赞。

当时同盟会辽东支部，发展对象首先是教育界，其次是联庄会，再次是军界。有的同志倡议绿林也可以发展，但张榕、吴禄贞等人都反对，认为革命党是纯洁的爱国者，不应罗致些打劫杀家的坏分子。徐镜心、宋教仁对张、吴力说，所谓打劫杀家者都是穷苦人被逼上梁山的。张榕很激动地说："大家不明白我省'耍人'（即地痞流氓之类的人）的内幕，若辈都是游手好闲的人，这种人不一定都是贫穷人。如辽中县已故的杜立山，他原是小富有者，后来'上了马'。现任统领的张作霖，他兄张作甫原是海城乡间广置田产者（地主），张作霖不安分，吸大烟，嫖女人，作了抢男霸女的贼匪，现在竟因匪而作官了。这种人如何能革命呢？"但宋教仁不以张的话为然，只是从此不再向张谈及罢了，自己仍在北满联络著名绿林头子刘单子。

我自己早年曾经加入联庄会，一九〇八年经徐镜心和左雨农的介绍加入了同盟会，把宁志良的名字改为宁武。刘纯一同志改名刘雍，也和我同时加入同盟会。

此外，在教育、文化艺术界有赵中鹄老先生，文汇书院学生朱霁青、段文祥、萧树军、钱公来，教员韩果，讲武堂学生刘景双，北洋女子师范学校学生张淑秋，奉天女子师范学校学生杨淑先、段采范等，在一九〇八年以后，也都参加了同盟会，积极进行革命活动。庄河联庄会的首领顾人宜、顾人敏、顾振邦等人，在革命形势不断发展的鼓舞下，也加入了同盟会。

一九〇七年同盟会辽东支部成立后，同盟会的活动是比较广泛的。有熊成基、蒋大同等同志来到东三省，在青年学生中传播民主主义的革命思想。吴禄贞、彭家珍、蓝天蔚等同志在新军中播下了革命火种。革命知识分子在教育界、戏剧界或者新闻界都利用合法身份，大力进行宣传鼓动工作。如奉天天主教所办的《大中公报》，袁伯扬任经理，革命同志沈胐若为该报主笔（总编）。该报有《三千毛瑟》一栏专为自由投稿而设，同志常在此栏发表文章，批评和斥责清朝政府的腐败无能。赵中鹄老先生也曾办过《东三省民报》，宣传革命主义，后因经费关系被迫停刊。蒋大同、董耕云同志在长春主办《长春日报》，后改为《吉长日报》。当时，凡是革命党人主办或参加的报纸，一般都比较活跃，销路广，深受读者欢迎。此外，赵中鹄同志曾编写《潘公投海》一剧，劝告大家要想救国，唯有加强团结，才会产生力量。这个戏由刘艺舟等人演出，大大激发了群众的爱国思想。有些演员并不是革命党，但是同情革命，借演戏为革命筹款。这样既接济了革命所需要的经费，也加强了革命宣传鼓动工作。

清政府施行新政，实质上不过是巧立名目，加紧勒索。它的具体措施，首先是加捐加税，其项目多如牛毛。因此，辽东半岛的联庄会经常发动群众起来抗捐拒税。一九〇七年二月又实行清丈山林荒地，激起凤城、岫岩、安东、宽甸等地人民的反抗，后由刘雍、鲍化南、王云峰、顾人宜等人集合三万余众，拒绝官吏入境清丈，声势甚大，影响及于全省各地。群众的力量，终于迫使清政府向民众宣布，马上停止丈量山林荒地。但事平后，省当局以"鼓动农民，阻碍省政"的罪名，把刘雍家产没收，并加以通缉。刘雍从此度其亡命流浪生活。顾人宜、王云峰均在家乡度其山沟生活。因为他们手中都持有枪支，当局对他们无可奈何。

一九〇七年四月底，清廷在东北正式建省，将盛京将军改为东三省总督，三省各设巡抚。奉天巡抚唐绍仪，吉林巡抚朱家宝（一九〇八年秋改为陈昭常），黑龙江巡抚段芝贵（旋改程德全，一九〇八年春又改为周树模）相继到任。六月间赵尔巽调任川督，由徐世昌任东三省总督。徐世昌、唐绍仪在东北，对日本帝国主义是卑躬屈膝，媚外卖国。如在日俄战争时期，日本借用安奉铁路运输军用物资，战后竟要求中日合办，改为宽轨；抚顺、本溪、鞍山等地的各种矿产以及辽东一带的森林开采，日本也要求中日合股经营。徐世昌对于日本帝国主义的这些要求，都公开或者秘密地签了字，写下了卖国条约。此时张榕已升任总督府军事参赞，得到这些消息，即集合同盟会同志，分头深入发动各界人士起来反对徐世昌的卖国罪行，并开展抵制日货运动。学生罢课，商人抗纳警捐罢市，声势一时很盛。

运动的骨干主要是各学校的青年学生。当时有辽阳、铁岭县的爱国青年金某、刘某断指给徐世昌上血书，反对徐和日本所签定的一切合办条约。青年学生的爱国运动日益发展，清政府和帝国主义对学生运动的镇压也日益严厉。学校当局关紧校门，不准学生外出，街上满布警察，军警包围学校，如临大敌。由于革命组织不严密，以致机密泄漏。文汇书院院长英人劳勃生向警察厅密告，说学生中有朱霁青、段右军、萧树军等四五人都是乱党分子。萧树军、段右军、齐叙堂三同志被捕。朱霁青逃往日本，入东斌学校学军事。交涉使韩某向盛京医院院长英人施督阁要求允许中国警察到医院检查乱党分子。施拒绝了韩某的要求，秘密叫宁武和李树华暂去天津避避风头，待风声平息后再返校，并给李、宁二人一些川资。宁武未赴天津，搭火车前往吉林长春，在长春结识了《长春日报》经理董耕云。不久接施院长来函，嘱返回奉天盛京医院。这时医院早已成立青年会了，会正是王宗承大夫，副总干事是宁武、李树华等。

在各界风潮当中徐世昌虽然胆战心惊，但事后仍然进行他的卖国罪行，继续签定卖国条约。这时安奉铁路已经开工建筑，并派廖某为安奉铁路警察局长，还成立了警察教练所。同志们就利用这个教练所作为革命青年潜伏地，由宁武利用社会关系把谢宝轩等十数人送进去学习警政。

一九〇九年秋，奉天最有声望的人士孙百斛，在北京清廷御史房弹劾徐世昌、唐绍仪在东三省的各种罪行。清廷为了缓和人民的斗争，调徐、唐等入关，由锡良（蒙古镶蓝旗人）接任东三省总督并兼任奉天巡抚。当时全国各地方人士请愿要求清廷宣布立宪，奉天省教育界以吴景濂为首，集合全省学生约千余人，在总督府门前跪请锡良在向清廷要求立宪的电报上盖总督印。锡良拒绝要求，于是群众高叫大喊。锡良用大队军警把请愿大众紧紧包围，强令解散，群众情绪更加激烈，跪地不起，哭声骂声更高。锡良终于被迫下令军警立时撤走，并且在群众的电报上盖印。这一次学生请愿，同盟会分子并没有参加，但后来通过其他办法，进行革命的宣传鼓动工作，中学生李避尘、陆军小学的石磊等三十余人，均相继地参加了革命活动。

一九一〇年三月间，奉、吉、黑三省相继成立省谘议局。那时，奉天省地方上分成三派：首先是秘密的革命派，以张榕、徐镜心等同志为首，约有青年知识分子百余人，大部分在教育界和军政界。它的基本力量是联庄会和一部分地方保卫团，为首的是顾人宜弟兄和鲍化南弟兄，他们的力量较大而集中。其次是维新派，以吴景濂为首。吴从师范学校监督被选为省谘议局议长。此派人数仅次于革命派，在全省教育界有些影响。再其次是士绅派，主要分子是袁金铠等，虽然人数较少，但他们是当局的走狗，依靠张作霖狼狈为奸。吉林的维新派以刘哲、莫德惠等人为首，人数不多，却是专门阿附当局；那里革命分子只有董耕云、李梦庚和留日返国的金树芬。黑龙江省只有维新派秦广礼、翟文选等人，很少革命分子。

一九一一年四月间，清廷将锡良免职，调进关内。据当时张榕同志说，因为锡给请愿派盖了印，再加上日本首相伊藤博文被朝鲜革命志士安重根刺死于哈尔滨车站，清廷对锡大为不满，所以把他调走。锡走后，赵尔巽又从四川调回奉天，继锡良任东三省总督。

这时同盟会分子都潜伏在奉天各机关和地方上进行工作，主要是宣传清廷腐朽无能，要推翻清廷，建立民主共和国。实质上，多数人只求把清政权推翻就满足了。有些同志时常把《扬州十日记》传给新参加同盟会的人看，而对同盟会的章则文告，却很少注意。当时张榕同志认为不应联络绿林，但多数同志已是暗中联络了。彼时祁耿寰、宁武等人联络张作霖部下和原来杜立山的旧部，发展革命势力。赵尔巽来奉后，拟成立暂编陆军一镇。赵很器重张榕，遂命张与营务处主管人草拟新编陆军草案，要任用国内外的陆军学生。事被袁金铠所闻，他极力反对，还邀同少数绅士利用省谘议局副议长的身份进行活动，并携同他的党羽要求赵尔巽收回成议。议长吴景濂首先表示赞成赵的动议，但因为吴景濂痛恨张作霖、冯麟阁等绿林收编的军队，而袁金铠这班劣绅却和张、冯结合，维新派和士绅派之间有矛盾。这样就形成维新派和革命派的联合，而吴、袁二人则形成明争暗斗之势。同盟会分子利用吴、袁的矛盾，争取吴参加革命，吴表示在会外相应地起些作用也就是了。吴景濂同蓝天蔚、张榕等人时常交往。

与此同时，吴禄贞派他部下营长柏文蔚与宋教仁来奉见蓝天蔚，说明熊成基在长春被陈昭常处死的情形，吴和巡抚陈昭常不能相处，表示吴决心在吉林发难，请蓝在奉同时发难。蓝认为革命工作不应盲目从事，要慎重，要权衡敌我力量。因为吉林驻有孟恩远军，昌图到长春驻有张勋一军，奉天省驻有五路防营军和王怀庆的一路炮兵。总之，蓝反对吴的轻举（事后蓝对宋教仁说："你们不理解军事，革命固然要有勇气，但不能只凭热情，而要考虑敌我双方力量之对比，不然会给革命造成损失。"）。柏文蔚回到延边面陈吴禄贞，吴感到失望。后来吴又变更计划，命令他的部下祁耿寰（辽中县人，原北洋高等警校出身，延吉警察局长）返回奉天，秘密在辽西地区联络民团。

当时朱霁青由日本留学返奉，因为蓝部满额，即投奔张绍曾部，先在陆军七十八标，又进学兵营（即随营学校）学习，数月后被派在某队作司务长。商震等从学兵营出来，曾一度入省测绘学校学习，他认为革命没有用武之地，不久被同盟会分子陈干邀去在辽阳创办私立义务小学校（学生入学不要学费，还供给教科书，因此盛传陈干带学生在夜间到农田里去抢粮食）。朱霁青联系他的同学张献廷在新立屯设立西医诊所，作为辽西联络革命工作的据点。宁武和刘雍在东边地区工作，宁武在凤城县设立西医院，还利用耶稣教青年会负责人的身份进行革命工作。杨大实从日本学警察返国，设法运动到复县任警务长。同志们设法推荐何秀斋在安奉铁路局所属警局任督察长。马龙潭右路防营营长邵兆中和张作霖的营长刘景双都加入了同盟会（彼时他二人都在省城讲武堂学习），在营内进行革命工作。此外，有军人彭家珍、黄旦忱，政界中还有钱拯（号来苏）专门对冯麟阁部进行工作。张根仁、柳大年和张榕一道在省城各界中进行工作。

一九一〇年春，经同盟会联合起来的力量有：在辽东半岛的联庄会，有俄式步枪四千余支；在辽西绿林中有枪马近七百之数；在辽北有绿林以于春圃为首的近百人马。吴、蓝、张三部新军约有三万余众，武器装备都比较充足，同志们对革命都很乐观。我们曾规定有联系暗号：即在初接触时，首先问"阁下近来办的什么事业？"答以"中国人办中国事"；又问"事情很得意吧？"答以"毫无头绪"。听到这两句话，立即互相握手，把大拇指平放在握拳上，以表示平权，如斯方知是同志。同志之间，亲如手足。我们对凡外省来的同志，照顾更是周到，将细粮让给他们吃，本省同志多半吃粗粮。住客店所需费用和川资，都由同志间互相资助。一切革命所需要的活动费用毫无来源，也都是靠自己互相设法解决的。当时同志们的生活比较艰苦，都把希望寄托于革命的成功。

因限于油印和纸张，经常看不到革命的指示文件，仅有的同盟会文件，只是少数人放在怀里，怕泄露秘密。因此，看《水浒传》、《越南亡国恨》之类的小说和《扬州十日记》、《饮冰室文集》等书的人比较多，看革命的文章和文艺作品的人很少。那时的报刊，有关革命者已如上述。此外在奉天省城有《微言报》，主持人是教育界的寿世公。半官方性的《东三省日报》民间很少订阅。还有日本人的汉文报《盛京时报》；在大连办有《满州日报》和汉文的《泰东日报》。帝俄在哈尔滨办有汉文的《远东日报》，只在中东铁路沿钱销售。

辛亥年武昌起义前在东北活动的革命党人，在这里简单介绍一下。吴禄贞、张绍曾、蓝天蔚都是新军的军官。一九一一年，清廷北洋新军营务处召集新军在永平演习秋操。同志们集会，由吴禄贞倡议拟乘机发动革命起义，以吴部第六镇和张绍曾的二十镇为主力，推吴为总司令，张为副司令；蓝天蔚在奉天为后援总司令，负责控制杂色军队；宋教仁在关内天津一带负责联络工作。吴率全镇入关到滦州张绍曾统制处。张迷信占卜，说占卜的结果，认为起义不利；又说新军中有冯国璋、曹锟、王占元三镇兵力，还有近五万的旧式军队，敌我相较，敌强我弱，不宜莽撞从事。总之，张绍曾反对吴禄贞和众同志的决议。因此，在滦州发动革命之议作罢。同时，清廷也已停止秋操。经过此次考验，证明吴禄贞有革命勇气，也有才能，但骄矜自恃，常以中国华盛顿自居，主观性强，不易接受同志们的意见。张绍曾原是公子哥儿出身，主观上要革命，惟斗争性太弱。蓝天蔚原本寒家出身，是位忠厚之士，但处事缺乏果断，因而常走些弯路。张、蓝二人尚推崇吴禄贞。这些就是当时辽东同盟会支部一般同志对三人的看法。宋教仁是位热心团结同志的革命政论家。徐镜心是位血性革命者，信仰孙中山先生，在东北和宋教仁经常奔走东三省军政界，负联络总责。那时廖仲恺利用同乡关系，在吉林巡抚陈昭常幕中工作。陈昭常曾发觉吴禄贞是个有野心的人，准备将吴调走，经廖仲恺从中周旋，才相安无事。

辽北的绿林首领于春圃，要号（即"要人"的绰号）叫"于小钉子"；因为他专抢日本人，所以又叫"老头票"。他和专抢帝俄火车的刘单子联合，两人平日专门从三姓（即依兰）地方贩运大烟土。

此外还有女同志几人：张榕的胞姐张淑秋乃北洋女师出身，宁武的伴侣杨树光乃奉天女师出身，还有她的同学段彩范，她们都是小学教员。还有郑梅生，粗通文字，善骑射，原是杜立山的"马上夫人"，为了替丈夫报仇，反对张作霖，一九一〇年（时二十二岁）参加了革命，很积极。她的旧部多半在祁耿寰和宁武身边，后由宁武撮合，她和刘景双结成夫妇。在各学校中，要以张淑秋的责任较重，她和她的同学崔振华（后来和张继结婚）时常奔走关内外做革命工作。

（二）

一九一一年十月十日，武昌起义的号角响了，东三省的同志们分往奉天东、西、南、北四路集合地方人民准备起义。省城的同盟会骨干分子，如张榕、徐镜心、左雨农、陈干、商震等人集合在蓝天蔚协统部，由徐镜心报告。当时宋教仁、廖仲恺诸同志已各返湖南和广东。为及时起来响应武汉革命，首先需要推举关外革命军政府的领导人。蓝天蔚提议推举吴禄贞任关外讨虏军大都督，领导关外革命军政府，经大家同意后，即推派代表前往吉林向吴将军商请，吴未到任前由副都督蓝天蔚领导。蓝同意先委任顾人宜为革命军南路协领，祁耿寰为西路协领。左雨农主张待吴来奉后再议。十一月四日，去吉林的代表返回，说吴禄贞接到北京电报调他入关，并开始运兵。同志们考虑，待吴到奉后再进一步商议。这时，南路顾人宜已发动，树起革命义旗；复州警务长杨大实也已起义，并和顾人宜取得了联系；东路宁武、刘雍、鲍化南在凤城县集合地方团丁起义；邵兆中集中兵力和鲍化南汇合；商震潜伏辽阳集合学生军。

不日，吴禄贞到奉，他的全镇都开进关内，身边只有一个手枪营。吴乘专车到皇姑屯车站下车后，即前往日本附属地大和旅馆，邀蓝天蔚、徐镜心等人谈话。吴表示："清廷调我前往山西，因为山西已经宣布独立，可能令我去讨伐。我想利用机会和山西民军合力直下北京，铲除清廷的老根。我提议关外由秀豪（蓝天蔚号）负责，关内由张敬舆（张绍曾号）负责。"同志们都照吴的提议，推举蓝天蔚任关外革命军讨虏军大都督，吴即日登车入关。当时举张榕为奉天省都督兼总司令。吉、黑两省没有总的负责人，由蓝的参谋长徐子俊以下军官，在南满铁路日本旅馆中设立地下秘密机关进行活动。用蓝天蔚大都督名义指派各路军的首领人；用协领名义（等于旅的司令）下委参领（等于团长）。年月日用西历，有时还用黄帝纪元。同时举吴景濂为奉天省民政长。当时蓝、张、吴都主张不流血革命，在省城宣告独立。

十一月六日下午，蓝及少数同志在协统部开始发动，研究如何布置会议，准备驱逐赵尔巽入关，但对赵不要给以任何为难和伤害。后来约定在十一月中旬宣布奉天独立，来响应全国的革命。但不幸的消息接二连三地传到。首先是吴禄贞被刺死于石家庄，其次是张绍曾在滦州失败而出走。再次是蓝天蔚在北大营会议时，被他部下营长李和祥当晚报告了赵尔巽。

赵尔巽得到北大营会议的消息，立即召集地方绅士袁金铠等，说明他不得已要出走入关的苦衷。当场袁金铠跪在赵的面前，声泪俱下地说："请大帅为我全省民命不要入关；革命党完全是虚张声势，蓝天蔚部下既来告密，可见军心仍然依归大帅。我袁某在大帅前取以身家性命担保，要重用防营统领张作霖，其人很机警，而且愿效忠大帅。请大帅当机立断，传见张统领。"赵尔巽拉起袁金铠说："你既苦心为大局，先传令张统领入府一见。"此时张作霖早已在府门候命，随即叩见赵尔巽，说了些效忠的话。赵立时委张任全省营务处总办。当夜电报北京撤蓝天蔚的协统，保荐蓝部标统聂汝清代理协统，提升告密的营长李和祥任标统。

　　赵尔巽的布置，蓝天蔚、张榕等毫无发觉，所以决定第二天在省城成立保安会，准备随时宣布独立。吴景濂本着这个秘密计划，面见赵尔巽，请赵到省谘议局开会。赵沉思良久，方允下吴的请求。十一月十一日，在省谘议局开会时，张作霖的大队人马尚未调进省城，只携部下十八人保护赵尔巽到省谘议局参加会议。蓝天蔚也下令他的部下从北大营入城，但好久队伍没有到。蓝感觉有异，就偕同少数军官佐，跑到日本车站某东洋旅馆，听候保安会的消息。不久，第二混成协的炮兵即进城驻在省谘议局的附近，炮口面向省谘议局。这时，蓝的参谋某人才报告说，北京已有电令撤他的协统职，以部下聂标统暂为代理。蓝到此才知道第二混成协已经不听他的调动了。至于保安会的情况，则是在省谘议局的会上，吴景濂以议长的身份说明开省保安会的意义及措施，并请赵尔巽讲话。赵首先声明他两次到东三省所作所为问心无愧，接着说，当此关内风云多变的情势下，我们东三省是处于日俄两强之间，稍有异动，深恐前途不堪设想，最好望全省父老们各安生业，静观时局演变。赵的话当场被赵中鹄老同志打断。他起立说："赵次珊，今日不是你报功的时刻。以奉天粮食问题来说，现在老百姓已活不下去了。你要讲真话，不应净说些官腔废话！"这时张作霖登上了讲台，制止赵的发言，并把手枪放在桌子上大声叫喊说："我张某身为军人，只知听命保护赵大帅，倘有不平，我张某虽好交朋友，但我这支手枪，它是不交朋友的！"当场在座的有好些人是各学校的青年学生和少数教职员，听到张作霖这一番话，又发现谘议局的大门只准出不准入，完全被张部所控制，都惊慌失措。在场的革命分子和吴景濂等人感到环境有变化，因而相继跑出谘议局。这时，劣绅袁金铠以副议长的名义即席开会，公举赵尔巽为保安会长，袁金铠、聂汝清为副会长。在场的革命分子只有赵中鹄老先生。青年们走出会场就去革命机关报告，从蓝的副官那里知道，协统已于今晚从大连逃往上海。后来这批青年又去找他们的老师吴景濂，吴对他们说："你们要速去顾人宜处，向顾求援，以充实枪械"，又表示他自己近日也要去上海。至此，在奉天省城的起义就完全陷于失败了。

十一月十七日，张榕、徐镜心等曾成立了奉天省联合急进会，由张榕、徐镜心、赵中鹄、柳大年等人分工负责。但在外地各路军的同志们，仍以同盟会辽东支部的组织名义进行活动，很少有人参加急进会。联合急进会成立后，张榕以军事参赞的名义，坚持不许赵尔巽调张作霖军进省城，威逼赵离奉入关。到了一九一二年一月二十三日张榕被杀之后，这个联合急进会也就算结束了。

奉天起义失败后不久，有商震等青年约二百余人，在辽阳高丽门举义，被防营统领王怀庆和辽阳警务长王永江合力围击。青年革命突击队中，以郭斗生同志为首的数十人壮烈牺牲，商震等少数人脱险跑到奉天南满站某旅馆（即蓝留下的革命机关），被蓝的参谋长徐子俊等留下来，以便应付和各路军的接洽工作。接着，革命军又在辽西失败。这一部分是由祁耿寰领导的，所部大半都是杜立山的旧部。他们都很讲义气，要为杜报仇，竟把帮助张作霖的恶绅张某杀死。这个张某的儿子张文柏是张作霖的主要部下，因此他亲自率人打败了祁耿寰部的革命队伍。祁本人率少数人跑往大连。那时，张作霖在省城惨杀革命青年，安子文等二十余人殉难。

在庄复前线和我军作战的敌军，有右路马龙潭所部和炮兵李统领所部，步骑兵共二千余人。顾人宜和杨大实的革命军约有三千余众，把敌人打得落花流水。东路革命军以刘雍、鲍化南为首，在凤城北白菜地乡集合，参加者都是地方团丁和农民，他们缴收地方警察的枪械，编成队伍，约有千余众。此路由我负责联系。邵兆中原是马龙潭部营长，在他去讲武堂离防时，马把邵营分散到各乡驻防。邵从讲武堂返防，我即令邵赶快返营集中队伍，我和邵约定三日内集中他的全营，准备和鲍部联合攻取凤城。议定后，我当天晚间骑邵的马秘密出城，奔往刘雍、鲍化南发难地方老平顶山，把邵营集中的情形以及攻取凤城顺下安东的军事计划报告刘雍等同志。他们听到后，都感到很高兴。鲍当时派小部同志在四乡缴警察枪械，以其平日的威名，被缴者都不敢抗拒，还有些警兵愿随鲍参加革命军。我把身边的手枪送给鲍，鼓励他要为革命做出贡献（鲍是蒙古族人，他仇恨清廷利用蒙古王公和所谓佛爷压迫蒙古人，因此他要为蒙族人报仇）。

在我到平项山的第二天，得乡人情报，知道马龙潭派陈锡九等营共有六七百人来攻打我军。我军即加紧布置，准备迎击。首先是以零星的队伍去迎击敌军，采取声东击西的办法，埋伏在各乡要道，逐步开火击敌；敌军被击毙者近百人，得马匹七八匹，枪数十支。但是，敌军除陈部外，还有五、六个营，战斗到夜晚，敌军已攻到平项山脚下。他们高喊："你们当中有没有宁某人？若有，把红旗在山上摇三次。"我军听到，都以为是邵兆中来了，鲍却不信，他说，摇旗千万不能停止射击。当我方将红旗摇了三次，敌方的射击如狂风暴雨，更甚于前。敌人又喊："如果你们把姓宁的交出来，我们即停止攻击。"至此方知邵营未来，是敌军拿宁武来了。战斗到夜九时许，鲍、刘和我三人商议说，邵兆中同志可能被围，我军子弹有限，不能打这样浪费子弹的仗。这时敌军已包围了平顶山，鲍和我几乎被流弹所伤，遂决议突围出击，由刘和我先突围，往奉天机关求援。我对鲍说："最好先奔安东，再顺道南下往顾人宜处集合对敌。"决定后，我和刘先骑马突围而出，在突围中两马一伤一死，我和刘脱了险。刘是当地人，地方上的保卫团都和他有联系。进入一个农家，刘叫一个乡亲引路，奔往草河口车站。天亮时我们在草河口上火车直往奉天。

到奉天南满站机关后，才知道奉天失败的情形，大部分同志已往大连，独朱霁青从滦州失败回来，还有他的同学段文群也在那里。这时朱、段二人打算前往辽北，到开原和昌图准备起义。从段口中知道省城及其他地方失败经过的情形。我当时请刘雍先往大连机关，自己当晚即秘密进入奉天，到小河沿盛京医院，准备和刘景双接头，问他运动张作霖部王东海、李子元两营进行得如何。住在盛京医院的晚上，听到地下室锅炉房脚步声很重，好像人很多，又听到医院东边有喊拿声。我感觉不妙，嘱夜班护士把烧锅炉的叫来询问。他说："晚七时袁金铠偕张榕等在西关平康里吃酒，张作霖派汤大虎带兵到饭馆当场把张参赞枪毙了，还有新闻记者田亚赞也被击毙了。随后即往东关恒知府公馆，把张榕的好友满人宝昆立时毙在床上，他的小老婆跑了，汤大虎并抢走好些金银贵重物品。听说恒知府通革命党，才遭到这种惨祸。以上情形是跑来我院的警察说的。"锅炉工人又说："还是我们穷工人好，有钱有势的人，这年头可要算账了。"

当夜，我的同学李树华很为我担心。他说："从白天起，张作霖的兵一个个贼头贼脑地进院四处张望，好像是侦察什么。你最好快想想脱险的办法吧！"在说话中，天已拂晓，我托李代喊一辆马车，并对李说："我留下付马车的钱，等我到了安全地再通知你。"我先请李树华看看后大门是否开着，李回来含泪向我说："门已开了。"我随即奔往后大门，一望门并未开，我就从墙上跳出。到了沟西，叫到人力车，车夫以为我是日本人（因为穿的是西服），就用日本话喊我上车，我坐上车直奔小西关。到小西关外，双轨马车脱轨了，路被堵住。这时张作霖的巡查队赶到，将拉车人打了一棍，问车上的人是干什么的。有个兵头说："不要胡闹，这是日本人，闹出事来可不是好玩的。"正说着，车已可以通行，兵头对车夫说："你好好地开路走吧！"我到车站大兴旅馆时，刘景双同志和营长王东海正在等我。刘首先对我说，他已安排好，乘各路统领在张统领公馆玩牌时，下手击毙这群东西。不意梁二虎在抽手枪时，被金万福从穿衣镜中发觉，喊声："不好，有刺客！"梁当场被击毙。梁二虎跟随张作霖多年，金万福击毙了他，张作霖很不满意，认为金是有意要搞掉自己的亲信，于是对金说："你击毙了他，究竟是不是刺客就不好说了；如果是的话，也不应该毙了他，而应该把他抓起来，以便进一步追查。"金说："这明明是被乱党收买了，还有什么好人呢？"因为张作霖平日很信任梁二虎，认为金万福是别有用心，所以我们的计划没有暴露。接着，王东海报告说："近日张的炮兵营炮口忽然对准我营，我觉得我们在省城不如来个先下手为强。"我对他们说："孤军力薄，千万要耐心。闻报张要你和李子元调往前方，对我军作战。到那时你再起义较为有利。"当时我和刘景双赠给王东海、李子元德国新式手枪各一支，又派中学生李避尘为联络员，和王联系（李、王都是热河朝阳人，李和王有世交关系）。刘景双去大连机关，向南满公司交涉，要他们守中立，不要给张作霖挂运兵车到阵地对我军作战。经过交涉，张作霖要车运兵，他们果然以无车皮拒之。

我又同刘艺舟往安东，到了安东，始知邵兆中同志始终未能集合他的军队。邵从草地带了他的少数部下奔往前线顾人宜处。不久，朱霁青、段文祥又遭到失败。钱拯和马竹波两同志从冯麟阁处脱险跑出。杨树先到奉天省城，接了李子元、金化三各家眷属到大连去住，以便使起义者没有后顾之忧。敌军对我军作战中，右路马龙潭被我击败；冯麟阁因忌恨张作霖，所以命令他的部下按兵不动。张作霖从京奉铁路运兵，从沟帮子转道营口再赴前线。李子元同志起义的行动被张发觉，运兵到新民车站时，张作霖将李和另外几名同志击毙在车站上。王东海此时已率部到达营口，听到李子元同志殉难，在营口马上发动，把同路的刚显真全营击散，缴收刚的全营军械和服装，打起革命旗号，派李避尘往奉天向我请示。我闻报即往辽阳，将同情革命的辽阳知州史纪常邀到日本车站辽塔旅馆，要求他在县内援助款五千元。史派他的会计滕学贤把款照数送来，对外托辞滕是携款潜逃，还说要通缉他，以免暴露接济革命之事。我接到款后，即前往大石桥乡下会见王东海，将现款五千元以及望远镜和手枪之类的军用品交给王，并指示王将部队迅速开往庄复前线，和顾、杨两司令合力对敌作战，并委王为关外讨虏军中路协领官（王东海原是绿林出身，在锦西一带颇有势力，招降时张作霖原答应他作帮统，降后给王一营长，因此王不满，后经乡亲介绍，终于投向革命）。

我在大石桥期间，还接见了王东海的部下八百余人，简单地讲了些话，随后又偕同滕学贤等四五人北上。这时方知赵中鹄领他的学生共数百人在海城起义，不意刚进入县城，便被敌军警务长万巨川和防营四百余击散，十数人牺牲，二十余人被捕入狱。此役由王焕章带领，由县城东南排路屯进攻海城，王被流弹所击，殉于海城城外。赵中鹄老同志在海城南满车站旅馆中见到我，含泪向我叙说，他的学生牺牲者八九人，下狱者二十余人，言下甚是悲伤，要设法搭救下狱的青年。我们拨给赵老先生现款若干元，然后离开海城。

当时有同志携带革命九星红旗。此旗是黄兴同志在华兴会时期所制出，武汉军政府就挂此旗。我和同志们又到奉天日本车站大兴旅馆，会见了刘景双、金化三等人。刘和他的夫人郑梅生在奉天已有骑兵二百余众。刘氏夫妇认为，在省城虽然敌众我寡，但可出其不意，树起九星红旗，壮我革命军的声势，然后再把人马拉出，奔往前方。我认为兵力太薄，深恐失败，劝刘不要轻举。刘氏夫妇坚持这样做，就利用刘紫瑶在学校学过的电工知识，将全市电灯线路破坏，形成黑市，借这个机会在全城四关挂起九星红旗。张作霖认为是兵变，弄得蒙头转向。刘氏夫妇认为目的既已达到，便率领骑兵二百余先奔往熊岳城，打算到那里以后再想办法到前防王东海阵地集中。途中，郑梅生弃马跑到旅馆和我商议此事。次日早八时，我同郑搭火车到得利寺车站，方悉刘景双及随行数骑被日本守备队截留，刘等被日本宪兵队看管。我和郑下车后，即到守备队联队长井久居处交涉。井久居和蓝天蔚是同学，此人在甲午战后潜伏在东三省，为陆军特务。我通过旧相识的关系，将刘营救出来。井久居对我说："贵革命军的战斗勇敢我很佩服。"

还说:"冯麟阁统领和我是老友,他很忌恨张作霖,何不派人联络,使冯加入你军呢?"他又说:"我可以帮忙,使冯投靠革命军。"我表示谢谢,并说:"关于冯麟阁,我不管这种事。蓝大都督有参谋长在大连,可以转告他和你联系。"以后,我和刘、郑等人搭车前往大连,在车上,刘问我说:"井久居要帮你联络冯麟阁,为什么拒绝呢?"我说:"这话说起来长了。日本人惟恐中国不乱,它好乘机阴谋侵略东省啊!"刘景双说:"日本小鬼的用心太阴毒,它想暗中利用冯麟阁、金寿山、张作霖来对付我们。"在谈话中,不觉车已到达大连。

这时大连机关已改名叫同学社,由商震主持社内事务,有百余名同志分别住在日本式的小房内。我住在满州旅社。杨树先负责照顾殉难者的家属,他们的生活费用完全由同学社负责供给。我到大连后,才获悉我和刘雍在凤城被围期间,刘雍的弟弟刘德丰等数百人,由安奉路警官何秀斋同志领导,进攻马龙潭的统领部,目的是占据县城,响应白菜地鲍化南的义军。不意被军警包围,战斗一整天,最后遭到失败。刘德丰、何秀斋同志等二十四名同志被马龙潭枪决,埋在县城外一个大坑中。当天,有蓝天蔚的代表戴天仇(传贤)来访问我,方悉蓝初到上海时奔走各方面,为关外革命求援。当时都以为蓝是失败军人,无人理睬他,蓝在寓中竟想用手枪自杀,击伤左腕,这才引起同志们的注意。后由上海著名艺人潘月樵、汪大头等为蓝在大舞台演戏捐款,接济关外革命军。蓝伤愈出院,组织学生军一千余人,引起了上海工商界的爱国热情,因此又捐了很多现款,学生的枪械和服装随着都解决了。戴还说,学生军已从上海到了顾人宜司令部,听候指挥作战。据报他们很勇敢,杀了很多官军。同时,有湖南周况等四五人,来到大连秘密制造炸弹,因不慎引起爆炸,三人被炸死;只有周况一人侥幸生存,后改名住在日本旅馆内。当时在前方的参谋长是张璧,指挥是邵兆中同志。在大连有刘艺舟同志在舞台上为革命筹款进行演出。

不久,南京成立临时政府,戴天仇等人返沪。当时据报有关内女同志崔振华同青年王永庆、王璋等人到达海城县,他们是来联系宁武等人的,到海城后,知道一些青年同志被捕,就由崔领着少数青年冲进县衙炸狱,把二十几名青年救出。她看到奉天省的同志都不在,只见到张榕的胞姐张淑秋,不久崔振华和王永庆又重返关内。以后得到情报,赵尔巽派人暗中勾结顾人宜,说只要顾不行动,便收编他为一路省防营统领。邵兆中还到大连说明情况,有些同志很为这件事担心。我们认为不可能，因为顾本人原是参加革命多年的好同志，他杀了很多官兵，对清廷有着新仇旧恨；此外，根据王东海部的实力，顾也不敢作出投降的事来。就决定：邵兆中因年老身体情况不佳，留在大连；秘密派李避尘等青年二人，到前方王东海处。同时，写信给顾，请他警惕敌人的各种奸计，并说明现在南京临时政府已经成立，我辈要为革命贡献力量；但丝毫没有流露出赵尔巽要进行勾结之事，因为从平日的表现看，顾是一位忠勇有气节的人，信中不能那样说。

当时在大连同学社内，商震和他的同学程起陆等人，服务精神很好。他们是学生出身，家境比较清贫；特别是商震做什么都能吃苦，能应付各方面的工作。如绿林出身的尹锡武、张孟九等人常要求提高待遇，商常以泪水应付过去，众绿林都觉得商是个薄己厚人的好老弟，对商称赞不已。但有些同志却认为商是别有用心者，如祁耿寰、朱霁青等同志均认为商是一个要乘机达到个人利益的野心家，尤其是朱霁青向不理商震所表现的一切假象，并警告同志们不要受商的骗和被拉拢成小集团，损害革命工作。

（三）

徐镜心考虑东省的革命军到处失败，牺牲很多同志，前方的军事也无进展，并认为不久恐怕要走南北议和的道路，大连是租界地，非革命者长久居住的地方，因此提议要往山东烟台，策动独立，作为革命根据地。我和祁耿寰、刘雍、邵兆中、刘艺舟等二十余人都同意这样做。我们到达烟台时，海军练营王传炯仍悬挂龙旗于码头海关上。我们住在以前同盟会时期所办的育才学校内。该校校长刘贯三同志已去上海，只有少数教员如李凤五等同志住在市内。据了解，烟台军队有海军一营，东炮台海校有学生不足二百人，还有董保泰的三营巡防总共不到千人。李凤五同志已运动妥了给王传炯守卫的海军练营一个队。十一月六日，又从大连来了陆军学生近百人，也都住在学校。当时同志们只有炸弹七八枚，此外，祁耿寰、邵兆中和我各有手枪一支，我们身边有青年神枪手六人，由李凤五引路，并由他早已运动成熟的海军队官李庆云引同志们进入王传炯的卧室。这时王正在洗脸，我和徐镜心等将王架到育才学校，开会举王为烟台革命都督，举李庆云为烟台海军司令，同时命令防营李营长驱逐统领董保泰，委李接任烟台警备司令。从此，烟台卸下了清朝的龙旗，高悬九星革命红旗，对华北革命影响甚大。

烟台的副司令一职，原本派祁耿寰担任，但不久柏文蔚在他家乡安徽独立，电邀祁去任警厅厅长职。祁走后，有自命为烟台都督的胡瑛，在沪军刘基炎支持下到了烟台，还有自命为鲁军总司令的连成基也到了烟台，于是就出现了争名利、抢地盘的情形。先是自命为沪军总司令的刘基炎驱走了胡瑛，继之就是连、刘之争。又不久，南北宣布议和，关外革命军也渡海来到烟台。当时同志们认为革命不彻底，我愤而走南京。徐镜心返山东黄县家乡预备当选议员。

后来，我由南京折回大连。那时关外革命军已形成群龙无首的状态。蓝天蔚被袁世凯给资出洋游历，电令他的参谋长和军需转告东北各同志，要求另行推举总司令。商震为了得到关外革命军的领导职位，即大事运动，并由蓝天蔚旧部徐、鲁二人和商的同学程起陆等人推商为关外革命军总司令。张璧、杨大实争夺总司令地位落了空。张经人调停，任参谋长，杨大实则在气愤之余跑回家乡运动竞选议员去了。

有的同志问我说："你跑往南京见孙中山先生，他怎样指示？"我说："孙先生只是说革命不彻底，言语中表示由于同志间不团结，因而暂行和袁氏妥协；大有难言的苦衷，我也不便再问。孙先生认为我们暂时只好把注意力放在老百姓生活上。他以办实业为名，先从经济革命入手，命我返回东省开垦荒地，作革命再起的准备。"正在谈话中，接到烟台同志的信说："王东海不接受编制，恐要生事，请宁武前往和解，保持我们革命心血所结成的果实——北方仅有的革命军。"我未复信，只觉得很愧对王东海等青年同志。王东海原是热河乡下人，因不堪当地官僚地主的欺压，率一部分人马杀富济贫；虽被张作霖收编，但张对王老是有戒心，后来王参加了革命。不久，关外革命军被商震出卖，王东海的部下经由山东跑回家乡，王东海同志被商暗杀于烟台北海。当年和王联系的李避尘，睹此情状，很伤心，就出家作了和尚。

后来，鲁军总司令连成基和关外军总司令商震在烟台争地盘，竟在市中开火，互有死伤。经地方人士调和，以烟台北岛为商震防地，连仍占烟台市区。一九一二年春夏之交，北京政府派曲同丰来烟台，改编关外革命军为一步兵旅，商震任旅长，从此关外革命军被商震所出卖。商震和曲拉上师生关系，曲遂带商往北京见陆军总长段祺瑞。不久，袁世凯也召见商。商对袁、段极为恭顺，商震从此即投入北洋军阀怀抱。

顾人宜以其过去在地方上的声望，经北京政府陆军部委为谘议。邵兆中返回凤城乡下，作开荒山的老农。杨大实、赵中鹄等人都当选为国会议员。吉林的赵元寿帮袁世凯作贩卖猪崽议员的生意。金树芬后来成了安福系的小妖。对革命向不负责的蓝天蔚接受了袁世凯所赐予的将军名义，游历在海外。朱霁青在走投无路中也往吉林密山县去开荒。刘雍、刘乾一和我等仍然盲目奔走革命。后来我在上海资本家沈缦云的资助下，把一些青年送到一面坡，由邵兆中领导扩大开荒地，幻想为革命再起做准备。

一九一一年秋，柳大年领学生二十几人，在宁远州（兴城）自命为革命军辽西大都督。赵尔巽命令冯麟阁派人捕拿，冯事先暗示柳等速跑；柳脱险跑往上海，利用辽西都督名义和张根仁成了政客，但所图并未得售，后来就不明去向了。那时，有的同志劝说冯麟阁同情革命；在放柳前，冯曾保护劝说过他的同志钱拯和马竹波脱险，未理睬省方的要求。冯是恨张作霖的，因此他从未捕拿过革命同志；但对于革命的看法，他仍然认为是一群不得志的人搞的。冯很爱钱，对日本人很有好感，因为日本人帮助他当上统领，他和日本的关系很密切，所以同志们对他都存有戒心。

辛亥革命以后，全国革命空气很消沉。凡从革命变为妥协的人，都成了大小新贵官僚和政客，或者悲观失望，回家隐居。少数不妥协的同志，坚持革命，在倒袁斗争中壮烈牺牲。这些事实充分说明了资产阶级不能领导全国人民将革命进行到底；要完成这个伟大的历史使命，只有在中国共产党的领导之下才能实现，别的阶级是不能承担这个任务的。我所写的东北辛亥革命的经过，仅是一个侧面。

一九二一年，孙中山先生派我由广州返回家乡工作。一九二四年我荣幸地出席了国民党第一次全国代表大会，这次会议重新解释了三民主义，提出了联俄、联共、扶助农工的三大政策，这是孙中山先生一生领导革命的一个新的转折点。会后，孙中山和廖仲恺先生对我作了许多指示，又派我回东北工作。一九二五年孙中山先生逝世，使我很悲痛，革命意志也消沉下去。抗日战争时期，病居重庆，经友人介绍和共产党取得了联系，从此我在中国共产党的不断鼓舞和关怀下，才树起革命的乐观主义精神，特别是一九四九年中华人民共和国成立后我的情绪更高了，自己的身体也逐渐恢复了健康，愿意利用晚年为人民多做些工作。党对辛亥革命给以很高的历史评价，这就更加说明过去为革命牺牲的同志的血没有白流，健在者的汗也没有白淌。现在我国正在进行社会主义建设，我们更应该老当益壮，紧密地团结在党的周围，把过去旧中国如何受帝国主义侵略、封建买办势力如何对人民进行残酷的剥削和压迫，以及人民如何英勇地进行斗争，告诉后一代，使他们知道过去的苦难，珍视今天的革命胜利果实。

关外革命回忆录

程起陆

一、辛亥前的秘密运动

一九〇五年中国同盟会成立,旋即推派同志赴各地进行秘密革命运动,在东三省先后派有商震、朱霁青、熊成基、陈干、蒋慕谭、柏文蔚等人。商震先在辽阳、吉林两地同陈干、蒋慕谭等从开办学堂(一名振远,另一学堂忘记其名),撒布革命种子入手。辛亥关外革命事起,参与革命工作的如张东旭、王家柱、石巨夫、金完玢、孙祥夫、林家训、吴岫山、温殿芳等人,都是这两个学堂的学生。商震在秘密革命运动中与熊成基、蒋慕谭等密议,拟在蜜山开垦,以为储粮购械、待机起义的根据地。于是商等先后潜入吉林省城,为实现开垦计划,决以熊成基所藏日本参谋部对俄作战计划图出售给俄国人,以所得售价作为垦殖经费。随后商震、蒋慕谭等先回蜜山,熊成基留在吉林省城办理脱售地图事。熊成基等在吉林省城系寄居臧冠三家,被臧密报官府。吉林巡抚陈昭常将熊成基逮捕杀害,又派人四出缉捕革命党人,商震由吉林逃往奉天锦州。蒋慕谭在黑河被沙俄戕杀。

商震因驻锦州新军标统石星川、教练官夏占奎都是日本士官学校毕业生,乃以国事艰危,愿投笔从戎以报国家为由,写信给石星川、夏占奎两人。石、夏接信召谈后,准商入伍。时夏占奎兼随营学堂监督。为培养军队干部,对于学术功课极为认真,以战术、地形、筑城、兵器四大教程为主课,副课还有典、范、令和外国文。商震入伍后,深为石、夏所器重,指送随营学堂学习。商震自入随营学堂后,会同原在随营学堂的同盟会会员朱霁青,联络了同学程起陆、王子衡、顾荫棠、李树森、张凤池和初级军官龚柏龄(队官)、刘俭秋(排长)等人。一年毕业后,商震、程起陆被保送东三省陆军讲武堂,与李培基、李炘、张揆一、张维玺等同编入学兵营前队。队官彭家珍（辛亥冬因刺良弼，在北京牺牲）本为革命同志，经常与商等密议，认为要革命，必须确有实力，并须在军队和军事机关中多下功夫。在东三省讲武堂学习的一年中，对陆军七十七、七十八标负联络责任的为商震、朱霁青、程起陆等，对七十九、八十标负联络责任的为李炘、张维玺等，对陆军第二混成协负联络责任的为李培基、张揆一等，对奉天陆军小学堂负联络责任的为范杜渔、王家柱、石巨夫等，对东三省新军督练处负联络责任的为柏文蔚、方楚囚等，对警察方面负联络责任的为祁耿寰、徐镜心等，联络地方团队和绿林豪杰的为宁武、刘纯一、鲍化南等，借报馆主笔身份向社会各方面取联络的为左雨农等，装作报贩以送报为掩护打入军队、机关通风报信的为卢镜寰等。此外，还有许多人分派到其他各地担任各种秘密活动的。所有各方面人的往还和信的收转，大都以左雨农的报馆为基地。至于秘密集会，经常在队官彭家珍住宅和柏文蔚所住的某旅社，有时还利用星期和休假日在奉天西门外陆军第七十七标标本部司书吴祖书的缮校室秘密集会。当时在关外担任各种秘密运动的各同志，看到关内各地屡次起事，俱未成功，尤其是黄花岗七十二烈士壮烈牺牲，都感到极大忧愤。

二、武装起义经过

宣统二年秋，商震等在讲武堂临毕业前，为了在沈阳建立秘密革命运动的基础，决议留部分同志在省城伺机投考军事学校，或寻找职业，以为继续进行秘密活动的掩护。适东三省陆军测绘学堂本期招生，决定尽先由军队中学兵录取，于是商震、李培基、张揆一、程起陆等复考入东三省陆军测绘学堂，在测绘学堂联络了同学林中干、李印泉、翟文陆等。

辛亥秋武昌起义，各省急谋响应。商震、张榕、张根仁、钱拯爱、柏文蔚、刘艺舟、田又横、朱霁青、李培基、宁武、杨树先（女）、程起陆、吴景濂、齐续堂、祁耿寰、刘若非、刘纯一、杨麟、柳大年、刘桐阶、王兴文、孙祥夫、王子衡、左雨农、石巨夫、孙寿仁、徐镜心、宋少侠、房怀远、高子培、王克仁等百数十人，都分途前来集议，共谋起义，促进东三省独立。先在奉天省城西关外南满铁路车站附属地以同学社的招牌为掩护，设置秘密革命机关部。接着成立同盟急进会，公推张榕为会长，并由会议决定分派同志赴各县发动民众，随时举旗起义。另由奉天军队中成立军人联络会，时常秘密集会，以推动军队反正。当时东三省新军中高级将领有革命思想的为第六镇统制吴禄贞、第二十镇统制张绍曾、第二混成协协统蓝天蔚。时吴禄贞部已调驻石家庄，张绍曾部调至永平秋操，留驻滦州，只有蓝天蔚部仍驻奉天省城。要想从军队中发动起义，只有依靠第二混成协和第二十镇两部分军队。正当军人联络会提议派商震赴滦州接洽的时候，恰巧张绍曾来电，邀商到滦州一谈，于是决定由商震和第二混成协参谋李德瑚同赴滦州，并由奉天时报馆等团体联名写信，代表同盟急进会及地方同志前往密谈，要求实行三项策略：（1）由张军所部经冀东直攻北京；（2）进占天津附近与吴部军队联合，宣布直隶省独立；（3）以上两项如不能实行，即速回军沈阳，与蓝部联合共同出兵，以响应武昌起义。当时张绍曾仍欲保持君主立宪，即宣布十九信条。张绍曾被清廷免职后，王金铭、施从云、白毓昆、郭凤山等在滦州起义。滦州起义失败，商震、李德瑚与张绍曾谈判无结果，仍返沈阳。此时关外革命实力，除蓝天蔚部外，别无可依恃的军队。同盟急进会乃密议分派同志赴奉天、吉林所属各县积极策动地方起义，以壮声势。遂推定商震、程起陆、祁耿寰等赴辽阳，孙群夫、杨大实等赴开源，石巨夫、张寿仁等赴昌图，宋少侠、房怀远等赴法库，刘桐阶、杨鳞、赵元寿等赴长白、吉林，张根仁、柳大年等赴锦西北镇；为与江南革命军密切联系，推派柏文蔚、方镇寰等赴上海。还有许多同志分赴各县各地联络地方革命人士，争先发动，促成各县独立。奉天省城则由谘议局革命同志建议官府成立保安会，借维持治安为名，以便准备独立。密议既定，各同志分途向指定地点出发。商震、程起陆、祁耿寰等到达辽阳后，与地方革命同志徐镜心、傅子佳等推动革命，颇有进展，辽阳州知州史纪堂表示时机成熟，即举义旗反正。是时辽阳革命机关部设在高丽门外的一座车马店，店主郭仪亭为同盟会同志。辛亥冬，徐镜心等率地方警察、民团在辽阳州所属之刘二堡起义，声势浩大，史知州对革命党人更表示驯服，邀请商震到州署谈判，决定定期开库取枪，装备我敢死队和如何举旗反正等事。正在这时，东三省总督赵尔巽急电驻辽阳巡防营将郭家店团团包围，攻击我敢死队（又名奉头队，是准备开库取得枪支后，准备作战的）。商震在州署闻变，由知州史纪堂帮助逃出辽阳。在郭家店中的敢死队，程起陆、祁耿寰、尹锡五、傅子佳、金完玢、郭仪亭等数十人，各用自己所带手枪、炸弹和傅子佳所部警察队长枪三十余支，与敌作顽强抵抗。从当天拂晓直到黄昏时候，程起陆、祁耿寰、尹锡五、郭仪亭等数十人，乘日本巡逻队到达郭家店附近地区时，一面在郭家店放火，一面呼啸突围而出。此役有百余人牺牲，百余人被清军逮捕。今天回忆起来，由于当时麻痹大意，致使革命同志遭受严重的生命损失，真是惭愧欲死。

　　商震、程起陆、祁耿寰等在辽阳失败，先后潜回沈阳。复与各同志连日密议，先由第二混成协用保安会维持地方治安名义，派兵进城，占领重要衙署，另由谘议局及地方团体推举蓝天蔚为大都督，宣布独立，并定即日（大约是农历九月二十八九或十月初一）实行。蓝天蔚协统命令所部，谓奉令开拔入关，应于本日准备完毕，待命出发，意在借此出动，使大部分兵力进城后，占据总督衙署及重要库房。只因蓝部所属标统聂汝清接令后，侦知其中实情，潜往督署向总督赵尔巽告密，赵即命军事参议官蒋百里告蓝，谓事已至此，嘱立即离开沈阳，以免事态扩大，蓝遂经大连赴上海。蓝虽离沈，总督赵尔巽仍觉新军不可靠，下令调巡防统领张作霖率所部星夜兼程进省，充任保安司令。张作霖任保安司令后，立即宣布戒严，大捕革命党人。不久张榕、田又横等十余人被杀害；张根仁、柳大年在锦西被捕入狱；钱拯爰在锦县被冯麟阁拘捕。孙祥夫、刘桐阶、徐定甫在昌图、开原起义，又遭失败。其他党人有在路途被捕后装入麻袋挪进冰窟者，也有被巡逻官兵用刀刺死者。因此革命党人多离开奉天省城到大连，另谋策动起义。商震、李培基、朱霁青、程起陆、齐续堂等到达大连后，戴季陶、詹大悲、方刚、张璧等亦到达大连，与各同志密议，决定组织关外民军，公推商震为关外民军总司令，张璧、李培基为参谋长，李培基兼参谋处长，张揆一为副官处长，齐续堂为军需处长，朱霁青为军械处长，宁武为军政处长兼野战病院院长，方刚为军法处长，程起陆为书记处长。为鼓舞革命斗志，加强革命力量，旋推杨树先（女，原名宁淑贤）为革命军人家属文化补习学校校长。先设总部于大连，就庄河厅原有民团和烟台各地所募壮丁，合编为两个师，以邵子峰、顾人邦为师长，尹锡五、鲍化南、阎百龄、顾人宜为旅长。编制就绪，加紧训练间，南京革命政府任命蓝天蔚为关外军政府大都督，带海容、海圻、海筹、海琛等四军舰北伐。蓝天蔚北来后，与关外军谋定进攻计划，即以驻烟台关外民军和上海开采的商团两个营，用军舰护送至辽东半岛，预定在尖山口（尖山口之东为不冻港）登陆，与当地民军（由庄河厅民团改编的）会合，进攻辽阳。十一月二十六日

（日期记不确切）晚，到达尖山口外登陆，并与顾人邦部取得联系后，即向庄河厅前进。时东三省总督赵尔巽派统倾李连瀛以重兵扼守瓦房店，被革命民军击溃，李连瀛和营长杨沛、田保荣等皆被俘。革命民军遂占据庄河厅。是时赵尔巽以大军增援，激战数日，未能得逞，退取守势，遂成对峙状态。至清帝宣告退位，成立中华民国，战争遂告停止。

清帝宣告退位，革命民军停止军事行动后，关外都督府和革命民军奉令开驻烟台整编。到烟台后，都督府撤销。时袁世凯对民军异常歧视，派其走卒军事参议官曲同丰前来烟台，以协作整编为名，将革命实力铲除尽净。关外革命民军由军缩编为师，复由师缩编为旅，至民国二年（一九一三年）春，所有驻烟台的关外革命民军以及当地鲁军总司令连成基所部的鲁军，都被遣散。至此，关外革命民军即被消灭。

辛亥革命在辽阳

何东林

一、革命思想的传播

一九〇六年（光绪三十二年），辽阳地方有自治期成会的创立，是由知县何厚育（字子章）网罗有财势有声望的所谓地方士绅一类人物组成的。以袁金铠、徐珍为正副会长，高钧阁、吴恩培、张成箕、张东壁、赵乃弼等十数人为会员。当时科举制度已废，仕进途径有所改变，他们很自然地乐为官方效力，主张君主立宪，是可以理解的。与此同时，又有自治研究所的设立，以吴恩培为所长，姜文宪、高玉衡、侯乃封等任讲员，招收学员三十余人。这个所亦是官方设立的，属于君主立宪派；后来逐渐转变，有些人也主张民主革命，如张成箕、张东壁就是这类人物。

是年秋，有山东省禹城县人陈干（号明侯），在锦州中学当教习（教员），因与辽阳县曾充劝学总董的张尔文（号质清）相识，请他介绍和城守尉德仲科见面。陈因听说德仲科新由北京返回辽阳，带有几份《京话日报》，该报主笔彭翼仲是他的老师，所以急欲看看该报。但几次求见，都被德拒绝。后陈追不得已，遂作书致德，谓："我若得一瞻《京华日报》，实不啻见吾师也。"德感陈很有义气，遂见之，且资助他在城东门外沙浒屯设立讲报社，并附设半日学堂。陈的讲演深得听众赞许。参加半日学堂的学生非常踊跃，未及一月，已达二百余人。德乃恳请省方在马神庙成立八旗小学，任陈干为校长。冬间，陈又邀请东三省陆军讲武堂同学商震来辽阳任该小学教员。陈、商二人都主张民主革命。

八旗小学在一九〇七年（光绪三十三年）春正式开学。当时无固定课本，教材凭教者自选，多取材于《启蒙画报》，各种科目都有，体裁多短文，以提倡尚武精神，鼓吹革命斗志为主。陈尝张贴标语以自勉，其词曰："陈干不死，中国不亡，况有商启予乎！"此外，他还作歌，其词曰："中外大通，辉辉五大洲，天地风云，铁血变春秋……"合学生和群众歌唱。他讲演时，慷慨激昂，颇能动人。商震比陈略为持重，但鼓吹革命与陈同样积极。卒以诋斥官府之故，为知州鲜俊英（字华甫）所深恶。暑假中，学生廖伯华在太子河洗澡，捞得炸弹一枚，因炸弹爆炸身死。鲜乃唆使伯华之父诬告，但被严词拒绝。鲜见计不售，遂逮捕陈、商入狱，锁在粪坑旁边。当时舆论大哗，不得已乃将他们释放，驱逐出境。

是年春，张成箕等创办宣讲所，以方维汉、焦墨林任讲员。刘二堡亦相继成立宣讲所，由李瀚臣任讲员。开始只讲报纸，以启迪民智，接着发表革命言论。所讲材料，城乡大致相同。

张成箕、张东璧原是自治研究所的学员，皆赞成君主立宪，但因清廷虽声称预备立宪，改革政治，却毫无诚意，一味拖延时间，逐渐接受民主革命思想。他们以启发民智、培养后起人材为务，除已开办的宣讲所外，张成箕复于一九〇八年（光绪三十四年）创办贞静女学，一九〇九年创办第一民立学堂，张东璧也于一九一〇年创办第二民立学堂，作为宣传新思想的场所。

民立学堂不支公款，开支全是由自己筹措。当时课本都是固定的，但教学方式以及教师言论，不象官立学堂限制得那么严格；如讲到清廷丧权辱国条约时，可以畅所欲言，颇能启发革命思想，故地方人称之为民主派。

梁启超的《新民丛报》原是官方禁书；但日本邮局能为寄递，因而有阅读机会，学生对这一刊物极为欢迎。当时城内已有男女师范、八旗、启化等十余个学堂，学生两千多人，受到《新民丛报》的启发很大。

二、刘二堡举义

徐景清字道五，辽阳城西刘二堡附近小河沿人，广交游，任侠好义。日俄战后，辽阳西南与台安、辽中接壤的三角地带，绿林蜂起，时有绑票勒赎之事。他出为奔走，多人得脱于难。有感其相救向之馈赠者，皆婉言谢绝。因此，地方人民，无论贫富老幼，咸敬重其为人。

徐曾在辽阳警察教练所肄业，为第一期高材生，因而留所任教官，与陈干、商震志同道合，结为好友。一九〇七年（光绪三十三年），陈、商被逐出辽阳，他大为不平，痛恨官府更甚。但以势力不敌，只有暂时隐忍而已。

武昌起义后，各地纷纷响应，当时辽阳州官是史纪常，徐景清与巡防队管带刘子藩、警长高玉衡等秘议举事。刘、高均以人械过少，恐难成功为词，意存观望。最后徐以首义自任，乃带领学生三十人，持破旧枪械，开往刘二堡。十一月二十六日到刘二堡，即挨户演说，宣传革命宗旨。富户王成显资助粮秣，仅十余日的工夫，便会集了二百余人，遂发出通电，约日进攻辽阳城。期前之夜，行至沙河住下，拟于次日拂晓攻击。不料是日忽闻报商震在辽阳高丽门外起义失败，同志惨遭屠杀，于是返回刘二堡。

三、高丽门外的壮烈牺牲

商震、陈干均系同盟会会员，武昌起义时，重返辽阳，联络旧日同志郭维藩（号文斗，系郭欧臣之弟）、武扬（号耀宗，系警察巡官）、石补天（系警察教练所学员）等人。另外有警察教练所、巡防营、陆军小学、大安平一、三区警察等二三百人，捕盗营头目尹锡武（原系绿林出身，受抚未久）带有二三十人，计划在辽阳高丽门外郭家店集合。当时到郭家店报名参加的达二百多人，但以店中房间较少，只留有职务的居住，其余分散在外面。当时带枪械的只有尹锡武率领的十余人，余皆徒手。规划已妥，日期已定，前一日商震面见州官史纪常（因商祖籍浙江，与史为同乡，二人亦曾秘谈过革命之事），商议占城后一切办法（据说州署已做好革命旗帜，准备悬挂）。此时忽有黄管带报名帖请见史。原来东三省总督赵尔巽，据报告辽阳起了革命，于前三日派陆军管带黄建中领兵一营前来剿捕。黄部二百余人，原意坐南满火车来辽，因被日人拒绝，改由陆路徒步而行。黄见史之后，传达赵总督剿捕命令，并召集巡防、警察首脑会议。刘子藩请以巡防队协剿，黄严词拒绝。会后史劝商震逃离辽阳，免吃眼前亏。商揆度情况，不得不走。史乃用自己马车，派亲信送商到马伊屯车站（今首山站），南去大连，渡海到山东省烟台，组织关外学生军。

次日拂晓，黄管带指挥所属，包围了郭家店。该店前临太子河，后靠城墙，左右通行道路均布置兵卡。城上之兵居高临下，住在店中的革命军，如困樊笼，很难逃脱。布置已毕，派一个姓黄的哨官，近前叩门。此时尹锡武发觉城上有人，首先冲出，将黄哨官当场击毙；武锡、孙海秋等及其他十余名同志跟踪而出，游向河东而去。

黄建中遂命令所部开枪射击。在房屋内手无寸铁的革命者，冒着弹雨跑出，窗下、门旁、院中、街道、河边，死伤累累。其中有徒手搏斗的，破口大骂的，被刺刀扎成重伤而被杀害的。当场死的有十人，被生擒的三十余人。死者血肉模糊，面目难辨；生者亦多受重伤，奄奄一息。

当时参加的革命志士曾有名册，为黄建中搜获，史知州为了安定人心，免得纷扰，商得黄的同意，当堂烧毁，只把生擒的人解到州署。判处死刑的二十七人，即押赴西门外刘四姐烈女坟附近杀头。当时家属不敢领尸，最后由官府连同高丽门外死者尸体，埋在一个坑内，成为一个巨冢。

参加这次起义的，除上面所说的陆军小学学生，及安平一、三区巡警和巡防营队兵外，还有一些劳动人民，如广兴德烧锅的店员张长清、师范学堂的工友杨某、城东的农民杨某、玉成盛商号柜伙郭维藩以及陈全德等。他们都是听了讲演，痛恨清政府腐败辱国，来参加革命的。另外师范学堂的学生张芝兰、尚奉先、李会芳、印永颐等，也都是怀着爱国的思想来参加革命的。有的脱了险，有的与敌人徒手肉搏，壮烈成仁；有的临刑不屈，慷慨就义。如：东园小学教员杨某（城西小闯屯人），在郭家店被捕后，史知州惜其年少英俊，有意开脱，喝之曰："象你这个年轻人，知道什么革命，一定是被人引诱，盲从参加的。"他怒目直视，厉声抗辩，陈说革命救国的道理，并言自己是志愿革命，不是盲从，为主义牺牲是光荣的。此时因黄建中亲自陪审，史不得已判处死刑。又如石补天年亦最少，也从容就义。

黄建中镇压了辽阳城的革命军后，即率队转赴刘二堡；因见报载革命军总司令徐景清起义于辽西刘二堡的消息，未敢轻进。距村六、七里远，放了两炮，以为试探。正在狐疑时，村长等前来欢迎，乃进村搜查。会首袁景恩借犒军为名，杀猪宰羊，并重贿黄建中。黄驻了两天，乃率队回省。

原来徐景清退回刘二堡后，富户王成显劝他远走避难，再图大举，并为预备川资。他乃遣散所属，过海赴山东烟台与商震组织学生军。

四、边墙子村起义

徐景清去后，其遣散之革命军中，有鲍四缸者，又集合该部同志，由刘二堡转移到边墙子村，据守艾家六个大院，再招集地方绿林和有志之士再图起义。当时富家窝棚的小学教员富玉鑫、绿林出身的骆驼背苏小逛、常家窝棚的太子河船夫赵白脸、高丽城子的太子河船夫姜二铁等，均率领一些人参加，未出旬日，即达三百多人，准备再占刘二堡，进攻辽阳城。一切粮秣均由边墙子富户艾绍廉资助，声势颇为浩大。这时地方青年学生都积极参加，自动剪去发辫。但有的家长头脑顽固，联合地方富绅，呈报奉天东三省总督赵尔巽，请派兵围剿。赵乃令驻浑河西岸大湾镇的巡防营步兵两营，星夜到边墙子村进剿。该部队于一九一一年十二月末到达边城子村，摆开阵势，四面围攻。革命军坚决抵抗，连续四昼夜之久，终以众寡不敌，鲍四缸牺牲，苏小逛负重伤。苏次日气绝时，尚呼："打打打！"在此次革命斗争中，革命同志死亡四五十人，巡防营阵亡管带一名，士兵十数人和群众姜家妇女一名。

辛亥革命与张榕

秦诚至

（一）张榕的家世及其初期革命活动

辛亥革命先烈张榕，系盛京府汉军镶黄旗人，世居于抚顺城东的新屯。按清朝制度，汉军镶黄旗人例须在三陵（即永陵、福陵、昭陵）当差，所以张家在三陵有固定袭缺。张榕的父亲张钦善，别号宝轩，做过广宁府的（即北镇县）仓官，职位不大，却颇有积蓄，任满后，便定居在沈阳小北关容光胡同，买了几座房宅，改建为一个宽敞的院落。张家的财产据我所知，在沈阳城内有一百多间房子，西流水（西丰县）有四十方旱田（每方为四十八垧），沈阳城西的西荒有一千多垧二洼地，通化县大泉眼有一个宝泉涌烧锅（里面有别人的股本），在新宾、抚顺还有粮栈等商号。

张钦善第一位夫人李氏，只生了几个女儿，没有儿子。第二位夫人宫氏，生二男一女，即张榕与其胞兄、胞姊三人。兄张焕栢，别字辛甫。姊张焕桂，别号洁岩（宁武说叫张淑秋，是否是革命时的化名，不得而知）。张榕最幼，原名焕榕，别号荫华（据《辛壬春秋》所载，张榕还有个别号叫辽鹤），参加革命后改名为张榕。其姊改名为张桂。张钦善的胞弟钦元，别号魁廷，有两个儿子：长子张焕相，别号召棠，后来做过东省特别区行政长官；次子张焕楹，情况不详。

张桂自幼由父亲作主许给王书铭（王家是三陵世袭的四品官）的独生子王世祺，十七岁出嫁。张桂在家时和哥哥弟弟一起上学。当时沈阳还没有新式学校，只是富庶人家能够请到老夫子教专馆。后来有一次专馆老夫子马宏久曾对我讲："你干妈（张桂）兄妹们的天资太高，我教不了，后来就辞退了这个馆。"

张桂、张榕都参加了同盟会，从事革命，可是王世祺偏要搞宗社党，所以他们常常打架，势同参商。光绪末年，沈阳初办女学，恩荫普、曾有翼等人把张桂拉到大北关元宝胡同女学校里教书。在张榕被害的第二天，她离开了教书生活，到各处奔走。大概是民国三年吧，张桂和她母亲在天津居住，王世祺也赶了来，拖着发辫，仍以宗社党自诩。张桂憎恨之极，没有稍假辞色，后来还是张老太太拿钱叫他回沈阳的。王回沈阳不久，在一个夜间被人刺杀于十间房（即现在遂川街附近），张桂根本没有理这件事。她告诉我说："他死了倒干净。"她反对沈佩贞的背叛革命，她说："沈佩贞太不要脸，居然背叛革命，给袁世凯当侦探来谋害自己的同志。"她也看不起张焕相，她对我说："六爷（张焕相排行第六）太不像话，政府怎样不好，也不至于没有你这位'上将'的饭吃。"一九三五年张桂卒于北平。

张榕生于一八八四年（即光绪十年），幼时在家里念书，十九岁到北京上学，起初住在东单观晋寺世仁甫翰林的家里。现摘录世仁甫的一段记载（原文存刘仲彝家）：

  静现斋主（世仁甫别号）题张烈士自书歌词步孙石叟（孙百斛）原韵序

  烈士名榕字荫华，与其兄辛甫，余旧交也。清光绪壬寅、癸卯间，烈士游京师，主于余第者一载。举止轩昂磊落，迥不犹人，心窃异之，许为大器。乃自入译学馆，多结交天下奇士，渐染于新学日甚。又目击时事，愤懑愈深，遂弃学拟东游，旋以疑事入犴陛，非其罪也。辛亥革命事起，赦党人，乃得归，邦人士以保卫桑梓设保安会，以烈士与其议。又立急进会，举君为之长，乃竟由此以疑致命，呜呼惨矣！

世仁甫的次子刘仲彝，当时和张榕相伴，他曾对我说："几十年以来还没有见过像荫华这样气度豪迈的人。他很喜欢和孩子们在一起扯，带孩子们吃饭馆。他看不起假冒为善的乡愿士大夫。他热烈希望社会的改革。后来他搬到沙滩附近一座庙里住，借口是到译学馆的距离近。但用意并不在此，这庙里住有许多学生，对于志同道合的朋友，倾心吐胆而谈，是方便得多了。如丁开璋等人，可能是在这一期间结识的。

张榕在这个时期还结识一个朋友黄中慧，别号秀伯，是候补道台，做过驻美国旧金山的总领事，醉心欧美式的民主政治，反对专制皇帝。黄中慧比张榕大得多，可是他俩特别好。

一九〇四年日俄战争发生，东北人民饱受战争的灾难。张榕时二十一岁，再忍不下去了，他觉得这种甘心媚外的清政府如不推翻，中国是没有出路的，于是便和丁开璋等人到兴京（今新宾县）、海龙一带组织"关东独立自卫军"，拟出章程，发表言论，均登载于京津各报纸上。又传檄绿林好汉，召集地方豪杰，目的是要发动武装起义。那时东边一带的团练，不只有深厚的基础，并亦为群众所信仰。朝阳邓莱峰所率的乡团，人数之多，声势之大，不只洋人为之恐惶，即统治者亦有所畏惧。至于海龙、兴京一带，山岳绵亘，地势险隘，进则易攻，退则可守。张家在这一带地方，既有经济的基础，更有政治的方便，所以张榕、丁开璋等人抵达后，就和当地人士王阁臣开始组织乡团，将组织条文呈政府备案。岂知清廷为了邓莱峰，已弄得焦头烂额，那能容许张榕再搞，当然是勒令解散了。

　　张榕被迫回到沈阳，当局很注意他的行动，因此他的近亲近友都劝他仍然到北京去住。张榕又到了北京，仍然住在沙滩附近那个庙里，他没有上学，开始创办刊物，用以鼓吹革命。又结识了桐城吴樾，两个人一见倾心，马上成了生死之友。一九〇五年九月间吴樾、张榕在前门车站炸五大臣，吴樾当时身殉，张榕逃走。由于警察在吴樾衣服里搜到一张张榕的像片，便跟踪追索，在沙滩的庙里把张榕逮捕了。当时京奉铁路总局在天津，所以把张榕也押解到天津来。北洋总督袁世凯认为案情重大，提张榕亲自审讯。张榕见袁便问："某以何罪而被逮捕？"袁说："你宣布关东独立保卫军独立条例，便是造反。"张榕哈哈大笑说："如果把爱国和保卫国家主权说成是造反，那你们的用心就不用问了。"老奸巨猾的袁世凯怕张榕说出别的话来，便急忙吩咐下面说："告诉模范监狱，给张榕预备单间房子，看什么书给他什么书，一切都要随便。"接着袁世凯又对张榕说："你还年轻，要多看一些书。"

　　张榕被捕后，他的朋友们奔走求援。张榕这次所以没有人头落地，主要的是黄中慧的力量。黄中慧的父亲黄永思和太监李莲英很接近。张桂由沈阳拿了一笔巨款，经黄永思的手，买动了李莲英。李才在慈禧面前说："张榕是家里的孩子（意思张家是汉军旗人，又在三陵当差，所以说是家里的孩子），年轻不懂事，请老佛爷恩典恩典吧！"这样，慈禧才批个"永久禁锢"。所以张榕在越狱以后，一度改名为黄仁葆，就是纪念黄永思援救的恩情。

　　张榕被捕后，世仁甫曾联合在京的东北人士，共同奏请保释，还派仆人吴安普到天津给张榕写信送物品。现录张榕给世仁甫的复信如次：

> 不得自由，于今五月，栖迟狱底，时念故人。每欲肃简致候，申纸则不知所书。前安普来，面致尊贻，知公念我，感荷何言。弟颟蒙自念，当鄙弃于故乡父老，公犹殷殷为念，弟黑暗之境，如得一线光明，何快如之。弟才否德凉，妄思肩钜，致成此恶果，然究非其罪，当蒙见谅于达人也。往事已矣，夫复何言。回首前尘，坠欢莫拾，掷壮年于凄寂之乡，呜呼苍天，谁实为之！地久天长，此恨庸有亟也。西哲有言，为人群谋利益而死者，死有余荣。弟虽在缧绁之中，尚属公罪，无聊之极，借此以解嘲耳。弟事虽有人为之斡旋，前途究多荆棘，如有可乘之机，尚望代为一谋。面壁日深，手足都懒，草此布臆，敬致仁甫尊兄姻大人阁下，即贺晋升侍讲学士之禧。

弟名心印　二月二十九日

赐函寄天津东门外洋货街隆昌泰米庄转交。（原信存刘仲彝家里，我看过一次，是用三十二统行写的。）

典狱长王绍臣（当时叫王璋，河北省人，在"九·一八"事变前我见过几次），是义和团起义军中的一个首领，《辛丑条约》签订后，他投到小站当一名初级军官，不久又转到天津模范监狱当典狱长。张榕入狱不久，和王就结成为莫逆之交。这时，张桂是常来天津探望她弟弟的，当然也认识了王绍臣。张桂又时常给王的母亲送东西，和王绍臣也就熟识了。在张榕入狱时，袁世凯就有吩咐，所以王绍臣天天陪同张榕在一起，据说还另雇一位厨师给张榕做菜。久而久之，王绍臣就跟张榕走一个方向了。在他们决定越狱以前，张桂把王家的姑媳二人接到沈阳，安顿好他们的生活，以免王绍臣有后顾之忧。一九〇八年的夏天，张榕化装越狱，和王绍臣逃到塘沽，搭乘日本轮船脱险。

张榕到日本后，见着了孙中山先生，与在沈阳的革命机关时常通信联络。他的堂兄张焕相正在日本士官学校学军事，见面时屡次劝戒张榕，叫他不要"胡闹"，希望他"改邪归正"，在东京进一个学校，将来就可以飞黄腾达。但张榕并没有听他的话，也没有进正式学校，只是在预备学校里学过日语。

（二）武昌起义后张榕的奋斗及其遇害

一九一一年武昌起义，消息传到沈阳，顿时人心惶乱，谣言四起。当时有

《革命潮》小书到处流行。民政长张元奇建议仿照各省办法宣布独立，而各方面又不赞成。沈阳当时的派别有：革命派，以张榕、蓝天蔚为代表；反革命派，或者说是"保皇党"，以赵尔巽、张作霖、袁金铠为代表；中间派，或者说是"改良派"，以吴景濂为代表。

蓝天蔚是新军第二混成协的协统，驻在沈阳大北边门外的北大营。当时我家住在北大营迤西约二里的瓦子窑村（现属沈阳市皇姑区）。大约是宣统二年十月吧，我在小学校上学，蓝协统来我们学校参观，第二天又请这一带小学教员吃饭，又和这些人拜把子。我很奇怪，协统和小学教员结拜，太不相称了，当时还不了解他是为了革命。

张榕在武昌起义后，由日本回到了沈阳，以养病为名，住在日本租借地南满医院里。起先是他姐姐张桂常去看他，后来和吴景濂也常有来往。张榕急于搞东三省的独立，好声援武汉，所以积极组织军事，而赵尔巽所怕的就是这一招。因此，赵便抱着一个"深知其谋，惮之弥切"（见赵中鹄的呈文）的心情，尽力用缓兵之计，叫吴景濂陪张榕到督署密谈了三日。张要求宣布独立，赵佯示赞许，阴设毒计，并以对日外交关系作为推迟宣布独立的借口，又保荐张为保安会副参谋总长，以安定张榕之心。张年青心实，便入了赵的圈套。

赵尔巽是一个顽固的保皇党。武昌起义后，他从齐齐哈尔急忙回到沈阳，连夜召开会议，大谈其忠君爱国的"大义"，要大家必须尽忠报答皇上；又查封大中公报馆（因为这家报纸发刊了关于革命起义的号外），下令严查"匪徒"（指革命党人），又要改编三陵守备队，等等。

张作霖在洮南一带击溃了蒙古起义军陶什陶后，各营管带都奉令进省入讲武堂受训，来的人有张景惠、汤玉麟、张作相、陶历清、乔汉章等。这些人由洮南起身时，张作霖便和他们讲，要把沈阳情形随时写信报告。所以张对沈阳的情形是了如指掌的。当沈阳紧张时，张作霖便将部队秘密向南移动。到离省城不远时，张作霖只身来到沈阳，住在南门里萃华客栈和张景惠等见面后，由袁金铠偕张见了赵尔巽。张当面表示愿意带兵进省，保护赵尔巽和巩固省垣的治安。赵认为张部远在洮南，远水不解近渴。张表示如果要快，明天就可调来一部进城，其余在几天内也能陆续到齐。赵听了以后，精神大振，因为他深知这种军队，革命党是无法下手策动的。第二天果有一部开到，三四日内全部到齐。这是旧历九月底的事情，距联合急进会成立仅仅是两三天的时间（这一段是陶乃文讲的）。

吴景濂是宪政派，主张由上而下的改良，依违于两派之间，看风转舵。据说武昌起义后，有几个剪发的人找他，叫他挂白旗，宣布独立，而他却婉言拒绝了。

这时，沈阳学界发起，联合各界，不分种族，于旧历九月二十四日成立保安会，公举赵尔巽为会长，谘议局议长吴景濂、第三十五协协统伍祥祯为副会长，袁金铠为参谋总长，张榕、蒋方震为副总参谋长，聂汝清为军事部长。后来张作霖为军事副部长，并公布保安会简章十五条。事实上保安会仍为旧势力所盘据，没有一点革命的气息。

革命派于是组织"奉天联合急进会"与保安会对抗，公推张榕为会长，柳大年、李德瑚、张根仁为副会长。吴景濂、袁金铠、左成之、钱拯等为参议，杨大实为总务部长，汪谦为秘书长，赵中鹄为执法部长，辜天保为军务部长，蔡雨清为副部长，洪东毅为交通部长，刘德为副部长，赵之寿为侦察部长，办公地点设在小北关容光胡同张榕的住宅内。沈阳的革命派与反革命派展开了生死的斗争。

赵尔巽心怀叵测，却没有一支可用之兵。新军既不可靠，改编三陵守备队也需要相当一个时间，正准备逃跑时，袁金铠把张作霖献出来了，于是赵尔巽态度为之一变，马上强硬起来。当时如果革命派早下决心，发动军事占领，反动势力必然是土崩瓦解，成为一个新的局面，但计不出此，幻想赵尔巽自动交出政权，结果招致了失败。

九月底保安会开会，吴景濂也看出大局的趋向，革命势力越来越大，清廷政府非垮台不可，于是向革命方面转舵，同意改组保安会，选新人物上台，好宣布奉天省独立。但这时第二混成协的管带李际春将该协的情形全部告诉了袁金铠，袁又转告赵尔巽，赵把张作霖、汤玉麟等人预先安置在会场内。他上台自吹自擂，说他两次来奉天，都办了许多事情，对得住东三省的父老。赵中鹄突然站起打断赵尔巽的话说："今天不是你表功的时候，而是研究保安会改组的问题。"话没讲完，就见张作霖把手枪向桌上一放说："今天是开保境安民的会议，只能依照原样，不能改变。谁主张改变，谁就是革命党，我就反对，我张作霖是交朋友的人，我的手枪是不认得朋友的。"人们看情形不对头，便一哄而散。

蓝天蔚、张榕看情况变化如此之快，便约定在北大营蓝的司令部里开会。届时到会的有蓝天蔚、张榕、吴景濂（有人说吴因事未到，由鲁大昌代表）、田又横以及第二混成协的高级军官等人。决议是采取军事行动，先占领总督府、军械局等重要机关后，由谘议局派各委员分别接收，最后由谘议局会同地方团体推举大都督，宣布独立，以响应关内革命。布置既定，由蓝天蔚下令："本协奉令开拔进关，即时出发，开赴车站准备上车。"拟定当军队通过城内时，即分别占领预定的地方，其余兵力开到西关，以防备日军。但第二混成协第二标标统聂汝清素无革命思想，在私人关系上和蓝也不好，所以得到密令后即教李际春到督署告密。赵即委聂为代理协统、李升充标统，并用电话请蓝到督署。蓝刚进大门，张作霖就要卸蓝的武装，并有要逮捕的样子。正争执中，赵出来告张作霖不要莽撞，即请蓝升堂就座，把李际春告密的事向蓝说了一通，接着说："奉天形势特殊，不能冒昧从事，最好是放弃个人成见，为东三省大局着想，可以只身引退，赵某愿以人格保证安全。"又给蓝、张两人解释误会，说："彼此之间，既是袍泽，又是朋友，政见不合，与此无关。"蓝天蔚方恍然大悟，只能答应远走。赵于是亲笔写了一个札令：

  为札委事。照得武汉事起，各省分崩，战祸之来，恐无时日。本省筹设保安会，以尊重人道，保全中外民命财产，静待大局之定为宗旨。唯对于各省意见必须考察明确，以供保安会之参考。而本省保安会之宗旨，但能广布远近，得一处之赞成，即可保全人民一份之幸福。有第二混成协协统蓝天蔚，志趣正大，识见明敏，堪以派赴东南各省，考察此次战争之实情与群众之意见，并传布本省保安宗旨，以谋国民之幸福。此札。（由刘仲彝处抄的。）

赵尔巽仇恨革命党既如此之甚，何以对蓝这样温和？这是由于蓝在第二混成协内仍有他的潜势力，赵尔巽"投鼠忌器"，才不敢加害，后来的三次兵变，都是这个余波。蓝走后不久，吴景濂也以代表的名义离开沈阳。

  蓝天蔚出走后，显然失去实力的重心，急进会的领导人也看出形势严重，发动武装占领的计划是办不到了。当时反动统治者的武装力量有张作霖的巡防队、金寿山的游击队、吴庆桐的先锋队和伍祥祯的第三十五协。革命方面所靠的第二混成协又为聂汝清、李际春所出卖。这时，张榕和张根仁向赵尔巽提出最后的谈判：一、为什么对庄河宁远州抗捐的群众不采取招抚，而实行压迫？二、为什么撤蓝天蔚？三、为什么不悬挂白旗镇定人心？赵尔巽另有打算，所以对三个质问，断然拒绝。张榕他们于是采取分散办法，遣派各领导人分赴外县活动，以牵制沈阳，以利于革命的进行。

张作霖带队进沈阳后，张榕看不出这些人的本性，不知道这些人根本不懂得革命是什么，还幻想拉拢这些人，因此张榕和张作霖之间也有交往。而介绍两张来往的就是袁金铠。袁是保安会的参谋总长，同时又是急进会的副总参议，并且袁在日记中也提到他在这一时期中"认识了张雨亭（作霖）、吴兴权（俊升）、张荫华（张榕）"等人，把张榕列在统领一起，可见是重要的了。袁金铠是赵尔巽放在革命队伍中的一名坐探，有什么消息都向赵汇报，所以深为赵所推心置腹。袁自己也不打自招，承认他对于镇压革命比赵尔巽还狠毒，请看他复世仁甫的一封信：

东人（日本人）有言，赵某能于此时尚不断送东三省，真是伟人云云。其实弟之主持力最大。……次帅有言，使洁珊自作，不至如此费手，弟亦不以赵言为谀。……（十月十九日函，见《佣庐事记语存》）

袁金铠和张作霖也能讲私话，有一天张作霖和袁金铠见面，张把他和对张榕的情形讲了。袁反问张作霖说："你想怎样呢？"张说："我只以大帅的命令是从，此外什么都没有。耿耿此心，唯天可鉴。"袁没等张把话讲完，拉着他就去见赵尔巽。袁金铠把张的话对赵重复了一遍。赵尔巽高兴地说："雨亭，你这样想是对的，我们都是皇帝的臣子，不竭尽忠心，而二三其德，能算人吗？你再看看那些革命党人蓝天蔚、张榕等，是日本留学生，吴景濂是京师大学毕业，人家能看得起你的出身吗？充其量也不过是利用利用罢了。"张作霖恍然大悟，说："大帅叫我怎干我就怎干。"

赵尔巽发号施令，张作霖磨刀下手，袁金铠里勾外连，一场血腥的屠杀开幕了。不过这个事情在当时是保不住秘密的。原来张榕在组织急进会时，与张焕栢把家分了，地产归张焕栢，房产归张榕，但并没写分家字据，显而易见是为万一不幸的打算，因此张焕栢就搬到大东关听雨胡同居住。曾有翼是袁金铠内部的人，知道这一消息后，不敢向张榕讲，便暗劝张焕栢离开沈阳，张焕栢是奉天省赈务委员，所以他以劝赈为名到海龙府去了。曾有翼何以这样的冒险呢？也有个原因。某一年大水，曾家母子逃难时在张家寄食一年有余，张家始终以礼相待，后来张桂又认曾老太太为干妈，两家来往很亲密，关系在此。张榕当时也耳有所闻，也觉得自己是在虎口里，但怎能走呢？只能将生死置于度外了。他把一块最心爱的手表都送给朋友留作纪念。

陶乃文生前和我说，这天（十二月五日）张榕请张作霖在平康里德义楼吃饭（有人说是袁金铠怂恿的），这当然是张榕对张作霖仍抱有拉拢的幻想。知单送到后，张作霖除在知单上按例写上"敬陪末座"外，又加写"必到"两个字。当日晚间袁金铠、曾有翼陪张榕到德义楼。酒饭将毕，袁金铠就对张作霖说："荫华在蜚红馆有个新相知，名小桃，雨亭可以看看去。"张作霖说："好"。实际上并不是看什么小桃，而是给两个人找僻静场所谈谈话。张榕和张作霖出德义楼，边走边谈，向蜚红馆走去。路不太远，在途中张作霖把护兵打发走开。两人走到早准备好的房间，躺在床上，玩鸦片烟，面对面谈话。过一会，张作霖推说有事，告辞而去。张榕仍然在玩鸦片烟，突然由外面进来两名军人，向张榕行礼，张榕欠身答礼说："你们统领刚走。"两人没说什么，掏出手枪，连向张榕射击，张榕即时血流满床而死，时年二十八岁。两个军人，一个叫高金山，一个叫于文甲，都是张作霖的打手。关于德义楼宴会还有另外一种说法，说是沈阳绅商宴请张榕的，陪客的是袁金铠等人。关于张榕遇害死的地点，有的说在头道街街口（当时人们把这个地方叫三道街），又有的说张榕在蜚红馆看见形迹可疑的两个人，便想回家，他刚出蜚红馆门就被打死了。当时他的尸体没有人收殓，是后来由区里掩埋的。我在张家时听说，他的棺柩存厝在一个庙里，也许区里虽然收殓，但并未埋葬。

张榕被害后，接着于文甲带领人马到小北关容光胡同抄张榕的家。据目睹的人说，所有门窗户牖凡属能拆下来卖的都拆除净尽。书籍碑帖丢了一院，迎风飞舞。随后把张家佣人李鸿顺、刘桂山、杨顺、高桐、尹国栋等也带走了，住八个月后，才保释出来（根据档案）。于文甲带全班人马，又到大东关听雨胡同抄张焕栢的家，张焕栢外出，幸免于难。一位教书先生张跃臣却被大兵当作张焕栢。大兵用刺刀拉张跃臣的脖子，张大叫说他不是张家的人。大兵说："你姓张就行。"结果把他和张焕栢大儿子张多禄都带走了。张焕栢二儿子张多喜（现名国纬）已经剪去辫子，大兵打他一枪把子，骂道："妈的，都是小革命党。"约摸半年以后，张跃臣和张多禄被释放出来，一个因为伤重，一个因为惊吓，不久相继而亡。财产的损失共合现银约五万五千三百余两（见张家呈文）。

抄宝昆家的是金寿山的部队。宝昆别号于山，满洲人，以排行第六，沈阳人都叫他"恒六"。他父亲做过知府，宦囊富裕，住在大东关下头，一联三座房宅，整占一条胡同，就是现在的恒知府胡同。宝昆当时是城厢议会的董事，当金寿山带兵到他家时，宝昆早已睡下，大兵们从被里把他拉出来，衣服都没穿，在院里就打死了。第二天，金寿山的兵又把一个看热闹的人叫赵长清的给打死了。有的人说宝昆根本不是革命党，但和张榕很好，他家里房子多，革命党人常在他家里开会。又有的人说，宝昆家里藏有枪支和炸弹，为密探所查知，遂遭杀身之祸。

抄田亚宾家的是汤玉麟（绰号汤二虎）。田本名心正，别号亚宾，在报纸上署名又横，通化县人，陆军小学堂毕业，是个文武兼优的人材，为急进会秘书，对革命有很多策划，常在报纸上发表论文，批评时政，或者用漫画讽刺当权者，因此为当权者所痛恨。急进会成立后，田亚宾主持《国民报》（急进会的机关报），又参加过北大营的秘密会议，因此同时被杀害。田住南关合兴福胡同，在被杀前，舒泽深（当时在金部）给田送信，叫他快走。当时田的夫人潘连璧要生产，田想等一两天再走，不料当日晚间就遇害了。

赵尔巽、张作霖、袁金铠谋杀张榕等三人后，又捕杀了一百多个人，其中有许多是学生，行刑地点是在大南门里的城墙根、小河沿的南广场、草仓的北大坑以及风雨坛、八王寺等地。各处悬挂人头，奉天的革命一时被镇压下去了。于是开始作文章，先由奉天巡防前路兼中路马步队统领官张作霖上呈文：

> ……搜出民军告示、委任状多件，又急进会会长木印一颗、小戳一个，有日文信件数封，……汇有巨款，约期急速起事，又有速将双木消化……一切结会递匪，多为宝昆为之主谋，田亚宾辅之。张榕既毙，又分赴查拿，该两犯拒捕，当场毙命。……

赵尔巽心患既除，满心高兴，在呈文上亲批：

> ……该统领不动声色，连毙三凶，实足以快人心而彰显戮，应候出示晓谕，以明与众共弃之义。……至破获名册一本，大半无知被惑，业已当堂焚毁，决不稍事株连。……

接着赵尔巽又亲笔拟告示：

……保安必先禁乱，除暴乃可安民。自南方乱事之起，……匪人张榕……勾结谋乱，祸我生灵，……其名册业经……当堂焚毁，绝不株连，……特谕。（原稿后有清楚印章，系赵亲笔。以上均见档案。）

赵尔巽地位巩固了，张作霖也由赵保举，升了官，作个记名的总兵。袁金铠在这次血腥屠杀中，卖友求荣，更得到赵尔巽的宠信。袁得意忘形地说："事无大小，无不参与。"而赵把袁也捧得很高。袁金铠乐得不知所以，在这年除夕，他回顾一年的事情说：

……奠省事于惊涛骇浪之中，置此身于荆天棘地之内。……惟坠入情魔，因失足而罹惊险。每思及往事，辄抚心而觉怔忡。尚宜实践忠清亮直之褒，岂得复为旖旎风华所误。天下自兹多事，家国正赖有人。时势造英雄，安知非我。勋名累儿女，莫更管他。（见《佣庐日记语存》）

他们这样干，目的是什么呢？本来蓝天蔚既走，革命党想在沈阳发动武装，根本是办不到的事情。既然如此，为什么还要杀呢？原因这帮人目的是要带兵进关"勤王"，挽救清朝的统治。在张榕死后不久，由赵尔巽、张作霖等三十几个武将联名给清朝政府拍一个电报，表示决心勤王。电报如下：

此次革命党煽动之叛乱，逞争权夺利之心，灭君臣父子之义，其与匪贼，有何择焉。朝廷体念亿万人民之心，寻求和平解决之道。但此等背信弃义之徒，岂足语此。臣等之心只有一途，即是率家乡健儿，渡海而南征，传檄各省，共诛膺惩之丑类。一俟圣旨下降，臣等立时兴师。枕戈待旨，无任惶恐。（见日文《满洲年表》，作者浅野。）

不料通电发出不久，清政府就垮台了。中华民国成立了。奉以赵尔巽为首的保皇党居然摘下红顶花翎，换上了新礼服，又当上了中华民国的官吏。所谓清朝发祥之地的东三省，所谓"勤王之师"，所谓"一片忠诚"，都不知到什么地方去了。

（三）张焕栢兄妹和赵、张、袁的争斗

张榕被害的第二天早晨，张焕栢由海龙府劝赈归来，刚下火车，就有人告诉他家里发生变故，张焕栢便换车到大连去了。张家的老小在被抄的第二天早晨全

逃到张桂的家里（即王世祺家）。张桂当时给他们改换服装，把四个男孩子打扮成女孩子样，急急忙忙逃到大连，住在日本人开的花屋旅馆。这个旅馆主人和张榕是朋友，所以对张家的遭难很表同情。

张榕死后二十天（即旧历十二月二十五日），中华民国正式成立，张桂带着张榕生前最喜欢的侄儿张多喜由大连经上海转南京见孙中山。当时张榕的好朋友黄中慧正在陈其美都督府当参议，给她们介绍见了陈。陈亲自给孙中山先生写信，遣黄中慧偕张桂姑侄到南京去见孙总统。中山先生在南京给张榕举行一个追悼会，由张桂报告张榕在沈阳为革命而奋斗的精神以及殉国破家的经过，又将张榕的遗墨影印出来，分赠到会的来宾。会后张桂带着侄儿又到北京，这时吴景濂已经是众议院的议长；张桂就住在吴家。张桂在众议院报告张榕被害的经过，又有吴景濂等人作证，真相大白于天下。接着张桂又在高等法院控诉赵尔巽、张作霖、袁金铠合谋杀害张榕，请逮捕凶手法办，但都由于袁世凯的庇护而没有结果。民国元年八月，袁金铠在日记里说：

> 金铠因事赴武昌，到北京后，为赵中鹄、杨大实、樊贵吾及田又横之妻（潘莲璧）与余为难，在京起诉，借张（作霖）、赵（尔巽）之力，袁（世凯）派人保护出京。

据说张桂在北京时，曾经拿手枪追问袁金铠为什么要谋杀张榕，袁金铠坚不承认。袁金铠是不是合谋，请看他的日记。张榕是十二月五日遇害的，他六日的日记中说："征于色、发于声而后作，我犹未免为常人也。"可见当时他的心情是不安的（见《佣庐日记语存》）。张桂没有把袁打死，人们便说："张桂终属女流，干不出来大事。"这种看法是不了解张桂的为人。有一次她的侄儿告诉我说："六姑从上海来沈阳，在字典里（把字典里面挖空）放一颗炸弹。"给谁准备的，是不言而喻了。在张桂看来，赵、张、袁究有轻重之分，袁和赵、张相比，直一走卒耳，杀之适为赵、张所称快，所以张桂没有干。后来见面时张桂只是讲："你们是成功了，我们是失败了。"

张作霖也感到此仇可解不可结。据陶乃文说："张作霖托人向张焕栢兄妹讲，他愿意拿出若干款，维持张家的生活，把他们的后人送到外国留学。张焕栢兄妹认为不应当拿弟弟的名誉换钱，所以拒绝了。"

但张家损失的家产，赵、张应该负责赔偿，而中央政府也应当明令昭雪张榕的毁家救国的功绩，以慰泉下。所以赵中鹄给稽勋局上的呈文说：

奉天联合急进会执法部部长赵中鹄等呈称：……殉国以张榕为著，……张榕系奉天府人，幼博儒书。日俄战时，榕办保卫公所，宣布约章，规划独立，破产数万金。先于兴京、海龙府实行倡办，训练乡军，以见嫉政府，未尽其继。己巳夏到京与吴樾结交，炸五大臣，榕亦就狱，以保卫公所案，判处永远监禁。狱吏王璋相偕越狱，跑到日本，与旧部常有密电往来。辛亥秋武昌起义，榕在奉天组织军事，与吴景濂、杨大实、赵中鹄、赵元寿诸人等商独立。赵尔巽深知其谋，惮之弥切，乃以协力维持全局为词，敦聘入省。榕偕吴谒赵，密商三日，成保安会，举榕为参谋总长，赵阳示赞同，阴怀叵测，佯许待机独立，而故以外交为难以缓之。即密檄巡防军陆续入省，授以意旨，倡言反对，而保安会独立之精神，顿变为勤王之计划。榕见事机已危，而势尤不可以已也，则倡率同志创办奉天联合急进会，将以响应南方，牵制北军势力，使清帝不敢东归，赵督不敢中立，宣布宗旨，各党争附。……部署既定，共谋进行，因秘遣同志，分赴各属，运动军警，组织保甲。如郭大纶、杨再兴殉于安东，柳大年、张根仁执于宁远，皆思张榕之义奋，杀身成仁，无所屈挠。而王璋、周培根等，复在天津有急进会之设，冀以北捣幽燕，南援武汉。赵中鹄、王越人、洪东毅等分布辽阳、海城、海龙、兴京各府，组织民军万数千人，官吏颛首，莫敢抗衡。赵尔巽久欲率师西上，拱卫京畿，后仅护兵自卫，未敢越雷池一步者，榕之力也。当此之时，或有劝榕先（发）〔废〕都督自为者，榕慨然曰："我所以毁家谋国，百折不挠者，冀民国之速成而阻强吏之反侧也；至于权利，匪我思（存）〔矣〕。"其强毅之力，淡泊之操，有如此者。嗣以民军日集，赵与榕约，南北停战期内，勿开战端，榕诺之，而赵已与前清亲贵密通消息，图翻全局，阴遣军队杀榕于途，其侄亦死焉，并毁其室庐，掠其财物约值六万余金，会员之与殉难者百数十人。赵方自庆得计，讵各地民军义愤激昂，战端再起，巡防各军疲于奔命，赵之谋迄不获逞，卒屈意而赞成共和。是榕虽遇害，而其遗谋余烈，犹足以奋豪杰之心，而褫奸人之胆，三省既服，统一之局以定，有造民国，厥功甚伟。至今关内外人士景仰，首录原功，佥谓东省由黑暗而入光明，皆拜张君之赐，而念其人之身亡家破，则叹报施无凭，辄为唏嘘不置，亦足见公道之在人心矣。复思张榕毁家纾难，视死如归，遏□□之雄心，莫边隆于永固，迹其倡议，以迄殉国，奔走十年，毁家钜万，身死之后，债台累累，固皆济党人而饷民军者也。民国成立，已越年余，凡殉国先烈，均蒙赏恤，酬勋之典，榕独缺如。本会员等，夙同袍泽，闻见较详，并据调查员等报告。……（此报告原文存档案馆。）

这个咨文到了沈阳，得不到解决。张焕栢兄妹们各地追索，非要求发还不可。民国三年二月间，张焕栢呈请东北当局发还抄没财产时说：

榕死时，焕栢赴海龙府劝赈，未及于难。……尤以道胜银行一款最为迫切。榕于宣统三年十月一日，因募集民军义勇队及接济党人旅费，需款孔急，将小北关住宅借款两万五千元（卢布），到第二年各十月，本利已达三万元，终日催迫，急于星火，覆巢之下，无家可毁，吁请督都，将家产发还，以清外债。

就在同年三月间，国务总理赵秉钧为张榕家产事，亲自给张锡銮写信：

坡公都督阁下，敬启者：吴莲伯议长来称，张榕家产，前被公家抄没，现国体变更，自应发还该家属领受，嘱为转达，即希督酌办理。

尽管如此，而东北当权者坚不承认有查抄张榕家产这回事，所以批文也好，复信也好，都是"无案可查，无法发还"。但接着又说："情形可悯，可以酌予以补助，以示体恤。"这些人在表面上坚不承认查抄，但是愿意走后门，多拿一点都行，而张家兄妹偏不干，所以始终没有解决。这段话是陶乃文说的，并且他亲身见过张焕栢谈过这个问题。后来由北京政府发下三万元，做为修筑张榕烈士祠之用。

民国十四年张焕相当上了特别区长官，可能把张焕栢的情况和张汉卿讲了。张汉卿派人送到一封信，其中有"鸟倦飞而知还"的句子，聘张焕栢为秘书厅行走，月支车马费二百元，意思说张焕栢是既往不究了，两家言归于好，这种鬼把戏张焕栢兄妹当然是明白的。张焕栢看完了，便丢在写字台上，没有说什么。接着张桂拿过来给我们看，反复赞美"鸟倦飞而知还"句子用得漂亮，也没有什么表示。总而言之，兄妹两人没有重视这封信，是千真万确的事实。不几天黄中慧（黄此时在满铁当顾问）由大连给张桂来信，其中有"兄弟之仇不反兵"的话，意思是教张家兄妹不要这二百元。这信我也看过，黄中慧是不愧为张榕的好朋友的。

张焕栢第二个儿子张国纬，在美国学过陆军，民国十九年回国后到卫队统带部骑兵队（队长是吴泰勋）当连附。事为张汉卿知道，便告诉刘多荃统带说："你详细查一下，张国纬是不是张榕的儿子？如果是，我送他到外国留学，我不希望他儿子在我部队里。"刘统带便问张国纬，张国纬说："我是张榕的侄儿。"但张汉卿还不放心，后来由于进关，就无暇及此了。总的说来，自从张作霖得势以后，对张榕这件事并未忘在脑后。不难推论，如袁金铠之流的人物，和张家兄妹相处较久，知之较深，关于张家兄妹的性格，是能够传闻到张家父子耳中的。民国十三年冬末，我同张榕一个远房侄儿张连坡去曹家花园见张汉卿。张连坡说，他两个弟弟缺少钱用（当时张焕栢的四子国纯，五子国纮，都在南开上学），张汉卿当时批给五百元，但张连坡并没有分给两个弟弟。后来张国纯于民国十八年进日本士官学校，是张汉卿资送的，原因就是如此，可见彼此之间的情形了。

以上四篇选自《辛亥革命回忆录》第五集，中华书局1963年版，第536—611页

图书在版编目（CIP）数据

奉天谘议局／孙家红编．— 太原：山西人民出版社，2020.6

（清末立宪运动史料丛刊／胡绳武主编）

ISBN 978-7-203-10397-4

Ⅰ．①奉…　Ⅱ．①孙…　Ⅲ．①谘议局－史料－沈阳－清后期　Ⅳ．①D691.2

中国版本图书馆 CIP 数据核字（2018）第 093755 号

清末立宪运动史料丛刊·奉天谘议局（上、下卷）

主　　编：胡绳武
副 主 编：牛贯杰　戴鞍钢
编　　者：孙家红
责任编辑：张志杰
复　　审：刘小玲
终　　审：蒙莉莉
装帧设计：谢　成

出 版 者：山西出版传媒集团·山西人民出版社
地　　址：太原市建设南路21号
发行营销：0351-4922220　4955996　4956039　4922127（传真）
天猫官网：https：//sxrmcbs.tmall.com　电话：0351-4922159
E - mail：sxskcb@163.com　发行部
　　　　　sxskcb@126.com　总编室
网　　址：www.sxskcb.com

经 销 者：山西出版传媒集团·山西人民出版社
承 印 厂：山西出版传媒集团·山西人民印刷有限责任公司

开　　本：787mm×1092mm　1/16
印　　张：70.25
字　　数：1150千字
版　　次：2020年6月　第1版
印　　次：2020年6月　第1次印刷
书　　号：ISBN 978-7-203-10397-4
定　　价：435.00元（上、下卷）

如有印装质量问题请与本社联系调换